Counseling Navigation for Novice Counselor

초심상담사를 위한 상담 내비게이션

김형숙 저

상담으로 가는 첫걸음,
전문상담사로 성장하는 길

학지사

머리말

상담을 시작한 지 20년이 지났다. 슈퍼바이저로서 다른 상담사들을 만나 온 지도 그 새 10년이 흘렀다. 상담현장에 머무는 전문가로서 내담자와 상담사들의 동반 성장을 꿈 꾸며 달려온 시간이었다. 상담사로서 첫발을 내딛었을 때 가졌던 질문들을 잊을 수 없다. 이후 슈퍼바이저로 살면서 다른 많은 고민과 생각을 품게 되었지만, 지금의 고민 역시 그때 가졌던 질문들의 개정판일 뿐, 본질적인 측면에서 그 내용과 질이 크게 달라진 것은 아닌 것 같다.

대개 상담사들은 내담자를 만날 때 상담사로서 어떻게 해야 할지에 관한 고민을 안고 있다. 내담자가 호소하는 문제에 딱 들어맞는 접근법이 있는지, 특정한 개입방법을 활 용할 때 상담에서 어떤 효과가 나타날지를 많이 궁금해한다. 내담자에게 어떠한 도움이 라도 주고 싶기 때문에 이런 고민을 품게 되는 것이리라. 나 역시 비슷한 고민을 하며 살 아간다. 상담사로서 그리고 수많은 슈퍼바이지를 만나는 슈퍼바이저로서도 그러하다. 다만 상담사로서 처음 발을 내딛을 때와 달라진 점이 있다면, 개별 회기의 효과성보다 는 내담자가 자기 삶의 주인공으로 변화되어 가는 과정 그 자체에 대한 관심이 커졌고, 결과보다는 그 과정 속에서 보람을 느낀다는 점일 것이다.

지금까지 수퍼비전을 하면서 다양한 현장에서 일하는 상담사들을 꽤 많이 만나 왔다. 국방부 병영생활 전문상담관, 가정폭력 및 성폭력 상담소, 도박중독 관리센터, 청소년 상담복지센터, 건강가정지원센터나 일반 상담센터에서 일하는 상담 전문가, 각 교육청 의 Wee 센터와 각급 학교에서 근무하는 전문상담교사, 종교기관 상담소 종사자 등등이 바로 그들이다. 만나는 내담자들이 어떠한지에 따라 그들이 털어놓는 고민과 고충의 내 용은 조금씩 달랐다. 그러나 그들 모두 한결같은 문제를 호소했는데, 그것은 '상담은 하면 할수록 어렵다.'는 점이었다.

상담이 왜 어려운 것일까? 답하기가 쉽지 않다. 나는 '상담이 어렵다'는 그들의 호소를, '내가 지금 상담을 잘하고 있는 걸까요? 이 상담이 제대로 된 방향으로 가고 있는 게 맞나요?'라는 질문으로 바꾸어 듣는다. 상담을 하는 동안 필자 역시 그러한 고민을 자주 품었기 때문이다. 그런 고민 속에서 슈퍼바이저로부터 잘했다는 칭찬을 들으면 스스로 상담을 잘한다고 여기며 득의양양해졌고, 반면 문제점을 알려 주는 피드백을 들으면 천지가 무너지는 것 같은 좌절감에 빠지기도 했다. 상담이란 모름지기 도달해야 할 뚜렷한 목적지를 찾아 가는 여정일 텐데, 때로 옳은 길에서 탈선한 것만 같고 희뿌연 안개에 둘러싸여 바로 앞에 있는 길도 찾지 못한 채 헤매는 느낌에 빠지기 일쑤였다. 상담사들 대부분이 이런 느낌을 한두 번은 경험해 보았으리라.

상담을 처음 시작하는 상담사들에게 상담을 왜 시작하려는지 물으면, 자신을 더 잘 이해하고 싶어서 시작했다는 답을 꽤 자주 들을 수 있다. 이런 동기에서 상담을 시작한 분들은 상담이론을 배우는 교육 기간 동안 자신에 대한 통찰과 깨달음을 얻는 데에서 큰 재미와 즐거움을 누린다. 그러나 막상 상담현장에 들어와 다른 사람들을 만나기 시작하면 종종 길을 잃은 듯한 혼란감을 호소하며 괴로워하기도 한다. 상담 전문 인력이 되겠다는 뚜렷한 목적의식을 갖고 상담을 시작한다 해도 사정은 크게 다르지 않다. 내 마음과는 다른 타인들을 만나 삶의 이야기를 듣다 보면 어떻게 도와야 좋을지 몰라 쩔쩔 매게 된다. 다른 이의 고통에 함께 머무르며 변화와 성장을 일구는 일이 결코 쉽지 않기 때문에 마치 안갯속을 걷는 듯한 느낌에 휩싸이기 십상이다. 게다가 경제적인 보상마저 잘 따라오지 않으니 효능감을 경험하기는 더욱 어려워진다. 좋은 마음으로 공부와 훈련을 시작했지만 상담사로서 자신감을 유지하며 살아가기가 만만치 않은 일이라는 것을 이내 느끼게 된다.

심리상담이 어려운 또 다른 이유는 수많은 상담이론을 어떻게 적용해야 할지 모르기 때문이다. 우리나라의 상담심리 관련 학부나 대학원 과정은 대부분 이론 중심의 지식적 이해를 돕는 교과목들로 짜여 있다. 실습과정이 편성되어 있는 학교들도 꽤 있지만 슈퍼비전 경험이 제한적이기 때문에 양적으로나 질적으로 충분한 훈련을 받기 어렵다. 따라서 많은 분이 실습훈련을 제대로 받지 못하고 내담자들이 호소하는 다양한 문제들에 어떻게 대처해야 할지 모른 채 졸업을 한다. 상담사의 자질과 역량이 상담의 질적 수준을 결정한다는 사실을 떠올리면, 국내의 상담사 교육과정에 변화가 필요하다고 지적하지 않을 수 없다. 물론 최근에는 자체적으로 상담센터를 운영하거나 다른 센터와 연계하여 실습을 강화하는 학교들이 늘고 있다. 고무적인 일이다. 그러나 이마저도 기회가 제한적이기 때문에 많은 수련생은 따로 수련기관을 찾아 임상훈련을 하고, 여기에 더하여 각종 세미나와 교육 훈련을 찾아다닌다. 그럼에도 불구하고 많은 수련생과 초심상담사가 자신이 만나는 내담자의 사례에 꼭 들어맞는 이론적 적용점들을 찾지 못해 한숨을 쉰다. 지난날 초심상담사로서 나 자신의 경험을 떠올리면, 그들이 느낄 좌절감과 불안감이 얼마나 클지 충분히 짐작해 볼 수 있다. 게다가 그 과정에서 소비되는 시간과 비용은 또 얼마나 많을 것인가. 그런 점을 생각하면, 같은 길을 걸어온 선배 상담사로서 혹은 많은 수련생을 만나온 슈퍼바이저로서 '시간이 지나면 나아진다.' 혹은 '경험을 쌓다 보면 자연스럽게 전문가로 성장할 수 있다.'와 같은 말을 하기가 무색해진다. 그러한 말이 아주 틀린 것은 아닐 테지만 이미 많은 시간과 노력을 기울여 왔음에도 여전히 헤매고 있는 느낌을 버리지 못하는 상담사들을 만날 때마다 전문가로의 성장을 이끄는 보다 확실한 지침과 안내가 필요하겠다는 생각을 하게 된다.

　게다가 최근에는 상담사의 전문적인 역량과 자질, 윤리성에 관한 사회적 관심도 커지고 있다. 일부 상담사들의 개인적 일탈이 보도되기 시작하면서 심리상담사의 자격과 자질, 윤리 문제가 본격적으로 이슈화되고 있다. 전문적 자질이나 윤리의식을 갖추지 않은 상담사는 일차적으로 내담자에게 위험하고, 궁극적으로는 상담 영역 전체를 위태롭게 한다. 충분한 교육과 수련 없이 상담현장에 뛰어드는 일부 사람들로 인해 심리상담이 가볍고 비전문적인 행위로 여겨지는 것 같아 무척 안타깝다. 전문가로서의 자격과 역량, 윤리성을 갖추는 일은 좌절감과 불안, 무능감의 늪에서 상담사 스스로를 건지고 보호하는 일이며, 다른 사람을 도우려는 상담의 본래 목적을 가장 효과적으로 이룰 수 있는 지름길임을 기억할 필요가 있다.

　이러한 연유로 이 책은 초심상담사들이 숙련된 전문가로 성장하기 위해 꼭 알아 두고 실천해야 할 실질적인 지식과 전문 기술, 윤리 등의 문제를 현장중심으로 풀어 쓰고자 했다. 초심상담사들이 반드시 알아 두어야 할 상담현장의 특성을 설명하고, 현장 속에서 활용 가능한 기본적인 상담 기술을 다지고 훈련할 수 있도록 이 책을 구성하였다. 많은 강의를 들으며 공부를 하고도, 또한 때때로 슈퍼비전을 받았음에도 자신이 진행하는 상담만 떠올리면 '다음에는 어떻게 해야 하지?'라는 질문을 좀처럼 놓을 수 없는 상담사들에게 실질적인 지침을 제공하는 책이 되기를 기대하며 각각의 내용을 저술하였다. 상담현장에서 부딪히는 문제들을 풀어 나갈 구체적인 방향과 방안을 제시하는 것이 이 책의 주요 관심사이다.

책의 내용은 다음과 같은 질문을 기반으로 하여 구성되었다.

첫째, 누가 읽을 것인가?

이 책의 주요 예상독자는 초심상담사이다. 상담의 길을 걷기 시작한 지 얼마 되지 않는 분들을 주요 대상으로 하였지만, 앞에서 말한 바와 같이 '내가 지금 상담을 제대로 하고 있는 것일까?' 혹은 '이 상담에서 나는 어떻게 해야 하지?'라는 질문을 가지고 있는 모든 분을 떠올리며 내용을 구성하였다. 또한 어느 한 분야에서 전문적인 서비스를 제공해 왔다고 하더라도 다른 분야의 상담을 처음 시작하는 분들 역시 넓은 의미의 초심상담사라고 볼 수 있을 것이다. 우리나라에는 정신건강상담사, 결혼 및 가족 상담사, 청소년상담사, 재활상담사, 목회상담사, 표현예술상담사, 진로상담사 등 이미 많은 전문 영역의 상담사들이 활동하고 있다. 특화된 지식을 가지고 특정 대상을 상대하는 전문 기관에서 일해 온 분들이 다른 분야의 상담에 적응하려면 일반적인 상담 과정에 대한 이해와 개입기술을 보강하여 익혀 둘 필요가 있다. 가장 기본적인 상담요소에 대한 이해와 더불어, 상담사의 인간적인 자질 및 상담 과정에 따른 전문적 개입기술이라는 공통적 요소를 이 책에서 공유할 수 있을 것이다. 따라서 이 책 본문에서는 이들 모두를 초심상담사로 표기하였다.

둘째, 어떤 내용이 들어가 있는가?

보통 초심상담사는 임상현장에서 단기상담 사례(6~12회기)를 자주 접하게 된다. 회기가 길지 않기 때문에 단기상담에서는 내담자의 마음과 태도, 혹은 상담 관계의 뚜렷한 변화를 구체적이고 명확하게 느끼기 어렵다. 게다가 초심상담사는 경험이 부족하다 보니 잘해 보려는 의욕에 비해 자신감이 부족하여 더욱 두렵고 떨리기 마련이다. 이럴 때 사용할 수 있는 상담개입 매뉴얼이 있다면 어떨까? 상담의 진행 과정을 안내하는 지도가 있다면, 초심상담사가 보다 효과적으로 상담을 진행할 수 있을 뿐만 아니라 길을 잃은 듯한 위축감에 사로잡혀 좌절하는 일도 적어질 것이다. 이 책은 바로 이와 같은 어려움에 답하고자 쓰였다. 현재 알려진 것만으로도 400여 개가 넘는 이론에 공통적으로 존재하는 요인들을 중심으로 상담의 기본적인 요소와 과정을 안내하는 내용들이 주로 포함되어 있다. 특히 초심상담사가 쉽게 상담의 과정을 적용하도록 사례를 예시로 설명하였다.

셋째, 상담사가 자신의 부족한 면을 어떻게 자각하고 훈련하게 할 것인가?

대부분의 상담사는 자신의 상담 역량에 대한 고민들을 안고 살아간다. 자신이 어떤 부분에서 부족하며 어떤 부분에서 더 훈련하고 보완해야 할지를 구체적으로 알고 싶어 한다. 그러나 그러한 욕구나 열망에 비해 자신의 부족한 부분을 분명히 알고 있는 상담사들은 생각보다 드물다. 상담 과정에서 준비되어야 할 역량과 자질이 무엇인지를 분명히 알지 못하기 때문이다. 이 책은 접수면접, 상담초기, 상담중기, 상담종결, 추수상담 단계마다 상담사로서 준비되어야 할 역량은 무엇이며 어떤 점들이 구비되어야 하는지를 체크리스트로 제시하였다. 상담사들이 자기 성장을 위한 도구로 이러한 것들을 활용할 수 있으면 좋겠다.

넷째, 상담사의 역할과 정체성은 무엇인가?

상담이 난항을 겪을 때 상담사는 다양한 고민에 빠지게 된다. 상담사의 정체성에 대한 고민을 포함하여 윤리적인 문제 때문에 당황하기도 하고, 전문적인 개입을 못하고 있는 것 같아 자괴감에 빠지기도 한다. 이 책은 우리나라의 상담현장에 대한 구체적인 설명과 예시를 통해 상담사가 이러한 상황에서 각각의 고민을 어떻게 해결할 수 있는지에 대한 힌트를 제공하고자 하였다.

이 책에서는 '상담사'가 되는 과정을 '집 짓기' 과정에 비유하였다. 건축주가 집을 짓기 전에 이 집을 왜, 어떻게 지어야 하는지에 대해 먼저 계획하고 설계하는 것처럼, 상담의 길에 서 있는 상담사 역시 다음 세 가지를 우선적으로 떠올려 보고 계획해야 한다.

첫째, 집을 지을 때 어떤 집을 지을 것인가를 분명히 해야 하는 것처럼, '나는 어떤 상담사가 될 것인가?'라는 질문을 먼저 해 보아야 한다. 그리고 그러한 상담사가 되어 가는 발달과정 중 자신이 어떤 단계에 있는지를 파악하고 지금 시기의 성장과제를 찾아내야 한다.

둘째, 집을 짓고도 건축 허가를 받지 못한다면 큰 문제가 아닐 수 없다. 애초부터 건축 허가를 받을 수 없는 집을 짓거나 어떤 이유로든 허가 받지 못한 집에서 거주하는 것은 여러 위험을 초래한다. 따라서 이 책에서는 상담사로서 전문 자격증을 취득해야 하는 필요성을 건축 허가를 받는 과정에 비유하여 강조하였다. 상담전문가 자격을 취득하는 절차에 대해서도 상세히 설명하고자 하였다.

셋째, 집 건축 후에도 사후 관리가 지속적으로 필요한 것처럼, 상담사 역시 지속적인 성장을 위해 노력해야 한다. 이를 위해 상담사가 상담의 과정을 제대로 가고 있는지 스스로 성찰할 수 있도록 자가 체크하는 내용들을 포함하였다.

책은 다음의 세 부분으로 구성되었다.

제1부는 상담을 가능하게 하는 외적 조건 및 구조에 대해 다루었다. 상담사와 내담자, 상담 장소라는 기본적 요건 위에서 상담 관계가 어떻게 발생되고 발전되는지를 실제 사례를 통해 제시하고자 하였다. 상담사가 현장에서 부딪칠 수 있는 문제들에 대해 답변을 제시하는 방식으로 기술하였다.

제2부는 상담 과정별 상담사의 역할에 대해 설명하였다. 상담 과정의 접수면접, 초기와 중기, 종결 및 사후 관리 과정에서 상담사가 맞닥뜨리게 되는 문제상황들을 사례를 통해 제시하고, 이때 상담사가 어떻게 대처해야 할지를 구체적으로 다루었다.

제3부는 실제적인 개입기술에 관한 내용을 다루었다. 상담 과정별로 상담사가 어떻게 질문하고 개입해야 하는지를 사례를 통해 보여 주고자 했다. 상담의 각 단계나 장면에서 정서적·인지적·행동적인 변화를 가져오기 위해 어떻게 개입해야 하는지를 체계적인 방식으로 제시하고자 하였다.

어떤 어려운 길을 걷는 여행자라 하더라도 목적지가 어디이며, 어느 길을 통해 거기에 다다를 수 있는지를 알고, 그 길을 걸어갈 만한 적정 수준의 힘만 있다면 크게 염려할 것이 없다. 그런 점에서 상담 역시 같다고 할 수 있다. 내담자가 어떤 어려움을 호소하더라도 상담사가 그 다음에 걸어야 할 길이 어디인지를 짐작할 수 있다면 좀 더 안전하고 편안한 여행이 될 것이다. 그 길이 일목요연하고 분명한 것이 아니라 하더라도, 내담자의 현재 수준과 상황, 상담 관계의 모든 요소를 고려해서 다음에 가야 할 길을 가늠할 수 있다면, 상담사로 살아가는 일이 이전보다는 훨씬 가볍고 안전하며 행복한 일이 될 것이다. 모쪼록 이 책이 많은 노력과 시간, 비용을 들이고도 자칫 자신감을 잃기 쉬운 초심상담사들을 성장의 길로 안내하는 좋은 길잡이가 되기를 기대해 본다.

이 책을 완성하는 데 도와준 사람들이 참 많다.

이 책은 필자가 상담하면서 고민했던 것을 기초로 '상담사들이 현장에서 가장 필요로 한 것이 무엇인가?'라는 요구조사와 그 응답을 기반으로 구성되었는데, 요구조사에 응답해 주신 100여 분의 상담사에게 감사하다는 말씀을 전하고 싶다. 그리고 시간을 할애하여 초고를 읽은 후 진술한 느낌을 나누어 주신 다리꿈 인턴·레지던트 선생님들께도 감사를 전한다. 이분들의 피드백으로 이 책의 내용이 상담수련생 및 상담사들에게 어떻게 전달될지에 대해 가늠할 수 있었다. 많은 분께서 의견을 주셨지만 문윤희, 김미영 선생님께 특별한 감사를 드린다. 일일이 나열하지는 못하지만, 책의 내용에 대해 의견을 주셨던 다른 많은 상담 선생님께도 감사의 빚을 졌다. 이분들의 의견이 이 책의 방향과 내용을 다듬는 가장 귀한 가늠자가 되어 주었다. 제6장과 제14장에서 공감의 내용 일부를 냉철하고 주의 깊게 원고를 읽고 귀중한 피드백과 제안을 주신 김선영, 강명수 박사님, 원고 시작부터 마치는 과정까지 각 장의 내용을 꼼꼼히 살펴봐 주고 격려해 주신 이헌주, 이은미, 서은숙, 조성희 박사님께도 감사의 마음을 전한다. 이분들의 도움으로 생각을 명확히 할 수 있었고 내용을 명료하게 정리할 수 있었다. 책을 시작하도록 힘을 주었고, 처음부터 끝까지 교정을 도와주어 편안한 마음으로 집필에 집중할 수 있게 해 주신 한혜영 선생님에게도 감사를 전한다.

모든 교육자가 느끼는 것이겠지만, 필자에게 슈퍼비전을 받았던 교육생들에게 느끼는 감사 또한 무척 크다. 다리꿈에서 수련하는 선생님뿐만 아니라 청소년상담복지센터, 건강가정지원센터, 각 시ㆍ도 교육청 및 대학교에서 상담하면서 먼 길을 마다 않고 찾아와 고민을 나누어 주신 선생님들 덕분에 동료 상담사이자 슈퍼바이저로서 상담에 대해 더 깊이 고민하고 분투하며, 이분들과의 상호작용으로 상담에 대한 고민과 이해의 뿌리를 상담현장 중심에 둘 수 있었다.

자신의 경험을 이 책의 자료로 사용하도록 허락해 주신 분들께 느끼는 큰 감사를 말로 표현할 수 없다. 이분들의 기여로 상담현장의 좀 더 생생한 모습과 고민을 담는 것이 가능했다.

곁에서 정서적인 지지를 해 주었을 뿐만 아니라 영감의 원천이 되어 주고, 책을 집필할 동안 묵묵히 참아 주고 함께 하며 격려를 아끼지 않은 가족에게도 감사하다.

마지막으로 이 책이 나올 수 있도록 도와주신 학지사의 김진환 사장님과 편집부 이영봉 과장님을 비롯한 관계자분들께 감사드린다.

2021년 1월
김형숙

추천사

추천사 1

코로나19로 인하여 모두가 힘든 시기를 보내고 있다. 언제 끝날 지 모르는 암울한 삶의 환경 가운데 절망의 복판을 지나는 사람들에게 '지치고 상처 입고 구멍 난 마음'을 안아 주고 담아 주는 사람들이 이 시대의 많은 의료인과 함께 진정한 영웅이 아닐까 생각해 보는 요즈음이다. 그러나 남의 고통을 담아 낸다는 말은 그렇게 쉬운 일이 아니다. 코로나 바이러스가 숙주를 필요로 하듯 모든 어려운 마음이 치료되기 위해서는 고통을 함께 담아 주는 건강한 숙주가 필요하기 때문이다. 그러나 숙주가 되는 길은 참으로 험난한 일이다. 먼저 자신이 건강하고 넉넉한 그릇이 되는가를 끊임없이 성찰해야 보아야 하고, 그 기술과 기법에 있어서도 늘 수련을 해야 하는 쉼 없는 자기 발전의 길이 요청되기 때문이다. 이번에 학지사에서 나온 이 책은 그러한 과정의 길잡이가 되는 아주 효과적이고 뛰어난 책이다. 상담의 현장에서 건강한 숙주가 되어 가는 길을 10여 년 걸어온 김형숙 박사는 연세대학교 연합신학대학원 상담코칭학 전공에서 박사학위를 취득하였고, 기독교 신앙과 심리학의 지혜와 이론들을 이중 언어를 구사하듯 엮어 내며 현장에서의 상담사, 슈퍼바이저, 교육가로서의 길을 성공적으로 걸어온 임상과 이론의 균형감을 가지신 분이다. 자신의 현장 경험들을 상담심리학의 이론들과 함께 엮어서 아주 훌륭한 책을 출간하셨다. 특히 상담의 길에서 방향을 잃었다고 생각하는 분이나 상담의 입문에 관심을 가진 분들에게 일독을 권하며 김형숙 박사의 지도교수로서 기쁜 마음으로 추천하는 바이다.

연세대학교 연합신학대학원 상담코칭학 교수

정석환

추천사 2

상담을 받으려는 수요보다 상담사가 되고자 하는 수요가 많을 정도로 우리나라에서 상담사는 많은 사람에게 매력적인 직업이다. 상담이 자신과 가족을 이해하는 차원에서는 흥미롭고 재미있다. 하지만 상담을 직업으로 준비한다면 문제는 달라진다. 왜일까? 아마도 이론적인 학문이 아니라 현장에서 내담자를 직접 만나고 내담자의 문제와 씨름하면서 일정한 상담 기간을 같이 간다는 상담의 특성과 관련이 있을 것이다. 상담은 일정한 기간 안에 내담자의 호소문제가 해결되거나 내담자의 관점이 바뀌든가 하는 어떠한 변화가 일어나는 과정이기 때문이다. 친구나 가족이면 그냥 이야기를 들어 주고 충고해 주면 되는데 상담사는 계약관계의 거리를 유지하면서도 내담자의 가장 아픈 삶의 지점을 공유하고 힘든 것을 공감해야 하는 역설적인 관계이다. 상담사가 갖추어야 하는 세 영역 모두는 시간이 걸리며 전문적인 자질은 실제로 상담을 진행하면서 함양된다.

어떤 직업군에 들어와 2~3년차가 되면 그 직종에 대해 개략적인 이해와 적용을 할 수 있을 것이다. 그러나 상대적으로 상담의 분야는 다르다. 많은 이는 여전히 상담사가 되는 길이라든지, 어떤 것을 준비해야 하는지 그리고 상담사는 이후 어떤 일을 하는지에 대해 어려움을 느낀다. 상담사는 내담자가 가진 문제를 규명하고, 원인이 무엇이며, 개입과정을 알아야 하는 방대한 분량의 공부를 해야 할 때 이러한 정보가 씨줄과 날줄로 꿰어 있지 않아 혼란스러워한다. 만약 상담의 길에 들어선 사람이라면 상담이라는 직업군이 얼마나 복잡한 커리큘럼으로 이루어져 있는지 충분히 알 것이다.

이 책은 상담을 처음 시작하는 초심상담사와 이미 상담을 하고 있는 상담사 모두에게 유용한 책이다. 접수면접부터 상담초기, 상담중기, 상담종결, 사후상담 과정에서 상담을 어떻게 진행하는가, 상담사의 역할은 무엇인가가 사례로 제시되어 있어 초심상담사에게는 상담의 방향을 알 수 있게 하는 길잡이 역할을 할 것이고, 이미 상담을 하고 있는 상담사에게는 상담의 교착점에 있을 때 '내가 과연 상담을 잘하고 있나'를 상담 과정별 체크리스트와 질문을 통해 확인할 수 있게끔 안내할 것이다. 즉, 상담 과정에서 생길 수 있는 여러 가지 문제와 이슈에 대한 구체적인 해결 방법들을 제시하여 상담사로서 필요한 '너트'와 '볼트'를 사례와 함께 제공해 주고 있다.

이 책의 내용은 구체적이고 실용적이다. 인간의 마음에 관심이 생기고 그러한 관심이 더 확장되어 상담사로서의 꿈을 갖게 된 이부터 현직에 있는 상담사까지 이 책을 통해 충분한 기본기를 익힐 수 있으리라 확신한다.

예전에 배가 너무 고파 나 혼자 어느 한식집을 찾은 적이 있다. 혼자 앉아도 되나 눈치를 보았다. 괜찮다고 하시니 얼른 먹고 일어날 참이었다. 그러나 나는 양질의 반찬과 따뜻한 밥 그리고 정갈한 국이 내 앞에 차려지는 것을 보며 그 손길이 너무나 고마웠다. 평소에 상담사로서 궁금했으나 아무도 가르쳐 주지 않았던 허기를 느끼는 이는 이 책의 각 장을 넘기면서 그 허기를 채워 나갈 수 있으리라 믿는다.

이 책의 제목에는 '내비게이션'이 있다. 정말 잘 지은 이름이다. 모르는 길을 갈 때 내비게이션이 있는 것과 없는 것에는 커다란 차이가 있다. 길을 잘 알지 못한 채 일단 시동을 건 진정한 모험가들에게 이 책이 가장 훌륭한 내비게이션이 될 수 있으리라 믿는다.

연세대학교 상담코칭학과 교수, 전 한국상담심리학회 학회장

유영권

추천사 3

2015년부터 상담 분야가 고용노동부 국가직무능력표준안(NCS) 분류체계하 사회복지(중분류)에서 분리되어 독자적인 중분류 항목으로 분류됨에 따라 심리상담은 노동시장에서 새로운 직업군으로 자리 잡을 수 있게 되었다. 이에 국내 노동시장의 수요와 공급을 반영하는 정책에 주요 고려대상이 될 수 있을 만큼 상담사들의 활동영역이 확장되고 있고, 일반 대중에게도 상담은 사회 전반에 필요한 서비스로 자리매김해 가고 있다. 특히나 2020년 코로나19 감염병의 대유행으로 인해 전 세계적인 위기가 개인의 심리에 지대한 영향을 주고 있고, 삶의 반경이 제한됨에 따라 우울과 불안 등 정서적인 어려움이 증가하여 상담의 필요성이 더욱더 절실해지고 있는 이 시기에 이 책의 출간은 매우 시의적절한 것이라 생각한다.

이 책은 상담을 처음 시작하는 상담사가 상담의 방향을 잡고 상담을 좀 더 자신 있게 진행해 나갈 수 있도록 도와주는 실질적인 길잡이이자 이미 상담을 진행 중인 상담사들이 상담의 방향을 잃어 갈팡질팡할 때, 무엇이 잘못되었는지를 알고, 상담개입의 방향을 가늠할 수 있게끔 하는 안내서이다. 추천자는 이 책에서 저자 김형숙 박사님이 20여 년 동안 현장에서 축적해 온 임상경험을 펼쳐 내어 상담사에게 필요한 것을 현장의 목소리로 담아내려고 노력한 흔적이 각 장마다 녹아 있음을 충분히 느낄 수 있었다.

특히 상담사들이 매일 접하지만 놓치기 쉬운 상담사례보고서와 상담일지를 문서암호화해서 전산으로 내담자의 서류를 철저히 관리하는 방법부터 내담자를 연계하는 방법까지 자세하게 안내되어 있는 점이 인상적이다. 상담현장에서 매 회기 부딪히는 상담관리와 운영 핵심이 드러나도록 단계별로 접수면접 및 첫 회기 상담을 제시하고, 상담사가 해야 할 역할이 무엇인지를 상세히 소개하고 있어 누구나 상담현장에서 바로 사용할 수 있도록 되어 있는 점이 높이 평가할 만하다. 또한 상담중기와 상담종결 및 추수상담 과정에도 상담사의 발달단계별로 내담자에 대한 적절한 개입방법이 사례를 통해 구체적으로 제시되어 있다. 이러한 단계적인 상담 과정은 상담사가 어떤 이론을 선호하든 어떤 현장의 상담사이든지에 상관없이 상담출발부터 상담종결까지의 각 과정마다 나타나는 특징과 딜레마를 사례예시를 들어서 친절하게 설명하고 있다.

상담은 충분한 시간과 시행착오가 필요불가결하게 동반되는 길고 긴 훈습(薰習)의 과정이라고 말한다. 상담사로서 상담을 할수록 상담이 어렵다고 느끼거나 진행 방법에 대한 남모를 고민을 하고 있다면 이 책을 통해 충분한 기본기를 익힐 수 있을 것이며, 상담 방향에 대한 갈증과 딜레마를 느끼는 상담사라면 상담사로서의 오랜 목마름을 채워 나갈 수 있으리라 확신한다.

이 책의 제목은 『초심상담사를 위한 상담 내비게이션』이다. 제목만 들어도 여러 상담 전문가가 관심 있게 차례를 들추게 될 것 같다. 특히나 상담수련을 막 시작한 예비상담사, 상담진행에 확신이 없는 초심상담사, 상담을 체계적으로 진행하고 싶은 모든 상담사에게 이 책을 적극적으로 추천한다. 이 책의 내비게이션을 따라가다 보면 상담사로서 가지는 '두려움은 적게' 하지만 '유능감은 좀 더' 가지면서 전문상담사의 긴 여정의 길을 안전하게 갈 수 있을 것이라고 믿는다. 내비게이션을 따라가는 여러분의 상담 여정을 응원한다.

연세대학교 상담코칭학과 교수, 한국상담진흥협회 회장, 『치유하는 인간』 저자
권수영

차례

제3부 상담의 개입기법

제15장 이론별 개입기법 • 409

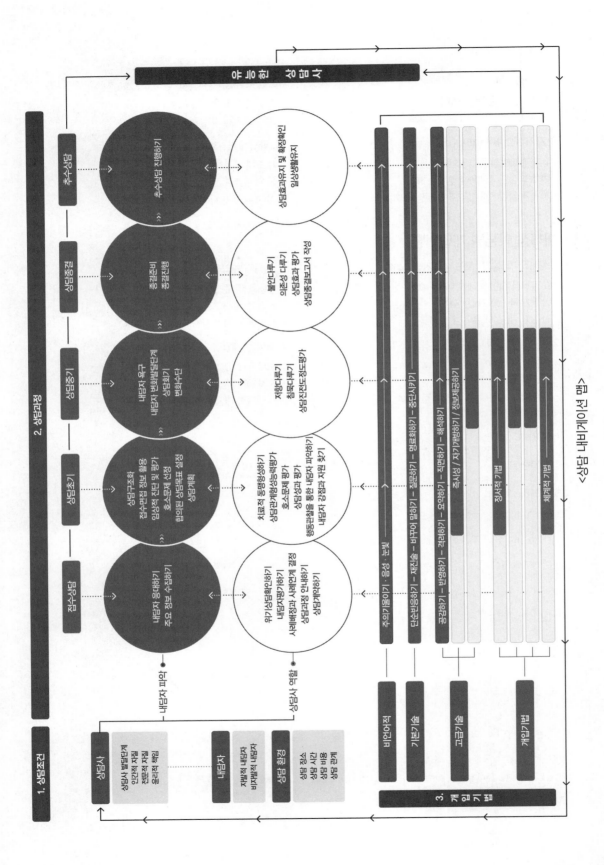

유능한 상담사

1. 상담조건

2. 상담과정

접수상담 — **상담초기** — **상담중기** — **상담종결** — **추수상담**

- 내담자 응대하기
  주요 정보 수집하기
- 상담구조화
  접수면접 정보 활용
  임상적 진단 및 평가
  호소문제 선정
  합의된 상담목표 설정
  상담계획
- 내담자 욕구
  내담자 변화의 단계
  상담하기
  변화수단
- 종결준비
  종결진행
- 추수상담 진행하기

- 위기(상담화)인하기
  내담자평가하기
  사례배정과 사례연계 결정
  상담과정 안내하기
  상담계약하기
- 자료적 통화행성하기
  상담관계형성능력평가
  호소문제 평가
  상담성과 평가
  행동관찰을 통한 내담자 파악하기
  내담자 강점과 자원 찾기
- 자형다루기
  침묵다루기
  상담진전도평가
- 불안다루기
  이론성 다루기
  상담효과 평가
  상담종결보고서 작성
- 상담효과유지 및 확장확인
  일상생활유지

내담자 파악

상담사 역할

상담사
상담사 발달단계
인간적 자질
전문적 자질
윤리적 책임

내담자
자발적 내담자
비자발적 내담자

상담환경
상담 장소
상담 시간
상담 비용
상담 관계

3. 개입기법

- **비언어적**
  주의기울이기 · 음성 · 눈빛
- **기본기술**
  단순반응하기 — 재진술 — 바꾸어 말하기 — 질문하기 — 명료화하기 — 중단시키기
- **고급기술**
  공감하기 — 반영하기 — 격려하기 — 요약하기 — 직면하기 — 해석하기
  즉시성 / 자기개방하기 / 정보제공하기
  정서적 기법
- **개입기법**
  체계적 기법

<상담 내비게이션 맵>

상담의 개입기법

상담의 과정

상담의 조건

제1부
상담의 조건

상담이란 무엇인가?

상담은 조력을 제공하는 과정이다. 어떤 조력을 제공하는가? 정신건강 전문가가 수행하는 전문 심리상담을 제공한다. 이를 위해 그들에게 필요한 전문지식, 대인기술, 성취할 만한 목표를 설정하여 상황을 개선하도록 지원한다. 이 책에서는 전문상담과 상담을 같은 의미로 사용하며, 심리치료 혹은 치료라는 용어도 같은 의미로 동일 과정을 지칭한다. 다만 시중에서 말하는 신용 상담사, 투자 상담사, 캠프 상담사, 은퇴 상담사 등과 같은 명칭과는 구별된 심리상담임을 밝힌다(Hackney & Bernard, 2017/2019).

상담이 이루어지기 위해서는 세 가지 조건이 필요하다. 첫째, 도움받기를 원하는 사람, 둘째, 도움을 줄 수 있는 전문적 능력이 있거나 훈련을 받은 사람, 셋째, 도움을 주거나 받는 것이 허용된 공간이다. 조건 중 첫째에 해당하는 사람을 내담자라고 한다. 스스로 해결할 수 없는 심리적 문제나 장애를 지니고 전문적 도움을 요청하는 사람이다. 도움을 주려고 하는 사람을 상담사[1]라고 한다. 이들은 자신의 욕구나 방식에 따라 도움을 주는 것이 아니라 잘 학습되고 훈련된 전문적인 방식으로 도움을 줄 수 있어야 한다. 상담이 이루어지기 위한 셋째 조건이 무엇인지에 대해서는 학자마다 의견이 다르다. 어떤 사람들은 상담사와 내담자가 만나는 물리적인 환경을 강조하지만, 공간적 장소보다는 상담사와 내담자 간의 관계를 강조하는 이들도 있다(Heaton, 1998/2006). 이 책에서는 이 둘을 포괄하는 관점을 취한다. 안정된 공간의 뒷받침 없이 상담 관계가 튼튼히 형성될 리 만무하고, 튼튼한 관계가 없는 상담 공간은 그 자체로 공허할 것이기 때문이다. 이제 상담의 조건에 대해 하나씩 자세히 살펴보자.

---

1) 우리나라에서 상담사로 일하는 사람은 다양하다. 상담사 집단에는 특수 상담기관에서 단기교육을 받은 자원봉사 상담사부터 대학 혹은 대학원에서 상담학 혹은 심리학을 전공하여 2년 이상의 교육과 실습, 훈련을 받으며 전문적인 상담 실무자 과정을 밟고 있는 사람들까지 모두를 상담사라 부른다. 누군가를 대면하고 지도함으로써 자의 또는 타의에 의해서 상담사의 역할을 할 수밖에 없는 이들도 있다. Egan(2002)은 이들을 '비공식적 상담사'라고 하였으며, 교사, 종교지도자, 사회사업가, 사회복지기관근무자, 의사, 법률가 등이 여기에 해당한다. 이들은 사람을 대면하는 직업 때문에 상담학이라는 학문을 공부하지 않아도 자연스럽게 상담활동을 하고 있다.

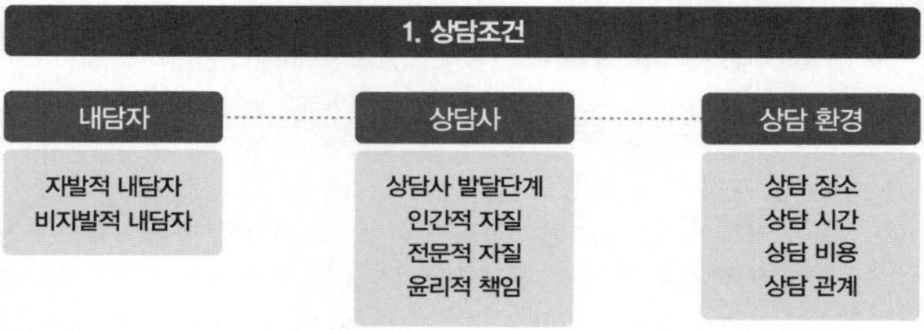

1. 상담조건		
내담자	**상담사**	**상담 환경**
자발적 내담자 비자발적 내담자	상담사 발달단계 인간적 자질 전문적 자질 윤리적 책임	상담 장소 상담 시간 상담 비용 상담 관계

[그림 1-1] 상담조건

제1장 ◉
상담사의 역량과 자질

상담사가 되어 가는 과정은 안전하고 편안한 '집'을 짓는 과정에 빗대어 볼 수 있다. 상담사는 전문적인 훈련을 거쳐 심리적으로 어려움이 있는 내담자를 품을 수 있는 '집'으로 거듭나게 된다. 상담사가 원하는 집을 건축하기 위해서는 다음 네 가지의 과정이 필요하다.

첫째, 집을 짓기 위해서 상담사는 자신이 가진 자원들을 파악해야 한다. 이는 집을 짓기 위해 좋은 목재와 건축 자재들을 준비하는 것과 같다. 상담사는 현재 자신의 수준을 분명하게 확인하고 파악하는 것부터 준비를 시작할 수 있다. 이를테면, 상담사 발달단계에 대한 연구들을 활용하여 자신의 **발달수준을 가늠하는** 것부터 시작할 수 있다.

둘째, 집의 내부를 짓는 기술도 필요하다. 상담사의 인간적 자질의 성숙도가 필요하다는 뜻이다. 인간에 대한 애정과 고통에 대한 깊은 관심, 자기통제 능력, 친밀하고 신뢰할 수 있는 관계형성 능력, 언어적 표현능력, 대인관계 민감성, 도덕성과 윤리의식 등의 자질이 요구된다. 상담사 자신이 어떠한 사람인가를 자각한 후, 성장과 발달을 위해 꾸준히 노력할 수 있는 사람이라야만 상담사로서 안전한 집을 짓고 나아갈 수 있는 것이다.

셋째, 집 전체를 받쳐 줄 외형을 축조하는 건축 기술이 필요하다. 이것은 **전문적인 자질**을 갖추기 위한 기본적인 훈련을 받고 자격을 갖추어 가는 것을 말한다. 이를테면, 임상수련을 통해 인증된 전문상담사 자격증을 취득하는 과정으로 볼 수 있다.

넷째, 건축물이 완공된 이후에도 유지를 위해 끊임없는 관리와 보수를 해 주어야 한다. 마찬가지로, 상담사도 일정한 자격을 취득한 이후에도 전문성 유지를 위해 지속적으로 노력해 나가야 한다. 특히 상담사는 심리적 어려움을 지닌 사람들을 만나기 때문에 심리적으로 소진되기 쉽고, 많은 역전이를 경험할 수 있으므로 스스로 자신을 성찰하면서 그러한 어려움을 처리하는 방법들을 계속하여 훈련해 나가야 한다. 건물을 지었고 건축물대장의 등록까지 완료하여 소유자가 당신이라는 것도 증명이 되었으니 이제 집 안을 가꾸는 일에도 마음을 쏟아야 한다. 이를테면, 상담전문가로서 **윤리적 책무를** 유지하는 과정으로 볼 수 있다.

1. 상담사 발달단계

상담사가 자신의 발달단계를 아는 것은 전문상담사가 되는 과정의 첫 시작이며, 집을 짓기 위한 첫 단계가 된다. 이는 상담사로서 자신의 현재 위치를 아는 것을 말한다. 상담사로서 교육과 임상이 어느 정도인가를 아는 것은 지금부터 집을 어떻게 지을 것인가를 준비하고 예측하고 실행할 것인가의 관점과 같다. 즉, 상담을 진행하기 위한 자신의 역량을 파악하는 지점이다. 예컨대, 상담에 처음 입문하는 사람이 '최고의 상담전문가'라는 큰 집을 지으려고 한다면 힘들 것이다. 처음 집을 짓는 사람이 땅의 임대와 소유, 집의 위치, 집의 크기, 집의 재료, 건축 시기를 고려해서 집 짓기를 하는 것처럼, 초심상담사라면 상담사의 집을 지을 때 어떤 과정들을 통해 전문성을 키울 것인지 고려해야 한다. 예컨대, 다음의 사항들을 먼저 고려해 보아야 한다.

- 어떤 학회에 소속될 것인가? 그 학회는 전문성을 가졌나?
- 상담사 수련 과정은 어떻게 구성되어 있는가?
- 전문가가 되기까지 얼마만큼의 시간을 수련해야 하는가?

효과적인 상담을 위해서는 상담사 자신이 무엇을 준비해야 하고, 무엇이 부족한지를 알 수 있어야 한다. 상담사로서 자신이 어떤 발달단계에 와 있는지를 파악하고, 다음 단계로의 성장을 위해 어떤 수련을 받아야 할지에 대해서도 그림을 그려 볼 수 있어야 한다. 상담사의 훈련을 담당하는 슈퍼바이저 역시 이와 같은 내용을 잘 알고 있는 것이 좋다. 그래야 상담사의 발달단계에 맞는 교육 내용과 방법을 제공할 수 있기 때문이다. 상담사 발달단계 및 그에 따른 성장 과제는 다음과 같다.

1) 상담사 발달단계

상담사 발달단계란, 상담사가 일련의 연속적이고 위계적인 단계로 성장해 나가는 존재라는 관점을 지닌 학자들이 구안한 개념이다. 상담사를 개인 수준과 전문적 수준에서 점진적으로 발달해 가는 존재로 보고, 상담사가 성장해 가는 과정에서 보이는 특징들을 몇 개의 범주로 묶어 단계화하여 상담사의 발달단계를 구분한다(심흥섭, 1998).

상담사의 성장은 상담에 필요한 상담기술 숙련 및 상담사로서의 인간적 자질을 키우는 두 가지 측면에서 이루어진다. 이는 상담사 전 생애에 걸쳐 진행되는데, 일련의 연속적 발달 선상에서 상담사가 지니는 있는 특징들을 단계화한 것이 상담사 발달수준 척도이다. Skovholt와 Ronnestad(1992)는 상담사의 전문성도 인간의 발달과정과 유사하게 일련의 발달단계를 거쳐 체계적·구조적으로 변화한다고 말했다. 상담사들은 심리상담 교육과 임상훈련을 받은 정도에 따라 임상경험 수준, 상담기술 숙련도, 사례보고 능력 등이 각각 다르게 성장하는데, 상담사 발달수준이란 이런 전문성의 성장 수준을 의미한다. 이는 상담사 교육에 있어서 수련상담사의 심리상담 서비스의 종류와 방식을 결정하는 기준이 되기도 한다(심흥섭, 1998).

상담사 입장에서는 자신의 발달수준을 잘 알게 되면 현재 자신에게 준비되어 있는 부분과 앞으로 더 보완되어야 할 부분들을 잘 분별할 수 있다. 또한 상담사로서 직면하고 있는 어려움 중 상담사 개인의 특징과 전문적 자질 부족에서 생긴 어려움을 구별하게 됨으로써 향후 필요한 교육 내용을 결정하는 데에도 도움을 얻을 수 있다. 그러한 면에서 발달수준을 아는 것은 상담사 자신을 이해하고 수용하는 데에도 도움을 준다.

초심상담사는 내담자가 가지고 오는 다양한 문제들로 도전받을 때 불안감, 그리고 상담사로서 자신감 상실을 경험하게 된다. 이때 이런 어려움이 초보적 발달단계에 있는 상담사라면 누구나 겪는 보편적인 문제라는 점을 알게 되면 불필요한 불안과 자신감 상실로 인한 어려움을 줄일 수 있다. 자책을 하는 것이 아니라 내담자에게 적절한 상담개입과 기술을 찾아 준비하는 데 집중하면 보다 빠르게 심리적 어려움을 극복할 수 있다.

이러한 점에서 상담사가 자신의 발달수준을 이해하는 것은 전문상담사로 가는 과정에서 상담사의 자기 이해와 상담기술 연마에도 도움이 된다. 그러므로 상담사 발달수준에 대한 이해는 훈련 중에 있는 상담사라면 꼭 알아 둘 필요가 있다.

상담사 발달수준은 학자들에 따라 다양한 개념에 초점을 두고 구분되고 연구되었다. 대표적으로 많이 사용되는 모델로는 Stoltenberg(1981)의 상담사 복합모형(Counselor Complexity Model), Stoltenberg와 Delworth(1987)의 통합발달 모형(Integrated Developmental Model: IDM), Skovholt와 Ronnestad(1992)의 상담사 발달 모형 등이 있다(유영권, 2019). 필자는 상담사 발달단계와 관련하여 서구의 여러 학자들의 발달모형에 추가적으로 한국적인 특성을 고려한 심흥섭(1998)의 모형을 사용한다.

2) 상담사 발달수준 확인하기

상담사가 자신의 발달수준 위치를 확인하기 위해서 심흥섭(1998)이 개발한 상담사 발달수준 척도(Korean Counselor Level Questionnaire: KCLQ)를 사용할 수 있다. 이 척도는 상담사의 발달수준을 다섯 개의 하위영역으로 나누어 살펴보도록 구성되어 있다. 그 하위요소는 상담대화 기술(counseling skills and techniques), 사례이해(case conceptualization), 알아차리기(emotional awareness), 상담계획(strategy), 인간적·윤리적 태도이며, 4점 척도로 구성된 총 50문항으로 되어 있다.

(1) 상담사 발달수준 확인하기

상담사 발달수준에 관한 다음의 문항을 읽으며 자신에게 해당하는 척도 점수를 적어 보자.

〈표 1-1〉 상담사 발달수준 척도

상담사 발달수준 척도(KCLQ)

1	2	3	4
상당히 일치하지 않는다.	다소 일치하지 않는다.	다소 일치한다.	상당히 일치한다.

내용	1	2	3	4
1. 내담자 말의 내용을 정확히 반영한다.				
2. 내담자 행동 변화를 위하여 특정한 계획을 세운다.				
3. 내담자에게 평가적이거나 판단적이지 않은 태도를 유지한다.				
4. 내담자의 대인관계 양상을 이해한다.				
5. 내담자의 감정을 잘 포착한다.				
6. 내담자가 표현하는 말의 의도를 안다.				
7. 내담자의 핵심 문제를 잘 파악한다.				
8. 내담자와 상담 관계가 잘 형성되어 있다.				
9. 내담자의 내적 상황을 잘 감지한다.				
10. 내담자의 증상을 잘 파악한다.				
11. 내담자를 자신 있게 대한다.				
12. 내담자 말에서 중요한 주제를 잘 따라간다.				

13. 내담자 변화를 잘 알아차린다.				
14. 내담자가 상담에서 원하는 것이 무엇인지를 잘 안다.				
15. 내담자의 증상을 잘 파악한다.				
16. 적절한 시기에 개입한다.				
17. 내담자를 쉽게 포기하지 않는다.				
18. 내담자에게서 나온 자료를 종합하여 내담자를 이해한다.				
19. 상담사가 내담자에게 미치는 영향을 안다.				
20. 상담사 말의 의도가 분명하게 표현된다.				
21. 내담자에게 진실하고 솔직하다.				
22. 내담자가 자기를 탐색할 수 있게 대화를 이끈다.				
23. 내담자 증상이 어떻게 형성되고 유지되는지 안다.				
24. 상담을 짜임새 있게 이끈다.				
25. 대화의 맥락이 자연스럽다.				
26. 바람직한 내담자의 행동을 강화해 준다.				
27. 내담자를 바라보는 시각에 긍정적인 면이 있다.				
28. 내담자가 얘기하는 것의 이면이 드러날 수 있도록 묻는다.				
29. 공감 표현을 잘한다.				
30. 상담목표와 일치하는 기법과 그렇지 않은 기법을 분별해서 사용한다.				
31. 내담자 문제를 다루는 데 우선순위를 정하여 접근한다.				
32. 상담 목적을 분명히 잡고 상담을 이끌어 간다.				
33. 지금 여기에서 내담자 감정에 대한 언급을 잘한다.				
34. 내담자와 상담목표를 합의한다.				
35. 내담자 대화에서 드러난 것의 이면을 본다.				
36. 내담자를 한 인간으로 좋아한다.				
37. 내담자 이야기를 잘 들어 준다.				
38. 내담자의 사회적 지지 체제를 본다.				
39. 내담자 문제에 가려진 내담자의 성장 가능성을 본다.				
40. 문제해결의 대안이 적절하거나 다양하다.				
41. 내담자에 대한 평가(assessment)가 폭넓다.				
42. 내담자 말의 모호한 부분이 구체적으로 드러나게 묻는다.				
43. 상담상황에서 자신이 하고 있는 것을 잘 본다.				
44. 내담자의 진술을 간결하고 명료하게 요약한다.				
45. 중요한 치료기법들을 제대로 사용한다.				
46. 내담자 변화를 내담자가 인지하게 한다.				
47. 내담자가 상담사에게 주는 피드백을 자연스럽게 받아들인다.				
48. 내담자 순간순간의 마음을 잘 잡는다.				
49. 내담자의 시점에서 상담하게 된 동기를 이해한다.				
50. 내담자의 장점과 약점을 있는 그대로 본다.				

심흥섭(1998), pp. 76-77.

(2) 상담사 발달수준 하위영역 개념 채점하기

〈표 1-2〉의 해당 문항에 표기된 숫자를 합산해서 영역별 상담사의 발달수준을 확인한다.

〈표 1-2〉 상담사 발달수준 하위영역 개념

영역			나의 점수
상담대화 기술	내용	내담자 말의 내용을 정확히 반영한다. 내담자의 진술을 간결하고 명료하게 요약한다.	
	문항번호	1, 12, 20, 22, 25, 28, 29, 37, 42, 44	
알아차리기	내용	내담자의 심리내적 상황을 잘 감지한다.	
	문항번호	5, 6, 9, 13, 19, 33, 35, 43, 48	
사례이해	내용	내담자의 증상이 어떻게 형성되고 유지되어 왔는지 안다.	
	문항번호	4, 7, 10, 14, 15, 18, 23, 38, 41, 49, 50	
상담계획	내용	내담자의 호소문제 해결을 위하여 상담계획을 세운다.	
	문항번호	2, 16, 24, 26, 30, 31, 32, 34, 40, 45, 46	
인간적 · 윤리적 태도	내용	내담자에게 평가적이거나 판단적이지 않은 태도를 유지한다.	
	문항번호	3, 8, 11, 17, 21, 27, 36, 39, 47	

(3) 현재 상담사 발달영역을 확인하기

최저 50점에서 최고 200점으로 점수가 높을수록 숙련된 상담사로 평가한다. 각 척도지의 점수를 합한 총점을 보고 각 영역별로 초보 상담사, 중간 상담사, 숙련 상담사의 세 단계로 분류하여 자신의 수준을 점검해 볼 수 있다. 점수의 총합은 '자기 발전 및 평가'를 위한 성찰 도구로 사용하는 것이 좋으며, 점수에 의한 수준 변별에 너무 큰 의미를 두지 않는 것이 좋다.

〈표 1-3〉 점수별 상담사 발달수준

점수의 합	상담사 발달단계
척도지의 점수 합 평균이 126점 정도	초보 상담사
척도지의 점수 합 평균이 135점 정도	중간 상담사
척도지의 점수 합 평균이 145점 정도	숙련 상담사

출처: 심흥섭(1998).

3) 상담사 발달수준 하위영역별 내용

상담사 발달단계별 문항 구성은 〈표 1-1〉과 같으며, 각 문항을 구성하는 하위영역 개념들의 구체적 내용은 다음과 같다(심흥섭, 1998).

(1) 상담대화 기술

상담대화 기술에는 다음 세 가지가 포함된다.

첫째, 음성 언어 청취 및 이해 기술이다. 상담대화는 음성 언어(verbal language)와 비음성 언어(nonverbal language)로 이루어진다. 음성 언어 청취 및 이해 기술은 내담자가 하는 말의 내용, 억양이나 어조의 변화 등을 알아차리고 의미를 이해하는 상담사의 능력을 말한다.

둘째, 표현 및 전달 기술이다. 상담사가 내담자에게 음성 언어를 사용해서 의사를 전달하는 능력이다. 예를 들면, 요약, 감정 반영, 명료화, 질문, 위로 등 상담사 언어로 표현하는 기술을 말한다. 여기에는 목소리 크기나 어조를 조절하는 능력도 포함된다.

셋째, 비음성 언어 감지 및 이해 기술이다. 비음성 언어는 내담자의 표정, 자세, 움직임 등을 감지하고 그 의미를 아는 능력이다. 상담사는 이를 정확하게 파악할 수 있어야 할 뿐만 아니라 비음성 언어를 활용하여 적절하게 반응할 수도 있어야 한다. 이 내용은 이 책의 제12장에서 자세히 다루고 있다.

(2) 알아차리기

알아차림(awareness)은 핵심 메시지, 내담자 상태, 상담사 상태, 상담사와 내담자의 상호작용 과정에 대한 자각능력을 말한다.

첫째, 핵심 메시지 알아차리기이다. 내담자가 상담사에게 보내는 각종 정보의 내용뿐만 아니라 그 의미까지 알아차리는 능력을 말한다.

둘째, 내담자의 상태 알아차리기이다. 내담자의 감정상태, 생각, 의도 등을 알아차리는 능력으로, 이것을 기초로 상담사는 내담자를 공감하고 반영할 수 있다.

셋째, 상담사의 상태 알아차리기이다. 상담사가 상담 과정 중 상담사의 내면에서 일어나는 감정, 생각, 의도, 의문, 감각 등을 알아차리는 것을 말한다.

학회의 공식적인 보고서 양식에는 각 회기별로 상담사의 'reflection' 혹은 상담사평가,

회기평가를 쓰도록 되어 있는데(한국가족치료학회, 2020; 한국기독교상담심리학회, 2020; 한국 목회상담협회, 2020; 한국상담심리학회, 2020; 한국상담학회 2020), 이것은 상담사 자신의 상태를 알아차리는 것이 효과적인 상담을 하는 데에 매우 중요한 부분이라는 점을 시사한다.

넷째, 상담사와 내담자의 상호작용 과정이다. 상담사와 내담자의 상호작용 알아차림 은 상담 과정 중 상담사와 내담자 사이에 일어나는 전이, 역전이뿐만 아니라 부수적으로 나타나는 다양한 현상을 알아차리고 이해하는 능력이다. 상담사 수준이 향상되면 상담사와 내담자의 표면적인 상호작용 과정도 알아차리지만 그것과 병행하여 나타나는 여러 과정을 통해 내면의 깊은 수준에서 일어나는 상호작용의 내용도 알아차리게 된다. 이 내용은 제12~14장에서 자세히 다루고 있다.

(3) 사례이해

사례이해는 내담자의 문제진단 및 내담자 성격진단과 이론에 근거해서 설명하는 것을 말한다. 첫째, 내담자의 문제를 진단하고, 이론적·역동적으로 설명하며, 내담자 성격을 진단하는 것이 이 영역에 포함된다. 둘째, 내담자의 문제를 이론에 근거해서 설명하기이다. 내담자에 대한 진단과 그 진단의 이론적 근거 설명 체계를 말한다. 이 책에서는 이론에 근거해서 설명하는 부분을 별도로 다루지 않는다. 이 부분은 해당 이론에 대한 책을 참고하길 바란다. 다만 내담자의 문제진단에 대한 영역은 제6장에서 다루고 있다.

(4) 상담계획

상담계획은 내담자에 대한 진단과 이론적 설명체계를 기초로 상담목표를 수립하고 그에 적합한 상담계획을 세우고 개입하는 것이다. 즉, 상담사가 진단 및 개입에 관한 지식이 있고 실제 수행능력이 있는가를 말한다. 이 책에서는 상담목표와 상담계획 과정이 제6장과 제7장에서 자세하게 기술되어 있다. 상담목표에 적합한 상담계획을 세우고 개입하는 것은 제15장에서 정서적·인지적·행동적·체계적 개입전략으로 설명되어 있다.

(5) 인간적·윤리적 태도

상담사 전문성에는 전문성과 관련된 법 규정에 관한 지식, 전문적 태도와 행동이 포함된다. 첫째, 전문성 지식이다. 여기에서 전문가 자격증 제도, 자격에 따른 권리와 의무,

의무를 지키지 않은 데 대한 징벌사항 등은 전문성과 관련된 법 규정 내용에 해당한다. 제1장의 3절에서 상담사 자격증 제도의 필요성과 과정을 자세하게 기술하고 있다.

둘째, 전문적 태도와 행동이다. 전문적 태도와 행동에 관련된 내용으로는 내담자의 복지를 우선으로 여기는 태도, 윤리적 및 법적 갈등상황에서 합리적 판단을 할 수 있는 능력, 동료 전문가와의 인간관계, 전문 학술단체에의 참여, 전문성 향상을 위한 연구, 연수 활동을 들 수 있다. 이는 제1장의 4절 '상담사의 윤리적 책무'에서 다루었다.

4) 상담사 발달과정에서 나타난 상담사의 고민

상담사는 타고나는가, 학습되는 것인가에 관한 두 가지 논쟁이 있어 왔다. 한 입장은 이미 상담사로서의 자질을 가지고 있는 잠재적 상담사라 할지라도 전문적 기술을 연마해서 내담자에 따라 선별적으로 활용하는 법을 배워야 한다는 것이다. 다른 입장은 상담사가 상담 기술에 대해 어떤 교육을 얼마나 받는가보다는 타고난 자질이 어떠하냐가 상담사로서의 성장에 더 큰 영향을 미친다고 보는 입장이다. 대부분의 상담사 훈련 과정은 이러한 두 입장 사이 어딘가에 위치한다. 그러나 필자는 상담 숙련 기술이 상담사의 인성에서 비롯된 것인지 훈련 교육 과정에서 개발되는 것인지에 관한 논쟁을 하기보다는 이것이 꾸준히 **성장하고 발달하는 능력**이라는 점에 더 주목하고자 한다.

어떤 사람은 덜 훈련된 상태에서도 마치 '타고난' 상담사 마냥 자기 역할을 잘 수행하기도 한다. 그런 사람들은 어릴 때부터 조력자 역할을 해 왔을 가능성이 있다. 가족 구성원들도 이들을 갈등 조정자, 촉진자, 이해해 주는 사람, 중재자로 받아들여 왔을 것이다. 이런 역할은 기질과 타인의 기대로부터 나타난다. 민감성, 공감 능력, 그리고 자신감이 시간의 경과와 함께 증가하면서 촉진자로서의 역할을 더 잘 수행하는 사람으로 성장해 간 것으로 볼 수 있다. 이들 중 일부는 가족에서 '영웅' 또는 '과도한 성취자'의 역할을 맡으며 자라기도 한다. 그러나 이런 역할이 전문적인 상담에 언제나 적절한 것은 아니다. 상담사 훈련과정에 들어오는 수련상담사들은 그 과정이 **발달적 경험**이라는 것을 알게 된다(Hackney & Bernard, 2017/2019, pp. 22-23). 훈련 초기에는 조력을 위한 사람됨에 초점이 맞추어지고, 점진적으로 조력자의 인성적 특성으로 훈련의 초점이 향하면서 그 과정은 더욱 상담사 개인적인 것으로 되어 간다. 이후, 상담사 자신보다는 내담자에 대한 생각과 행동의 훈련에 초점이 맞추어지면서 상담사로서의 전문성을 키워 나가게 된다.

마지막으로, 전문적인 지도감독을 통해 내담자를 상담하는 임상 경험과 상담 기술, 인격적 특성들을 통합하기 시작한다.

Loganbill, Hardy와 Delworth(1982)는 상담사의 발달과정에 정체기, 혼란기 그리고 통합기가 포함된다고 제안하였다. 정체기에서는 내담자가 말하는 것을 깊이 듣기보다는 내담자의 기분을 나아지게 하려 노력한다. 혼란기에서는 상담사가 전문적인 상담 기술을 배우지만 상담 과정을 운영하는 데 있어서는 아직 편안함을 느끼지 못한다. 상담사가 스스로에 대해 더 많은 신뢰를 느끼기 시작하고, 상담 과정이 내담자에게 도움이 된다는 것을 알게 되면 이제 통합을 경험하기 시작한다. 상담사 스스로가 자신에 대해 인내할 줄 알며, 피드백에 개방적이고, 실수를 통해서도 무언가를 배울 수 있다는 태도를 가지면 통합에 있어서 성공 확률이 더욱 높아진다.

필자도 성격 유형상 상담사의 타고난 기질은 없다고 본다. 때문에 타고난 자질보다는 경험과 훈련의 중요성에 더욱 공감하는 편이다. 초심상담사 중에 기술적으로나 성격적으로 내담자를 만나 볼 준비가 충분히 되었다고 느끼는 경우가 얼마나 될까? 상담 기술에 대한 학습과 훈련 없이도 그런 자기 확신을 발달시킬 수 있을까? 경험과 학습은 상담사의 전문적 기술 연마를 위해서 필수적으로 거쳐야 하지만 상담사의 개인적 자질 성장을 위해서도 반드시 필요하다. 경험 많은 상담사는 내담자와의 상담을 통해 자신과 삶의 과정에 대해 많은 것을 배운다. 상담현장에서 만나는 내담자는 상담사가 자신의 모습을 여러 면에서 볼 수 있도록 도와주는 거울과 같은 것이다. 상담 경험을 통해 상담사는 상담사 자신의 강점과 한계점을 더 잘 인식하게 된다.

2. 상담사의 인간적 자질

상담사로서 인간적인 자질을 갖추는 것은 집 짓는 과정 중에서 집의 내부를 꾸미는 일과 같다. 집 내부를 꾸미는 일이 단번에 끝나지 않듯 상담사로서 자질을 갖추는 것도 다양한 노력과 끊임없는 성찰이 필요하다. 이를테면, 상담사가 되려는 건전한 동기, 사람들이 호소하는 문제들과 인간에 대한 깊은 이해, 본보기와 치료적 도구가 될 수 있는 능력, 스스로에 대한 이해와 수용력, 타인에 대한 열린 마음, 삶에 대한 진지함과 변화를 위한 용기, 자발성과 독립성, 현실적 감각과 현실에 대한 수용성, 성숙한 대인관계와 사회에 대한 관심 등이 상담사가 갖추어야 할 점들이다. 이러한 기본적인 자질 외에도 상담사의 인간적 자질은 다음과 같다.

1) 상담 동기

상담사는 내담자에게 기꺼이 도움이 되고자 하는 의도를 가지고 있다. 도움을 주고자 하는 의도(intention)와 도움을 주는 사람이 되고 싶은 욕구(need)는 다르다. 많은 상담 입문자가 도움을 주고 싶은 욕구 때문에 상담사가 된다. 이 욕구는 고상한 모습으로 위장되어 나타나는 경우가 많다. 상담사의 욕구에 의해 상담 관계가 진행되면 내담자에게 도움이 되는 것이 아니라 해를 입히는 상담 관계가 된다. 따라서 상담사는 자신의 동기를 분명히 인식하고 개방할 필요가 있다.

모든 사람은 힘, 존중에 대한 욕구를 가지고 있다. 그러나 내담자와의 상호작용을 상담사의 욕구를 충족시키는 통로로 사용하는 것은 부적절하다. 상담사의 동기는 의식적 동기와 무의식적 동기로 나누어 살펴볼 수 있다. 그중 무의식적 동기는 〈표 1-4〉와 같다. 무의식적 동기들은 자각되어 조절되면 **건강한 동기**로 바뀔 수 있다. 그러하지 못할 경우에는 상담 과정에서 다양한 부작용과 역효과를 나타내는 원인으로 작용하기도 한다.

〈표 1-4〉 상담사 동기

무의식적 동기
자기치유동기: 자신의 심리적 문제를 이해하고 스스로 치유하기 위한 동기
관음증적 동기: 타인의 은밀한 사생활을 훔쳐보려는 동기
마술적 동기: 다른 사람의 마음을 조정할 수 있는 마술적인 상담능력을 얻고자 하는 동기
지배자 동기: 타인을 통제하려는 욕구
구원자 동기: 고통 받는 사람에게 인생의 빛을 제시함으로써 메시아와 같은 역할을 하고자 하는 동기

출처: Hackney & Cormier (1988/2007).

상담사는 누구나 건강한 동기가 잘 유지되어 유능한 상담사로 성장하기를 바란다. 상담사의 동기에 대한 Corey와 Corey(2003)의 설명은 우리 모두가 이런 동기의 지배를 받을 수 있다는 점을 인식하고 그 동기를 알아차리고 조절해 나가야 할 필요성에 대해 고민하게 해 준다.

2) 상담사의 욕구

상담사는 내담자의 삶의 경험을 이해하려는 동기를 갖는다. 그런데 그 이면에는 타인의 삶에 대한 끊임없는 호기심의 욕구가 작용할 수도 있다는 점을 인식하고 있어야 한다. 상담은 상담사와 내담자가 상호주관적(inter-subjectivity)으로 만나는 경험이다. 상호주관적 경험을 통하여 내담자는 상담사와의 관계 안에서 자신의 경험을 주관적으로 이해하고 재경험한다. 따라서 상담사는 내담자의 자기 이해에 더없이 중요한 역할을 맡는다. 내담자와 상담사 간의 상호주관적 경험은 상담사로 하여금 내담자의 인지구조와 감정의 체계에 들어가서 그것들의 작용 방식을 파악하고 느끼게 하는 정밀한 상호교류 과정을 제공한다. 이 과정에서 상담사와 내담자는 서로 깊은 영향을 주고받을 수밖에 없는데, 그 상호작용에 영향을 주는 상담사의 욕구에 관한 내용을 살펴보면 다음과 같다(한국청소년상담복지개발원, 2017, p. 126).

(1) 호기심에 대한 욕구

상담 과정 중에 내담자가 더 이상 말을 하고 싶어 하지 않을 때가 있을 수 있다. 이때 상담사는 내담자에 관한 질문을 이어나가는 것에 대한 갈등을 할 수 있는데, 그런 갈등에 상담사의 개인적 호기심이 관여하는 것은 아닌지 살펴볼 필요가 있다. 상담사가 내담자가 허락하는 내면세계를 넘어 과도하고 집요하게 호기심을 가지고 탐색한다면 상담사 윤리에 어긋나는 행동으로 이어질 수 있다. 상담은 상담사와 내담자 간의 상호주관적인 경험을 통해서 내담자의 정서적 삶을 확인·조절·표현할 수 있게 만드는 과정이다. 더 나아가 타인에 대한 공감도 발달시킬 수 있어야 한다. 그런데 단지 상담사의 호기심의 욕구가 더 많을 때는 상호주관적 경험에 실패하게 되며, 내담자로 하여금 수치심을 느끼게 할 수 있다. 뿐만 아니라 내담자의 정서 및 의도를 공유하는 것이 내담자에게 하나의 '위협'으로 느껴질 수도 있다.

(2) 관계에 대한 욕구

상담사는 내담자와 특별한 관계이다. 계약 관계임과 동시에 **사회적 관계**이며, 정서적으로 가장 깊은 것을 나누게 된다. 특히 상담 관계가 깊어지면서 내담자는 누구에게도 말하지 않았던 자신의 힘든 이야기를 꺼내 놓기도 한다. 그동안 만났던 타인과는 다른 정서적 경험을 제공하는 상담사를 만나면서 내담자는 때로 이 관계가 상담 계약 안에서 맺어진 관계임을 잊어버릴 때가 있다. 이때 이 선을 지키는 것이 바로 상담사의 몫이다. 상담 관계가 전문적인 사회 계약 안에서 맺어진 관계임에 유념하며 내담자에게 온정적 서비스를 제공하되 이를 벗어난 부탁을 들어 주는 것에는 신중해야 한다. 때로는 그런 부탁을 단호하게 거절하는 것이 서로의 관계를 보호하는 길임을 기억해야 한다.

상담사는 내담자와 관계 맺는 능력을 가져야 한다. 관계 맺는 능력은 상담사에게 꼭 필요한 역량이지만 이러한 동기가 너무 강하다 보면 내담자에게 잘 보이기 위한 과도한 시도들을 할 수도 있다. 상담 실패나 조기 종결에 대한 불안감이 이러한 행동을 낳기도 한다. 상담 관계에 대한 지나친 욕구는 상담 장면에서 내담자에게 잘 보이려고 하는 과도한 행동, 조기종결과 평가에 대한 불안, 질질 끄는 상담, 의뢰가 필요한 경우에도 다른 전문가에게 적절히 의뢰하지 못하고 부자연스러운 상담 관계 등의 모습으로 나타날 수가 있다.

만약 상담사가 부모와의 일차적 상호주관적 관계 맺기에 대한 욕구(Hughes, 2014/2017)를 충족시키지 못하고 자랐을 경우, 무의식적으로 내담자와의 관계에서 이것을 채우려는 모습이 나타날 수 있다. 상담사는 **일차적 상호주관성의 결핍**을 이차적 대상인 내담자와 긴밀하게 관계를 맺으려는 시도로 충족하려 할 수 있다. 이런 경우 비전문적이고 윤리적이지 못한 상담 행위로 이어진다.

(3) 힘에 대한 욕구

상담 관계에서 상담사는 가장 밑바닥의 이야기를 꺼낸 내담자의 상처 난 마음에 심리적 공감을 한다. 이때 내담자는 상담사에게 의존하고 싶은 정서적인 욕구를 가질 수 있다. 상담사가 전지전능한 힘을 가진 능력자로 내담자에게 비추어져서 더 많이 의지하려고 한다. 이럴 때 상담사와 내담자는 힘의 비대칭적(asymmetrical) 관계에 놓이게 되는데, 상담사는 내담자에게 권력을 행사할 수 있는 위치에 있게 된다. 그 위치에서 상담사는 권력을 행사하며 다른 사람을 통제하려는 욕구로 인해 자신도 모르게 힘을 사용할 수 있다.

예를 들어, 내담자가 과제를 해 오지 않으면서 힘들다고 징징거리면 상담사는 처음에는 받아주다가 계속 반복되면 화를 내기도 한다. 그러면서 내담자와 과제를 두고 힘겨루기를 할 수도 있다. 이런 경우, 상담사는 내담자가 과제를 해 오지 못한 이유나 상황,

과정 등을 먼저 탐색해야 함에도 불구하고, 과제를 하지 않았다는 사실에 마음이 이끌려 이 같은 탐색을 하지 못하고 있다면 상담사는 먼저 자신을 들여다보아야 한다. 다시 말해, 내담자가 과제를 수행하지 않을 경우 지나친 질책, 실망감, 감정적 보복을 하고 싶다면 상담사 안에 지배자가 되고자 하는 욕구가 있는 것은 아닌지 확인해 볼 필요가 있다. 이것은 상담 관계에서 비윤리적인 것이다.

3) 신뢰성

전문적인 상담에서 신뢰성은 '의존할 수 있음, 책임감 있음, 윤리 기준을 준수함, 예측 가능함' 등과 같은 특성을 의미한다. 상담사의 신뢰성은 내담자의 이야기를 안전하게 지키고, 내담자의 근심에 열정적으로 돌보는 반응을 하며, 내담자가 정보를 공유한 것에 대해 후회하게 만들지 않는 행동 특성이다(Hackney & Bernard, 2017/2019). 상담은 내담자가 솔직한 생각과 감정을 공유할 수 있는 안전한 공간을 제공해야 하기 때문에 상담사의 신뢰성은 상당히 중요하다. 왜냐하면 과거에 신뢰가 깨졌던 아픈 상처를 가지고 있는 많은 내담자가 상담사와 신뢰 관계를 맺는 것에 대한 특별한 기대를 가질 수 있기 때문이다. 필자의 경험으로 내담자들은 비밀보장에 대한 것을 가장 신뢰하였다. 따라서 상담사는 치료 동맹에 손상이 발생하면 상담 과정을 멈추고 그 관계부터 수리해야 한다. 이를 위해 내담자의 신뢰가 감소하게 된 상황을 검토하고, 양측의 관점과 동기를 공유하며 금이 간 곳을 보강해야 한다. 그것을 통해 새로운 상담 관계를 만들어 나가야 하는 것이다. 신뢰성은 상담사가 할 수 있는 것 이상을 약속하지 않으며, 약속한 것은 반드시 지킬 때 높일 수 있다.

4) 자기인식과 타인인식 능력

효과적인 상담사가 되는 과정에서 대부분의 상담사에게 좋은 출발점이 되는 것은 건강한 자기성찰과 자기탐색이다. 상담사가 자기인식이 선행되지 않으면 내담자와 상담 진행에 어려움이 생긴다. 상담사의 자기인식이 상담에 있어 왜 중요할까?

상담사가 자신에 대한 이해가 깊을수록 내담자의 문제도 깊이 들여다보고 이해할 수 있게 된다. 그래서 상담사는 보다 더 깊은 차원에서 인간의 마음과 행동을 관찰하고 이해하려고 노력해야 하며, 상담사 자신의 능력의 한계나 단점 등에 대해서도 자세히 알고 있어야 한다. 상담사는 내담자와 상호주관적 관계를 맺기 때문에 내담자와의 관계에서 역전이나 전이와 같은 현상을 자주 경험하게 된다. 이럴 때 상담사는 건설적인 냉정함을 가지고 참여적 관찰자로 상담에 임하면서 상호주관적인 교통과 경험을 치료로 승화시킬 수 있어야 한다. 그러기 위해서 상담사는 자신을 볼 줄 알아야 하고 자신의 욕구와 감정이 내담자에게 어떻게 영향을 주는지를 주의 깊게 귀 기울여야 한다(한국청소년상담복지개발원, 2017, p. 127).

이러한 것을 돌아보기 위한 방법으로 교육분석을 받기를 권면한다. 교육분석은 자기인식을 하는 가장 좋은 방법이다. 꿈 분석을 받거나 내담자 경험을 함으로써 자기인식능력을 높일 수 있다. Freud는 분석가에게는 영혼의 무의식 층을 볼 수 있는 통찰력이 있어야 한다고 했고, 분석심리학의 창사자인 Jung은 분석가가 편견 없는 태도로 내담자와의 접촉을 유지해야 할 것을 말함으로써 자기분석의 중요성을 오랫동안 강조해 왔다(한국청소년상담복지개발원, 2017, p. 127).

자기인식과 타인인식은 동전의 양면과 같다. 상담사 자신과 내담자에 대한 생각과 느낌의 수준은 동전의 양면처럼 불가분의 관계를 갖는다는 말이다. 상담사가 높은 자기인식과 타인인식 능력을 갖고 있을 때, 상담에서 서로가 느끼는 안전감은 높아진다. 반면, 상담사가 자기인식과 타인인식 능력이 부족하면 내담자의 메시지를 사적으로 받아들이거나 과잉 대응하고 방어적으로 반응할 수 있다. 예컨대, 내담자가 "상담이 효과가 있기는 합니까?"라고 물어볼 때, 존중받고 인정받기를 원하는 상담사의 욕구는 위협을 받게 된다. 이때, 상담사는 "어렵게 시간을 내어서 상담에 오셨는데 상담이 효과가 없을까 봐 걱정이 되시는군요."라고 대답하며, 내담자의 '불확신감'이라는 정서에 반응하는 것이 아니라 '불안정감'이라는 정서에 반응해야 한다. 상담사가 자기인식을 한다는 것은 자신의 반응을 인식하고 조절할 능력을 갖추고 있음을 의미하며, 그 결과 상담에 있어서 내담자의 진로를 방해하지 않는다는 뜻이다. 이것은 상담사의 자기몰입의 정도, 내담자의 세계에 대한 인식, 자신의 개인적 자질과 한계를 인식하는 정도와 관련이 있다.

타인을 돕는 전문 조력가로서 상담사는 자신을 인식하는 것만큼 타인을 인식할 수 있다. '나는 누구인가'라는 질문으로 시작하여, 자신의 성격, 심리 역동, 삶의 양식, 정서, 태도, 행동 등 다양한 수준에서 자신을 객관적으로 발견하고 이해하는 인식능력이 있어야 한다. 상담사 마음의 거울이 흐려져 있거나 깨져 있는 상태라면 다른 사람의 마음을 그대로 반영해 줄 수 있는 데 제한이 있을 것이다.

5) 개방적 태도

개방적 태도는 내담자와 상담 결과에 영향을 줄 수 있는 상담사의 고정된 견해 또는 선입견으로부터 얼마나 자유로운가 하는 정도를 의미한다. **개방적 태도는 자기와 다른 외부 세상에 대한 인식과 지식을 포함한다.** 또한 자신의 내부 세상과 그런 내적 표준, 가치, 가정, 지각 그리고 신화가 내담자에게 어떻게 투사될 수 있는지에 대한 철저한 이해도 포함해야 한다. 상담에서 개방적 태도는 다음과 같은 중요한 기능을 한다(Hackney & Bernard, 2017/2019).

첫째, 상담사 자신과는 다른 내담자의 감정·태도·행동을 받아들이게 해 준다.

둘째, 광범위한 사회 구성원 대다수가 받아들일 수 없는 또는 불쾌하게 여기는 내담자와 효과적으로 상호작용할 수 있게 해 준다.

마지막으로, 개방적 태도는 정직한 의사소통을 위한 선결조건이다.

예를 들면, 다문화, 동성애자, 종교가 다른 내담자의 경우 상담사는 자신도 모르게 어떤 선입견을 가지고 대할 수 있다. 기독교 상담사인 경우 내담자가 다중 성관계를 즐긴다는 이야기를 들으면 자신도 모르게 내담자를 기피하거나 내담자에 대해 부정적인 인상을 가질 수 있다. 이런 느낌은 상담사의 언어나 비언어적인 태도로 내담자에게 그대로 전달될 수 있으므로 주의를 기울여야 할 필요가 있다. 이는 상담사가 가진 가치관의 틀 안에서 내담자를 해석하고 판단한 경우라고 볼 수가 있다.

만약 당신이 성소수자에 대한 불편함을 가지고 있는데 성소수자 내담자를 만나게 된다면 어떻게 할 것인가? 상담 시간 내내 내담자의 말에 집중하지 못할 수도 있다. 이런 경우 상담사는 편견을 이겨 내고자 불편함을 참고 내담자를 계속 상담해야 할까? 아니면 타 기관에 의뢰하는 것이 좋을까? 이 물음에 대한 대답의 기본 조건은 성소수자도 존중받아야 할 내담자라는 것이다. 하지만 상담사가 내담자를 만날 때마다 계속 불편함이 생긴다면 내담자에게 적절한 도움을 주기 어렵다. 따라서 상담사는 내담자에게 솔직하게 이야기하고 다른 상담사에게 의뢰하거나 타 기관에 의뢰하는 것이 바람직하다.

6) 애매함에 대한 인내

상담에는 명확한 기준이 없는 것처럼 보인다. 반면, 의사나 임상심리전문가는 어떤 문제나 어려운 현상을 볼 때 진단과 치료를 위한 명확한 근거와 기준을 갖고 있는 것처럼 보인다. 그들은 과정은 어렵지만 끝이 보이는 길을 가고 있는 것처럼 보일 수도 있다. 의사는 검사 결과를 기반으로 약물을 처방한다. 임상심리전문가도 종합심리검사를 통해 문제의 원인과 내담자에 대한 그림을 가설적으로 내어놓는다. 그러나 상담사는 내담자와 이야기를 해 나가면서 내담자의 어려움을 같이 풀어 나가는 긴 과정을 걸어간다. 그 과정에도 시작점과 끝이 있을 텐데 도중에 무엇을 해야 하는 것인지 그 기준이 명확하지 않아서 모호하고 애매함을 안고 갈 때가 많다.

그렇다고 상담이 현실적인 근거 기반에서 완전히 먼 것이라는 의미는 아니다. 상담 역시 현실 속에서 문제해결의 근거를 갖는다. 그러나 상담사가 상담 과정에 완전히 몰입해 있을 때조차 바로 앞에 무슨 일이 있을지 알지 못하는 상황이 있으며, 상담사가 애매함에 대한 인내를 가지고 이에 대해 건강하게 버텨 낼 수 있어야 성공적일 수 있음을 의미한다. 유능한 상담사는 사람들의 복잡 미묘함에 호기심을 가지고, 결과가 명확하지 않을 때조차 상담 과정에 온전히 몰입할 수 있어야 한다(Hackney & Bernard, 2017/2019). 이럴 경우 제한된 회기 안에 이룰 수 있는 상담 목표를 내담자와 합의하는 것이 큰 도움이 될 수 있다.

3. 상담사의 전문적 자질

1) 전문적 자질의 필요성

상담사는 심리 전문가이다. 전문가로서 상담사는 상담에 대한 교육과 훈련을 받아서 상담을 하거나 미래의 상담사를 교육하고 훈련하거나 이러한 내용들을 연구하는 사람을 말한다(공윤정, 2007). 그렇기 때문에 인간적 자질을 갖추기 위해 개인 훈련을 해야 하는 동시에 전문 자질을 갖추는 것도 중요하다. 한 사람이 상담사로 성장해 나가는 것은 매우 긴 시간이 필요하다. 이 책에서는 상담사가 되는 과정을 '집 짓는 과정'에 비유했다.

'집'은 안락한 곳이어야 하며 충분한 휴식으로 회복을 경험할 수 있는 공간이어야 한다. 상담사 역시 내담자에게 안정감을 제공하고, 회복에 대한 기대를 가질 수 있게 할 만큼 신뢰 있는 사람이 되어야 한다. 즉, 치유 및 회복에 대한 기대를 줄 수 있어야 한다. 따라서 집과 마찬가지로 상담사는 하루아침에 허투루 지어지면 안 된다. 길고 정교한 작업을 통해 튼튼하게 지어져야 한다. 그렇기에 상담사는 전문성을 쌓아가는 시간을 반드시 가져야 한다. 전문성이 결여된 상담이 보편화되면 여러 가지 문제가 발생할 수 있다. 내담자가 직접적으로 피해를 입을 수도 있고, 상담사 집단이 사회 전체로부터 비전문가로 인식되어 신뢰를 받지 못하는 현상이 생길 수도 있다(김형숙, 2019). 특히 상담사의 미숙함으로 내담자가 피해를 입게 될 수도 있다는 점은 전문적 기술의 연마가 직업적 윤리의 실천과도 연관된다는 점을 생각하게 한다. 따라서 상담사가 내담자에게 제대로 도움을 주고 신뢰도 얻으려면 전문가로서 준비되고 양성되어야 한다. 그러므로 상담의 전문성 문제는 상담사의 자격 및 자질 문제와 직결된다.

모든 정신건강 관련 직업 종사자의 윤리기준은 높은 수준의 역량 유지를 요구한다. Egan(2002)에 따르면, 역량이란 상담사가 내담자에게 도움을 주는 데 필요한 정보 지식 및 기술을 가지고 있는지 여부를 지칭하며, 그 여부는 행동이 아니라 결과에 의해 결정된다. 전문성은 역량이라는 말의 다른 말이다. 열정과 동기는 있는데 전문적 능력을 갖추지 못한 상담사를 상담 전문가로 볼 수 있을까? 전문적 능력이 결여된 열정과 동기는 상담 과정에서 다양한 부작용과 역효과를 가져와 상담사와 내담자 모두를 위협하는 요소가 될 수 있다.

Neukrung, Healy와 Herlihy(1992)는 미국상담학회(American Counseling Association: ACA)에 접수된 부적절한 상담 서비스의 유형을 분석하여 발표하였는데 그중 27%가 상담사의 자격에 관한 것이었다. 상담사가 자격증이 없거나 자신이 보유한 자격에 대하여 투명하게 밝히지 않는 경우들에 관한 신고였다. 이와 같은 보고는 내담자들이 공인된 자격이 없는 상담사들에게서 불편함을 느끼며, 그들의 상담 활동을 비윤리적인 행위로 인식한다는 사실을 단적으로 보여 준다. 공인된 자격이 상담사의 자질과 능력 전체를 보증하는 것은 아니지만 상담사는 자신의 전문성을 공인된 자격으로 입증할 수 있어야 하며, 그것을 통해 자신과 내담자 간의 관계를 안전한 것으로 만들어 나갈 수 있어야 한다.

물론 공인된 자격을 갖춘 상담사가 아니더라도 다른 사람을 돕고자 하는 열정과 동기가 남달라 어려운 처지에 있는 사람들의 이야기를 잘 들어 주는 사람들이 있다. 이들은 다른 사람의 말을 들어 주면서 공감을 잘 표시하기도 한다. 이들과 전문상담사 간에는 어떤 차이가 있을까?

타인을 도우려는 열정과 동기는 누구나 가질 수 있다. 그러나 상담사는 그러한 열정과 동기를 전문적인 개입 방식으로 펼칠 수 있어야 한다. 또한 자신의 전문성을 보편적이고 객관적인 방식으로 증명할 수 있어야 한다. 마치 누구나 집을 설계하고 지을 수는 있지만 건축허가와 준공을 받지 않으면 안 되는 것과 같은 이치이다. 자격증 없이 상담할 수도 있고, 상담 연수와 세미나를 듣고 배우면서 상담을 할 수도 있다. 그러나 아무리 많은 세미나와 연수를 듣고 배워도 상담사 자격증 없이 상담한다면 내담자 입장에서는 마치 건축허가와 준공을 받지 않은 집에서 사는 것과 다를 바 없다. 이처럼 겉보기에는 다 똑같은 집일지라도 준공 허가를 받지 않은 집은 그 안전성을 증명할 길이 없기 때문에 그 집의 거주자나 방문자 모두 불안을 느낄 수밖에 없을 것이다. 따라서 상담 자격증은 상담사의 학습 과정과 임상 수련 과정을 안내하고 통제하는 길잡이이자 훈련 기준이라고 할 수 있다.

그런데 상담사 자격증을 갖추는 일이 그리 간단하지 않다. 집을 짓기 전에 먼저 설계도를 작성해서 건축 인ㆍ허가를 받고 시공을 시작하는 것처럼 상담 훈련도 혼자서 하는 것이 아니라 인증된 교육 연수 기관에서 임상훈련 등에 대해 안내를 받으며 시작하는 것이 좋다.

상담을 전공하는 사람이 상담사라는 집을 지으려고 들어왔다. 필자는 다음 두 가지의 질문을 상담사 스스로에게 해 보기를 바란다. 첫째, '나는 전문적인 상담 능력을 가진 사람이 되고 싶은가?' 둘째, '전문적인 능력을 가지려면 상담사 자격증을 필수적으로 갖추어야 할까?' 전자의 질문에 대해 모든 사람이 '예'라고 대답할 것이다. 하지만 후자의 질문에 대해서는 많은 상담사가 마음으로는 공감하지만 행동적 반응이 다를 수 있을 것이다. 왜일까? 그 이유는 상담사 자격증이 필수라고 생각하지 않기 때문이다. 그러나 상담사 자격증은 상담사가 전문적인 능력을 가졌다는 것을 의미한다. 즉, 건축에 비유하자면 건축물대장 같은 것이다.

우리가 어떤 집을 지을 때에도 먼저 설계도를 그리고 그에 따라 기초를 세우고 시스템을 구축하며 집을 짓고 추후에 건축 승인을 받는다. 승인된 건축물대장을 받고 난 후에 각 방마다 예쁜 가구를 들이는 것이 당연한 과정이다. 건축물대장을 받지 않은 상태에서 마음에 드는 가구와 살림살이를 채워 넣을 수도 있지만, 만에 하나 건축 승인이 나지 않는다면 그 모든 것들은 치워져야 하는 짐이 될 수도 있다. 그런 측면에서 상담사 자격증은 있으면 좋고 없어도 되는 선택적인 사항이 아니라 필수이다.

예를 들어, 의료 지식을 공부했지만 의사 자격증은 아직 없는 사람이 있다고 상상해 보자. 이 사람이 병원을 개소하거나 의료 행위를 하는 것에 대해서 어떤 생각이 드는가? 물론 해서는 안 되는 일이라는 것을 우리는 너무나도 잘 안다. 그렇다면 사람의 마음을 이해하고 내면을 들여다보는 상담사의 경우는 어떠한가? 자격증을 소지하지 않은 채 상담을 하는 것에는 대해서 관대한 편이었다면, 자신의 생각을 점검해 볼 필요가 있다. 상담윤리 안에 '상담사가 자격증 없이 내담자를 상담을 하거나 상담소를 개소하거나, 내담자에게 상담의 목적으로 비용을 받는 것은 비윤리적 행동'이라고 명시하고 있다. 즉, 상담사가 자격증을 갖추는 일을 윤리적으로 중요한 태도의 하나로 간주하고 있다(APA, 2002; 한국상담심리학회, 2020; 한국상담학회, 2020). 물론 현장에서는 상담 전문가가 되기 위해서 상담수련 과정 중 자격이 갖추어지지 않은 상태로 내담자를 만나 상담을 진행하기도 한다. 그런 경우에는 반드시 슈퍼바이저의 감독하에서 상담을 진행하고, 이를 내담자에게 알려야 한다. 병원에서 레지던트가 전공교수의 감독하에 환자를 내진하는 것처럼, 상담수련생 역시 주 슈퍼바이저에게 자문을 구하면서 상담을 진행해야 한다.

2) 전문적 능력의 지표

(1) 상담자격증 현주소

상담자격증의 국가 공인화를 추진하려는 과정에서 여러 가지 난관에 부딪히게 되어 아직까지 상담심리사의 국가 공인화 작업은 이루어지지 않고 있다. 1990년대 후반으로 가면서 대학의 상담관련 전공학과와 상담을 전문으로 하는 대학원의 수도 급격하게 증가하였다. 상담분야의 인기에 편승하여 상담관련 자격증이 우후죽순으로 생겨났다. 한국직업능력개발원에 등록된 상담 민간자격증은 '상담' 검색 시 5,112개, '심리상담' 검색 시 3,027개나 된다(한국직업능력개발원, 2020). 학문적 정통성과 필요한 상담실습이 포함되지 않는 민간자격증이 너무나 남발되고 있다.

■ 예비상담사의 혼란

상담 입문자들은 이 자격증이 모두 비슷할 거라고 여겨서 되는 대로 많은 자격을 취득하려고 애쓰기도 한다. 이 중에는 몇 시간의 약식 교육 후, 심지어는 온라인 수업을 듣고 주어지는 자격증도 있고, 자격증은 필기시험 통과가 어려워서 몇 년에 걸쳐 준비해야 하는 자격증도 있다. 이 많은 민간자격증에서 무엇이 정통적으로 훈련받은 상담사 자격인가를 구분하기는 어렵다. 이렇게 많은 민간자격증은 혼란스러운 심리상담계의 현실을 그대로 보여 주고 있고, 그 피해는 상담 현실을 잘 모르는 예비상담사에게 돌아간다. 예비상담사들은 어느 자격증을 취득해야 할지 혼란스러워하며 마치 입시를 치르듯 여러 개의 자격을 취득할 때 발생하는 비용과 시간의 비효율적인 대가를 치러야 한다. 심지어 이미 자격증을 취득한 상담사가 그 자격이 별로 효용가치가 없다고 느껴 많은 시간이 지난 후에야 다른 자격을 취득하는 사례가 생기기도 한다(김형숙, 2015b).

필자도 예비상담사로서 상담에 입문하여 그저 상담을 공부하는 것에 열심을 내었고 상담자격증을 취득했는데, 다른 곳에 가면 그 상담자격을 인정받지 못해서 결과적으로 여러 개의 상담사 자격을 취득하는 어려움을 겪었다. 이러한 어려움은 상담을 전공하는 예비상담사들이 자주 겪는 현실적인 어려움이다.

■ 내담자의 혼란

'심리상담'이라는 하나의 분야임에도 불구하고 통합된 자격증 제도는 없다. 여러 학회나 단체에서 비슷한 이름의 민간자격증을 발급하고 있기는 하나, 자격증들이 법적 구속력이 없어 자격증 없는 사람이 상담소를 설립해도 법에 저촉되지 않으며 이를 제재할 방법도 없다. 예컨대, 필자는 2개의 국가자격증과 5개 학회의 상담 전문가 자격을 다 갖추고 있는데, 자격증이 하나도 없다 해도 개인상담소를 차리는 데 법적인 제재를 받지 않는다.

병원은 '의사'라는 자격증으로 명칭이 통일되어 있어서 일반인이 서비스를 이용하기가 쉽다. 그러나 상담은 자격증의 명칭이나 상담소의 명칭이 통일되어 있지 않아 일반인이 상담 서비스를 받고자 할 때 어떤 상담자격증을 가진 사람에게 상담을 받아야 할지 판단하기 어렵고, 그 피해는 고스란히 상담 서비스를 받는 일반인이 입게 된다. 따라서 상담사들은 앞서 언급한 대로 윤리적·도덕적 책임의식을 가지고 상담해야 할 것이다.

■ **대안적 방법**

이러한 현실적인 여건을 고려한다면 상담자격증과 관련하여 예비상담사가 어떻게 하는 것이 좋을까? 상담사의 과정은 연금술의 과정과 같다. 결코 쉬운 작업이 아니다. 돈을 벌기 위해 상담을 시작하였다면 그것은 시작이 잘못된 것이다. 또한 몇 시간의 강의와 훈련으로 단기간에 상담자격증을 취득하려고 하였다면 이 또한 시작이 잘못된 것이다(김형숙, 2017b).

만일 약식 강의와 시험으로 단기간에 상담자격증을 발급하는 기관이 있다면 그 단체는 신뢰할 만한 곳이 아니다. 역사가 깊고 학문적인 정통성을 지닌 학회에서 주는 자격증을 취득하는 것이 내담자와 상담사 자신을 보호하는 방법일 것이다. 여러 상담 자격증 중에서 신뢰할 수 있는 자격증을 취득하기 위해 어떤 점을 살펴보는 것이 좋을까?

첫째, 정통성 있는 학회에서 인정하는 자격증인지를 확인한다. 둘째, 자신이 원하는 상담분야나 직장에서 어느 자격증을 우대하는지에 대한 정보를 미리 점검한다. 셋째, 상담관련 훈련과 지도를 받을 때에는 그 슈퍼바이저가 자신이 취득하려고 하는 자격증을 소지했는가를 미리 확인하고 지도를 받는 것이다.

(2) 상담자격증의 종류와 발급기관

우리나라 상담분야에서 역사가 깊고 학문적인 정통성을 지닌 학회가 어디일까? 이것은 독자들이 글을 읽으면서 판단하길 바란다. 다만 각 학회마다 특징이 있어서 대표적인 몇몇 학회를 국가자격증과 함께 소개하면 〈표 1-5〉와 같다. 상담과 임상은 다르지만 현장에서 상담과 임상을 공통적으로 요구하는 현장이 늘어나고 있어서 임상도 포함했다. 학회의 설립 날짜를 기준으로 먼저 설립된 기관 및 학회부터 표기하였다.

〈표 1-5〉 상담 및 임상 자격증 발급기관과 자격증의 종류

발급주최	발급기관	자격증 종류	특징
국가	여성가족부	청소년상담사 1, 2, 3급	청소년상담
	산업인력공단	임상심리사 1, 2급	심리평가
	산업인력공단	직업상담사	직업상담

민간학회	한국심리학회 산하 한국임상심리학회	임상심리전문가	심리평가
	한국심리학회 산하 한국상담심리학회	상담심리사 1, 2급	심리상담
	한국상담학회	전문상담사 슈퍼바이저, 1, 2급	심리상담
	한국가족치료학회	가족상담사 슈퍼바이저, 1, 2급	가족치료
	한국기독교 상담심리학회	기독교상담사 슈퍼바이저, 1, 2급	기독교상담
	한국목회상담협회	목회상담사 감독, 전문가, 1, 2급	목회상담
	한국이야기치료학회	내러티브상담사 전문가, 1, 2급	포스트 모던 상담

각 자격증의 특징과 세부 사항은 해당 자격증 발급기관 홈페이지를 참고하길 바란다.

(3) 상담사 자격과 면허

그러면 상담사의 전문성은 무엇으로 증명할 수 있을까? 상담사는 상담자격증, 상담면허, 상담관련 학위 등을 통해 그 전문성과 자격을 증명할 수 있다. 현재 우리나라에서 발급 가능한 상담관련 국가자격증은 청소년상담사, 직업상담사, 임상심리사가 있다. 또한 전문성이 검증된 상담관련 학회에서도 상담관련 자격증을 발급하고 있다. 이때 학회에서 주는 자격증은 그 종류와 급수가 다양하고 요구조건이 천차만별이지만, 대체로 관련 전공학위를 받은 후 임상경험, 수퍼비전 경험 등 기본요건으로 철저한 수련을 거친 후 합격하는 자에 한해 자격증을 발급해 주고 있다(한국가족치료학회, 2020; 한국기독교상담심리학회, 2020; 한국이야기치료학회, 2020; 한국상담심리학회, 2020; 한국상담학회 2020). '상담사 면허'는 상담사의 자격을 법으로 규제하는 것이다. 상담사 면허는 상담사 자격보다 한층 강화된 지표로, 상담을 하기 위해서는 면허증이 있는 사람만 상담을 할 수 있도록 법으로 규제하는 것이다. 미국의 경우, 상담사 면허가 있는 사람만 독립적으로 내담자에게 상담을 제공하고, 면허가 없는 경우에는 상담사 면허가 있는 사람에게만 수퍼비전을 받을 때 상담을 할 수 있도록 규정하고 있다. 하지만 아직 우리나라는 상담사 면허제도가 시행되고 있지 않다. 따라서 이 장에서는 우리나라 내 상담관련 직업군이 요청하는 자격증을 중심으로 살펴보겠다.

3) 상담사 자격증 취득과정

상담 관련 모든 자격증을 다 다룰 수 없어서 여기에서는 국가자격증과 민간관련자격을 우리나라에서 가장 오래된 상담 관련자격증을 중심으로 기술하겠다. 집을 건축하는 과정에서 설계 도면을 보고 집을 단계별로 건축하듯이 상담사 자격취득 과정은 순서대로 진행된다.

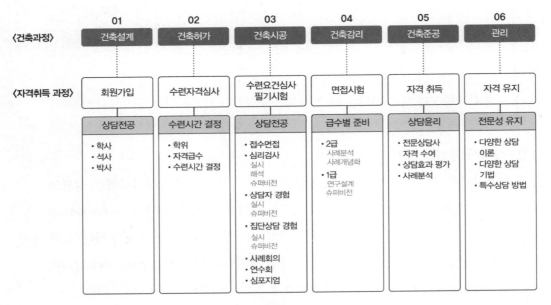

[그림 1-2] 상담사가 되는 과정

(1) 1단계 상담사 설계: 상담관련 학회 회원가입

우리가 집을 지으려면 먼저 관할구청에 집을 짓는다고 신고를 해야 한다. 신고를 하지 않은 채 집을 짓는다면 무허가 집이 된다. 따라서 신고절차가 반드시 필요하다.

이와 같이 상담관련 자격증을 취득하고자 할 때는 해당 자격증 발급기관에 회원 가입과 승인절차를 먼저 거쳐야 한다. 이 과정은 상담사가 향후 상담과 관련하여 어떤 집을 짓겠다고 결정하고 선언하는 것과 같다. 즉, 자격증 발급 주관기관의 규정에 따라 학습하고 훈련하겠다는 의지를 서약하는 확인 절차라고 볼 수 있다.

이때 상담관련 자격은 국가자격증과 민간자격증으로 나뉜다. 먼저, 국가자격증은 응시하고 싶은 시험별 급수에 따라 회원가입을 하고 난 후 요구되는 학력 또는 경력을 증

빙해야 한다. 만약 응시자격요건이 충족되지 않을 경우 시험응시가 불가하므로 요건을
반드시 먼저 확인해야 한다. 이후 필기시험, 면접시험, 최종 서류심사(학력조건, 경력조건)
을 거쳐 자격증을 발급받을 수 있다. 이때 시험 접수 및 최종 서류심사를 위해 회원가입
이 필요하다.

학회의 경우는 회원가입이 우선되어야 한다. 모든 수련 과정도 회원가입 이후부터 인
정이 되기 때문에 학회 회원가입이 먼저 이뤄져야 한다. 이때 학회 회원가입은 취득하고
싶은 자격증 급수에 따라서 요구되는 조건이 다르기 때문에 상담사가 원하는 학회에 문
의해서 그 조건에 부합하는지를 먼저 확인하는 것이 필요하다. 주로 상담전문가의 자격
취득 과정에는 두 가지의 조건이 필요하다. 첫째는, 상담관련 학과에서 일정한 학습을
해야 하며, 둘째, 상담관련 학과의 학부를 졸업하거나 석·박사 과정을 이수해야 한다.
상담관련 학회들은 예비상담사가 상담심리와 관련된 이론적인 학습을 얼마나 했는지를
필수적으로 점검하고 있다. 학회가입 이후에는 주 슈퍼바이저의 지도하에서 상담 수련
들을 해 나가는 과정을 거쳐야 한다.

(2) 2단계: 수련자격심사

국가자격증의 경우 필기시험을 볼 수 있는 자격요건을 제한함으로써 수련 자격심사
를 대체하고 있다. 청소년상담사와 임상심리사의 시험자격은 다음과 같은 조건이 필요
하다.

먼저, 청소년상담사는 학력과 상담경력에 따라 1급, 2급, 3급으로 나뉜다. 각 급별 응
시조건의 공통점은 상담관련 분야를 전공할 것과 일정한 상담경력을 갖추어야 한다는
점이다. 〈표 1-6〉에서 제시한 것처럼 급수별 시험 자격요건이 다르다. 한편, 민간자격
증을 취득단계에서 '수련자격심사'는 상담수련을 위한 적격 여부와 필기시험 자격 여부
를 확인하는 단계이다. 필기시험을 보기 전에 수험자의 임상경력에 대한 주 슈퍼바이저
혹은 수련감독자의 확인서를 제출하는 방식으로 이 과정을 확인하는 학회가 있지만(한
국가족치료학회, 2020; 한국기독교상담심리학회, 2020; 한국상담심리학회, 2020; 한국상담학회, 2020),
이를 별도로 하지 않는 학회도 있다(한국목회상담협회, 2020; 한국이야기치료학회, 2020).

〈표 1–6〉 청소년상담사 급수별 자격요건

구분	자격요건	비고
1급 청소년 상담사	1. 대학원에서 청소년(지도)학·교육학·심리학·사회사업(복지)학·정신의학·아동(복지)학 분야 또는 그 밖에 여성가족부령으로 정하는 상담관련분야(이하 '상담관련분야'라 한다)의 박사학위를 취득한 사람 2. 대학원에서 상담관련분야의 석사학위를 취득한 후 상담 실무경력이 4년 이상인 사람 3. 2급 청소년상담사로서 상담 실무경력이 3년 이상인 사람 4. 제1호 및 제2호에 규정된 사람과 같은 수준 이상의 자격이 있다고 여성가족부령으로 정하는 사람	1. 상담분야 박사 2. 상담분야 석사, 실무경력 4년 3. 2급 자격증, 실무경력 3년
2급 청소년 상담사	1. 대학원에서 청소년(지도)학·교육학·심리학·사회사업(복지)학·정신의학·아동(복지)학 분야 또는 그 밖에 여성가족부령으로 정하는 상담관련 분야의 석사학위를 취득한 사람 2. 대학 또는 다른 법령에 따라 이와 동등한 학력을 인정받는 기관에서 상담관련분야의 학사학위를 취득한 후 상담 실무경력이 3년 이상인 사람 3. 3급 청소년상담사로서 상담 실무경력이 2년 이상인 사람 4. 제1호부터 제3호까지에 규정된 사람과 같은 수준 이상의 자격이 있다고 여성가족부령으로 정하는 사람	1. 상담분야 석사 2. 상담분야 학사, 실무경력 3년 3. 3급 자격증, 실무경력 2년
3급 청소년 상담사	1. 대학 및 「평생교육법」에 따른 학력이 인정되는 평생교육시설의 청소년(지도)학·교육학·심리학·사회사업(복지)학·정신의학·아동(복지)학 분야 또는 그 밖에 여성가족부령으로 정하는 상담관련 분야(이하 '상담관련분야'라 한다)의 대학졸업(예정)자 2. 전문대학 또는 다른 법령에 따라 이와 동등한 학력을 인정받는 기관에서 상담 관련 분야 전문학사를 취득한 사람으로서 상담 실무경력이 2년 이상인 사람 3. 대학 또는 다른 법령에 따라 이와 동등한 학력을 인정받는 기관에서 학사학위를 취득한 후 상담 실무경력이 2년 이상인 사람 4. 전문대학 또는 다른 법령에 따라 이와 동등한 학력을 인정받는 기관에서 전문 학사학위를 취득한 후 상담 실무경력이 4년 이상인 사람 5. 고등학교를 졸업하고 상담 실무경력이 5년 이상인 사람 6. 제1호부터 제4호까지에 규정된 사람과 같은 수준 이상의 자격이 있다고 여성가족부령으로 정하는 사람	1. 상담분야 학사 2. 상담분야 전문학사, 실무경력 2년 3. 타 분야 학사, 실무경력 2년 4. 타 분야 전문학사, 실무경력 4년 5. 고교졸업, 실무경력 5년

출처: 여성가족부 청소년상담사 자격검정 및 연수 등에 관한 고시 일부개정(여성가족부 고시 제2017–5호) .

임상심리사 2급은 심리학개론, 이상심리학, 심리검사, 임상심리학, 심리상담 중 3과목 이상을 대학원에서 이수하면 필기시험을 볼 수 있다. 임상심리사의 필기시험 자격요건은 〈부록 1-1〉을 참고하길 바란다. 임상심리사 1급 자격증 필기시험은 심리학 석사와 2년 이상 실습 수련을 받은 경우 혹은 심리학 석사와 4년 이상 실무경력이 인정되면 가능하다. 한국상담심리학회 1급 자격기준과 비교해 볼 때 임상수련 요건이 느슨한 것을 볼 수 있다. 이런 면 때문에 한국임상심리학회에서 발급하는 자격은 한국산업인력공단에서 주관하여 발부하는 임상심리사와 별도로, 수련요건을 엄격히 제한한 학회의 자격을 따로 발급하고 있다. 이 자격증은 임상심리학회 학회가입 연도부터 수련기간을 인정하는데, 총 1,000~3,000시간 이상의 수련시간을 요구한다. 한국임상심리학회에서 발급하는 자격기준은 〈부록 1-2〉를 참고하길 바란다. 국가 기관에서 시행되는 것과 민간학회에서 시행되는 수련 내용을 비교해 보면 실질적으로 민간학회에서 수련을 받는 전문가들이 임상훈련을 더 많이 하고 있다는 점을 알 수 있다.

학회 상담사 수련자격심사는 학위와 시험 급수에 따라 수련시간이 결정된다. 예를 들면, 석사학위졸업자이면서 2급 상담사의 경우, 학회가 인정한 슈퍼바이저의 수련감독하에 혹은 학회가 인증한 교육연수기관에서 개인상담, 심리검사, 집단상담 등 영역별 수련을 최소 1년 이상, 180시간 이상 상담수련시간을 수행해야 한다. 전문상담사 1급은 3~10년에 걸친 상담수련을 540~720시간 수행해야 한다.

(3) 3단계: 수련요건심사

3단계는 상담사 자격 취득과정에서 가장 긴 시간과 노력을 요구하는 단계이다. 상담사라는 집을 직접 시공하는 단계에 해당한다. 건축시공을 할 때 공정표를 작성하듯이, 이 단계에서는 상담수련 요건표를 미리 작성해 보는 것이 도움이 된다. 이 단계가 국가 상담사자격 취득과정과 학회 자격 취득과정에서 가장 차이가 나는 점이다. 자세히 살펴보면, 국가상담사자격과정 중 청소년상담사는 필기시험 합격 후 면접 시험을 본다. 또한 임상심리사의 경우, 필기시험 합격 후 실기시험(지필고사)을 본다. 하지만 학회의 경우에는 필기시험 통과 후 수련요건심사를 본다. 이때 수련영역은 접수면접, 심리검사, 상담사 경험, 집단상담, 사례회의, 학술대회 및 연수회 등이다. 한국상담심리학회 2급 및 1급 수련요건은 〈표 1-7〉과 같다. 국가자격과정은 별도로 수련영역을 구분하지 않고 있다.

〈표 1-7〉 상담심리사 최소 수련요건

급수	수련영역	수련요건
상담심리사 2급	접수면접	20시간
	상담사 경험	50시간(부부, 가족, 내담자)
	개인상담 슈퍼비전	10회(공개사례발표 2회 포함) 이상
	집단상담	30시간(2개 집단)
	심리검사 실시	10사례 이상(1사례 2개 이상)
	심리검사 해석	10사례 이상
	심리검사슈퍼비전	5사례 이상(1사례 2개 이상)
	공개사례발표	개인상담 2사례 이상, 10회기 이상
	상담사례 연구 활동 (개인)	학회 학술 및 사례 심포지엄 2회 이상을 포함하여 분회, 상담사례 토의 모임에 총 10회 이상 참여
상담심리사 1급	접수면접	−
	상담사 경험	20사례 이상, 합 400회기 이상
	개인상담 수퍼비전	50회(공개사례발표 4회 포함) 이상
	집단상담	참여 − 30시간(2개 집단) 실시 − 30시간(2개 집단) 슈퍼비전 − 2개 집단 이상
	심리평가 − 검사실시	20사례 이상(1사례당 2개 이상)
	심리평가 − 해석상담	20사례 이상
	심리평가 − 슈퍼비전	10사례 이상(1사례당 2개 이상)
	공개사례발표	개인상담 4사례 이상, 40회기 이상
	상담사례 연구 활동 (개인)	학회 월례회 6회 이상을 포함하여 분회, 상담사례 토의 모임에 총 30회 이상 참여
	학술 및 연구 활동	학회 또는 유관 학술지에 발표한 1편 이상의 연구 논문 제출

출처: 한국상담심리학회 자격규정(2020).

청소년상담사 1급은 한국상담심리학회 1급 수련내용과는 다음과 같은 차이점이 보인다. 이는 청소년상담사 시험응시자격조건과 한국상담심리학회와 비슷한 정도의 학력과 경력을 요구한다. 다만 한국상담심리학회 1급 자격과정은 상담, 검사, 집단상담을 영역별로 실시해야 하고, 슈퍼비전 시간 및 연구 활동까지 포함되어 있어서 1급 자격을 취득하기에는 많은 시간이 소요된다. 그 때문에 1급을 준비하는 많은 상담사가 자격 취득을 중도에 포기하기도 하고 잠시 쉬었다가 시작하는 사람도 있으며, 일부는 10년 정도나 시간을 보낸 후 다시 시작하기도 한다.

　상담사는 이러한 수련요건뿐만 아니라 상담대화 기술, 사례이해, 알아차리기, 상담계획, 인간적·윤리적 태도라는 다섯 가지를 동시적으로 숙련시켜 나가야 하는 과정에서 많은 인내와 집중력을 필요로 한다.

(4) 4단계: 면접시험

　국가상담사 자격과 학회 공인 상담사 자격 모두 면접시험 과정을 거친다. 면접시험은 상담사 발달단계별로 상담사가 훈련해 왔던 상담사의 인간적 자질, 전문적 자질, 윤리적 책무에 대한 전반적인 것을 최종 검증하는 시간이다. 상담사 발달단계상 초심상담사는 '청소년상담사 2급' '전문상담사 2급'이라는 면접을 거치며, 상담사 발달단계상 중간 수준의 상담사는 '청소년상담사 1급' '전문상담사 1급' 면접시험을 본다. 면접시험은 실제 상담사례를 상담사례 개념화, 이론적 접근에 따른 상담목표, 전략, 개입법, 심리검사를 상담에 활용하는 방법, 사례별 상담사의 윤리적 책무 등 상담사의 전문성을 사례를 가지고 검증한다. 면접시험에 3~4번씩 낙방하는 상담사도 있는 만큼 면접시험은 필기시험 못지않게 난관이기에 꾸준히 성장하는 마음으로 준비하는 태도가 필요하다.

(5) 5단계: 자격취득

　상담사가 자격을 취득한다는 것은 건축물대장에 당신의 집이 등록된 것처럼 상담사로서 공신력을 갖게 되었다는 뜻이다. 건축물대장이 건물의 소유자와 주소, 관련 건축물에 대한 정보를 모두 포함하는 것처럼, 상담사 자격증은 다른 사람들이 당신의 자격을 통해 상담사의 기본적인 수련 정도를 확인함으로써 당신을 신뢰할 수 있다는 것을 뜻한다. 상담사는 내담자에게 자신이 누구인지를 투명하게 공개해야 한다. 투명성은 상담사 자신을 보호하고 내담자에게 신뢰를 주는 방법이다. 자격증은 내담자에게 상담사가 일정한 전문성을 가지고 있다는 사실을 알리고, 내담자가 도움을 받을 수 있는 정도를 가늠할 수 있도록 돕기 때문에 상담사와 내담자를 모두 보호하는 안전장치라고 본다.

　상담사 자격은 모든 상담사의 자격을 체계적으로 정함으로써 내담자가 자격이 없는 사람에게 상담을 받아 피해 입을 가능성을 없애거나 줄이기 위한 것임을 이미 언급했다. 그런데 상담관련 자격은 상담사가 상담사로서의 능력을 갖기 위해 요구되는 최소한의 기준을 충족시켰다는 것이지, 상담사가 유능하다거나 이상적인 상담사임을 뜻하는 것은 아님을 유념해야 한다.

(6) 6단계: 자격 유지

완공된 건축물은 이후에도 유지를 위해 끊임없는 관리와 보수를 해 주어야 한다. 그런 것처럼 상담사도 일정한 자격을 취득한 이후에도 전문성 유지를 위해 지속적으로 노력해 나가야 한다.

이제 자격을 취득한 상담사로서 당신은 각종 상담 이론과 기법을 자기 것으로 체화하기 위한 배움에 더 몰입해야 한다. 사티어 기법, 내면가족치료(IFS), 게슈탈트 등 모든 기법이 우리가 배우고 익힐 수 있는 것이다. 이런 기법들을 통해 상담사 발달단계를 구분하는 여섯 가지 영역인 의사소통기술, 알아차리기, 사례 개념화, 이론적 배경, 상담계획과 목표, 전문가 윤리 등의 내용들을 더 단단하게 다져 가야 한다. 만약 이것이 아직 충분히 다져지지 않았다고 느낀다면 기초부터 연습하려는 용기가 필요하다. 어떤 상담 기법을 기계적으로 적용하는 것이 중요한 것이 아니라 이러한 기본을 튼튼히 갖추는 것이 중요하다. 기본은 아무리 강조해도 지나치지 않다.

상담사가 자격증을 취득하더라도 이후에 생활상의 스트레스나 개인 문제 때문에 상담사의 능력이 훼손될 수 있다. 이런 경우를 대비해 관련 학회에서는 상담사가 자격증 취득 이후에도 상담사 능력을 유지하기 위해 계속 보수교육을 받을 것을 의무화하고 있다(한국가족치료학회, 2020; 한국기독교상담심리학회, 2020; 한국목회상담협회, 2020; 한국이야기치료학회, 2020; 한국상담심리학회, 2020; 한국상담학회, 2020; 한국청소년상담복지개발원, 2020). 자격 유지를 위한 내용은 국가자격증과 상담관련 학회에서 요구하는 것이 각각 다르다. 각각의 자격 규정들은 상담사로서 전문가의 역량을 잃어버리지 않도록 하기 위해 최소한의 규정을 두고 있다. 각각의 자격 유지조건은 집을 소유하는 자가 매년 재산세를 내고 집을 관리하는 데에 노력과 시간을 들여야 하듯이 상담사가 치러야 할 최소한의 유지조건에 대해 각 학회에서 규정해 놓은 조건들이라고 생각해 볼 수 있겠다.

4) 상담사의 직업군

(1) 상담직업분류

상담에 대한 인식이 보편화되고 상담에 대한 사회적 요구가 늘면서 상담사가 되려는 사람들과 상담사 양성 교육기관이 점점 늘고 있다. 많은 대학과 대학원에서도 상담관련 학과를 개설하고 있다. 그러나 상담에 대한 사회적 요구가 증가하고 실제로 많은 전문 인력이 필요함에도 불구하고, 하나의 직종이나 직업으로서 상담사의 직업적 역할에 대한 인식이나 규정 등은 아직도 모호한 편이다. 2014년 이전까지의 국가직무능력표준 (National Competency Standards: NCS) 분류체계에서 상담분야는 사회복지·종교라는 '대분류' 아래, 사회복지와 관련된 직업군으로 '중분류'되고, 다시 청소년상담복지라는 '소분류' 체계로 분류되어 있었다(NCS, 2015). 심리상담과 관련된 직업군에 대한 분류조차 따로 되어 있지 않고, 사회복지분야의 소분류 중 청소년상담복지로 되어 있을 뿐이었다. 심리상담이 직업군의 대분류와 중분류에서 제외되어 있을 정도로 심리상담분야는 독립된 전문 분야로 인정받지 못하고 있었다. 때문에 노동시장에서의 수요에도 영향을 미쳐 상담사들은 알게 모르게 큰 타격과 피해를 입고 있었다. 이런 불합리한 구조를 개선하기 위해 한국기독교상담심리학회를 비롯하여 한국가족치료학회, 한국상담심리학회, 한국상담학회, 한국직업상담협회가 협력하여 NCS 추진 테스크 포스를 구성하여 NCS 분류체계 개편을 위한 공청회 등을 열기도 했다. NCS 실무진들에게 상담계 현황을 설명하는 보고서 등을 작성하고 제출하는 등 적극적인 활동을 벌였고, 그 결과 2015년에 개편된 NCS 분류체계에서는 상담분야가 사회복지(중분류)에서 분리되어 독자적인 중분류 항목으로 분류되었다. 국가의 직무분류체계에서 상담분야가 독립된 분야로 분류됨에 따라 심리상담은 노동시장에서 새로운 직업군으로 자리 잡을 수 있게 되었고, 국내 노동시장의 수요와 공급을 반영하는 정책에 주요 고려 대상이 될 수 있었다. 상담사들의 활동영역 확장을 위한 기본적인 기반이 마련된 것이다. 또한 장기적으로 상담이 전문적인 직업으로서 평가되어 일자리 창출에도 긍정적인 영향을 끼치게 되었다. 그 후 국방부의 병영생활 전문 상담관, 초·중·고등학교의 전문상담교사가 채용되기 시작하였고, 공공기관에서도 상담사를 채용하는 계기가 만들어졌다. 상담영역의 NCS 중분류 진입을 계기로, 상담관련 직업군들이 더 많은 소분류 체계로 들어갈 수 있도록 상담 전문 인력들의 폭넓은 노력과 적극적인 참여 활동이 필요하다. 먼저는 현장에서 일하는 상담사들이 그 현장 속에서 전문성을 인정받고, 영역 확장을 위해 목소리를 높일 수 있어야 한다. 이런 관점에서 상담직업군의 현재 위치, 상담직업군의 필요조건을 아는 것은 중요한 작업이라고 본다. 상담사가 일할 수 있는 업종별 필수자격요건들이 무엇인지 알아 두는 것도 필요할 것이다.

(2) 국가자격증과 민간자격증으로 상담활동을 할 수 있는 곳

국가자격증과 민간자격증으로 상담사가 활동할 수 있는 곳은 〈표 1-8〉과 같다. 민간자격증을 가진 상담사들이 가질 수 있는 일자리를 앞서 설명한 것처럼 가장 오래된 한국상담심리학회를 기준으로 예시하였다.

(3) 상담 관련 직종 채용

최근 청년들의 심각한 구직난과 실업 속에서도 상담사가 일할 수 있는 영역이 확대 개발되고 있으며, 상담분야의 취업기회는 꾸준히 증가 추세를 보이고 있다. 예컨대, 국방부 20○○년 병영생활전문상담관 신규채용계획 공고를 보면 국가자격증과 민간자격증 중에서 국방부 장관이 인정하여 고시하는 자격증이라는 것으로 명시하여 해당직군 사람의 채용공고를 내고 있다. 그것은 다음 자격증 중 하나와 학력·경력 중 하나를 충족하는 사람이라는 조건을 요구한다. 첫째는 자격증과 학력 및 경력을 동시에 충족해야 하는 것이며, 둘째는 상담심리 및 임상심리와 같은 상담관련 전문 자격증을 요구한다는 것이다. 구체적인 채용요건은 〈표 1-9〉와 같다.

〈표 1-8〉 상담자격증 소지 상담직업

기관		청소년상담사		한국상담심리학회	
		2, 3급	1급	2급	1급
국가	청소년상담복지 개발원	상담원	상담 교수	상담원	연구원 슈퍼바이저
	시 · 도청소년 상담복지센터	상담원	상담원	상담원	상담원
	청소년문화의 집	행정상담원	상담원	행정상담원	
	청소년수련관	행정상담원	상담원		
	청소년쉼터	행정상담원	상담원		
	청소년 관련 복지시설	행정상담원	상담원		
	국방부	병영생활상담관		병영생활전문상담관	
	국방부	성고충전문상담관		성고충전문상담관	
	법무부			상담원	
	법원	위탁보조인	위탁보조인	상담원	
	아동보호전문기관	상담원	상담원		가사조사관
국가	보육원	상담원	상담원	상담원	
	해바라기 상담센터	상담원	상담원	상담원	
	육아종합지원센터	상담원	상담원	상담원	
	건강가정지원센터	상담원	상담원	상담원	
국가 혹은 재단	초 · 중 · 고등학교	전문상담사	상담원	상담원	
	대학상담센터		상담원	전문상담사	
	근로자건강센터		상담원	상담원	상담 교수, 연구원
	서울시 청년활동지원센터	위촉직 상담사	상담원	트라우마상담원	
	정부청사			가정방문상담사	
국가 혹은 개인	사회복지관	상담원		스마트폰과 의존 상담사	스마트폰과 의존 상담사
	가정폭력상담소	상담원	상담원	위촉직 상담사	
	성폭력상담소	상담원	상담원	상담사	센터장
민간	개인 혹은 비영리 민간상담센터	상담원	상담원	상담원	

기업	EAP상담		상담원	상담원	
	대기업			상담원	
				상담원	상담원
				상담원	상담원
				상담원	상담책임자

〈표 1-9〉 병영생활전문상담관 채용요건

구분	내용
자격증	• 국가자격증 임상심리사(한국산업인력공단), 직업상담사(한국산업인력공단), 사회복지사(보건복지부), 정신보건임상심리사(보건복지부), 정신보건사회복지사(보건복지부), 전문상담교사(교육부), 청소년상담사(여성가족부) • 민간자격 중 국방부 장관이 인정하여 고시하는 자격증 임상심리전문가(한국임상심리학회), 상담심리사 1·2급(한국상담심리학회), 전문상담사 1·2급(한국상담학회), 군 상담수련전문가(대한군상담학회), 군 상담 심리사 1·2·3급(대한군상담학회), 한국상담학회담수련전문가(한국상담학회담학회), 한국상담학회담전문가 1·2급(한국상담학회담학회), 가족상담전문가 수련감독전문가(한국가족문화상담협회), 가족상담 전문가 1·2급(한국가족문화상담협회), 사티어 가족상담 전문가 지도감독(한국 사티어 변형체계 치료학회), 사티어가족상담 전문가 1급(한국 사티어 변형체계 치료학회) ※ 국가 기관(한국직업능력개발원)에 등록된 자격증에 대해 '17년 전문가 평가를 통해 선정된 결과이며, 향후 신규 등록 자격증 및 기존 자격증 변경사항에 대해 지속 평가하여 재 고시 및 변경 적용 가능
학력 및 경력	다음 요건 중 하나를 충족하는 자 • 5년 이상의 상담경험이 있는 사람 • 심리상담 또는 사회복지 분야와 관련된 학사학위 소지자로서 3년 이상의 상담경험이 있는 사람 • 심리상담 또는 사회복지 분야와 관련된 석사 이상의 학위 소지자로서 2년 이상의 상담경험이 있는 사람

출처: 국방부(2020).

4. 상담사의 윤리적 책무

상담사의 전문적 자질 중에서 가장 중요한 부분이 상담사 윤리이다. 모든 전문가에 직업윤리가 있듯이, 상담사도 심리전문가로서 상담사 윤리에 의해 상담을 진행해야 한다. 상담사 윤리의 핵심은 상담사가 상담 서비스를 제공하기에 충분한 능력이 있는가, 내담자의 어려움을 감소시키기 위한 태도와 기술을 상담사가 가지고 있는가 하는 점이다. 상담사의 윤리적 규정은 상담사의 능력, 내담자의 권리, 비밀보장, 상담 관계, 다문화 상담 등 많은 규정이 있다. 또한 가족상담, 집단상담, 상담슈퍼비전, 심리검사, 평가 및 진단, 상담사교육과 연구, 학교상담 등 특별한 상황에서의 윤리도 있다. 이 절에서는 상담사의 능력, 내담자의 권리, 비밀보장, 상담 관계와 심리검사 등 상담을 진행하는 데 직접적으로 관련된 부분만 기술하겠다. 이 중 내담자의 권리는 접수면접에서 살펴본다.

1) 윤리적 행동의 기준

상담사는 상담 관계에서 발생하는 다양한 윤리적 사안과 딜레마에 봉착한다. 예컨대, 가족상담에서 가족 구성원 개개인의 동의가 없이는 그 정보를 가족의 다른 사람에게 알릴 수 없는 것으로 규정한다. 가족상담의 비밀보장 및 정보의 공개와 관련한 법적 기준이 정비되어 있지 않은 우리나라에서 현재의 윤리규정은 상담사가 상담사 윤리규정을 가장 중요하게 고려해 의사결정을 내릴 필요가 있다. 이때 상담사는 어떤 가치가 우선적으로 고려되어야 하는지를 각 사례별로 평가해 보아야 한다. 윤리적 결정 원칙 윤리가 갖는 한계에도 불구하고 구체적인 상황에서 전문가들이 따라야 할 **윤리적 행동 기준**들은 전문가 집단이 윤리적 갈등상황을 알아차리도록 돕고 갈등 해결에 대한 지침을 제시해 줄 수 있다. 이때 다음의 다섯 가지의 **윤리적 원리 원칙**(ACA, 2005; APA, 2002)을 고려하며 결정을 내릴 수 있다.

첫째, 인간의 권리와 존엄에 대한 존중이다. 상담사는 모든 내담자의 존엄과 가치를 존중하고 개인의 사생활, 비밀보장, 스스로 자신의 일을 결정할 수 있는 주도권을 존중해야 한다.

둘째, 복지의 증진과 비해악성(non-malevolence)이다. 이는 상담사가 내담자에게 도움을 주려고 노력해야 하며, 해를 끼쳐서는 안 된다는 것이다.

셋째, 성실성(integrity)이다. 이는 상담사가 과학적으로 입증된 범위 내에서 상담을 진행해야 하며, 만약 자신의 상담기법에 대한 과학적 증거가 충분하지 않다면 이를 내담자에게 미리 알릴 필요가 있다.

넷째, 공평성(justice)이다. 이는 상담에 대한 접근과 상담 서비스의 혜택이 다양한 배경의 사람들에게 공정하게 제공되도록 노력해야 한다는 것이다. 상담사는 서비스가 주어지는 과정이나 서비스의 질에서 특정 집단에 편파적으로 좋거나 나쁜 서비스가 주어지지 않도록 주의해야 한다.

다섯째, **신의**(fidelity)이다. 상담사가 자신의 내담자에게 신뢰를 줄 수 있어야 한다는 말이다. 상담사들은 때때로 상담을 의뢰한 사람과 상담의 직접적 대상자인 내담자 사이에서 신의의 문제에 부딪히게 될 때가 있다. 이때 상담사는 자신의 일차적인 내담자(primary client)를 먼저 고려할 수 있어야 한다. 청소년상담의 경우, 부모가 상담을 의뢰하였더라도 내담자인 청소년을 우선하여 신의를 지키고자 하는 것이 필요하다.

2) 비밀보장 준수

상담사는 내담자의 정보와 상담내용에 대한 비밀을 유지하고 보호할 의무가 있다. 내담자가 상담을 받고 있다는 사실 자체로부터 시작하여 내담자에 대한 모든 것을 보호해야 한다. 부모를 비롯한 제3자에게 상담 관련 내용과 기록들을 노출하지 않으며, 심리검사 결과나 상담 비용과 관련된 서류 및 파일 등을 내담자의 동의 없이 다른 사람들에게 알리지 말아야 하며, 이와 같은 상담사의 윤리적 의무사항을 내담자에게 미리 알려야 한다(Corey, Corey, & Callanan, 2003).

(1) 비밀보장의 예외 사항

상담사는 비밀보장(confidentiality)의 예외가 되는 상황에 대해서도 내담자에게 알려야 한다. 다른 사람의 생명을 위협하는 행동과 더불어 타인과의 갈등을 야기할 경우, 내담자가 타인을 위협하고 있음이 잘 드러나도록 상담하고 명확하게 드러나는 경우 위협당하는 대상자에게 알려 줄 필요가 있다. 만약 위협당하는 당사자에게 고지가 안 될 경우 심각한 문제에 봉착할 수 있기 때문이다. 이러한 **비밀보장의 예외** 상황에 대한 설명은 상담 초기에 상담사가 비밀보장에 대해 설명하면서 함께 다루어야 한다.

대부분의 상담내용은 유출할 수 없지만 다음과 같은 예외적 상황 등을 미리 고지해 두어야 한다.

- 아동학대나 방임, 근친상간 등 중대한 범죄의 내용
- 전염성이 있는 치명적인 질병에 걸린 경우
- 자살시도 및 계획
- 내담자나 그 밖에 타인을 해칠 가능성이 있는 경우

- 전문적인 연구 목적, 전문적인 서비스 제공 목적, 전문적인 자문하기 위한 경우
- 법원의 요구가 있을 경우

(2) 제3자와 내담자 정보를 공유할 상황

상담사는 비밀보장의 예외 상황이 아니더라도 내담자에게 더 나은 서비스를 제공하기 위해 내담자의 정보를 제3자와 공유해야 하는 경우도 있다. 다음과 같은 경우에 내담자의 정보를 상담사 이외의 다른 전문가에게 알릴 수도 있다.

- 내담자가 정보공개에 동의했을 때
- 상담료 정산을 위해 보험 회사 등 다른 기관에 상담 사실을 알려야 할 때
- 상담사가 다른 전문가나 동료에게 자문하려 할 때
- 상담사가 수퍼비전을 받고 있을 때
- 다른 정신건강 전문가가 자료를 요청하여 내담자가 이에 동의했을 때
- 상담 팀이 있어 팀의 다른 전문가가 요구했을 때

이런 경우라도 상담사는 필요한 정보만을 제한적으로 알리고, 내담자에 관한 다른 정보들을 불필요하게 알리지 않도록 주의해야 한다.

(3) 특정 상황 비밀보장

■ 아동청소년상담

상담에서 내담자, 특히 아동·청소년 내담자가 "내가 하려는 얘기에 대해 비밀을 지켜 준다면 얘기할게요."라고 말할 때 상담사는 비밀보장을 약속하지 않는 것이 좋다. 만약 상담사가 비밀을 지켜 주겠다는 약속을 하고 나서 내담자가 말하는 내용이 비밀보장의 예외 사항에 해당된다는 것을 알아차리고 비밀보장을 깨야 한다면, 이는 내담자에게 상담사에 대한 신뢰를 떨어뜨리며 상담 관계에도 해를 주게 된다.

■ 가족상담

가족상담은 상담에 관여되는 사람이 많아지므로 비밀보장을 지키기가 더 어렵다. 가

족상담의 경우 때때로 내담자들이 개인상담을 요청하는 경우가 있는데, 상담사는 개인 면접에서 얻은 정보와 가족상담에서 얻는 정보를 구분해서 다룰 필요가 있다. 상담이 진행되면서 상담사는 가족상담과 동시에 부부 중의 한쪽과 개인상담을 진행하거나 개인상담을 진행하던 내담자와 부부상담을 시작하게 되는 경우가 있다. 이때 개인상담에서 다루어지는 내용은 가족의 다른 구성원들에게 비밀보장이 되어야 하므로 상담사는 비밀보장의 면에서 어려움을 겪게 될 가능성이 있다.

가족상담의 진행 중에 개인상담을 동시에 진행하는 것을 비윤리적이라고 규정하고 있지 않으며, 실제로 많은 상담사들이 가족상담과 개인상담을 병행한다. 가족 구성원 간의 비밀보장에 관하여 윤리규정들(AAMFT, 2001; APA, 2002)은 가족의 한 구성원에게서 얻은 정보는 그 구성원의 동의 없이는 다른 구성원에게 밝힐 수 없다고만 규정하고 있다. 상담사가 가족 중 한 사람과 개인상담을 진행하면서 비밀을 공유한다면, 이는 가족 상담에 필연적으로 영향을 주게 된다.

상담사는 가족상담의 초기에 비밀보장의 본질과 그 한계에 대하여 설명해야 하고, 이때 가족 구성원 중 한 사람이 다른 구성원이 없을 때 얘기한 정보에 대한 비밀보장의 규칙을 내담자에게 분명히 알려 주어야 한다(Benitez, 2004).

가족상담사가 흔히 겪는 비밀보장의 예외 상황은 아동학대 및 아동 양육권에 대한 법적 분쟁과 관련된 것이다. 부부상담이나 가족상담의 내담자이던 부부가 이혼을 하는 경우에 이들이 상담사에게 아동의 양육권 결정에 영향을 줄 수 있도록 배우자의 행동에 대해 법정에서 증언을 요청할 수도 있다. 이런 일에 대비해서 상담사는 양육권 분쟁과 관련한 법적 증언을 받아들일 것인지를 상담 초기에 내담자에게 분명하게 알려야 한다. 법정에서 양육권 분쟁과 관련해 증언을 하는 경우도 상담사는 내담자의 상담내용에 대해 최대한 비밀보장을 유지하며, 법원에서 요청하는 최소한의 자료만을 따로 정리해서 밝힐 수 있다.

■ 부부상담

부부상담의 경우는 부부 중 한 사람이 상담사에게 알려 준 정보는 내담자가 동의한 범위 안에서 배우자에게 알려 줄 수 있음을 상담의 초기에 내담자에게 알리고 동의를 얻는 것도 비밀보장을 다루는 한 방법이다(Benitez, 2004). 이 경우 개인상담을 요청한 내담자가 혼외 관계가 있거나 배우자에게 알리기 어려운 병이 있거나 배우자에게 아직 밝히지 않았지만 배우자와의 관계를 지속할 생각이 없는 경우도 있다. 어떤 경우이건 개인 상담에서 내담자가 밝히는 정보는 부부 관계에 영향을 주는 내용일 가능성이 많다. 따라서 내담자가 밝히기를 원하지 않을 경우에는 배우자에게 상담내용을 알려 주어서는 안 된다.

(4) 비밀보장 예외 상황 시 개입법

상담 초기에 비밀보장의 예외 상황에 대해 미리 설명하고 내담자의 동의를 구한다. 이후 상담에서 비밀보장의 예외 상황이 발생하면 상담사가 다음과 같은 세 단계로 진행한다(Taylor & Adelman, 1989).

첫째, 상담사는 비밀보장을 지킬 수 없는 이유에 대해 설명한다.

둘째, 비밀보장이 깨지는 경우 이것이 상담사와 내담자의 관계에 미칠 영향에 대해 탐색한다.

셋째, 부정적 결과를 최소화하고 긍정적 결과를 극대화하는 방향에 대해 함께 의논한다.

3) 윤리적 갈등 문제

(1) 윤리적 갈등 문제해결 절차

윤리적 갈등상황에서 어떻게 의사결정을 해야 할지에 대해서는 Corey와 동료들(2003)이 제시한 윤리적 갈등이나 문제를 해결하는 절차와 단계는 〈표 1-10〉을 참고할 수 있다.

〈표 1–10〉 윤리적 갈등에 대한 의사결정 단계

1. 상담사가 윤리적 갈등이나 문제에 직면할 경우, 갈등이나 문제를 해결하는 일련의 절차가 있다.
   • 문제를 확인하고 문제의 성격 파악을 위한 정보를 수집한다.
   • 쟁점을 확인하고 관련된 사람들의 권리와 책임을 평가한다.
   • 문제와 관련된 윤리규정을 살펴보고 상담사 자신의 가치와 윤리지침의 일치 또는 상충되는 정도를 파악한다.
   • 윤리 문제와 관련된 법과 조례를 알아본다.
   • 문제에 대한 다양한 관점을 얻기 위해 1개 이상의 기관에 자문하고 제안된 바를 내담자 자료에 기록한다.
   • 다양한 선택 가능성을 다른 전문가 및 내담자와 논의하고 기록으로 남긴다.
   • 다양한 선택에 대해 예상되는 결과들을 살펴보고 하나의 행동 방향을 결정한다.
   • 결정된 행동 방향으로 실행한 후 그 결과를 평가할 뿐 아니라 추가적으로 필요한 절차를 결정하고 기록한다.

2. 상담사는 개방적 태도로 동료 상담사와 문제를 논의하고 조언을 구하는 것이 전문가로 성장하는 데 도움이 된다. 상담사는 사람들과 문제의 다양한 측면을 탐색하고 토론하며 자신의 가치관을 명확히 하고 자신의 행동 동기를 점검하는 것이 필요하다.

3. 윤리적 갈등상황에 대한 의사결정에는 문제해결 절차의 점검도 중요하지만 내담자를 의사결정 과정에 관여시키는 것 또한 중요하다.

출처: Corey, Correy, & Callanan (2003).

상담사 윤리적 원칙은 상담사로서 어떤 것이 윤리적인지를 더 명확하게 알아둘 필요가 있다. Neukrung, Healy와 Herlihy(1992)는 ACA에 접수된 부적절한 상담 서비스의 유형에 대한 연구를 진행하였다. ACA에 접수된 사건들에는 자격증이 없거나 자격에 대하여 투명하게 밝히지 않아서 의심이 가는 상담사에 관한 것(27%), 내담자와의 성문제(20%), 부적절한 상담료 및 가짜 보험료 징수(12%), 이중관계(7%), 내담자에게 정보 제공을 잘 못해 준 것(7%) 등이 있었다(최해림, 이수용, 금명자, 유영권, 안현의, 2010).

(2) 윤리적 갈등 사례

■ 정부의 법적 권위와 갈등이 있을 경우

상담사는 진행하고 있는 상담과 관련된 기관에 자신이 상담사 윤리강령에 따라야 할 의무가 있음을 알리고 이것에 따라 갈등 해결을 위한 조치를 취해야 한다. 만약 여러 방식의 조치를 통해서도 갈등이 해결되지 않으면 법, 규정 또는 정부의 법적 권위를 따를 수 있다.

《사례 1. 공무원으로부터 상담기록 열람 요청을 받은 상담사》

상담사는 일하고 있던 상담기관에서 가정폭력상담 감사를 받으면서 공무원으로부터 상담기록 열람을 요청받았다. 이 경우 어떻게 해야 할까?

첫째, 감사 자료로 요구된 1개년 가정폭력 예방 교육 자료를 제출한다.

둘째, 상담일지를 요구하면 평소 엑셀로 관리하던 1개년 상담일지 서류철을 제출한다. 이 상담일지는 연간 실적으로 전자결재에 올리는 것으로 개인 식별이 불가능하기 때문이다.

셋째, 개인 정보가 담겨 있는 내담자 개인상담 파일 전체 1개년을 요구하면 이를 제출한다. 이러한 내담자 개인상담 카드 혹은 파일에는 개인 내담자 성명, 상담 신청서, 심리검사 종류 및 결과, 상담종류, 상담 주제, 상담기록 등이 포함되어 있다. 상담사 윤리강령에서는 각 기관마다 상담기록 보관에 기한을 정해 두는 것을 권장하고 있다. 소속 기관의 상담기록 보관 기한이 언제인지 확인하고, 그 기한이 5년보다 짧다면 감사 자료 요청에 대해 답변한다. 상담사가 내담자의 정보를 불가피하게 공개해야 하는 상황은 다음과 같다. '내담자의 생명이나 타인 및 사회의 안전을 위협하는 경우'와 '내담자가 감염성이 있는 치명적인 질병이 있다는 확실한 정보'가 있는 경우이다. 이때에도 상담심리사는 '최소한의 정보만을 공개'해야 한다. 따라서 먼저 감사 자료 요청의 목적을 확인한 후 그 목적이 두 사항에 해당되는지 확인하고, 의외의 경우 기본적으로 내담자의 정보를 보호하는 것을 원칙으로 권장한다. 불가피한 경우라고 할지라도 상담사는 내담자의 상담 정보에 있어서 '최소한의 정보만을 공개'해야 하며, 또한 '정보 공개 사실을 내담자에게 알려야' 한다. 그럼에도 불구하고 공무원이 지속적으로 열람을 요청하면 갈등을 겪게 된다. 이럴 때 상담사는 내담자의 비밀보장에 관한 윤리적 책무가 있기 때문에 자세한 상담일지는 보여 줄 수가 없다. 상담일자, 상담시간, 상담주제만을 제시하고, 이 외에 구체적인 상담내용이 담긴 상담일지는 보여 줄 수 없다고 재차 설명하는 것이 적절한 대응일 것이다.

■ **소속된 기관의 요구와 갈등이 있을 경우**

첫째, 갈등의 성격을 명료화한다. 둘째, 소속기관에 상담사가 윤리강령대로 따라야 할 의무가 있음을 알리며 윤리강령과 일치하는 방식으로 갈등을 해결해야 한다. 상담사가 소속된 기관의 요구와 상담사 윤리강령이 갈등을 빚을 때 어떻게 대처해야 하는가를 다음 사례를 통해 자세히 살펴보기로 하자.

《사례 2. 신체촬영범죄를 상담 도중 알게 된 초심상담사》

상담사는 상담 회기 중에 내담자의 오빠가 내담자의 몸을 촬영했다는 것을 알게 되었다. 내담자는 이런 사실을 자신의 어머니에게 알렸지만 어머니는 이를 묵인했고 어떠한 조치도 취하지 않았다. 상담사는 기관에 이 사항을 알리고 먼저 부모에게 상담을 요청하고 경찰서에도 신고하기를 요청하였다. 그러나 기관에서는 내담자와 내담자의 부모가 신고하기를 원하지 않기 때문에 굳이 신고할 필요가 있겠느냐 하면서 상담사의 의견과 다르게 반응하였다.

이때 상담사는 다음과 같이 상담사 윤리의무를 알릴 수 있다.

첫째, 기관에 알리고 기다렸는데 기관에서 계속 신고를 하지 않는다면 상담사가 먼저 경찰에 신고해야 한다.

둘째, 기관에게는 다음과 같은 내용을 전달할 필요가 있다.

> "이 사안은 내담자나 내담자 부모님의 처벌의사와 상관없이 상담사로서 의무 신고를 해야 할 부분이라서 무조건 신고해야 합니다. 신고의무가 있는 상담사로서 자기 보호를 위해서도 경찰에 신고하려고 합니다. 만약 신고하지 않으면 상담사도 처벌받을 수 있으며, 이 사실이 계속 은폐될 때 가해가 지속될 수 있기 때문에 신고하는 것이 필요하다고 봅니다."

셋째, 상담사는 이 내용에 대해 상담사가 경찰에 신고할 것을 내담자에게도 알려야 한다. 내담자에게 다음과 같이 말할 수 있다.

> "이 사안은 내담자와 내담자 부모님의 처벌의사와 상관없이 저로서는 신고를 해야 하는 일입니다. 신고하지 않으면 제 자신이 처벌받게 되기도 하지만, 이 사실이 은폐되는 것이 내담자에게도 도움이 될 것 같지 않습니다. 더구나 비슷한 일이 또 발생할 여지가 있기 때문에 내담자도 현재 안전한 상태에 있지 않은 것으로 보입니다. 제가 오늘 경찰에 신고하면 경찰에서 연락이 오게 될 것입니다. 신고와 수사는 다른 것이니 내담자가 원치 않으면 경찰에 그러한 의사를 밝히실 수 있을 것입니다."

내담자가 원하든 원치 않든 신고는 의무사항임을 기억하는 것이 중요하다. 의무사항은 마음으로 결정하는 것이 아니라 법에 따라 하는 것이 가장 안전한 방법이다.

4) 심리검사에 관한 윤리

심리검사는 내담자의 복지를 위해서 실시된다. 상업적인 목적으로 심리검사를 실시하는 것은 내담자를 착취하는 일이 되기 때문이다. 따라서 심리검사는 철저하게 내담자의 복지를 위해서 실시하고 상담에 도움이 되는 차원에서 필요한 것만 실시하도록 해야 한다.

상담사는 심리검사 실시 전에 내담자에게 동의를 구해야 한다. 검사 동의서에는 검사의 성격과 목적, 비용, 비밀보장의 제한, 내담자가 질문하고 답변을 들을 수 있는 충분한 기회에 대한 설명이 포함되어야 한다. 반면, 검사가 법이나 정부 규정에 의해 의무적으로 실시될 때나 교육기관이나 조직에서 정기적으로 실시될 때, 그리고 검사 목적이 의사결정 능력의 평가를 위한 것일 때에는 검사에 대한 내담자의 동의를 생략할 수 있다. 예컨대, 군 입대나 학교 입시, 취업 등에 활용되는 경우인데, 이런 것은 기관의 교육이나 훈련 등에 참여하는 것 자체가 동의를 구한 것으로 볼 수 있기 때문에 따로 개인적 동의를 구하지는 않는다. 군에서 실시하는 인성검사, 초·중·고등학교에서 실시되는 정서행동 특성검사, 청소년상담복지센터에서 꿈드림 이용자에게 실시하는 정서행동특성검사 등을 예로 들 수 있다. 단, 1차 검사에서 관심군으로 나온 내담자에게는 가정통신문을 발송하고, 부모 동의 후 개별 면담 시에 2차 검사를 실시한다. 또한 검사 실시 후 자료를 보관할 경우에는 문서 암호를 설정해서 보관해야 한다. 심리검사 결과는 대개 PDF 파일 형태로 보관되는데, 심리검사 결과문서 암호 설정에 관한 자세한 내용은 〈부록 1-3〉을 참고하길 바란다(김형숙, 2015c).

(1) 심리검사 선택

상담사는 신뢰도와 타당도가 입증된 심리검사를 선별해 사용해야 할 뿐 아니라 검사의 실시·채점·해석에 있어 연구에 의해 입증된(evidence-based) 결과들에 기초할 필요가 있다. 그렇지 못한 경우에는 검사결과 및 해석의 장점과 제한점을 기술해야 하며, 새로운 연구결과를 바탕으로 결과 및 해석의 내용을 새롭게 수정해 나가야 한다.

상담사들 중에 간혹 심리검사 결과가 가리키는 숫자만을 따라 기계적으로 해석하고 그 내용을 그대로 내담자에게 적용하는 경우가 있는데, 이런 행동은 자제해야 한다. 인간이 갖고 있는 문제들은 그 문제의 성격이 다양하고 문화적 요소와 상황적 변수에 따라 다양하게 해석할 만한 여지를 지닌다. 때문에 검사 사용은 신중해야 하며, 결과에 대한 해석도 가설 형식으로 전달되어야 한다. 여러 학회가 자격검정위원회에서 인정하는 개인용 검사를 다음과 같이 규정하고 있다(한국기독교상담심리학회, 2020; 한국상담심리학회, 2020; 한국상담학회, 2020). 종합심리검사에 포함되는 검사 중에서 다면적 인성검사(MMPI), 집-나무-사람검사(HTP), 벤더게슈탈트검사(BGT), 문장완성검사(SCT), 가족화(KFD), 로르샤흐검사, 성인용 및 아동용 개인용 지능검사 등이 포함된다.

(2) 검사 실시 조건과 검사 실시

상담사는 검사를 실시할 때, 수검자에게 검사 전에 검사를 실시하는 이유, 실시 소요 시간 등에 대하여 자세히 설명하고 검사를 실시해야 한다. 수검자는 검사에 앞서 긴장 감과 불안, 검사를 잘 수행할 수 있을지에 대한 두려움 등을 느낄 수 있다. 상담기관이나 상담사의 이익을 위하여 검사를 시행해서는 안 되며, 내담자의 법적 필요 등에 관한 이유로 허위 진단을 하지 말아야 한다. 어떠한 검사든 강요해서는 안 되며, 내담자의 선택의 권리를 존중해야 한다. 가장 중요한 것은 심리검사 해석 능력이 없다면 심리검사를 시행하지 말아야 한다는 것이다. 또한 사적인 관계가 있는 사람이 심리검사에서 좋은 결과를 받을 수 있도록 지도해서도 안 된다(한국상담심리학회, 2020; 한국상담학회, 2020). 자격이 없는 사람이 검사를 실시하면 안 되는 것 또한 당연하다. 그러나 슈퍼바이저에 의해 적절한 지도감독이 이루어지는 경우, 훈련 목적의 검사 실시는 가능하다. 심리검사는 표준화된 조건에서 시행될 때 신뢰성과 타당성을 가질 수 있다.

검사는 내담자의 수검 태도나 수행 시간 등을 관찰할 수 있도록 가능하면 상담실에서 실시하는 것이 좋다. 내담자의 자기보고식 검사, 예를 들면 MMPI, 성격-기질검사(TCI) 등을 불가피하게 상담실이 아닌 다른 곳에서 응답해야 하는 경우들이 생길 수 있는데 이럴 경우에는 검사 실시에 대한 안내를 구체적으로 해야 한다. 검사 방법은 상담실에서 실시하는 것과 동일하게 안내해야 하는데, 그 내용은 다음과 같다. 첫째, 방해될 수 있는 것은 차단하고 실시한다. 컴퓨터와 핸드폰을 끈다. 둘째, 한 장소에서 검사가 끝날 때까지 실시한다. 셋째, 시간을 확인한다.

(3) 검사 해석

심리검사 결과를 해석할 때는 검사의 목적, 내담자의 수검 태도, 상담사의 판단에 영향을 미칠 수 있는 상황적·언어적·문화적 요소들을 고려해야 한다. 검사에 관한 전문적인 용어는 될 수 있는 대로 피하고 수검자가 충분히 이해할 수 있는 쉬운 언어로 설명하는 것이 적절하다. 심리검사는 내담자를 위한 상담 과정에 도움이 되어야 한다. 심리검사에 대하여 내담자에게 설명할 때 심리검사로 내담자를 단정하거나, 마치 심리검사를 해석하는 상담사가 마술적인 힘이 있는 것처럼 소개되면 안 되고, 심리검사의 제한점을 설명해 주는 것이 적절하다.

심리검사를 해석할 때는 다문화적 요소도 고려해야 한다. 심리검사 해석은 해석 자체를 위한 해석이 아니라 내담자에게 자신의 문제를 볼 수 있도록 해 주는 것이어야 한다. 검사 결과를 단순하게 보여 주는 것이 아니라 검사결과에 대하여 내담자에게 물어보고 확인하는 과정을 거치며 가설의 형식으로 제시해야 한다. 예컨대, 내담자가 결혼생활의 불평등에 대한 불만을 호소하면서 우울을 보고하는데 막상 MMPI에서 결혼생활 부적응을 나타내는 MDS의 점수가 40으로 낮게 나왔다면 내담자에게 다음의 질문을 던지며 그 내용을 자세히 확인해 보는 것이 필요하다. "결혼생활에 대해서 늘 힘들다고 불평하셨지만 검사에서는 결혼생활 불만족 점수가 높지 않게 나왔어요. 이것에 대해 어떻게 생각하세요? 어떤 이유가 있을까요?" 궁금한 것은 내담자에게 물어보고, 확인된 것은 검사결과의 해석과 상담의 자료로 활용할 수 있다. 검사해석과 피드백은 평가적이나 비판적인 태도가 아니라 수용적인 분위기 속에서 전달할 필요가 있다. 내담자가 원하지 않으면 내담자의 권리를 존중하여 검사를 상담에 사용하지 말아야 한다(김형숙, 2016a).

(4) 검사보고서 작성 및 보고

심리검사보고서 작성 시 가장 중요한 점은 내담자가 직면한 문제를 해결하는 데 도움이 될 수 있도록 결과 보고서를 작성하는 것이다. 심리검사보고서에는 비판적이거나 극단적인 표현 대신 내담자의 강점을 기술하고 긍정적인 요소를 포함하도록 기술하는 것이 바람직하다. 또한 내담자의 상황을 잘 알려 줄 수 있도록 명료하게 보고서를 작성해야 한다.

종합심리검사를 실시한 내담자의 경우 심리검사 결과 요약 기록의 일부를 소개하면 다음과 같다(김형숙, 2016a).

《사례 3. '외로워요'를 호소한 내담자 심리검사보고서》

수검자는 자기보고식 검사인 MMPI를 수행함에 있어 자신을 꾸미려는 최소한의 시도도 나타나지 않아 자존감이 부족할 것으로 보인다(F>L,K). 또한 현재 상황에 대해 정서적 불편감이 높은 편으로 나타나(RCd=75) 현재 막연한 불안감과 우울감에 관련된 정서를 느끼고 있을 것으로 여겨진다(ANX=75, DEP=68). 한편, 이러한 불편감에 비해 수검자는 정서 자극을 지각하거나 다루는 부분에 관심이 부족한 것으로 보이는데(Afr=0.39), 이러한 수검자의 특성은 회피적 지각 특성의 결과로 보이며(L=1.50), 스트레스 상황에 대한 보호 전략인 것으로 여겨진다. 다만, 현재의 정서 상태로 볼 때 이러한 대응 패턴은 효과적이지 않은 것으로 보이며, 정서 조절에 관련된 자원이 부족한 수검자는 자신의 감정을 적절하게 표출하지 못한 채 이러한 내재적 불만감(S=2)으로 쌓아 놓고 있거나 신체적 증상(예: 소화기관의 불편감)을 통해 표출되고 있는 것으로 보인다(Hy=66, HEA=60).

정서적 불편감을 보고하는 수검자는 SCT에서 '나의 장래는 희망차이다' '언제가 나는 잘 되겠지' '내가 늘 원하는 것은 부자' 등에서 나타나듯이 긍정적인 미래관에 대해서 보고하고 있다. 반면, TCI 검사에서 인내력, 자율성 등이 낮은 수준으로 보고되어 있어 수검자가 목표에 대한 성취를 이루기 위한 성격상의 실질적인 자원은 부족한 것으로 보여, 높은 수준의 자기 관여 특징은 비전형적인 수검자의 특징과 자기에 대한 불만족의 표현으로 보인다(3R+2/R=0.56). 이러한 특성을 가진 수검자는 '내가 다시 싫어진다면 내 탓'에서 나타나듯이 스트레스 상황이나 현재 증상들을 내부에 귀인하는 특성을 보여 주며, 인지적인 해결책을 찾으려는 시도를 하는 것으로 보여 결과적으로는 자신에 대한 매우 왜곡된 개념 형성에 영향을 줄 것으로 보인다.

5) 상담기록에 관한 윤리

(1) 상담기록 의무

상담기록에 왜 윤리적인 규정이 적용되는가? 상담기록은 타 기관의 기록과는 성격이 다를 수 있다. 기존 공공기관의 기록은 일반에게 공개되는 것을 목적으로 하고 있어서 일반적으로 쉽게 접근하고 편리하게 이용할 수 있도록 기록이 관리된다. 반면, 상담기록의 경우 기록된 정보의 안전한 관리와 비밀보장 동의하에 상담이 진행되는 전문적인 과정이다. 이 과정에는 주로 언어가 사용되며, 시간이 흐르면서 이전의 내용들이 기억나지 않을 수 있다. 이 과정을 기록으로 남겨 두는 것이 중요하다(이효선, 2002). 상담기록은 상담사가 상담 절차 동안 상담 계획, 평가, 교육, 의뢰 등 전 분야에서 계속 일어난다. 이때 접수되거나 새로 생겨나는 업무 관련 문서, 도서, 카드, 대장, 시청각물, 전자문서 등의 모든 기록 정보 자료를 '상담기록물'이라고 볼 수 있으며, 이러한 상담기록물을 분류, 정리, 이관, 수집, 평가, 폐기, 보존, 공개, 활용하는 등의 모든 기록 관련 업무가 '상담기록 관리'이다. 상담사는 기록 보관의 의무가 있다. 기록 보관의 의무는 내담자나 제3자로부터 법적 소송에 휩싸일 경우 상담사 자신을 보호하기 위해서라도 잘 지켜져야 한다. 상담기록의 보존기간은 그 내용물이나 성격에 따라 모두 다르지만 구체적인 것은 〈부록 1-4〉에 명시되어 있는 것처럼 영구 대상과 준영구 대상으로 크게 나뉠 수 있다. 내담자는 여러 이유로 상담사를 자격증발급학회윤리위원회에 제소하거나 법적 기관에 고소하기도 한다(유정이, 2015). 상담사에 의존하고자 하는 욕구가 충족되지 않았을 때 화가 나서 상담사가 자신을 모욕했다고 불평하며 제소를 하기도 하는데, 이런 경우를 대비하여 상담사는 상담내용에 대한 기록을 가지고 있어야 하며, 이를 토대로 자신을 분명하게 변호할 수 있어야 한다.

(2) 자료 보관 의무

상담사나 상담센터는 상담내용을 보관할 의무가 있다. 상담내용은 제한된 사람만 접근할 수 있도록 비밀번호 장치를 갖춘 캐비닛에 보관한다. 만약 컴퓨터 파일로 저장하는 경우, 지문인식, 문서 암호설정, 보안 장치를 통해 관계자만 접근하도록 해야 한다. 최근 컴퓨터를 이용하여 실시되는 사이버 상담의 경우에도 상담한 내용들을 다른 전문업체 혹은 다른 사람에게 유출되지 않도록 보안을 유지한다. 녹음파일도 암호를 설정한다. 녹음파일명이나 암호에 내담자의 실명이 들어가지 않도록 하는 것도 잊지 말아야 한다. 자세한 방법은 〈부록 1-5〉 녹음파일 암호설정을 참고하길 바란다(김형숙, 2019).

전화 메시지나 팩스도 상담사 개인의 사무실에서 상담사만 사용하는 것이 아니라면 내담자 정보 보호가 보장되는 상황에서 이용하는 것이 안전하다. 공용으로 사용하는 전화기나 팩스에 내담자의 정보가 남겨져서 관련 없는 사람이 정보를 보게 된다면, 내담자의 정보가 쉽게 노출되는 위험에 놓일 수 있다. 내담자가 자신이 상담받고 있다는 것을 가족에게 알리고 싶어 하지 않는 경우에는 상담사는 내담자가 허락하지 않는 한 내담자가 상담을 받고 있는 사실을 다른 가족에게 알리지 않아야 한다.

(3) 자료보관 방법

자료의 보관과 관련한 사항은 상담사가 주의 깊게 다룰 필요가 있다. 상담사는 접수면접, 사례 개념화, 사례 기록지, 검사 결과 및 검사 결과의 해석지, 상담 종결 보고서 등 내담자에 관한 다양한 기록을 갖게 된다. 상담사와 상담기관은 내담자의 기록을 보관하는 데 대한 기준이 있어야 하며, 종결된 사례와 관련해 몇 년간 어떤 방식으로 어떤 자료를 보관하는지에 대한 기준은 해당 기관의 규정을 따르되 상담사 개인 컴퓨터에 저장된 것과 프린트 자료는 소각하거나 완전 삭제해야 한다.

상담사는 자신의 전문적인 훈련에 대해 책임질 의무가 있다. 이러한 책임성 중의 하나는 자신이 훈련받은 교육 내용을 즉시 기록으로 남겨 두는 것이다. 상담사는 훈련 내용을 기록할 때 사례마다 번호를 부여하여 기록하는 것이 더 효율적이다. 사례번호는 상담기관마다, 상담사마다 다르게 부여할 수 있다. 상담사는 내담자가 한두 명일 경우에는 사례번호의 필요성을 못 느끼지만, 사례가 많거나 학회자격수련을 제출할 때 사례번호가 필요하다. 예컨대, 사례번호는 'D김형숙슈비1(상담)-161210-강박증20남자'로 표기할 수 있다. 처음 'D'는 다리꿈발달상담교육센터의 첫 이니셜로 상담기관을 지칭하며, '김형숙슈비1(상담)'은 김형숙 상담사가 슈비를 상담으로 처음 받은 사례를 의미하며, '161210'은 슈비를 받은 년·월·일을 말하며, '강박증20남자'는 내담자의 특징, 나이, 성별을 의미한다. 이처럼 다음 사례를 적을 때는 'D김형숙슈비2(검사)-170120-PTSD 29 여자'라고 적을 수 있다. 이것은 다리꿈 발달상담교육센터라는 상담기관에서 심리검사에 관한 수퍼비전을 170120일에 받았는데, 해당 사례는 PTSD를 겪는 29세 여자 내담자에 관한 내용이라는 점을 표기한 것이다. 상담사례를 적으면서 슈비를 받은 날짜를 표시해 두는 것은 여러 면에서 도움이 된다. 이와 같은 방식은 필자가 상담사례관리를 하면서 오랫동안 사용한 방법이었고, 수련생을 지도할 때도 이 같은 방식을 활용하도록 하는데, 이렇게 하면 많은 사례도 일자에 따라 정리하고 시각화할 수 있어서 여러 모로 편리함과 효율성이 있었다. 사례에 관한 내용을 컴퓨터 문서로 저장할 경우에는 반드시 문서암호를 설정해서 외부의 사람이 그 문서를 보지 못하도록 파일을 보관해야 한다. 상담사례보고서 파일 문서암호 설정 방법은 〈부록 1-6〉을 참고하길 바란다(김형숙, 2017c).

상담사는 상담기록을 일상화해야 한다. 상담기록은 상담사 자신을 위해서도 매우 중요한 일이다. 한국상담심리학회에서 발급되는 임상 수련 수첩이나 온라인 수첩에 기록하고 슈퍼바이저로부터 해당 서명을 그때그때 받아두는 것이 좋다. 그렇지 않을 경우,

시간이 지나면 기억의 오류 등으로 사실을 확인할 수 없게 되는 등의 일이 생길 수 있게 되기 때문이다.

상담사가 상담내용을 기록하는 것에도 전문성이 필요하다. 접수면접, 상담사 기록, 심리검사 실시, 심리검사 해석을 각각 파일별로 정리하다 보면 문서가 많아져서 그것들을 모두 일일이 암호화해서 관리하기가 어려워진다. 이럴 경우 엑셀 파일 등에 수련항목을 셀별로 구분하여 기록하며 정리하는 것을 추천한다. 한 문서에 모든 내용을 정리하고 암호화하는 것이 보안유지가 쉬울 뿐 아니라 하나의 엑셀 파일에 접수면접, 상담기록, 상담슈비, 심리검사 실시, 심리검사 해석, 심리검사 슈비의 6개의 수련항목을 저장할 수 있기 때문에 수련과정 전체를 한눈에 확인할 수 있다는 장점이 있다. 방법은 〈부록 1-7〉 상담기록 방법을 참고하길 바란다.

(4) 자료 및 정보 공개 방법

상담사는 내담자 개인정보 보호에 대한 책임이 있다. 상담사는 내담자의 정보공개를 요청받는 경우가 있다. 다음은 흔히 발생할 수 있는 내담자 정보공개를 요청하는 경우이다.

▪ 법원

최근 이혼이 증가하고 성폭력에 대한 사회적 민감성이 높아짐에 따라 이와 관련된 소송이 많아졌다. 이에 따라 법원에서 상담내용을 요청해 오는 경우들이 간간이 생긴다. 이때 상담사는 내담자를 보호하는 것을 최우선으로 하면서 대응할 수 있어야 한다. 상담사가 정보를 제공하게 될 경우에는 반드시 내담자의 동의를 얻어야 한다. 법원에는 상담에 관한 기본적인 사항만을 알릴 수 있다.

▪ 상담 의뢰인

상담 의뢰인이 내담자를 의뢰한 경우 내담자가 와서 상담을 받았는지를 상담사가 의뢰인에게 알려 주는데, 윤리적 기준에 따르면 내담자가 상담 약속을 했는지, 현재 상담을 받고 있는지의 여부도 비밀보장의 대상이 된다.

심리검사 결과를 수검자가 받아 보기를 원할 경우, 우편으로 보낼지 혹은 팩스나 이메일을 통해서 전할지 내담자의 의견을 물어보는 것이 좋다. 모든 문서에는 암호를 설정해서 보내야 하며, 다른 사람이 아니라 본인이 직접 받고 확인하도록 주의를 기울일 필요가 있다. 만약 심리검사 결과를 법원이나 관계 당국에서 요구할 경우, 내담자가 동의하거나 법적 대리인이 동의한 경우에만 공개할 수 있다. 이렇게 공개하는 경우에도 내담자의 안녕과 복지를 최우선적으로 고려하여 검사 결과가 오용되지 않도록 주의를 기울일 필요가 있다. 만약 내담자 이혼 등의 문제로 법원에 심리검사 자료를 제출하려고 요구할 때에는 어떻게 해야 하는 것이 좋을까? 이럴 경우, 상담 회기와 상담사, 상담기간이 포함된 내용의 상담확인서(〈부록 1-8〉)를 내담자에게 발급해 준다.

■ 동료자문

상담사가 동료에게서 자문할 때 공공장소에서 식사를 하면서 사례 얘기를 하거나 사무실 복도, 엘리베이터, 화장실 등에서 사례에 대해 논의하는 것은 사례와 관련 없는 다른 사람들에게 쉽게 정보가 노출되므로 적절하지 않다. 내담자에게 들은 특정한 정보 혹은 내담자에 관한 정보를 수다처럼 동료에게 얘기하는 경우도 비밀보장의 윤리적 기준을 위반하는 것이다.

6) 연구에 관한 윤리

(1) 연구 참가자 자율성의 존중

연구 참가자의 자율성에 대한 존중은 연구에 대한 참여가 참가자의 자발적인 의지에 따라 이루어져야 하며, 연구에 대한 전반적인 내용에 대해 아는 상태에서 참여를 결정하는 것이 바람직하다. 이를 위해 상담사가 연구 참가자에게 미리 설명해야 하는 정보들은 다음과 같다(APA, 2002).

- 연구의 목적, 예상되는 기간, 과정
- 연구가 시작된 다음에도 연구 참여를 거절하거나 철회할 수 있는 권리
- 연구 참여를 거절하거나 철회할 경우 발생 가능한 결과들
- 연구 참가 결정에 영향을 끼칠 수 있는 요소들: 잠재적 위험, 불편감, 부정적 영향
- 연구의 효과
- 연구 참가자에 대한 비밀보장과 비밀보장의 한계

- 참여에 대한 보상
- 연구에 관해서나 연구 참가자의 권리에 관해 질문이 있을 때 연락할 곳

우리나라에서도 최근 상담 연구에서 연구 참가자의 서면 동의(IRB)를 요구하는 것이 늘어나는 추세이다. 연구 참가자가 정보에 근거한 동의를 하도록 돕는 과정은 앞으로 연구가 보다 윤리적으로 진행되도록 하기 위해 반드시 포함되어야 하는 부분이다.

(2) 연구 참가자 및 일반 대중에 대한 무해성의 원칙과 복지의 증진

연구 참가자에게 신체적·심리적 해가 가지 않도록 하기 위해 상담연구자는 연구의 계획 단계에서 연구가 참가자에게 미칠 잠정적인 영향을 면밀하게 검토해야 한다. 특히 상담에서의 연구는 연구 참가자의 심리적인 특성에 관한 것이 연구의 주제가 된다. 연구 참가자가 기억하고 싶지 않은 기억을 하게 되는 경우도 있고, 이런 기억이 심리적으로 해를 주기도 할 것이다. 특히 아동·청소년을 대상으로 아동학대, 학교 폭력, 성적 정체성 등과 같이 민감한 주제에 대한 연구를 할 때 그 연구가 참가자에게 미치는 영향에 대해 사전에 면밀히 검토해야 하며, 해를 줄 가능성이 있을 경우 상담 등의 적절한 조처를 취해야 한다.

연구결과는 연구 참가자 및 일반 대중의 복지에 기여하는 것이어야 한다. 이를 위해 연구자는 자신이 연구하려는 분야에서 기존에 진행된 연구들을 잘 파악하고 있어야 하고, 자신의 연구가 기존의 연구결과에 더해서 대중의 복지에 기여할 수 있는 것인지를 검토해야 한다(APA, 2002).

(3) 연구와 출판

연구와 출판에 관련된 윤리는 다음과 같다. 첫째, 익명성이 요구되는 자료로 제시한다. 수련, 연구 혹은 발표의 목적을 가진 상담 관계로부터 얻어진 내담자 자료의 사용은 그 내용에 관련된 사람들의 익명성이 보장된 내용으로 제한되어야 한다. 이름, 도시, 학교, 직업은 모두 익명으로 처리해야 한다. 나이도 10대, 20대 같은 일반적인 연령대로 표기하는 것이 익명성에 해당된다. 둘째, 신원 확인에 대한 동의가 있어야 한다. 발표나 출판물에서 내담자의 신원은 내담자가 그 발표나 출판물을 검토한 후 그것에 대해 동의했을 때에 한해 허용된다. 이 책에서 나오는 사례는 내담자가 본인의 자료를 사용하는 것

에 동의했고, 출판물을 통해 다른 사람들이 어려움을 이겨 나가고 상담사들이 성장하는 데 기여하고 싶다고 한 내담자들의 자료를 인용하였다. 개인적인 정보가 나올만한 것은 익명 처리했다. 상담사 윤리에 관한 세부적인 사항은 미국상담학회(NCA) 윤리규정을 참고하길 바란다.

7) 상담사의 윤리책무과정에서 나타나는 상담사의 실수

상담사는 이전에 한 번도 진행해 보지 않는 사례들을 진행해 봄으로써 본인 능력의 한계를 알아갈 수 있다. 이럴 때, 어떤 상담사는 자신이 모든 것을 할 수 있는 양 내담자에게 자신의 능력을 과도하게 선전하기도 하는데, 이런 태도는 여러 면에서 문제를 야기할 수 있다. 조심스럽게 상담을 진행하되, 본인 능력 이상의 상담기술이 필요하다고 느껴진다면 상담 진행을 멈추고 다른 상담사에게 의뢰하는 것이 더 윤리적이라고 할 수 있다. 또한 내담자를 포기하는 것, 계획된 상담목표에서 벗어나는 것, 부적절한 진단과 평가 기술을 사용하는 것, 자살에 관해 합리적인 상담과 조치를 못한 것, 적절하게 수퍼비전을 받지 않은 것, 부적절한 방식으로 상담료를 받은 것, 전문적인 교육 경험이나 훈련 경력에 대해 거짓으로 말한 것, 내담자와 계약을 깬 것(Corey & Corey, 2004, p. 280) 등이 상담사 능력과 관련된 윤리 수칙을 위반한 예로 볼 수 있다. 자신이 감당하기 어려운 사례거나 한 번도 진행해 보지 않는 내담자를 만날 때에는 반드시 수퍼비전을 받으면서 상담을 진행할 것을 권한다.

한국심리학회 심리학자 윤리규정의 10조 3항에는 "평가와 심리치료에 종사하는 심리학자는 교육, 훈련, 수련, 지도감독을 받고 연구 및 전문적 경험을 쌓은 전문적인 영역의 범위 내에서 서비스를 제공해야 한다."라고 명시하고 있다. 자신의 한계와 능력을 알고 그 범위 안에서 상담을 할 수 있어야 한다는 것을 지적한 것이다. 상담을 하면서 자신의 능력의 한계를 인지하고 어느 범위까지 상담을 할 수 있는지를 결정하여 내담자가 더 좋은 상담 서비스를 받을 수 있도록 상담사에게 의뢰하는 과정을 단계적으로 밟아 나가야 한다. 이를 위해 상담사는 상담 전문가 네크워크를 잘 활용해야 한다. 예컨대 성소수자 내담자일 경우, 이것에 관한 경험이 부족하다면 전문적인 성소수자 상담기관에 의뢰하는 것이 윤리적이다. 내담자 의뢰에 대한 것은 이 책의 접수면접 부분에서 자세히 설명할 것이다.

제2장 ✈
내담자의 고민 및 상담 주제

상담은 상담사와 내담자가 함께 나누는 이야기를 통해 진행된다. 무엇을 가지고 이야기를 하는가? 내담자가 가지고 온 어려움에 대해 이야기하는 것이다. 내담자는 개인이 될 수도 있고 부부, 가족 또는 기관이 될 수도 있다. 기관을 내담자로 두었다는 것은 정신건강 상담사가 특정 지역사회의 기관장이나 업무 담당자들과 이야기할 때, 학교 상담사가 새로운 심리교육 프로그램을 제공할 때 또는 상담사가 가치 있다고 평가한 목표에 도달하기 위해 상담기술을 활용하여 특정 기관 수준에서 개입하는 경우를 말한다. 그러나 대부분의 상담은 상담실이라는 특정한 공간에서 이루어지는 일대일의 담화로 진행된다. 상담실에서 상담사는 전문적으로 개입하려는 의도를 가지고 경청하고, 내담자의 안녕(well-being)을 향상시키려는 목표를 향해 나아간다.

내담자가 호소하는 심리적 문제는 매우 다양하다. 예를 들어, 개인적 고민이나 열등감, 다양한 인간관계 갈등, 직장 부적응을 호소하는 어려움부터 불안장애와 조현병을 지닌 사람에 이르기까지 많다. 만약 내담자가 호소하는 문제가 『정신장애 진단 및 통계편람(DSM-5)』에서 명시된 진단기준에 명확히 분류될 수 있다면 상담에서 만날 수 있는 문제 수준으로서는 꽤 심각한 정도에 해당한다. 이 부분은 숙련된 상담사가 상담을 해야 하며, 초심상담사는 정신장애로 분류된 심리적 장애보다 가벼운 심리적 고민인 인간관계 갈등부터 상담을 시작하는 것이 적절하다. 숙련된 상담사가 아닌 초심상담사가 할 수 있는 상담영역을 정리하면 다음과 같다.

1. 상담사 발달단계에 따른 상담진행 주제

상담은 삶의 변화, 예방 또는 향상에 관심을 가지고 있다. 변화의 측면에서, 상담은 과도한 스트레스, 불만족 또는 불행을 느낄 수밖에 없는 삶을 살아야 하는 **주관적 고통감과 불편감**에 관심이 있다. 예방 측면에서, 상담은 내담자의 삶의 스트레스를 유발하는 예측 가능한 사건에 대하여 내담자의 심리적 자원을 끌어내며, 궁극적으로 변화하는 삶의 상황에 적응하도록 한다. 대부분의 사람들은 전문적 상담을 결코 경험하지 못하고 친구와 가족 또는 종교적 신념 등을 활용하여 인생 문제에 대처한다. 그러나 이런 자원들에도 불구하고 사람들은 때때로 숙련된 상담사만이 성장과 도전에 대한 적응을 촉진할 수 있는 지점까지 올 경우에 상담실을 찾게 된다.

상담에 의뢰된 내담자 문제들은 매우 다양하다. 초심상담사가 처음부터 내담자가 호소한 문제를 직접적으로 다루기는 여러모로 어렵다. 상담사 발달단계상 어디까지 이 상담 주제를 진행해야 하는지에 대한 정확한 기준이 없다. 그러나 일반적으로 다음과 같은 방식으로 상담을 진행한다. 상담사가 상담을 진행할 수 있는 주제들을 순서대로 정리하면 〈표 2-1〉과 같다. 상담사의 발달단계상 초심상담사들은 1번과 같은 주제들에 먼저 접근해 보면 좋을 것이다. 초심상담사는 비교적 가벼운 문제부터 상담을 시작하면서 상담 진행에 관한 자신감을 키워 나가는 것이 필요하다. 반면, 숙련된 상담사는 비교적 복합적인 어려움이 섞여 있는 문제들도 다룰 수 있어야 한다. 그러나 상담현장에서 처음부터 상담사 수준에 맞는 내담자를 만나는 것은 어렵다. 기관에서도 상담사 수준에 맞게 내담자를 배정하는 것은 쉽지 않다. 따라서 상담사는 감당하기 어려운 문제들을 만났을 때 슈퍼바이저로부터 지도감독을 받으면서 상담을 진행할 수 있다.

〈표 2-1〉 상담 주제별 내용

상담 주제	
1	비교적 건강하고 문제의 심각성이 낮은 어려움
2	경미한 문제에 대해 명확한 인식 원함
3	대인관계적 갈등: 직장 동료, 교사, 친구, 연인 관계에서 겪는 어려움
4	가족 관계적 갈등: 부모, 부부, 가족, 형제, 친척 관계에서 겪는 어려움
5	개인 내적 갈등: 감정, 사고, 의사결정에 따른 어려움과 갈등

6	자기 자신에 관한 갈등: 자신의 능력, 성격, 진로, 가치 등에 대한 갈등
7	환경 정보에 관한 갈등: 성공적인 학교 혹은 직장 생활에 관한 정보
8	기술부족: 효과적인 학습방법, 주장적 행동, 경청기술이나 친구사귀기 어려움
9	발달과정상의 어려움: 군대, 임신, 출산, 결혼, 자녀 양육, 나이 듦
10	생활상의 적응 어려움: 중요한 대상의 죽음
11	급성적인 스트레스 상태

출처: Hackney & Cormier (1988/2007).

내담자들이 상담실에 가져오는 상담 주제는 많지만 상담에서 다루는 문제는 내담자 자신의 심리적인 문제여야 한다. 상담에서 다루어지는 상담 주제는 어떻게 분류하느냐에 따라 다르다. 상담 주제를 다음과 같이 분류할 수 있다.

1) 개인 심리내적 혹은 대인관계

상담에서 다루어지는 내용은 개인 심리내적인 문제와 대인관계 문제들 모두를 포함한다. 개인의 심리내적(intrapersonal) 문제는 자기개념, 자기패배적인 생활 습관, 자기비판 같은 문제부터 심각한 정신적 손상까지의 범위를 포함한다. 대인관계(interpersonal) 문제는 내담자와 다른 사람과의 의사소통, 특정 대상에게로 향하는 공격성 그리고 대인관계에서 생겨나는 갈등의 범위가 해당된다. 이런 문제는 연령대와 발달단계에 관계없이 나타난다.

2) 심리적 기능

내담자가 상담에 와서 도움을 청하는 심리적 문제란 인간의 제반 심리적 기능과 관련된 영역의 문제로 대략 다음의 다섯 가지로 분류된다(김계현, 2002).

첫째, 정서적 특성을 지닌 문제이다. 이것은 우울, 불안, 공포, 걱정과 죄책감, 강박증, 악몽, 정서적 억제, 위축, 무기력, 의욕 저하, 좌절감, 절망감, 정서적 기복, 정서 조절의 어려움, 불안정, 분노 폭발 등에 관련된 것들이다.

둘째, 인지적 특성을 지닌 문제이다. 이것은 문제해결의 어려움, 선택과 결정의 어려움, 갈등, 학업과 진로의 문제, 지각적·인지적 왜곡, 잦은 오해, 인지적 결함과 결손, 잦은 착각 등의 문제와 관련된다.

셋째, 행동상의 문제이다. 이것은 폭력, 여러 가지의 부적응적인 문제 행동들, 적응적 행동의 결핍, 인내심의 부족과 충동조절의 어려움, 도벽, 도박, 중독, 주의집중의 어려움과 산만함 등의 호소문제와 관련된다.

넷째, 성격적 문제이다. 이것은 분리불안, 의존적, 소극적, 유아적, 회피적, 폐쇄적, 강박적, 편집증적, 자기애적, 연극적, 충동적 성향, 우유부단, 이기적, 자기중심적 성향 등이 해당된다.

다섯째, 자아개념과 관련된 문제이다. 이는 자신감 부족, 자존감의 손상, 자기비하, 패배의식, 무능감, 열등감, 미래에 대한 무망감, 성 정체감의 문제, 이성 교제의 어려움 등이 포함된다.

3) 공식분류기준

심리적 문제를 공식적으로 분류하는 방식은 크게 두 가지이다. 하나는 미국정신의학회(APA)가 만든『정신장애진단 및 통계편람(Diagnostic and Statistical Manual of Mental Disorders: DSM)』이고, 다른 하나는 세계보건기구(WHO)에서 만든『국제질병분류체계(International Classification of Disease: ICD)』이다. 이 중 DSM의 새로운 개정판인 DSM-5의 내용은 〈표 2-2〉와 같다. DSM-5는 미국정신의학회에서 발간하는『정신장애진단 및 통계편람』의 5번째 개정판으로서 세계적으로 가장 많은 임상가와 연구자가 사용하고 있다. DSM은 특정한 이론적 입장에 치우치지 않고 심리적 증상과 증후군을 위주로 하여 정신장애의 분류체계와 진단기준을 제시하고 있다. 정신장애 분류는 장애의 원인이 아니라 증상의 기술적 특징에 근거하여 정신장애를 20개의 주요한 범주로 나누고 그 하위 범주로 300여 개 이상의 장애를 포함하고 있다.

정신장애진단 분류체계는 내담자를 낙인찍으려는 것이 아니라 구체적인 도움을 주려는 분류기준이기 때문에 상담사들은 이 진단분류 체계를 낙인이 아니라 내담자를 이해하는 도구로 이해하는 것이 바람직하다. DSM-5에서 제시하고 있는 주요한 정신장애의 범주를 열거하면 〈표 2-2〉와 같다(권석만, 2012). 각 장애별 설명과 내담자의 특징은『이상심리학』을 참고하길 바란다.

〈표 2–2〉 DSM–5에 나타난 문제영역

범주	하위장애 DSM–5	범주	하위장애 DSM–5
신경발달 장애	• 지적장애 • 의사소통장애 • 자폐스펙트럼 장애 • 주의력 결핍 및 과잉행동장애 • 특정 학습장애 • 운동장애 · 틱장애	급식 및 섭식 장애	• 이식증 • 되새김 장애 • 회피적/제한적 음식섭취 장애 • 신경성 식욕 부진증 • 신경성 폭식증 • 폭식장애
조현병 스펙트럼 및 기타 정신 병적 장애	• 조현병 • 조현정동장애 • 조현양상장애 • 단기 정신병적 장애 • 망상장애 • 조현형 성격장애	배설 장애	• 유뇨증 • 유분증
양극성 및 관련장애	• 제1형 양극성 장애 • 제2형 양극성 장애 • 순환성장애	수면–각성 장애	• 불면장애 • 과다수면 장애 • 기면증 · 호흡관련 수면장애 • 일주기 리듬 수면–각성 장애 • 사건수면 · 하지불안증후군
우울장애	• 주요 우울장애 • 지속성 우울장애 • 월경전불쾌감 장애 • 파괴적 기분조절 부전장애	성기능 부전	• 사정지연 • 발기장애 • 여성극치감장애 • 성기–골반통증/삽입장애 • 남성성욕감퇴장애 • 조기사정
불안장애	• 특정공포증 • 광장공포증 • 사회공포증 • 공황장애 • 분리불안장애 • 선택적 함구증 • 범불안장애	성별 불쾌감	• 성별 불쾌감
강박 및 관련장애	• 강박장애 • 신체이형장애 • 수집광 • 발모광 • 피부 뜯기 장애	변태 성욕 장애	• 관음장애 • 노출장애 • 마찰도착장애 • 성적피학장애 • 성적가학장애 • 소아성애장애 • 물품음란장애 • 복장도착장애
외상 및 스트레스 관련장애	• 외상 후 스트레스 장애 • 급성 스트레스 장애 • 반응성 애착장애 • 탈억제성 사회적 유대감 장애 • 적응장애	A군 성격 장애	• 편집성 성격장애 • 조현성 성격장애 • 조현형 성격장애

해리장애	• 해리성 기억상실증 • 해리성 정체감 장애 • 이인증/비현실감 장애	B군 성격 장애	• 반사회성 성격장애 • 연극성 성격장애 • 경계선 성격장애 • 자기애성 성격장애
신체증상 및 관련장애	• 신체증상장애 • 질병불안장애 • 전환장애 • 인위성(허위성) 장애	C군 성격 장애	• 회피성 성격장애 • 의존성 성격장애 • 강박성 성격장애
파괴적, 충동조절 및 품행장애	• 적대적 반항장애(반항성 장애) • 품행장애 • 반사회성 성격장애 • 간헐적 폭발장애 • 병적도벽(도벽증)·병적방화(방화증)	신경인지 장애	• 섬망 • 주요 및 경도 신경인지장애

물질관련
및
중독장애
	• 알코올 관련 장애
	• 카페인 관련 장애
	• 대마 관련 장애
	• 환각제 관련 장애
	• 흡입제 관련 장애
	• 아편계 관련 장애
	• 진정제, 수면제 또는 항불안제 관련 장애
	• 자극제 관련 장애
	• 담배 관련 장애
	• [비물질 관련장애] 도박장애
		기타
		정신 장애
			• 다른 의학적 상태에 기인한 달리 명시된
			  정신장애
			• 다른 의학적 상태에 기인한 명시되지 않
			  은 정신장애
			• 달리 명시된 장애
			• 명시되지 않은 장애

출처: 권석만(2012).

4) 문제의 심각성

　　심리적 문제를 크게 신경증과 정신증으로 구분하기도 한다. 상담에서는 주로 신경증적 상태에 있는 내담자들을 만나게 되겠지만, 최근에는 정신증적 상태에 있는 내담자들도 의학적 도움을 함께 받도록 하면서 상담 장면에서 만나는 경우들이 많아지고 있다. 신경증적 상태는 현실 인식과 생활 적응에 극심한 결함을 갖지는 않으나 정서적·행동적·동기적·대인관계적 측면으로 상당한 정도의 불편과 고통을 느끼는 경우이다. 정서적 측면에서는 감정의 변화가 심하고 부정적 감정을 경험하는 경우가 많다. 행동적 측면에서는 상황에 맞지 않는 부적절한 행동을 되풀이하고 있을 가능성이 크다. 동기적 측면에서는 의기소침, 의욕상실, 무기력 등이 나타난다. 인간관계 측면에서는 주변 사람들과 지속적인 마찰과 갈등을 겪고 있을 경우를 말한다. 앞서 제시한 〈표 2-1〉의 상담 주제들이 신경증적 상태에 해당된다고 볼 수 있다. 반면, 정신증적 문제는 현실 인식과 기본적인 생활 적응 자체가 심각하게 손상된 경우이다. 이들은 자신의 병식에 대한 인식이 거의 없고 현실 검증력이 부족하여 지각이 심하게 왜곡되어 있을 가능성이 있다. 상황에 전혀 맞지 않는 정서를 경험하고 표현하기도 한다. 행동적 측면에서도 아주 기이한 행동을 되풀이 하는 경우가 많다. 또한 사고의 흐름 간에도 논리적 연결성이 없이 비약이 심하거나 상황과 전혀 맞지 않는 기이한 생각을 하는 경우가 많다. 정신증적 문제는 약물치료가 필수이며, 상담을 진행하려면 약물치료가 병행이 되어야 한다. 필요한 경우 입원치료로 의뢰되어야 한다(이장호, 정남운, 조성호, 2005).

2. 호소문제 유형

1) 호소문제 5개 영역

내담자 문제는 다양한 방식으로 개념화될 수 있다. 내담자의 주 호소문제는 5개의 항목으로 범주화할 수 있다(Sherry & Harold, 2005). 어떤 내담자는 "내 삶에는 뭔가 빠진 것이 있어요, 이것 때문에 삶을 살아가는 게 늘 힘들어요. 근데 무엇인지 모르겠어요."라는 욕구요인을 강조할 수 있고, 또 어떤 내담자는 "내 삶에 뭔가 좋지 않은 일이 일어났어요. 그것이 내게 스트레스와 혼란을 주고 있어요."라며 스트레스 요인을 표현할 수도 있다. 또 다른 내담자는 "내가 통제할 수 없는 상황이 내 삶의 행복과 성공을 방해하고 있어요."라며 삶의 조건에 관한 것을 호소하기도 하고, 혹은 "삶에 대한 나의 사고방식이 대안을 생각하지 못하도록 막고 있다는 얘기를 들었어요."라며 삶에 대한 잘못된 해석을 바로 잡는 문제를 꺼내 놓을 수도 있다. 혹은 "나는 특정 사람들에게는 더 나쁜 사람이 돼요. 그것이 스트레스와 불행의 원인이에요."라고 말하며 역기능적 관계 패턴을 문제로 가져오는 경우도 있다. 다음은 주 호소문제가 드러나는 2차적인 방식들을 범주화한 것이다(김형숙, 2018b).

(1) 문제와 관련된 감정

평가해야 할 주된 감정 혹은 정서 범주는 혼란, 우울, 공포, 분노 등이며, 문제에 대한 2차적 반응으로 드러날 수 있다. 예를 들어, ADHD를 가진 아이의 어머니가 자녀가 학교 친구들과의 관계에서 지속적으로 문제를 일으키고 있다고 말하면서, "두려워요. 내가 아이를 어떻게 키워야 할지 암담해요."라고 한다면 내담자의 호소문제는 두려움과 암담함이라는 감정이다. 이 감정은 자녀의 문제행동에 대한 반응으로 나타난 것이다.

(2) 문제와 관련된 인지

사고, 신념, 인식 및 지각, 내적 대화, 반추, 자기대화와 관련된 내용이다. 예를 들어, 앞에서 제시한 내담자가 자녀가 학교에서 문제를 일으킬 때마다 "내가 잘못해서 아이가 ADHD로 태어난 것이다." 혹은 "부모를 잘못 만나서 아이가 ADHD가 된 것이다."라고 인식하는 왜곡된 인지와 관련된다.

(3) 문제와 관련된 행동

내담자 스스로 관찰한 내용뿐만 아니라 상담사를 포함한 타인이 관찰했을 때 드러나는 행동상의 문제를 말한다. 즉, 부적절한 사회적 반응, 문제가 되는 행동이나 습관 등을 말한다. 상대를 먼저 건드리는 공격 행동 같은 것이 포함된다. 예를 들어, 앞에서 말한 내담자가 자녀의 문제를 이야기하면서 "아이가 부모로부터 배운 것이 없어요. 애 아빠가 매일 폭력하는 것을 보니 아이가 친구들한테 그런 것이죠."라고 말했다면, 환경적인 영향으로 인해 자녀가 자신의 욕구를 적절하게 표현하지 못하고 상대방에게 공격적인 행동을 가한 것으로 본다.

(4) 문제와 관련된 신체화

"책상에 앉아 공부를 하려면 머리가 얼음처럼 딱딱하게 굳어져서 아무것도 할 수 없다, 무기력해지고 기운이 빠지고 꼼짝 못한다."라고 호소하는 청소년 내담자가 있다. 내담자의 문제는 공부하려고 책상에 앉으면 무기력해지고 공부를 할 수 없는 것이지만, 내담자가 느끼는 신체적 문제는 공부를 할 수 없는 무기력과 관련하여 머리가 얼음처럼 된다는 것이다. 이 때 머리가 얼음이 되는 신체화 증상 자체를 탐색하며 해결 과제로 삼아야 한다.

(5) 문제와 관련된 대인관계

영향력 있는 주요한 타인과 가족, 친구, 친지, 동료, 또래 등과 같은 타인과의 관계에서 드러나는 문제를 말한다. 내담자가 그들과의 관계에서 무엇을 느끼고 어떻게 행동하

는지를 포함하여 주요한 타인이 내담자 혹은 내담자의 문제에 미치는 영향도 고려해야
한다.

〈표 2-3〉부터 〈표 2-5〉은 상담실에 의뢰된 내담자의 문제를 주제별로 분류한 것이
다. 내담자가 호소하는 문제는 내담자가 실제로 하는 말로 정리했다. 이를 통해 내담자
가 느끼는 실질적인 어려움을 이해할 수 있기 때문이다. 상담실에 의뢰된 내담자는 자
발적 내담자와 비자발적 내담자로 구분된다. 비자발적 내담자는 아동보호 전문기관이
나 법원, 소년원에서 상담명령으로 의뢰된 내담자와 부모나 학교에서 의뢰된 내담자가
있다.

2) 자발적 내담자 호소문제

자발적 내담자는 자발적 내담자는 내담자가 자발적으로 상담을 신청한 경우이다. 이
때 호소문제는 자신과 관련된 정서, 욕구, 진로, 외모, 관계가 포함된 것으로 나타나며,
〈표 2-3〉과 같다.

〈표 2-3〉 자발적 내담자 호소문제 예시

성별	나이	호소문제
남	22	꼭 큰돈을 벌어야만 할 것 같아요.
남	17	완벽주의에서 벗어나고 싶어요.
여	13	우울과 무기력에서 벗어나고 싶어요.
남	17	친구를 사귀고 싶어요.
여	40	이유 없이 불안하고 초조해요.
여	47	제 목소리가 변조된 목소리 같아요.
여	46	버려지는 것 같아 외로워요.
여	49	이혼하고 싶지 않아요.
여	29	사람들에게 감정을 표현하는 게 어려워요.
여	58	남편이 영적으로 둔하고 답답해서 힘들고, 퇴직 후 서로 갈등이 있어요.
여	19	다른 사람들과 친해지기 힘들어요.

여	50	대인관계가 힘들고 외로움을 느껴요.
여	26	자존감을 높여서 상처받고 싶지 않아요.
여	17	왕따 아닌 평범한 나로 살고 싶어요.
여	46	저에게도 괜찮은 면이 있다는 것을 객관적으로 알고 싶어요.
여	50	학부모들 사이에서 중압감을 느껴요.
여	41	두 아이 양육이 너무 힘들고 기댈 곳이 없어 외롭습니다.
남	17	틱장애로 애들이 무시해서 힘들어요.
여	39	큰 아이에게 화를 많이 내요.
여	30	저한테 문제가 있는 거 같아요.
커플	55	잊히지 않아요.
여	51	27년 동안 항상 참고 했는데 더 이상 참을 수가 없어요.
남	30	성욕을 떨쳐버리기가 힘들어요.
여	16	친구들 앞에서는 마음이 한없이 작아지고 있어 초라해요.
여	43	이혼하고 싶지 않아요.
남	32	나의 근거를 찾고 싶어요.
남	35	아버지가 돌아가신 후 자주 화가 나고 감정 통제가 어려워요.
남	15	죽고 싶어요.
여	28	아버지가 돌아가시고 문득 우울해져요.
여	24	스트레스가 터지면 온몸이 무기력해져요.
남	15	학교 가기가 힘들어요.
남	21	외로워요.
남	28	마음이 안정되고 취직을 해서 안정적인 삶을 살고 싶어요.
남	30	사람들 관계를 잘 맺는 게 너무 힘들고 자신이 없어요.
여	43	사람들과 잘 지내고 싶어요.
여	34	혼자 앞으로 어떻게 살아야 할지 모르겠어요.
남	30	아내의 퉁명스럽고 짜증내는 말투에 지쳐서 떠나고 싶어요.
남	28	솔직해지고 싶어요.
여	23	나는 사람들 시선이 늘 신경 쓰여서 불안해요.
여	31	자주독립적인 삶을 살고 싶어요.
남	29	내가 누구인지 알고 싶어요.
여	31	행복하게 살고 싶어요.

여	21	단단한 자아를 기르고 싶어요.
남	27	성장배경으로 인한 나의 문제를 발견하고 싶어요.
여	26	사람들 앞에서 초라해진 내가 싫어요.
여	31	유부남과 계속 사귀어야 하나 헤어져야 하나 고민되고 불안해요.
남	17	나를 찾고 싶어요.
남	17	화를 못 참겠어요.
여	26	우울감과 무기력감 때문에 아무것도 할 수 없어서 답답해요.
남	28	복학을 했지만 너무 외로워요.
여	17	이 학교가 싫어요.
남	18	친구들과 잘 지내고 싶어요.
여	21	빨리 진로를 결정하지 못해서 불안해요.

3) 상담명령으로 의뢰된 비자발적 내담자 호소문제

경찰서 혹은 법원에서 상담명령으로 의뢰된 내담자들은 비자발적 내담자이다. 이들의 호소문제는 가족 간의 문제에 더 초점이 집중된 것을 볼 수 있다. 특히 가족 간 갈등이 해결되기를 바라거나 가족 간 갈등으로 인한 정서적인 어려움과 살아갈 방법을 모색해야 하는 것이 주된 문제로 보인다. 이와 관련된 호소문제 예시는 〈표 2-4〉와 같다.

〈표 2-4〉 상담명령으로 의뢰된 내담자들의 호소문제 예시

성별	나이	호소문제
여	38	불안하고 시간이 너무 안 가요.
남	17	아빠랑 화해하기 싫어요.
여	40	가족 간 대화가 되었으면 좋겠어요.
여	39	분노를 조절해서 남편과 싸우지 않고 싶어요.
여	20	집에서 벗어나고 싶어요.
여	38	그런 분노를 조절하고 싶다.
여	21	왜 힘든지도 모르고, 그냥 힘들어요. 행복해지고 싶어요.
여	26	남편에게 분노가 치밀고 한편 죄책감이 들어요.

여	41	회복되지 않아 죽고 싶어요.
남	20	아버지를 죽이고 싶어요.
남	45	바람피우는 아내를 참다가 때린 것만 말하니 억울하고 화가 나요.
여	17	방관하는 엄마한테 더 분노가 치밀어 올라 괴로워요.
남	43	안 싸우고 잘 지냈으면 좋겠어요.
여	31	어떻게 할지를 모르겠어요.
부부	40	아이들이 있으니 안 살 수도 없고 괴로워요.
남	10	아빠가 미워요.

4) 부모나 교사가 의뢰한 비자발적 내담자 호소문제

부모나 교사가 의뢰한 내담자도 비자발적 내담자이다. 본인의 의지와 상관없이 부모 또는 교사에 의해 의뢰된 경우가 대부분이다. 이들의 호소하는 문제는 '하고 싶지 않다.' '가기 싫다.' '모르겠어요.' 등의 부정적인 표현이 더 많이 담기며, 〈표 2-5〉와 같다.

〈표 2-5〉 부모나 교사가 의뢰한 내담자 호소문제 예시

성별	나이	호소문제
남	17	무기력해서 아무것도 하고 싶지 않아요
남	31	아무것도 하고 싶지 않아요.
여	53	아이들이 짜증 낼 때 어떻게 다가가야 할지 모르겠어요.
여	22	집에서 살기 싫어요.
여	20	저는 친구관계가 힘들고 죽고 싶어요.
여	12	친구가 없어서 살기 싫어요.
여	31	잘하고 싶은데 안 돼요.
여	50	나는 항상 불안하고 내 자신이 이상하다고 느껴요.
여	48	결혼생활이 지긋지긋하다.
남	41	아내랑 살기 싫어요.
부부	40대	말이 안 통해요.
여	20	우울하고 무기력해서 살기 싫어요.
여	39	삶이 무의미해요.

여	23	냉혈인간이 되어 가는 것 같아요.
남	33	가정불화로 미쳐 버릴 것 같아요.
여	29	가짜 전사인 내가 너무 싫다.
부부	40	공격적인 아이가 너무 힘들어요.
여	23	그 때로 돌아가고 싶지 않아요.
남	19	이야기할 사람이 없어서 외로워요.
남	24	무기력해서 살고 싶지 않아요.
여	22	쓰레기가 되고 싶지 않아요.
남	25	일하기 싫어요.
여	49	대화를 하는데 잘 되지 않아요.
여	17	늘 불안해하는 내가 싫어요.
남	40	아내에게 존중을 받지 못하고 있는 내가 쪼다 같다.
여	38	엄마를 이해할 수가 없다.
남	17	친구들이 나를 어떻게 볼까 신경이 쓰여요.
남	7	친구들이 나를 싫어해요.
여	29	부모님이 나한테 의지하는 것이 부담스러워서 벗어나고 싶다.
여	18	집이 싫어요.
여	41	첫째 아이 기분에 따라 제 기분이 널을 뛰어요.
남	17	삶의 의미가 없어요.
여	11	학교 다니기 싫어요.

3. 비자발적 내담자 유형별 개입방법

상담에서 내담자가 가지고 온 어려움은 내담자의 심리적인 문제이다. 상담사가 상담을 진행하는 과정에서 누가 내담자인지, 누구의 문제를 해결해야 하는지가 혼동되는 경우가 생긴다. 예를 들면, 부모가 자녀의 양육문제를 가져오거나 주부가 시어머니의 시집살이 문제를 가져와도 상담사는 이를 내담자와 합의하여 '내담자가 소유한 심리적인 문제'로 이끌어 내야 한다. 부모들은 많은 경우 자녀의 어려움만 토로하고 가게 된다. 이럴 경우 내담자의 문제는 자신의 것이 아니라 자녀의 문제가 되는 것이다. 이때 상담사는 내담자의 문제가 무엇인지 명확하게 파악해야 한다. 이에 대한 몇 가지의 사례를 통해 문제 소유자를 파악하는 사례를 살펴보면 다음과 같다(김형숙, 2017e).

1) 자녀문제로 의뢰된 비자발적 내담자

《사례 4. 밥 안 준다고 아동학대로 신고된 50대 아버지》

잔소리한다고 초등학교 6학년 아들이 부모를 아동학대로 신고한 사례가 있다. 이 아버지가 호소하는 문제는 '아내는 항상 짜증을 낸다'였다. 이 내담자는 상담 시간에 오면 자녀의 학교폭력 진행 상황, 아내가 늘 지쳐 있고 짜증을 내는 상황만을 이야기하게 된다. 상담에서 계속 아내의 짜증과 자녀의 학교폭력 상황만을 이야기하도록 둔다면 내담자의 문제는 다룰 수 없게 된다. 이럴 때 상담사는 이 상담의 초점을 내담자의 문제로 어떻게 옮겨 올 수 있을까?

> 내1: 자녀가 매일 학교에서 문제를 일으키고, 일하고 오면 아내는 매일 짜증을 내요.
> 상1: 일하고 오면 나도 피곤하고 힘이 드는데, 아내가 매일 짜증을 내면 어떤 마음이 드시나요?
> 내2: 도망가고 싶죠. 아내의 이야기가 부담이 되거든요.
> 상2: 도망가고 싶을 만큼 힘이 드시네요. 무엇으로부터 도망가고 싶으신가요?
> 내3: 그냥 일하다가 늦게 들어가면 짜증난 아내와 무기력한 아들의 이야기는 듣지 않으려고요.

내담자가 사건중심으로 이야기할 때 상담사는 '지금 도망치고 싶어진다' '부담된다'라는 내담자의 정서적 상태가 나오도록 질문을 하는 것이 필요하다. '아내는 항상 짜증을 내며 말하니까 답답하고 짜증나고 화나고 도망치고 싶다.'와 같은 표현이 스토리 중심 상담에서 상담사가 집중해야 할 호소문제가 될 수 있다. 그러면 상담사는 이렇게 호소된 문제를 중심으로 내담자의 정서 상태에 관한 이야기로 돌릴 수 있다.

비자발적 내담자는 상담실에 오면 힘든 얘기만 하게 된다. 특히 자녀 문제를 한 시간 내내 하는 내담자도 있다. '아이 문제로 내가 힘들어요.'라는 말을 계속 쏟아낼 수도 있다. 그러면 상담사는 이러한 이야기를 토대로 내담자의 정서 상태에 대해 이야기가 나오도록 질문을 할 수 있다. 이럴 때 상담사는 어떻게 반응하는 게 좋을까?

먼저, 상담사는 다음과 같은 공감반응을 할 수 있다.

> 상3: 수고하셨어요. 그렇게 힘드신데도 자녀 문제를 해결하시려고 시간 내서 상담 오시느라 애쓰고 계시네요.
>
> 내4: 부모니까요. 내가 잘못해서 아이들이 그런 것 같기도 하고, 마음이 복잡하고, 내가 무심했나? 그래서 아이가 저렇게 되었나? 후회가 되기도 하고…….

이렇게 인정을 해 주면 내담자는 심리적인 지지를 받으면서 내담자 자신의 힘든 정서 상태로 들어 갈 수 있다. 내담자가 처음부터 자신의 힘든 이야기를 하기는 쉽지 않을 것이다.

내담자는 자신의 정서에 관한 이야기보다는 아내가 화내는 상황에 대한 이야기를 길게 하면서 그럴 때마다 바깥으로 나가 버리고 싶다는 이야기를 하고 있었다.

> 상4: 싸울까 봐 밖으로 나가시는군요.
>
> 내5: 싸울까 봐 도망가는 거야, 제 형이 장애가 있어요. 아내한테 싸움은 안 걸고 싶죠.

이 내담자는 둘째인데, 장애가 있는 형을 평생 돌봐야 하는 책임감을 가지고 살아왔다. 그런 형이 있음에도 결혼해 준 아내에 대한 고마움 때문에 싸움을 하고 싶지 않다는 마음을 표현한 것이다. 평생 **책임감**의 굴레에서 살아왔던 내담자는 돈을 벌어다 주는 것에만 마음을 써 왔다. 이런 마음에 공감을 표시하면서 접근하다 보면, 내담자 자신의 심리적인 문제에 대한 이야기도 나눌 수 있게 된다.

2) 상담명령으로 의뢰된 비자발적 내담자

법원, 경찰, 아동보호전문기관 등에서 의뢰된 내담자들은 거의 대부분 비자발적으로 상담실을 찾는다. 이들은 한결같이 호소문제가 없다고 한다. 단지 시간을 채우겠다는 동기 외에 다른 동기가 없기 때문에 상담받을 주제가 없다고 한다. 이럴 경우 상담사는 어떻게 해야 하는가?

가정폭력으로 경찰서에서 신고되어 상담에 의뢰된 내담자가 아들의 문제가 해결되었으면 좋겠다고 호소하게 된 경우의 상담 과정을 다음을 통해서 살펴보자.

(1) 내담자의 욕구를 인정하면서 탐색하기

《사례 5. 상담시간만 채우겠다는 40대》

내1: (옆으로 비스듬히 앉아서) 몇 시간만 채우면 되는 거죠.

상1: 30시간의 상담을 받으셔야 합니다.

내2: 그럼 한꺼번에 받는 방법이 없나요. 매번 오는 것이 아니라…… 시간도 없고 먹고 살기도 바빠요.

상2: 길동 씨[1]는 한 번의 상담으로 자신의 삶을 바라보고 이렇게 살아서는 안 되겠다는 생각까지 하셨네요. 《지지, 인정》

내3: (소리를 높이면서) 그렇죠. 아들 버릇을 고쳐야죠. 때려서라도 고쳐야죠.

상3: 이렇게 살아서는 안 되겠다고 하셨는데, 길동 씨는 어떻게 살고 싶으신가요? 《내담자의 폭력에 대한 이야기가 나오게 하는 질문》

내4: (한숨을 쉬면서) 아이들을 위해서 지금까지 애써 살았는데, 기가 막힙니다.

(2) 폭력이 정당하지 않다는 것을 인식하도록 돕기

상담사는 상담이 필요 없다는 비자발적 내담자의 마음에 공감하면서 새로운 방식으로 의사소통하는 것을 상담목표로 합의하는 것이 필요하다. 내담자의 문제가 자녀를 위한 잔소리가 많고 폭력을 사용하고 있기 때문이다. 폭력이 정당하지 않다는 것을 인식하도록 돕는 과정을 살펴보자.

상1: 아들과 어떤 부분에서 해결이 되었으면 좋겠나요?

내1: 아들이 말을 잘 들었으면 좋겠어요.

상2: 아들을 염려하고 잘되기를 바라는 마음이 크시네요. 그런 마음, 아들에 대한 애정을 주로 어떻게 전달하셨나요?

---

1) 길동 씨는 남자 내담자의 가명이다.

내2: 혼내고, 그래도 안 되면 때렸죠.

상3: 아들은 이것을 어떻게 받아들이나요?

내3: 잔소리로 받아들이죠.

상4: 잔소리로 받아들인다면 아들은 어떤 걸 느낄까요?

내4: 자기를 간섭하고 통제하는 것으로.

상5: 그동안 사용했던 방법, 잔소리와 폭력이 어떤 도움이 되었나요?

내5: 당시는 먹히지만 나이가 들면 안 되는 거죠.

상6: 얼마만큼 전달되었을까요?

내6: 글쎄요.

상7: 아들을 사랑하는 마음이 100인데 아들한테 한 행동은 얼마만큼 전달되었나요?

내7: 10정도.

상8: 전달하는 방식에서는 효과적이지 않다는 말씀이시네요.

내8: 다른 방도가 없으니까.

상9: 전달하는 방식에서 다르게 전달해서 바꿔 보실 의향은 있으신가요?

내9: 된다면 해 봐야죠.

상10: 새로운 방법은 내가 원하는 것을 표현하는 것입니다. 이 방법에 대해서 상담 시간에 같이 노력해서 다루어 볼 것입니다.

3) 불평만 하는 비자발적 내담자

내담자 중 주 호소문제와 상관없이 타인에 대한 불평만 이야기하는 내담자가 있다. 이때 상담사는 내담자가 다른 사람의 증상과 문제점만을 이야기하고 자신의 것을 보려고 하지 않을 때에도, 먼저 내담자의 어려움에 공감하는 것이 필요하다. 내담자는 자신의 고통을 공감받을 때 심리적인 여유 공간이 생겨서 자신을 볼 수 있게 되기 때문이다.

그런 다음, 내담자가 지금 호소하는 불만의 패턴과 유사하게 일어나는 내담자의 사고나 행동의 패턴을 인식하도록 끌어내는 것이다.

《사례 6. 남 탓만 하는 50대 주부》

'우울하고 무기력해요.'라고 호소하며 상담실을 찾은 50대 초반 여성이 상담 시간에 직장 상사인 어느 부장의 이야기를 반복적으로 하고 있다면 그것은 왜일까? 내담자는 직장 상사와의 일에서 억울함을 이야기하고 있다. 그런데 그 억울함이 일에 관련된 억울함이라기보다 상사가 내담자를 챙겨 주지 않아서 생기는 억울함이다. 회사 일로 억울한 일을 당하면 억울함에 대한 이야기를 할 수 있다.

우리는 보통 억울함이라는 감정을 누구에게서 경험을 하게 되는가? 뭔가 인정받고 싶거나 나를 알아주기를 바라는 사람에게 느끼게 될 때가 많다. 나에게 굉장히 중요한 사람일 때 억울한 감정을 경험하게 된다. 지나가는 사람에게는 억울한 감정보다는 그냥 기분이 안 좋다고 말하고 끝내 버린다. 내담자가 억울했다고 하는 표현을 뒤집으면 '저 사람에게 굉장히 인정받고 싶다.'는 감정을 찾아낼 수 있다. 그 사람이 내담자에게 굉장히 중요한 사람이라는 것을 암시하는 단서인 것이다. 내담자는 상담 4회기까지 계속해서 본인이 피해자라는 입장을 강조했다.

> 내1: 파트장이라는 사람은 적어도 이 회사에서는 챙겨 주고 관리해 주는 사람으로서 누구에게나 중요한 사람 아닌가요.
> 상1: 파트장이 민들레 님[2]을 챙겨 주기를 바라실 만큼 중요한 사람이시네요.

직장에서 인정받고 싶어 하는 대상이었는데, 마치 엄마에게 떼를 쓰는 듯한 모습으로 파트장을 대하고 있었다. 이 내담자는 가정에서도 남편에게 마치 어린아이처럼 떼를 썼다. 남편이 인정받고 싶은 중요한 대상이기 때문이었다. 상담을 다녀오는 때가 이른 저녁 시간임에도 불구하고 다음과 같이 이야기한다.

> 내2: 남편이 당연히 마중을 나와 주어야 하는 것이 아닌가요?
> 상2: 남편한테 보호받고 싶은 마음이 있으시군요.

그녀에게 남편은 원천적으로 나쁜 사람으로 내담자에게 인식되어 있다. 그녀에게 직장 상사인 파트장과 남편은 어머니와 동일한 심리적 대상으로 기능한다. 이때 상담사는 내담자에게 "보호받고 싶은 마음이 있으시군요."라고 이야기함으로써 내담자의 욕구를

---

2) 민들레 씨는 여자 내담자의 가명이다.

읽어 준다.

> 상3: 무엇을 보호받고 싶었을까요?
>
> 내3: 위험에 처했을 때 혼자 남겨지지 않고 누군가 내 편이 되어 주길 바랐어요.
>
> 상4: 누군가 내 편이 필요했고, 그것이 충족되지 않자 억울함 속에서 계속 불평하고 계셨네요.

상담사는 내담자의 대인관계의 패턴을 찾아보면서 내담자의 피해의식을 수정하고 보다 더 적응적인 행동을 할 수 있도록 도와야 한다.

4) 특별한 어려움이 없는 비자발적 내담자

특별한 어려움은 없다고 하면서 상담을 신청한 내담자가 있다. 이런 내담자는 상담사의 내담자 경험이나 교육 분석같은 학교 과제로 의뢰된 내담자이다. 이런 내담자의 공통적인 호소문제는 '나를 알고 싶어요.' '최선을 다하고 싶은데 최선을 다하고 있지 않아요.'라는 것이다. 나를 알고 싶은 것은 문제가 있다는 말은 아니다. 하지만 이런 내용도 상담의 목표가 될 수는 있다. 이럴 때 상담사는 상담의 초점을 어떻게 좁혀 나갈 수 있을까? 이럴 때 사용되는 상담사의 대화를 소개하면 다음과 같다.

《사례 7. 내가 누구인지 헷갈려요_30대 대학원생》

> 내1: 내가 누구인지 알고 싶어요.
>
> 상1: 자신에 대해서 관심이 많으시네요. 나를 알고 싶다는 것은 어떤 것일까요?
>
> 내2: 내가 누구인지 헷갈려요.
>
> 상2: 민들레 님은 본인 스스로를 어떻게 생각하세요?
>
> 내3: 잘 모르겠어요.
>
> 상3: 모를 수 있어요. 같이 한번 이야기를 해 보면서 찾아보죠. 내가 나를 보는 것은 모르지만 사람들은 나를 뭐라고 하나요?
>
> 내4: 착하다고 하죠.
>
> 상4: 그런 말을 들을 때 민들레 님의 마음은 어떤가요?
>
> 내5: 좋기도 하고 싫을 때도 있죠.

상5: 어떤 때 싫으신가요?

내6: 내가 하기 싫은데도 그 사람 생각해서 맞추고 있는 것이……

상6: 민들레 님은 나보다 다른 사람을 먼저 생각하시네요.

내7: 네, 사람들 맞추는 것이 몸에 밴 것 같아요.

상7: 다른 사람 맞추는 데는 그만한 이유가 있을 것 같아요.

내8: 사람들이 나를 싫어할까 봐……

상8: 사람들이 나를 싫어할까 봐 사람들에게 맞추고 있네요. 그럼 맞추고 있는 내 마음은 어떤가요?

내9: 싫고 거지 같고, 그런 나한테 화가 나고……

상9: 그럼 민들레 님은 내가 왜 다른 사람에게 맞추는지를 알고, 내가 원하는 것을 찾아가는 것을 상담에서 나를 알고 싶다는 것이 될까요?

내10: 네. 괜찮을 것 같아요.

이 상담대화처럼 내담자들이 모호하고 추상적으로 '나를 알고 싶어요.' '나를 찾고 싶어요.' '내가 누구인지 알고 싶어요.' '나는 누구일까요?'라고 말할 때에는 내담자가 찾고 싶은 것이 무엇인지를 초점화해서 상담 주제를 찾으면 된다.

제3장 🧭
상담 환경

상담은 상담실이라는 장소에서 이루어진다. 이 장에서는 상담의 중요한 환경에 대해 살펴보겠다. 상담 환경은 물리적 공간과 그 공간 안에서 이루어지는 상담 시간과 상담 비용에 관한 상황 모두를 포함한다.

내담자는 상담기관이 매우 낯선 장소이기 때문에 상담실에서 본인 또는 본인이 의뢰하고자 하는 내담자에 대한 문제를 솔직하게 이야기하는 것에 부담을 느낄 수 있다. 따라서 성공적인 심리상담 진행을 위해서 내담자가 편안하게 느낄 수 있는 상담 환경을 조성하는 것이 필요하다. 상담 장소는 상담사와 내담자가 만나는 물리적 공간이다. 이 물리적 공간은 심리적 어려움을 가진 내담자의 이야기를 듣는 곳이기에 내담자의 사적 정보가 보호될 수 있는 환경을 제공하는 것이 중요하다(한국상담심리학회, 2020). 타인과의 우연한 접촉이 제한되어야 한다. 전통적인 상담에서 내담자가 상담실에 직접 내방하는 것이 대부분이었지만, 최근에는 찾아가는 상담이 이루어지면서 상담 장소에 대한 범위가 넓어지고 있다. 이 장에서는 물리적 공간으로서의 상담 장소와 그 장소에서 이루어지는 상담 관계가 공식적으로 이루어지기 위해 필요한 상담 시간과 상담 비용에 대하여 기술하겠다.

1. 상담실 환경과 배치

1) 공간과 시설

상담실은 내담자가 쉽게 접근할 수 있고, 편안한 마음으로 상담을 의뢰할 수 있도록 개방성을 확보한 곳에 위치하는 것이 좋고, 상담 과정에 필요한 서류와 상담 도구를 구비하고 있어야 한다. 상담 공간별 준비사항은 상담실마다 다르지만 정부 기관의 지원을 받는 상담소의 기준에 준하면 **안전한 상담환경**은 가능하다고 본다. 상담실 환경에 관한 법적 기준을 따라야 하는 대표적인 것은 지역사회서비스투자 중의 하나인 '심리지원서비스 바우처'와 '재활 바우처'에 관한 규정이다. 심리지원서비스 바우처의 규정은 다음과 같다[1]. 첫째, 시설기준이다. 사업 수행에 필요한 사무실 및 전용면적 33㎡ 이상 시설을 보유하며, 이용정원 10명 이상인 경우 1명당 3.3㎡ 추가 확보를 해야 한다. 둘째, 장비기준이다. 통신설비, 집기 등 사업 수행에 필요한 설비와 비품을 갖춘다. 셋째, 서비스 이용자가 18세 미만의 아동인 경우 「아동복지법시행규칙」 별표 제1호 가' 목에 따라 「청소년보호법」 제2조 제5호에 따른 청소년 유해업소가 50m 주위에 없는 쾌적한 환경이 유지되는 곳에 설치되어야 한다. 넷째, 아동이 이용하는 서비스를 제공하는 기관 중 50m 주위에 청소년 유해업소가 소재하고 있는 곳은 '이용 아동 보호 대책'을 마련하고 시설 이전 시 위의 기준에 따라야 한다.

장애아동이 상담소를 이용하는 발달재활서비스를 제공하는 상담기관은 더 엄격한 기준을 적용받는다[2]. 첫째, 제공기관의 위치이다. 발달재활서비스에 대한 수요, 발달재활서비스 제공기관 분포의 적정성, 교통편의 등 시설에 대한 접근성을 고려하여 적절한 곳에 위치해야 한다. 장애아동의 안전이나 보건·위생 측면을 고려하여 쾌적한 환경을 유지할 수 있는 곳에 위치해야 한다. 둘째, 시설의 구조 및 설비이다. 진단검사 및 발달재활서비스를 제공하기 위한 독립된 공간을 갖추어야 하며, 각 발달재활서비스 제공 공간은 그 공간에서 제공하는 발달재활서비스에 참여하는 사람 1인당 3.3m² 이상의 면적을 확보해야 한다. 셋째, 전문적인 발달재활서비스를 제공하는 데에 적합한 구조와 필요한 설비를 갖출 것을 명시하고 있다. 넷째, 사무와 행정 처리를 위한 별도의 공간을 갖추어야 한다. 다섯째, 장애아동이 발달재활서비스를 받는 동안 부모가 대기할 수 있는 공간을 갖추어야 한다. 여섯째, 「소방시설 설치유지 및 안전관리에 관한 법률」 제9조에 따른 화재안전기준에 따라 소화기구 및 피난기구를 갖추어야 한다.

정부의 지원을 받지 않는 상담실이라 하더라도 앞에서 제시한 상담실 기준을 준수한다면 안전한 상담 공간 확보에 최소한의 요건을 갖추는 것이라고 본다. 각 상담실의 분위기와 물품은 다음을 포함할 것을 권장한다.

첫째, 개인상담실은 편안하고 안락하도록 딱딱한 사무용보다는 부드러운 분위기의

---

1) 「사회서비스 이용 및 이용권 관리에 관한 법률」 제16조.
2) 「장애아동복지지원법 시행규칙」 제8조.

테이블과 의자를 구비하는 것이 좋다. 간단한 서식이나 활동지, 상담기록지 양식을 갖추어야 하며, 상담 종료 후 내담자가 용모 정리를 할 수 있도록 휴지, 거울 등을 비치하는 것도 좋다.

둘째, 집단상담실은 8~12인용의 테이블과 의자, 상담 프로그램을 진행하는 데 활용할 수 있는 빔 프로젝터, TV 등과 같은 매체, 벽면을 활용하여 상담 관련 정보 및 홍보물을 게시하는 공간을 갖추는 것이 필요하다.

셋째, 심리검사실은 편안하고 안정적이며 비밀이 보장될 수 있는 칸막이를 설치하고, 온라인으로도 심리검사를 실시할 수 있도록 컴퓨터가 설치되어 있는 것이 좋다.

2) 분위기

상담실 안내 데스크와 대기실은 상담기관을 방문한 상담 접수자가 처음 접하는 장소로, 상담기관에 대한 첫인상 형성에 결정적인 역할을 할 수 있다. 따라서 상담 접수자에게 편안하고 안락한 분위기를 제공하기 위해서 시설 및 물품이 운영 지침에 따라 구비되어 있는지 점검하고, 청결 상태를 유지하기 위해서 수시로 청소와 정리정돈을 할 수 있도록 해야 한다.

첫째, 적절한 조명 및 온도를 유지해야 한다. 안내 데스크와 대기실에 있는 방문객이 불편함을 느끼지 않도록 날씨나 시간대를 고려해서 상담 시설 내부의 조명이 너무 밝거나 어둡지 않은지를 수시로 확인한다. 특히 전구 또는 형광등은 소모품이므로 작동하지 않는 것은 바로 교체한다.

둘째, 계절에 따라서 적절한 온도와 습도를 유지할 수 있도록 수시로 창문을 열어 환기를 시키고, 온풍기 또는 냉방기를 작동시킨다. 적정 실내온도는 계절에 따라 다르지만, 겨울철에는 18℃, 여름철에는 26℃ 수준으로 유지한다. 적정 습도는 온도에 따라 달라지는데, 15℃에서는 70%, 18~20℃에서는 60%, 21~23℃에서는 50%, 24℃ 이상일 때는 40%가 적당하다.

셋째, 상담 절차 안내지 비치이다. 상담기관을 방문했을 때 가장 먼저 눈에 들어오는 것은 상담기관 및 상담 절차에 대한 안내 자료이다. 상담 신청자가 원하는 정보를 손쉽게 얻을 수 있도록 각 안내 자료들을 효과적으로 배치하는 것은 매우 중요하며, 대부분의 상담기관에서는 카탈로그나 포스터 같은 자료들을 비치해 놓는다.

3) 상담사와 내담자의 공간거리

상담 공간의 거리는 상담 장소 활용에서 중요하다. 몸의 움직임과 물리적 공간에서 편안함을 느끼는 조건은 문화나 성별에 따라 다르다. 유럽계 미국인들은 상담사와 내담자는 서로 마주보고 앉고 상담사와 내담자 사이의 놓인 물건들도 불필요한 것으로 본다. 그들이 선호하는 거리는 1.8~2m 정도이다. 그러나 접촉하려는 경향이 높은 에스키모족이나 이누이트족은 사적인 문제를 논의할 때 옆에 가까이 앉는 것처럼 가까운 거리를 선호한다(Watson, 1970). 상담 장면에서의 거리와 일상생활 중 많은 사람들과의 대화 거리에 대한 연구결과에 따르면, 상담 거리는 신뢰감 형성이 잘된 가장 친한 친구와의 대화거리보다는 훨씬 멀고, 피를 나누고 한 집에서 얼굴을 맞대며 사는 형제나 공동체 속에서 많은 시간을 같이 보내는 보통 친구와의 대화 거리보다는 조금 더 멀었다. 그러나 평소 교사들과 일상적인 대화를 나눌 때의 거리보다는 상담에서의 거리가 훨씬 가까운 것으로 나타났다(진말순, 2008).

공간적 거리를 설정하는 데에 특정한 원칙이 있는 것은 아니지만, 내담자의 호소문제와 감정표현에 따라 다음의 지침을 준수하는 것이 좋다. 내담자가 분노를 표현하고 있을 때에는 상담사와 내담자 사이에 거리가 좀 더 필요하다. 반면, 슬픔이나 큰 고통을 표현하고 있는 내담자에게는 조금 몸을 기울여서 가까이 앉음으로써 함께 있다는 느낌을 전달할 필요가 있다.

여성은 상담사와 가까운 거리에 있는 것을 편하게 느낄 수 있다. 그러나 상담사가 남성일 경우 너무 가까이 앉으면 여성 내담자가 무언가 침입당하는 느낌을 받을 수 있기 때문에 조심해야 한다. 특히 과거에 신체적·성적 학대를 받은 내담자에게는 상담 초기에 일정한 거리를 유지해 주어야 한다. 그래야 내담자가 더 안정감을 느낀다. 상담은 다분히 문화 의존적인 측면을 고려하는데, 상담사의 시선(eye contact)은 외국인을 상담할 때와 한국인을 상담할 때 달라질 필요가 있고, 감정 상태를 표현하게 하는 기술이나 강도 역시 내담자의 문화적 배경에 의해 변화될 필요가 있다. 소수의 예외를 제외하고는 대다수의 상담사들은 내담자와 정면으로 바라보고 앉으라는 권고한다. 이런 모습이 그 문화권에서는 '나는 너와 지금 함께 있다'는 의미를 갖기 때문이다(김계현, 2002).

상담사와 내담자의 거리는 성별과 문화, 개인의 경험에 따라 편안하게 느끼는 정도가 다르기 때문에 내담자에게 물어보는 것이 가장 적절하다. 내담자에게 '상담 중에 적절하다고 생각하는 거리가 있나요? 한번 앉아서 거리를 조절해 보실래요?'와 같은 질문을 하면 내담자를 존중한다는 의미도 전달할 수 있다. 상담사와 내담자의 앉는 거리는 상담실 문을 기준으로 상담사는 문 쪽에서 가까운 거리에 앉는 것이 적절하다. 시계는 상담사만 볼 수 있는 위치에 두는 것이 내담자가 상담에 집중하도록 도울 수 있다.

2. 상담 시간

상담 시간은 한 회기당 50분을 원칙으로 한다. 경우에 따라서는 45분을 진행하기도 하고, 아동의 경우 40분 상담에 부모 상담을 10~15분 진행한다. 상담 시간은 합의된 계약사항이므로 잘 지켜야 한다. 약속된 상담 시간보다 내담자가 일찍 올 수도 있고, 늦게 올수도 있고, 빠질 수도 있다. 이 경우 상담사가 어떻게 하는 것이 상담 관계에 도움이 될까?

1) 시간 변경 시 개입방법

내담자가 상담 당일에 상담 시간 변경을 원할 때는 상담사는 시간을 **변경하게 되는 맥락**을 다루는 것이 필요하다. 내담자가 상담사에 대한 배려가 없거나 충동적이거나 사회성 기술이 부족한 경우 내담자의 동기를 확인하고 상담 개입의 정도를 결정하는 것이 필요하다. 만약 내담자가 상담보다 다른 것을 우선순위에 두는 경우, 상담에 대한 동기수준과 인식이 어떠한지, 상담에 불만사항이 있는지 등을 내담자와 확인하는 것이 필요하다. 이러한 과정을 통해 상담사의 시간을 보호할 뿐만 아니라 내담자로 하여금 대인관계 방식을 점검하게 하여 안전한 **상담 관계**를 구축하는 것이 필요하다.

한편, 상담사가 시간 변경이 필요한 경우가 있다. 상담사에게 위급한 상황이 생겨서 시간을 변경하게 될 경우에는 내담자에게 미리 알려야 한다. 다만 상담 시간을 변경하여 상담을 보강해 주는 것은 반드시 필요하다. 상담사가 지각을 한 경우에는 50분이라는 시간을 충분히 확보하여 상담에 최선을 다하도록 해야 한다.

상담 시간에 대한 약속을 해 두지 않으면 상담이 마냥 길어지는 경우가 많이 일어난다. 이렇게 되면 내담자가 상담사를 쉽게 볼 수 있으며, 상담 관계도 일상의 다른 관계와 다를 바가 없다는 느낌을 주게 된다. 상담 시간을 제한하는 것은 내담자와의 관계에서 제한이 있다는 것과 제한된 시간 안에서 서비스가 제공된다는 것을 명확하게 알려 주는 신호이기에 중요하다. 상담은 내담자와의 관계를 통해서 상담이 일어나기에 구조화된 사항을 상담사가 먼저 지키려는 노력을 하는 것이 합당하다.

2) 노쇼 시 개입방법

내담자가 연락 없이 상담에 오지 않는 경우를 노쇼(no show)라고 한다. 이때는 바로 내담자에게 연락하는 것이 좋다. 내담자가 상담에 오는 동안 사고가 날 수도 있기 때문에 바로 연락하여 안전부터 확인해야 한다. 특별한 이유 없이 상담에 오지 않을 경우, 상담이나 상담사에 대한 저항을 갖고 있는 건 아닌지 살펴봐야 한다. 이 부분을 다룰 때 내담자가 기분이 상해서 다음 상담에 오지 않으면 어떻게 할까 하는 불안이 들 수 있지만 상담 시간에 대한 약속은 **합의된 사항**이니 다음과 같이 물어보면 도움이 된다.

"민들레 님, 지난 시간 우리가 만났을 때 다음 상담을 약속하셨지요. 하지만 오시지 않으셨어요. 그 이유에 대해서 말씀해 주실 수 있나요?"라고 통화 시 물어볼 수 있다. 상담사가 상담 약속을 지키기 위해서 어떤 대가를 지불했는지를 알려 주는 것도 내담자의 상담 동기를 향상시키는 데 도움이 된다.

> 상1: 민들레 님, 지난 회기 때 상담에 못 오셨는데 무슨 일이 있으셨나요?
> 내1: 그냥 생각이 전혀 나지 않았어요.
> 상2: 생각이 안 나면 오기가 힘들었을 것 같아요. 상담 시간을 알람을 맞춰 놓거나 기억하기 위해서 어떤 것을 하시는지 궁금합니다. 저는 민들레 님과 상담 약속으로 준비하고 2시간 걸리는 시간을 들여서 기다렸습니다. 처음에는 걱정이 되었습니다. 다음 회기부터는 알람 같은 것으로 맞춰서 오신다면 상담 진행에 도움이 되겠습니다.
> 내2: 죄송해요.

만약, 내담자가 자살에 대한 위험이 있거나 타인에게 위험한 일을 할지 모른다는 느낌이 들면 상담사는 상담사 의무사항을 조치하는 것이 안전하다. 상담을 계약대로 이행하기 위해 최선을 다했다는 사실을 내담자에게 확인할 수 있는 객관적인 증거자료도 마련해 놓아야 한다. 문자 보내기, 전화 통화 등 어떤 방식으로든 내담자에게 연락을 취했다는 것을 확인하도록 해야 한다. 이때, 상담사가 기억해야 하는 사항이 있다. 첫째, 상담은 내담자가 선택할 수 있는 여러 가지 대안 중 하나일 뿐이다. 둘째, 내담자 자신의 문제를 해결하는 데 가장 좋은 방법을 선택하는 것은 내담자이다. 셋째, 상담사를 그들의 방법 중 하나로 선택할 수도 있고, 그러지 않을 수도 있다. 이것을 기억해야 하는 이유는 내담자가 오지 않는 것에 상담사가 너무 많은 심적 부담을 가지지 말았으면 한다. 또한 상담사로서 조치를 취했으면 그것으로 충분하다는 것을 상담사는 받아들일 필요가 있다(Heaton, 2006).

3) 지각일 경우 개입방법

상담은 유료 상담이든 무료 상담이든 정시에 끝내는 것이 효과적이다. 강의 시간에 학생들이 늦게 들어온다고 수업시간을 연장해 주지 않는 것처럼, 다음 시간에 다른 내담자와 상담 예약이 되어 있든지 아니든지 간에 남은 시간만큼만 상담을 진행한다. 초심 상담사는 내담자가 늦은 시간만큼 상담 시간을 더 해 주는 경우가 많다. 특히 상담비가 무료인 내담자를 상담할 경우 '무료인데 조금 더 해 주는 것이 어떠냐.' '질문 기회를 더 가지기 위해서 시간을 더 줘도 되겠지.'라고 생각하고 그냥 지나치는 경우가 많다. 특히 내담자가 상담실을 처음 찾아오는 길이라서 헤매거나 상담실 안내에서 착오가 있을 경우도 있고 주차의 문제가 생길 수도 있는 상황의 이야기를 들으면 고심이 된다. 만약 뒷 시간에 내담자가 없다면 유연성 있게 상황을 알리고 상담 시간을 원래 50분으로 진행한다. 상담사가 너무 냉정하다는 인상을 줄 수도 있어서 내담자가 상담사를 어떻게 받아들일까를 고심하면서 정확하게 시간을 지키는 것을 어려워할 수 있다. 필자는 내담자들에게 이런 이야기를 많이 듣는다.

> 내1: 거의 컴퓨터 시계를 맞추어 놓은 것처럼 정확하게 50분을 맞추어서 하나요?
>
> 상1: 어떻게 보이셨어요?
>
> 내2: 처음에는 냉정하게 보였는데 그것이 오히려 도움이 되더라고요. 내가 해야 할 이야기를 이 시간 안에 해야 하니까요. 더 나를 생각하게 되고…… 그리고 제가 시간이 지난 후에 상담을 한다면 저렇게 해야겠다는 약간의 모델이 되기도 했고요.

상2: 그 마음을 나눠 주셔서 고맙습니다.

이처럼 내담자들은 상담사가 시간을 정확하게 지키는 것에 안정감을 가지고 전문성으로 인정해 준다. 상담을 정시에 마치는 것은 내담자와 약속한 것이다. 내담자가 늦은 것은 스스로 책임을 져야 한다. 이런 과정이 내담자의 삶의 **구조를 변화시키는** 첫걸음이기 때문에 상담사는 때로는 냉정하게 보여도 상담구조가 내담자의 **삶의 변화를 위한 안전 기지**임을 기억하는 것이 중요하다.

4) 상담사-내담자 연락방법

회기와 회기 사이에 내담자가 상담사에게 연락을 취하는 방법에는 여러 가지가 있다. 대개는 상담기관에서 내담자에게 이메일이나 휴대전화로 안내한다. 연락이 필요할 때, 어떤 경우에 어떤 식으로 연락을 취하는 것이 적절한 방법인지를 상담구조화 때 분명하게 미리 밝혀야 한다.

이에 관한 내용은 내담자가 상담동의서를 작성하기 전에 내담자에게 제공되는 상담에 대한 일반적인 정보에 포함되는 경우가 많다. 이때 상담사는 듀얼 폰(dual phone)[3]으로 내담자와 연락이 가능한 번호로 통화할 수 있음을 알려 주는 것도 한 방법이다. 또한 자살할 가능성이 있거나 다른 특수한 위기 상황에 처한 내담자에게는 기관의 규정에 맞는 절차에 따라 상담사에게 연락을 취할 수 있는 방법을 제공해야 한다. 상담사가 연락을 받을 수 없는 경우에도 그들이 연락을 취할 수 있는 대체 가능한 대상과 방법을 알게하는 것이 좋다. 필자는 회기와 회기 사이에 내담자가 연락하기 원할 때 어떻게 해야 하는지를 다음과 같이 설명한다.

상1: 민들레 님이 회기와 회기 사이에 저한테 연락할 필요가 있을 수 있어요. 저의 시간을 존중하고 저를 불편하게 만들기를 원치 않는다는 것을 압니다. 민들레 님이 제가 전화를 받을 수 없는 시점에 전화를 하신다면, 저는 통화가 곤란하다고 말씀드릴 것입

---

3) 하나의 기기로 두 개의 번호를 사용할 수 있는 휴대전화이다. 대개 기업상담사들이 사용을 많이 한다. 최근 들어 상담사들이 듀얼 폰의 번호 하나는 상담용으로, 다른 하나는 개인용으로 사용한다.

니다. 그리고 나서 제가 언제 민들레 님에게 전화할 수 있는지도 알려 드릴 것입니다. 만약에 상황이 정말 급한 경우라면, 제가 민들레 님을 도와줄 수 있도록 민들레 님은 그 상황이 매우 위급하다는 점을 제게 분명하게 설명해 주시면 제가 결정하는 데 도움이 될 것입니다.

내1: 그렇게 미리 말씀해 주시니 저도 어떻게 할 수 있을지 알겠네요.

5) 회기 내 위기 전화 개입법

회기와 회기 사이에 내담자에게서 전화가 올 경우, 상담과 같이 다루는 방식에 대해서 구체적으로 살펴보도록 하겠다. 어려운 점은 회기와 회기 사이에 내담자가 전화를 한 구체적인 상황에서 어떻게 해야 하는지 아는 것이다. 위기 내담자에게서 전화가 올 경우 몇 가지 구체적인 상황에 대한 대응방법은 다음과 같다.

(1) 현재 당면한 상황을 다루기

상담사가 전화를 받을 때 상담사는 지금 당면한 상황을 다루어야 하기 때문에 먼저 내담자가 지금 어떤 상황에 처해 있는지를 파악해야 한다. '왜 지금 전화를 하였는가?'에 초점을 맞추어야 한다. 상담사는 다음과 같이 직접적으로 물을 수 있다.

내1: (상담사에게 전화를 함)
상1: 민들레 님, 지금 전화해야겠다고 결정한 직접적인 이유가 무엇인가요?

통화는 내담자가 호소하는 시급한 문제에 초점을 맞출 필요가 있다. 상담사가 절대 하지 말아야 하는 것은 내담자가 상담사와 이야기하고 싶다는 이유만으로 전화를 했을 때, 그 모든 필요에 맞추어 주는 것이다. 이것은 상담에서 해야 할 작업을 전화상으로 하거나 또 하나의 회기를 갖는 함정에 빠지는 경우가 되어서 상담에 도움이 되지 않는다.

(2) 전화한 직접적인 이유를 묻기

상담사는 내담자에게 전화한 직접적인 이유를 분명히 물어야 한다. 다른 주제들은 상담 시간에 논의하도록 안내함으로써 상담의 초점을 유지할 수 있다.

내1: (늦은 밤에 상담사에게 전화를 걺)

상1: 지금 민들레 님이 얼마나 무서워하시는지 잘 느껴집니다. 그리고 이 밤을 얼마나 길게 느낄지에 대해서도 이해해요. 그것에 대해서는 다음 상담 시간에 이야기할 수 있습니다. 지금은 민들레 님이 오늘 밤 시간을 어떻게 견딜지 결정해야 합니다.

(3) 내담자가 계속 이야기할 때 한계 제시

내담자가 길게 이야기할 것 같다면 상담사는 다음과 같이 한계를 제시할 필요가 있다.

내1: (계속 이야기를 함)

상1: 민들레 님이 이야기한 부분은 중요합니다. 우리가 전화로 다룰 수 없습니다. 다음 상담에서 이 문제를 얘기하는 것은 가능합니다. 저의 제안을 이해하길 바랍니다.

그러나 대부분의 상담사는 내담자에게 이렇게 이야기하는 것을 꺼린다. 이유는 내담자에게 거절당한 것 같은 느낌을 줄 거라고 생각하기 때문이다. 그럼에도 불구하고 상담사는 내담자에게 한계를 설정하고 이야기를 해야 한다. 상담사는 다음과 같이 말함으로써 내담자가 거절당한 것 같은 느낌을 받지 않도록 할 수 있다.

상1: 제가 말한 것에 민들레 님의 기분이 상할 수도 있다는 것을 압니다. 지금은 믿기가 힘드시겠지만, 처음 회기 때 상담구조화에 대해 안내해 드린 것처럼 상담 약속을 지켰을 때 가장 도움이 됩니다. 이 문제는 상담 시간에 함께 다루기로 우리가 합의했다는 것을 다시 한번 말씀드립니다.

내1: 그래도 제가 하나만 물어볼게요.

상2: 저는 민들레 님의 말에 올바로 반응하고 민들레 님의 문제를 제대로 해결하는 것이 중요합니다. 우리가 전화로 이야기할 때는 제대로 민들레 님을 도울 수가 없습니다. 이해해 주시리라 여기며 먼저 전화를 끊겠습니다. 다음 상담 시간에 뵙겠습니다.

때로는 상담사가 냉정하게 보일 수도 있을 것이다. 그럼에도 상담사는 내담자에게 상담 한계를 설정하고 그 범위 안에서 상담을 진행해야 한다.

(4) 지금 당면한 상황을 다루기

상담사는 내담자의 당면 문제를 이해한다는 점을 먼저 전해야 한다. 이후에 상담사가 요약한 것에 대해 동의하는지 질문한다.

> 상1: 민들레 님은 남편이 또 폭력을 썼다고 전화를 했습니다. 민들레 님은 울면서 해결 방법을 모르기 때문에 스스로 실패자인 것 같다고 말했습니다. 맞나요?
>
> 내1: 남편이 계속 저를 못살게 굴고…….
>
> 상2: 민들레 님은 거실에 누군가가 있는 것 같다고 했습니다. 하지만 민들레 님은 그들이 당신을 미친 사람이라고 생각할까 봐 경찰에 전화하는 것을 두려워했습니다. 내가 말하는 것이 맞나요?

사람들은 어려운 상황에서 종종 명료하게 생각할 수 없다. 상담사는 내담자의 현재 상황에 대한 해결책을 생각하도록 내담자에게 다음과 같이 질문함으로써 당면한 딜레마를 해결하도록 도울 수 있다.

> "민들레 님은 무엇을 할 수 있을 것 같습니까?"
>
> "누구에게 도움을 청할 수 있습니까?"
>
> "어떻게 하면 민들레 님 스스로 마음을 다른 쪽으로 돌릴 수 있겠습니까?"
>
> "지금부터 몇 시간 동안 민들레 님 자신을 스스로 돌보기 위해 할 수 있는 일이 무엇입니까?"

내담자가 힘들어할수록 더 상세한 계획이 필요하다. 내담자가 매우 당황해한다면 내담자가 전화 이후 4시간, 이틀 또는 기타 필요한 시간을 지낼 수 있도록 계획을 세운다. 예를 들면 다음과 같다.

> 상1: 민들레 님은 어떻게 하면 지금부터 2시간 동안 자해하지 않을 수 있겠어요?
>
> 내1: 노래를 틀어요.
>
> 상2: 누가 당신과 같이 있을 수 있을까요?
>
> 내2: 아무도 없어요.
>
> 상3: 칼을 버릴 수 있는 사람을 부를 수 있나요?

내3: 모르겠어요.

내담자가 자기 스스로 적응적인 답변을 할 수 있도록 상담사는 내담자의 자신감과 자립심을 북돋워 주는 것이 필요하다.

상1: 민들레 님, 우리는 여러 가지 일이 필요하다는 사실에 동의했어요. 민들레 님이 동의한 점에 대해 제가 정리해 볼게요. 먼저 자살예방센터에 연락해야 한다는 점, 민들레 님은 스스로를 보호할 뿐 아니라 민들레 님이 한 일에 대해서도 책임을 져야 한다는 점 등을 확인했어요. 그리고 민들레 님은 내일 경찰관과 자살예방센터에 연락을 하기로 했지요. 민들레 님은 제가 자살예방센터에 연락할 것도 알고 있으리라 생각합니다. 이러한 점들에 우리가 동의했었죠?
내1: 시도해 볼게요.

상담사는 전화를 끊기 전에 몇 가지 질문을 하는 것이 좋으며, 좀 장황하더라도 다시 한번 내담자가 동의하는 것을 짧게 안내해 주는 것이 도움이 된다. 왜냐하면 내담자는 힘들어 하고 당황하기 쉬우므로 상담사는 그들이 동의하지 않는 점이나 애매한 채로 남아 있는 부분을 내담자가 명료화할 기회를 많이 주어야 하기 때문이다.

3. 상담 비용

상담료는 상담에서 중요한 요소이기에 상담 관계가 시작되기 전에 언급해야 한다. 국가에서 지원을 받는 경우나 유료 내담자의 경우 모두 상담료 언급을 분명히 해야 한다. 많은 사람이 성적 문제(sexual problem)를 구체적으로 밝히는 것보다 금전적인 것을 이야기하는 것을 더 불편해한다. 상담사 역시 금전적인 문제에 대해 내담자에게 이야기하는 것을 꺼린다. 그것은 상담사가 '돈을 밝히는 사람'처럼 보여서 내담자와의 관계가 단절될지도 모른다는 생각 때문이다. 이처럼 상담사와 내담자 모두 상담료 문제를 솔직하게 이야기하는 것을 회피하는 경향이 있다.

1) 상담료 안내

내담자에게 상담 시작 전에 상담료에 대한 언급을 명확하게 하는 것이 필요하다. 상담기관에 행정 직원이 있을 경우에는 상담 시작 전에 행정실에서 이 부분을 먼저 알려 주는 것이 필요하다. 현재의 보험 정책에서 최대한 보험금을 받을 수 있는 부분이 있다면 이것을 내담자가 분명히 알도록 하는 것이 필요하다. 최근 우울증, 공황장애, 외상 후 스트레스 장애 등 병원에서 정확한 진단이 내려진 일부의 항목에 한해 심리상담비도 보험이 적용되는 경우가 있기 때문에 이를 확인해 보도록 하는 것이 좋다. 물론, 대부분의 심리상담에 보험이 적용되지 않기 때문에 일반 심리상담소에서 상담을 받을 경우는 비용 지불에 관한 모든 부담이 내담자의 몫인 경우가 대부분이다. 비용적인 차이를 알려 주고 내담자가 병원에서 상담을 받을 것인지 심리상담소에서 상담을 받을 것인지를 선택할 수 있도록 안내해 주는 과정이 필요하다. 상담 비용에 관한 내용을 서로 분명히 할 때, 보다 명확한 관계를 설정할 수 있다(Heaton, 1998/2006).

병원에서 진단을 받고도 비밀보장에 대한 염려나 다른 이유 때문에 직접 상담료를 지불하는 곳에서 상담받는 것을 선호하는 내담자도 있다. 그런 내담자에게도 상담료의 차이에 대해 분명히 설명해야 하며, 어떻게 지불할 것인지의 문제를 서면으로 확인하도록 해야 한다. 또한 소득 수준에 준하여 상담소에서 요금을 할인해 주거나 정부의 지원을 받게 될 경우에도 정확한 내용을 설명해 주어야 한다. 상담사가 심리상담소에 구비된 서면동의서나 접수양식에 기재된 내용과 달리 변경된 요금을 적용하게 된 경우에는 새로운 계약 내용을 포함하여 양식을 다시 작성한 후 내담자가 서명하는 것이 좋다. 또 내담자가 부득이하게 상담료를 미납하게 될 경우 대체 입금 방식이나 입금일의 제한 규정 등도 상담 시작 전에 알려 주는 것이 필요하다.

2) 유료 내담자에 대한 상담 비용 안내

상담 비용은 국가나 보험 등에서 별다른 지원이 없는 경우, 내담자가 100% 부담해야 한다. 상담소별로 다르지만 개인상담, 가족상담, 부부상담에 따라 비용이 상이하다. 상담 비용을 내담자가 부담해야 하기 때문에 장기간의 상담은 경제적인 여건이 허락되어야 가능하다. 상담 비용에 대한 설명과 약속을 분명히 하는 것은 내담자와의 라포 형성에 중요한 부분을 담당하며, 내담자가 경제적인 비용을 예견하며 안정감 있게 상담에 나올 수 있도록 돕는 조건이 된다. 따라서 상담사는 상담 비용에 대한 분명한 방침을 가지고 있어야 한다.

(1) 상담료 차감

상담사는 내담자에게 상담 시간에 못 올 경우에는 24시간 이전에 연락해 줄 것을 요청한다. 그렇지 않을 경우 불참 회기도 내담자에게 상담료를 청구할 수 있다. 다음의 경우에도 상담료가 차감됨을 상담구조화 때 알려 주어야 한다(Heaton, 1998/2006).

- 내담자의 불참 회기
- 전화 통화
- 법정 출두
- 길어진 회기 시간

상담료에 관해서는 다음의 사항들도 서면을 통해 약속하는 것이 필요하다.

- 상담료 지불 시기와 방법
- 상담료 인상 시기와 방법
- 소득수준에 따른 상담료 감면 원칙 또는 여타 상담료 감면 기준이나 상황
- 상담료 지불이 늦어지는 상황에서의 절차

(2) 추가 회기일 때 상담 비용

상담사가 정해진 횟수보다 많은 상담이 필요하다고 생각하면 다음과 같은 점에 대해 생각해 보는 것이 필요하다.

- 회기 추가를 요청하는 과정이 필요할 경우 어떤 절차가 필요한가?
- 그 절차를 따르려면 내담자의 정보를 더 많이 공개해야 하는가?
- 내담자가 회기 추가가 필요하다는 상담사의 생각을 알고 있는가?
- 내담자가 서비스를 더 받기를 원하는가?

- 선택할 수 있는 다른 대안은 없는가?
- 내담자가 회기의 추가 요청을 원하는가?

내담자의 정보를 더 많이 공개해야 하는 경우에는 개인상담을 하다가 부부상담이나 가족상담으로 회기를 추가로 연장할 경우에는 부부관계설문지를 추가로 더 요청할 수 있다. 그러나 가족상담일 경우 동거나 이혼에 관련된 추가적인 정보를 공개하는 것을 불편해하는 내담자도 있을 수 있다는 것을 유의해야 한다.

상담 비용에서 중요한 것은 상담사가 상담사 자격이 없는데 상담 비용을 내담자에게 받는 것은 윤리적이지 않다는 것이다. 자격이 없으면 봉사나 무료상담으로 진행하는 것이 윤리적이다. 이는 향후 상담사를 보호하기 위하여 윤리적으로 규정한 지침이다. 상담 종결 후 내담자가 법적인 소송을 할 경우, 자격이 없는 상담사가 비용을 받고 상담한 것은 문제가 될 소지가 있기 때문이다. 내담자에게 비용을 받는다는 것은 상담사가 그 상담에 대해서 책임을 져야 한다는 것을 의미한다. 따라서 일정한 자격증을 취득한 후에 상담 비용을 받는 것이 더 윤리적이다.

3) 무료 내담자에 대한 상담 비용 안내

상담 비용은 상담의 동기에 중요한 영향을 미치기에 무료 내담자라 할지라도 상담 비용에 대해 언급하는 것이 효과적이다.

> "이 상담의 비용은 한 회기에 ○만 원입니다. 5회기는 국가에서 지원되는 비용으로 진행 됩니다. 비록, 민들레 님이 비용을 내시지 않지만 국가에서 지불하는 것이니 상담 시간 꼭 기억해 주세요. 그 이후 상담에 대한 비용은 내담자분이 부담을 하셔야 합니다."

이렇게 하면 내담자에게 몇 회기 안에 어떤 것을 이야기해야 할지 범위를 정하고 그에 맞게 준비한 이야기들을 할 기회를 주게 된다. 여러 부분에서 국가의 도움을 받아 온 내담자는 상담을 무료로 받는 것을 당연한 혜택으로 여기기도 한다. 그러나 비록 내담자가 비용을 지불하지 않지만 이것은 국민의 세금으로 지불되는 것임을 알려 주어서 좀더 책임을 가질 수 있도록 하는 것이 필요하다. 또한 이렇게 함으로써 내담자가 상담사에게 경제적인 어려움을 호소하면서 의존하려는 것도 경계할 수 있다. 따라서 상담사는 지원받는 비용에 대해서 언급하면서 내담자에게 책임감을 부여할 수 있어야 한다(김형숙, 2017c).

4) 위기 내담자에 대한 상담 비용 안내

위기 상황에 처한 내담자는 삶의 많은 측면이 구조화되어 있지 않은 경우가 많다. 위기 내담자 중에는 어떻게 살아야 하는지 배울 기회가 없었던 환경에서 살아온 이들도 있을 수 있다. 따라서 위기 내담자를 상담할 경우, 상담사는 더 구체적으로 상담구조화를 해야 한다. 이러한 상담구조화는 내담자에게 관계나 삶의 패턴을 배울 수 있는 기회를 주어 새로운 삶의 방식을 배워 나가는 기회가 될 수 있다. 상담 시간을 지키지 못할 상황이 생기면 미리 연락을 하도록 당부하는 것도 사회적 기술을 익히도록 하는 훈련이 될 수 있다. 상담사가 상담 업무를 위해 듀얼 폰을 사용한다면 상담사의 사생활을 보호하면서 상담 측면으로 즉각적인 개입이 필요한 경우를 대비할 수 있다. 또한 듀얼 폰이기 때문에 바로 못 보거나 즉각적으로 응답하지 못할 수도 있다는 점을 미리 알려 준다면 내담자와의 관계에서도 불필요한 오해가 생기는 것을 미리 방지할 수 있다.

상담사는 위기 상황에 놓인 내담자를 만날 때에 심리상담 외에 다른 부분의 도움을 주는 것이 더 효과적일 것 같다고 느낄 수도 있다. 경제적인 상황이 너무 어려운 내담자에게는 짜장면 한 그릇이라도 사 주고 싶을 것이다. '심리적인 지지를 하는 것이 이런 내담자에게 무슨 도움이 될까?'라는 딜레마도 느낄 수 있다. 그러나 먹을 것을 사는 행동은 일시적인 도움만 줄 뿐이다. 상담사의 기본 임무는 내담자 안에 있는 심리적 자원을 찾아서 그들 스스로 살아갈 방법을 찾아가도록 돕는 것이다. 이것은 다른 사람들이 할 수 없고 전문성을 갖춘 심리상담사만이 할 수 있는 영역이다.

상담사는 내담자에게 뭔가를 해 주고 싶은 마음을 전문적으로 활용하여 내담자가 이 상담 관계를 자신의 자원으로 인식하고 기억하며 활용할 수 있도록 돕는 것에 초점을 맞추어야 한다. 굳이 뭔가를 대접하고 싶다면 상담 종결 시 부담되지 않는 가벼운 간식을 나누며 종결의식을 해 주는 것이 더 치료적이다. 어떤 내담자는 자신이 아닌 타인만을 위해 살아온 삶을 후회하면서 무의미한 인생을 살았다는 자책과 혼란 속에 놓여 있을 수 있다. 그럴 때 상담사는 내담자가 살아온 삶을 먼저 존중해 주고 이제 내담자가 자신을 위해 산다면 어떻게 살고 싶은지를 물어 가면서 이후의 삶에 대한 계획을 세울 수 있도록 지지적인 상담을 진행하는 것이 좋다. 위기 상황 속에 놓인 내담자는 지속적인 심리적 지지를 필요로 하는 경우가 많으므로 국가 기관과 연계된 심리지원이나 다른 서비스에 대해 안내받는 것도 필요할 수 있다(김형숙, 2017a).

4. 상담 관계

상담 장소는 상담사와 내담자의 관계가 만들어지는 공간이다. 상담 관계는 계약에 의해 맺어진 **사회적 관계**이다. 계약 관계이지만 심리적인 어려움을 이야기하고 그 힘든 마음을 공감하기 때문에 심리적으로 친밀해질 수 있는 관계이기도 하다. 이러한 관계적 특성때문에 많은 어려움이 발생하기도 한다. 상담사가 가장 많이 가지고 있는 오해는 '나에게는 그런 일이 생기지 않는다.'는 것이다(Norris, Gutheil, & Strasburger, 2003). 상담사는 자신에게 상담사-내담자 관계의 경계를 위반하는 일이 일어나지 않을 것이라는 확신을 갖기보다는 이런 상황에 누구나 당면할 수 있다는 것을 알고 주의하는 것이 더 바람직하다.

1) 상담사와 내담자와의 경계

건강한 상담사-내담자 관계의 유지를 위해 상담사가 몇 가지에 대해 노력할 필요가 있다(Cottone & Tarvydas, 2007). 상담사는 내담자에 대한 긍휼히 여김을 유지하고 내담자의 욕구에 민감해하며 내담자의 이야기에 흥미를 보여 주어야 한다. 그러나 내담자가 상담사에게 의존하도록 해서는 안 된다. 상담사는 내담자와의 관계에서 신체적 경계를 유지해야 한다. 상담사와 내담자의 적절한 경계가 어딘지에 대해서는 전문가들 사이에도 많은 이견이 있다. 상담사와 내담자의 경계에 관한 문제를 어떻게 다룰 것이냐에 대해서도 논쟁이 자주 일어난다. 다음의 세 가지 질문에 대해 생각해 보면 상담사와 내담자의 **경계 설정**에 관한 행동을 결정하는 데에 도움을 얻을 수 있다(Heaton, 1998/2006).

첫째, 누구의 필요 때문에 상담을 하고 있는가? 상담이 **내담자를 위한 것**이라면 상담 관계를 지속할 수 있지만 그것이 상담사를 위한 것이라면 멈추어야 한다.

둘째, 상담사와 내담자와의 교류가 **상담 관계**를 진전시키고 있는가, 방해하고 있는가? 방해하고 있다면 이 내담자와의 만남에서 상담을 진행하는 행동은 멈추어야 한다.

셋째, 상담사의 행동 및 교류가 내담자를 위험에 빠뜨리는가? 만약 그렇다면 내담자에게 진행하고 있는 행동과 교류는 중단되어야 한다.

상담사가 특히 주의해야 할 것은 이중관계와 영역경계 문제들이다. 상담사와 내담자 사이의 **영역경계 침범**에 관한 문제는 현장에서 자주 나타난다. 상담사들에게 일어나는 이중관계와 영역경계 문제는 〈표 3-1〉과 같다(Welfel, 2002, p.165). 상담사는 내담자와 이런 관계를 맺어서는 안 된다. 이 부분에 관한 자세한 내용은 상담사 윤리에서 다루었으므로 해당 내용을 참고하길 바란다.

〈표 3-1〉 이중관계와 영역경계 문제들

- 친구나 친척을 내담자로 받아들이는 것
- 피고용인에게 상담을 제공하는 것
- 내담자를 고용하는 것
- 현재 또는 과거의 내담자와 사업에 뛰어드는 것
- 내담자 또는 피감독자에게 상담을 제공하는 것
- 상담사가 가르치는 수업에 내담자가 등록하는 것을 허락하는 것
- 내담자를 파티에 초대하거나 내담자와 사교계 행사에 함께 가는 것
- 내담자에게 무언가를 파는 것

상담사가 내담자와 사회적·성적·경제적인 면에서 이중관계를 맺게 되면 이 둘 사이에서 이익이 상충되는 순간이 발생하기도 한다. 상충된 입장은 상담에 악영향을 미친다. 상담사는 내담자의 행동에 대해 솔직한 피드백을 제공하는 데 제한을 받을 수 있다. 그런 맥락에서 내담자와 업무 관계나 재정 거래는 피하는 것이 적절하다. 내담자에게 돈을 빌리거나 보증을 서는 것은 상담에서 이탈한 것일 뿐 아니라 상황이 잘못되었을 때 상담사를 큰 위험에 빠뜨릴 수도 있는 일이다. 상담 관계에서 상담사는 어떤 문제가 있을 경우에 개방적이고 솔직하면서도 내담자의 감정을 민감하게 다루어야 한다. 만약 상담사가 경계의 문제를 적절히 다루지 않으면 심각한 오해가 발생할 수도 있다. 더욱이 상담사와 내담자가 서로에 대해 갖는 기대와 관련해서 긴장감이 있을 때 이 부분을 먼저 대화로 다루어야 하는 것은 상담사의 의무이다. 이러한 복잡한 문제를 피하기 위해서라도 상담사와 내담자는 서로 경계를 지켜야 한다. 상담사와 내담자의 경계에서 자주 발생하는 문제가 무엇인지 살펴보면서 스스로 삼가는 태도가 필요하다.

(1) 신체 접촉

내담자가 상담 관계에서 상담사에게 안아 달라거나 손을 잡아 달라는 상황은 흔히 있을 수 있다. 특히 부모를 잃거나 부모로부터 상처를 많이 받은 내담자가 이렇게 호소하면 상담사는 고민에 빠질 수 있다. 거절하게 되면 내담자가 더 큰 상처를 입을 것만 같아 허락을 하게 되기도 한다. 그러면 내담자는 신체적 접촉에 대한 경계가 없어져서 계속 상담사에게 뭔가를 요구하게 될 수도 있다. 때문에 상담사는 꼭 필요한 순간에 악수하기, 가볍게 포옹하기 또는 등 두드려 주기 외에 그 이상의 신체 접촉을 하는 것에 매우 신중해야 한다. 그 이상의 신체 접촉은 하지 않는 것이 안전하다(Heaton, 1998/2006).

그렇다면 상담사는 내담자가 이런 것을 요구할 때, 치료적으로 더 좋은 효과를 내기 위해선 어떻게 반응하는 것이 좋을까? 상담사는 내담자의 신체적인 요구를 거절하는 것이지 내담자 자체를 거절하지 않는 것이라는 것을 알려 주는 것이 좋다. 이때 상담사는 다음과 같이 이야기함으로써 경계를 세우는 동시에 내담자가 느낄 거절감을 예방할 수 있다.

> 내1: 선생님 가슴 한 번 만져 봐도 돼요?
> 상1: 길동 님이 신체적인 접촉을 얼마나 원하는지 알 수 있을 것 같아요. 하지만 상담사는
>   신체적인 접촉을 해 줄 수 없어요.
> 내2: 저 너무 외로워요, 한 번 만져 보게 해 주시면 안 돼요?
> 상2: 선생님이 길동 님에게 마음을 줄 수 있어요. 상담 시간은 길동 님이 힘든 심리적인
>   부분은 얼마든지 이야기 할 수 있지만 제 몸을 만지는 것은 성추행에 해당되어서 길
>   동 님이 위험해지는 일이에요. 저도 원하지 않는 일이라서 안 돼요.

내담자가 상담사에게 특정한 신체 접촉을 요구할 때, 상담사는 내담자의 성적 대응방식과 욕구에 대해 앞서 제시한 축어록처럼 다루는 것이 필요하다. 만약 내담자가 부드러운 촉감을 만지고 싶다고 한다면 부드러운 찰흙을 줄 수 있다.

어떤 내담자는 꿈속에서 상담사와 성관계를 했다는 이야기를 하기도 한다. 꿈에 관한 이야기를 나누는 것은 상담에서 언제든지 가능하지만, 이것을 매개로 해결해야 할 상담 목표와 관계없는 성적 이야기들이 노골적으로 펼쳐지는 것은 경계할 필요가 있다.

내1: 이 꿈이 선생님을 흥분시키지 않나요?

상1: 길동 님, 혼란스럽군요. 꿈 이야기를 현실적인 성 이야기로 바꾸어 버리셨어요.

내2: 제가 선생님을 안으면 안 될까요? 그러면 제가 치료될 것 같아요. 순수한 거예요.

상2: 길동 님은 꿈속 이야기를 실제 상담에서 언급하면서 상담에서 작업하지 않으려고 방어하는 것 같군요. 길동 님의 문제를 다루지 않고 있어요. 어떤 이유에서 이런 이야기를 하는지 제가 이해할 수 있도록 말해 줄 수 있나요?

내담자는 물러서지 않고 상담사에게 지속적으로 성적 질문에 대한 답변이나 행동을 요구하고 있다. 그러면 상담사는 축어록 대화처럼 성적 요구에 대한 반응을 최소화하면서 실제 상담 작업을 피하고 있는 내담자의 반응에 초점을 맞출 필요가 있다. 내담자의 성적 요구를 다룰 때 중요한 점은 내담자가 내담자 자신의 문제와 씨름하도록 하는 것이다. 만약 상담사가 자신을 내담자의 개인적 욕구를 만족시키는 대상이 되도록 허용하면 내담자에게 내담자의 갈등을 적응적으로 해결하는 성찰과 훈련의 기회를 박탈하는 것이 된다.

(2) 성적 관계

상담사는 상담 관계 동안 내담자와 성관계를 맺어서는 안 된다. 상담 관계는 내담자가 자신의 이야기를 노출하고 그것에 대하여 상담사의 전문적 자질과 기술에 의해 내담자의 문제를 해결하도록 도와주는 **전문 계약 관계**이다. 상담사와 내담자 사이에 사랑의 감정이 생길 수 있다. 그러나 상담 관계 중에 성적 관계를 갖는 것은 비윤리적이다. 상담사와 내담자 사이에서 생기는 사랑의 감정은 평등한 관계에서 생긴 순수한 감정이라고 보기 어렵다. 내담자와의 성적 관계를 금지한다는 것은 내담자와의 관계 그 자체가 권력이 불균등한 상태라는 사실을 반영한다. 상담 관계 속에서 상담사는 자연스럽게 권력적으로 높은 위치에 서게 된다. 또한 내담자는 그런 상담사 앞에서 일방적으로 자기를 노출하는 듯한 느낌을 갖기도 한다. 이런 불평등한 관계 구조 속에서 생긴 사랑의 감정은 상담사와 내담자 모두를 위험하게 할 수 있다(공윤정, 2008).

상담심리사 윤리강령에서는 이 문제에 대해 다음과 같이 언급하고 있다(APA, 2002). 첫째, 상담심리사는 내담자와 어떠한 종류이든 성적 관계는 피해야 한다. 둘째, 상담심리사는 이전에 성적인 관계를 가졌던 사람을 내담자로 받아들이지 않는다. 셋째, 한국상담심리학회는 상담 관계가 종결된 이후 최소 2년 내에는 내담자와 성적 관계를 맺지 않는다. 상담 종결 이후 2년이 지난 후에 내담자와 성적 관계를 맺게 되는 경우에도 상담심리사는 이 관계가 착취적인 측면이 없다는 것을 철저하게 검증해야 한다. 이런 강령은 상담사와 내담자의 관계가 보다 안전하게 지켜지도록 하기 위한 규정이다.

(3) 선물

상담이 진행되다 보면 내담자는 상담사에게 고마운 마음을 가질 수 있고, 선물로써 그 고마움을 표현하려 하기도 한다. 상담사 또한 상담에 성실하게 참여하면서 변화를 이뤄 나가는 내담자를 보면 기뻐서 뭔가를 해 주고 싶은 마음이 들기도 한다. 이럴 때 상담사는 어떻게 대처하는 것이 좋을까?

첫 번째로, 내담자가 상담사에게 선물을 주는 경우부터 살펴보자. 어떤 내담자는 직접 만든 초밥을 가져 오기도 하고, 화분이나 예술품, 장신구를 만들어 오기도 한다. 그러한 선물이나 서비스를 감사한 마음으로 받는 것이 더 나을 것 같다는 마음이 들 수도 있지만, 상담사는 내담자가 선물을 내미는 이면의 동기를 먼저 살펴야 한다. 어떤 내담자는 상담사가 보상받을 만한 특별한 일을 해 주었다고 생각할 수도 있다. 상담사의 관심에 감사하는 마음을 가지고 그것을 표현했을 수도 있다. 그러나 상담사는 이미 상담료를 받았기 때문에 그 이상의 보상을 받으려 해서는 안 된다. 만약 상담 서비스가 무료로 주어지는 것이라면 선물을 받아선 더욱 안 된다. 내담자는 상담료를 스스로 지불하지 않는 경우, 문화적인 관습 안에서 느껴지는 책임감 때문에 상담사에게 뭔가를 더 주려고 할 수도 있다. 예를 들어, 상담 시간마다 음료수나 커피를 사오는 경우에는 다음과 같이 내담자에게 안내할 수 있다.

> 내1: 이거 작은 거예요. 선생님들과 마시라고 날씨가 더워서 사 온 음료수예요.
> 상1: 상담 시간에 뭔가를 사 오지 마시고 상담받을 마음만 가지고 오셔도 됩니다.

선물이 아닌 서비스를 받는 것도 비윤리적이다. 상담사가 내담자에게 받아야 할 것은 오직 상담료뿐이다.

두 번째로, 상담사가 내담자에게 선물을 주는 경우에 대해서 살펴보자. 상담사는 어려운 처지에 있는 사람을 구출하고 도와주려는 욕구가 강한 사람들이다. 그래서 내담자가 호소하는 어려움을 듣고 자신의 능력에 넘치도록 도움을 주려는 마음도 가질 수 있다. 가장 많이 나타나는 모습은 내담자가 재정적으로 어려울 경우, 예컨대 내담자가 책, 옷, 운동화 또는 안경 등이 없다고 할 때 선물이라는 명목으로 내담자에게 그것들을 챙겨 주는 경우도 많다. 그러나 상담사는 이런 행동을 하기 전에 자신이 내담자에게 메시아와 같은 역할을 하고 싶은 것인지 자신의 동기를 되돌아보며, 어려운 사람을 도와주려는 자기 욕구 때문에 상담을 하는 것은 아닌지 스스로를 살펴볼 필요가 있다. 상담사의 윤리규정은 혼란스러운 관계를 형성하는 것을 금하고 있다. 미국심리학회(1994)는 "상담심리사는 내담자와의 관계에서 상담료 이외의 어떠한 금전적·물리적 거래관계도 맺어서는 안 된다."고 규정함으로써 상담사가 상담료 이외에는 아무것도 주고받지 말 것을 명시하고 있다. 상담사가 내담자에게 줄 수 있는 최고의 선물은 상담에 대한 상담사의 정성과 노력, 전문성이라는 사실을 기억하여야 한다.

2) 상담실 외부에서의 사회적 관계

상담사가 상담실이 아닌 외부에서 내담자를 만나게 될 때, 어떻게 하는 것이 더 바람직할까? 그럴 때 상담사로서 어떻게 대처하는 것이 내담자의 치료에 더 효과적일까? 상담사도 한 인간이기에 내담자와의 교제를 즐기고, 내담자도 상담사를 우정으로 대하고 싶어 할 수도 있다. 그러나 외부에서 사적 대화를 길게 갖는 것은 상담 시간 동안에 논의되는 주제의 초점을 흐림으로써 상담에 영향을 줄 수 있다는 사실을 먼저 기억하는 것이 좋다(Heaton, 1998/2006).

상담사와 내담자가 마트나 길거리 등에서 서로 우연히 만나게 될 때가 있다. 또는 종교 기관이나 주차장 등에서 마주치거나 학교의 학부모회의 등에서 우연하게도 나란히 앉게 될 수도 있다. 그럴 때 내담자는 대체로 당황하게 된다. 그들은 상담사를 어떻게 알고 있는지에 대해 주변 사람들에게 설명해야 한다는 압박을 느낄 수도 있다. 이런 경우를 대비하여 상담사는 내담자가 대화를 먼저 시작하거나 상담사를 아는 척하지 않는 한 먼저 말을 걸지 않는 편이 더 낫다. 그리고 상담 시간에 다음과 같은 대화를 통해 이런 때를 대비하는 것도 도움이 된다.

상1: 상담실이 아닌 장소에서 만날 경우에, 내담자 분이 먼저 인사하지 않으시면 제가 아

는 척을 하지 않고 지나갈 겁니다. 이는 내담자 분을 배려해서 하는 행동입니다. 제
가 그냥 지나칠 수 있다는 것을 알려 드립니다.

내1: 저를 그렇게까지 배려해 주시는 거예요? 말씀해 주지 않았으면 제가 오해했을 것 같
아요.

만약 상담사가 상담 전에 이 부분을 미리 언급하지 않았다면 다음 회기에서 다음과 같
이 이 부분을 나눌 수 있다.

상1: 지난 주에 백화점에서 저를 만나 어려우셨을 것 같아요. 앞으로 상담실이 아닌 다른
장소에서 만날 때 우리가 어떻게 할지 이야기 나눌 수 있을 것 같아요. 이것을 다룰
수 있는 다양한 방법이 있는데, 우리가 서로 모르는 체하자고 미리 약속하는 것, 그
저 간단한 인사만 하고 지나가는 것, 상담과 관련 없는 사소한 이야기를 간단히 하고
지나가는 것 중 어떤 방법이 민들레 님에게 가장 편안할까요?"

내1: 저도 어떻게 해야 할지 모르겠어요.

상담이 종료되었다 하더라도 상담사가 내담자와 식사하러 가거나 파티 초대에 응하
거나 하는 것은 적절하지 못하다. 주의해야 할 점은 내담자는 이런 상황에 어떻게 처신
해야 할지를 모를 수 있다는 사실이다. 따라서 상담사가 먼저 이런 사안에 대해 내담자
에게 언급하고 지침을 제시한 후 지키려는 노력을 해야 한다.

다음과 같은 좀 더 복잡한 상황도 있다. 내담자가 상담실 이외에 다른 카페 같은 곳에
서 상담사를 만나고자 요청할 수도 있다.

내1: 상담실은 편하지가 않아요. 밖에 나가서 하면 제 상태도 훨씬 좋아질 것 같아요. 제
가 예약해 놓을게요.

상1: 민들레 님, 그런 생각을 하셨네요. 외부 환경에서 상담이 진행되면 제가 민들레 님에
게 집중하는 게 어려워져요. 상담은 우정을 나누는 것과는 다른 전문적인 관계예요.
상담에서는 민들레 님이 비용을 지불하는 것이고, 저는 민들레 님의 어려움에 집중
해서 민들레 님을 안전하게 보호해 드리는 관계랍니다.

상담실은 내담자와 상담사를 안전하게 보호하는 통제 가능한 **상징적** 장소로서 상담의 **외형적 틀**을 제공해 준다. 따라서 상담사는 상담실을 벗어나는 것에 대해 신중해야 하며, 상담 관계가 친구 관계와는 동일하지 않다는 점을 분명하게 알려 주어야 한다. 그렇다고 해서 친구 관계에서 느낄 수 있는 친밀함이나 진실성과 같은 특성을 전혀 나눌 수 없다는 의미는 아니라는 점도 기억해야 한다.

상담은 다음의 세 가지 면에서 일반적인 **우정 관계**와 대비된다(Heaton, 1998/2006). 첫째, 상담 관계는 내담자의 문제에 초점이 있다. 둘째, 상담 관계는 계약 관계이다. 관계의 주요 구조가 분명하게 언급되고 기대, 의무, 역할, 시간 제약, 책임 등이 명확하다. 셋째, 상담 관계는 의도적인 관계이다. 상담 관계는 목표지향적인 관계로서 내담자를 돕기 위한 관계이다. 상담사는 이와 같은 점을 분명히 인식하되 인간적인 친밀감이나 진실성을 잃지 않도록 노력해야 한다.

3) 상담 관계에서 상담사가 하기 쉬운 실수

상담 관계에서 일어나면 안 되지만 상담사도 인간인지라 실수를 할 때가 생긴다. 상담사가 이중으로 상담 약속을 하거나 상담 시간에 늦거나 내담자의 마음을 잘 헤아리지 못한 채 말할 수도 있다. 상담사가 의도치 않게 내담자에게 오해 살 만한 행동을 하게 되기도 한다. 이중 상담 약속, 상담 시간 지각처럼 명확하게 실수한 것은 사과하고 책임 있는 행동으로 상담을 진행해야 한다. 그러나 상담사의 의도가 없다 하더라도 내담자가 오해를 느낄 수 있는 부분에 대해서는 내담자의 느낌을 들으면서 인정할 부분을 인정하고, 어떤 부분에서 그런 느낌을 가졌는지 묻는 것이 좋다. 그런 다음 내담자의 입장에서 다음 행동을 결정하고 행동할 것이라는 점을 내담자에게 설명하는 것이 상담 관계를 순조롭게 이어 가는 데 도움이 된다. 만약 상담사가 자존심을 잃지 않으려고 내담자에게 책임을 돌리면 내담자와의 신뢰 관계에 더 큰 타격이 가해진다(김계현, 2002).

상담사가 실수한 것에 대해 상담사 스스로 지나치게 방어적으로 대응하면 내담자는 진실성 있는 상담사의 모습을 경험하기가 어려울 것이다. 또한 상담사 자신도 상담사의 내면적 반응을 진실하게 경험할 기회를 잃을 수도 있을 것이다.

상담의 조건

상담의 과정

상담의 개입기법

제2부
상담의 과정

제1부에서는 '상담사가 되는 것'을 '집을 짓는 과정'으로 설명했다. 집을 짓는 데 공식적인 준공 절차인 자격증을 취득하는 과정이 전문적인 자질을 갖추는 것이다. 동시에 집에 살고자 하는 사람의 인간적인 자질도 살펴보았다. 제2부는 '상담사가 되는 것'의 구체적인 과정을 다룰 것이다. 이 과정은 '상담사가 되는 건축' 단계에서 필요한 수련자격심사와 수련요건심사에 해당되는 것으로 '접수면접부터 상담이 종결되는 과정까지 상담사가 어떻게 해야 하는가'를 설명하는 부분이다.

상담 과정은 접수면접부터 상담 초기, 상담 중기, 상담 종결 그리고 추수상담까지 이어진다. 접수면접부터 각 상담 과정마다 상담사의 역할이 있다. 먼저 접수면접에서, 상담사는 의뢰 및 사례 배정을 수행하며 사례 평가까지 연이어 수행하기도 한다. 때로는 사례 평가가 먼저 이루어진 뒤 사례 배정이 이루어질 수 있으므로 사례 배정과 사례 평가는 상담 센터와 사례의 성격에 따라 변동될 수 있음을 알아야 한다. 상담의 초기에는 사례 평가와 목표 설정, 개입 전략 수립, 상담계획이 이뤄진다. 이 중 평가와 개입은 상담중기에도 계속 이어지는 부분이다. 다만, 상담중기에 전략 및 목표 수정이 필요한 경우에는 평가를 다시 해서 개입을 수정할 수 있다. 종결 평가 및 종결은 종결과정에서 이루어지며 추수상담으로 상담이 마무리된다. 이에 관한 도식은 [그림 4-1]과 같다. 상담의 전체 과정은 단계로 진행되지만 [그림4-1]처럼 중첩되기도 하고 서로 유기적으로 연결되며, 각 단계별로 상담사가 수행하는 역할은 상담 과정 중 서로 중복될 수 있다.

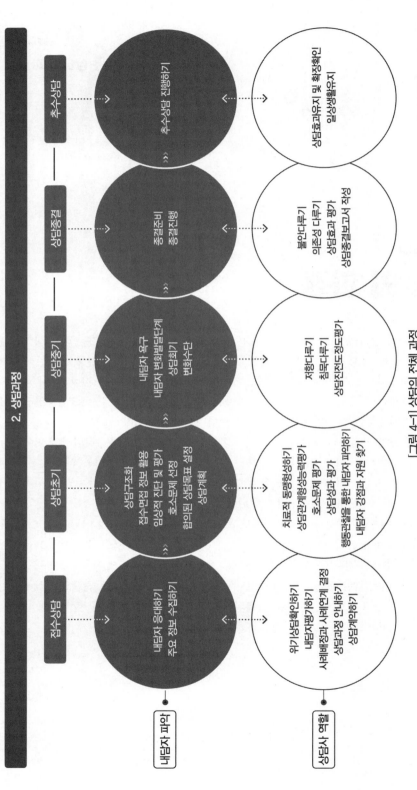

[그림 4-1] 상담의 전체 과정

제4장 ✑
접수면접

접수면접(intake interview)은 내담자의 현재 문제, 일반적인 삶의 상황, 대인관계상의 기능 등에 대한 정보를 수집하기 위해 내담자와 함께 작업하는 단 한 번의 만남이다(김춘경, 이수연, 이윤주, 정종진, 최웅용 공저, 2016). 이 첫 면담에서 내담자는 희망과 기대를 가지는 반면, 두려움을 갖고 상담보류를 결정하기도 한다. 상담사는 예리한 인식을 가지기도 하고, 아무런 인식을 갖지 않고 접수면접을 진행할 수도 있다. 접수면접을 어떻게 성공적으로 이끌 수 있느냐에 따라 상담 관계에 영향을 미친다. 따라서 접수면접은 기관에서 상담실무 경력이 최소 3~5년 이상인 전문 인력이 접수면접을 하는 것이 효과적이다. 물론 기관의 운영 환경에 따라 접수면접자(intaker)를 별도로 지정하지 않을 수 있다.

1. 접수면접 과정

접수면접의 목적은 세 가지이다. 첫째, 내담자 문제 탐색과 치료기법 선정을 위해 심리검사의 사용 여부 및 종류를 결정한다. 둘째, 내담자 호소문제의 내용과 심각성에 따라 타 기관으로의 의뢰 여부 및 대상 기관을 결정하기 위함이다. 셋째, 본 기관에서 상담을 하게 될 경우 전문 영역 및 경력 수준을 고려하여 적절한 상담사를 배정하기 위함이다.

내담자가 선호하거나 내담자의 문제와 관련하여 최선의 상담 효과를 거둘 수 있을 것으로 예측되는 상담사를 파악해 내기 위한 최소한의 정보를 얻는 것으로 만족해야 하며 길게 하지 않도록 한다. 면대면 접수면접은 상담약정서에 대한 서류 작성이 포함될 수 있어서 50분 안에 진행하는 것이 적절하다. 접수면접 시 접수면접자의 태도와 다루어야할 내용, 절차는 다음과 같다(김형숙, 2017c).

1) 내담자 응대하기

접수면접자는 내담자의 상담 결정에 영향력을 바로 미치는 사람이다. 따라서 접수면접자가 가져야 할 중요한 역량들이 있는데 그중 접수면접자의 태도가 가장 중요하다. 접수면접자가 어느 접근방식을 선택하든 내담자에게 사생활에 관련된 질문을 하는 것은 내담자를 존중하지 않거나 내담자의 감정을 반영하지 못하는 것으로 전달될 여지가 있다. 그러므로 접수면접자는 내담자를 존중하며, 내담자의 사생활에 대한 질문은 되도록이면 피하는 것이 좋다. 또한 접수면접을 지나치게 빠르게 진행하다 보면 내담자가 부담을 느낄 수도 있어서 서서히 진행할 필요가 있다(Sue & Sue, 2003). 우리나라에서 진행되는 접수면접은 정확한 정보와 전체 상담 진행 과정을 알려 주는 것이 내담자에게 신뢰감을 줄 수 있다.

(1) 안정감 제공하기

내담자가 처음 상담실을 방문하거나 전화로 상담을 문의할 때 불안해하고 긴장할 수 있다. 이때 접수면접자는 상담실이 심리적으로 안전한 곳이라는 것을 내담자가 느끼도록 하는 것이 가장 중요하다. 또한 내담자는 상담실과 상담사에 대한 불안과 의심을 가질 수 있으므로 접수면접자가 이를 이해하며 접수면접을 함으로써 내담자의 상담에 대한 기대치를 높일 수 있다.

> 상1: (상담실 안으로 안내하면서) 안녕하세요. 저는 접수면접자 김형숙입니다. 상담실에
> 오시는 것은 괜찮으셨어요? 여기 앉으세요. 오늘은 서로 처음이니 상담을 진행하기
> 에 앞서 필요한 것을 알아 가는 시간으로 진행하고자 합니다. 제가 민들레 님을 좀
> 더 이해하기 위해서 질문하면서 진행할 것입니다. 시간은 50분 정도 소요될 겁니다.
> 내1: (상담자를 바라보며) 네, 질문해 주시면 저야 편하지요.

(2) 격려하기

내담자가 상담실에 온 것은 삶의 어려움에서 고민하다가 용기를 내어 오는 경우가 많다. 뭔가를 선택하고 결정할 때는 많은 생각과 고민이 필요하다. 이런 내담자의 수고와 고민을 격려하고 인정하는 것이 내담자와의 라포 형성에 직결된다. 다음은 접수면접 시

에 내담자를 격려할 수 있는 질문이다.

> "상담을 신청하시기까지 많은 고민을 하셨을 텐데 용기 내어서 방문하셨네요. 민들레 님
> 의 선택은 **지혜롭고 용기 있는 선택**이라고 말해 주고 싶습니다."

(3) 의심과 불안 인정하기

상담실을 처음 방문하는 내담자는 여러 가지 불안함을 가지고 있다. 특히 삶의 어려운 일이 생겨서 스트레스에 놓인 상태에 있기 때문에 다음과 같은 의심 및 불안감을 느낄 수 있다.

첫째, 상담의 효과에 대한 의심이다.

> 내1: 상담을 받으면 효과가 있나요?
> 상1: 어렵게 결정하고 오셨는데 상담이 효과가 없으면 어쩌나 하고 걱정이 되시죠. 상담을
>   받으면 문제가 어떤 것이냐에 따라 다르지만 내담자 분들이 도움을 얻고 가십니다.

둘째, 사람들의 평가하는 시선에 대한 걱정이다.

> 내1: 나를 이상한 사람, 약한 사람으로 보는 것 아닌가요?
> 상1: 상담을 받는다는 것은 약한 사람으로 보는 것이 아니라 자신의 삶의 어려움을 주체적
>   으로 해결하려는 의지의 표현이라고 봅니다. 자신의 것을 드러낼 수 있는 것이 힘이라고
>   봅니다.

셋째, 상담 주제의 적절성에 대한 고민이다.

> 내1: 내가 고민한 것도 상담의 주제일 수 있을까요?
> 상1: 상담은 문제만 다루는 것이 아니라 삶을 살아가다 내가 나아갈 수 없이 막혀 있는 지
>   점, 그것을 같이 이야기하면서 조력하는 과정입니다. 민들레 님이 주관적으로 느끼는 불
>   편함, 고통감 등 어떤 것이든 가능합니다.

(4) 목적과 내용 알리기

내담자에게 자신은 접수면접자이므로 앞으로 다른 상담사가 상담을 진행할 수도 있을 것이라는 점과 접수면접의 목적을 서두에 먼저 분명히 밝힌다. 이러한 안내는 내담자에게 혼란을 주지 않게 된다.

> "안녕하세요. 저는 접수면접 상담사 김형숙입니다. 지금 만나는 것은 접수면접이라고 해요. 접수면접은 민들레 씨가 어떤 어려움을 갖고 있는지, 이곳에서 어떤 도움을 받고자 하시는지를 제가 듣고 나서 민들레 씨가 원하는 것을 도와줄 수 있는지, 아니라면 어떤 기관에서 도움을 받으면 좋을지 등을 알아보기 위한 것입니다. 시간은 50분 정도 소요됩니다. 또한 민들레 씨의 접수면접 후 제가 배정될 수 있고, 다른 상담사가 배정될 수도 있습니다. 오늘 하는 접수면접에 대해 이해되세요?"

2) 접수면접에서 수집할 주요 정보

접수면접에서 수집해야 할 정보는 다음 순서로 물으면서 작성할 수도 있지만 대부분의 기본정보는 신청서를 통해 내담자가 작성한 것을 기초로 누락된 것을 질문한다(김형숙, 2017c).

(1) 내담자 인적사항

내담자 인적사항에는 이름, 나이, 성별, 주소, 연락처, 종교, 교육 정도, 직업, 결혼 여부, 동거 여부 등이 포함되며, 아동·청소년의 경우 학교, 학년 등을 포함시킨다. 신청서를 미리 메일이나 팩스로 받은 경우 내담자 인적사항을 적는 것은 생략할 수 있다. 특히 신청서에 이름을 적지 않으려고 할 경우 별칭을 적도록 안내할 수 있다. 다만 국가에서 지원을 받아서 진행하는 상담일 경우 내담자 인적사항은 정확하게 기재해야 한다.

(2) 가족관계 탐색

가족 구성원 정보는 개인의 성장 과정에서 중요한 영향을 준 가족 구성원에 대한 정보, 내담자의 성장 배경, 가족 안에서의 역할 수행, 관계 맺는 양식, 유전적 요인이나 질병 등이 포함된다. 아동·청소년의 경우에는 부모의 연령, 직업, 성격, 원 가족과의 관계, 출생순위, 내담자와의 관계, 형제간 갈등 요소 등이 포함될 수 있다. 가족관계는 민감한 사항이므로 이를 바로 질문하기보다 호소문제를 탐색하면서 자연스럽게 가족 정보가 나오도록 하는 것이 적절하다. 따라서 호소문제를 먼저 물어보고 가족관계를 물어보는 것도 추천하는 방법이다.

(3) 주 호소문제 탐색

상담 이유, 상담 목적, 상담에 오기까지의 배경, 주 호소문제의 발생 시기, 진행 경과, 현재 상태와 심각도, 이전 상담 경험 유무 등을 파악한다. 신청서에 기재한 문제와 실제 문제가 반드시 일치하는 것은 아닐 수 있음을 아는 것도 중요하다. 호소문제에서는 진로라고 체크되었지만 이야기의 흐름은 아버지에 대한 이야기를 계속 할 수 있다. 이처럼 호소문제 탐색은 접수면접에서 끝나는 것이 아니라 이후 초기상담에서 계속 탐색되어질 수 있는 부분이다. 더 구체적인 호소문제 탐색은 상담초기 호소문제 탐색 부분에서 기술하겠다. 접수면접에서 사용되는 호소문제 탐색에 사용되는 몇 가지 질문과정을 소개하면 다음과 같다.

■ 호소문제 탐색

상담신청서에 기재된 것을 구체적으로 질문한다.

"상담신청서에 우울과 무기력 때문에 상담을 신청했다고 하셨는데, 무엇을 보고 우울과 무기력이라고 말씀하시나요?"
"상담신청서에는 불안한 감정도 기록하셨는데, 불안은 어떤 불안을 말하는 건가요?"

■ 맥락 안에서 상담받으려는 이유

호소문제가 발생한 시기, 그 무렵의 상황적 배경, 호소문제가 발전한 경로 등을 탐색한다.

"현재 우울하고 불안하다고 하셨는데, 언제부터 그랬나요?"
"가장 도움 받고 싶으신 것은 무엇인가요?"

■ 상담계기 탐색

"내담자가 힘든 것을 가지고 있었는데 왜 지금 시점에서 상담을 오게 되었는가?"라는 질문으로 내담자의 현재 스트레스가 지금 이 시점에서 일어난 원인을 이끌어 낼 수 있다.

> "우울과 불안 때문에 힘들다고 하셨는데, 혹시 이전에도 이런 감정으로 힘든 적이 있었나요?"
>
> "최근에 민들레 씨에게 가장 큰 스트레스는 무엇인가요?"
>
> "이로 인해 어떤 점이 가장 힘드셨나요?"

■ 이전 대처 방식 탐색

이전의 대처 방식, 현재의 상태와 심각도 등의 정보를 탐색한다.

> "우울하고 불안한 마음이 들 때에는 어떻게 대처하셨나요? 그렇게 하는 것은 어떤 도움이 되었나요?"

■ 이전 상담 경험 탐색

내담자가 이전에 상담 또는 정신과 상담을 한 경험이 있는지 탐색한다. 상담 경험이 있다면 언제, 누구에게, 어떤 문제로, 얼마 동안, 어떤 상담을 받았는지, 상담 경험에 대해 내담자가 어떻게 지각하고 있는지, 그로 인한 효과가 있었는지, 없었다면 왜 없다고 생각하는지 등을 탐색한다.

> "이전에 상담이나 심리 치료를 받은 적이 있나요? 그때는 어떤 도움을 얻기 위해 상담을 받았나요? 상담 기간은 어느 정도였으며, 상담을 통해 어떤 도움을 받았나요?"

(4) 발달단계와 현재 기능 상태 탐색

취학 전, 초등학교, 중·고등학교, 대학교 시절에는 어떠했는지 등 발달단계별 탐색은 내담자의 호소문제와 관련하여 중요하다. 발달단계별 적응 상태와 현재 기능 상태를 파악하는 것은 접수면접에서 필수적이다. 학생의 경우 학업상의 기능을 평상적으로 수행하고 있는지, 직장인의 경우 업무 수행의 기능과 대인관계 기능이 원활한지, 주부의 경우 가사와 자녀 양육이 잘 이루어지고 있는지를 탐색한다. 또한 직업에 관계없이 기본적인 대인관계의 기능, 즉 친구관계, 교사나 교수와의 관계, 가족과의 관계, 이웃과의 관계, 직장 동료나 상사·부하와의 관계 등에서 최근에 어떤 변화가 있었는지를 검토하는 것도 기능 상태를 탐색하는 것이다.

> 상1: 우울과 불안 때문에 힘들다고 하셨는데, 이전에는 어떠셨어요?
>
> 내1: 재수를 해서 대학에 입학했는데 부모님이 원하는 학교가 아니었어요. 워낙 낯가림이 있는 데다 재수해서 들어와 동기들보다 나이도 한 살 많고 해서 친한 애들 없이 그냥 수업만 듣고 다녔어요.
>
> 상2: 친한 친구들 없이 수업만 듣고 다녔으면 어떤 어려움이 있으셨을까요? 그럼 중·고등학교 때는 어떠셨나요?
>
> 내2: 초등학교 고학년이 되고 고등학교 때까지 엄청 안 좋았고요. 신경성 두통, 위염, 장염을 다 달고 다녔으니깐.
>
> 상:3 그럼에도 학교를 끝까지 다니셨네요. 졸업하고 직장 다닐 때는 어떠셨어요?
>
> 내3: 졸업 후 바로 대기업에 취업했는데 선임이 무서운 사람이었어요. 네, 학창 시절부터 입시 압박도 받고, 집에도 안 좋은 일이 계속 있고, 그러다보니깐 그땐 또 왕따도 당했었어요. 좀 안 좋았던 게…….
>
> 상4: 지금은 회사를 그만두셨는데 어떻게 지내고 계세요?
>
> 내4: 사람들을 안 만나고 방콕하고 있어요. 사람들을 만나기가 두려워요.

상1, 상2, 상3의 질문은 내담자의 발달사를 탐색하는 질문, 상4의 질문은 현재의 기능 상태를 탐색하는 질문이다. 질문은 순서대로 해야 하는 것은 아니며 순환적으로 할 수 있다.

(5) 지지 자원 탐색

내담자가 어려움이 있을 때 누구와 상의하는지, 도움을 받을 사람은 있는지, 내담자가 기능을 잘 유지하고 있는 영역은 무엇인지 등을 탐색하면서 내담자의 강점 및 자원을 파악한다.

> "힘들 때에는 누가 가장 도움이 되나요?"

"그럼에도 불구하고 잘 견딜 수 있었던 것은 무엇인가요?"

"무엇이 그것을 가능하게 했을까요?"

3) 접수면접 절차

지금까지 설명한 접수면접의 주요 내용을 정리하면 [그림 4-2]와 같다. [그림 4-2]와 같이 접수면접이 내담자의 주 호소문제 관련을 탐색하는 것이었다면 접수면접의 결과를 설명하고, 향후 상담 방향을 설명하고, 상담사를 선정하고, 내담자에게 알리는 절차가 차례로 진행된다. 이 과정에서 보통 심리검사 의뢰는 정보 탐색이 이루어진 다음에 이루어지기도 하지만, 이전 상담기관이나 병원에서 받은 경우에는 생략될 수도 있다.

내담자 응대하기	정보탐색	접수면접 결과 설명	내담요구 기대 설명	상담사 배정협의	상담사 신청하기	내담자 알림
안정감 제공	주 호소 문제 등	상담 방향 설정	내담자 욕구 다룸	요일과 시간 고려	경력 고려	최종 알림

[그림 4-2] 접수면접 절차

(1) 접수면접 결과에 대한 소견을 설명하기

상담사는 접수면접 결과를 내담자에게 알려 주어서 내담자가 앞으로 진행될 상담에 대해 준비하도록 하는 역할을 하게 한다.

"길동 님의 접수면접 결과에 대한 저의 소견은 길동 님이 우울과 불안 감정을 호소하며 내방하였고, 대학 입시 실패 후 지속적인 내부 비난이 있었습니다. 여자친구와 헤어지면서 우울 감정이 촉발되어서 다시 우울감이 반복되며 자살 충동과 자해가 나타난 것으로 보입니다. 길동 님의 우울은 자신을 비하하는 지점에서 반복되는 경향이 있는 것 같습니다. 현재 길동 님의 자살 및 자해의 가능성은 다소 희박하지만, 감정기복, 수면 어려움 등을 보고하고 있어 추후 상담 과정에서 약물 치료를 고려해 볼 필요가 있겠습니다."

(2) 향후 상담 방향과 내담자의 요구 설명하기

접수면접기록지의 내용 외에도 향후 진행하게 될 상담과 관련하여 다양하게 요구를 반영한다. 이 과정에서 내담자의 사전 동의가 필요하다. 사전 동의는 내담자로 하여금 자신의 권리와 상담사의 책임을 알게 하고, 내담자의 자율성과 힘을 인식하게 한다. 내담자는 상담사에게 충분한 설명을 듣는다면 상담에 참여하고자 하는 동기를 갖게 되어 결과적으로 상담 성과를 높일 수 있다. 또한 상담 과정에서 어떻게 이야기할 것인지 스스로 결정하고 준비할 수 있다(하혜숙, 조남정, 2012). 사전 동의 영역은 다음과 같다. 첫째, 상담사의 성별이다. 동성의 상담사를 요청할 경우 동성 상담사를 배정해야 한다. 둘째, 상담 시간이다. 내담자의 현실적인 상황을 고려하여 야간이나 주말에만 상담이 가능한 경우 등 내담자의 특별한 요구 사항에 대해서도 설명한다. 셋째, 상담 방법이다. 여기에는 내담자가 매체 상담을 원한다거나 놀이치료, 인지행동 치료 등 다양한 방식도 포함한다. 넷째, 상담 종류이다. 내담자가 개인상담, 부부상담, 가족상담, 자녀상담 등 다양하게 선정하도록 체크해야 하며 이를 고려하는 것이 필요하다. 이 중에서 시간에 대한 것을 내담자에게 전달하는 과정은 다음과 같다.

> "길동 님의 상담 요구 사항을 살펴보면, 상담 동기는 강하시지만 현재 이직한 회사에서 새롭게 적응하는 시기여서 정해진 시간에 상담받을 수 있을지 부담을 갖고 계신 것으로 느껴집니다. 따라서 길동 님의 상담 배정에 주말이나 평일 저녁 7시 이후에 예약 가능한 상담사로 배정해 줄 것을 거듭 부탁드렸습니다."

(3) 적합한 상담사 배정에 관해 협의하기

상담사는 참석한 다른 상담사들과 함께 내담자의 주 호소문제 영역과 문제의 특성 및 심각성을 함께 논의하여 상담사를 배정하고, 내담자의 심각도에 따른 훈련 수준 등을 고려하여 상담사의 조건을 협의한다. 먼저, 내담자에게 적합한 상담사를 선정하기 위해 주 호소문제의 주제와 심각도, 그리고 이를 해결하기 위해 필요한 상담 접근은 무엇인지를 먼저 협의하고 이러한 상담이 가능한 상담사의 자격 조건을 협의한다. 앞에서 언급한 내용은 다음과 같은 예시처럼 상담사 배정에 관한 의견을 제시한다.

> "내담자의 주 호소문제는 심각한 우울과 공황이 신체 증상과 동반하여 나타났고, 회사에서 기절하여 병원에 입원하고, 현재 약물치료가 진행 중인 위기 내담자입니다. 현재 이러한 공황과 심각한 우울이 내담자의 일상적인 생활을 제대로 기능하지 못하게 하는 심각한 상황입니다. 내담자의 문제 영역 및 심각도를 고려하면 전문적인 심리치료가 필요한 상황으

로서 향후 약물치료와 함께 상담이 병행되어야 한 점을 고려한다면 6년 이상의 상담 경력이 있는 숙련된 상담사의 배정이 필요합니다."

(4) 내담자의 요구를 고려한 상담사 선정하기

적합한 상담사 선정을 위해 상담사 성별, 경력 또는 상담 시간 등을 고려하여 내담자의 상담에 대한 요구사항을 반영하는 것이 중요하다. 앞에서 협의된 상담에 필요한 상담사 조건과 내담자의 상담에 대한 요구 사항들을 모두 고려하여 기관 내에서 적합한 상담사를 선정한다. 이때 선정된 상담사에게도 내담자 상담에 대한 동의를 확인한다. 앞에서 언급한 내용은 상담사들 간의 회의 과정에서 다음과 같은 예시처럼 상담사 선정 과정에 관한 의견을 제시한다.

> 접수면접자: 내담자가 가급적 빨리 상담을 시작하고 싶어 합니다. 현재 회사를 다니고 있는 상황이라 퇴근 후에 올 수 있도록 늦은 시간에 상담을 예약해 달라고 요청하였습니다. 상담 경력 6년 이상 된 숙련된 상담사 중에서 저녁시간에 상담 예약이 바로 가능한 상담사는 B 상담사와 C 상담사입니다. C 상담사는 현재 저녁시간에 상담이 모두 예약되어 있어서 상담을 시작하려면 2주 후에나 가능하겠습니다. A 선생님과 B 선생님의 의견은 어떠신가요?
>
> 상담사 B: 네, 저도 동의하고 길동 씨의 상담이 가능합니다.
>
> 상담사 A: 상담사 B의 의견이 적절하다고 봅니다.

(5) 내담자가 요청한 조건을 조정할 수 있는지 아니면 대기할 것인지를 확인하기

내담자가 요청한 사항이 즉시 이루어질 수 없어서 대기를 하게 되면, 어느 정도 하게 될지 예상 시간을 알려 주어 내담자가 상담에 대한 최종 여부를 결정할 수 있도록 돕는다. 내담자가 대기를 하겠다고 하면 대기자 명단에 등록하고, 내담자가 조건을 조정하겠다고 하면 상담사 배정을 최종 확정한다.

(6) 상담 확정을 알려 주고 예약하기

확정된 상담사에 대해서는 내담자와 상담사에게 알려 준다. 알려 주는 방법은 전화 통화 후 서로 확인할 수 있는 방법으로 기관 대표 전화와 메일로 동시에 알려 준다.

4) 접수면접 기록 방법

호소문제 내용을 내담자의 언어, 용어 그대로 접수면접기록지에 기술한다. 이때 호소문제의 기술은 전문적인 용어를 사용하는 것보다 내담자의 말과 용어를 기초로 기록하는 것이 바람직하다. 왜냐하면 내담자의 심정, 상황적인 사정, 도움을 요하는 사정 등이 더욱 현실과 가깝게 기술될 수 있고, 내담자의 고유한 상황이 반영될 수 있기 때문이다(김환, 이장호, 2006). 또한 호소문제 내용을 접수면접기록지에 기술할 때 몇 가지 주의점이 있다.

첫째, 심리학적 용어 대신 내담자가 직접 이야기한 것을 인용 부호로 표시한다.

"아버지와 갈등이 있으면 감정 조절이 안 되고 과호흡이 와서 잠들기 힘들어요."

둘째, 간결하게 작성하고 복잡한 추론을 피한다. 접수면접자가 느낀 것은 별도 의견으로 적는 것이 상담사가 내담자를 이해하는 것에 도움이 된다.

현재 길동 씨가 호소하는 주요 문제는 자신의 우울감과 불안한 감정이고, 이로 인해 현재 수행 기능들은 직장을 다니고 있어서 유지되고 있음. 여자친구와의 이별로 인해 문제가 시작되었으나 이전에도 심리적 불안과 우울로 인해 관계에서의 어려움은 지속적으로 겪었음. 현재 약물은 복용 중이지 않지만 심층적인 심리검사가 필요함. 아버지와의 갈등이 심하고, 어릴 때부터 아버지에게 혼이 많이 났고 아버지에 대한 두려움과 분노를 갖고 있음.

셋째, 합리적이고 적절한 방식의 문서작업으로 내담자의 사생활이 보호되어야 한다. 내담자에게 서비스를 제공하는 데 있어서 직접 서비스에 합당한 정보만을 포함한다. 비밀보장이라는 단어는 보고서 자체에 날인이 되고, 보고서가 한 페이지 이상으로 길어지면 각 페이지마다 비밀보장이라는 단어가 날인된다는 것을 기억해야 한다. 컴퓨터 모니터상에 띄어져 있거나 책상 위에 보고서 초안이 펼쳐진 채 놓여 있어도 안 된다.

2. 접수면접 종류

접수면접은 기준점이 무엇이냐에 따라 세 가지로 분류된다. 첫째, 어떤 방식인지에 따라 통신매체 접수면접과 면대면 접수면접이 있다. 통신매체 접수면접은 전화 혹은 화상을 통해 접수면접을 하는 것이며, 면대면은 내담자를 직접 만나서 접수면접을 진행하는 것이다. 둘째, 면대면 접수면접 중 상담 신청자가 누구냐에 따라 내담자 방문 접수면접과 상담사 방문 접수면접이 있다. 내담자 방문 접수면접은 내담자가 직접 상담실에 찾아와서 하는 형식이며, 상담사 방문 접수면접은 상담사가 내담자의 집이나 기관에 찾아가서 하는 형식이다. 셋째, 상담사의 접근방식에 따라서 내담자에 관한 필요 정보를 수집하는 방법과 상담 관계의 역동성이 일어날 수 있는 접수면접 방법이 있다(Hackney & Cormier, 1988/2007).

상담사가 첫 회기를 상호 관계에 둘 것인지 정보 수집에 둘 것인지는 기관과 내담자의 문화적 요소를 고려하는 것이 필요하다. 대부분 기관에서 전화 접수면접은 기관의 직원이 담당하게 되는 경우가 많다. 또한 위기상담일 경우에는 첫 회기부터 정보를 수집하면서 상담이 들어가야 할 것이다. 복합적인 정신적 어려움을 가진 내담자이거나 외국에 오랫동안 살다 온 내담자, 오랜 기간 상담을 해 온 내담자일 경우 첫 회기에 필요한 정보를 수집하여 어떤 어려움이 현재 일어나고 있는지를 파악하고 난 다음, 상담을 진행하는 것이 효과적이다.

접수면접 중 현장에서 자주 사용되는 전화 접수면접, 면대면 접수면접, 찾아가는 상담의 접수면접, 시설에 거주 중인 내담자 접수면접의 과정과 절차에 대해서 살펴보겠다.

1) 전화 접수면접

상담사가 내담자와 직접 만나서 상담을 시작하기까지의 과정은 여러 단계로 이루어진다. 그중에서 접수면접은 내담자의 문제를 전문가와 상담하게 되는 첫 시도이며, 상담을 시작하게 하는 중요한 부분이다. 접수면접 시 내담자에게 심리평가가 필요할 경우에는 상담 전에 심리평가가 이루어진다.

접수면접은 상담기관마다 다르지만, 대개는 초기 전화상담으로 이루어진다. 전화 접수면접이란 내담자 본인, 보호자 혹은 교사가 전화로 상담기관과 접촉하는 과정을 말한다. 의뢰 경위, 내담자의 연령, 성별, 연락처에 대한 정보와 내담자가 겪고 있는 현재의 어려움을 묻게 된다. 이때 전화 접수면접으로는 기관의 위치, 행정적인 절차 및 상담 비용, 상담기관에서 실시하고 있는 상담 방법 등에 대한 안내를 제공한다.

전화 접수면접은 첫 상담 못지않게 중요한 역할을 한다. 전화 접수면접에서 수집할 정보의 양에 대해서는 의견들이 다양하다. 그러나 일반적으로 내담자의 이름, 집주소나 부모의 직장 주소, 연락이 가능한 전화번호와 현재의 문제에 대해 이야기를 나누게 된다. 그러나 현재의 문제를 이야기할 때, 어떻게 해서 문제가 생기게 되었는가에 대한 생육사는 묻지 않는 것이 적절하다. 이 시간은 상담을 하는 시간이 아니라 첫 면담을 약속하기 위한 최소한의 정보를 수집하고 시간 약속을 하는 것이 목적이므로 대략 15~30분 정도가 적절하며, 30분을 넘는 것은 바람직하지 않다.

전화 접수면접을 할 동안 상담 비용, 상담 시간, 상담 방법, 상담 약속에 대한 것을 알려 준다. 전화 접수면접 시 상담사의 태도는 중요하다. 부모 정서의 중요함도 다루어 준다면 부모와 상담 동맹을 맺을 수 있으며, 아동·청소년 내담자의 상담실 방문이 수월해질 수 있다. 상담사란 고통을 나누거나 동정하는 사람이 아니라 상황의 어려움을 이해하고 어떻게 대처해야 할지를 아는 전문가로서의 권위를 가진 사람이라는 인식을 할 수 있도록 해야 한다. 그래야만 부모는 상담사가 해결책을 찾도록 도와 줄 것이라는 신념을 갖게 된다. 만약 내담자가 장거리에 있는 경우 상담 면접지를 미리 작성해서 가져올 수 있도록 한다. 상담사가 그것을 보고 중요한 것을 질문함으로써 초기 접수면접을 하는 것도 권장할 만한 방법이다.

초기 전화 접수면접 시 부모를 지나치게 공감해 주거나 내담자가 호전될 것이라는 느낌을 주게 되면 부모가 상담에 대한 동기가 저하되어 상담하려던 마음이 없어질 수 있으므로 주의해야 한다. 초심상담사는 구체적인 기술이나 전략을 가르쳐 주면 상담 받으려는 동기가 증가될 것이라고 생각하지만, 오히려 상담에 대한 동기를 떨어뜨려 역효과를 낸다.

그렇지만 긴급을 요하는 문제가 발생했을 때에는 위기개입을 해야 한다. 즉, 내담자가 갑자기 위험한 상황에 처해 있거나 지금 당장 부모의 대처 방법에 따라 내담자에게 미치는 영향이 크게 좌우될 때에는 위기개입을 해야 한다. 그러나 일반적으로 긴급을 요하는 부모일수록 정보 제공만 받고 문제를 근본적으로 해결하려 하지 않기 때문에 방문 약속을 지키지 않을 수 있고 그로 인해 문제를 덮어 버리는 경우도 많다. 그러므로 상담을 빨리 시작할수록 혹은 많은 것을 가르쳐 줄수록 상담이 잘될 것이라고 생각하는 것은 금물이다. 상담사는 위기개입이 필요하다고 생각되는 경우에만 위기개입을 하여야 한다.

전화로 상담 약속을 할 경우에 부모가 상담받을 자녀에게 어떻게 이야기해야 할지를 걱정하기도 한다. 이때 접수면접자는 부모가 자녀에게 설명하는 방법을 다음과 같이 도울 수 있다.

> "엄마가 부모가 되는 방법을 모르고 엄마가 되었네. 너도 알다시피, 엄마 아빠도 부족한 것이 많아. 그래서 가족이 같이 상담받는 방법에 대해 어떻게 생각하니? 너도 엄마한테 말하지 못한 답답함도 있을 테고, 엄마 아빠도 무엇을 고쳐야할지 상담받으면서 같이 노력해 보려고 하는데, 네 생각은 어떠니?"

전화 접수면접 시 상담사가 내담자의 어려움이 무엇이라고 단정하는 것은 바람직하지 않다. 내담자의 문제에 이름을 붙이게 되면 부모는 내담자의 어려움의 원인이 부모라거나 부모가 무능하다고 평가받을 것 같은 두려움 때문에 상담을 포기할 수도 있으므로 유의해야 한다.

2) 면대면 접수면접

전화로 1차 접수면접이 이루어진 후 대면 접수면접이 이루어진다. 면대면 접수면접은 내담자가 상담실에 직접 방문해서 상담이 이루어지는 것이다. 면대면 접수면접에서 가장 중요한 것은 시간을 정확히 지키는 것이다. 이는 내담자를 존중하는 것이며, 내담자에게 상담기관과 상담사를 보여 주는 중요한 태도이다. 이때 상담약정서는 접수면접 시작 시 작성하는 것이 가장 안전하다.

면대면 접수면접은 직접 상담으로 시작되는 시간일 수 있다. 따라서 면대면 접수면접은 상담 초기에서 상담 구조화와 바로 연결이 된다. 면대면 접수면접은 앞에서 기술한 접수면접 과정을 말한다.

3) 찾아가는 상담의 접수면접

찾아가는 상담은 상담사가 내담자가 거주하고 있는 가정 및 직장 등에 찾아가서 상담을 진행하는 것을 말하며, '동행상담'이라고도 불린다. 청소년상담복지센터에서 시행되고 있는 '청소년 동반자(Youth Counseling: YC)'도 일종의 찾아가는 상담이다. 찾아가는 상담의 접수면접은 상담실이 아닌 내담자가 있는 곳이 상담 환경이 된다. 찾아가는 상담의 접수면접에서는 상담 장소에 대한 구조화를 명확하게 하는 것이 필요하다. 찾아가는 상담의 접수면접 절차는 다음과 같다(김형숙, 2017a).

(1) 찾아가는 상담의 접수면접 대상자

찾아가는 상담의 접수면접 대상자는 돌봄이 필요한 사회적 약자 혹은 위기 가정이다. 내담자가 상담실에 올 여건이나 심리적으로 힘든 상황일 때 상담사가 내담자가 거주하고 있는 곳에 내방해서 심리상담을 진행한다. 의뢰 기관은 주로 국가 기관에서 위탁받은 기관이며, 대상자와 해당 서비스는 〈표 4-1〉과 같다.

〈표 4-1〉 국가 기관 서비스 대상자 및 서비스

의뢰기관	대상자	서비스
청소년상담복지센터	청소년동반자 내담자	청소년동반자 상담
경찰서	가정폭력 피해자	동행상담
건강가정지원센터	유아를 둔 한부모	가족역량강화지원사업
국립중앙의료원	가습기살균제 피해자	가습기살균제 피해자 심리지원
범죄피해자지원센터	범죄피해자	심리상담

(2) 찾아가는 상담 서비스 절차

상담사는 연계 의뢰서에 나온 내담자에게 전화해서 상담 일정을 잡고 내담자의 거주지에 찾아가서 상담을 진행한다. 이때 전화로 상담하면서 상담 시간과 상담 장소를 알려 주는 것은 내담자가 상담을 위한 마음의 준비를 할 수 있도록 돕는 것이다. 이후 상담은 내담자의 거주지에서 진행될 수 있다. 최근에는 내담자의 가정 근처에 있는 스터디 카페 같은 곳에서 장소를 미리 예약하고 상담을 진행하고 있다. 원래는 내담자의 거주지로 찾아가서 하는 것이 원칙이다. 그 이유는 찾아가는 상담은 대다수가 위기상담이며, 내담자 개인의 위기이지만 더불어 그 가정과 주변 환경이 위험요인으로 작용하여 문제를 심화시키는 경우가 많기 때문이다. 찾아가는 접수면접은 내담자 본인과 가족관계, 경제적 수준, 가족 간의 역동과 의사소통 수준, 내담자의 수준에 대하여 쉽게 파악할 수 있다. 찾아가는 상담 서비스는 먼저 관련 공공기관에서 대상자를 발굴해서 연계된 상담기관에 의뢰한다. 찾아가는 상담 서비스 의뢰 과정은 다음과 같다.

■ 청소년동반자

청소년동반자(YC)는 지역사회청소년 통합지원체계에서 접수된 위기청소년 사례 중 청소년동반자 프로그램에 의뢰된 사례, 지역의 연계 기관들을 통해 의뢰된 사례와 청소년동반자 상담사가 발굴한 사례를 통해 의뢰된다.

■ 가정폭력 피해자

경찰서 여성·청소년계 부서에서는 가정폭력 신고가 들어온 가정에게 상담의 필요성을 알리고 상담 동의를 구한다. 가정폭력 피해자가 상담을 동의하면 바로 상담센터에 연계의뢰서를 보낸다.

■ 유아를 둔 한부모

건강가정지원센터에서 한부모 가정 중 유아를 둔 대상으로 사례를 발굴해서 사례 회의 후 상담사에게 사례가 배정된다.

■ 가습기살균제 피해자

가습기살균제 피해지원센터는 가습기살균제 피해자 전국 상담센터에 소속된 상담사에게 상담을 의뢰한다.

■ 범죄피해자

경찰서에 사건이 의뢰된 범죄피해자를 범죄피해자지원센터에서 사례를 배정받아 상담소에 의뢰한다.

(3) 찾아가는 상담 서비스 시 준비사항

찾아가는 상담 서비스 내담자는 청소년동반자를 제외하고 위기 내담자이지만 상담에 대한 동의를 한 자발적 내담자이다. '자발적' 상담에 대한 동기를 적극 활용해서 진행하는 것이 필요하다.

첫째, 청소년동반자 상담 서비스 시 준비 과정은 다음과 같다.
① 청소년과 부모의 상담 참가 동의서 얻기
② 의뢰 기록 숙지, 대상 청소년 파악하기
③ 대상 청소년에게 직접 전화해서 가정 방문 시간 정하기
④ 청소년동반자 신분증과 명함을 준비해서 청소년과 부모에게 제시하기
⑤ 편안한 분위기를 조성하고 접수면접 실시하기

둘째, 가정폭력 피해자 상담 서비스 시 준비 과정은 다음과 같다.
① 청소년과 부모의 상담 참가 동의서 얻기
② 의뢰 기록 숙지, 가정폭력 상황 파악하기
③ 가정폭력 피해자에게 직접 전화해서 가정 방문 시간 정하기
④ 경찰 동행 시 신분증 제시 생략하기
⑤ 편안한 분위기를 조성하고 접수면접 실시하기

셋째, 유아를 둔 한부모 상담 서비스 시 준비 과정은 다음과 같다.
① 유아를 둔 부모의 상담 참가 동의서 얻기
② 의뢰 기록 숙지, 육아 상황 파악하기
③ 내담자에게 직접 전화해서 가정 방문 시간 정하기
④ 사회복지사 동행 시 신분증 제시 생략하기
⑤ 만약 동행자가 없을 시 내담자에게 신분증 보여 주기
⑥ 편안한 분위기를 조성하고 접수면접 실시하기

넷째, 가습기살균제 피해자 상담 서비스 시 준비 과정은 다음과 같다.
① 가습기살균제 피해자의 상담 참가 동의서 얻기

② 의뢰 기록 숙지, 피해 상황 파악하기

③ 내담자에게 직접 전화해서 가정 방문 시간 정하기

④ 신분증 제시로 상담사임을 안전하게 알리기

⑤ 편안한 분위기를 조성하고 접수면접 실시하기

다섯째, 범죄피해자 상담 서비스 시 준비 과정은 다음과 같다.

① 범죄피해자의 상담 참가 동의서 얻기

② 의뢰 기록 숙지, 피해 상황 파악하기

③ 내담자에게 직접 전화해서 가정 방문 시간 정하기

④ 신분증 제시로 상담사임을 안전하게 알리기

⑤ 편안한 분위기를 조성하고 접수면접 실시하기

(4) 접수면접 구조화

찾아가는 접수면접에서는 구조화가 가장 중요하다. 구조화는 상담약정서를 작성할 때 이미 언급하였다. 구조화가 상담사가 상담 관계를 통하여 상담의 역할, 제한점, 목표를 정의하는 방식(Brammer, Abrego, & Shostrom, 1993)이라는 관점에서 볼 때, 전통적으로 내담자가 상담실을 방문해서 진행하는 것과 달리, 상담사가 내담자의 거주지에 방문하므로 상담의 역할, 제한점, 목표를 구조화하는 것은 매우 중요하다. 구조화에서 상담시간 제한성, 상담 회기 수, 비밀보장, 가능성과 기대감, 감독, 관찰, 녹음 절차에 관한 내용이 포함되는 상담약정서를 작성하는 것이 필요하다.

■ 상담 장소

상담실은 내담자가 거주하고 있는 별도의 장소에서 상담해야 한다. 내담자가 생활하고 있는 방이나 거실은 내담자가 잠을 자고 식사를 하는 장소이지만, 상담을 위한 별도의 공간이 필요하다는 것이다. 거주지가 상담실이라는 분리된 장소가 되도록 조성하는 것이 필요하다. 먼저, 상담사의 소개를 한 후 거주지에서도 어떤 하나의 공간을 정한다. 만약 공간이 원룸 같은 경우에도 테이핑으로 공간을 구분하여 상담실이라는 것을 시각적으로 알리는 것이 도움이 된다. 공간이 나오지 않으면 시각적인 분리를 위해서라도 매트라도 준비해서 그 자리를 상담 장소로 정하면 좋다. 시각적인 상담 장소에 대한 구조화, 상담하는 적절한 시간에 대한 구조화를 해야 하며, 이성의 내담자를 상담할 경우 다른 상담사를 동행하는 것이 좋다.

■ 상담 복장

상담 복장은 상담 관계에 영향을 미친다. 상담사가 방문했는데 내담자가 편한 잠옷이나 짧은 팬츠를 입고 있을 경우에는 상담사가 1시간 동안 상담에 집중하기가 어려울 수 있다. 내담자에게 "상담이 1시간 동안 진행되는 동안 외출복을 입거나 겉옷을 걸치면 제가 상담을 진행하는 데 집중할 수 있을 것 같습니다."라는 안내가 필요하다.

상담사의 복장도 중요하다. 내담자에게 성적 충동을 일으킬 수 있는 부분이기에 치마 대신 바지를 입을 것을 권면하며, 여름에는 속옷이 비치는 옷은 입지 않을 것을 권한다. 머리가 긴 경우 머리를 묶어서 내담자가 상담에 집중할 수 있도록 하는 것이 상담 관계에 안정적인 환경이다.

■ 상담 진행방법

상담 진행방법에 대한 구조를 구체화한다. 이때 상담의 주기(예: 주 1회), 장소, 시간을 알린다. 상담사는 상담에 대해 잘 모르는 내담자에게 본인의 모든 이야기를 할 필요는 없으며, 도움이 필요한 부분에 대해서만 이야기해도 된다는 사실을 일러 주어야 한다. 또한 내담자가 지나친 자기 개방으로 인한 수치심을 느끼지 않도록 수위를 조절하도록 한다. 위기 상태에 놓여 있는 내담자는 상담사를 양육자처럼 생각해서 의존할 수 있다. 이럴 경우 종결이 너무 어려워지므로 상담사의 역할에 대해 언급해 주고, 심리적인 것과 관련되는 것에 도움을 주는 것임을 알려 줘야 한다.

4) 시설에 거주하고 있는 내담자 접수면접

시설에 거주하고 있는 내담자의 접수면접은 앞에서 언급한 접수면접과 다르다. 앞에서 언급한 상담은 내담자의 자발성이 있는 상담이다. 그러나 시설 거주 내담자는 거의 비자발적 내담자이다. 시설에 거주하고 있는 내담자는 자신의 의지와 상관없이 내담자로 의뢰된다. 그래서 시설 거주자로 있는 경우 국가에서 의무적으로 상담지원이 이루어지고 있어서 거주 기간 중에서 심리상담을 받는다. 이들은 공간 특성상 생활과 상담이 구분되지 않는 어려움이 따른다. 따라서 때로는 외부 기관에 상담을 의뢰해서 상담이 이루어지기도 하고, 시설 내 상담사에 의해 상담이 이루어지기도 한다. 여기서는 시설에 거주하는 내담자의 유형을 먼저 살피기로 하겠다.

(1) 시설에 거주하고 있는 내담자 유형

시설에 거주하고 있는 내담자는 주로 거의 생활보호시설이나 일시보호시설에서 생활한다. 이 기관들은 국비로 운영되며, 보건복지부와 여성가족부가 주관 부처이다. 의뢰기관과 내담자 유형은 〈표 4-2〉와 같다.

〈표 4-2〉 시설 거주 내담자 유형

기관 명칭	대상자	지원형태
청소년 쉼터	가출청소년	거주형 시설
가정폭력 쉼터	가정폭력 피해자	거주형 시설
노인 쉼터	가출 노인	거주형 시설
아동보호전문기관 쉼터	학대 아동	일시거주형 시설
보육원	양육자 없는 0세~만 19세	거주형 시설
그룹홈	방임 학대 유기 등을 통해 보호가 필요한 0세~만 18세	거주형 시설
소년원	범죄 소년	보호 재활 구금 시설
교도소	범죄 성인	보호 재활 구금 시설
성폭력쉼터	성폭력 피해자, 성착취 피해자, 가족 성폭력 피해자	거주형 시설

(2) 시설 거주 내담자 접수면접

시설 거주 내담자 접수면접은 내담자에 관한 기본 정보가 기관에 있기 때문에 기관 관계자를 통해서 내담자에 관한 정보를 미리 듣게 된다. 기관에서는 내담자에 관한 기본적인 정보만 제공한다. 예를 들어, 내담자의 일반적인 심리와 적응 상태, 관계 맺는 방식을 알려 준다. 시설 거주 내담자 접수면접은 내담자와 접수면접을 진행하면서 라포 형성을 하는 것에 주안점을 두는 것이 적절하다.

제5장 ✐
접수면접 과정에서 상담사 역할

1. 위기상담 확인하기

접수면접자의 첫 번째 역할은 위기개입의 필요 여부를 확인하는 것이다. 위기개입이 필요하면 즉각적인 대처를 해야 한다. 자살, 학교폭력, 가정폭력, 학대가 위기개입이 필요한 대표적인 위기상담이다. 상담사는 상담약정서에 비밀보장 등에 대해서 사인했다 할지라도 위기의 정도에 따라 유관기관에 알리는 등 안전 확보를 조치해야 한다.

1) 위기상담 확인방법

접수면접자는 접수면접에서 내담자가 위기 상황에 있는 것은 아닌지 우선적으로 파악해야 한다. 위기상담이 필요한지의 여부는 면대면 접수면접과 심리검사를 통해 확인할 수 있다. 예를 들면, 접수면접에서 상담약정서에 포함된 생명존중서약을 하면서 자살 관련 위기 정도를 바로 파악할 수 있다. 만약 전화로 접수를 할 경우, 내담자로 하여금 초기상담면접지를 작성하도록 하여 메일 등으로 확인하면서 위기 상황을 파악해야 한다(김형숙, 2017a). 위기 정도에 대한 평가는 상담사 배정이나 기관 의뢰 등을 결정할 때 매우 중요한 기준이 된다.

(1) 접수면접지 체크 항목

접수면접에서 활용할 수 있는 초기상담면접지에는 다음의 내용이 포함되는 것이 좋다. 이를 통해 자살 사고나 시도를 했던 발달력 등을 확인할 수 있다. 다음의 영역에 내담자가 어떻게 체크하였는지를 분명히 확인할 필요가 있다.

- 주요 우울증, 조울증, 조현병 등 정신병리가 있는가?
- 사고, 재해, 범죄피해, 교통사고 등 외상 사건이 있었는가?

- 이혼, 상사와의 갈등, 가족 질병, 부채 등 스트레스 상황이 있었는가?
- 자살 생각, 자살 충동 및 시도, 자해 등 자살 관련 상황이 있었는가?

접수면접은 본격적인 상담이 이루어지기 전에 실시하는 사전평가 과정이지만 그 자체로도 치료적 효과를 가질 수 있다. 그러나 관리자나 기관의 요청에 따라 오직 평가자로서만 기능해야 할 때에는 내담자와의 라포 형성에 제약을 받을 수 있다.

(2) 자살위기 평가

자살 위험도는 다음과 같은 것을 확인하는 것으로 평가한다.

첫째, 언어적 경고는 가장 중요한 예언 신호이므로 심각하게 고려한다.

둘째, 과거에 자살 시도가 있었는지 확인한다.

셋째, 자살과 관련이 있는 우울증, 무기력, 불안, 알코올 및 약물 남용 등에 대해 확인한다.

넷째, 자살 계획 여부를 확인한다.

다섯째, 가능한 자원과 지지망이 있는지 확인한다.

여섯째, 소중한 물건을 나누어 주거나 주변을 정리하는 등의 행동이 있는지 확인한다.

(3) 약물남용 평가

약물은 자살을 계획하고 있는 사람에게 쉽게 자살에 접근하도록 하는 위험한 요소이다. 접수면접자는 내담자의 약물에 대한 구체적인 탐색을 통해 내담자가 약물남용 상태인지, 자살로 이어질 수 있는지를 확인할 필요가 있다. 왜냐하면 많은 심리적 문제와 증상이 약물남용이나 중단 때문에 나타나기도 한다. 내담자가 호소하는 공황장애, 불안, 공포, 수면장애, 망상증, 체중 감소 등은 종종 암페타민이나 코카인 사용과 관련된다. 또한 무관심, 무기력, 혼동, 산만한 설명, 손상된 기억, 공포, 망상증, 이인증, 통찰의 부족 등은 마리화나와 관련되어 있다. 분열적인 반응, 망상적 사고, 격앙된 정서반응, 정상적인 사건에 대한 산만한 설명, 나쁜 경험에 대한 갑작스러운 회상 등은 사일로신이나 LSD와 관련 있을 수 있다. 우울, 잦은 울음, 중요한 대인관계 상실, 공격적 행동, 만성적 싸움, 낮은 자존감, 공황, 수면장애 등은 종종 알코올이나 벤조디아제핀, 바르비탈류 남용과 관련 있다. 약물남용 평가도 검사지와 접수면담으로 가능하다.

■ **약물사용 평가검사**

약물사용 평가검사로는 미시간 알코올 중독검사(Michigan Alcoholism Screen Test: MAST), 세계보건협회의 구조화된 검사(AUDIT), 알코올 의존성 검사(Alcohol Dependence Scale: ADS), MMPI의 보충척도인 맥앤드류 알코올 척도(Minnesota multiphasic personality Inventory-MacAndrew alcoholism scale)가 있다. 상담사는 내담자가 이런 문제에 얼마나 노출되어 있는지를 평가함과 동시에 그 문제해결을 위한 내담자의 준비도도 평가해야 한다(Heaton, 1998/2006).

■ **면담을 통한 약물남용과 중독 확인**

내1: 요즘은 약물을 하지 않으면 밤에 잠을 잘 수가 없어요.

상1: 약물을 하지 않으면 잠들기가 힘이 드시는데도 이렇게 상담실에 오신 것을 보니 이기고자 하는 마음의 의지가 느껴집니다. 약물은 어떤 것을 어떻게 이용했을까요? (내담자가 방어적이 되지 않도록 조심스럽고 자연스럽게 질문함)

내2: 보통은 약물을 하는 친구들 만나면 술에 타서 먹고 잠이 들어요. 낮에도 혼자 있을 때도 할 때도 있었고요.

상2: 그럼 길동 씨 생각에 일주일에 몇 번, 어느 정도 먹었나요? (정확하고, 구체적인 탐색 질문을 함)

내3: 대중없어요. 혼자 있을 때도 하기는 하는데, 주로 친구들이 모이면 먹는 것 같네요.

상3: 잠들기가 어렵다고 하셨는데 약물 외에 다른 것도 복용하는 것이 있나요? (약물남용, 중독에 대해 전반적인 사항을 확인함)

내4: 네. 아는 사람에게 얻어 놓은 수면제를 가끔 먹기도 해요.

(4) 심리검사로 확인

내담자가 심리검사 및 해석을 요청하여 상담이 단회로 진행될 경우, 위기관련 평가를 더욱 섬세히 해야 할 필요가 있다. 심리검사를 활용하여 위기 정도를 평가하는 방법은 다음과 같다.

■ 자기보고 질문지 활용

첫째, MMPI를 활용할 수 있다. MMPI에서는 우울 관련 내용 소척도 자살척도(DEP5)의 상승을 먼저 확인해야 한다. 내용 소척도 자살척도가 상승되어 있을 경우, 결정적 문항을 보면서 내담자의 우울 정도를 파악하고 탐색해야 한다.

둘째, 성격검사(PAI)를 통해 확인하는 방법이다. PAI에서는 치료예후척도 중의 하나이자 자살관련척도인 SUI의 상승을 확인한다. SUI은 내담자의 자살관련 사고나 행동에 관한 정보를 제공해 준다.

셋째, 주제통각검사(TAT)를 통해서도 확인할 수 있다. TAT에서도 이야기 구성이나 주제에서 자살과 죽음에 관한 이야기가 나오면 자살 사고나 시도 등에 대해 구체적으로 더 탐색해 보아야 한다.

넷째, 문장완성검사(SCT)를 통해 확인한다. SCT 문항에서도 자살이나 폭력 문제 등에 단서를 자주 찾을 수 있다. 이런 경우, 해석 전에 구체적인 질문을 통해 내담자가 처한 상황을 분명히 확인할 필요가 있다.

■ 위기선별 검사 활용

이러한 개인 심리검사 이외에도 학교나 군대 같은 집단에서는 위기내담자를 선별하기 위해 단체로 심리검사를 시행하는 경우가 있다.

첫째, 학교에서 실시되는 검사들을 살펴보자. 매년 4월 초·중·고등학교에서는 1학년들을 대상으로 정서행동특성검사를 실시한다. 물론 초등학교에서는 초등학교 4학년도 실시대상이다. 초등학생인 경우 학부모 설문조사(CPSQ-II), 중·고등학교 학생들은 내담자 설문조사(AMPQ-III)나 교사 설문조사(AMPQ-III-T)를 활용하여 관심군을 찾아내고, 위험군에 해당되는 내담자들을 2차 전문기관인 Wee센터나 정신건강증진센터, 청소년상담복지센터와 지역소재 상담센터 등에서 심층평가를 받을 수 있도록 안내하고, 이런 기관에 재평가를 직접 의뢰하기도 한다.

둘째, 군대 및 기관에서 사용하는 검사를 살펴보면, 신인성 검사와 적응도 검사를 통해 위험군을 확인한다. 이러한 검사는 자살(SIQ), 우울(BDI), 불안(BAI), 역기능적 충동성 척도(Disfunctional Impulsivity Scale: DIS) 등의 기본 검사를 포함하고 있다.

2) 위기상담 공통대처법

접수면접에서 위기상담에 관한 정보를 얻기 위한 탐색과정은 다음과 같다(김형숙, 2014b).

(1) 위기평가 상담의 기본탐색 과정

- 1단계: 주 호소 증상이 무엇인가?
- 2단계: 시작점(ONSET)이 언제인가?
- 3단계: 빈도가 얼마나 되는가?
- 4단계: 증상의 정도가 심한가?
- 5단계: 일상생활 영향 및 타인 관찰 가능성이 있는가?

(2) 자살예방을 위한 징후탐지 단서

접수면접에서 자살이라는 징후가 나타나는 단서는 다음과 같다.

- 내담자가 죽고 싶다는 생각을 하고 있다거나 자살계획을 갖고 있다고 말할 때
- 자살 시도와 관련된 과거력이나 가족력이 있을 때
- 정신질환이 있을 때
- 상대에 대한 적대적 감정이 폭발했거나 폭발할 위험이 있을 때
- 가정폭력이나 학교폭력, 성폭력 피해에 노출되었을 때
- 가출로 인해 갈 곳이 없거나 위험한 환경에 처해 있을 때
- 부채 혹은 알코올 남용 등의 문제를 갖고 있을 때

(3) 자살시도자의 가족력

접수면접에서 내담자에게 자살 가족력이 있다는 사실을 알게 되면, 다음의 사항을 확인하여 위기대처를 한다.

첫째, 공통위험요인을 파악해야 한다. 자해 2회 이상, 자살 시도 1회 이상, 최소 2회 이상의 반복적 자살 의도를 표현했거나 정신과적 진단을 받은 내담자는 위기 상황에 있는

것이 아닌지 항상 항시 주의해야 한다.

둘째, 추가 위험요인을 확인해야 한다. 가족과 지인 중에 자살관련 행동에 1회 이상 노출된 사람이 있거나 정신질환을 갖고 있는 사람이 1명 이상이 있다면 상담사는 내담자의 자살관련 위험성을 주의 깊게 확인해야 한다.

3) 위기상담 내담자별 대처방법

상담사는 상담 과정에서 정신증이나 중독 문제를 갖고 있는 내담자들을 자주 접하게 된다. 이런 내담자들을 만났을 때, 내담자별 대처방법이 다르므로 내담자의 정신증이나 중독 문제를 확인하는 것이 중요하다. 이러한 문제들을 확인하는 방법은 다음과 같다.

■ 첫째, 정신증을 확인하는 방법

정신증은 어떻게 확인할 수 있을까? 상담 과정에서 내담자가 망상이나 환각·환시·환청 등의 증상을 호소하였다면 정신증이라고 볼 수 있다. 또한 정확한 평가를 위해 종합심리검사가 가능한 전문가에게 의뢰하는 방법도 있다. 일반 기관에서 이루어지는 상담만으로는 치료가 어려울 뿐만 아니라 약물치료나 입원치료가 병행되어야 하므로 지역 전문병원에 의뢰하는 것도 좋은 방법이다(Heaton, 1998/2006).

■ 둘째, 중독을 확인하는 방법

중독이란 통제력을 잃고 특정 행동을 반복함으로써 자신과 타인에게 피해를 끼치는 행동이다. 내담자의 중독 여부는 전문적인 심리평가를 통해 정확하게 진단될 수 있지만, 알코올, 약물 등의 특정 물질이나 게임, 성, 도박 등의 특정 행동에 몰두되어 음식을 먹지 않거나 잠도 자지 않고, 학교나 회사를 빠지는 등의 일상생활 변화가 나타나고 있다면 일반적으로 중독의 가능성을 의심해 볼 수 있다. 중독이 의심되는 경우, 상담사는 중독관리통합지원센터, 중앙정신보건사업지원단의 정신보건기관, 스마트쉼센터 등의 전문기관으로 의뢰하거나 그곳과 병행하여 상담을 진행하는 것이 안전하다.

지금까지는 상담사가 내담자가 처한 위기 상황을 어떻게 확인할 수 있는지에 대해 주로 설명하였다. 상담실에서 자주 접하는 위기 상황에 대한 위기 확인과 대처방법을 살펴보면 다음과 같다.

(1) 자살 위기 내담자 탐색과 개입방법

접수면접 시 자살 위기에 놓인 내담자임을 확인했을 때 상담사는 내담자가 고위기·중위기·저위기 중 어느 단계에 속하는지 상황을 상세히 파악한다. 현재 자살 생각과 감정이 있다는 것을 확인한 뒤, 다음 질문을 하고 그 반응을 기록한다.

■ 자살 관련 내용 탐색하기

내담자가 정신병원 입원 경력이 있거나 우울 정도가 매우 심하고 자살에 관심을 보일 경우, 상담사는 서슴없이 위기상담 측면에서 접근해야 한다.

첫째, 내담자의 안전을 확인하라.
다음의 다섯 가지 질문을 던지면서 내담자의 안전을 확인한다.

> "무슨 일이 있었나요?"
> "왜 지금 자살을 하려고 하는가요?
> "어떤 방법으로?" "언제 ?" "어디서?"
> "마지막 자살시도는 언제 하셨나요?"
> "언제 자살 생각이 가장 많이 날까요?"

내담자가 자살을 시도할 시간과 장소를 정해 놓았다면 그것은 위험성이 더 높다는 것을 의미한다. 과거에 언제 그리고 어떤 방법으로 자살을 시도했었는지, 현재와 유사한 위기를 겪은 적이 있었는지를 확인하면서 생명 존중에 관한 서약서를 작성하여 놓는 것이 좋다.

둘째, 내담자에게 영향을 주는 스트레스 원인이 무엇인지 확인하라.

> "무엇이 그렇게 자살생각을 떠오르게 하나요?"
> "민들레 님을 가장 스트레스받게 하는 것은 무엇인가요?"

셋째, 자살 생각 정도를 명확하게 확인하라.

"저하고 만나는 지금 이 순간 이 시점에서도 자살을 시도하려는 생각을 하고 계신가요?"

자살 위기의 정도를 상담사의 짐작이나 추측으로 평가해서는 절대 안 된다. 내담자에게 구체적으로 질문을 하면서 자살관련 상담에 대해 구조화한다. 자살은 내담자와 상담사 모두에게 위험한 위기상담이라는 것을 기억하는 것이 중요하다.

넷째, 현재 자살 시도 여부를 다시 확인하라.

"3년 전 마지막으로 자살을 시도한 이후 지금까지 한 번도 시도한 적이 없으시다는 거죠?"

다섯째, 상황을 탐색하라.
내담자가 너무 고통스럽고 힘들 때 자살 생각을 한다고 밝히면, 다음 질문으로 상황 탐색을 한다.

"어떤 상황에서 자살에 대한 생각이 떠오릅니까?"

여섯째, 지지체계를 확인하라.

"가장 힘들 때 누가 생각나고 누구에게 전화를 거나요?"

만약 없다고 하면 그러한 내담자의 고통을 공감한 후, 다시 자살에 대한 현장을 수면 위로 떠올려서 자살에 대한 상담 장면에서 명확한 재구조화를 하여야 한다.

일곱째, 상담사와 연결됨을 재구조화하라.

자살 위기상담일 경우 상담사 자기 노출은 허용된다. 다음으로 '생명존중서약서'를 확인하면서 내담자의 안전에 대한 확인 절차를 다시 밟아야 한다. 내담자의 눈을 마주 쳐다보면서 다음과 같이 안내한다.

> "저하고 상담하는 10회기 동안에는 자살에 대한 생각을 하여서도 안 되고, 자살을 시도
> 하여서도 안 됩니다. 그리고 어렵고 힘든 일이 있으면, 자살예방센터에 연락하거나 저에게
> 연락을 해 주십시오."

그리고 내담자와 연계망을 구축하고 연락처를 공개한다.

여덟째, 생명의 연대책임을 갖게 하라.

> "지금부터 어떠한 어려움이 있더라도 자살을 하여서는 안 됩니다. 민들레 님의 생명은 민
> 들레 님의 것이기도 하지만, 상담사인 저의 것이기도 합니다. 왜냐하면, 상담사인 제가 민들
> 레 님를 알았기 때문입니다. 민들레 님이 힘들다고 생명을 함부로 해서는 안 됩니다."

그리고 내담자에게 다시 한번 확인시킨다.

> "만약에 상담 중에 생명을 끊는 상황이 벌어지면, 저는 상담을 할 수가 없습니다. 제가 하
> 루에 내담자를 5명씩 만나는데, 한 달에 20명, 1년이면 2,000명이 넘는 사람들이 저의 도움
> 을 받을 수가 없게 됩니다. 또한 저도 민들레 님의 자살에 대한 죄책감 때문에 상담을 더 이
> 상 진행할 수가 없습니다."

이렇게 함으로써 상담사와 내담자 사이, 더 나아가 앞으로 해당 상담사의 도움을 받게
될 예비 내담자들과 생명에 대해 '공유'하고 '상호 연대에 대한 책임의식'을 느낄 수 있도록
해야 한다. 이와 같은 점을 명확히 하면서 내담자로 하여금 자신의 생명의 소중함을 알
고 자살의 위험성에 대하여 다시 한번 각성해 보도록 하는 것이 중요하다.

아홉째, 내담자 말의 진실 여부와 상관없이 공감하라.
상담사는 내담자의 어떠한 말에도 공감을 표시하여야 한다. 만약, 내담자가 하는 말
중에서 이해되지 않는 부분이 있다거나 모순되는 부분이 있다고 하여도 질문을 통해 확

인하되, 취조를 받거나 추궁당한다는 느낌이 들게 해서는 안 된다. 상담사는 경찰서의 조사관이 아니라는 점을 기억하면서 필요한 부분을 확인하며, 내담자의 감정에 공감적으로 다가서야 한다.

열째, 내담자의 감정을 담아 주라(holding) 하라.

상담사는 내담자가 슬퍼하고 힘들어하는 장면에서 손을 잡아 준다거나 안아 주는 등 직접적인 접촉을 하기보다는 그 감정을 반영하거나 공감하면서 마음을 담아 주도록 노력해야 한다. 내담자의 감정이 올라오는 경우 감정에 머물 수 있도록 기다려 주는 것이 좋다. 자칫 섣부른 위로로 토닥토닥 등을 두드리는 등의 개입을 하면 내담자의 감정이 정지해 버리는 등의 역효과가 나올 수 있다. 위로를 행동화하기보다는 그 감정에 다가서서 담아 주는 것이 효과적이다.

자살 사고 및 시도자의 위기개입은 [그림 5-1]과 같다.

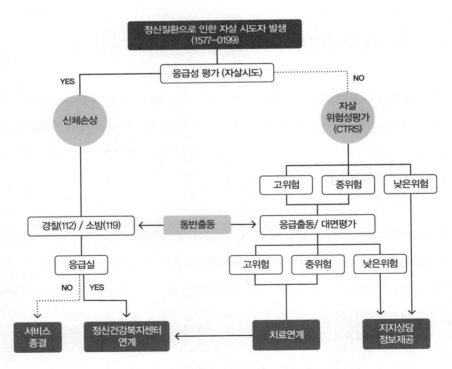

[그림 5-1] 자살 사고 및 자살 시도자의 응급위기개입

출처: 국립정신건강센터(2016).

(2) 학교폭력 위기내담자 탐색과 개입방법

청소년 내담자 접수면접 시 왕따 혹은 따돌림의 어려움이 있다는 것을 확인했을 때 상담사는 학교폭력 상황을 파악하는 것이 필요하다. 학교폭력은 자칫 자살이나 또 다른 폭력 문제로 비화될 수 있기 때문에 위기상담으로 관리해야 한다.

■ 학교폭력 피해학생 대처방법

학교폭력 피해학생에 대한 상담 절차와 대처방법을 정리하면 [그림 5-2]와 같다.

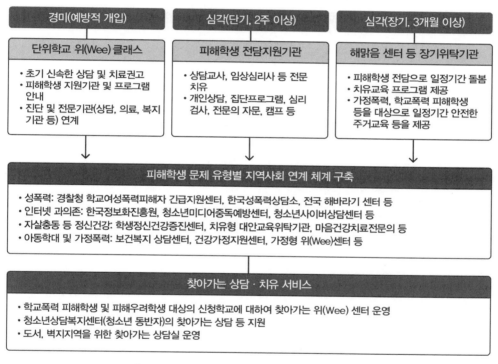

[그림 5-2] 학교폭력 피해학생 대처방법 로드맵

출처: 교육부(2019).

■ 학교폭력 가해학생 대처방법

학교폭력 가해학생이 발생할 경우, 상담에서 사용되는 절차와 대처방법을 정리하면 [그림 5-3]과 같다.

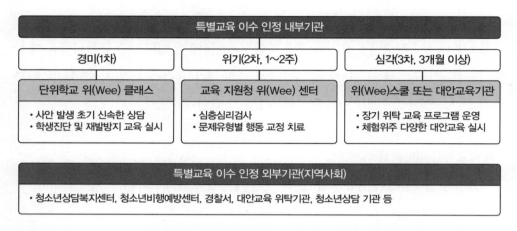

[그림 5-3] 학교폭력 가해학생 대처방법 로드맵

출처: 교육부(2019).

(3) 아동학대 피해자 탐색과 개입방법

상담사가 현재 진행 중인 상담에서 아동학대가 드러날 때, 상담사는 이를 관련 기관에 신고할 의무가 있다. 상담사는 내담자 학대 신고 의무자이다. 내담자가 학대를 받고 있다는 것을 알고도 신고하지 않은 경우에는 500만 원 이하의 과태료 부과받게 된다[1]. 다만 아동보호전문기관과 관계자는 2020년 10월부터는 아동학대신고의무자에 포함되었다. 아동학대 피해자에 대한 개입 과정은 [그림 5-4]와 같다.

---

1) 「아동학대범죄의 처벌 등에 관한 특례법」 제63조 제1항 제2호.

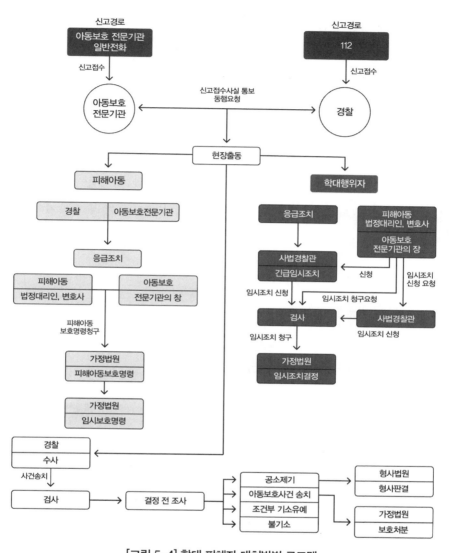

[그림 5-4] 학대 피해자 대처방법 로드맵

출처: 아동권리보장원(2019).

■ 학대 피해자를 위한 상담 절차

학대아동 고소·고발 사건의 처리 절차는 다음과 같다.

첫째, 112 또는 지역 아동보호전문기관에 신고 전화를 한다.

둘째, 경찰 또는 아동보호전문기관의 동행하에 현장조사가 이루어진다.

셋째, 아동보호 전문기관 사례 회의를 거쳐 경찰 수사 의뢰 여부 판단이 이루어진다.

넷째, 수사 의뢰가 진행되는 경우, 상담 또는 교육 명령 처분으로 학대행위자 상담 진행 또는 학대피해 내담자 원 가정 분리 후 쉼터 입소를 한다.

(4) 가정폭력 위기내담자 탐색과 개입방법

상담사가 접수면접을 하면서 내담자가 가정폭력을 당하고 있는 피해자이거나 행위자라는 사실을 알게 되면 가정폭력을 신고해야 한다. 상담사는 아동학대와 마찬가지로 가정폭력 신고의무자[2])이며, 가정폭력을 신고하지 않은 경우에는 500만 원 이하의 과태료를 부과받는다[3]). 피해자는 폭력 상황이 일어날 시 그 상황을 피해 갈 수 있도록 쉼터에 입소할 수 있으며, 행위자에게 접근금지와 통신매체 접근금지 명령도 신청할 수 있다. 가정폭력 내담자에 대해서 위기 대처방법은 [그림 5-5]와 같다.

[그림 5-5] 가정폭력 위기대응절차

출처: 한국여성의 전화(2016).

---

2) 「가정폭력범죄의 처벌 등에 관한 특례법」 제4조.
3) 「아동학대범죄의 처벌 등에 관한 특례법」 제63조 제1항 제2호.

■ **내담자에게 안내 후 신고하기**

내담자에게 가정폭력을 신고해야 하는 사항을 안내하면 대부분의 내담자가 신고를 거부한다. 신고 후 보복과 가해자의 폭력에 시달릴 것을 알기 때문에 신고에 대해 부정적이다. 이는 내담자가 그만큼 폭력에 오랫동안 노출된 피해자라는 것을 알 수 있는 중요한 단서이다. 다음은 가정폭력 피해자에게 신고를 안내하는 데 도움이 되는 안내이다.

"폭력을 신고한다는 것은 두려울 것 같아요. 이것을 민들레 님이 묵인하고 지금까지 15년을 견디어 오셨네요. 앞으로 계속 묵인된다면 이것이 민들레 님에게만 피해가 해당될까요? 폭력은 범죄이며, 민들레 님 개인이나 가족에 그치지 않습니다. 가정폭력은 대를 이어서 발생되며, 또 다른 폭력이 생길 수 있습니다. 이것은 가정의 힘만으로는 해결하기 어렵습니다. 지금은 두렵겠지만 신고를 해서 공적인 도움을 받는 것이 안전합니다. 또한 저는 신고 의무자이기도 합니다."

■ **기관에게 알리기**

상담사는 기관장과 해당 관계자에게 내담자가 가정폭력 피해를 받고 있음을 알려야 한다. 가정폭력 피해자가 신고를 원하지 않을 때에 상담사가 취해야 할 대처방법은 몇 가지를 제외하고는 성폭력이나 아동학대 사건의 대처와 동일하다.

(5) 성폭력 위기 내담자 탐색과 개입방법

접수면접 시에 내담자가 성폭력 피해를 당하고 있다는 것을 알게 되면 상담사는 이를 반드시 신고해야 한다. 상담사는 성폭력 신고의무자[4]이다. 성폭력 내담자에 대한 탐색 질문과 대처방법은 [그림 5-6]과 같다.

---

4) 「성폭력방지 및 피해자보호 등에 관한 법률」 제9조 및 「아동 · 청소년 성보호에 관한 법률」 제34조

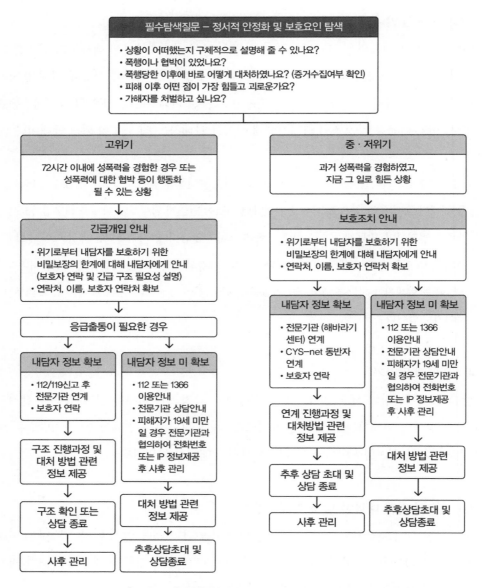

[그림 5-6] 성폭력 위기 내담자 대처방법 로드맵

출처: 한국여성의 전화. 2016 제19기 성폭력전문상담원교육에서 발췌.

■ **과거 성폭력 사건의 신고를 원하는 내담자**

상담 도중 내담자가 과거 성폭력을 당했던 것을 현재 신고하고 싶다고 할 때 상담사로서 난감하다. 특히 현재가 아니고 과거에 일어난 사건일 때 더욱 그렇다. 이럴 때 상담사가 이런 사건의 공소시효에 대해 알아 두면 도움이 된다.

내1: 요즘 미투(me too) 운동을 보면서 여러 생각을 해요. 옛날 제가 몰랐는데 제가 성폭
　　행을 당했더라고요.

상1: 자신에 대해서 당했던 것을 되찾으시려는 마음이 크게 느껴집니다.

내2: 내가 왜 그렇게 가만히 있었을까, 고소하고 싶어요. 당장.

상2: 당장 고소하고 싶을 만큼 화가 올랐네요. 그 사건이 지나면 증거가 없고 공소시효가
　　지났음에도 고소하고 싶은 마음이 든 것은 그만큼 그 사건이 민들레 님에게 해결하
　　고 싶은 사건으로 보입니다.

내3: 네, 당장 경찰서에 가서 고소를 해야 될 것 같아요.

상3: 그럼 그 당사자를 고소함으로써 무엇이 도움이 될까요?

■ 성폭력 관련법률 안내하기

　상담사가 내담자의 안전을 위해 알아 두어야 할 두 가지 법률 사항은 다음과 같다.

　첫째, 미성년자에 대한 강간죄의 적용 범위이다. 「형법」 제305조에서는 13세 미만의
미성년자를 간음하거나 추행했을 경우 피해자의 동의 여부와 상관없이 가해자는 모두
형사 처벌을 받게 되어 있다. 또한 13세 이상 16세 미만의 사람에 대하여 간음 또는 추행
을 한 19세 이상의 자도 본죄에 해당되게 되었다. 「형법」 제297조(강간)에서는 "폭행 또는
협박으로 사람을 강간한 자는 3년 이상의 유기징역에 처한다."라고 명시하고 있다. 또한
제298조(강제추행)에서는 "폭행 또는 협박으로 사람에 대하여 추행을 한 자는 10년 이하
의 징역 또는 1천 500만 원 이하의 벌금에 처한다"라고 명시하고 있다.

　둘째, 미성년자 성폭력 공소시효에 대한 것이다. 미성년자에 대한 성폭력 범죄의 공소
시효는 해당 성폭력 범죄로 피해를 당한 미성년자가 성년에 달한 날부터 진행된다. 또
한 「성폭력 범죄의 처벌 등에 관한 특례법」 제21조에서는 13세 미만의 사람 및 신체적
또는 정신적 장애가 있는 사람에 대하여는 규정된 공소시효를 적용하지 않는다.

2. 내담자 평가하기

　접수면접자의 두 번째 역할은 내담자 평가이다. 접수면접에서는 내담자의 욕구와 주
호소문제에 대한 평가가 동시에 이루어진다. 이러한 과정을 통해 내담자를 위해 사전에

준비되어야 할 것이 무엇인지, 상담 초기에 어떤 것부터 탐색해야 할지 등을 결정할 수 있다.

1) 욕구 평가

욕구사정은 상담에 대한 내담자의 욕구를 확인하는 체계적인 과정이다. 욕구사정의 목적은 내담자의 욕구가 무엇인지를 살펴봄으로써 상담에서 어떤 심리적 서비스를 제공하는 것이 좋을지를 확인하고 결정하기 위한 것이다. 접수면접자는 내담자에게 특별한 것을 제공해야 한다는 생각에서 벗어나 내담자에게 지금 필요한 것이 무엇인지를 확인하고 파악하는 것에 우선을 두어야 한다.

(1) 내담자의 '필요'와 '원함'

내담자의 욕구를 정확히 알려면 우선 내담자의 필요와 원함을 구별해서 파악해야 한다. '필요(need)'와 '원함(want)'은 서로 어떻게 다를까? '필요'는 지금 이 시점에서 필수 불가결하게 갖추어져야 할 것이라면, '원함'은 당장 필요하지는 않지만 그것이 있다면 더 행복해질 거라는 소망을 갖게 하는 무엇이다. 쉽게 말해, 생존을 위한 조건만으로 보자면, 산소는 꼭 '필요한' 것이지만 사랑은 행복을 위해 더하여지기를 '원하는' 것이다. 상담에서 우리가 다루어야 하는 것은 '필요'가 아니라 '원함'이다. 왜냐하면 원하는 것을 얻으면 누구나 성취감과 행복감을 느낄 수 있지만 '필요'한 것들은 일정한 정도 이상을 넘기면 아무리 많이 주어지더라도 만족감을 느끼기 어렵기 때문이다. 예를 들면, 돈이 바로 그렇다. 많은 사람들이 돈을 더 많이 가지면 행복해질 것이라고 생각하며 더 많은 돈을 추구하지만, 어느 수준이 넘으면 돈의 양은 행복과 비례하지 않는다. 상담은 산소처럼 꼭 '필요한 것'과 사랑처럼 '원하고 기대하는 것'을 식별하도록 하면서, 이 '원함'을 충족해 나갈 방법을 찾도록 돕는 과정이다. 따라서 내담자의 욕구를 사정할 때에도 이 둘을 구분하여 평가하는 것이 필요하다.

2) 내담자 평가 방법

(1) 통합 욕구사정표를 통한 평가하기

내담자의 필요와 원함을 파악하는 것은 상당한 시간을 요구한다. 따라서 접수면접부터 상담 초기까지 계속하여 이를 파악해 나가야 한다. 상담사는 내담자의 기초 욕구를 확인하기 위하여 통합적 욕구사정지(〈부록 5-1〉 참조)를 활용할 수 있으며, 이에 더하여 환경적응기록지(〈부록 5-2〉 참조)를 체크하면서 추가 정보를 확인할 수 있다. 내담자의 원함에 대한 것은 상담중기를 다룬 부분에서 내담자의 욕구와 관련하여 더 자세히 다룰 것이다. 〈표 5-1〉은 통합적 욕구사정지를 활용하여 내담자의 욕구를 파악하고 정리한 것이다.

〈표 5-1〉 내담자 문제 및 욕구사정표

수준	문제 및 욕구
개인 수준	• 엄마 역할이 어려움 • 직업을 갖고 있지 않아 생계 해결이 안 됨 • 심한 우울증을 가지고 있으나 치료 의지가 없음 • 남편에 대한 분노가 높음
가족 수준	• 돌봄 기능이 부재함 • 경제적 기능이 취약함 • 정서적 지지 기능이 취약함 • 외도와 별거로 인한 부부 관계의 어려움 • 자녀들이 엄마의 상태를 몹시 걱정하고 염려함
환경 수준	• 엄마의 감정 기복이 심해 자살 기도를 하는 등 위험한 상태이고, 자녀들도 두려워하고 있음 • 친정 부모는 안 계시고 시부모는 자신이 남편을 바람나게 했다며 원망할 뿐 도움이 안 됨. 기타 종교, 친구관계나 비공식 모임 없음 • 이혼 소송 중이나 경제력도 안 되고, 법학 계열의 지인이 없음

출처: 사례관리학회편(2014).

〈표 5-1〉을 보면, 이 내담자는 현재 이혼 소송과 관련된 법률적 도움을 필요로 한다는 것을 알 수 있다. 이럴 때 상담사는 내담자가 무료법률상담소를 이용할 수 있도록 도울 수 있다. 또한 내담자가 엄마의 빈자리를 대신해 줄 양육 돌보미를 찾고 있다면, 이 역시 상담사가 직접적으로 도와줄 수 없는 부분이기에 건강가정지원센터에서 제공하는 돌보미 인력을 활용하도록 안내할 수 있다. 내담자의 문제 및 욕구를 평가하는 과정에서 그 문제해결을 위한 내부 자원을 살펴보는 것 외에도 접근 가능한 다른 기관들을 알아봄으

로써 그것을 외적 자원으로 활용하도록 안내하는 것이 중요하다. 이 예시의 내담자의 경우, 내적·외적 자원을 〈표 5-2〉와 같이 정리하여 활용하면 좋다.

〈표 5-2〉 욕구사정에 근거한 자원 사정표

| 욕구 | 자원 | | 비고 |
	외부	내부	
엄마 역할의 보완	• 드림스타트 지역아동센터 • ○○건강가정지원센터 • 학습 돌보미	• 활발하고 깔끔한 성격이었음 • 아이들을 잘 돌보고 싶어 함	
심신 우울	• ○○가족상담실 • ○○정신과 병원	• 동기 없음	
감정적 지지체계 미약	• 성당: 2년 전쯤 다니다 중단하였음		
경제적 지원	• ○○건강가정지원센터 이혼가정자조 모임		
	• 생활비	• 정보와 법적 도움을 받아 보고 싶어 함	

출처: 사례관리학회 편(2014).

(2) 가계도와 생태도를 통한 평가하기

내담자 욕구사정의 한 방법으로 가계도(genogram)나 생태도(ecomap)를 활용할 수도 있다. 이런 도구를 통해 내담자의 내적 자원에 관한 정보를 보다 자세히 평가할 수 있다.

(3) 표준화된 측정 도구로 평가하기

표준화된 측정 도구나 개별화된 척도를 사용하여 내담자의 현재 심리상태를 파악할 수도 있다. 타당도나 신뢰도가 검증된 심리검사를 통해 내담자가 현재 무엇을 원하는지를 종합적으로 파악할 수 있다는 의미이다. 만약 내담자가 이전에 이용했던 상담실이나 병원에서 심리검사를 받았었다고 한다면, 이전 자료를 요청하여 활용할 수도 있다. 그외의 주의할 점은 사례 평가를 6장에서 더 자세히 기술하겠다.

3) 내담자의 필요를 채우는 범위

당연한 사실이겠지만 상담만으로 내담자 삶의 모든 '필요(need)'가 채워지기는 어렵다. 그러나 내담자들은 때때로 그러한 마술적인 기대감을 갖고 상담실을 찾기도 한다. 이런 내담자들은 심리상담으로는 해결할 수 없는 삶의 기초적 필요가 채워지기를 요구하면서 광범위한 도움을 요청하기도 한다. 이런 경우 상담사는 사회복지기관 등에 사례를 의뢰할 수 있다. '필요'와 '원함'은 서로 연결되어 있어서 복지의 영역과 상담의 영역을 명확히 구분 짓는 것은 어려운 일이지만, 편의적으로 구분한다면, 필요의 영역은 사회복지제도를 통해, 원함의 영역은 심리상담을 통해 다루어 나가는 것이 합리적이다. 예를 들어, 가출청소년을 내담자로 두었다면 상담사는 청소년쉼터와 연계하여 주거의 필요를 해결하도록 하고, 상담사는 내담자와의 심리상담에 집중하는 것이 더 바람직하다. 청소년쉼터를 통해 그 청소년이 필요로 하는 의식주를 채우도록 하고, 심리상담에서는 보다 더 초점화된 심리적 불편감에 집중하는 것이 좋다. 내담자를 사회복지기관 등 외부의 자원과 연결되도록 하는 것도 질 높은 상담을 하기 위한 사전 작업의 일종이다(Hackney & Bernard, 2017/2019).

욕구사정은 내담자의 적극적 참여를 기반으로 상호협력적 관계에서 이루어져야 한다. 접수면접자는 욕구사정 시 내담자가 제시한 주된 욕구 영역과 내용을 기본으로 하되 의뢰자나 가족의 욕구도 동시에 염두에 두어야 한다. 욕구사정은 내담자에게 어떤 서비스를 제공할지를 결정하기에 앞서 체계적인 분석을 통해 변화의 방향이나 변화의 목표를 설정하기 위하여 필요하다. 또한 의뢰 사유와 주 호소문제를 확인하여 내담자의 위험·보호 요인을 파악해서 적합한 상담사를 찾아 배정하고, 그 상담사에게 사례에 대한 기본적인 정보를 정리하여 전달하려는 목적도 있다. 법적인 문제나 위급한 상황 발생과 연관되는 경우를 제외하고는 내담자가 표현하는 모든 욕구는 존중되어야 하고, 그중에서도 삶의 필요와 관련된 부분은 우선적으로 파악되어야 한다. 만약 우선적으로 해결해야 될 필요가 있다면 유관 기관과 연계하여 해결할 수 있도록 도와야 한다. 유관 기관에 내담자를 의뢰하는 과정은 접수면접 의뢰 과정에서 상세하게 다루었다.

3. 사례배정과 사례연계 결정하기

접수면접자는 내담자의 호소문제를 파악한 후, 어떤 기관에서 이 내담자를 가장 잘 도와줄 수 있는지를 평가해야 한다. 특별한 이유가 없는 한 내담자가 내방한 기관에서 상담이 이루어지겠지만, 다른 기관의 도움을 받는 것이 내담자에게 유리하다면 타 기관과 연계하거나 그 기관에 내담자를 의뢰할 수도 있어야 한다.

1) 기관 내에서 상담할 경우

의학적 치료가 필요한 사례가 아니면서 다음의 내용들이 확인되는 경우, 상담사는 내담자가 방문한 현재의 기관 내에서의 상담을 받도록 권유할 수 있다.

첫째, 기관에 소속된 상담사의 경력이나 상담 기법 등이 내담자가 호소하는 문제에 도움을 줄 수 있을 것이라는 확신이 드는 경우이다.

둘째, 상담 예약 현황을 고려해 볼 때 내담자가 오래 기다리지 않고, 비교적 시의적절하게 도움을 줄 수 있다고 판단되는 경우이다.

셋째, 상담에 대해 내담자가 갖고 있는 기대 사항들을 상담기관이 조정해 줄 수 있는 여지가 있을 때이다. 이 부분은 접수면접 상담이나 상담사 배정 협의에 관한 내용에서 다루었다.

2) 타 기관에 의뢰할 경우

기관 간 의뢰는 상담실에서 다른 기관에 내담자를 의뢰하는 경우와 다른 기관에서 상담센터로 의뢰해 오는 두 가지로 나누어 생각해 볼 수 있다. 전자의 경우, 의뢰할 기관이나 상담사의 적절성을 평가한 후 내담자에게 의뢰 사유와 과정을 안내하는 순서로 진행하면 된다(김형숙, 2015a). 후자의 경우에는 타 기관으로부터 전화, 팩스, 메일 등으로 의뢰를 받으면 상담사 배정 원칙에 따라 사례를 배분하고, 내담자로 하여금 기관을 방문하도록 안내하거나 찾아가는 상담으로 접수면접을 진행한 후 상담을 진행하면 된다.

(1) 내담자 사전 동의 구하기

내담자를 타 기관에 의뢰할 경우에는 사전에 내담자의 동의를 받아야 한다. 사전 동의란 내담자에게 상담 개입에 대한 기본 정보를 제공하는 절차로서 내담자로 하여금 각각의 과정에 참여할지의 여부를 선택하도록 만들어 주려는 과정이다(Fallon, 2006; 하혜숙, 조남정, 2012에서 재인용). 사전 동의는 내담자의 권리를 보호하는 절차일 뿐만 아니라 내담자에게 참여 동기를 이끌어 냄으로써 문제해결을 위한 시발점을 마련하는 과정이기도 하다.

만약 청소년을 타 기관에 의뢰해야 할 경우에는 청소년상담사 윤리강령의 규정을 따르는 것이 좋다. 이 강령에는 "청소년상담사는 외부 지원이 적합하거나 필요할 때 의뢰를 요청할 수 있으며, 의뢰에 대해 청소년 내담자와 부모 및 보호자에게 알리고 서비스를 받도록 노력한다."는 규정이 마련되어 있다. 청소년 내담자의 경우, 내담자 본인은 물론 그 보호자에게까지 사전 동의를 받아야 한다는 점을 기억해 둘 필요가 있다.

그런데 내담자가 의뢰를 거부하고 해당 기관의 서비스만을 받고 싶다고 주장할 수도 있다. 그럴 때에는 사전 동의와 관련된 주요 내용을 정리하여 내담자에게 다음과 같이 안내할 수 있다.

> "길동 님에게 현재 가장 필요한 것은 일시적으로 거주하고 보호받을 곳입니다. 현재 우리 기관에서는 상담기관이라서 이를 제공해 줄 수가 없습니다. 그런데 길동 님처럼 일시적으로 보호가 필요한 사람들이 이용할 수 있는 서비스 기관이 있습니다. 해당 기관에서는 길동 님이 지금 필요한 도움을 충분히 받을 수 있습니다. 그 기관은 ○○라는 곳이며 ××동에 위치해 있습니다. 길동 님이 이동하기 근접한 곳에 위치해 있습니다."

(2) 내담자에게 의뢰 과정 안내

다른 기관에 의뢰하는 것이 적절하다고 생각되면, 상담사는 이러한 결정에 대해 내담자에게 신속하고 솔직하게 설명해 주어야 한다. 그렇게 함으로써 내담자가 달라진 상황에 대비할 수 있도록 도울 수 있다. 상담사는 타 기관 의뢰에 대한 상담사의 제안이 어떻게 느껴지는지 내담자의 의견을 물어야 하고, 필요하다면 부모를 포함한 다른 가족에게도 이러한 사실을 알려야 한다. 부모상담이 필요한 경우, 부모에게 상담실로 방문하도록 한 후 의뢰 사유를 자세히 알리고 이후의 과정에도 협력하도록 요청할 수 있다. 이때 상담사는 내담자나 그 가족들이 타 기관에 의뢰되는 상황을 비관적으로 받아들이지 않도록 특별히 조심해야 한다(안혜영 외, 2008). 어떤 내담자들은 자기 문제의 심각성 때문에 타 기관에 의뢰된다고 여기면서 더 큰 절망에 빠지기도 하기 때문이다. 다음의 대화는 내담자가 이런 부정적 감정에 휩쓸리는 상황을 잘 보여 주는데, 상담사가 이럴 때 어떻게 대처할 수 있는지를 보여 준다.

> 내1: 제가 그렇게 이상한가요?
> 상1: 길동 님의 문제가 심각해서가 아닙니다. 저희 기관보다 다른 기관에서 길동 님에게 맞는 적합한 서비스가 제공되고 있기에, 문제해결의 가장 빠른 길을 찾고자 하는 뜻에서 드리는 제안입니다.
> 내2: 가기 싫어요. 여기에서 그냥 상담만 받으면 안 되나요?
> 상2: 다른 곳으로 이동한다는 것이 큰 부담일 거예요. 그러나 길동 님의 현재 문제를 빠르게 해결하기 위해서는 청소년쉼터를 이용하는 것이 가장 좋을 것 같습니다. 그럼에도 계속 마음에 부담이 된다면 청소년쉼터에서 서비스가 제공되는 기간에 우리가 주기적으로 연락을 하는 것도 고려할 수 있습니다. 이를 충분히 고려하고 결정해도 됩니다.

내담자가 자살 등의 위기 상황을 겪었던 경우라면 상담사는 타 기관 의뢰 제안이 내담자에게 불러일으킬 수도 있는 심리적 부담을 충분히 인식하고 이 내담자가 자신을 쓸모없는 사람으로 인식하지 않도록 도와야 한다. 또한 가족이나 가까운 지인에게 이 상황을 알리고 모든 과정이 안전하게 진행될 수 있도록 모니터링을 해야 할 필요가 있다.

(3) 상담기관의 적절성 확인하기

내담자를 의뢰하기 위해서 상담사는 내담자가 접근 가능한 지역 내에 필요한 서비스를 제공할 수 있는 신뢰할 만한 기관들이 있는지를 먼저 알아보아야 한다. 이들 기관에서 제공하는 서비스의 종류가 무엇인지를 파악하고, 이들 기관이 개인정보 보호 등을 포함한 법적 의무를 얼마나 잘 지키는지도 평가해 보아야 한다. 또한 서비스의 효율성을 높이기 위해 내담자의 접근성을 반드시 고려해야 한다. 내담자의 생활 기점지가 되는 지역 사회기관을 우선적으로 알아보는 것이 바람직하다. 최근에는 사회 정의 옹호

상담이라는 개념이 널리 퍼지면서 기관 간 연계의 필요성이 본격적으로 이슈화되고 있다. 내담자의 가족을 포함하여 지역 내 복지기관과 의료기관, 상담기관과 교육기관, 법률기관 등이 사회적 약자의 권리 회복과 문제해결을 위해 폭넓은 수준에서 연계하여 조력하려는 움직임들이 나타나고 있다(Cox & Lee, 2007). 상담기관이 협력할 수 있는 타 기관들을 예로 들면 〈표 5-3〉과 같다.

〈표 5-3〉 의뢰기관

기관 종류	해당 기관	특성
의료기관	정신의학과	우울증, 인격 장애, 과잉행동장애 등의 정신과적 약물치료 및 입원치료와 상담 필요 시 의뢰
	산부인과	성문제나 임신, 출산, 낙태 등의 문제가 있어 검사 · 치료 · 보호 필요 시 의뢰
	치과	치아 건강상의 문제로 섭식장애나 발육부진의 문제가 있을 시 의뢰
	소아청소년과	발달지체나 성장 및 발육 부진 등의 문제가 있을 때 의뢰
	일반 종합병원	경제적 어려움으로 각종 질병에 대해 적절한 치료가 지원되지 못한 내담자가 발견되었을 때 의뢰
법률기관	법률사무소	법률적 관계를 자문받거나 법률 처리 과정 중에 있는 내담자의 문제와 관련된 의뢰
	경찰서	학교폭력, 절도 등의 범죄 행위와 관련되어 내담자의 안전을 위한 신변 보호가 필요하다고 판단될 경우 의뢰
교육기관	꿈드림 청소년상담복지센터	일반학교에서 적응하지 못하여 학업 중단의 위기에 놓인 경우에 의뢰
사회복지기관	종합사회복지관	각종 사회복지서비스 및 후원자 연계 등이 필요한 내담자가 특별교육이나 사회봉사명령 등의 징계를 받은 경우에 의뢰
	일시보호시설	폭력이나 긴급 상황으로 인해 가출하였거나 보호자의 보호가 불가능해 일시적으로 내담자의 주거서비스 및 보호환경이 필요한 경우에 의뢰
	지역아동센터	저소득층 가정의 내담자 중 방과 후 혹은 야간에 보호와 교육이 필요한 경우에 의뢰
	그룹홈	보호자가 부재하거나 가정이 해체된 경우에 의뢰
국가운영 상담센터	자살예방센터	내담자가 자살시도 위험성이 있거나 자살에 대한 구체적인 계획을 가지고 있는 경우에 의뢰
	해바라기상담센터	성폭력피해자
	성폭력상담센터	성폭력행위자
	알코올중독 상담센터	알코올 중독자

국가운영 상담센터	도박중독 상담센터	도박 중독자
	범죄피해자 지원센터	범죄피해자
기타	행동하는 성소수자인권연대	성소수자

출처: 교육개발원(2015). Wee 클래스 p. 79를 수정 · 보완함.

(4) 상담사의 적절성 확인하기

기관이 선정되었으면 상담사는 의뢰 시기와 방법 등에 관해 해당 기관의 실무자 및 전문가와 협의를 해야 한다. 이때 내담자가 동의하지 않은 정보가 불필요하게 노출되지 않도록 조심해야 할 필요가 있다.

(5) 내담자 준비시키기

의뢰에 대한 사전 동의가 이루어졌다면 상담사는 언제, 어디서, 어떤 전문가의 도움을 받을 수 있는지를 내담자에게 구체적이고 정확하게 알려 주어야 한다. 의뢰하는 기관이 상담기관일 경우, 내담자가 새로운 전문가를 만나 상담을 시작하는 것까지 확인하는 것이 필요할 수도 있다. 때에 따라서는 상담이 이루어지는 첫날에는 내담자와 동행해 주어야 하는 경우도 있을 수 있다.

만약 타 기관 의뢰와 관련하여 잘못된 정보가 제공되거나 의뢰 과정이 순조롭지 못할 경우, 내담자는 상담 자체에 대한 신뢰를 잃을 뿐만 아니라 심리적으로 버려지는 듯한 마음의 상처를 받을 수 있다. 따라서 상담사는 의뢰할 기관의 특성 및 서비스 내용을 정확히 알고 안내해야 하며, 기관의 위치나 서비스 이용 방법, 기관 담당자의 연락처 등에 대한 정보를 정확히 제공해야 한다.

(6) 의뢰 시 주의사항

상담사가 타 기관에 내담자를 의뢰할 때 제공해 줄 수 있는 정보는 다음과 같다(김형숙, 2019).

- 내담자의 문제 또는 요구에 대한 분명한 진술
- 지금까지 내담자에게 상담한 내용의 요약
- 내담자에게 필요한 구체적인 도움에 대한 내용

- 의뢰에 대한 내담자의 느낌 표시

의뢰 후에도 타 기관과 공동의 노력을 해야 할 필요가 있다면, 상담사는 그 사례의 진행에 본인이 얼마나 적극적으로 관여하고 개입할 수 있는지와 상관없이 이후의 상담 과정의 진척 정도를 보고받으면서 꾸준히 협력해 나갈 필요가 있다. 이러한 협력 과정은 〈부록 5-3〉 내담자 연계 공문을 통해 확인할 수 있다.

4. 상담 과정 안내하기

사례 회의를 통해 본 기관에서 상담을 진행하기로 결정했다면, 이후의 진행 절차를 상담 신청자에게 자세하게 설명해 주어야 한다. 이러한 안내를 통해 상담의 전체 과정을 조망할 수 있게 하면, 상담에 대한 불안감을 감소시킬 수 있고 상담의 참여 동기도 높일 수 있다.

(1) 상담 기간

여러 이유로 단기 치료만을 제공하는 기관에서 일하는 상담사들은 단기 치료가 그 기관에서 제공하는 유일한 치료이기 때문에 그것이 최선의 선택인 양 내담자들에게 설명하기 쉽다. 물론 순수한 치료적 이유로 단기 치료가 더 적합할 때도 있겠지만, 부득이한 한계를 감추고 제한된 서비스를 최고의 것인 듯이 포장하려는 태도는 경계해야 한다. 제대로 된 평가를 통해 단기 접근이 해당 내담자에게 줄 수 있는 도움의 정도를 추론하여 정확한 정보를 제공하려고 노력해야 한다. 상담사는 내담자에게 이렇게 말하는 것이 정직하다.

> "이상적으로 보자면, 제 생각엔 민들레 님에게 장기 치료가 도움이 될 것 같습니다. 간단히 해결될 문제가 아니라고 봅니다. 그러나 아쉽게도, 저희 기관은 장기 치료를 할 수 있는 여건이 안 됩니다. 몇몇 대안을 제시해드릴 수는 있어요. 그중에 어떤 것은 어느 정도 도움이 되겠지만, 여기서 민들레 님이 원하는 결과를 얻을 수는 없을 겁니다."

(2) 상담 회기와 상담 비용

상담 회기는 상담 기관이 제공하는 서비스의 종류에 따라 기본적으로 다르게 세팅되어 있다. 일반적으로 국가 기관이 운영하는 상담소에서는 상담 회기를 일정하게 제한하는 경우가 많다. 내담자가 호소하는 증상의 정도에 따라 연장이 가능하다 할지라도 일단은 정해진 회기 안에서 상담이 종료된다. 반면, 민간 상담소들은 대체로 내담자의 어려움에 따라 상담 회기를 탄력적으로 적용한다. 주로 종합심리평가를 한 후에 내담자와 협의하여 상담 회기를 결정하는 경우가 많다. 민간 상담소에서는 내담자가 상담 비용을 부담하기 때문에 내담자가 지닌 증상 외에도 경제적인 지불 능력이 어떠하냐에 따라 회기 수가 제한되기도 한다.

그러나 최근에는 국가가 개인상담의 일정 비용을 지불해 주는 바우처 제도 등이 생겨서 민간 상담소에서도 이를 활용할 수 있게 되었다. 장기 상담이 필요하지만 비용 지불 부담 때문에 상담의 연장이 어려워지면 내담자의 안녕이나 심리치료 효과는 위협을 받을 수밖에 없게 된다. 따라서 상담사는 이러한 제도에 대해 안내함으로써 경제적 지불 능력이 떨어지더라도 안정적으로 상담을 받을 수 있도록 도울 필요가 있다(김형숙, 2018a). 국가 기관이나 민간 상담소에서 정부의 지원을 받을 수 있는 상담 회기 수는 〈표 5-4〉와 같다.

〈표 5-4〉 국가 기관과 민간 상담소의 상담 회기

분류	상담기관	상담 회기	비고
국가	건강가정지원센터	6~8	6회기 추가
	청소년상담복지센터	12	12회기 추가
	법원	5~40	처벌수위별 상이
	초·중·고등학교 상담실	8	학교별 적용이 상이
	Wee 센터 상담실	8	센터 상황에 따라 변동
	국방부 상담실	2~40	위기 내담자 집중상담
	아동보호 전문기관	2~40	내담자별 상이
	대학교 부설상담소	2~10	내담자별 상이
기업	대기업 상담실	협의	기업마다 상이
	근로복지공단	3~12	기업마다 상이

민간 상담소	드림스타트	24	초등 내담자까지
	무한돌봄	12	
	학교폭력피해자	무기한	상담될 때까지
	교육청 위기청소년 심리지원	백만 원 범위	교육청 해당 서비스 조건 충족
	소진교사 심리지원	백만 원 범위	교육청 해당 서비스 조건 충족
	위기교직원 심리지원	백만 원 범위	교육청 해당 서비스 조건 충족
	교권침해 심리지원	백만 원 범위	교육청 해당 서비스 조건 충족
	교육청 심리지원	28	소득수준별 본인부담금 발생
	지역사회서비스 바우처	48	소득수준별 본인부담금 발생

내담자는 본인이 얼마의 기간 동안 상담을 받을 수 있을지 알게 되면 자신의 어려움을 얼마나 개방하고 어디까지 도움을 청할 수 있는지 그 범위를 결정할 수 있다. 상담사는 상담 회기에 따라 도달 가능한 상담목표를 정할 수 있다. 〈표 5-4〉에서 보여 주듯이 대부분의 상담은 대체로 10회기 단위로 진행된다. 10회기 이내의 단기 상담으로 진행될 때에는 상담목표와 개입방법, 전략 등을 내담자의 호소문제와 직결하여 설정하는 것이 좋다. 그 외에 바우처 상담과 학교폭력 상담 등은 장기로 진행되더라도 지원을 받을 수 있기 때문에 보다 안정적으로 상담 회기 수를 결정할 수 있으며, 이에 따라 상담목표 수준도 탄력적으로 잡을 수 있다.

(3) 구체적인 목표 설정과 상담 진행

숙련된 상담사는 접수면접에서부터 상담목표를 설정하고 설명할 수 있지만 초심상담사일 경우 초기 상담을 진행하면서 목표 수준을 결정하게 된다. 목표 설정과 진행에 관한 구체적인 내용은 상담 초기 과정 상담목표에서 보다 상세히 기술하겠다.

(4) 다양한 상담 방법 안내하기

상담사는 내담자가 상담 방법을 선택할 수 있도록 복수의 개입방법에 대해 안내하고 설명해 줄 필요가 있다. 예를 들면, 상담사가 내담자에게 "저는 대상관계 이론으로 접근합니다. 만약 저에게 상담을 받고 싶으시다면 다음 주부터 상담을 시작하실 수 있습니다."라고 말하는 대신, 다음과 같이 안내하는 것이 더 바람직하다.

"결혼생활의 어려움에 대해서 문제해결식의 접근을 원한다면 부부상담을 추천해 드릴 수가 있을 것 같습니다. 그러나 제가 보기에는, 민들레 님의 성격 패턴이 부부관계를 어렵게 만들 수 있다고 생각합니다. 만약 개인상담을 받는다면 시간도 오래 걸리고 힘든 경험이 되겠지만, 부부관계에서 민들레 님이 하는 몫을 온전히 변화시킬 수 있다는 기대를 할 수 있을 것입니다. 물론, 우선 부부상담부터 시작하실 수도 있어요. 그러는 중에도 보다 깊고 잘 안 바뀌는 성격 문제가 계속 나타난다면, 그때 다시 개인상담을 받는 것을 고려해 보아도 좋겠습니다."

(5) 상담 중 갈등상황

상담사와 내담자는 상담 과정 중에 갈등상황이 생길 수 있다. 상담사는 이 갈등상황을 내담자의 성장을 위한 기회로 활용할 수 있다. 상담사가 접수면접 과정에서 상담 중에 일어날 수 있는 갈등상황에 대해 미리 알려 준다면 상담 효과는 더 커질 수 있다(김형숙, 2017c).

상1: 상담을 하다가 마음에 안 들거나 갈등상황이 생길 수도 있습니다.

내1: 상담하면서도 그런 것이 생깁니까?

상2: 그럼요. 상담 관계도 사람이 만나서 하는 것이니까요. 상담이 마음에 안 든다거나 방법이 마음에 안 드는 경우에는 언제든지 이야기를 할 수 있습니다. 그 부분에 대해서 조정할 수 있음을 알려 드립니다. 만약 이것을 말하지 않고 그냥 넘어가서 상담을 안 하게 될 경우에는 저와 민들레 님 모두 무엇이 수정되어야 하는지를 알 수 없기 때문에 그 부분에 대해서 조정할 수 있음을 알려드립니다.

내2: 그렇게 이야기를 해 주니까 안심이 되네요.

(6) 상담사와 연락방법

상담사 연락방법은 제3장을 참고하길 바란다.

5. 상담 계약하기

접수면접이 끝나면 비로소 상담 계약이 이루어진다. 상담 계약을 구두로만 하고 약정서를 작성하지 않는 상담사도 있는데, 서면을 활용하면 내담자의 불안을 감소시키고 안정감을 줄 수 있으며, 그것을 작성하는 과정에서 상담에 대한 기대감도 점검해 보는 이점을 갖게 된다. 상담사는 계약 전에 내담자에게 상담의 본질에 대해 정확하게 알려 주어야 하는 윤리적 의무가 있다(ACA, 1995a). 이것을 구두로만 하지 말고 서면을 통해 안내하고 동의를 받게 되면, 내담자는 권리를 보호받는 느낌을 가질 수 있기 때문에 상담 관계를 더 안정적인 방향으로 진전시킬 수 있다. 상담센터에서 접수면접을 따로 하지 않았을 경우에는 1회기 상담에서 상담약정서를 작성한다. 상담약정서에 자살과 자해 방지 약속을 미리 명시하여 놓는 것이 좋다. 상담 도중에 자살 관련 문제가 발견되었을 때에 생명존중서약서를 작성할 수도 있지만, 최근에는 자살 및 자해 위험을 보고하는 내담자들이 많아지고 있고, 위기 상황은 미리 예고하고 찾아오는 것이 아니기 때문에 상담을 약정하는 순간부터 이와 같은 위험도를 파악하고 생명존중서약을 한 다음 안전하게 상담을 진행하는 것이 적절하다(김형숙, 2017a).

상담약정서에는 상담 시간 준수 원칙 및 이를 위반했을 때의 조치사항, 상담사의 비밀보장 원칙 및 예외 원칙, 상담 교육 자료 등으로의 활용을 위해 상담내용을 녹음할 수 있다는 내용, 상담비 납부 원칙 및 납부 방법에 관한 것, 그 외 아동·청소년 내담자의 경우 부모상담 원칙과 방법에 관한 내용 등을 포함할 수 있다. 상담약정서의 내용은 다음과 같이 작성할 수 있다.

(1) 상담약정서 작성방법

■ 약정 1. 비밀보장과 예외 사항

"지금 이 시간부터 상담에서 이야기된 모든 것은 비밀 보장이 됩니다. 다만, 다음의 경우에는 비밀보장을 지킬 수 없고 가족이나 관계자에게 알립니다. 비밀보장 예외 사항은 대략 다섯 개입니다."

"첫째, 자살이나 살인과 같이 내담자가 즉각적인 위협이나 위험을 자신이나 다른 사람들에게 불러 일으킬 때, 둘째, 학대나 폭력의 위협을 받고 있는 경우, 정부 법령이 공개를 요구할 때, 셋째, 내담자 자신이 미래에 범죄 행위를 계획하고 있다고 폭로했을 때, 넷째, 내담자가 전염성이 있는 치명적인 질병에 걸렸거나 그와 같은 병에 걸릴 높은 위험에 처해 있을 때, 다섯째, 내담자가 정보공개를 허락할 때입니다."

■ 약정 2. 상담 취소 및 변경

"상담 일정 변경 및 취소를 원하실 경우에는 적어도 24시간 전에 연락을 주시면 상담 준비에 도움이 되겠습니다. 상담을 그만 두실 경우, 그만 둔 사유를 알려 주신다면 그것 또한 많은 도움이 됩니다. 만약 3회 이상 연락이 없을 경우 상담은 자동 종결됩니다."

■ 약정 3. 상담료

"상담료는 상담 전에 입금을 해 주시면 됩니다. 당일 취소나 당일 나타나지 않으시는 경우에는 상담료의 50%가 감면됩니다. 단, 경찰서에서 의뢰된 가정폭력, 소년소녀가정, 상담 지원 대상자는 센터에서 후원해 드립니다."

■ 약정 4. 녹음 동의

양질의 상담 서비스 제공을 위하여 상담한 내용을 녹음하고, 사례자문을 위한 사례회의에 활용하는 것에 대해 동의합니다.

■ 약정 5. 생명존중서약

나_____은(는) 절대로 자살(자해 포함)을 시도하거나 시행하지 않을 것을 서약합니다. 나는 자살하고 싶은 생각이 들면 반드시 주변 사람(가족, 친구, 상담사, 성직자)에게 먼저 말할 것입니다. 만일 이 사람들을 만날 수 없다면 112나 1366으로 전화를 걸거나, 어떠한 수단을 써서라도 알리겠습니다. 나는 내 주변에 자살할 수 있는 모든 도구를 없애며 술, 담배

등 약물에 의지하지 않으며 내 생명과 몸을 소중히 돌보겠습니다.

■ **약정 6. 개인정보 동의**

　"앞에서 작성한 모든 것은 개인정보에 동의해 주셔야 상담이 진행됩니다. 개인정보 사항
　은 다음과 같습니다."

　하나, 개인을 고유하게 구별하기 위해 부여된 식별번호를 포함한 개인정보가 필요하
며, 제공받은 개인정보를 보호한다.
　둘, 처리 목적에 필요한 범위에서 적합하게 처리하고 그 목적 외의 용도로 사용하지
않는다.
　셋, 개인정보 보유 및 이용 기간은 개인정보의 수집·이용 목적을 달성할 때까지 제공
되며, 목적이 달성된 경우에도 법령에 의하여 보관의 필요성이 있는 경우에는 개인정보
를 보유할 수 있다.

　"혹시 궁금하신 부분이 있으시면 질문이 가능합니다. 없으시다면 이 내용을 설명 들었고
　동의하신다는 부분에 성명과 사인을 해 주시면 됩니다."

내담자의 이름	서명	날짜
내담자보호자(미성년자 일 경우) 이름	서명	날짜
상담사 이름	서명	날짜

제6장 상담초기

　이 장에서는 첫 회기 상담을 포함한 상담초기에 다루어야 할 상담 구조화, 호소문제 선정, 상담 목표를 내담자와 합의하는 요령과 기술을 논의한다. 상담 초기는 접수면접 후에 본격적으로 상담을 진행하는 단계로, 상담의 구조를 만들고 그 구조 안에서 어떻게 내담자의 문제를 해결할 것인가를 설정하는 단계이다.

　규모가 큰 상담기관이나 병원외래에서의 내담자는 대부분 접수면접의 절차를 거친 다음에 상담사를 만나게 된다. 그러나 학교, 개인 상담실 또는 국가지원사업 등을 통하여 상담을 진행하는 경우, 대부분 접수면접 절차를 생략하거나 간소화하기도 한다. 따라서 첫 회기 상담을 하는 상담사는 상담신청 후 접수면접을 거친 내담자를 만날 수도 있고 접수면접 없이 신청절차만 거친 내담자를 만날 수도 있다. 접수면접을 거치지 않은 내담자를 만나는 상담사는 이 책의 4장 접수면접 내용을 숙지하기를 권유한다. 이 장에서는 접수면접을 거친 내담자를 가정하여 기술하겠다.

　상담사는 내담자를 배정받을 때 접수면접기록에 기재된 자료를 토대로 나름대로 그 내담자를 그려 볼 것이다. 내담자가 호소하는 문제의 원인은 무엇이며 효과적인 성과를 얻을 전략을 생각할 것이다. 내담자 그림에 대한 가정을 사례개념화도식이라고 한다. 그것은 내담자 정보를 기초로 호소문제를 정의하고 합의된 상담목표를 구체화하는 과정에 가설을 적용한다. 그림 [그림 6-1]에서 보는 것과 같이 면접자료 활용-임상적 진단 및 평가-가설 설정 및 적용- 호소문제 선정-합의된 목표 정하기-상담계획-상담진행으로 진행된다. 물론 이 과정은 선형적인 과정이 아니라 순환적인 과정으로 서로 연결되어 있다. 이것은 순서대로 진행해야 한다는 것이 아니며, 상담초기에 모두 다루어야 한다는 것도 아니다. 이 중 일부를 선택적으로 다루고 실행해야 한다. 무엇을 선택해야 하는지 그 판단의 기준은 상담사의 임상적 경험과 이론적 선호도, 상담사의 발달단계, 내담자의 욕구, 상담기간 등에 따라 다를 것이다. 필자의 관찰에 의하면, 초심상담사는 구조화부터 상담계획을 수립하는 과정이 6회기 정도 소요되며, 어떤 경우에는 상담이 잘 진행되어 종결시점인데도 사례개념화도식을 아직 마치지 못할 수도 있다. 중간 상담사는 대개 3~4회기까지, 숙련 상담사는 첫 상담회기에 내담자와 합의된 목표까지 설정할 수도 있다. 이처럼 일률적이지 않고 상담사의 경험과 훈련이 필요한 과정이기에 꾸준하게 연습하는 것이 필요하다. 이 장의 내용은 기존의 문헌을 인용하거나 참고하는 것을 자제하고 주로 필자 자신의 임상경험을 토대로 쓰였음을 미리 밝혀 둔다.

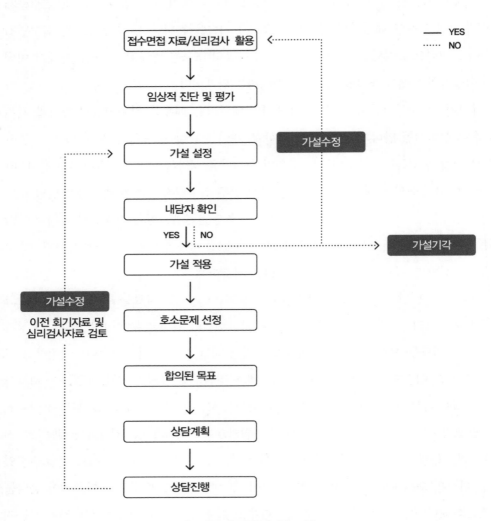

[그림 6-1] 사례개념화 도식

1. 상담 구조화

상담 구조화란 상담 과정에서 상담사 내담자의 관계를 규정하고, 상담사와 내담자의 역할은 무엇이며, 내담자의 권리는 어떤 것인지를 내담자에게 알려주는 과정이다. 내담자는 상담에서 어떤 이야기라도 자유롭게 표현할 수 있는 권리가 있지만, 이는 상담이 모든 것을 허용한다는 의미는 아니다. 상담목표를 효과적으로 달성하고 상담을 원활히 진행하기 위해서는 상담 구조화가 필요하다(김신미, 2009).

1) 상담 전체 구조화

상담 구조화는 3가지의 내용을 다룬다. 상담 관계에 대한 구조화, 상담 윤리적 고려 사항에 대한 구조화, 상담 실제에 대한 구조화가 그것이다(김환, 이장호, 2006). 이 3가지는 굳이 순서대로 진행할 필요는 없고, 아래 예시와 같이 자연스럽게 설명하되, 빠지는 항목이 없도록 유의하면 된다.

■ 구조화 1. 상담 관계에 대한 구조화

"상담의 원활한 진행을 위해 민들레 씨와 제가 지켜야 할 약속이 있습니다. 우선 제가 지켜야 할 약속은, 첫째, 저는 민들레 씨가 상담에서 보다 편하고 솔직하게 이야기할 수 있도록 최선을 다하겠다는 점입니다.

다음으로 민들레 씨가 상담에서 지켜야 할 약속도 두 가지입니다. 첫째, 상담에서 주체성을 가지고 자신의 문제를 해결하기 위해 적극적인 노력을 기울였으면 합니다. 둘째, 상담 중에 지켜야 할 부분입니다. 우리가 함께 정한 상담시간을 되도록 어기지 않고 지키는 것이 중요합니다."

■ 구조화 2. 상담 윤리적 고려 사항에 대한 구조화

"둘째는 민들레 씨가 상담 시간에 이야기한 내용을 민들레 씨의 동의 없이 외부에 발설하는 일은 일절 없도록 하겠다는 점입니다. 다만, 이런 비밀보장 원칙에도 예외가 있습니다.

민들레 씨가 자신이나 타인을 해치려고 한다는 사실을 제가 알게 되었을 때는 이를 보호자 혹은 관계 기관에 알릴 윤리적 책임이 있습니다. (비밀보장 5가지 예외원칙을 설명함)

■ 구조화 3. 상담 실제에 대한 구조화

"그리고 상담 시간 중에 때로는 감정이 격해질 일도 있을 것이고, 상담사나 상담에 대한 불만이 생길 수도 있습니다. 그런 감정을 말로 표현하는 것은 얼마든지 허용될 수 있지만, 무력이나 폭력을 사용하는 일은 허용되지 않는다는 점을 이해해 주시면 고맙겠습니다."

2) 상담 계약과 개인정보 이용 동의 확인하기

상담사는 접수면접에서 이미 진행한 상담 계약과 개인정보이용동의서가 작성되었는지 확인한다. 상담 동의서, 개인정보 수집 및 이용 동의서를 내담자에게 보여 주며 다음과 같은 안내를 한다.

"이것은 지난 접수면접에서 민들레 씨가 작성한 서류들입니다. 이 동의서에는 방금 제가 설명한 우리의 약속들이 기재되어 있습니다. 그리고 이 개인정보 수집 및 이용 동의서는 민들레 씨가 신청서에 작성한 개인정보라든지, 상담 시간 중 나눈 이야기와 같은 민감한 정보들을 기록하는 것에 동의하는 내용입니다. 이 자료는 우리 기관의 규정에 따라 5년이 지나면 자동으로 폐기된다는 점을 다시 알려드립니다. 혹시 더 궁금한 점이 있으신가요?"

3) 상담 비용과 시간 확인하기

상담 비용과 시간도 이미 접수면접에서 설명한 부분이다. 그렇지만 상담 구조화를 할 때 다시 한 번 확인하는 것이 내담자와 상담사 모두에게 안전하다.

"지난 접수면접에서 상담 시간이나 비용에 대해 안내를 받으셨지요? 다시 말씀드리면, 우리 상담은 일주일에 한 번 만나는 것을 기준으로 한 회기에 50분 정도 진행됩니다. 만약 민들레 씨가 늦게 오셔서 시작 시간이 지연되더라도 마치는 시간은 동일하답니다. 그리고 민들레 씨가 아무런 연락 없이 상담 시간에 결석하신다면 원칙적으로 상담비를 지불하도록 되어 있습니다. 이런 규칙들은 앞으로 우리 상담의 구조를 위해서 꼭 필요한 것이니 지켜 주시는 것이 중요합니다. 혹시 이와 관련해서 궁금한 점이나 다른 의견이 있으시면 거리낌 없이 말씀해 주시면 좋겠습니다."

4) 상담 관계 구조화하기

(1) 상담사 소개하기

상담 구조화에서는 상담사가 내담자에게 자기소개를 한다. 상담훈련을 받은 기간, 상담사 자격과 학력을 안내하는 것이 윤리적이다. 인턴수련을 받는 중인 선생님은 자신이 인턴수련 중임을 알리고 상담을 진행한다.

> 상1: 안녕하세요. 전 다리꿈상담센터에서 상담 인턴으로 훈련 중인 상담사 ○○○입니다. 상담대학원에 다니면서 훈련을 받고 있습니다. 상담 진행하는 부분에서 슈퍼바이저 ◎◎ 박사님에게 상담을 잘 진행하고 있는지 내담자에게 도움이 되는 부분과 어려움이 있는 부분에 대하여 자문을 구하면서 상담을 진행할 겁니다.
> 내1: 알고 있습니다.
> 상2: 혹시 상담약정에 대해서 궁금하신 것이 있으신가요?

(2) 호칭 안내하기

상담전체과정에 걸쳐 상담 호칭은 상담에서 중요하다. 상담사들 대부분 내담자에게 호칭을 어떻게 불리길 원하는지 물어보지 않고 '선생님'이라는 호칭을 쓰기도 한다. 또 자녀를 상담하는 경우에는 '어머님'이라고도 한다. 상담은 내담자가 일상에서 벗어나서 내담자 자신에게 집중할 수 있는 시간이다. 그러므로 상담에서 어떤 호칭으로 불리기를 원하는지 내담자에게 물어보아야 한다. 대부분의 내담자는 어떤 호칭이든 괜찮다고 이야기하지만 다시 한 번 물어보는 것이 적절하다. 이때, 많은 내담자들은 ○○ 씨라고 불러달라고 한다. 처음이라 어색할 수 있지만, 자신의 이름으로 불릴 때 자기 자신을 주체적으로 지각할 수 있기 때문이다. 반면에 어떤 내담자들은 '○○ 씨'라고 불리는 것을 불쾌하게 생각하면서 다른 호칭으로 불러 달라고 요청하기도 한다(김형숙, 2016b).

상1: 제가 상담을 진행하는 동안 호칭을 어떻게 불러 드리면 편안하실까요?

내1: 편한 대로 하세요.

상2: 저는 어떤 것이든 편합니다. 이 시간은 내담자 분을 위한 시간이니 내담자 분이 정하시는 것은 어떨까요?

내2: 아무거나 괜찮아요.

상3: 그럼 제가 몇 개를 호칭할 테니 들어 보시고 결정하시는 것은 어떤가요?

내3: 좋아요

상4: 민들레 씨, 민들레 님,

내4: 씨는 약간 어색하네요, 민들레 님으로 불러주세요.

상5: 그럼 민들레 님으로 부르겠습니다.

내5: 네네. 약간 어색하네요.

상6: 처음에는 어색하다고 하십니다. 진행하다 불편하시면 다시 바꿀 수 있으니 이야기해 주세요.

상담사를 어떻게 불러야 하는지 역시 내담자와 함께 이야기하는 것이 우호적 관계형성에 도움이 된다. 어떤 내담자들은 상담사가 대학원에서 강의한 것을 알고서 '교수님'이라고 부른다. 이전의 관계가 새로운 상담 관계에도 영향을 미칠 수 있으므로 '교수님'이라는 호칭은 상담 관계에서 적절치 않은 것으로 본다. 또 어떤 경우에는 '센터장님, 소장님'이라는 호칭으로 부르기도 한다. 이는 직장에서 고용주와 근로자와의 관계에서 사용되는 호칭이며 상담은 직장 관계가 아니므로 '센터장님, 소장님'이라고 부르는 것보다 다른 호칭을 부르도록 안내하는 것이 필요하다. 가장 무난한 것은 '선생님'이라고 불리는 것이므로, 만약 내담자가 불편해하다면 '선생님'이라고 안내하는 것이 무난한 방법이다.

내6: 교수님이라고 부르면 될까요?

상7: 교수님은 학교에서 부르는 호칭이잖아요. 박사님 혹은 선생님이라고 불러 주시면 좋을 것 같아요. 교수님은 학교 상황과 분리가 안 돼서 상담에 집중하는 데 영향을 미칠 수 있어서요.

내7: 아, 네. 저도 고민을 했는데 미리 물어봐 주시니 편하네요.

상담에서는 일반적으로 사용하는 호칭은 다음과 같다.

개인 상담: ○○ 씨, ○○ 님, 내담자 분
부부 상담: 남편 분, 아내 분
가족 상담: 첫째, 둘째, 엄마, 아버지
상담사: 박사님 혹은 선생님

(3) 상담에 대한 의미 안내하기

상8: 민들레 씨는 상담이 어떤 것이라고 생각하세요?

내8: 상담 선생님이 전문가니까 알아서 물어봐 주시고 제 호소문제를 해결해 주는 것이라고 생각해요.

상9: 많은 사람이 그렇게 생각하지요. 하지만 상담은 내가 어떤 사람인지, 왜 이런 어려움이 생겼는지를 민들레 씨 스스로 이해하고, 해결책을 저와 함께 찾아가는 과정이라고 할 수 있어요. 저는 민들레 씨가 그렇게 할 수 있도록 돕는 역할을 하는 거랍니다.

내9: 아 네,

상10: 상담이란 것은 민들레 씨와 제가 상담목표라는 종착역을 향해 함께 떠나는 여행과도 같은 것입니다. 모르는 곳을 여행할 때 가장 중요한 것은 동반자를 서로 믿는 마음이지요. 그런 것처럼 상담에서도 민들레 씨와 제가 서로 신뢰하는 것이 우리 여행에서 가장 중요한 출발점이 됩니다. 신뢰를 잘 형성하기 위해 우리는 몇 가지 약속을 하게 됩니다. 상담에서는 이것을 '구조화'라고 부릅니다. 예를 들어, 좋은 건축물은 내부 장식도 훌륭해야 하지만 그 건축물이 오랫동안 유지되기 위해서는 구조를 튼튼하게 짓는 것이 필요하듯이 우리 상담에서도 구조가 중요합니다.

내10: (호기심어린 눈빛으로) 네, 그렇군요.

(4) 내담자 기대 확인하기

심리 상담에 대한 이해가 부족한 내담자는 단 몇 회의 상담만으로도 자신의 호소문제가 다 해결될 수 있을 것이라는 비합리적 기대를 하고 상담실을 방문한다. 내담자가 접수면접 등 이전의 단계에서 상담 진행 전반에 대해 안내를 받아 왔을 수 있지만, 상담진행 과정에 대해 숙지할 수 있도록 다시 한번 안내할 필요가 있다. 상담사는 내담자에게 상담을 통해 무엇을 기대할 수 있는지 이야기할 수 있고, 이를 통해 너무 많은 것을 약속하거나 내담자를 잘못 인도하는 실수를 방지할 수 있다. 필자의 경험으로 내담자의 과거와 현재 상황을 고려할 때, 신뢰할 만한 내적 변화를 경험하려면 상담 기간이 오래 걸릴 것이라는 상담사의 말을 듣고 화를 내는 내담자들을 거의 본 적이 없다. 내담자 대부분은 상담사가 자신의 호소문제를 깊이 있게 이해하는 것에 고무되어 기꺼이 긴 심리적 여행을 시작할 준비를 한다. 내담자가 상담사로부터 "민들레 씨는 심리적 어려움으로 오랫동안 고통을 받으셨네요."라는 말을 들었을 때 오히려 안도감을 느꼈다고 하였다. 기적적인 치유를 요구하면서도 진정한 변화를 위한 치료 작업에 함께 하려는 마음이나 그런 능력이 없는 소수의 내담자에게는 진단 후에 이를 정직하게 알려 줌으로써 이들이 치료를 철회할 수 있도록 해 주어야 한다. 그렇게 하지 않으면 상담에서 어떤 마술과 같은 효과를 기대하면서 내담자와 상담사의 시간만 낭비하게 된다.

상11: 상담에 대해서 어떤 기대를 가지고 계시나요?

내11: 제가 가진 어려움을 다 해결해 주는 시간이 되길 뭐…….

상12: 상담은 마술적 변화가 아닙니다. 내담자 분과 상담사인 제가 의뢰된 호소문제에 대하여 이야기를 하면서 함께 노력하는 시간입니다. 상담사가 내담자를 파악하여 변화시켜 주는 것이 아닙니다. 변화에 대한 책임은 내담자 분께 있습니다. 고민하는 부분에 대해 구체적인 노력과 시도를 함께 해야 가능합니다.

내12: 제가 책임을 져야 한다고요? 선생님, 그런 부담 가는 것을…….

상13: 심리상담은 내담자와 상담사가 합의된 상담목표 지점을 향해서 함께 하는 여행과 같습니다. 내담자의 호소문제를 바탕으로 상담목표를 명확히 설정하고 이를 상호 협의하는 것이 중요합니다. 내담자 분과 제가 같이 노력해야 하는 것을 말하지요.

(5) 내담자와 상담사의 역할 안내하기

상14: 도움 되는 상담이 되려면 민들레 씨가 어떻게 하면 좋을까요?

내14: 저도 마음을 열고 이야기를 하고, 뭔가를 해야 할 것 같아요.

상15: 네. 우선 상담에서는 민들레 씨가 준비된 만큼 솔직하게 이야기를 하는 것이 도움이 됩니다. 또 이야기를 하면서 떠오르는 감정이나 생각을 표현하기도 하고, 이해가 되지 않는 것은 이해가 안 된다고 물어보기도 하고, 울음이 나오면 울 수도 있습니다. 상담 시간이 50분으로 진행되니 시간을 지켜 주시면 집중해서 상담을 진행할 수 있을 것 같아요. 혹시 상담을 받으면서 상담에 오기 싫은 이유가 있다면 말씀해 주세요. 솔직하게 저에게 이야기해 주시면 제가 상담을 준비하는 데 도움이 됩니다.

내15: 네.

상16: 상담은 10회로 진행됩니다. 하지만 민들레 씨는 언제든 상담을 중단할 수 있고, 연장할 수 있습니다. 다만 중단할 경우에는 이유를 알려 주시면 제가 성장하는 데 도움이 될 것 같습니다. 상담사인 저는 필요한 경우 질문을 할 수도 있고, 요약해서 이야기를 들을 수 있습니다.

(6) 대화 범위 안내하기

상17: 상담은 모든 것을 다 이야기하지 않아도 됩니다. 도움받고 싶은 부분만 이야기하시면 됩니다. 원 가족과의 과거를 모두를 이야기하지 않아도 상담은 진행됩니다. 내담자 분이 준비되신 만큼 개방하시면 됩니다. 혹시 이야기를 하시다가 힘이 들면 '오늘은 여기까지 이야기를 개방하고 싶습니다.'라고 이야기의 범위도 민들레 님이 정하십니다.

내17: 그렇게 이야기를 들으니 마음이 편안하네요. 제가 모든 것을 이야기해야 하는 줄 알고 머리가 아팠거든요.

2. 접수면접 정보 활용

1) 접수면접 활용자료

상담사는 접수면접 내용을 지나치게 신뢰하고 의존해서는 안 된다. 접수면접 자료는 내담자에 대한 종합적 추론을 하기에는 다소 빈약한 자료들이 대부분이기 때문이다. 접수면접지에 적힌 내용은 내담자 스스로 작성한 것들이 대부분이지만, 그 자료는 접수면접자의 생각이 반영된 이차적인 자료로 이해해야 한다. 따라서 상담사는 그것을 참고자료로 활용하는 것으로 만족해야 하며, 마치 내담자의 모든 호소문제가 자료에 적힌 내용 그대로인 양 단정 짓지 않도록 주의해야 한다. 그럼에도 불구하고 접수면접의 내용을 상담사가 가설적으로 잘 활용한다면 첫 상담 과정에 유용하다. 활용할 수 있는 접수면접 자료는 다음과 같다.

(1) 문제 목록

우울, 불안, 약물사용 등의 문제 항목 중 체크되어 있는 부분을 확인한다. 특히 내담자가 수기로 적은 표현을 통해 내담자의 상태를 명확하게 이해할 수 있기에 주의를 기울여 확인해야 한다. 예컨대, 문제 목록 중 '분노'에 체크되었지만 아래 호소문제에 '아버지 소리만 들어도 가슴이 쪼그라들고 숨이 막혀 고통스러워요'라는 기록은 내담자의 현재 상태를 수월하게 파악할 수 있게끔 하는 자료이다.

(2) 의뢰경위

상담 의뢰경위는 내담자에 대한 중요한 정보를 알려 준다. 상담사는 내담자가 자발적으로 상담실을 찾았는지, 부모에 의해 의뢰되었는지, 보호관찰 처분이나 다른 이유로 상담에 위탁된 비자발적 내담자인지를 확인해야 한다. 내담자가 상담을 받으러 온 이유를 확인함으로써 초기상담에서 내담자와 어떻게 상담 관계를 형성해야 할지를 준비할 수 있다.

(3) 행동관찰

접수면접에 기록된 내담자의 외모와 말투 및 행동은 내담자의 비언어적인 정보이다. 비언어적인 태도는 상담에 대한 내담자의 태도 등을 알 수 있는 자료이다.

(4) 생활환경

생활환경은 내담자에 대한 기본적인 인적사항뿐만 아니라 다양하고 중요한 정보를 제공한다. 첫째, 친구관계, 이웃관계, 재정적 어려움이나 법적으로 얽힌 문제의 여부, 경제적 상황 등에 대해 확인하는 것이 필요하다. 만약 학생이라면 학교 성적 등도 중요하게 확인해야 할 사항이다.

둘째, 학교나 직장에서의 적응 이력을 살펴보는 것도 중요하다. 예를 들어, 고등학교 중퇴, 대학교 2번 휴학, 잦은 직장 이동이라는 정보가 접수면접지에서 확인된 경우 상담사는 이 자료를 어떻게 활용할 수 있을까? 상담사는 이 자료를 바탕으로 내담자와의 상담이 '원활하지 않을 수 있다'는 잠정적 가설을 세우고 상담 방해 요소를 줄이기 위한 노력을 할 수 있을 것이다. 상담 속도를 높이기보다는 내담자와의 관계를 튼튼히 하는 데에 더 집중하면서 상담을 서서히 진행할 수 있다. 이럴 때에는 내담자가 상담에 꾸준히 참여하도록 하는 것이 가장 긴급한 목표가 될 수 있다.

셋째, 내담자의 현재 직장생활도 확인하는 것이 필요하다. 직업, 고용 기간, 작업환경의 특징, 직장에서의 인간관계 등을 살펴보는 것이 중요하다.

넷째, 최근에 일어난 변화나 상실을 확인한다. 내담자 자신이나 가족 구성원들이 겪은 상실이나 그로 인한 변화를 확인하는 것은 상담의 방향을 잡는 데에 매우 중요한 정보가 된다.

(5) 의학적 검사와 이전 상담자료

의학적 검사와 진료를 받은 적이 있는 내담자라면 이 내담자의 과거 병력은 현재 호소하고 있는 문제와 연관하여 반드시 탐색되어야 한다. 10년 전 조울증을 경험했던 사람이 '하나님과의 관계에서 겪는 혼란스러움'을 호소하며 다시 상담실을 찾았을 경우, 10년 전에 조울증을 어떻게 치료했으며 그때와 비교하여 현재의 기능 수준이 어떠한지를 파악하는 것은 매우 중요하다. 이때 상담사는 다음과 같은 내용을 확인하고 상담에 활용하는 것이 좋다.

첫째, 내담자의 이전 상담 경험을 확인한다. '과거에 상담을 받아 본 적이 있나요? 상담 효과는 어떠했습니까? 상담은 어떻게 끝났나요?' 등의 질문을 통해 내담자가 이전 상담에서 주관적으로 무엇을 경험했는지 파악한다. 이전의 경험이 긍정적이었다면 지금 만난 상담사도 좀 더 쉽게 신뢰할 수 있을 것이다. 반면, 내담자가 중학교 1학년, 고등학교 1학년, 대학교 1학년, 그리고 3개월 전쯤에도 상담을 시작했었으나 모두 2~3회기 만에 그만두었다면 상담사는 '상담 관계 형성에 어려움이 있을 수 있다'는 점을 임상적 가설로 세울 수 있다. 이런 경우, 내담자가 상담사에 대한 신뢰를 갖도록 하는 것이 일차적 목표가 될 수 있다.

둘째, 입원치료 경험이 있었는지 확인한다, 입원치료 경험과 항정신성 약물사용 경험은 스트레스에 대한 내성 및 내담자의 생활 기능에 대한 매우 중요한 정보들을 알려 준다.

셋째, 이전에 경험한 정신건강 문제들을 확인한다. 약물이나 알코올 사용 경험, 현재의 기능 이상과 관련된 삽화를 경험한 이력을 확인한다.

넷째, 문제를 해결하고 변화를 체험했던 과거의 성공 경험을 확인한다. "이전에도 이와 비슷한 문제를 경험한 적 있나요?"라고 물으면서 내담자가 그 문제를 어떻게 극복했는지를 말하게 함으로써 내담자의 자원을 확인하고 상담에 활용할 수 있다.

(6) 가족력

첫째, 가족 구성원은 어떻게 되는지, 그 중 누구와 살고 있는지에 관한 정보이다. 내담자의 원가족에 관한 정보는 매우 중요하게 다루어져야 한다. 가족란에 부와 동거하지 않음이라고 표시되어 있다면 직장 때문인지, 아니면 부모님의 별거 때문인지 등의 이유를 파악할 필요가 있다. 이런 과정을 통해 가족관계에 관한 여러 정보를 모을 수 있다.

(7) 심리검사 자료

내담자가 병원이나 다른 상담실에서 이미 심리검사를 받은 적이 있다면 그때의 검사 결과를 검토해 보는 것도 필요하다. 만약 현재 시점에서 심리검사를 다시 실시해야 할 필요가 있다면, 이전 검사와 같은 검사를 실시하여 결과를 비교해 보는 것도 유용하다. 심리검사 자료를 활용하는 것은 가설 검증 부분에서 기술하겠다.

이 외에도 매 회기 내담자 진술을 기록해 놓은 상담회기 자료는 호소문제선정과 합의된 상담목표를 설정할 때뿐만 아니라 상담 초기, 중기, 말기, 종결의 과정마다 상담효과를 확인해 볼 수 있는 중요한 근거가 될 수 있다. 따라서 상담 회기 자료는 상담의 전 과정 동안 상담사가 주목해야 하는 자료이다.

2) 면접자료에 기반을 둔 가설의 검토와 확인

상담사는 첫 회기 상담을 갖기 전에 수집된 접수면접 자료를 토대로 내담자와 내담자의 문제에 대한 가설들을 미리 세워볼 수 있다. 상담사가 임상적 가설을 세워보는 것은 향후 상담에 매우 중요한 의미를 갖는다. 그렇다면, 임상적 가설이 왜 필요할까? 단순하게 대답하면, 상담사의 불필요한 실수를 줄이기 위해서라고 말할 수 있다.

초심상담사는 대개 다음과 같은 두 가지 실수를 한다. 첫째, 충분한 정보를 수집하지 않은 채 사례 전체를 해석하려는 것이다. 둘째, 내담자에 관한 세부적 정보에 매달려서 중요한 개입을 놓치는 것이다. 임상 가설을 세우고 활용하는 훈련을 하면 상담사는 내담자에 관한 정보 중 어떤 것이 더 유용한 것인지를 분별할 수 있다. 또한 사례 해석의 근거를 파악함으로써 치료적 개입을 하는 데에서도 자신감을 가질 수 있게 된다.

단, 상담사들은 다음과 같은 점을 명심해야 한다. 먼저, 그 가설은 아직 가설일 뿐이라는 점이다. 가설은 추측이며 아직 분명하게 확인된 것이 절대로 아니다. 상담사는 내담자를 통해 내용을 확인해야 하며 필요하면 언제든 그것을 수정할 수 있어야 한다.

상담초기에 상담사는 먼저 내담자에 대한 하나의 가설을 설정할 수 있다. 그러나 더 많은 정보가 모아지면 그 중 어떤 것은 기각하고 어떤 점은 새롭게 채택할 수 있다. 이런 과정에서 가설이 명확해짐에 따라 보다 초점화된 상담을 진행할 수 있게 된다. 가설에 대한 근거가 확실해질수록 그에 따른 상담 개입 전략도 분명해질 수 있다.

(1) 상담의 기대에 대한 가설

접수면접지에 '2회기 정도 안에 마치고 싶습니다. 그 안에 문제가 해결되었으면 합니다'라고 적혀 있다면 이러한 내담자에 대해서는 '문제해결에 대한 비현실적인 기대를 가지고 있을 수 있다', 혹은 '자신의 문제에 대한 인식이 부족할 수 있다'는 가설을 세울 수 있다. 상담사는 첫 회기 상담에서 이런 점을 확인하면서 내담자가 상담에 대해 현실적인 기대를 갖도록 도와야 할 것이다.

(2) 심리검사자료에 대한 가설

8년 전에 '조현병'을 앓았으나 약물치료로 완화된 경험이 있고, 그 후 '강박장애'로 진단받았던 내담자가 있다고 하자. 접수면접 기록지에서 이런 내용을 확인했다면 이 내담자에 대해 상담사는 어떤 가설을 세울 수 있을까? '조현병을 앓았지만 현재까지 8년 동안 약물복용을 하면서 직장생활을 유지해 가는 것으로 보아 현실검증력과 병식은 있어 보인다. 어떤 강박사고와 강박행동이 있는지를 확인할 필요가 있다.'라고 기록할 수 있다. 첫 회기 상담에서 상담사는 내담자가 그동안 치료를 열심히 받아 온 것을 지지하면서 강박사고와 강박행동 등을 확인하는 질문을 할 수 있다. 그렇게 하여 내담자의 호소문제를 초점화해 나갈 수 있다.

그러나 내담자에 대한 가설의 내용 중에는 직접적인 질문으로 확인하기 어려운 것도 있을 수 있다. 예를 들어, 접수면접자가 평가란에 '자기애성 성격장애로 보입니다'라고 기록하였다면, 이런 가설은 상담사가 내담자에게 직접 물어보면서 확인할 수 있는 것이 아니다. 몇 차례의 면담과 호소문제를 탐색하면서 종합적으로 판단해야 하는 부분이다. 따라서 상담사는 면접자료뿐만 아니라 내담자의 호소문제를 구체적으로 탐색하면서 임상적 가설을 세우기 위한 평가를 해 나가야 한다. 상담사는 두 가지의 입장에서 상담을 진행해야 한다. 하나는 공감적 태도로 내담자와 신뢰관계를 맺는 것이고, 동시에 잠정적 가설을 기반으로 임상평가를 해나가는 과학적 태도를 가지는 것이다. 이 둘은 분리된 것이 아니라 동시적으로 상담사가 상담 과정에서 진행해야 하는 것이다. 공감과 신뢰관계가 형성되지 않은 내담자에 대한 가설과 평가는 무의미한 것이다.

3. 임상적 진단 및 평가

상담사는 내담자가 경험하는 문제의 본질과 원인을 파악해야 한다. 이때 진단과 평가가 사용된다. 진단이란 DSM-5의 분류체계를 이용해서 내담자의 문제나 상태를 기술하는 것이며 이것을 임상적 진단이라고 한다. 평가란 내담자의 문제와 상태를 기술하고, 문제가 발생되고 유지되고 촉발되는 원인을 생물학적, 가족관계적, 정신역동적, 대인관계적 측면에서 살펴본 후 기술하는 것으로, 역동적 진단 혹은 임상적 평가라고 불리기도 한다(Sperry & Sperry, 2012/2015).

임상적 진단과 평가는 상담이 진행되는 동안 계속되는 일이지만 주로 상담 초기에 집중적으로 이루어진다. 특히 내담자의 문제에 관한 평가는 첫 회기 상담의 주요한 주제가 된다.

임상적 진단과 평가에 일정한 순서가 있는 것은 아니다. 먼저, 접수면접 후 심리검사를 실시하여 내담자의 상태나 어려움을 가설적으로 평가한 후, 첫 회기 상담에서 호소문제를 확인할 수 있다. 면접을 통해 이전에 심리검사를 받았다는 것이 확인되면 그때의 자료를 활용할 수도 있다. 다른 하나는 첫 회기 상담에서 내담자의 호소문제를 구체화한 후, 내담자를 더 깊이 이해하기 위해서 나중에 심리검사를 실시하는 경우도 있다.

1) 임상적 진단

임상적 진단은 내담자의 문제가 무엇인가를 알아내는 과정이다. 진단의 기준은 DSM-5이며 진단을 하는 도구는 면담을 포함한 심리검사를 이용한다. DSM-5에서 명시해 놓은 진단기준을 충족할 경우, 2장에서 설명한 정신장애들을 고려해 볼 수 있다. 조건에 해당되는 것도 있지만 모두 충족하지 않을 경우는 그러한 '성향'이 있다고 볼 수 있을 것이다. 임상적 진단은 내담자가 호소하는 문제를 심리검사＋행동관찰＋DSM-5＋면담이 종합적으로 어우러져 가설적으로 내려진다. 이 책은 초심상담사의 상담 과정에 대한 기술이기에 상담사가 현장에서 가장 많이 사용하고 있는 MMPI와 SCT를 기준으로, 가설을 설정하고 확장하는 과정을 설명해 보겠다.

(1) 심리 검사

내담자의 어려움을 파악하기 위해 심리검사를 통해 내담자에 대한 가설을 확보할 수도 있고, 실질적인 면담을 통해 임상자료(clinical data)를 수집할 수도 있다. 심리검사를 통한 진단은 내담자에게 진단적 꼬리표를 붙이기 위해서 실시하는 것이 아니다. 짧은 시간 안에 문제와 자원을 파악해서 내담자를 효과적으로 조력하기 위해서 필요한 과정이다. 심리검사를 통한 진단과정은 포스트 모더니즘 사고에 기반을 둔 이야기치료나 체계론적인 입장을 가진 가족상담에서는 권장하는 방법은 아니다. 상담사의 이론적 지향이 어떠하느냐에 따라 이 과정은 생략될 수도 있다. 심리검사를 사용하지 않는 상담사는 이 과정을 동일하게 생략하고 내담자의 행동관찰과 면담, 회기자료를 가지고 잠정적 가설의 형태로 진행될 것이다.

먼저, 사례 8의 심리검사 결과를 보면서, 심리검사가 임상적 가설을 세우는 데 어떻게 활용될 수 있는지를 살펴보도록 하자.

《사례 8. 버려질 것 같은 두려움이 저를 찌르고 있어요_30대 직장인》

■ **접수면접 자료와 행동관찰로 가설 세우기**

이 내담자의 경우, 상담사는 심리검사를 통해 호소문제에 어떻게 다가서야 할지에 대한 정보를 얻어낼 필요가 있다. 먼저, 잠정적 가설을 세우기 위해 접수 면접 자료를 꼼꼼히 살펴봐야 하는데, 이 내담자의 접수면접지에서 다음과 같은 특이사항을 확인할 수 있었다.

첫째, 문제목록에 두려움, 공허감, 불안, 피로함, 우울, 무기력, 자해 등이 체크되어 있었다. 자해는 자살 사고 및 시도와 연관될 수 있기 때문에 상담사는 우선적으로 그런 내용을 확인해 볼 필요가 있다. 또한 여러 개의 문제목록에 모두 체크한 것은 이 내담자가 현재 정서적으로 매우 큰 혼란을 겪고 있음을 시사하는데, 이럴수록 상담사는 내담자의 호소문제를 단순 명료화해 나갈 필요가 있다. 우울이 심할 경우 약물복용의 가능성도 확인해야 한다.

둘째, 상담 의뢰 경위란에는 최근 갑작스럽게 악몽을 꾸고, 오래 앉아 있지 못할 정도의 신체적 무기력과 우울감을 겪고 있다고 적혀 있었다. 어려움을 지각하고 스스로 상담실을 찾은 자발적 내담자이기에, 상담 동기가 높고 자기 개방에도 적극적일 것임을 예상할 수 있다.

셋째, 내담자는 현재 안정된 직장생활을 하고 있었다. 그 외 다른 특이사항은 없었다. 그럼에도 불구하고 우울과 무기력을 호소하고 있기에 심리 내적인 갈등과 혼란이 있음을 짐작해 볼 수 있다.

넷째, 의학적 검사와 이전 상담자료는 없었다. 그동안 잘 지냈다면 가장 최근에 내담자가 어떤 일들을 겪었는지를 확인해 볼 필요가 있겠다.

다섯째, 가족력에 있어서도 장남이라고 기록되어 있는 것 외에 별 다른 특이점은 없었다.

잠정적 가설을 수정하고 다시 확인하는 과정은 심리검사+행동관찰+DSM-5+면담으로 통합적으로 세워 나간다. 초심상담사가 접수면접 자료와 검사자료를 통한 가설 설정 과정이 진행되는 과정이 필요해서 MMPI-2, SCT를 순서적으로 기술한다. 이 가설과정은 다소 단편적이라는 인상을 줄 수도 있을 것이며 그 부분은 종합심리검사를 통하여 보완하고 수정하는 과정을 지속적으로 해야 하는 것임을 미리 밝힌다.

■ MMPI-2를 활용한 가설 설정

먼저 내담자의 MMPI-2 검사를 기반으로 접수면접 자료와 확인해서 세운 가설은 다음과 같다(Friedman, Bolinskey, Levak, & Nichols, 2014/2020).

〈표 6-1〉 MMPI-2 척도 점수[1]

타당도 척도									임상척도									
VRIN	TRIN	F	F(B)	F(P)	FBS	L	K	S	Hs	D	Hy	Pd	Mf	Pa	Pt	Sc	Ma	Si
45	51	60	74	61	64	57	50	42	56	68	60	48	78	58	74	78	53	66

재구성 척도									정신병리 5요인 척도				
RCd	RC1	RC2	RC3	RC4	RC6	RC7	RC8	RC9	AGGR	PSYC	DISC	NEGE	INTR
83	55	66	59	45	55	55	55	47	49	57	50	56	80

내용척도														
ANX	FRS	OBS	DEP	HEA	BIZ	ANG	CYN	ASP	TPA	LSE	SOD	FAM	WRK	TRT
78	56	72	93	52	54	49	59	47	49	67	89	67	77	63

보충척도														
A	R	Es	Do	Re	Mt	PK	MDS	Ho	O-H	MAC-R	AAS	APS	GM	GF
66	52	32	40	51	77	75	54	56	52	44	38	31	38	57

첫째, 임상척도 2번(D:68)과 내용척도 DEP(93)가 상승된 것을 보아 우울이 심한 것으로 보인다. 타당도 척도 F(60)의 상승은 내담자가 현재 스트레스 상태에 있음을 알려 준다. 자살 사고(DEP4:83)가 보고되고 있으며, 자살과 관련된 결정적 문항(15번)에도 체크된 것으로 보아 현재 자살시도 가능성이 있는 위기내담자라는 사실을 알 수 있다(〈부록 6-1〉 참조). 상담사는 첫 회기 상담에서 이 지점부터 탐색해야 한다. 접수면접 자료에서도 이와 같은 점이 확인되고 있기에 자살 위험이 있는 위기내담자라는 임상적 가설은 일단 채택되고, 그 지점에 대한 적극적인 탐색과 개입이 즉각적으로 이루어져 한다.

둘째, 8-7 코드 타입은 내담자가 지금 매우 혼란스러운 정서적 동요상태에 놓여 있음을 보여 준다. 우울하고 비관적인 느낌, 자살 사고, 걱정, 긴장, 불안 등의 문제가 나타날 것으로 보이며 내성적, 반추적 사고가 많아서 대인관계가 원만하지 못하고 이성관계에서도 곤란이 나타날 것으로 짐작된다(Pt:74, Sc:78). 이러한 검사 결과는 접수면접 자료를 기초로 하여 세웠던 임상적 가설—'불안과 우울이 극심한 상태일 수 있다, 심리적 혼란이 심할 것이다'—을 뒷받침해 준다. 그러나 낮은 동기(TRT:63, TRT1: 74)는 접수면접에 세웠던 가설과는 상충한다. 이런 검사 결과는 내담자가 상담에 대한 동기가 높아서가 아니라 현재 겪고 있는 어려움의 심각성으로 인하여 상담실을 찾아왔을 가능성을 시사한다. 내담자 스스로 문제를 통제하지 못하는 절박한 상황에 놓여있음을 추정해 볼 수 있다. 다만 상담이 시작된 후 라포가 형성되면 자기개방의 어려움은 없을 것으로 보인다

---

1) 제1장에서 밝힌 것처럼 검사자료는 내담자의 동의를 얻었고, T점수로 제시되었다.

(TRT2:44).

셋째, 7-8코드 타입은 대인관계에서 주도적인 역할을 취하지 못하고 수동-의존적인 관계를 형성하며, 성숙한 이성관계에서의 곤란이 예상될 수 있다. 이러한 성적(sex)으로 부진한 수행의 보완시도로 성적 공상에 몰두할 수 있겠다.

넷째, 현재 내담자는 기능적인 직장생활을 하고 있지만 정서적 부적응 상태일 수 있다 (RCd:83, INTR:80, ANX:78, A:66). 내용척도에서 보여 준 직장생활곤란(WRK:77)을 보아 현재 직장생활뿐만 아니라 대인관계에서의의 어려움도 있을 수 있겠다(S1:66). 그러나 이러한 어려움이 최근의 일이 아니라 성인생활부적응(Mt:77)과 외상 후 스트레스(PK:75) 때문은 아닌지도 생각해 보아야 한다. 대학 시절이나 그 이전에 어떤 어려움을 겪었는지, 혹시 라도 감정을 억압하면서 고통을 견디어 온 것은 아닌지를 살펴보아야 한다.

다섯째, 자아강도의 낮은 점수(Es:32)는 내담자가 스트레스에 취약할 수 있다는 점을 보여 준다. 이런 내담자와는 지지적인 상담 관계를 형성하는 것이 중요하다.

■ **SCT를 통한 가설 설정**

MMPI-2로 수정된 가설을 SCT를 통해 재확인하거나 확장하면 〈표 6-2〉부터 〈표 6-5〉와 같다.

〈표 6-2〉 MMPI-2로 수정된 가설1

MMPI-2로 수정된 가설1
• 심한 우울 및 스트레스 상태 • 자살 사고 및 시도 가능성이 있는 위기 내담자

SCT에서 가설의 확장: 자살에 관련된 문항은 보이지 않는다. 다만 완벽해지고자 하는 자기(41번 문항: 나의 평생 가장 하고 싶은 일은 완전한 자아를 완성하는 것; 42번 문항: 내가 늙으면 완전한 자아를 완성해 있을 것이다; 36번 문항: 완전한 남성(男性)상은 책임감 있는, 든든한, 따뜻한, 능력 있는, 가정적인)와 여성에게 구원 받기를 갈망하거나 과거의 삶에 얽매여 있는 현재의 자기 모습(11번 문항: 내가 늘 원하는 것은 여성으로부터의 구원; 34번 문항: 나의 가장 큰 결점은 과거에 얽매인다는 것, 연인에게 구원을 바라는 것)의 괴리에서 오는 자괴감이 낮은 자존감을 형성하였고(LSE:67) 오랫동안 내담자에게 압박감으로 작용했을 가능성이 있다.

〈표 6-3〉 MMPI-2로 수정된 가설2

MMPI-2로 수정된 가설2
• 매우 혼란스러운 정서적 동요상태, 우울한 느낌, 자살 사고, 걱정, 긴장, 불안 등 • 반추적 사고로 인한 원만하지 못한 대인관계, 이성관계의 곤란 • 통제되지 않는 어려움 속에 놓여 있을 가능성

SCT에서 가설의 확장: 내담자의 불안은 버려질 것에 대한 두려움, 특히 여성에게 버려질 것에 대한 두려움에서 비롯된 것일 수 있다. 그 두려움은 어린 시절 부모님과의 관계에서 생겼을 것으로 추측된다(5번 문항: 어리석게도 내가 두려워하는 것은 여성으로부터 사랑받지 못하는 것이다; 40번 문항: 내가 잊고 싶은 두려움은 버려지는 두려움; 45번 문항: 생생한 어린 시절의 기억은 버려질까 봐 두려웠던 기억).

〈표 6-4〉 MMPI-2로 수정된 가설3

MMPI-2로 수정된 가설3
• 수동-의존적인 관계를 맺을 가능성 • 이성관계의 곤란을 성적 공상으로 몰두할 수 있을 가능성

SCT 가설의 확장: 내담자는 여자로부터의 구원을 바라는 수동-의존적인 관계가 나타났고, 이러한 어려움을 성적 공상으로 대체하려고 시도했을 가능성이 있다(SCT 11, SCT 34번, 접수면담자료: 나는 결혼해서 그녀가 꿈을 이룰 수 있도록 조력할 생각이 있다. 희생하는 거다. 보상을 바라지는 않지만 그녀가 알아봐 주길 원한다; 어렸을 적부터 여성으로부터 관심과 사랑을 받는 것을 좋아했던 것 같아요. 그러면서도 내가 사랑하는 사람 한 명에게 모든 걸 바친다는 마음으로 연인관계에 임해 왔어요. 모든 삶의 초점이 연인과의 관계에 맞춰져 있었고, 이러한 경향 때문인지 항상 같은 문제가 반복되어 왔습니다).

〈표 6-5〉 MMPI-2로 수정된 가설4

MMPI-2로 수정된 가설4
• 직장에서 정서적 부적응 및 대인관계 곤란을 겪고 있을 가능성 • 과거 경험에서 정서적 어려움이 비롯되었을 가능성

SCT에서 가설의 확장: 정서적인 어려움에도 직장생활을 꾸준히 하고 있는 것으로 보

인다. 미래에 대해 긍정적으로 사고하려고 하면서도 불확실성으로 인한 불안이 교차하고 있는 것으로 보인다. 미래에 대한 꿈이 있고, 주어진 일들을 잘하고 싶은 욕구가 있는 것으로 보아(Hy:60; SCT 8번 문항: 언젠가 나는 내가 원하는 모습으로 되어 있을 것이다; 30번 문항: 나의 야망은 행복한 가정을 꾸리고 싶다) 내담자의 무기력과 우울은 기대와 현실 사이의 불일치로 인한 것임을 추정해 볼 수 있다.

(2) 호소문제 평가

첫 회기 상담에서는 호소문제 평가가 이루어져야 한다. 앞서 심리검사로 내담자에 대한 잠정적 가설을 세웠다면 이제 호소문제를 구체화하면서 내담자를 더 깊이 이해해 나가야 한다. 호소문제 구체화는 호소 내용, 증상, 호소문제 상황, 호소문제가 발달해 온 역사, 호소문제에 대한 태도, 상담호소 기저에 숨겨진 미충족된 바람(want) 등을 탐색하면서 이루어진다. 내담자는 접수면접 단계에서부터 이미 자신의 문제를 이야기하기 시작한다. 그러나 정보수집과 평가가 주된 목적이 되는 접수면접과는 달리, 첫 회기 상담에서는 '치료적 목적'에서 호소문제를 재평가해야 한다. 이때 상담사는 자신이 활용할 수 있는 상담전략과 기법에 맞게 내담자의 문제를 재구성하여 듣는 능력이 필요하다.

임상적 진단과 평가에서 설명한 30대 직장인의 사례(사례8)를 예시로, 호소문제를 구체화하는 과정을 살펴보도록 하자.

■ 호소문제 구체화

첫째, 호소 내용을 구체화하기 위해 상담사는 아래와 같은 질문으로 내담자의 언어적 · 비언어적 표현에 담긴 의미나 상징 등을 명료화한다.

"버려지는 두려움이라고 했는데 이것이 어떤 의미인가요?"
"여성으로부터 사랑받지 못하는 것과 버려지는 두려움은 같은 의미인가요?"

둘째, 증상을 구체화한다. 호소문제와 관련하여 겉으로 드러나는 신체적, 심리적, 인간관계, 직무 등과 관련된 증상을 양적으로 확인하는 것이다.

"버려질 것 같은 두려움이 올 때, 신체적으로 어떤 반응이 일어날까요?"

"여자친구가 다른 남자와 성관계를 하는 생각이 떠오를 때 어떤 느낌이세요?"

"버려지지 않으려고 완전한 자아를 완성하는 것과 관련이 있을까요?"

셋째, 호소문제 상황을 분명히 파악해야 한다. 내담자가 호소하는 호소문제들이 발생하는 상황적 배경이나 맥락을 파악하는 것이다. 먼저, 일상생활 중 최근에 발생했던 호소문제 상황에 대해 탐색하는 것이 좋다. 예를 들면, "최근에 대인관계에서 버림받은 것을 경험했던 적이 있나요?"라고 질문한다. 이런 상황에서는 육하원칙에 따라 질문하면 호소문제를 구체화할 수 있다. 그러나 "그 경험이 몇 번 정도 있었나요?"라는 양적인 상황만 지나치게 탐색하다 보면 구체화에는 도움이 될지 모르나, 내담자는 자신이 취조당하고 있다고 느낄 수 있다. 그러므로 내담자의 마음에 공감하면서 그 상황에서 경험한 내담자의 정서적 경험, 사실에 대한 내담자의 생각, 욕구, 소망과 같은 내담자의 경험적 내용도 아래와 같이 탐색한다.

"버려질 것 같은 두려움이 들 때 가장 먼저 떠오르는 생각은 무엇인가요?"

"여자친구가 다른 남자와 성관계를 하는 생각이 떠오를 때 심장을 찌르려고 하나요"

넷째, 호소문제 발생 시점을 구체화한다. 이는 호소문제가 발생한 시점부터 현재까지 진행되어 온 과거의 사건에 대한 기억이나 회상 또는 기억과 관련된 연상을 통하여 명료화하는 것이며 아래와 같은 질문으로 구체화한다.

"언제부터 버려질 것 같은 두려움을 느끼기 시작했나요?"

"이 어려움과 관련하여 떠오르는 기억을 말해 주시겠어요?"

다섯째, 호소문제에 대한 내담자의 태도를 구체화한다. 내담자가 생각하는 호소문제가 무엇이고, 원인이 무엇인지, 지금까지 그 호소문제에 대해 어떻게 대처해 왔으며 결과는 어땠는지 그리고 지금 자신이 생각하는 해결 방법은 무엇인지 등을 질문함으로써 호소문제에 대한 내담자의 태도를 명확히 밝힌다.

"버려질 것 같은 두려움을 느끼는 자신의 모습을 어떻게 받아들이시나요?"

여섯째, 호소문제에 대한 내담자의 바람을 구체화한다. 내담자의 바람을 들어보면 호소문제가 더 구체적으로 드러날 수 있다.

"되고 싶은 자신의 모습은 어떤 것일까요?"
"그것을 위해서 포기할 것과 용기를 내야 할 것은 무엇일까요?"
"원하는 모습이 되는 것을 방해하는 걸림돌은 어떤 것일까요?"

2) 임상 평가

(1) 임상 평가 방법

임상 평가는 '문제의 원인은 무엇인가? 왜 이 문제가 지금까지 지속되는가? 지금 상담실에 온 이유는 무엇인가?'의 질문에 답하는 과정이다. 이 과정에서 임상적 평가의 기준이 되는 렌즈의 역할을 하는 것은 상담이론이며 그 도구는 문제의 유발요인, 유지요인, 촉발요인에 관한 질문이 된다.

상담사는 내담자의 이야기를 들으면서 유발요인—'문제가 생긴 원인은 무엇인가?', 유지요인— '왜 이 문제가 지금까지 지속되었는가?', 촉발 요인—'지금 상담실에 온 이유는 무엇인가?'를 파악해야 한다. 문제의 발생, 유지, 촉발 요인에 관한 임상평가는 상담사의 이론적 배경에 따라 각기 다르게 기술될 수 있다. 호소문제가 동일하다 하더라도 상담사가 지향하는 이론적 기반이 무엇이냐에 따라 수집된 정보의 중요도가 달리 평가될 수 있다. 상담사가 이 사례에 행동수정 이론을 적용하는 것이 적절하겠다는 가설을 세웠다고 하자. 이때 상담사는 행동수정의 전략에 필요한 방향으로 내담자의 호소문제에 관련된 정보를 수집하면서 임상 평가를 한다. '사례 8의 버려질 것 같은 두려움'을 호소하는 내담자의 문제를 행동주의 이론으로 임상 평가하면 다음과 같다.

첫째, 문제를 외현적 행동차원에서 정의하고 그것이 행동의 과잉인지 부족인지를 파악한다. 둘째, 그 문제 행동이 발생하는 것과 관련된 상황적, 시간적, 장소적인 조건들이 무엇인지를 알아내는 유발요인을 탐색할 것이다. 셋째, 문제 행동이 발생한 다음 그 문제 행동의 발생확률을 증가, 유지 또는 감소시키는 요인들을 알아낼 것이다. 넷째, 그 문제 행동이 최근 들어 심해졌다면, 그렇게 만드는 촉발요인을 탐색할 것이다. 이러한 임상평가의 목적은 상담사가 선택한 치료전략이 내담자의 문제 행동과 관련된 전·후 자극들을 변화시키는 것이기 때문이다.

만약 이 사례를 게슈탈트 이론으로 접근하는 상담사가 있다면, 이번에는 과거에 미해결되었던 내담자의 욕구와 부모로부터 내사한 것이 무엇인지를 중점적으로 평가할 것이다. 인지행동을 기반으로 하는 상담사는 인지와 행동에 역점을 두면서 다음과 같은 질문으로 임상평가를 할 것이다. '어떤 특정한 부정적인 사고나 신념이 내담자의 특정한 정서적·행동적 문제를 일으키는가?' '문제적 정서와 행동이 어떻게 부적응적 사고와 신념을 유지시키는가?' 등의 질문이다. 또한 가족체계적 접근을 선호하는 상담사라면 가족 간의 상호작용 및 가족 구성원 간의 관계 패턴에서 문제의 원인을 찾을 것이다.

임상적 진단 및 평가 과정에서 세운 가설들이 맞는지는 내담자에게 확인과정을 거친다. 내담자가 가설이 맞다고 하면 호소문제 선정과 합의된 목표를 설정하는 단계로 간다. 가설이 맞지 않다면 기각하거나 다시 면접자료를 검토해서 임상 평가 과정을 통해 가설을 수정한다. 그 과정에서 호소문제 선정은 다음과 같은 기준을 따른다.

(2) 잠정적 가설을 기반으로 임상 평가에 대한 사례 예시

사례 8의 심리검사와 호소문제 평가를 통해 수립한 잠정적 가설은 다음과 같다.

첫째, 내담자는 자해를 여러 번 시도했고 자신이 버려질 것 같은 두려움에 휩싸일 때에는 칼로 심장을 찌르는 자살 사고를 반복해 왔다. 이것이 내담자를 상담에 오도록 만든 촉발요인이다. 이를 지지하는 내담자의 진술은 다음과 같다.

> "자려고 누우면 스스로 심장을 찌르는 상상을 자주 하는 편입니다. 또한 내가 애정을 쏟고 있는 연인이 저를 속이고 다른 사람과 사랑을 나누고 교감하는 상상을 합니다. 그러나 무서워서 자살을 중단했어요. 그래서 상담을 받아야겠다고 생각을 하게 되었어요." (첫 회기 상담)

> "어렸을 때 부모님이 싸우는 소리에 매우 불안해했습니다. 현재도 독립적으로 살 수 있는 여건이지만 어렸을 때와 같은 불안감을 느낍니다. 어머니가 저를 버리고 집을 떠나겠다는 협박이 가장 불안했습니다." (접수면접 자료)

따라서 상담사는 내담자에게 '생명 존중 서약서를 쓰도록 하고' 위기사례로 접근하여 두려움을 다루어야 한다. 내담자도 이와 같은 필요에 동의했는데, 이로써 심리검사를 통해 세운 첫 번째 가설은 내담자에 대한 중요한 정보로 채택된다.

둘째, 왜 내담자는 버려질 것 같은 두려움을 가지게 된 것일까? 내담자는 여자친구에 게서뿐만 아니라 어린 시절에도 어머니로부터 버려질 것 같은 두려움을 느껴 왔다고 확인해 주었다. 이것이 내담자의 문제를 일으키는 주요한 유발요인이다. 이를 지지하는 내담자의 진술은 다음과 같다.

> 내1: 부모님 사이의 불화가 어렸을 때부터 현재까지 지속되어 왔으며, 이러한 불화로 인해 어렸을 땐 어머니가 저를 두고 떠날까 불안이 많았어요.
>
> 상1: 가장 초기 기억은 무엇입니까?
>
> 내2: 어머니는 야채가게에서 혼자 일을 하고 계시고 저는 옆에서 혼자 학습지를 풀거나 밖에서 친구들이 노는 것을 바라보는 기억이 있습니다. 또한 아버지가 술을 많이 드시고 온 날 부엌에서 유리가 깨지는 소리가 계속 들렸고 어머니와 할머니가 옆에서 불안하게 잠드는 기억이 있습니다. 어렸을 때 어머니가 제가 말을 듣지 않으면 집을 떠나겠다고 자주 협박했던 기억도 납니다. 그래서 늘 문고리를 붙들고 자는 꿈을 꾸곤 했던 것 같아요. 지금은 그것이 연인에게 집착하는 것으로 나타나는 것 같아요. (첫 회기 상담)

내담자는 주요대상으로부터 버려질 것 같은 두려움으로 인해 자살 및 자해 행동을 보이고, 무기력과 우울이라는 정서적 어려움을 겪고 있는 것으로 보인다. 때문에 상담사는 버려질 것 같은 두려움을 다루어 나가야 한다. 내담자의 면담자료와 심리검사는 이러한 첫 번째 가설을 지지하고 있다.

셋째, 버려질 것 같은 두려움이 지금까지 지속된 이유는 무엇일까? 내담자가 느끼는 버림받을 것에 대한 두려움은 어려서부터 지금까지 한 번도 수용되지 못했다. 내담자가 원하는 것은 자율성, 따뜻함 같은 것이었지만 내담자가 실제로 경험한 것은 불안과 두려움뿐이었다. 그 두려움을 해결하기 위해서 내담자는 어머니의 체취보다 더 강한 자극을 필요로 했다. 자위를 통한 성적 경험은 내담자의 마음에 일부의 위로를 제공해 주었다. 이후 내담자는 더욱 강하고 자극적인 신체적 자극을 필요로 하게 된다. 내담자는 성관계와 고된 운동을 통해 불안을 통제하고 감정을 억압해 왔다. 이것이 내담자의 정서적 혼란을 지속시키는 유지요인으로 작용하였을 것이다. 이를 지지하는 내담자의 진술은 다음과 같다.

> 내3: 어머니의 자궁체취 같은 것을 느끼면 안전감이 들어요. 그래서 비슷한 여성에게 매력을 느끼는 것 같아요
>
> 상2: 그만큼 강한 어머니에게 사랑받고 싶다는 마음이 깊게 느껴집니다. 그런 강한 자극을 언제부터 했을까요.
>
> 내4: 중학교 때부터 자위를 엄청 했어요. 애정을 쏟았던 연인과 성관계를 했을 때 그 사람이 나를 위해 움직여 주었을 때 가장 행복했습니다. (첫 회기 상담)

> "중독성 있게 과하다 싶을 정도의 강한 자극으로 웨이트 트레이닝을 꾸준히 해 왔습니다. 그러면 마음이 편안해져요." (접수면접 자료)

지금까지 상담사는 접수면접 및 심리검사, 첫 회기 상담에서 얻은 면담 자료에 기초하여 내담자에 대한 잠정적 가설을 수립하고 임상적인 평가를 진행하였다. 상담사의 모든 질문과 탐색은 정서중심 치료이론에 기반을 둔 일부분인 것을 밝힌다. 이 가설은 다른 심리검사를 통하여 보완하고 수정하여야 하는 과정이다. 상담사는 이러한 **심리평가를 어떻게 활용**하는가가 더 중요하고 심리평가에 대한 엄중함도 윤리적으로 중요한 부분이라는 것을 명심해야 할 것이다.

이제 상담사는 이렇게 얻어진 임상적 평가 결과를 토대로 상담을 통해 해결해 나갈 호소문제를 선정하고, 상담 목표에 대한 합의를 이루어 나가야 한다.

4. 호소문제 선정

1) 호소문제 선정이 필요한 이유

접수면접 과정이나 첫 회기 상담에서 다룰 문제가 정해졌다면 바로 합의된 목표 설정을 한다. 많은 내담자는 상담시간에 도움받을 문제를 여러 개 내어 놓는다. 내담자의 여러 가지 호소문제 중 상담에서 주로 다룰 주제를 정하는 것이 호소문제 선정이다. 상담은 정해진 회기 동안 정해진 시간 안에서 진행되기 때문에 내담자가 말한 모든 문제를 상담 시간에 다룰 수 없다. 호소문제 선정은 앞서 진행한 임상 진단과 평가를 통해 가설적으로 설정한 내담자에 대한 그림을 가지고 호소문제 구체화 질문을 통해 상담사는 내담자의 주된 호소문제를 정한다. 이때 상담사들은 '구체적인 호소문제'를 정하지 못하고 '모호하거나 상담사의 해석개념을 포함한 잘못된 호소문제'를 적는 실수를 많이 한다. '아이들을 훈계할 때 분노를 조절하지 못함'이라는 문제를 호소하는 내담자가 있다고 하자. 만약 상담사가 내담자의 호소문제를 '분노'라고 보았다면 이는 적절치 않다. 호소문제의 범위가 구체적이지 않기 때문이다. 이와 달리 '학대했던 어머니와의 심리적 갈등에서 오는 문제'라고 한다면 어떨까? 여기에는 상담사의 해석이 포함되어 있는 것으로 보인다. 위에 언급한 것처럼 '아이들을 훈계할 때 분노를 조절하지 못함'이라고 정리하는 것이 가장 적절해 보인다. 호소문제를 구체적으로 지정하려면 '이것은 해결 가능한 호소문제인가?' '이 호소문제는 기대하는 목표를 구체화할 수 있는가?'라는 질문을 던지면서 아래의 선정기준에 적용해 보면 도움이 된다(Ingram, 2006/2012).

2) 호소문제 선정기준

(1) 해결할 수 있는 것

호소문제는 해결 가능한 것을 먼저 다룬다. 예컨대, 내담자가 접수면접 때 "부모가 변했으면 좋겠어요"라는 호소문제와 "부모가 변할 것 같지 않은 데 나만 상담 받아서 억울해요"를 동시에 이야기했다고 하자. 두 호소문제 중 '부모가 변했으면 좋겠어요'라는 호소문제는 상담사가 다룰 수 없다. 해결책이 다른 사람의 통제 아래에 놓여 있기 때문이다. 반면, '부모가 변할 것 같지 않은 데 나만 상담받아서 억울해요.'는 내담자와 상담사가 함께 다룰 수 있는 문제이다. 상담사는 내담자가 여러 문제를 동시에 제시할 때 해결할 수 있는 것을 주 호소문제로 선정하는 것이 바람직하다. 또 다른 예를 들자면, '지나치게 지배적인 아버지'를 호소문제로 하기보다는 '지나치게 지배적인 아버지에 대한 억울함'이나 '아버지의 부정적 반응들을 두려워하여 자신의 욕구를 주장하는 것에 어려움을 겪음' 등으로 문제를 바꾸어 보는 시각이 필요하다. 문제가 '지나치게 지배적인 아버지'라면, 이 문제는 상담실에서 해결하기 어렵다. 그러나 '지나치게 지배적인 아버지에 대한 억울함'이나 '아버지의 부정적 반응들을 두려워하여 자신의 욕구를 주장하는 것에 어려움을 겪음'과 같은 호소문제는 상담을 통해 충분히 해결할 수 있는 문제들이다.

'사랑하는 강아지를 잃은 것에 대한 슬픔'도 적절한 호소문제로 볼 수 없다. 이럴 때의 슬픔은 문제라기보다는 정상적인 반응의 한 형태이기 때문이다. 강아지가 죽은 지 2년이 넘었는데도 슬픔에 빠져 있다거나 아니면 강아지의 죽음으로 울고 있는 자신이 한심스럽고 수치스럽다면 그런 문제를 호소문제로 정하는 것이 더 바람직하다.

(2) 내담자의 현재 및 현실기능과 관련된 것

내담자의 호소문제는 과거가 아닌 현재에 있으며, 현실기능과 관련된 것이어야 한다. 내담자의 과거사나 미래보다 현재 당면한 문제를 다루는 것이 도움이 된다. 예를 들어, '어머니에게서 버림받음'이나 '알코올 중독 병력' 등으로 호소문제를 지정하면 이것 또한 부적절하다. 이런 표현에는 내담자가 겪고 있는 현재의 어려움보다는 문제의 원인에 대한 상담사의 평가가 더 도드라져 보인다. 상담사는 "이 문제가 내담자의 현재의 삶에 어떤 영향을 주는가?"를 물으면서 '어머니에게 버림받음' 대신 '여자들을 신뢰하는 데에 어려움이 있음'이라고 하는 게 나으며, '알코올 중독 병력' 대신 '알코올 중독으로 지속적인 직장생활을 유지하기 어려움'이라고 하는 정리하는 것이 좋다. 호소문제는 내담자의 현재의 삶과 기능에 관한 내용으로 정하는 것이 바람직하다.

(3) 구체성

호소문제는 전문용어 대신 반드시 구체적이며 명료화된 용어로 정리되어야 한다. 예를 들어, '나는 자존감이 낮아요'와 같은 문제를 호소하였다 하더라도 '낮은 자존감으로 인해 자괴감이 들어요' 등이 호소문제로서 더욱 적절하다. '낮은 자존감'은 구체적인 탐색을 통해서 '직장에서 성공할 능력에 대한 자기 회의' '직장면접 상황과 같은 발표상황의 확신 부족'과 같이 명칭으로 바꾸어 쓰는 것이 더 좋겠다.

(4) 이론적 개념과 설명적 개념 포함하지 않기

호소문제를 정할 때 상담사는 정보와 해석의 차이를 구별해야 한다. 내담자의 호소문제는 해석이나 이론적 개념이 포함되지 않아야 한다. 호소문제는 서로 다른 이론적 배경을 가진 상담사들에게도 모두 이해되고 수용될 수 있는 형태로 기록하는 것이 좋다. 상담사의 이론적 선호도와 상관없이 내담자의 문제를 잘 나타낼 수 있는 것이어야 한다.

5. 합의된 상담목표 설정

내담자에 대한 진단과 임상평가를 통해 내담자의 문제가 명확해지고 원인이 평가되었다면 합의된 목표를 설정한다. 합의된 상담목표는 말 그대로 내담자와 합의해서 정한다. 구체적이고 명확한 용어로 호소문제를 정리하는 것이 중요하다는 점을 다시 한번 기억할 필요가 있겠다. 내담자가 '친구가 없다'고 호소한다면, 합의된 상담목표는 '친구 관계를 시작하고 유지하기'가 될 수 있다. 상담사가 내담자와 합의하여 목표를 설정하려고 하면 내담자들로부터 흔히 "잘 모르겠다"라는 대답을 들을 수 있다. 다음과 같은 설정 기준을 알아 두면 합의된 목표를 지정할 때에 도움을 받을 수 있다.

1) 합의된 상담목표 설정 기준

(1) 일반 설정기준

합의된 상담목표로 제시되는 일반적인 상담목표는 다음과 같다(Hackney & Cormier, 1998/2007).

첫째, 내담자가 호소하는 증상이나 갈등이 감소하고 바람직한 대안 행동이 형성되거나 증가하는 정도를 나타낼 수 있어야 한다. 예를 들어, 상담을 받는 동안 자신에 대해 긍정적인 사고와 행동을 두 배로 하기(100% 증가) 등으로 설정할 수 있다.

둘째, 불안, 위협, 흥분, 좌절, 우울, 분노, 조급, 충동, 억압 등의 부정적 정서를 감소시켜 정서적 안정을 추구하는 방향으로 설정해야 한다. 예를 들어, 화가 나서 물건을 던지고 싶은 충동을 느낄 때 '길동이가 화가 났다'를 외친다로 나타낼 수 있다.

셋째, 자신을 있는 그대로 이해하고 수용하며 인지, 정서, 행동 간의 일치성을 향상하고 자신의 경험들을 통합하는 방향이어야 한다. 예를 들어, 집이나 학교에서 눈물이 나고 우울할 때, 우울함을 인정하고 있는 그대로 표현해 보기 등으로 나타낼 수 있다.

넷째, 자기 관점에서 벗어나 상대방이나 제삼자의 양적인 관점에서 현상을 바라보는 공간조망능력, 과거·미래·현재 등의 시점에서 바라보는 시간 조망 능력, 결점의 자원화, 동기의 긍정적 해석과 같은 가치조망능력의 향상을 포함할 수 있다. 예를 들어, 나의 의견과 친구의 의견이 모두 옳을 수 있음을 인정하고, 그럼에도 불구하고 나의 의견이 더 중요하다는 것을 수용할 수 있다 등으로 목표를 기술할 수 있다.

다섯째, 긍정적 경험에 주의를 기울이고 경험하려는 경향이 증가하는 정도를 포함할 수 있다. '발표할 때 평가불안이 올라오면 호흡을 세 번 하고 잘하고 싶은 마음으로 받아들일 수 있다'와 같은 목표가 그것이다.

여섯째, 자각이 향상되어 억압이나 부정으로 왜곡되었던 경험들을 알아차리고 설명 행동이 증가하는 방향으로 설정되어야 한다. 예를 들면, 마음에 들지 않는 사람한테 침묵할 때, 상처받지 않으려고 나를 보호하는 마음으로 인정할 수 있다는 식으로 표현할 수 있다.

일곱째, 내적 욕구나 충동, 감정에 지배되지 않은 채 현상을 바라본다.

여덟째, 의식적이고 상황에 적합한 반응과 개인적·사회적 욕구에 순응하는 반응 행동이 증가하는 방향을 지향하는 표현이어야 한다.

아홉째, 자기 및 환경에 대한 신뢰감이 증가하여 성장 지향적 행동을 추구한다.

열째, 상황적 조건에 따라 자신의 욕구 성취를 지연하거나 승화하는 내용으로 나타낼 수도 있다. 이 외에도 자기관리, 의사소통, 사회적 행동에 대한 동기와 행동이 증가하고 신체적 기능이 활성화되는 방향으로 지정할 수도 있다.

(2) 구체적 설정기준

합의된 상담목표는 호소문제가 해결되었다는 증거로서 상담종결 시점에 내담자가 어떻게 기능할 것인가를 기술하는 것이다.

■ **합의된 상담목표 설정 시 호소문제 고려하기**

호소문제와 합의된 상담목표는 논리적으로 서로 연결되어 있다. 상담사가 합의된 상담목표를 읽을 때 호소문제를 추론할 수 있어야 한다. 그러나 호소문제가 자동으로 합의된 상담목표로 이끌지는 않는다. 호소문제와 합의된 상담목표가 연결된 것을 보면서 어떤 것이 적절한 목표인지를 〈표 6-6〉에서 살펴보자.

〈표 6-6〉 호소문제와 합의된 상담목표 연결하기

번호	호소문제	합의된 상담목표	합의된 상담목표기술
1	과도한 양육책임과 관련된 스트레스 증상들	스트레스를 더 잘 참아내기, 양육책임을 줄이기	스트레스 증상들을 감소시킬 수 있다. 스트레스를 더 잘 관리하는 법을 배우고 양육책임들을 줄일 수 있다.
2	석사학위 도전과 안정된 교사생활을 지속할 것인가에 대한 양가감정	직업탐색기술	자신의 직업 탐색기술들을 향상시킬 수 있다.

1번은 호소문제에 대한 합의된 상담목표가 적절하게 연결되어 있다. 그러나 2의 합의된 상담목표는 '알맞은 유급 직장을 찾는 것이 어렵다'거나 '직업탐색 기술이 서툴다'는 문제를 호소하는 내담자에게 더 어울릴 법한 내용이다. 내담자가 실제로 호소하는 문제와 어울리는 상담목표로는 '양가감정을 해결하고 편안하게 느낄 수 있는 선택하기'와 같은 것이 되어야 할 것 같다.

상담사들이 사례보고서 작성 시 저지르는 실수 중 하나는 호소문제와 합의된 상담목표 사이에 연관성이 없는 것이다. 연관성이 없으면, 합의된 상담목표는 수정될 필요가 있다. 호소문제를 명확하게 지정하고 그 다음에 합의된 상담목표를 수정하는 것이 적절할 것이다.

■ **'현실 기능' 포함하기**

합의된 상담목표들은 사랑, 노동, 놀이, 혹은 건강과 같은 현실 기능이 포함된 내용으로 기술되어야 한다. 내담자가 '현실 기능'적인 상담목표가 합의되었는가를 확인하기 위해서는 다음과 같이 질문하는 것이 도움이 된다. '이 목표가 이루어졌는지를 우리가 어떻게 평가할 수 있을까?' 그 대답은 반드시 상담실 밖에서 나타날 수 있는 변화의 증거들을 포함하고 있어야 한다. 이 변화는 사고, 감정, 감각, 기대와 같은 심리내적인 기능과 태도 및 행동, 환경적인 변화들을 포함해야 한다.

2) 합의된 상담목표 설정 방법

(1) 합의된 상담목표 요소

합의된 상담목표를 구성하는 세 가지 요소가 있다. 그것은 '목표 행동 설정'과 '목표 행동을 수행하는 상황적 조건' '성취 여부를 평가할 수 있는 빈도, 강도, 기간 등의 수락'이라는 세 가지 조건이다(Hackney & Cormier, 1998/2007).

■ **목표 행동(Behavior) 설정**

상담 결과로 나타날 내담자의 변화를 구체적인 행동 용어로 나타내야 한다. 여기에는 변화의 대상이 될 수 있는 충족되지 않는 욕구가 무엇인지, 그것을 충족하려면 어떤 행동이 나타나야 하는지 등의 구체적인 방법이 나타나야 한다. 예를 들어, 신경질적인 반응 줄이기, 운동 늘리기, 사소한 언쟁 줄이기 등이 그 예시가 될 수 있다.

■ **목표 행동을 수행하는 상황적 조건(Condition)**

이 조건은 변화가 일어날 조건을 나타낸다. 내담자가 새로운 행동을 시도할 환경이나 배경을 주의 깊게 평가하는 것이 중요하다. 상황 조건은 외부 상황 여건, 공간, 시간, 행동 수행 등이 포함된다. 예를 들면, 1) 학교에서 '1시간마다 책을 읽으면서 ~', 2) '~와 만날 때', 3) '~가 없을 때' 등으로 기술할 수 있다. 상황적 조건은 결과형으로 타당하게 기술한다. 예를 들면, '자신이 하고 싶은 말 한 가지 이상을 할 수 있다'가 목표 행동이라면 상황적 조건은 '반 친구가 놀릴 때 ~'가 타당하다. 하지만 '화장실에서 만화책 볼 때 ~' '게임 할 때 ~'와 같은 것은 상황적 조건으로 적절치 않다. 화장실에서 만화책을 보거나 게임을 하는 상황은 힘든 조건 상황이 아니기 때문이다. 예컨대, 자신이 하고 싶은 말 한 가지 이상을 할 때는, 내담자가 힘들어하는 조건에서 수행해야 한다.

■ **수락 기준(Level)**

목표 행동의 성취 여부를 확인하기 위하여 수락 기간과 수락 수치를 포함하는 수락 기준을 명시해야 한다. 이것은 내담자가 '어느 정도 새로운 행동을 시도하느냐'에 대한 답으로, 새로운 행동의 적당한 수준이나 양을 선택하는 것과 관련이 있다. 이때 내담자의 동기, 능력, 목표의 난이도 등을 고려하여 선정하며 내담자의 동기나 능력이 낮은 경우, 목표의 난이도가 높은 경우에는 수락 기준을 낮춘다. 수락 기준은 기간, 수량, 빈도 등으로 표현한다. 예를 들면, '1개월 동안 가출하지 않는다.' '하루에 한 페이지 책 읽기' '두 번 이상' '열 번 중 다섯 번 이상' 등으로 기술한다.

(2) 합의된 상담목표 연습

다음은 합의된 상담 목표 지정을 위한 연습 자료이다. 각 예시에서 합의된 상담목표를 구성하는 세 가지 요소인 목표 행동(B), 상황적 조건(C), 수준(L) 중에서 빠진 것을 찾아보길 바란다.

■ 합의된 상담목표 연습하기

상담목표를 '가정에서 호흡법을 통해(조건), 한 달 내에 10번에서 2번으로(수준) 즉각적으로 소리 지르고 물건 던지는 폭발 행동(행동)을 줄이기'라고 했을 때, 합의된 상담목표는 아래와 같이 설정할 수 있다.

〈표 6-7〉 합의된 상담목표 연습

합의된 상담목표 연습	합의된 상담목표 해당 요소 확인	누락요소
짜증내는 반응 줄이기	짜증내는 반응 줄이기(B)	C, L
5주 이상 일주일에 3회로 외출 늘리기	5주 이상 일주일에 3회로(L) 외출 늘리기(B)	C
당신의 파트너와 집에서 사소한 말싸움 줄이기	당신의 파트너와 집에서(C) 사소한 말싸움 줄이기(B)	L
미루는 것 줄이기	미루는 것 줄이기(B)	C, L
배우자 사이에서 발생하는 신체적인 폭력 60% 줄이기	배우자 사이에서 발생하는(C) 공격적인 행동 60% 줄이기(L)	B
일주일 동안 가족들을 만나면 '수고해요, 고마워요'라는 말 하루에 두 번씩 하기	일주일 동안 가족들을 만나면 '수고해요, 고마워요'라는 말을 하루에 두 번씩 하기	누락 요소 없음

3) 상담목표 종류

(1) 합의된 상담목표와 회기목표

상담목표를 분류하는 기준은 다양하다. 합의된 상담목표는 상담이 종결되었을 때 성취할 수 있는 구체적인 결과물을 말하며, 내담자와 합의한 목표를 말한다. 회기목표는 합의된 상담목표를 성취해 나가기 위해 각 회기나 단계에서 성취되어야 할 목표를 가리킨다. 회기목표는 내담자 변화를 위해 상담적 조건을 수립하는 것과 관련이 있다. 라포 형성, 안전한 상담환경 제공, 공감을 통한 내담자 수용하기 같은 일반적인 목표도 있고, 이론적인 것과 관련된 것도 있다.

합의된 상담목표는 내담자의 직접적인 변화와 관련된 것이며 상담의 결과로 성취되는 것으로 결과목표라고 불리기도 한다. 우리나라 임상현장 사례보고서 혹은 슈퍼비전 보고서에는 합의된 상담목표로 표기된다.

합의된 상담목표를 세우는 데 도움되는 질문은 다음과 같다.

> "상황이 나아지도록 얼마나 노력했는가? 결과는 어떠했는가?"
> "이 호소문제를 가장 잘 다룰 수 있는 방법은 무엇이라고 보는가?"
> "변화하려면 당신은 어떤 역할을 할 수 있을까?"
> "언제 상황이 변하고 호전되었는가?"
> "상황이 좋아진다면 당신의 삶은 어떤 모습이 될까? 그때 어떻게 느낄 것 같은가?"

다음 두 가지 상담목표를 살펴봄으로 합의된 상담목표를 어떻게 설정하는가를 확인해 보자.

첫째, 자아 존중감을 향상하기
둘째, 가정과 직장에서 만나는 사람에게 '수고했다, 애썼다'는 긍정적인 피드백의 빈도를 50% 늘리기

이 두 가지의 합의된 상담목표는 매우 밀접하게 관련되어 있다. 내담자들은 첫 번째 목표에 더 관심이 끌릴 수 있다. 상담사는 '자아 존중감의 향상'을, 더 작고 더 구체적인

목표들이 달성되어 나타난 종합적 결과로 상담의 궁극적인 목표로 볼 수 있다. 자아 존중감은 구체적으로 측정할 수 없는 가정적인 상태를 이르는 말이다. 특정 행동을 통해 단지 추론할 수 있을 뿐이다. 첫 번째 진술은 내담자가 궁극적으로 도달하고 싶은 목표 상태를 나타내지만 여기를 향해 가는 동안 내담자가 무엇을 해야 할지에 대해서는 말해 주지 않는다. 연습 과정 중에 원하는 목표에 얼마나 도달했는지를 알려고 해도 그것을 측정할 방법이 없다. 첫 번째의 목표는 상담사, 내담자 모두에게 변화에 대한 구체적인 지침을 제공해 주지 않는다.

반면, 합의된 상담목표가 정확하게 설정되면 상담사와 내담자는 지금 당장 무엇을 해야 하는지를 더 잘 이해하게 된다. 상담사는 내담자의 호소문제와 어려움에 직접 다가설 수 있으며, 목표와 관계없는 쓸데없는 노력은 줄이게 된다. 내담자는 자신이 무엇을 해야 하는지 더 잘 이해할 수 있게 되어 상담사에게 더 잘 협조할 수 있다. 정부로부터 지원을 받는 모든 상담 기관은 상담결과를 관찰 가능한 형태로 표현해 낼 수 있어야 하므로, 합의된 상담목표를 구체적으로 세우는 것이 더더욱 중요하다. 이것을 통해 내담자가 얼마나 진전되었는지, 상담사의 전략과 개입이 얼마나 효과적이었는지를 구체적으로 파악할 수 있기 때문이다.

실제 상담현장에서는 합의된 상담목표를 구체적으로 기술하기 어렵다. 내담자와 합의한 목표를 정할 때 내담자들은 "남편이 잘해 주면 된다."고 말한다. 그러면 상담사들은 내담자와 합의한 목표에 '남편이 잘해주기'라는 목표를 적는다. 이때, 공감적 반영과 함께 구체적인 질문을 하는 것이 좋다. 다음과 같이 대화를 나눌 수 있을 것이다.

> 상1: 남편이 잘해 준다는 것을 어떻게 알 수 있을까요?
> 내1: 코스모스[2]도시에 살았을 때처럼…….
> 상2: 코스모스 도시에 살았을 때 남편이 잘해 주신 것이 마음이 크게 남아계시네요. (네)
>   남편이 어떻게 해 주셨나요. 그때?
> 내2: 직장과 집만 알고 살았어요.
> 상3: 남편이 많은 시간을 민들레 님과 함께 하였네요.
> 내3: 그때가 좋았죠. 집에 와서 요리도 해주고 청소도 해 주고…….

---

2) 이 책에서 도시는 코스모스로 지칭한다.

상4: 남편이 매일 직장 마치고 집에 와서 요리도 하고 청소도 하는 것이 좋으셨을까요? 함께하시는 것이 좋았을까요?

내4: 함께하는 것이 좋았어요.

상5: 그럼 남편이 잘해 준다는 것은 남편과 함께 시간을 보내는 것일까요? (네)

상6: 그럼 남편이 일주일에 얼마 정도 함께하면 잘해 준다고 내가 알 수 있을까요?

내5: 야근하는 날도 있으니까 일주일에 두 번, 4시간 정도 시장도 같이 보면 나도 고마운 마음이 들 것 같아요.

상7: '적어도 일주일에 두 번 남편이 4시간 정도 시간을 보내면 나도 고마워'라는 말하기로 하면 어떨까요?

(2) 임상목표

내담자와 합의된 목표가 상담목표를 일상적인 용어로 기술한 것이라면, 임상목표는 보다 이론적이고 전문적인 용어로 해당 목표를 성취해 가는 임상적 과정이 나타나도록 기술한 것이다. 앞서 설명했던 임상진단과 평가를 통해 호소문제를 구체화하는 과정에서 상담사가 자신에게 익숙한 이론에 근거하여 이러한 목표를 설정할 수 있다. 임상목표 설정의 예는 다음과 같다.

- 호소문제: 누군가 친밀하게 다가올 때 속마음을 표현하는 것의 어려움
- 상담사의 이론적 선호도: 게슈탈트 이론
- 임상목표:
    - 미해결과제를 발견하고 접촉하여 배경으로 물러나게 하기
    - '지금-여기'에 있는 그대로의 나의 감정을 알아차리기
- 합의된 목표:
    - 타인이 다가올 때 느끼는 불편함 알아차리고 받아들이기
    - 다가오는 친구에 대한 불편한 감정이 있어도 회피하지 않고 말에 반응하기

4) 목표 설정의 필요성

합의된 상담목표와 회기목표, 임상적 목표 등을 따로 설정하는 것이 어쩌면 복잡해 보

이기도 한다. 그럼에도 불구하고 목표 설정을 해야 하는 것일까? 상담목표는 상담사와 내담자가 함께 가야 할 방향이자 목적지이다. 예를 들어, 10회기 상담이라면 10회기 동안, 내담자와 함께 어디까지 다다라야 할지를 알려주는 것이 바로 상담목표이다. 회기 목표는 그 목적지까지 가는 동안 거쳐야 하는 중간 기착지와 같은 것이다. 이제 이러한 목표 설정이 왜 필요한지를 상담사와 내담자 측면에서 각각 살펴보도록 하자(Hackney & Bernard, 2017/2019).

(1) 상담사 측면

상담목표를 설정하는 것은 내담자를 효과적으로 돕는 데 매우 중요한 역할을 한다. 그러나 일부 내담자 또는 상담사는 이 단계에서 저항을 느끼기도 한다. 목표를 설정한다는 것은 원하는 결과를 얻기 위해 상담사와 내담자 모두 헌신하겠다는 것이다. 이러한 이유로 심한 스트레스 상황에 있거나 지남력이 떨어진 내담자의 경우 목표 설정을 종종 어려워한다. 상담사는 이런 상황까지도 종합적으로 고려하면서 실현 가능한 목표 중 하나를 설정하는 것이 좋다.

상담 목표를 잘 설정하면 상담사는 다음과 같은 이점을 얻게 된다. 첫째, 상담의 방향이나 진행 과정을 좀 더 정확하게 평가할 수 있다. 상담사는 내담자가 가지고 온 호소문제를 제한된 회기 안에서 모두 다룰 수는 없으나 상담목표는 회기 안에서 다다를 수 있는 현실적인 목적지와 같아서 어디까지 가야 할지를 알게 해 주며, 상담이 얼마나 잘 작동하고 있는지도 알려 준다. 둘째, 상담목표는 언제 상담이 종결되어야 할지 알기 위한 이정표가 된다. 상담을 언제 종결하면 좋을지에 대한 대답을 내담자가 하게 하면 어떨까? 내담자가 원하는 시점에 종결하는 것이 가장 좋은 방법이 아닐까? 정답은 '예'이기도 하고 '아니요'이기도 하다. 내담자는 상담에 대한 반응과 정보를 알려주는 중요한 원천이다. 그러나 내담자는 자신의 행동과 다양한 상담 결과 사이에 일어나는 것을 정확히 알지 못한다. 내담자는 가고자 하는 곳이 어디인지, 자신이 그곳으로 갈 수 있는 방법이 무엇인지는 모른다. 그것은 상담사의 도움을 통해서 파악하는 것이 더 정확하다. 이러한 이유로, 상담사는 목표 설정에 적극적으로 개입해야 한다.

(2) 내담자 측면

목표 설정을 하는 것이 내담자에게는 어떻게 도움이 될까? 첫째, 목표 설정 과정을 통해 내담자는 자신의 기대와 욕구를 좀 더 명확히 알 수 있다. 둘째, 자신의 삶에서 중요하지 않은 것들과 중요한 것을 구분해 낸다. 내담자 스스로 삶에서 가장 중요한 가치를 가지고 우선순위에 있는 것들을 결정하고 선택하게 해준다. 결국, 내담자는 자신이 원하는 것에 대해서 더 잘 알게 되고 명확하게 보게 된다. 셋째, 내담자가 상담에서 호소문제에 대응하는 구체적 실행을 시작하는 첫 시작점이 되곤 한다. 내담자의 호소문제는 내담자의 삶에서 오랫동안 존재해 온 것이 많다. 목표 설정을 통해서 내담자는 무기력감을 극복하고 자신의 내적 힘을 작동하게 된다. 넷째, 목표 설정을 통해 내담자는 호소문제를 해결해 나가면서 성취감을 느낀다.

6. 상담계획

위에서 언급한 모든 내용들은 상담계획을 세우기 위한 과정이다. 임상가설을 통해 내담자 사례이해가 종합되면 상담 계획하기가 진행된다. 상담계획은 상담사가 상담목표를 성취하고 호소문제를 해결하기 위해 어떻게 내담자와 상담할 것인가에 대한 설명으로 회기목표와 개입전략, 개입기술 등을 포함한다. 상담계획은 상담을 종결할 적당한 시기에 대한 고려뿐만 아니라 목표를 향한 과정을 어떻게 평가할까에 대해서도 알 수 있게 한다.

1) 상담계획 고려사항

(1) 회기목표

회기목표는 계속해서 합의된 상담목표에 초점을 맞춰야 하고, 설명(가설)은 상담계획에 연결되어야 한다. 회기목표는 다음과 같은 특징이 있다.

첫째, 회기목표란 희망하는 상담 회기 중의 경험들을 말하며, 상담사의 이론적 개념에 기초를 둔다. 회기목표는 감정의 표출, 빈 의자 기법, 자유 연상, 두려운 상황의 순위 정하기 등을 포함할 수 있는데 이러한 내용은 상담사가 활용하는 상담이론이 무엇인지를 드러내 보여 준다. 만일 상담목표가 도와주기, 촉진하기, 지지하기, 도전하기와 같이 상담사의 행동과 의도를 언급하고 있다면, 그것이 곧 회기목표이다.

둘째, 회기목표는 회기별로 진행된다는 점에서 과정목표라고도 한다. 장기 상담일 경우 중간평가를 한다면 그 회기목표는 중간목표가 될 수 있다. 각 회기별 목표를 종합한 것이 임상목표가 된다. 예를 들어, 만약 합의된 상담목표가 '내담자가 친구들이 불편한 요구를 할 때 "싫어."라고 말하며 자기주장을 할 수 있다'이고, 10회기 예상된 상담이라면 5~6회기에서 예상할 수 있는 회기목표는 '내담자가 상담 회기 안에서 자기를 주장하면서 친구를 대면하는 것을 체험하기'가 될 수 있다. 이러한 체험이 회기목표가 되는 것이다. 왜냐하면 내담자는 상담장면 밖으로 옮겨가고, 그의 합의된 상담목표 달성에도 기여 할 수 있는 새로운 기술을 습득했다는 것을 증명하고 있기 때문이다.

셋째, 임상평가와 상담계획 사이를 잇는 다리들이 회기목표이다. 회기목표는 모든 내담자에게 상담초기과정은 거의 유사하게 설정되거나 과정이 비슷하지만, 합의된 상담목표는 내담자마다 차이가 있다.

넷째, 회기목표를 달성하는 데는 다양한 방법들이 있다. 어떤 방법을 선택하느냐는 상담사의 임상훈련 경험과 내담자의 능력과 취향, 상담 기관의 환경과 같은 다양한 요소들에 따라 달라진다. 비록 임상 사례의 이해가 선형구조로 조직되어 있지만, 상담 과정은 유동적이며, 탄력적이고 순환적이다.

회기목표는 다음의 두 가지 질문을 통해 확인할 수 있다.

첫째, 어떻게 합의된 상담목표에 도달할 수 있을까? 합의된 상담목표에 도달하기 위해서 공감하기, 내담자의 인지적 왜곡에 대한 도전, 가르치는 기술, 가족체계의 재구성, 신뢰관계 형성 등을 지정했다면 각각의 회기목표는 상담사의 이론적 훈련 배경을 드러내 준다. 만약 '공감하기'라는 목표를 세웠다면 상담사는 인간중심이나 혹은 대상관계이론에 기초한 훈련을 해왔을 가능성이 있다. 반대로 '가르치는 기술'을 사용하겠다고 한다면 상담사가 행동주의 이론에 근거하여 개입하고 있음을 말해 준다. '가족체계의 재구성'이라고 했다면, 가족 체계적 관점으로 회기목표를 세웠다는 점을 알려 준다.

둘째, 선택된 가설들에 대해 논리적으로 어떤 치료적 개입들을 적용할 것인가? 상담사가 행동주의 이론적 입장이라면 '기술 부족'과 '새로운 기술 훈련하기', 인지행동치료 이론 입장이라면 '역기능적 자기 대화에 대한 지각'과 '자기 대화 수정하기' 가족체계론적 이론의 입장을 취한다면 '모-녀 하위체계 상호작용을 탐색, 부부체계 강화 및 부모체계 강화'라는 치료적 개입을 적용할 것이다.

(2) 전략과 기법

전략이란 회기목표를 성취하기 위한 방법들로 구성된 전반적인 지도이다. 기법은 전략을 향상시키고 상담사가 상담 회기 안에서 하는 일을 구체화하는 방법이다. 요약하기, 공감하기, 반영하기 등 일반적인 상담기법은 14장에서 다룰 것이다. 또한 '체계적 둔감법' '사별을 경험한 내담자에 대한 지지적인 경청', '억압된 이야기를 나누기' 같은 이론별 개입기법은 15장에서 자세하게 다룰 것이다.

이 외에도 상담전략을 세울 때는 내담자 욕구, 내담자 변화단계, 상담회기, 변화수단을 고려하여야 한다. 상담전략 수립을 위해 각 요인을 설명하고 구체적인 사례를 통해 상담전략을 어떻게 구현할 수 있는지에 대해서는 제8장에서, 상담기법은 제14, 15장에서 자세히 기술하겠다.

2) 상담계획 수립하기

호소문제와 합의된 상담목표가 선정되면 상담사는 그 목표를 달성하기 위한 회기목표와 전략, 기법을 계획하는 것을 상담계획 수립하기라고 한다. 다음 사례를 통해 단계적으로 상담계획 수립하기를 살펴보자.

(1) 상담계획 수립하기 예시

《사례 9. 이별이 무서워요_30대 직장인》

• 호소문제: 5년 된 남자친구와의 이별을 다루는 데 어려움

• 합의된 상담목표: 자신의 욕구를 포기하지 않고도 다른 사람을 보살피도록 허용하기

• 회기목표, 전략, 기법: 게슈탈트 이론을 사용하여 자연스러운 애도 과정을 거치도록 하려고 한다. 그 첫 번째 단계로 상담사에게 거절당하지 않고 감정이 수용될 것이라는 믿음을 주는 안전한 치료적 환경을 형성하는 것이 필요하다. 내담자의 분노를 표현하기 시작하도록 돕기 위해, 상담 초반에는 내담자를 격려하고 지지하는 것이 필요할 것이다.

안전한 치료적 관계가 형성된 후에 내담자가 그 애도 과정에 대해 말하도록 허용해야 한다. 상담사는 인내하고 수용하면서 내담자가 자신의 마음을 열고 감정들을 나누는 데

필요한 모든 시간을 허용하는 것이 필요하다. 이 감정의 정화가 이루어지면 애도를 종결하는 과정인 중간목표로 들어가게 될 것이다.

이 시점에서, 내담자가 감정을 표현하기 시작하면 순차적으로 분노를 표현하도록 도울 필요가 있을 것이다. 내담자가 이 감정들을 드러내는 데 매우 불편해하기 때문에, 내담자에게 검도 죽창이나 대나무로 '곰돌이 인형이나 안전한 화 받이 대상'을 마구 두드리기와 같은 신체적 활동을 할 수도 있을 것이다. 상담사는 이 단계에서 분노에 대한 지적 토론을 피하고 경험하도록 하는 것이 필요하다. 그 후에 내담자가 가진 내사를 다룰 때, 내담자가 화를 내지 않고 언제나 친절해야 하는 것에 대한 자신의 규칙을 검토하도록 도울 것이다. 이 규칙은 분노를 일으키고 내담자가 부모나 애인과의 친밀한 관계에서 적절히 자기를 주장하는 것을 방해한다.

다음 단계에서, 내담자가 왜 자신이 '구원자'나 '사람들을 기쁘게 하는 사람'의 역할을 맡았는지를 알기 위해 어린 시절의 기억들을 회상하도록 할 것이다. 내담자가 반드시 이런 역할들을 맡아야 한다는 신념을 직면하는 것이 중요하다. 다른 사람들을 보살피도록 강요받고 있다고 느끼는 이유를 확인함으로써, 내담자가 자신의 욕구를 포기하지 않고도 다른 사람을 보살피도록 허용하는 방식을 삶에서 살도록 할 수 있을 것이다.

이를 회기목표, 전략 및 기법으로 정리하면 〈표 6-8〉과 같다.

〈표 6-8〉 회기목표, 전략, 기법

회기	회기목표	전략	기법
1	상담구조화 및 호소문제탐색		공감과 요약하기
2	호소문제 탐색 및 목표합의하기	주제의 정서를 통한 미해결과제의 탐색	반영과 명료화
3	안전한 치료적 환경 형성하기	부정적인 감정과 욕구를 표현하도록 하기	감정 알아차리기
4	자연스러운 애도과정에서 말하도록 허용하기	부정적인 감정과 욕구를 표현하도록 하기	빈의자 기법 신체감각 알아차리기
5	남자친구에 대한 감정 정화하기	감정 알아차리기	빈의자 기법 신체감각 알아차리기
6	분노표현을 돕기	분노감정 알아차리기	분노대상 두드리기
7	구원자의 역할 알아차리기	항상 친절해야 하는 내사에 도전하기	직면시키기

8	다른 사람을 보살피도록 강요받고 있다는 느끼는 이유 확인하기	어린 시절 기억회상	역할 연기하기 욕구 알아차리기
9	자신의 욕구를 포기하지 않고 표현하기	희생자 역할을 맡아야 하는 신념에 도전하기	직면시키기 욕구 알아차리기
10	상담종결하기	주 호소문제에 대한 평가, 상담효과검증하기	체크리스트

3) 상담계획 사례예시

합의된 상담목표에 다다르기 위한 회기목표를 설정하고 그에 따른 개입전략의 예시를 제시하면 다음과 같다.

《사례 10. 가짜 자기가 조종을 해요_6학년 남학생》

(1) 내담자 정보

- 호소문제: 아버지와 동생을 죽여 버리고 싶을 만큼 분노 조절의 어려움
- 의뢰경위: 내담자가 학교에서 규칙을 제대로 지키지 않고, 친구관계에서 갈등이 지속적으로 일어났으며 두 달 전 학교폭력으로 신고 되어서 어떻게 대해야 할지 모르는 상황으로, 어머니의 의뢰로 상담이 시작되었다.
- 행동관찰: 눈을 맞추지 못하고 몸을 반항하듯이 비스듬히 앉는다. 같은 말을 반복하면서 계속 물어보고, 상대를 믿을 수 없다는 듯한 표정으로 알아들을 수 없는 사투리와 일정한 톤으로 이야기를 하는 것이 관찰되었다.
- 발달사: 출생 시 자연분만. 건강하게 태어난 내담자는 유치원에서 아이들과 많이 다투고 친구를 때려서 혼도 났다. 당시 선생님도 힘들어하였다. 내담자는 분을 못 참아 울고 고집을 부렸는데, 부모는 이때마다 매를 들어서 심하게 혼을 내고 때렸다. 특히 초등학교 1학년 때 친구를 자주 때렸는데 그때마다 자신의 잘못이 아니라 친구의 잘못이라고 우기며 울었다고 한다. 내담자가 초등학교 2학년부터 4학년 동안에는 선생님께 반항하고 대들기도 하였다. 이때도 자신은 잘못이 없고, 친구가 잘못한 것이라며 울었다.
- 의학적 검사와 진료기록: 7세에 병원에서 ADHD를 진단받고 현재까지 약물 복용 중으로(콘서타 18mg; 명인탄산리튬정; 리스프리정; 트레스탄 캡셀) 놀이치료와 미술치료를

6세부터 초등학교 4학년까지 받아 왔다.

- 가족관계: 아버지(46, 고졸, 회사원)는 4남 1녀 중 넷째로, 부지런하고 남의 입장에서 생각하고 이성적으로 생각한다. 감정적인 부분에서 느끼는 점이 약하다. 외모를 신경쓰지 않는다. 어머니(41, 고졸, 가정주부)는 남편과 직장을 같이 다니다가 내담자로 인해서 직장을 그만두고 현재는 가정주부로 지낸다. 남동생(11, 초4)은 내담자인 형을 무시하고 자주 싸웠다. 알아들을 수 없는 빠른 말을 하기도 하고 내담자와 약간의 차이가 있지만 거의 비슷한 행동을 한다. 가정에서는 재치 있게 말과 행동을 하여 내담자를 곤란에 빠뜨리고 말꼬리를 잡아 싸움을 걸어서 실랑이가 잦다.

(2) 상담목표 설정 과정

호소문제에 대한 합의된 상담목표와 회기목표는 〈표 6-9〉와 같다. 이것은 상담회기와 내담자의 어려움에 따라 선택할 수 있다. 상담전략은 합의된 상담목표에 따라 각각 따로 세웠다. 이는 예시로 나온 것이므로 사례에 맞게 구체적인 것으로 수정할 필요가 있다. 각 번호별로 나온 회기목표에 따라 더 많은 전략을 세울 수도 있다.

〈표 6-9〉 합의된 상담목표, 회기목표, 상담전략

분류	합의된 상담목표	회기목표
상담목표	1. 비난, 공격적인 분노표현을 중단한다. 2. 화가 올라가는 전조들에 대해 알게 된다. 3. 고통스러울 때, 분노폭발 대신 원하는 것을 말로 표현한다.	1. 분노로 얻어지는 2차 이득이 있는지 확인한다. 2. 집에서 분노가 생길 때, 분노는 조절되어야 할 감정이라는 것을 이해했음을 말로 표현한다. 3. 분노가 증가하는 다양한 단서들을 파악한다. 4. 집이 아닌 공공장소에서 분노 조절을 하는 차이점을 인식한다. 5. 분노 또는 공격 대신 자기주장을 한다. 6. 수동 공격행동을 알고 단호하게 자기주장적 태도를 취한다. 7. 분노가 올라올 때, 일어나서 표현할 수 있는 분노의 방을 만든다. 8. 분노가 올라올 때, 일어나서 분노의 방으로 걸어간다.
상담전략		1. 위협감에 대한 방어로 분노가 사용됨을 파악한다. 2. 집에서 화가 날 때 '화가 올라오는구나.'를 소리 내어 말로 표현한다. 3. 화가 날 때의 생각, 감정, 신체 단서를 파악하고, 수치화하여 적는다. 4. 분노를 조절할 능력이 있음을 알고 분노와 대화한다. 5-1. 단호하지 않은 표현, 단호한 자기주장적 표현, 공격적 표현의 차이점을 구분하고 보이는 곳에 붙여놓는다. 5-2. 공격적인 분노표현 대신, 자기주장을 하도록 모델링과 역할극을 통해 가르친다. 6. 수동 공격적 행동을 알려주고 그 대신 자기주장적 표현을 하도록 가르친다. 7. 분노의 방 위치와 솜방망이, 샌드백, 곰인형을 준비하여 분노의 방을 만든다. 8-1. '화가 났다, 화가 났다'를 소리치면서 분노의 방으로 들어간다. 8-2. 화가 난 것을 샌드백, 곰돌이, 종이 벽돌, 신문지를 치면서 화를 푼다.

4) 가설검증

사례개념화도식 [그림 6-1]에서 보여 주듯이 임상적 진단과 평가과정에서 세웠던 가설이 적절한지를 지속적으로 검증해 나갈 필요가 있다. 처음의 가설이 맞다고 확인된다면 지금까지와 같은 방법으로 상담을 계속 진행한다. 가설검증 과정은 상담 과정 전반에서 이루어진다. 반면, 처음에 세웠던 가설이 기각되어야 할 경우 내담자의 정보와 내담자에게 확인 과정을 통해 가설을 수정하여 상담계획을 변경해야한다.

(1) 가설검증단계

내담자에 대한 임상가설이 맞지 않다는 것을 어떻게 알 수 있을까?

내담자에게 상담사가 세운 임상평가가 맞는지를 직접 확인하는 방법은 이미 앞에서 설명했듯이 내담자에게 물어보는 것이다. 이외에 다음과 같은 방법도 있다.

첫째, 상담 초기 단계에서 회기 후 내담자의 반응을 통해 가설을 검증할 수 있다. 상담사는 매회 상담 회기가 끝난 직후에 상담회기 평가를 할 수 있다. 그 회기가 내담자에게 어떻게 경험되었는지를 듣고 상담사의 경험과 비교 검토하는 방법이다. 이것을 통해 상담사는 자신과 내담자의 느낌의 차이를 방지하고 효과적인 개입 전략 수립을 위한 도움도 얻을 수 있다. 자세한 내용은 제7장 상담 회기평가에서 다뤄질 것이다.

둘째, 상담 중기에 가설을 검증한다. 상담사는 상담중기에 상담목표와 상담개입이 잘 진행되고 있는지를 체크리스트 등을 통해 확인할 수 있다. 이후 설명될 제9장에서 자세한 내용을 참고하라. 상담목표와 상담개입방법의 체크리스트에 '그렇다(Y)'로 체크되었다면 상담목표와 상담개입방법이 적절하다고 볼 수 있다. 반면, '아니요(N)' '관련 없다(IR)'라고 체크되었다면 다시 상담개입방법에 대해서 가설수정이 필요하다는 단서가 된다.

(2) 내담자 자료 재검토

가설검증을 통해 내담자가 '아니다'라는 것이 확인되면 상담사는 내담자의 자료를 재검토해야 한다. 예컨대, 자녀에 대한 분노 조절의 어려움으로 의뢰된 내담자가 있다고 하자. 의뢰 당시 내담자는 딸과 의사소통을 잘하여 친밀감을 회복하기를 바랐다. 다음과 같은 상담목표와 전략을 세우고 상담을 8회기까지 진행하였지만 계속 원점에 있어서 다시 자료를 검토하고 가설을 수정하게 되었다.

■ 진행했던 상담계획

• 호소문제 선정: 자녀의 분노 폭발할 때 대처에 대한 어려움

• 합의된 상담목표: 딸과 관계를 회복하고 싶다.

• 진행회기: 8회기

• 회기목표:

  –딸의 마음을 이해해보기

  –딸과 대화할 때 흥분하지 않고 대화해보기.

  –딸을 대할 때 통제적인 부분은 없는지 스스로 탐색해 보기

  –딸의 심리상태를 이해하고 수용하기

• 전략:

  –딸을 대하는 자신의 감정을 알고 감정을 조절해보는 의사소통 연습하기

  –딸과의 관계회복 시도

  –좋은 점 찾아 칭찬하기

■ 이전 회기자료 검토

상담사는 내담자의 자료를 검토하다가 접수면접에서 다음과 같은 중요한 임상자료가 누락되었다는 점을 알게 되었다. 그 내용은 다음과 같다.

상1: 불안이 언제부터 있었을까요?

내1: 끊임없이 뭔가 해야 할 것 같은 강박감이 있었어요. 쉬어 본 적이 한 번도 없었던 것 같아요. 한 달 전에 쉰 적이 있었는데 막상 쉬니까 뭘 해야 할지 모르겠고 허무한 생각까지 들더라구요. 어떨 때는 누구의 구애도 없이 취미생활만 하고 싶고 자유여행도 하고 싶어요. 참 우습죠. 딸을 보면 다시 불안이 올라오고 더 마음이 조급해지는 것 같아요.

상2: 불안을 해소하기 위해 노력했던 것은 어떤 것이 있을까요?

내2: 직장 관련 자격증 취득을 하려고 6년 넘게 공부를 했었는데 매번 떨어지더라구요. 다시 하려고 하니까 엄두가 안 나고 가만히 있으면 안 되는데 뭘 해야 될지 모르겠어

요. 이직을 하고 싶어도 나이가 많아서 어떻게 할지 모르겠어요. 지금 걱정은 뭔가 하기는 해야 되는데 뭘 해야 될지 모르겠어요.

(3) 가설수정

상담사는 내담자의 자료검토를 통해서 몇 가지 사항을 알게 되었다.

첫째, '딸과 관계를 회복하고 싶다' 라는 합의된 목표는 8회기 시점에서도 내담자가 원하는 목표였다

둘째, 호소문제를 살펴보았다. 호소문제는 내담자가 처음 상담을 의뢰받았을 때 딸의 상담사로부터 받은 문제였지 상담사가 내담자와 구체적으로 탐색한 문제가 아니었다. 이 과정에서 상담사는 임상평가과정이 하나 누락되었다.

셋째, 회기목표와 전략은 딸의 마음을 아는 것과 의사소통 부분에 초점이 맞추어져 있었다.

이는 상담사의 계획이 수정되어야 할 필요성이 제기되었다. 다시 내담자의 자료를 검토해 보니 내담자가 딸의 분노에 대처 방법을 모르는 것의 원인은 내담자 자신의 불안을 딸의 노는 모습을 보면서 통제하려고 한 것에 있었다.

넷째, 수정된 임상평가는 아래와 같이 기술되었다.

내담자는 6번의 고시낙방으로 인해서 불안감이 가중되었고 뭔가 해야 할 것 같은 중압감이 늘 있었다(유발요인). 또한 이직을 하고 싶어도 나이가 많아서 어떻게 할지 모르는 상태가 지속되었다(유지요인). 불안이 계속 있던 내담자는 최근 딸이 성적이 떨어지고 집에서 빈둥빈둥 노는 것을 보자 불안이 촉발되었다. 이에 딸을 통제하는 방식으로 잔소리와 딸의 자존감을 바닥에 떨어뜨리는 비난의 소리를 하였고 상호폭력이 발생하여 상담에 의뢰되었다(촉발요인).

상담사는 회기목표와 전략을 의사소통이 아니라 내담자 본인의 중압감과 불안을 다루어야 한다는 것으로 상담방향을 수정하였다. 상담사의 수정된 임상평가를 지지하는 내담자의 자료는 '뭔가 해야 할 것 같은 중압감으로 인한 불안'이 호소문제라는 것을 알아차렸다. 이후 임상가설을 수정해서 '뭔가 해야 할 것 같은 중압감으로 인한 불안'으로 호소문제가 수정되었다.

이처럼 가설수정은 첫 회기 상담부터 상담중기까지 진행되는 과정이다. 이러한 가설수정을 최소화하기 위해서 초심상담사는 상담초기에 슈퍼바이저에게 상담자문을 구할

수도 있다.

　가설검증과정을 통해 내담자의 자료를 재검토하고 가설을 수정하여 진행한다면 상담사와 내담자 모두에게 유익한 상담이 진행될 수 있다.

제7장 ✏
상담초기 과정에서 상담사 역할

1. 치료적 동맹형성하기

치료적 동맹형성은 내담자와 라포를 맺는 것이다. 라포란 관계 안에서 '상호 신뢰와 존중'의 조건을 의미한다. 라포는 치료적 관계의 시작점이며, 치료관계를 형성하기 전 최소한의 필요조건이다. 이는 관계의 뿌리로 개념화될 수 있다(Hackney & Bernard, 2017/2019). 치료적 동맹에서 평등하고 상호 협동 관계로서 상담사의 수용과 진실한 태도에 의해 만들어진 안전한 분위기는 내담자의 자가-치유 성향(self-healing tendency)을 강화시켜 준다.

1) 치료적 동맹형성 조건

일반적으로 내담자와 상담 관계를 형성하는 데 있어 중요하다고 여기는 조건은 정확한 공감, 상담사의 진솔성, 내담자에 대한 무조건적인 돌봄 또는 긍정적인 존중이다. 상담이론이 다양하며 각자 주장하는 것이 다르지만, 적어도 동의하는 한 가지가 있다면 바로 좋은 자질을 갖고 있는 상담사가 효과적인 상담을 할 수 있다는 것이다. 그 자질에 대해 말하자면, 상담사는 개인적으로 통합되어 있어야 하고 자기를 돌아볼 줄 알아야 하며, 내담자를 각자의 문화적 배경을 가진 특별한 존재로 귀하게 여길 줄 알고, 내담자가 무엇을 어떻게 경험하고 있는지 이해할 수 있어야 한다는 것이다. 상담에서 내담자의 심리적 문제해결과 인간 성장을 위해서 반드시 필요한 것이 상담에서 **긍정적 관계 경험**을 하는 것이다. 바람직한 상담 관계는 내담자가 목표에 도달할 수 있는 가능성을 높이고, 건강한 대인관계 모델을 제공하여 내담자가 상담 세팅 밖에서 관계의 질을 향상시키는 데 활용될 수 있다. 이것이 바로 대부분의 상담이론에서 언급되는 상담의 주요한 공통 요인이다(Hackney & Bernard, 2017/2019). 이에 대한 구체적인 질문기술은 제11장에서 기술하겠다.

이 장에서 설명하는 치료적 동맹형성 핵심 조건과 관련된 기술은 인간중심 접근에서 나온 것이다. 상담 이론 접근 방식에 따라 상담에서 내담자와 상담 관계의 역할에 부여하는 비중에는 차이가 있지만, 대부분의 다른 이론에서도 상담사-내담자의 치료적 관계의 중요성을 강조한다.

강력한 관계 동맹은 세 가지 주요 기능을 한다. 첫째, 내담자에 대한 신뢰와 안전한 분위기를 조성한다. 이는 내담자의 걱정과 의심, 주저함을 낮추고, 아주 개인적이고 민감한 이야기들을 비판이나 혐오 반응의 두려움 없이 할 수 있도록 촉진한다. 이러한 안전함이 보장되지 않으면 내담자는 자기 개방을 하기 어렵고, 관련된 이슈들이 탐색되기 어렵다. 둘째, 강렬한 정서를 개방하고 작업할 수 있도록 도와주는 수단을 제공한다. 이는 강한 감정을 표현할 필요가 있는 내담자를 기꺼이 허락하고 보호하게 도와준다. 정서적 중압감에 압도되어 있는 내담자에게 상담사의 안정감이 전달되면 내담자의 감정 표현은 그 강도가 줄어들고 자기 통제가 가능한 단계로 진입할 수 있게 된다. 셋째, 효과적인 치료적 관계는 내담자에게 건강한 대인관계를 경험하도록 한다. 내담자는 이러한 경험을 통해 현실 속에서 다른 사람과의 관계의 질을 확인하고 향상시킬 수 있다. 지금까지 살펴본 치료적 동맹은 상담치료 성과에 영향을 주는 요인 중 30%를 차지할 만큼 중요하다(MacCluskie, 2010/2012). 앞서 제6장에서 살펴본 내담자에 대한 임상적 진단과 평가는 상담사와 내담자의 관계를 동시에 형성하면서 진행되어야 하는 것이다. 그만큼 상담사와 내담자와의 관계가 치료에 미치는 영향은 아무리 강조해도 지나치지 않는다.

2) 치료적 동맹 관계 유지하기

상담사는 상담 직후부터 평가와 동시에 치료적 동맹 관계를 형성한다. 평가가 한 회기 내에 완료되지 않는 것처럼, 동맹 관계도 한 번 만나는 것으로 형성되지는 않는다. 초기 회기 동안 내담자는 상담사에게 서서히 편안함을 느껴 가면서 그를 자신의 생각과 감정의 세계로 받아들이기 시작한다. 이런 조건은 상담 관계 형성의 초기 단계를 나타낸다. 라포를 형성하기 위한 몇 가지 기술과 지침을 제시하면 다음과 같다(Hackney & Bernard, 2017/2019).

(1) 초기 만남을 편안하게 하기

접수면접뿐만 아니라 상담초기에도 상담사는 내담자를 편안히 대해야 한다. 가장 기본적으로 상담사 자신을 소개하고 내담자의 이름을 듣고 기억하면서 내담자에게 자리를 권하고 내담자가 편안해하는지를 살펴보아야 한다. '민들레 씨' '길동 님' 같은 내담자의 이름을 부르는 것은 **치료적 동맹형성**에 효과적이다.

(2) 비언어적인 것에 주의 기울이기

내담자가 매우 불안해 보이면 일상 대화를 시도하고, 불안이 사라지기 시작하는지를 보라. 비언어적 행동에 주목하고 내담자의 정서 상태를 이해하는 데 이를 활용하라. 내담자가 반응할 시간을 충분히 주도록 하라. 이런 것은 '주의 기울이기' 또는 '경청'이라 지칭되며, 상담사가 내담자 및 내담자가 하는 말에 관심을 가지고 있으며, 말로 표현한 것이나 표현되지 않은 메시지 모두를 이해하려고 노력할 것이라는 점을 내담자에게 전달해 준다.

(3) '전문가'와 '편안한 사이'의 조화 이루기

상담사는 '전문가'와 '편안한 지인 같은 느낌'의 사이를 오고갈 수 있어야 한다. 상담사가 너무 전문적인 사람으로만 보이면 그 관계에서 인간적인 진정성을 느끼기 어렵다. 이런 스펙트럼의 다른 한쪽 끝은 완전히 내담자 자신이 되어 버리는 것이다. 내담자의 변화를 촉진하려면 편안함과 전문적 특성을 동시에 유지하는 것이 좋다. 이런 연속선 위에서 균형을 찾아 치료적 동맹을 형성하는 것은 상담사가 초기에 직면하게 되는 도전 중 하나이다. 평가 단계 동안 상담사와 내담자의 관계형성이 잘 되지 못하면 그다음의 모든 상담단계에 영향을 주게 된다. 경계와 관련한 윤리적 지침에 관해서는 이미 상담윤리를 다루는 장에서 기술하였다.

3) 치료적 동맹의 장벽 알아차리기

사람들을 만날 때는 언제나 장벽이 존재한다. 치료적 동맹에 나오는 장벽은 내담자와 상담사 모두에게 나타난다(Hackney & Bernard, 2017/2019). 첫째, 내담자에게 나타난 **치료적 동맹 장벽**은 무엇일까? 상담사는 내담자가 치료적 동맹형성을 방해하는 것을 어떻게 알 수 있을까? 그것은 '유머로 분산시키거나' '말을 느리게 하거나' '눈에 띄게 친절하거나' '쉽게 자기를 개방하는 사람' 등으로 나타난다. 이 모든 것은 다른 사람들이 자신을 자기가 원하는 대로 봐 주도록 만들기 위한 행동이다.

둘째, 상담사에게 나타난 치료적 동맹 장벽은 무엇일까? 어떤 상담사는 '끝없는 공감자'로 보이고 싶어 이런 이미지를 전달한다. 또 어떤 상담사는 '자신감 있고 똑똑한 사람'으로 보이고 싶어서 그렇게 보이도록 해석하고 상담 전문 용어로 설명하려는 경향이 있다. 그렇다면 이러한 걸림돌을 어떻게 제거할 수 있을까? 먼저 내담자와 상담사 사이에 어떤 장벽이 놓여 있는지를 인식하는 것이다. 자신에게는 진입 행동이 없다고 말하는 것이 아니다.

내담자에게서 나오는 치료 동맹의 장벽은 어떻게 하여야 할까? 일반적으로 상담 전반에 걸쳐 관찰은 하되, 그 행동에 직접적으로 반응하지 않는 것이 최선이다. 대신 사람에 대해 반응하는 예를 다음 사례에서 살펴보자.

《사례 11. 비아냥의 끝판왕_ADHD 중학생》

ADHD를 가진 청소년이 상담실에 들어오면서 상담사를 보자마자 다음과 같이 말했다.

내1: (퉁명한 목소리로) 선생님, 왜 그렇게 못생겼어요?

상1: (상담실을 안내하면서) 안녕, 선생님이 못생긴 것을 볼 정도로 선생님한테 관심이 있구나.

내2: (여전히 상담실을 두리번거리면서) 내가 본 선생님 중 제일 못생겼어요.

상2: (계속 상담실까지 걸어가면서 안내하며) 그래, 네가 본 선생님 중 제일 못생긴 것을 찾아 낼 정도로 사람을 세심하게 관찰한다는 거네.

내3: (포기한 듯이) 진짜 못생겼다고요.

상3: 네가 기대한 만큼 외모가 안 돼서 어떡하지, 그럼 네가 말하는 선생님이 어디가 제일 못생겼는지 이야기해 보자.

이 사례에서 내담자에게 '존중을 표하라고' 요구한다거나 '화를 낸다'거나 아니면 '이 상담을 시간낭비'라고 생각했다면 이것은 바로 내담자가 보인 **'행동에 반응'**하는 것이다. 이런 반응 대신 내담자를 한 사람으로 보고 그 사람에 반응해 보도록 노력함으로써 관계를 형성해 나갈 수 있다. 이러한 방식으로 관계를 맺으면 상담사는 내담자의 행동이 유발하는 부정적 감정을 가라앉힐 수 있다. 그런 다음에 관계를 발전시키고 평가를 시작하기 위해 다음과 같이 이야기를 이어 나갈 수 있다.

> 상4: 여기 오는 것이 그다지 좋아 보이지는 않네. 왜 그런지 이해할 수 있을 것 같아. 아무도 강제로 뭔가를 하는 걸 좋아하지는 않거든. 난 너하고 상담하고 싶지만 네가 원하지 않는 걸 하라고 하진 않을 거야.
>
> 내4: 거짓말 말아요.
>
> 상5: 무엇을 보고 거짓말이라고 들려?
>
> 내5: 어른들은 전부 거짓말로 하잖아요.
>
> 상6: 그래. 어른들이 전부 거짓말 한다고 생각한다면 네가 어른들을 믿기가 힘들 것 같아. 그럼 선생님과 10번 만나보고 선생님이 어떤 거짓말을 하는지, 네가 알려 주면 좋겠네. 어때?

이런 말들은 상담현장에서 자주 볼 수 있는 대화이다. 변화는 점진적으로 이루어진다. 어떤 장벽은 내담자가 원하는 것을 이루기 위한 꽤 효과적인 방법이기 때문에 더 오래 지속되기도 한다. 예를 들어, 내담자는 상담사에게 장벽을 놓음으로써 상담사가 얼마만큼 버티고 자신의 힘듦을 감당할 수 있을지 실험하기도 한다. 상담사가 기억해야 할 것은 진입 행동보다 그 사람을 더 보는 것이다. 그러면 상담 관계는 생각보다 쉽게 열릴 것이다.

2. 상담 관계의 형성능력 평가

상담 초기에서 상담사가 해야 할 역할 중의 하나는 내담자와 **상담 관계형성** 정도와 관계유지를 평가하는 것이다. 상담 진행 과정은 예측 가능한 단계들을 따르는 활동이다. 상담사는 상담 목표대로 상담을 이루기 위해서 상담 초기에 두 가지의 평가를 한다. 상담사와 내담자의 상담 관계형성과 내담자의 주 호소문제가 명료하게 구체화 되었는지를 평가해야 한다. 다음 질문에 대한 긍정적 대답은 그 단계의 주요 과제가 달성되었음을 나타내고, 부정적인 대답은 다음 상담 단계로 넘어가기 전에 그 단계에 머물러 있어야 함을 의미한다.

1) 질문을 통한 평가

상담 관계가 형성되었는지를 평가하기 위해 구체적으로 다음과 같은 질문을 던질 수 있다.

"내담자가 나를 신뢰하는가?"
"이 상황에서 내담자의 긴장이 이완되어 있는가?"
"내담자가 나와 이 새로운 상황보다 내담자 자신의 문제에 초점을 둘 수 있는가?"
"나는 이 내담자와 상담할 준비가 되어 있는가?"

이러한 질문 외에도 상담사는 내담자의 이야기를 들으며 상담의 진전 정도를 평가할 수 있다. 예컨대, 내담자가 일방적이고 다소 모호하게 진술하는 것은 상담 과정의 관계 형성이 더 필요하다는 것을 말해 준다고 볼 수 있다. 다음과 같은 이야기는 내담자에게 라포 형성이 필요하다는 것을 보여 주고 있다.

"내가 알고 있는 모든 것을 누군가에게 이야기해야 하는 겁니까?"
"선생님은 어떻게 생각하세요?"
"나에게 문제가 있다고 생각하세요?"

2) 체크리스트 평가

이러한 질문 외에도 상담 초기에 상담사와 내담자가 관계를 어떻게 형성해 왔는지 그 과정을 〈표 7-1〉을 통해 체크해 보는 방법도 있다. 체크 결과, 모두 '그렇다(Y)'에 체크되었다면 내담자와 관계형성이 제대로 된 것이다. 반면, '아니요(N)' '관련 없다(IR)'로 체크되었다면 내담자와 관계형성에 더 주력해야 한다는 신호이다.

〈표 7-1〉 관계형성 과정 체크리스트

	질문	응답		
1	상담사는 내담자와 눈 맞춤을 유지했다.	Y	N	IR
2	상담사의 표정은 내담자의 기분을 반영했다.	Y	N	IR
3	상담사가 말하는 음조에 다소 변화가 있었다.	Y	N	IR
4	상담사는 내담자가 목표로 향하고 있는 주제나 행동을 했을 때, 그것을 강화하기 위해 간헐적으로 음성 반응(예: "음음")을 했다.	Y	N	IR
5	상담사는 내담자가 제시한 주제를 탐색하는 언어 반응을 했다.	Y	N	IR
6	상담사의 음성적 반응의 주어는 대체로 이름이나 '당신'이라는 대명사를 사용해서 내담자를 지칭했다.	Y	N	IR
7	상담사의 음성적 반응에서 주제가 분명하고 합리적인 방향으로 전개되었다. 즉, 상담사는 장황하거나 두서없지 않았다.	Y	N	IR
8	상담사는 내담자의 감정을 반영했다.	Y	N	IR
9	상담사는 이해하려고 하는 의도를 음성적으로 진술했다.	Y	N	IR
10	회기 중에는 상담사는 구체적인 피드백을 최소 한 번 이상 해 주었다.	Y	N	IR
11	상담사는 내담자의 강점이나 잠재력에 대해서도 반응을 보여 주었다.	Y	N	IR
12	상담사는 내담자에 대한 자신의 호감이나 좋은 인상을 알리는 반응을 했다.	Y	N	IR

출처: Hackney & Bernard (2017/ 2019), p. 337에서 발췌하여 수정함.

3) 상담방향 점검하기

상담 과정에서 내담자는 긍정적인 반응과 부정적인 반응을 모두 나타낸다. 긍정적인 측면에서 내담자의 문제를 평가하면 내담자가 다양한 감정을 경험할 수 있으며, 다음과 같은 반응으로 드러난다.

(1) 긍정적인 평가

내담자가 다음과 같은 이야기를 할 때는 상담에 대한 긍정적인 평가를 하고 있다는 신호이다. 상담사는 상담의 진전을 기대하면서 상담 방향에 대해서 일관적인 것을 유지해도 된다는 것을 의미한다. 긍정적인 평가는 다음과 같이 내담자의 각 측면에서 나타난다.

첫째, 내담자의 이해의 표현이다. 내담자가 다음과 같은 이야기를 하는 것은 자기인식이 일어나고 있음을 알리는 긍정적인 신호이다.

"지난 몇 달 동안 저에게 얼마나 끔찍한 일이 있었는지 누군가가 이해했다고 믿어요."

"저는 딸이 힘들었을 거라는 것을 알았지만, 저렇게 고통스럽고 힘든 상처인 줄은 처음 알았어요."

"사람들은 이기적이잖아요. 제가 그런 것 같아요. 딸이 장애가 있는 오빠 때문에 힘들어한다는 것을 알고 있었어요. 저는 굉장히 잘하고 있다고 생각했어요. 지금 들어 보니 제가 일방적이었네요."

"제가 왜 이런 행동을 했는지 안개가 걷힌 것 같아요. 알 것 같아요."

둘째, 내담자의 **안도**의 표현이다. 내담자의 안도의 표현은 대개 상담 회기가 끝나갈 무렵 소감을 나누는 시간에 나타난다. 이러한 안도의 표현은 내담자가 현재 상담에 대하여 어떤 상태인지를 확인해 주는 이정표이다.

"가슴 속에 있는 것들을 털어 버리니 기분이 좋네요."

"십 년 묵은 것이 내려가는 것 같아요."

"뭔가 알 수 없는 묵직함이 사라졌어요."

셋째, 내담자의 **희망**의 표현이다. 무기력하고 우울한 내담자가 상담을 통하여 희망을 갖고 가는 경우에 다음과 같은 이야기를 한다.

"이제는 기분이 좋아졌고, 일을 해낼 수 있을 것 같아요."

"이제는 몸이 가라앉지 않고, 중심을 잡고 있는 것을 느껴요."

넷째, 내담자의 **동기**의 표현이다. 상담을 통해 내담자가 자신의 삶에서 뭔가를 시작하는 에너지를 갖게 되면, 다음과 같은 이야기를 한다.

"이제 함께 대화할 사람이 생겨서 계획을 지킬 수 있을 것 같아요."

"뭔가 할 수 있을 것 같아요. 한없이 무기력했는데, 새 힘이, 에너지가 돌아가는 것을 느껴요."

"평생 아빠와는 이 가슴속에 박힌 골을 해결할 수 없다고 생각했어요. 지금은 한 발짝 다
가갈 수 있을 것 같아요"

(2) 부정적인 평가

내담자의 다음과 같은 반응은 내담자가 상담 관계를 불편해하거나 부정적으로 평가
하고 있음을 알려 준다.

첫째, 내담자의 **걱정**의 표현이다.

"제가 정말 그렇게 나쁜가요?"

"한꺼번에 처리해야 할 일이 너무 많아요. 제가 이 일을 할 수 있고, 다른 모든 일을 계속
할 수 있을까요?"

"제가 졸업이나 할 수 있을까요?"

둘째, 방어적인 태도이다.

"이봐요, 제가 느끼기에는 제게 던져지는 질문들이 너무 많아요. 그중에는 너무 사적인 것
들도 있어요."

"제가 생각하기는 일반적으로 모든 가정들이 그렇다고 봐요. 다른 대안이 없잖아요."

"이것 꼭 해야 돼요? 그냥 말로만 하고 싶어요."

셋째, 내담자의 **취약성**의 표현이다.

"제가 이 일로 인해 그녀를 믿을 수 있는지 어떻게 알 수 있을까요?"

"그녀가 감당할 수 있을까요?"

"그녀가 자꾸 다른 사람과 성관계하는 장면이 떠올라요."

"지금은 아직 생각도 하고 싶지 않아요, 생각하면 가슴이 터질 것 같아요."

넷째, 내담자의 **자기비하**의 표현이다.

"제가 정말 엉망이라고 생각하는 게 아닐까요?"

"'미쳤어? 바보야.'라고 저한테 수없이 되뇌어요."

"정말 뭐가 잘못된 걸까요. 제가 하는 것이 다 그렇지요?"

3. 호소문제 평가

초기 상담 관계에서 상담 관계를 유지하고 문제를 명료화하는 단계는 내담자에 대한 평가와 목표 설정을 확인하는 과정을 통해 알 수 있다. 〈표 7-2〉에서 '그렇다(Y)'로 체크되었다면, 내담자에 대한 평가와 목표 설정을 잘했다고 볼 수 있다.

〈표 7-2〉 상담기술 호소문제 평가 체크리스트

	질문	응답		
1	상담사는 내담자의 기본적인 인구학적 배경에 관한 질문을 했다.	Y	N	IR
2	상담사는 내담자에게 현재의 문제를 설명하거나 그 문제의 배경이 될 만한 정보를 기술하도록 요청했다.	Y	N	IR
3	상담사는 내담자에게 문제를 나열하고 우선순위를 정해 보라고 했다.	Y	N	IR
4	각각의 문제에 대해 상담사와 내담자는 다음 영역을 탐색했다.			
	• 문제의 정서적 영역	Y	N	IR
	• 문제의 인지적 영역	Y	N	IR
	• 문제의 행동적 영역	Y	N	IR
	• 문제의 체계적 영역	Y	N	IR
	• 문제의 문화적 영역	Y	N	IR
	• 문제의 심각도(예, 빈도, 기간, 심한 정도)	Y	N	IR
	• 문제의 촉발요인	Y	N	IR
	• 문제의 결과 또는 이득	Y	N	IR
5	상담사와 내담자는 내담자가 그 문제를 해결하기 위해 이전에 시도했던 방법을 논의했다.	Y	N	IR
6	상담사는 내담자가 문제를 해결하기 위해 사용할 수 있는 강점 자원, 대응 기술 등을 찾아보라고 요구했다.	Y	N	IR

출처: Hackney & Bernard (2017/2019), p. 339에서 발췌 및 수정.

반면, '아니다(N)' '관련 없다(IR)'라고 체크되었다면, 다시 주 호소문제가 명료화 단계에 있어야 하는 것이다. 다음의 구체적인 질문을 통해 다시 주 호소문제를 정확하게 평가했는지 확인해 보는 것을 권한다.

> "주 호소문제에 대해 내담자가 갖고 있는 느낌과 생각을 분명히 이해하고 있는가?"
> "문제가 명료하게 구체화되었는가?"
> "문제를 해결하기 위해 상담사와 내담자 둘 다 노력할 준비가 되어 있는가?"

내담자가 감정, 생각, 말, 상황 등을 명료화하거나 구체화하기 위한 노력을 보여 주는 진술들을 많이 하고 있다면, 상담의 과정은 문제를 명료화하는 단계까지 나아갔음을 나타낸다고 볼 수 있다. 이러한 진술의 예는 다음과 같다.

> "아니, 그것은 항상 일어나는 것이 아니고 단지 내가 도움을 거절할 때만 일어나요."
> "나는 너무 화가 나 있어요. 그 사실을 처음으로 내가 말할 수 있어서 너무 시원해요."

4. 상담 성과평가

상담 초기에 상담사는 상담 회기평가를 하면서 상담 과정이 성과 있게 진행하는 것에 대한 점검이 필요하다.

1) 상담 회기평가를 통한 상담 성과 확인하기

상담사가 상담 단계별로 알맞은 기법을 사용하게 되면 내담자는 서서히 변화를 경험하게 된다. 내담자의 증상이 줄어들고, 내담자 자신의 삶에서 보다 기능적으로 변화한다. 이는 상담의 성과라고 할 수 있다.

상담 성과에는 두 가지 유형이 있다. 하나는 상담 종결 시 이루어지는 최종 상담 성과이고, 또 하나는 상담 과정 중에 이루어지는 과정 성과이다. 상담종결 시 이루어지는 상담 성과는 상담종결 부분에서 다루겠다. 여기서는 상담 과정평가에서 나타는 것만 기술하고자 한다. 상담 회기평가는 매회 상담 회기가 끝난 직후에 하는 것으로, 내담자와 상담사는 자기보고 양식에 그 회기 상담이 어떻게 경험되었는지 체크한다. 상담사는 상담사와 내담자의 평가 결과를 비교·검토함으로써 상담사와 내담자 사이의 느낌의 차이를 방지할 수 있으며, 효과적인 개입을 위한 전략 수립에도 도움이 될 수 있다. 상담 회기평가는 체크리스트를 활용하는 양적 방법과 열린 질문으로 질적 방법을 활용할 수 있다.

2) 상담 회기평가방법

(1) 질적 평가

주관적 기술 방법으로는 각 회기에서 의미 있게 경험한 사항, 아쉬웠던 점 등에 대해 개방적으로 기술하는 방식이 주로 사용된다. 이것은 정해진 양식이 따로 없다. 상담사의 필요에 따라 제작이 가능하다. 보통 사용할 수 있는 개방형 회기 소감문 질문과 소감문 예시는 다음과 같다.

- 질문 1. 이번 회기에서 가장 의미 있었거나 도움이 되었던 점은 무엇입니까?
  사례 1: 아버지에 대해 느끼는 내담자의 분노 감정을 심층적으로 탐색하였기 때문
  사례 2: 잘 모르겠다. 이번 회기는 힘들었다.

- 질문 2. 이번 회기에서 아쉬웠던 점이 있다면 무엇이고, 그 이유는 무엇입니까?
  사례 1: 상담사가 자신의 이야기를 다소 많이 한 듯함
  사례 2: 아버지에 대한 감정이 정확하게 어떤 것인지 잘 인식이 안 되었다. 상담 선생님이 분노 감정이라 하면서 너무 집요하게 후벼 팠다.

- 질문 3. 다음 회기에서 다루어 보고 싶은 점이 있다면 무엇입니까?
  사례 1: 아동기에 자주 느꼈던 분노 상황에 대해 더 다루고 싶음
  사례 2: 오늘 힘들었던 얘기를 상담 선생님에게 솔직하게 해 보고 싶은데 잘 모르겠다.

(2) 체크리스트 평가

상담이 매 회기 끝날 때마다 내담자에게 〈표 7-3〉의 상담 회기평가 질문지[1]를 체크해

달라고 요청할 수도 있다.

다음의 단어 쌍에 대하여 이번 회기의 상담이 어떻게 느껴졌는지 정도를 가장 잘 나타내는 번호 위에 '∨' 표시를 한다. 예를 들어, '힘들었다 1 2 3 4 5 6 7 견딜 만하다'에서 1로 갈수록 '힘들었다'에 , 7로 갈수록 '견딜 만하다'에 해당된다. 4는 중간 정도를 의미한다.

〈표 7-3〉 상담 회기평가 질문지

문항	상담회기 심정	문항척도							상담회기 심정
1	힘들었다	1	2	3	4	5̌	6	7	견딜 만하다
2	더 개방해도 되겠다	1	2	3	4̌	5	6	7	부담된다
3	피상적이었다	1	2	3	4	5̌	6	7	깊이 있었다
4	마음 편했다	1	2	3	4	5̌	6	7	긴장되었다
5	제자리걸음이었다	1	2	3	4̌	5	6	7	기대가 되었다
6	가득찼다	1	2	3	4	5̌	6	7	비었다
7	산만했다	1	2	3	4	5̌	6	7	정리가 되었다
8	문제 이해가 된다	1	2̌	3	4	5	6	7	혼란스럽다
9	답답하다	1	2	3	4	5	6̌	7	시원하다
10	수용된 느낌이었다	1	2̌	3	4	5	6	7	거부당한 느낌이었다

출처: 이상희, 김계현(1993). pp. 30-47을 수정 · 보완함.

■ **상담 회기평가 질문지 채점**

첫째, 먼저 역 채점 문항의 점수를 변환한다. 변환 공식은 다음과 같다.

*역 채점 문항: 2, 4, 6, 8, 10번째 문항

1→7점, 2→6점, 3→5점, 4→4점, 5→3점, 6→2점, 7→1점

둘째, 역 채점 문항을 제외한 나머지 문항의 점수를 합산한다.

셋째, 역 채점의 변환 점수를 합산하여 나머지 문항 점수와 다시 합산한다.

넷째, 상담 회기평가 채점표를 작성한다.

---

1) 상담 회기평가 질문지는 이상희와 김계현(1993)에서 형식과 채점 방식을 인용하고, 필자가 질문지 내용을 상담 회기별로 필요한 문항으로 수정한 후 상담사들에게 예비로 사용해 본 다음 정리한 것이다. 이상희, 김계현(1993). 상담 회기평가 질문지의 타당화 연구. **상담 및 심리치료, 5**(1), 30-47.

〈표 7-4〉 상담 회기평가 채점표

	점수구분	상담사	내담자	점수 차
사례 1	총점	47	28	19
사례 2	총점	49	55	6

■ 상담 회기평가 질문지 채점 결과와 개방형 회기 소감문을 검토 분석

상담 회기평가 질문지 채점 결과와 개방형 회기 소감문을 보면서 다음 사항을 검토한다.

첫째, 총점은 상담사와 내담자 중 누가 더 높은가?

둘째, 상담사와 내담자 간 점수 차이가 각각 얼마나 나는가?

셋째, 10개 문항 중에서 상담사-내담자 점수 차이가 가장 많이 나는 문항은 무엇인가?

넷째, 이 결과는 무엇을 의미하는가?

■ 상담 회기평가 질문지 채점 결과 해석

〈표 7-4〉의 사례 1의 점수는 상담사가 내담자보다 높고, 두 사람의 점수 차는 19점이다. 사례 2의 점수는 내담자가 상담사보다 높고, 두 사람의 점수 차는 6점이다. 즉, 사례 1의 상담사는 상담 회기를 긍정적으로 평가한 반면, 내담자는 그렇지 못하다는 것을 의미한다. 특히 10개 문항 중에서 '이번 상담 시간은 거칠었다-매끄러웠다' 문항에서 상담사-내담자의 응답 차이가 가장 크게 나타났다(각각 6점, 1점).

사례 2에서는 상담사와 내담자 모두 상담 회기에 대해 비슷한 수준에서 긍정적으로 지각하였고, 상담사-내담자 응답 차이가 거의 나타나지 않았다.

■ 개방형 회기 소감문 검토

상담사 및 내담자의 기록 내용을 보고 문항별 답변 내용을 비교 검토한다. 그 결과를 바탕으로 그 의미를 분석하여 기록해 본다. 예시는 다음과 같다.

이번 회기에 가장 도움되었던 점에 대해서 상담사는 내담자가 아버지에 대해 지니는 감정에 대해 심층적 탐색을 진행하여 의미가 있었다고 보고하였지만, 내담자는 이유는 잘 모르겠지만 힘들었다고 보고하였다. 이 결과는 상담사의 개입이 동일한 회기 안에서도 상담사 자신과 내담자에게 각기 달리 경험될 수 있다는 점을 의미한다. 이는 이번 회기에서 아쉬운 부분을 보고할 때 더 분명해진다. 상담사는 단지 자신의 말이 많았다는 점에서만 아쉬움을 지적하지만, 내담자는 스스로도 잘 인식되지 않는 감정에 대해 상담사가 집요했다는 불편한 느낌을 보고하고 있다. 다음 회기에 대한 전략 또한 상담사와 내담자가 전혀 다르게 보인다. 이런 현상이 일어나는 이유는 상담사가 내담자의 비언어적 단서와 메시지를 주의 깊고 민감하게 관찰하지 못하였기 때문이라 볼 수 있다.

■ 분석 결과 기반 상담 활용 방안 준비

상담 회기평가 질문지 채점 결과 해석 및 개방형 회기 소감문 분석 결과에서 도출된 상담사의 문제 반응 목록을 작성한다. 사례 1에서 상담사의 문제 반응 목록 예시는 다음과 같다.

첫째, SEQ 채점 결과, 상담사는 이 회기를 '매끄러웠다'고 지각한 반면, 내담자는 '거칠었다'고 지각한 데서 가장 큰 차이를 보인다.

둘째, 개방형 회기 소감문 분석 결과, 상담사는 상담사 개입에 대한 내담자의 불편함을 민감하게 파악하지 못하였다.

셋째, 그 결과 상담사는 내담자의 정서와 무관하게 상담사 주도의 상담을 진행하고 있다.

■ 개입 및 다음 회기 전략

문제 반응 목록을 검토하면서 다음 회기에 상담사가 보완해야 할 사항은 무엇인지 정리하고 필요한 경우, 내담자에게 피드백을 받는다. 다음 회기에 상담사가 보완할 사항은 다음과 같다.

첫째, SEQ 채점 결과를 내담자와 함께 이야기하면서 '거칠었다-매끄러웠다' 항목을 포함하여 상호 지각의 차이를 보인 그 외 문항들이 무엇인지 함께 검토하는 시간을 가진다.

둘째, 구체적으로 내담자가 '거칠게' 느낀 상담사의 개입과 반응이 무엇이었는지 탐색한다.

셋째, 지난 회기에 내담자가 불편했던 감정을 상담사가 민감하게 포착하지 못한 점, 상담사 주도의 상담 진행을 한 점에 대해 진솔하게 이야기한다. 그 당시 내담자의 감정과 생각에 대해 주의 깊게 탐색한다.

5. 행동관찰을 통한 내담자 파악하기

1) 주목해야 할 행동

　상담에서는 내담자의 행동 하나하나가 내담자의 문제를 이해하고 해결하는 데 필요한 자료이다. 행동관찰이란 내담자의 언어적·비언어적 행동을 관찰하여 내담자에 대한 임상적 정보를 얻는 과정을 말한다. 이 과정을 통해 내담자에 관한 중요한 정보를 알 수 있으며, 내담자와 라포를 형성하는 방법도 찾을 수 있다. 예컨대, 내담자가 긴장된 자세를 취하든가, 갑자기 말을 많이 하거나, 침묵을 지키거나, 얼굴을 붉히거나, 주저하는 태도를 보이거나, 상담 약속을 지키지 않는 등의 모든 행동이 내담자를 이해하고 도와주는 데 있어서 필요한 자료이다(이장호, 정남운, 조성호 공저, 2005). 〈표 7-5〉는 바람직한 내담자의 표현과 주의해야 할 목록을 비교하여 보여 준다.

〈표 7-5〉 바람직한 태도와 주의해야 할 태도 예시

항목	바람직한 태도	주의해야 할 태도
얼굴 표정	• 따뜻하고 배려하는 표정 • 다양하며 적절한 생기 있는 표정 • 자연스럽고 여유 있는 입 모양 • 간간히 적절하게 짓는 미소	• 눈썹 치켜뜨기 • 하품 • 입술을 깨물거나 꼭 다문 입 • 부적절한 희미한 미소 • 지나친 머리 끄덕임
자세	• 팔과 손을 자연스럽게 놓고 상황에 따라 적절한 자세 • 상담사를 향해 약간 기울인 자세 • 관심을 보이는, 그러나 편안한 자세	• 팔짱 끼기 • 상담사로부터 비껴 앉은 자세 • 계속해서 손을 움직이는 태도 • 의자에서 몸을 흔드는 태도 • 입에 손이나 손가락을 대는 것 • 손가락으로 지적하는 행위
눈 맞춤	• 직접적인 눈 맞춤 • 상담사와 같은 눈높이 • 적절한 시선 움직임	• 눈을 마주하기를 피하는 것 • 상담사보다 높거나 낮은 눈높이 • 시선을 한곳에 고정하는 것

어조	• 크지 않은 목소리 • 발음이 분명한 소리 • 온화한 목소리 • 상담사의 느낌과 정서에 반응하는 어조 • 적절한 말속도	• 우물대거나 너무 작은 목소리 • 주저하는 어조 • 너무 잦은 문법적 실수 • 너무 긴 침묵 • 들뜬 듯한 목소리 • 너무 높은 목소리 • 너무 빠르거나 느린 목소리 • 신경질적인 웃음 • 잦은 헛기침 • 큰 소리로 말하기
신체적 거리	• 의자 간 사이는 1~2.5m	• 지나치게 가깝거나 먼 거리
옷차림 외양	• 단정하고 점잖은 복장	• 특정 브랜드가 크게 적힌 복장 • 지나치게 편한 복장(반바지, 민소매 티셔츠, 트레이닝복 등)

출처: 조흥식, 김연옥, 황숙연, 김용일(2009).

(1) 유창성

유창성은 언어적 의사소통에서 나오는 현상으로, 상담 과정 중 내담자의 말이 자연스럽고 어휘나 주제 등이 부드럽게 이어지는 것을 의미한다. 상담 중에 상담사가 주의해야 할 내담자의 언어적 반응은 다음과 같다(Heaton, 2006).

첫째, 말실수이다. 내담자는 상담이 불안하기 때문에 자신의 감정을 자극하는 주제에 대해 말할 때 더듬거리거나 머뭇거리고 특정 발음 시 실수하는 경향이 있을 수 있다.

둘째, 이야기의 주제이다. 내담자가 주제를 옮겨 가며 이야기를 하여 도대체 무슨 얘기를 하려는지 모를 때도 많다. 이럴 경우 상담사는 어떻게 해야 하는가? "지금 어머니에 대한 분노에 대해서 이야기를 하시면서 다시 동생의 이야기로 옮겨왔네요. 오늘 회기 동안 다섯 가지의 주제를 이야기하셨는데, 그것을 알고 계시나요?" 상담사는 이것을 묵과하지 말고 내담자가 왜 그러는지 짚어 봐야 한다. 연구에 따르면, 기억은 대개 주제별로 묶여 있으며, 그 주제 중 하나가 고통스러운 감정과 관련된 것일 수 있다. 어떤 내담자가 화가 나는 사건에 대해 이야기한다면 그 사건은 다른 유사한 기억을 떠올리는 것을 촉발할 수 있다. 이럴 경우 내담자는 화가 났던 사건들을 이리저리 건너뛰며 얘기할 수 있는 것이다. 어떤 경우, 불편한 감정을 피하기 위해 덜 불편한 새로운 화제로 옮겨 갈 수 있다. 예컨대, 어머니에 대한 화와 짜증에 대해서 이야기를 할 때 말은 유창했지만 이내 화제를 바꿔 버린 내담자에게 상담사가 다음과 같이 질문할 수 있다.

> 상1: 지금 어머니에 대해서 이야기를 하시다가 갑자기 화제를 바꾸면서 목소리가 담담하
> 게 바뀌셨는데, 알고 계셨나요.
>
> 내1: 아, 제가 그랬어요?

상담사가 어떤 식으로 개입하든 내담자가 피상적 답변으로 자신이 얼마나 어머니를 사랑하는지에 대한 설명만 늘어놓는 예를 살펴보자. 상담사는 내담자가 왜 어머니에게 화가 난 이야기에서 다른 화제로 전환한 것인지 이해할 수 있지만, 내담자의 이런 회피적 태도가 또 다른 문제를 불러일으킬 위험을 내포하고 있다는 점을 간과해서는 안 된다. 이러한 측면에서 유창성의 결여는 내담자가 사용하는 중요한 방어기제로 볼 수 있다. 즉, 내담자가 어떤 고통스러운 일에 직면했을 때 낭만적 주제로 주의를 돌리고 있다. 이때 상담사는 내담자의 방어 태도에 대하여 물어보면서 고통스러운 일에 자연스럽게 들어가도록 개입해야 한다.

(2) 단어 선택

상담사와 내담자는 대개 같은 언어를 쓴다. 하지만 쓰는 사람에 따라 같은 말이라도 다른 의미를 지니고 있는 경우가 많다. 내담자가 어머니에 대해 "화가 난다."고 말했다고 하자. 이때 '화가 난다'는 말을 모두 같은 의미로 사용하고 있다고 가정하고 듣지만 실제로는 의미가 다를 수도 있다. 상담사가 "어머니에게 화가 난다는 것은 민들레 님에게 어떤 의미인가요?" 묻자, 한 내담자는 "혐오스럽고 미워요."라고 하고, 다른 내담자는 "그냥 원조교제하는 기분이에요. 그런데 그냥 필요하니까 말하는 거예요."라고 말할 수 있다. 동일한 '화가 난다'라는 단어이지만 내담자마다 사용하는 의미가 다르다. 상담사는 내담자가 각 단어를 사용하는 방식이나 의미에 대해 탐색할 필요가 있다. 내담자가 사용하는 어휘의 의미가 누가 보아도 분명하거나 반대로 지금 이야기하는 주제와 무관할 때를 제외하고는 상담사는 내담자가 사용하는 어휘의 의미나 의도를 정확하게 파악할 필요가 있다. 이처럼 내담자가 사용하는 어휘의 의미를 정확히 이해하기 위해 상담사는 내담자 자신이 사용하는 어휘와 관련된 행동·사고·감정을 구체적으로 기술하도록 요구하는 것이 효과적이다. 내담자의 단어를 통해서 알 수 있는 정보는 다음과 같다.

■ 교육 수준과 지능

상담사는 내담자가 사용하는 말의 어휘, 표현 등을 통해 내담자의 교육 수준과 지능까지 짐작한다. 예컨대, 어떤 내담자가 어휘를 매우 유창하게 구사할 때 지적 장애일 가능성은 제외한다. 내담자가 사용하는 어휘 수준은 학업 성취와 밀접한 관련이 있기 때문에 상담 초기에 내담자의 사용 어휘로 내담자의 교육 수준을 추측하는 것은 어느 정도 타당하다고 볼 수 있다.

■ 내적 상태

내담자가 선택한 단어는 내담자의 내적 상태를 드러내기도 한다. 감정에 대해 상세하게 설명하는 내담자는 주로 자신의 감정 상태에 억압되어 있거나 그 감정을 회피하고 있음을 보여 준다. 내담자가 사실에 대해서만 구체적으로 설명한다면 감정을 회피하는 것으로 볼 수 있다. 이것은 내담자가 그런 감정을 경험하기 불편해서 피하려 한다는 것을 알려 준다.

■ 내담자 스스로에게 하는 말

내담자의 어휘나 어조는 내담자가 스스로에게 하는 말을 반영하기도 한다. 내담자가 스스로에게 하는 말은 상담사에게 하는 이야기를 통해 드러난다. 어떤 내담자가 "나는 정말 바보 같아." "나의 외모가 너무 싫어. 난 너무 못 생겼어."라는 식의 부정적인 이야기를 한다면, 그 사람은 그런 말을 마음속으로 하는 경우가 많다는 것을 이야기한다고 볼 수 있다.

상담 시간에 내담자가 전문적인 상담용어를 사용하는 경우도 흔하다. 내담자가 자신의 행동을 설명하기 위해 '나는 나르시스틱하다.' '나의 내면아이를 보내고 싶어요.' '여성은 금성에서 왔다.'와 같은 심리학적 용어를 내담자가 사용할 때 상담사는 어떻게 해야 할까? 상담사는 다음의 질문을 통해서 내담자가 전달하려는 것이 무엇인지 확인하는 것이 필요하다.

내1: 나의 내면아이를 보내고 싶어요.

상1: 자신의 내면에 관심이 많으시네요. 내면아이라는 것이 민들레 님에게는 어떤 것으로 있나요?

내2: 내면아이가 많은 것 같아요.

상2: 자신의 내면에서 무엇이 일어나고 있는 것을 느끼고 있네요. 민들레 님이 말하시는 내면아이는 어떤 모습인가요?

이때 상담사는 당황하지 않고 내담자가 두텁고(thick description), **생생하고**(fresh), 날것의 (raw) 표현을 쓸 수 있도록 독려하여 내담자의 **취약한**(vulnerable) 내면과 접촉해야 한다. 이 것이 치료에 더 효율적이다.

2) 관찰된 행동에 기반한 가설확장하기

상담 과정에서 보여 주는 특이 사항은 상담신청자 또는 내담자의 외모 및 첫인상, 상담 안내 시 태도, 행동 특성 등의 관찰 내용이 포함된다(Kim, 1990). 예컨대, 아버지가 딸의 상담을 신청하기 위해서 같이 왔다면 아버지는 상담신청자이고, 7세 딸은 내담자로서 상담기관의 대기실에 있게 될 것이다. 아버지와 딸은 낯선 상담기관에 와서 대기하는 동안 상담에 대한 희망과 기대를 갖기도 하지만, 두려움과 불안 등 부정적 정서가 일어날 수도 있다(Sherry & Harold, 2005). 이때 부정 정서가 표출되고 있다면, 그것을 하나의 저항으로도 볼 수도 있다. 상담신청자와 내담자의 이런 태도는 상담 과정에 영향을 줄 수 있어서 내담자가 상담을 거부하도록 하거나 조기 종결하는 결과로 이어질 수 있다. 따라서 상담사는 상담신청자 또는 내담자가 상담실 밖에서 보이는 반응도 살펴보아야 하며, 이를 기반으로 상담 관계를 준비할 수도 있어야 한다.

다양한 가설들을 확인하기 위한 질문은 내담자에 대한 추가적인 주요 정보들을 수집하도록 돕는다. 내담자의 지저분하고 계절에 맞지 않는 옷차림에 대해 다양한 가설을 세워 보았다면, 이를 확인하기 위한 추가적인 질문, 즉 '현재 누구와 함께 사나요?' '가족 중 경제적 활동을 현재 하시는 분은 누구인가요?' '식사는 주로 누구와 같이 하나요?' 등과 같은 질문을 함으로써 내담자의 추가적인 주요 정보들을 수집할 수 있다.

6. 내담자 강점과 자원 찾기

　　상담사가 내담자의 강점과 자원을 찾는 것은 초기 상담에서 가장 중요한 부분일 수 있다. 그 이유는 치료성과에 영향을 주는 요인 중 40%가 내담자 및 치료 외적 요인에 해당하기 때문이다. 이 요인에는 내담자의 강점과 지지 체계 등의 내담자 요인과 상담 약속을 지킬 수 없는 것과 같은 일상적인 사건에서부터 우연한 사건 등을 포함한 치료외적 요인이 해당된다(MacCluskie, 2010/2012). 이 모든 요인은 상담자 통제 영역 밖의 일이지만 상담사가 내담자의 강점과 지지체계를 발굴하여 상담을 진행한다면 내담자가 문제가 생겼을 때 도와줄 수 있는 자원으로 연결하게 된다. 그러므로 상담사가 내담자의 강점과 지지체계를 파악하는 것이 무엇보다 중요하다고 하겠다. 내담자 강점과 자원 찾기는 다음과 같다.

1) 강점

　　내담자의 강점은 특별한 재능, 흥미, 취미, 관심거리에서 찾는다. 다음과 같은 질문과 문장을 완성시켜 보는 것을 통해 내담자의 자원을 탐색할 수 있다.

　　　"방과 후 혹은 주말에는 무엇을 하면서 지내세요? 어떤 게 재미있나요?"

　　　"나 민들레는 ＿＿＿＿＿＿＿＿＿＿＿＿＿을(를) 정말 잘한다."

　　　"우리가 지금 다른 걸 이야기한다면, 어떤 이야기를 하고 싶니?"

2) 자원

　　내담자의 자원을 찾는 것이 상담 초기 관계형성에 도움이 된다. 특히 청소년은 대부분 영웅이나 우상을 가지고 있다. 실제 인물이든 상상의 인물이든 그들의 우상이나 영웅에 대한 질문을 통해 학교문제에 대한 대안적 반응을 창안하도록 조력할 수 있다.

　　　"민들레의 우상은 누구니?"

　　　"(예, BTS라고 한다면) 어떤 점을 좋아하나요?"

"민들레가 생각하기에, (BTS)가 이런 문제에 부딪혔더라면 어떻게 할까?"

"그럼, 민들레는 그것과 다른 걸 시도해 볼 수 있을까?"

3) 대처 능력

대처 능력은 내담자가 스트레스 상황에서 얼마나 효과적으로 반응하고 있는지를 알려 주는 유용한 지표이다. 다음은 대처 능력을 알아보기 위한 질문들이다.

"이건 민들레에게 참 어려운 문제인 것 같아요. 어떻게 더 나빠지지 않았나요? 그렇게 하기 위해서 뭘 어떻게 했나요?"

"문제가 터진 상황에서 어떻게 희망을 버리지 않고 이 문제를 견뎌 나갈 수 있었나요?"

"민들레처럼 이런 문제 때문에 학교를 중도에 하차하는 경우가 많은데, 어떻게 이렇게 학교에 계속 다닐 수 있었는지 궁금하네요."

"학교를 그만두고픈 유혹을 어떻게 견뎌낼 수 있었나요?"

"수업시간에 더 많이 떠들고 싶은 유혹을 어떻게 견뎌 낼 수 있었나요?"

"사는 게 힘겨워 모든 걸 포기하고픈 것을 어떻게 견뎌 낼 수 있었나요?"

"놀리는 친구를 한 대 때려 주고픈 심정을 어떻게 견뎌 낼 수 있었나요?"

이러한 질문들을 통해 문제 상황에 대한 내담자의 대처 능력을 알게 되면 이를 상담의 자원으로 활용할 수 있다. 이러한 질문에 내담자가 즉각적으로 대답을 못할 수도 있지만 상담사가 자신의 자원을 충분히 알고 있다는 믿음은 전달해 줄 수 있을 것이다.

4) 사회적 지지망

사회적 지지망은 내담자가 어려움이나 위기상황에서 의지할 수 있는 중요한 자원이다. 신뢰할 만한 친구나 가족, 책이나 강연, 종교활동, 지지망 집단에 참가하기 등을 통해서도 많은 도움을 받을 수 있다.

"민들레가 매일 매일 살아가는 데 가장 도움이 되는 사람이 누굴까요?"

"그가 어떻게 당신을 도와주나요? 특히 어떤 게 도움이 될 수 있을까요?"

"힘들다는 생각이 들 때 누굴 찾나요? 어디에 가나요? 뭘 하나요?"

5) 지키고 싶은 것

삶의 목표를 확인하는 질문은 내담자의 마음을 개방하게 하고, 상담의 방향을 쉽게 잡아 나갈 수 있도록 해 준다.

"무엇을 잃고 싶지 않았기에 이 순간 힘껏 살고 계신가요?"

"무엇을 지키고 싶어서 지금까지 이렇게 열심히 달려 오셨나요?"

6) 상담사로서 내담자를 초대하기

내담자에게, 어떻게 하면 이 문제가 해결될 수 있다고 생각하는지 물어보면 내담자로 하여금 자신의 문제에 대한 주체적인 의식을 갖도록 하고 상담의 동기를 높일 수 있다.

"학교에서 문제가 또 다시 발생한다면 어떻게 하는 게 도움이 될까요?"

"만약 상담사라면, 똑같은 문제로 힘들어하는 친구에게 뭐라고 할 수 있을까요?"

"내담자처럼 힘든 상황에 처해 있는 친구에게 뭐라고 충고를 할 수 있을까요?"

제8장 🧭
상담중기

상담중기 단계에서는 내담자의 변화를 위한 상담 작업이 본격적으로 수행된다. 상담 목표를 성취하기 위한 문제해결에 직접적인 개입이 이루어지는 과정이다. 제6장에서 주호소문제 탐색, 문제원인, 상담목표 설정을 살펴본 것을 토대로 하여, 이 장에서는 상담 목표에 따른 상담전략을 설정하고 상담사의 개입에 대해 다루겠다. 상담전략을 세우는 것은 적은 투자로 최대의 효과를 얻어내는 가장 효과적인 방법이다. 상담전략은 내담자 욕구, 내담자 변화 발달단계, 상담 회기, 변화수단을 고려하여 설정하는 것이 효과적이다. 첫째, 내담자가 상담에서 무엇을 얻기를 원하는지, 내담자의 욕구를 파악하여 상담 전략을 세워야 한다. 둘째, 내담자의 변화 발달단계를 고려하여 상담전략을 수립해야 한다. 셋째, 단기상담으로 갈지 장기상담으로 갈지에 따라 상담전략은 다르게 설정되어야 한다. 넷째, 변화수단이 무엇이냐에 따라 상담전략이 달라진다. 상담사가 변화 대상을 바꾸는 데 사용하는 주된 방법은 너무 포괄적이거나 애매한 것이 아니라 구체적이고 명확한 것이어야 한다. 각각의 상담이론이 제시하는 기법들이 변화수단이라 할 수 있다. 선택한 변화수단이 내담자에게 도움이 되지 않으면 융통성 있게 다른 변화수단을 찾아야 한다.

내담자 욕구, 내담자 변화 발달단계, 상담 회기는 상담사가 어떤 이론으로 접근하느냐와 상관없이 공통적으로 적용되는 것이다. 상담전략 수립을 위해 각 요인을 설명하고 구체적인 사례를 통해 상담전략을 어떻게 구현할 수 있는지에 대해 기술하겠다.

1. 내담자 욕구

내담자 욕구는 상담의 방향성을 설정할 때 가장 중요하게 고려해야 할 첫 번째 요인이다. 상담사가 내담자를 위해서 아무리 많은 것을 해 주어도 내담자가 원하는 것과 거리가 멀면 그 모든 것들이 쓸데없는 일이 되고 만다. 따라서 내담자의 욕구를 파악하는 것이 가장 중요하다.

1) 내담자 욕구 확인하기

이를 위하여 사람들이 일반적으로 어떤 욕구를 갖는지를 이해할 필요가 있다. 모든 사람은 안전, 양육, 생존, 소속, 사랑과 자아존중감에 대한 욕구를 갖는다(Corey, 2001/2011). 중요한 것은 모든 사람이 욕구를 삶의 일부로 경험한다는 것이다. 욕구를 가진다는 것은 이상하고 부적절한 일이 아니다. 그럼에도 불구하고 사람들은 이 욕구를 이해하고 수용하는 데에 익숙하지 않다. 또한 자신의 욕구가 무엇인지 알고 있다고 해서 모든 욕구를 충족할 수 있는 것도 아니다. 그것을 충족하는 데에 필요한 기술들을 가지고 있어야 하는 것이다. 결국 우리 안에 어떤 욕구가 있는지, 그리고 그 욕구를 어떻게 충족시킬 수 있는지를 모두 어디선가 배워야 한다. 이러한 것은 저절로 이뤄지는 것이 아니다. 주로 원가족을 통해 욕구를 알게 되고, 원가족 역시 그것을 충족시키는 방법을 배우게 된다. 내담자가 어떤 욕구를 갖고 있는지를 아는 것은 상담에 매우 유용할 수 있다(Hackney & Cormier, 1998/2007).

(1) 생리적 욕구

생리적 욕구(physiological needs)는 인간에게 나타나는 가장 기본적이면서도 강력한 욕구로, 이것이 충족되지 않으면 인간의 신체는 제대로 기능하지 못하고 적응과 생존이 불가능하게 된다. 음식, 물, 성, 수면, 배설, 호흡 등과 같이 인간의 생존에 필요한 본능적인 신체적 기능에 대한 욕구가 생리적 욕구이다. 가장 기본적이면서 중요한 욕구이므로 다른 어느 욕구보다도 먼저 충족되어야 한다. 이 욕구에는 양육, 주거, 소득, 고통으로부터의 자유, 휴식과 에너지의 재충전이 포함된다. 생리적 욕구가 충족되지 않거나 왜곡되면 사람들은 다른 욕구 만족이 억제된다. 상담을 통해서는 생리적 욕구를 모두 충족시키기가 어렵다. 다만 생리적 욕구가 충족되지 않음으로 인해 내담자가 겪고 있는 고통이나 영향을 다룰 수는 있다.

(2) 안전의 욕구

안전의 욕구는 두려움이나 혼란스러움이 아닌 평상심과 질서를 유지하고자 하는 욕구이다. 전쟁이나 자연재해, 가정폭력, 아동학대와 같이 개인의 물리적 안전이 보장되지 못할 경우 외상 후 스트레스 장애군(Post Traumatic Stress Disorder: PTSD)을 경험할 수 있다. 경제 위기나 실업 등으로 인해 개인의 경제적 안전이 보장되지 못하면 사람들은 고용 보장을 원하게 되고, 고충 처리 제도(grievance procedure) 등을 이용함으로써 안전의 욕구를 나타낸다. 2020년도에 시작된 코로나 19의 대유행과 폭우로 인한 재해는 사람들로 하여금 신체적 안전과 심리적 안전에 대한 욕구를 증폭시킨다. 사람들은 보통 심리적 안전이 위협받을 때 생기는 위험을 깊이 인식하지 못한다. 그러나 그런 위협에 어떤 반응이 일어나는지는 대부분 알고 있다. 이럴 때 사람들은 불안이 높아지고, 세상에 대한 부정확하거나 제한된 지각과 부적절한 행동이 증가된다. 상담사는 안전에 관한 내담자의 욕구를 직접 충족시켜 주지 못하지만 **안전에 대한 위협으로 입은 심리적 손상을 다룰 수 있어야 한다.**

(3) 애정과 소속의 욕구

애정과 소속의 욕구(need for love and belonging)는 사회적으로 조직에 소속되어 사회적인 상호작용을 통해 전반적으로 원활한 인간관계를 유지하고자 하는 욕구이다. 이 욕구는 애착이 중요한 어린아이에게서 강하게 나타나며, 심지어 학대 부모의 아동에게서는 안전의 욕구보다 더 중요하게 나타나기도 한다. 폭력, 방임, 회피, 외면과 같이 애정과 소속의 욕구를 결핍시키는 요인이 나타나면, 교우 관계, 가족 관계를 포함한 전반적인 사회적 관계를 맺고 유지하는 데 큰 장애가 형성된다. 이 욕구가 좌절되면 외로움이나 사회적 고통을 느끼며, 스트레스나 우울증 등에 취약해진다. 상담에 의뢰되는 많은 사람들이 이 욕구에 손상을 입고 찾아온다. 상담사는 애정과 소속에 관한 내담자의 욕구를 직접 충족시켜 주지 못하지만 **손상된 애착 욕구를 다룰 수 있어야 한다.**

(4) 친밀감 욕구

친밀감 욕구는 성적인 욕구를 포함하여, 다른 사람과 사랑과 우정 등을 나누고자 하는 욕구를 말한다. 사람들은 누구나 사랑과 성적인 욕구를 발달시키면서 성장한다. 평상시에는 이런 욕구를 분명하게 인지하지 못하기도 하지만, 친밀한 관계를 잃고 상실감을 경험하면 비로소 이러한 욕구가 우리 삶에 얼마나 큰 영향을 미치는지를 알게 되기도 한다. 대인관계에서 친밀감의 욕구를 충분히 충족시키지 못해 온 사람들은 자신이 사랑받을 만한 사람인지, 다른 사람들이 자신을 다시 좋아할 수 있을지를 의심하면서 친밀한 관계 맺기의 가능성에 의문을 갖게 된다. 이런 내담자를 만날 경우, 상담사는 내담자가 자신 안에 있는 친밀감의 욕구를 인식하고 그것을 충족시킬 수 있는 건강한 방식을 스스로 찾을 수 있도록 도와야 한다.

(5) 존중의 욕구

존중의 욕구(need for esteem/respect)는 타인에게 수용되고 가치 있는 존재가 되고자 하는 것이다. 이러한 존중의 욕구가 충족되지 않으면 자아존중감(self-esteem)이 낮아지거나 열등감을 갖게 된다. '낮은' 수준의 자아존중감은 '타인에게 존중받고자 하는 욕구'로서 지위나 인정, 명성, 위신, 주목에의 욕구와 같이 외적으로 형성된 존중감이다. '높은' 수준의 자아존중감은 '자기 존중(self-respect)에 대한 욕구'로 자기 경쟁력에 관한 내적 효능을 갖게 해 주는 매우 중요한 요인이다. 존중의 욕구는 이러한 두 가지 측면이 충족될 때, 즉 스스로가 자신을 중요하다고 느끼고 다른 사람도 인정해 줄 때 충분히 충족될 수 있다. 존중에 욕구가 결여되었을 때 사람들은 부적절감과 환멸을 느끼고, 방향성을 상실하며 좌절에 취약해지고 열등감, 나약함, 무력감과 같은 심리적 불안정에 시달린다.

(6) 자유 욕구

이 욕구는 자율감과 관련된다. 무엇인가를 자유롭게 하거나 아예 선택하지 않을 자유를 가지는 것과 관계된다. 이러한 욕구가 충족되지 않으면 사람들은 제한되고, 평가절하되고, 존중받지 못한다고 느낀다.

(7) 도전 욕구

이 욕구는 활동, 미래의 방향성과 기회에 관한 것이다. 이러한 욕구들을 놓칠 때, 사람들은 지루함, 무의미함, 공허감을 경험하게 된다.

내담자의 욕구를 정확히 파악하기 위해서는 심리적인 것뿐 아니라 외부 스트레스 요인, 환경적 요인을 서로 연결해서 보아야 한다. 내담자는 현재 삶에서 욕구를 경험하기 힘들거나 스트레스를 다룰 수 없을 때 상담실에 방문한다. 예를 들어, 결혼생활과 직장 업무를 잘 병행하고 있는 직장인이 갑작스러운 교통사고로 친정아버지가 장애를 갖게 되었다. 친정아버지의 사고 이후 내담자의 모든 삶은 힘들어지고, 사고 이전에 두드러지지 않았던 자신의 욕구를 비로소 알아차리게 된다. 최근 일어난 환경적 스트레스인 아버지의 장애는 내담자의 욕구가 드러나는 데 중요한 역할을 하게 된다.

2) 내담자 욕구와 상담목표 연결하기

상담사는 내담자의 욕구를 기반으로 상담목표와 상담전략을 설정해야 한다. 상담사가 내담자의 역동과 문제를 파악하여 본격적으로 개입하려 하는데 내담자가 질문은 하지 말고 자신의 이야기를 듣기만 해 주었으면 좋겠다고 한다면, 상담사는 어떤 전략을 취해야 할까?

(1) 자기표현 지지하기

내1: 질문은 하지 말고 제 이야기만 들어 주세요.
상1: 민들레 님이 원하는 것을 구체적으로 말해 줘서 고마워요.

(2) 존재를 인정해 주기

내1: 질문은 싫어요. 제 이야기만 들어 줬으면 좋겠어요.
상1: 있는 그대로, 존재 자체로 인정받는 것을 원하시는군요.

내담자가 자신의 이야기만 들어 달라고 하는 것은 자신을 평가하지 말고 받아달라는 욕구로 연결 지을 수 있다. 질문을 거부하는 것은 평가를 많이 받아서 자신이 있는 그대로 받아들여지지 못할지도 모른다는 두려움일 수 있다.

2. 내담자 변화 발달단계

제6장에서 설명한 것처럼, 상담목표를 상담하면 이상적인 목표가 된다. 그러나 현장

에서 만나는 내담자는 목표를 설정하는 것을 주저하거나 변화를 추구하는 것을 꺼린다. 상담목표는 내담자가 변화되는 것을 요구한다.

상담사에게 내담자와의 목표 설정은 가장 어려운 부분이다. 내담자가 목표 설정에 잘 참여하면 상담은 물 흐르듯이 진행된다. 하지만 잘 안 된다면 고여 있는 물에 있는 것처럼 상담이 빙빙 도는 것을 경험한다. 예를 들어, 자기 자신이 과체중이라는 것을 느끼거나 외모에 열등감을 느껴 친구들에게 다가가지 못하는 내담자를 만났다고 하자. 상담사는 내담자에게 '한 주에 1kg씩 체중 감량하기'라는 목표를 구체적으로 제시했고 다음 회기에 내담자는 상담에 오지 않았다. 왜 안 왔을까? 내담자는 상담사의 태도가 집에서 어머니가 하는 태도와 동일하다는 압박감을 느꼈을 수 있고 그로 인한 부담감으로 상담이 중단되었던 것이다. 목표 설정은 매우 개인적이다. 따라서 내담자의 많은 노력이 요구된다. 그러므로 상담사는 천천히 개입해야 한다. 내담자가 변화에 저항하는 것을 설명하는 변화모델의 단계(Prochaska, DiClemente, & Norcross, 1992)를 보면서 상담사는 내담자가 현재 변화의 5단계 중 어느 단계에 있는가를 파악하는 것이 상담목표 설정에 도움이 된다.

1) 내담자 변화 발달단계에 나타난 특징

첫째, 숙고 전 단계이다. 내담자는 변화의 필요성을 인식하지 못하고 있거나 변화를 원하지 않는다. 내담자는 문제를 다른 누군가의 것으로 생각한다. 대부분 비자발적 내담자의 경우가 이 단계에 포함된다.

둘째, 숙고단계이다. 내담자는 변화의 필요성을 인식하고 변화를 생각하지만, 무엇인가 하는 것은 결정하지 못하고 변화할지 말지 고민한다. 만성적인 어려움을 가진 내담자는 숙고단계에 머물러 있다. 취업 공부를 해야 한다는 것은 알지만 공부하는 것이 재미없어서 계속 1년째 생각만 하고 있는 내담자들을 상담사는 자주 만날 수 있다.

셋째, 준비단계이다. 내담자는 변화가 필요하고, 이제 그 변화를 위해 한 걸음씩 내딛어야 함을 알고, 가까운 미래, 아마도 1~2개월 후에 어떤 행동을 할 것인지 결정한다. 또는 과거에 목표를 세우고 그 목표에 이르기 위한 어떤 행동을 했지만 성공하지 못했던 경험을 상기한다. 앞서 제시한 내담자의 경우, 내담자가 자신의 체중이 가진 문제의 중요성을 스스로 알게 하고, 체중 감량의 중요성을 알게 하는 것이 준비단계에서 적절한 목표 설정이다.

넷째, 행동단계이다. 내담자는 비록 문제가 아직 성공적으로 해결되지는 않았지만 행동할 준비가 되어 있다. 변화로 얻는 것이 변화하지 않았을 때 얻는 것보다 더 커진다는 것을 알고, 기꺼이 변화하려 하고 바람직한 결과를 얻기 위해 행동하기 시작한다.

다섯째, 유지단계이다. 내담자가 다양한 행동계획을 통해 목표에 도달하는 단계이다. 이 단계의 초점은 이루어 놓은 것을 공고히 하고, 문제가 재발되지 않도록 하는 것이다. 일단 내담자가 변화하기 시작하면, 계속 연습해야 하고, 약간의 퇴보가 있을 때에도 그것을 잘 다루어야 한다. 이 단계는 효과가 있는 방법을 어떻게 유지하고 기대에 미치지 않는 방법을 어떻게 바꿀지 문제를 풀어야 하는 시기이다.

2) 변화 발달단계에 대한 상담목표 설정

상담사는 목표 설정을 할 때 내담자의 변화단계에 대해서 상담 탈락률을 예측할 수 있고, 내담자가 좋아지는 진전의 양은 변화의 특정 단계에 달려 있다(Prochaska & Norcross, 2002, p. 311)는 것을 고려하여 내담자와 상담목표를 조율할 수 있어야 한다. 다음은 변화 단계별 내담자에 대한 상담사 질문법이다.

(1) 전 숙고단계, 숙고단계 내담자

변화에 아직 개입되지 않은 상태이다. 상담사는 내담자에게 동기를 부여하도록 하는 것이 관건이다. 어떻게 할 수 있는가? 목표에 저항하는 내담자들은 나름 타당한 이유가 있다. 상담사의 변화전략을 내담자의 변화전략에 맞추어야 한다. 내담자가 살아왔고 대처했던 것에 대한 마음을 인정해 주어야 한다. 상담의 효과에 회의적으로 반응하는 내담자에게 다음과 같은 질문으로 접근할 수 있다.

《사례 12. 저만 상담을 받아 억울해요_60대 남자》

자녀에게 폭력을 한 이유로 경찰서에서 의뢰된 60대 후반의 남자 내담자가 다음과 같이 이야기했다.

내1: 왜 제가 상담을 받아야 되나요. 그리고 몇 시간 상담받는다고 뭐가 달라지나요.

상1: 몇 시간으로 변화가 있기 어렵습니다. 그렇지만 알면서도 약속을 지키고 와 주셨네요. 자녀에 대해 변화가 있길 원하셔서 도우려고 하시는 게 느껴집니다.

상담에 대한 기대가 없는 내담자이기에 변화의 가능성이 아주 적다는 것을 인정하고, 내담자가 목표를 설정할 수 없는 것을 먼저 인정해 주면서, 그럼에도 불구하고 내담자가 지금 상담실에 온 것에 집중하여 격려한다.

> 내2: 이제 애한테 포기했어요.
> 상2: 포기했다는 말이 내가 폭력을 가해도 아이는 말을 듣지 않으니까 하는 슬픈 마음으로 들리네요.
> 내3: 기가 막히죠.

상담사의 공감적 반영을 통해 내담자의 마음을 인정해 주는 것은 내담자와 협력관계로 접촉하기 위해서이다.

> 상3: 포기하겠다는 마음도 있지만, 자녀를 잘 키우고 싶은 마음 둘 다 있는 것처럼 느껴져요.
> 내4: 그렇죠. 부모인데……. 그런데 잘 안 되니까 답답하죠.
> 상4: 그런데 잘 키우는 방법을 잘 몰라서 답답하다고 하시는 것 같아요. 제가 이해한 것이 어떻게 생각되세요?
> 내5: 그렇긴 한데, 그것이 될까요?

이 질문은 자녀를 잘 키우고 싶은 부모의 **욕구**를 반영하는 방식으로 접근하면서 상담의 동기를 촉진한다.

> 상5: 자녀를 사랑하기에 엄격하게 키우고 싶은 마음을 아이에게 어떻게 전달해야 할지에 대해 상담 시간에 이야기를 해 보고 방법을 찾아가 보는 것으로 상담을 진행하려고 합니다. 어떻게 생각하시나요?
> 내6: 그렇긴 하죠.

이 단계에서 상담목표는 내담자와 관계형성을 지속적으로 함으로써 상담동기를 가지도록 하는 것이 우선되어야 한다. 폭력이라는 행동을 먼저 다루면 내담자는 마음을 닫는다. 폭력은 관계형성 이후에 폭력 행동을 다시 다룬다.

(2) 준비단계 내담자

준비단계에 있는 내담자는 변화의 필요성을 인식했지만 과거의 실패에 갇혀 있을 수 있다. 상담사는 내담자의 실패의 두려움을 공감하고 기다려 준다. 내담자가 자기비판이나 실패의 두려움에서 변화를 위한 첫 발걸음을 내는 것은 시간이 필요하다. 이때 상담사의 조급함이 상담에 방해가 될 수 있다. 준비단계의 내담자에게 적합한 질문은 무엇일까?

> 내1: 아이를 때리고 나서 마음이 편치는 않았어요.
> 상1: 그런 마음을 솔직하게 말해 줘서 고마워요.
> 내2: 때리면서도 이건 아닌데…… 생각을 하죠. 그렇게 지금까지 온 것 같아요.
> 상2: 15년 동안 애쓴 그 마음, 자녀를 사랑하는 마음은 그대로 간직하세요. 그러나 자녀의 나이에 따라 부모의 대처가 조금씩 달라져야 할 것 같아요. 자녀가 사춘기인데 그것에 맞게 대하셨는지 여쭤 보고 싶어요.

내담자의 폭력 이면에 있는 자녀를 사랑하는 마음에 집중해서 마음을 접촉한다. 사랑을 전달하는 방식에는 자녀의 성장, 나이에 따라 변화가 필요하다는 것으로 접근하여 내담자가 스스로 상담에 참여할 수 있는 **동기**를 부여하고 구체적인 준비에 이르도록 한다.

> 내3: 뾰족한 방법이 없으니까…… 자식이니까 잘 되라고.
> 상3: 오늘부터는 어떠한 경우든지 아이가 아무리 욕을 하거나 버릇없는 행동을 하더라도 그것을 가르쳐야 하는 것은 부모의 몫이지만, 그 방법으로 폭력을 쓰는 것은 단지 아이를 사랑한다는 명분으로 절대 정당화할 수 없습니다. 그 방법은 마음도 전달되지 않을 뿐만 아니라 범죄가 됩니다. 앞으로는 어떠한 경우든지 화가 나도 언어적·신체적·정서적 폭력을 하시면 안 됩니다. 상담을 하시는 동안 이 부분을 꼭 지켜 주세요. 상담사도 폭력 신고의 의무가 있기 때문에 지켜 주셔야 합니다. 폭력금지서약서가 있습니다. 어떠한 경우에도 폭력을 사용하지 않겠다는 서약을 해 주시기 바랍니다.

내담자 폭력은 꼭 다루어야 한다. 그러나 준비되지 않는 내담자에게 아무리 폭력을 하면 안 된다고 해도 접촉이 되지 않는다. 내담자가 준비단계에 왔다는 것을 상담사가 인식한 후 다루어야 한다. 즉, 이 단계에서는 상담사의 개입전략을 바꿀 준비를 해야 한다. 폭력은 처음부터 다루어야 하지만, 내담자의 변화 발달단계에 맞게 개입을 유연하게 이동하는 것이 유용하다.

> 내4: 지금은 서로 말을 안 하고 있어요. 저도 직장 갔다 오면 밥 먹고 방에 들어가고, 애들도 내가 없을 때 밥 먹고 방에 있고, 각자…….
>
> 상4: 말을 아끼시는 것은 폭력이 나올까 봐 서로 피하고 있는 것으로 들리네요. 냉전인 상태로 계속해서 살아간다면 가족은 어떻게 될까요?
>
> 내5: 모르겠어요. 어떻게 해야 할지.
>
> 상5: 모르시니 답답하셨을 것 같아요. 성인이 되기 전까지 아직 시간이 남았네요. 그동안 잘못한 것을 가족이 아는 것이 필요해 보입니다. 그 부분에 대해서 같이 시도해 보는 게 어떠세요?
>
> 내6: 글쎄요, 변화가 될까요?

내담자가 준비단계에 왔지만 다시 숙고단계로 되돌아가는 것처럼 보인다. 내담자는 변화의 단계를 이동한다는 것을 기억하자.

> 상6: 변화가 안 될지 모른다고 두려워하는 모습으로 느껴집니다. 될지 안 될지는 상담을 해 보시고 난 후 보시면 어떨까요?
>
> 내7: 자녀가 먼저 잘못했다고 용서를 빌어야 하지 않나요.
>
> 상7: 저도 길동 님 마음과 같이, 자녀가 아버지께 먼저 용서를 빌어야 하죠. 그것이 순서지요. (아무 말을 안 하고 고개를 숙임) 길동 님도 상처를 받은 이 상황에서 먼저 다가가기 싫으실 것 같아요. 하지만 이 상황에서 아이가 먼저 말을 할 수 있을까요?
>
> 내8: 내가 먼저 이야기했는데 아이가 안 받아들이면?

내담자가 준비단계에 왔지만 행동단계로 가기 위해서 상담사는 내담자의 마음에 계속 머무르며 내담자가 결정할 수 있도록 촉진해야 한다. 이 단계에서 상담사는 내담자의 두려움을 다루고, 역할로 자녀와 대화해 보기를 연습하는 것이 유용한 방법이다.

(3) 행동단계 내담자

상담사는 행동단계 내담자가 비록 문제를 아직 성공적으로 해결하지는 못했지만 행동할 준비가 되어 있다는 것에 인정과 지지를 해 주는 것이 필요하다. 변화로 얻는 것이 변화하지 않았을 때 얻는 것보다 더 커진다는 것을 알기에 이 변화로 일어난 것을 구체적으로 대비시켜서 인식하도록 돕는 전략이 필요하다. 그 변화로 일어난 것을 구체적으로 알수록 내담자는 기꺼이 변화하려 하고 바람직한 결과를 얻기 위해 행동하기 시작한다. 예를 들어, 내담자가 다음 회기에 가족 간에 "고맙다." "내 곁에 있어 줘서 고맙다."라고 말하며 가족끼리 함께 한다는 것에 고마움을 표현하는 말을 했다면, 내담자의 이러한 변화행동을 지지해 주어야 한다. 내담자에게 행동단계에서 생기는 어려움과 시행착오를 미리 알려 주는 것도 도움이 된다. 다음 회기에서는 '~부분이 어려웠다'는 것을 상담에서 나누어 행동을 지속하도록 돕는다.

> 상8: 아이에게 다가갔지만 아빠의 마음을 받아들이지 못한다면 그대로 인정해 주셔도 좋아요. 아이가 길동 님의 마음을 받아드릴 준비가 아직 안 됐으면, '아빠가 기다릴게.'라고.
> 내9: 그 방법이 가능할까요?

(4) 유지단계 내담자

유지단계에서 내담자는 다양한 행동계획을 통해 목표에 도달하는 단계이기에 내담자의 변화가 생활에서 어떻게 유지되고 있는가를 상담사가 인식하고 되돌려주는 것이 중요하다. 이 단계에서의 초점은 상담사가 내담자와 무엇을 이루었고, 그것이 어떻게 유지되면서 확장되고 있는가를 다루면서 뿌리를 내리는 것이다.

> 상9: 지난 일주일 동안 자녀와의 관계는 어떠한지 궁금합니다.
> 내10: 특별한 변화가 없이 그냥 별일 없었습니다.
> 상10: 별일이 없었다는 것은 갈등 없이 지냈다는 이야기로 들립니다.
> 내11: 그냥 별일이 없었죠.

상11: 자녀의 말에 거슬려서 화가 나서서 소리를 지르신 것이 없으셨다는 말씀으로 들리
　　네요.
내12: 요즘에는 소리가 안 나오더라고요. 아들이 이해가 되기도 하고…….
상12: 소리도 안 질렀고, 그것이 3주 동안 유지될 만큼 화가 안 나셨네요.
내13: 그러니까 왜 내가 과거에 애를 때렸는지, 지금은 아들이 와서 이야기도 해요.
상13: 소리를 안 지르니까 아들이 먼저 다가오기도 하네요.

3. 상담 회기

상담전략은 상담 회기의 횟수와 기간에 따라서 달라진다. 상담 회기는 상담 기간과 연관된다. 단기상담은 학자마다 분류 기준이 다르다(이장호, 1991). 단기상담이란 주어진 시간 안에 상담을 종결하는 것을 의미하는 것이다. 이에 먼저 단기상담을 정의한다면, 상담의 목표가 빠른 시간 내에 구체적으로 설정되고, 상담전략도 이 목표를 해결하는 데 초점을 맞추는 상담이다. 따라서 단기상담에서는 시간에 민감하지만(time-sensitive), 시간에 효율적이며(time-effective), 비용에서도 효율적(cost-effective)인 것이 중요한 요소이다(한국상담심리학회, 2007).

최근 상담 수요의 급증으로 상담 인력에 한계가 있고, 상담 비용 등의 이유로 단기상담의 필요성이 증가하고 있다. 최근 우리 사회에서 진행되는 공공기관의 상담에서 단기상담이 주를 이루고 있으므로, 상담전략도 단기상담에서 사용할 수 있는 것을 중심으로 기술하겠다.

1) 단기상담 대상자

내담자의 동기가 제한적이며 친밀한 관계의 두려움이 있을 때, 내담자의 현실적 여건과 경제적 여건의 한계가 있을 때, 내면적 깊은 탐색에 대한 저항이 있을 때는 단기상담으로 진행하는 것이 효과적이다. 상담사는 장기상담이 필요한 대상을 단기로 다루어야 하는 환경이라 할지라도, 그 내담자가 본래 장기상담을 필요로 하는 문제를 갖고 있다는 점을 잊어서는 안 된다.

반면, 성격장애 같은 지속적인 성격구조의 변화가 필요하면서 비용과 시간의 제약이 없는 내담자는 장기상담을 진행하는 것이 도움이 된다. 최근 연구들은 정신분석상담의 기본 원리는 단기 개입에도 적용되며, 신경증적 문제와 성격적 문제는 이전에 믿어 왔던 것보다 더 단기간에 효율적으로 상담될 수 있다는 견해를 보여 주고 있다. 장기상담이 단기상담화되는 추세인 것이다. 장기상담과 단기상담의 상담효과에서 큰 차이가 없다는 연구들(Marx & Gelso, 1987), 그리고 단기상담과 장기상담의 효과를 개선(improvement)과 회복(recovery)의 차이로 해석하는 견해라는 입장에서 볼 때, 상담사가 단기상담에 대한 저항을 내려놓을 필요가 있다고 본다. 상담의 회기보다 상담사가 내담자의 욕구에 기반한 상담목표와 상담전략을 선택하는 것이 더 중요하다.

상담사는 종결 시 내담자에게 상담에서 다루지 못한 도전과제를 알려 주어야 한다. 이때 상담사는 구체적인 프로그램, 안내 홈페이지, 전화번호 등을 내담자에게 제시하여 내담자가 안정적으로 상담을 받을 수 있도록 하는 것이 필요하다. 특히 경제적 한계 때문에 상담을 지속할 수 없을 경우에는 상담비가 1년 혹은 2년 지원되는 바우처 제도 등을 안내해서 내담자가 자신의 문제해결을 다루도록 적극적으로 돕는 것이 바람직하다. 국가지원을 받을 수 있는 상담 프로그램과 회기는 제4장을 참고하길 바란다.

2) 10회기 상담 진행방법

(1) 단기상담의 목표의 초점화

단기상담의 목표는 상담을 받게 된 문제나 불편함을 극복하도록 돕는 것이며, 고통과 불편, 불행으로부터의 해방이다. 보조적 목표로는 미래의 문제들을 잘 다루고 예방할 수 있는 대처기술의 습득이다. 따라서 성격구조의 변화처럼 거시적이고 불분명한 것이 아닌 증상의 개선과 현재 문제의 해결에 초점을 둔다. 이런 단기상담의 목표를 볼 때 다음 사항에 초점을 맞추어 효과적인 상담을 진행해야 한다(류진혜, 2010).

첫째, 최근 의미 있는 경험 자료에 초점을 맞춘다.

둘째, 일반적이고 모호한 내용보다 구체적인 내용에 주목한다.

셋째, 과거 사건과 역사보다 현재 인간관계에서의 감정에 초점을 맞춘다.

넷째, 지금 여기에 초점을 유지한다.

다섯째, 행동 변화 또는 문제해결에 도움이 되는 정보를 제공한다.

여섯째, 최초 합의 목표와 성과를 점검한다.

(2) 단기상담 전략

학교 상담, 청소년상담복지센터, 군상담 등에서는 위기개입을 해야 하는 자살과 폭력성의 문제를 자주 다루게 된다. 또한 가정폭력피해자, 학교폭력피해자 등에게도 빠른 개입이 필요하다. 이때 상담사는 회기가 제한되어 있을 때 어떻게 해야 하는가? 이러한 위기 사례들은 증상이 뚜렷하고 오래 지속되었으며, 기능저하가 명확히 드러나고 있는 사례일 경우가 많다. 그럴수록 지지적인 상담전략으로 내담자를 수용하고, 정서적으로 위로해야 한다. 통찰상담을 하거나 과거의 원가족을 탐색하는 것은 도움이 되지 않는다. 현재 중심적 상담과 현재 중심적 활동의 권고에서 현재 기능을 유지하는 것이 바람직하다. 다음과 같은 상담전략이 효과적이다(류진혜, 2010).

첫째, 약물상담을 병행하며, 심할 경우 입원을 권유한다.

둘째, 가장 중요한 기능유지를 위한 현실적인 조력을 한다. 예를 들면, 운동, 친구와 놀기, 푹 쉬기 등이 포함된다.

셋째, 내담자가 하고 있는 과업을 축소하거나 내려놓기를 한다. 예를 들어, 병가 신청, 휴학, 휴직, 집안일 반만 하기, 정리 안 된 채로 하루 지내기 등을 권한다.

넷째, 다루어야 할 것과 다루지 말아야 할 것들을 명확하게 구별한다.

다섯째, 환경적 조정활동과 지지 자원을 확인하고 가동하거나 삶에 영향을 미치는 부정적 요인을 축소한다.

(3) 단기상담에 유용한 행동기술

회기가 짧은 단기상담 상담전략은 행동기술을 많이 필요로 한다. 다음 내담자의 현재 기능을 유지시키는 데 도움이 되는 기술과 질문법이다(류진혜, 2020).

■ 한번 시도해 보실래요?

숙제는 내담자에게 부담이 된다. 대신 '시도'해 보도록 하는 것은 내담자에게 부담이 아니라 시작한다는 신호이다. 시도는 한번 해 보는 것이니까 부담 없이 시작할 수 있다. 예를 들어, 오랫동안 실패를 두려워하는 우울한 내담자는 공부를 시작한다는 것이 큰 부담이다. 뭔가를 하는 것이 어렵다. 그럴 때 유용하게 사용할 수 있는 질문은 다음과 같다.

"읽고 싶은 책만 골라보는 것을 시도해 보세요."

"우선 공부하는 것을 생각하지 말고 등록만 해 보시는 건 어떠세요?"

■ 바라보실래요?

내담자에게 뭔가를 적어 오라고 하면 부담이 된다. 관찰하기는 눈만 뜨고 사물을 마주 대하는 것이다. 불안한 내담자에게 불안이 찾아오면 "불안이 어떻게 생겼는지 바라만 보고 오세요."라고 하면 내담자들은 그것은 할 수 있다고 말한다.

■ 일어나서 걸어 보실래요?

내담자는 생각하고 행동하는 것에 익숙해져 있다. 문제가 오래되고 심각할수록 단순하게 상담사가 접근하는 것이 필요하다. 특히 완벽주의적인 생각에 사로잡혀서 불안해하는 내담자에게 "불안이 오면 생각하기 전 일어나서 걸어 보세요."라고 하면 생각보다 불안이 감소된다고 말한다.

■ 언제 멈추었나요?

증상에 갇혀 있는 내담자에게 그 증상이 언제 있었는지 과거의 이야기를 하는 것은 도움이 되지 않는다. "불안이 계속 생각에 있었는데 언제 불안한 생각을 멈추었나요?"라고 하는 것은 내담자에게 불안하지 않는 예외적인 시점을 기억하게 하고 그 시점에서 행했던 방법을 유지하도록 돕는 것이다.

■ 나빠지게 된 것을 알게 된 즉시 한 일이 무엇인가요?

내담자가 자신의 문제가 나빠지는 기점을 인식하게 하는 것이 치료의 중요한 지점이된다. 무엇이 나빠지게 했는지를 알게 함으로써 내담자의 대처 방식을 점검해 볼 수 있게 된다. 이러한 점검과 지지를 통해 새로운 대처 방식을 시도할 수 있게 한다.

■ 실패했을 때 무엇을 배웠나요?

내담자가 어떤 문제에 실패한 후 어떤 태도를 취하는지를 파악하는 것은 중요하다. 계속 자기를 비난하는지, 혹은 그 실패를 인정하고 다르게 행동하는지를 파악해야한다.

3) 장기 및 단기 목표

(1) 장기·단기 상담목표 설정

장기 및 단기 목표의 특징은 〈표 8-1〉과 같다.

〈표 8-1〉 장기 및 단기 목표의 특징

장기목표 특징	단기목표 특징
• 근본적인 성격의 변화 • 문제 이면의 병리 • 상담실에서의 변화 • 시간 제약 없음 • 상담의 유용성 강조 • 삶에서 상담이 중요함	• 근본적인 치유의 한계 • 내담자의 강점과 자원 • 상담실 밖의 변화 • 시간적 한계의 인정 • 상담의 한계 인정 • 삶이 상담보다 중요함

(2) 우울증

우울증을 가진 내담자를 상담할 경우 상담사는 모든 것을 다룰 수 없다. 주어진 상담 회기를 고려하여 상담목표를 정한다. 우울증의 단기목표와 장기목표로 비교해 보면 〈표 8-2〉와 같다(Camille Helkowski et al., 2004).

〈표 8-2〉 우울증의 장기 및 단기 목표

장기목표	단기목표
• 우울증을 언어적으로 인정하고, 원인을 해결하고 결국 정서 상태를 정상상태로 이끄는 것 • 불안정성을 감소시키고 사회적 상호작용을 증가시키는 것 • 식습관과 수면 습관을 정상적으로 되돌리고, 미래에 대해 희망과 긍정적 관점을 갖도록 하는 것 • 우울한 감정과 행동이 다시 나타날 때 도와줄 적절한 지지 자원을 찾는 것	• 학업과 학업 외적인 활동을 방해하는 우울의 감정과 증상을 말로 표현하기 • 우울증에 기여하는 미해결된 이슈들을 명확히 하기 • 약물치료나 입원을 자문을 받기 • 우울증과 반대로 작용하는 특정한 행동반응들을 실행하기: 운동, 자기주장 • 우울증에 기여하는 미해결된 슬픔을 말로 표현하기 • 부정적이고 자기 패배적 자기대화를 현실적이고 긍정적인 메시지로 밖에 말하게 하기

(3) 정신증적 와해

정신증적 와해(psychotic break)의 단기목표와 장기목표로 비교해 보면(Camille Helkowski et al., 2004) 〈표 8-3〉과 같다.

〈표 8-3〉 정신증적 와해의 장기 및 단기 목표

장기목표	단기목표
• 위급한 정신증적 증상을 줄이기 • 사고, 감정, 관계에서 정상적 기능으로 되돌리기 • 대학 혹은 직장 생활에 다시 참여할 수 있도록 적절한 기능 수준으로 안정화시키기 • 약물치료를 꾸준히 받게 하기 • 증상 극복을 위해 적절한 방법을 개발하고, 필요할 때 치료를 찾아 나서기	• 급성 정신증적 와해를 일으키는 최근의 학내 스트레스 요인을 기술하기 • 사고 혼란의 심각성 평가를 위한 심리검사 활용하기 • 꾸준히 약물을 복용하도록 효과 및 부작용을 보고하기 • 병원 입원을 위해 학업을 중단하기 • 증상이 정신장애로 인해 발생하는 것을 인식시키기 • 심각한 환각과 망상을 줄임으로써 사고 혼란을 줄이기 • 기괴한 행동을 중지시키고 적절한 행동에 강화주기 • 기숙사 등에 지지체계를 마련하기 • 옷이나 위생, 외모 등을 적절히 유지시키기 • 수면 6~9시간 유지시키기 • 가족에게 정신병에 대한 이해를 높이기 • 병전 기능 수준으로 돌아올 때 학업 및 대학에 복귀시키기

(4) 10회기 단기상담 진행 예시

이 책에서는 예시로 사용한 《사례 10. 가짜 자기가 조종을 해요_6학년 남학생》의 10회기 상담목표와 상담개입을 예시하면 〈표 8-4〉와 같다.

〈표 8-4〉 사례 10의 10회기 상담목표와 개입기법

회기	상담회기 목표	개입기법
접수면접	접수면접	상담 구조화와 상담목표
1회기	주 호소문제에 대한 구체화 및 라포 형성하기	개방형 질문, 행동 관찰
2회기	상담동기 다루면서 상담목표 설정하기	공감과 탐색
3회기	가짜마음 탐색과 진짜마음 접촉하기	인정해 주기, 경청
4회기	가짜자기 출현 탐색	명료화, 즉시성
5회기	전부 거짓말에 대한 일반화 직면하기	인정하기, 직면적 공감
6회기	가짜자기가 원하는 것 공유하기	공감적 해석
7회기	가짜자기와 폭력의 연관성 다루기	즉시성, 반영하기
8회기	진짜자기가 원하는 것 접촉하기	연결하기, 반영하기
9회기	가짜자기와 진짜자기 화해하기	명료화
10회기	상담 마무리와 종결	평가하기

4. 변화수단

상담전략은 내담자의 욕구, 변화 발달단계, 상담 회기에 따라 다르게 접근해야 효과적이라는 사실을 살펴보았다. 상담전략에 영향을 미치는 변화수단은 상담이론에 근거한 다양한 기법들이다. 그러나 내담자의 어려움을 설명할 수 있는 단일 이론은 있을 수 없다는 인식이 공통적으로 모아지고 있다. 그 결과 이론은 사용자를 위한 것이고, 상담사의 요구에 완전히 맞는 단일 이론이 없을 때는 양립할 수 있는 이론들을 절충하는 통합적 접근을 권장하기도 한다(Hackney & Bernard, 2017/2019). 여기에서는 모든 상담에 공통적으로 존재하는 요인을 중심으로 기술하겠다. 먼저 모든 주요 이론 접근에서 활용되는 있는 일곱 가지 요인과 공통적인 개입전략을 살펴보고, 자세한 상담전략은 제3부에서 기술하겠다.

1) 공통적인 개입전략

상담사가 어떤 이론을 사용하든 상담이 긍정적인 성과를 내는 데에 일곱 가지 요인이 있다(Hackney & Bernard, 2017/2019). 이 중 여섯 가지가 상담사의 요인이며, 일곱 번째가 내담자의 요인이다. 그만큼 상담사의 요인이 중요하다고 볼 수 있다.

(1) 내담자의 감정 · 사고 · 행동 · 맥락에 반응하기
결정된 상담이론 접근이 무엇이건 상담이 긍정적인 성과를 내려면, 내담자의 감정·사고·행동·맥락에 반응해야 한다. 상담의 이론 접근은 내담자의 감정, 사고, 행동 그리고 맥락에 반응하는 것 중 한 가지를 강조한다. 중요한 것은 모든 상담사는 탁월한 관찰자가 되어야 한다는 것이다. 상담사는 내담자에 합류하는 능력, 내담자의 생각과 감정을 드러나게 하는 능력, 그리고 도움이 되는 방식으로 내담자에게 반응하는 능력 측면에서 숙련되어 있어야 한다.

(2) 내담자의 지각과 감정을 수용하기
어떤 상담이론에 근거하여 접근하더라도 상담의 긍정적인 효과를 기대하기 위해서는 내담자의 지각과 감정을 수용하는 것이 중요하다. 상담사는 내담자가 현재 어떠한 모습인지를 평가하려 하지 말고, 내담자를 그 존재 자체로 인정해야 한다. 이것이 충족된 후에야 내담자는 새로운 방향으로의 성장과 변화를 향해 한 걸음 더 나아갈 수 있을 것이다.

(3) 상담사의 다문화 경험

상담이론에 따른 접근과 관계없이, 상담사의 다문화 인식은 상담의 긍정적 성과를 기대할 수 있는 요인이다. 상담사의 다문화 경험에 대한 인식은 평가, 목표 설정 그리고 개입방법 선택을 포함한 상담 과정의 모든 측면에 영향을 미친다. 따라서 상담사의 개방적이고 판단적이지 않은 태도가 필요하다.

(4) 상담사의 직업윤리

상담이 긍정적 효과를 발휘하기 위해서는 상담이론 접근의 유형에 관계없이 상담사의 직업윤리가 필요하다. 상담에 종사하는 사람들에게 요구되는 직업윤리인 비밀보장, 적절한 감독 받기, 내담자와의 다중관계 피하기, 고지된 동의 등은 주요 이론을 무엇을 사용하는가에 상관없이 공통적으로 적용된다.

(5) 상담사의 의사소통 기술

상담이론의 접근과 관계없이, 상담사의 의사소통 기술은 상담의 긍정적 성과를 이끌어내는 중요 요인이다. 의사소통 기술은 모든 상담 접근 이면에 있는 가장 중요한 기술 요인이다.

(6) 제한된 상담사의 자기노출

상담이 긍정적 성과를 내려면, 상담이론 접근의 유형에 관계없이 제한된 상담사의 자기노출이 필요하다. 상담사는 자기의 삶에 대한 세세한 정보를 내담자와 얘기하지 않는 보수적인 입장을 취하는 것이 좋다. 상담사의 자기노출이 적절할 때가 있긴 하지만 상담사에게 초점을 두는 행동으로 내담자에게 초점화하는 것을 방해할 수 있다.

(7) 내담자의 동기

지금까지 설명한 여섯 가지 요인은 상담사의 요인이었다. 반면, 내담자의 동기는 상담성과에 영향을 미치는 내담자 요인이다. 현재 내담자가 상담에 몰입하지 못하고 있다 하더라도 내담자에게 관심과 존중을 깊이 보여 주면서, 내담자의 삶에 변화가 일어나지 않는다면 그 결과가 어떻게 될지를 예측해 보도록 하며 허심탄회하게 이야기를 나누는 것이 좋다. 만약 이렇게 하는데도 내담자의 동기가 높아지지 않는다면, 상담사는 상담 과정에 몰입하지 못하는 내담자에게 제한된 개입을 할 수밖에 없다는 점을 설명해 주어야 한다.

2) 상담전략

상담전략은 상담개입의 직접적인 도구이다. 내담자의 문제를 주요 내용 범주로 나누면 정서중심 문제, 인지중심 문제, 행동중심 문제, 체계적인 문제로 분류할 수 있다. 보통 내담자가 갖고 있는 문제들은 하나 이상의 영역과 관련이 있지만, 대부분은 이 네 가지 분류 중에 해당한다.

정서적 개입은 주로 감정(feeling)과 정서(emotion)를 끌어내고 반응하는 것이다. 인지적 개입은 자신과 타인에 대한 생각, 신념 그리고 태도를 다르게 생각하도록 돕기 위한 것이다. 행동적 개입은 내담자가 새로운 행동 또는 기술을 개발하거나 습관이나 타인과의 관계에서 나타나는 반복적인 상호작용 패턴을 수정하는 데 사용될 수도 있다. 체계론적 개입은 내담자의 가족, 직장, 이웃, 교회 또는 기타 사회적 환경에서 나타나는 경직된 패턴을 확인하고 새로운 패턴을 가지도록 돕는 것이다. 이 네 가지 개입에 대한 자세한 설명은 제15장에 기술되어 있다.

제9장 상담중기 과정에서 상담사 역할

상담중기에서는 호소문제와 증상의 구체화 작업을 통해 문제와 증상에 관계된 요인들을 검토하고 통찰한다. 이 과정에서 내담자의 저항을 극복하고, 문제해결을 위해 대안을 형성하고 변화와 성장을 위해 실천과 학습이 이루어져야 한다. 이때 상담사는 어떤 역할을 해야 할까?

상담중기는 작업단계라고 표현되기도 한다. 내담자의 행동변화가 상담 장면과 일상생활에서 가시적으로 나타날 수 있도록 체계적이고 정교한 학습을 수행하는 단계이다. 이 단계에서 상담사는 내담자로 하여금 자기를 노출하고 감정의 정화가 이루어지도록 하며, 비효과적 행동패턴을 취급하여 바람직한 대안행동을 학습하도록 도와야 한다.

1. 저항 다루기

1) 저항에 대한 이해

상담이 진행되면 내담자는 자기도 모르게 딜레마에 빠지게 된다. 변화를 바라지만 한편으로는 익숙한 자신의 모습을 유지하기 바라는 양가적인 마음이 생긴다. 자신의 내면을 탐색하는 일, 그리고 다른 사람 앞에서 자신을 노출하는 일은 누구에게나 결코 반가운 일이 아니다. 따라서 상담사는 내담자의 거리낌과 저항을 이해하고, 먼저 이 반응들이 자연스러운 것임을 인정해 주어야 한다. 상담에서 저항은 필연적으로 일어나게 되어 있다고 받아들이고, 여유로운 마음으로 대처하는 것이 필요하다. 상담사는 내담자의 저항에 당황해하거나 상담사의 역전이 감정에 휩쓸리지 않는 것이 중요하다. 내담자의 저항을 잘 다루면, 상담은 큰 진전을 이루게 되고 서서히 종결단계로 진입하게 된다. 저항과 거리낌의 바람직한 측면을 볼 수 있도록 도와주어야 한다.

2) 저항 단서

내담자가 상담사에게 자기개방하지 못하고 껄끄러워하는 이유는 낱낱이 열거하기 어려울 정도로 많을 것이다. 그 예로, 비밀보장 문제에 대한 불신, 변화에 대한 저항, 수치스러운 자기가 드러날 것에 대한 두려운 감정 등이 내담자가 보이는 침묵, 장황한 말, 약속 불이행 등의 행동으로 나타난다(김형숙, 2017e).

3) 효과적인 저항 개입법

(1) 저항을 수용하고 탐색하기

지금까지의 상담 관계가 공고하게 형성되었다면, 내담자는 상담사의 직면에 크게 방어하지 않는다. 상담사는 내담자가 상담이나 상담사에게 갖는 불만이 무엇인지를 다루어 그 감정과 생각이 무엇인지 직면시키고 탐색하여 전적으로 수용해 주어야 한다.

(2) 파고드는 질문 삼가기

상담사는 첫 면담부터 억지로 내담자의 내면을 파고들려는 대화는 절제해야 한다.

(3) 대화의 출발점으로 삼기

서먹서먹하고 어색해하는 내담자의 반응을 수용하고, 바로 그런 행동을 대화의 출발점으로 삼는 것도 고려해 볼 일이다.

"갑자기 상담을 하려고 하니 어색하고 이상한 느낌이 들지요?"

"부모님이 강제로 가라 해서 왔는데, 민들레 님 왜 여기 와서 상담해야 하는지 이해할 수 없다는 표정이군요."

"마치 이야기할 것이 있으면 해 보라는 자세를 취하고 있네요."

"'능력 있으면 내 비밀을 한번 캐내 보시지.'라고 말하는 듯하군요."

"얼굴 표정과 말하는 모습을 보니 매우 굳어 있다는 느낌이 드는군요."

"저와 무슨 이야기를 할 거라고 예상하고 왔는지 그 얘기부터 해 볼까요?"

상담사가 던지는 이런 대화는 내담자로 하여금 상담에 임하는 자신의 태도와 자세에 초점을 맞추게 하여 거리낌이라는 저항을 다룰 수 있는 계기를 가져온다.

(4) 대화 내용을 초월하는 질문으로 무장 해제하기

잔뜩 경계심을 갖고 온 내담자에게 예상을 벗어나는 질문을 하면 내담자를 무장 해제시키는 효과를 가져올 수도 있다. 학교폭력과 가정폭력 문제를 자주 일으키고 있는 중학교 2학년 내담자가 부모에 의해서 상담실에 끌려왔다고 하자. 내담자는 상담실에 들어오자마자 상담사를 쳐다보면서 다음과 같은 이야기를 한다.

> 내1: 선생님 왜 그렇게 입이 튀어 나왔어요. 눈도 째졌어요.
> 상1: (내담자 눈을 보면서), 반가워. 선생님 입이 튀어나오고 눈도 째진 것을 볼 정도로 자세히도 봤네.
> 내2: 제가 지금까지 본 사람들 중 최고예요.
> 상2: 너는 사람들을 자세히 관찰하는 눈이 있구나. 서로 누가 못생겼나를 비교할 줄도 아는구나. 내가 못생긴 사람 중에 일등이네.
> 내3: 선생님 진짜 이상해요.
> 상3: 네가 선생님한테 못생겼다고 말한 것은 나한테 관심이 있다는 걸로 들리는데.
> 내4: 아니거든요. 착각은 자유.
> 상4: 그래. 선생님이 얼마나 착각을 했는지 우리 들어가서 한번 이야기 들어 보자.
> 내5: 아이, 상담 안 할 건데.
> 상5: 응. 선생님이 얼마나 착각을 하는지에 대해서 이야기할 거야. 네가 이야기해 줘야 선생님이 착각을 안 하지.

내담자의 저항이 첫 만남에서 언어공격으로 나타난 예이다. 이 대화에서 보여 주듯이, 상담사는 전혀 예상하지 않는 방법으로 내담자와 대화를 이어가고 있다. 내담자와 자연스럽게 이야기하면서 상담에 저항적이었던 내담자를 상담실로 입실하도록 하고 있다. 저항을 어떻게 다루어야 하는지를 잘 보여 주는 예이다.

(5) 가정법 질문하기

상담사의 탐색 질문에 대해 '모르겠어요.'로 일관하는 내담자에게 다음과 같은 가정법 질문도 유용하다.

"혹시 안다고 가정하면 뭐라고 말할 수 있을까?"

(6) 연결하여 직면하기

내담자의 행동에 대해서 이전 상담내용과 연결하여 보여 주는 방법도 가능하다. 연속으로 상담을 잊거나 취소하는 내담자에게 저항을 다음과 같이 다룰 수도 있다.

상1: 요즘 민들레 씨가 상담에 자주 빠지는 이유가 있을까요?

내1: 뭐 여러 가지 일이 바쁘고…….

상2: 혹시 요즘 상담이 민들레 씨한테 어떤 느낌을 주나요?

내2: (주저주저하며) 실은, 최근 선생님이 제 상담 시간 앞뒤로 다른 분들을 만나기 시작하셨는데, 이상하게 선생님의 관심을 다른 데 뺏기는 것 같은 마음이 들어서 오기 싫었어요.

상3: 그랬군요. 민들레 씨 입장에서 보면 서운한 마음이 들 수도 있었겠네요. 혹시 그런 마음이 우리가 지난번에 얘기했던 '항상 언제나 사랑받아야 한다.'는 신념과 관련 있을까요?

내3: (한참 생각 후에) 아…… 그럴 수 있어요. 제가 상담 선생님한테서 유일하게 관심을 받는 사람이라고 느꼈으니까요. 아마 다른 약속을 잡아서 빠지거나 하진 않았을 거예요. 제 신념은 저도 모르게 발동되는 걸 알았어요.

2. 침묵 다루기

침묵은 내담자의 진술 후나 상담사의 진술을 단순히 받아들인 후에 일어나는 적어도 5분 정도의 정지 상태를 말한다. 침묵 시간이 길거나 짧게 여겨지는 정도는 문화나 상황에 따라 다르지만, 대부분의 사람은 침묵을 불편해한다. 많은 사람이 상담이나 심리치료에서 침묵보다는 말하는 것이 중요하다고 생각한다. 상담 과정에서 내담자의 침묵은 상담사에게 불안을 안겨 준다. 하지만 침묵은 상담 과정에서 많은 것을 의미할 수 있다. 대부분의 초심상담사는 내담자의 침묵을 불안해하면서도 그 이유를 충분히 이해하지 않고 바로 개입하려고 한다. 상담사가 내담자의 침묵을 수용하는 것은 상담 과정에서 상담이 어떻게 진행될 것인지를 내담자의 몫으로 남겨 두는 역할을 한다. 침묵은 상담사와 내담자 모두에게 생각할 시간을 준다.

1) 침묵의 종류

내담자의 침묵은 다양하게 나타난다. 다양한 침묵의 종류에도 상담사는 다음과 같이 대처한다.

첫째, 침묵을 수용한다. 침묵이 오랫동안 지속되어도 신뢰감을 느낄 수 있도록 침묵이 지속되는 시점을 민감하게 잘 포착해야 한다.

둘째, 침묵이 발생한 전체적 맥락을 이해하고 관찰한다. 상담사는 내담자가 침묵하는 이유를 발견하기 위해서 침묵이 발생한 전체적인 맥락을 관찰할 수 있다. 얼굴 표정, 내담자 눈의 초점, 몸짓, 사소한 동작 등은 침묵의 의미를 이해할 수 있는 단서를 제공한다. 내담자가 말해야 하는 상황인데도 아무 말도 하지 않고 가만히 있을 때는 다음과 같이 생각해 볼 수 있다. 내담자의 침묵에 대해 상담사가 먼저 해야 할 것은 그 침묵이 무엇을 의미하는지를 알아보는 것이다. 침묵은 분노, 공포, 따분함, 존경, 당황, 슬픔, 경멸 등 여러 가지 의미를 나타낼 수 있다(신경진, 2010). 이때 상담사는 내담자의 비언어적인 움직임을 세밀히 관찰하는 것이 도움이 된다. 내담자의 제스처, 눈빛 등을 관찰하면서 생각한 바를 내담자에게 물어보면 된다. 각 상황별로 나타난 내담자의 침묵에 상담사의 대처방법은 다음과 같다.

(1) 두려워하는 침묵

상담사와의 관계가 잘 형성되지 않은 상담초기에 내담자는 두려울 수 있다. 이때 일어난 침묵은 두려움의 표시일 수 있다. 내담자가 상담초기에 두려움을 갖는 이유는 두 가지이다.

첫째는 자신의 이야기를 어디까지 개방해야 할지 몰라서 침묵할 수 있다. 둘째는 '상담사

가 자신을 어떻게 생각할까? 어떻게 평가하고 있을까?' 하며 불안해하고, 상담사를 믿기
어려워하여 침묵할 수도 있다. 이럴 때 상담사는 다음과 같이 반응하는 편이 좋은데, 이
러한 상담사의 반응은 내담자가 불안을 느낄 수 있다는 점을 인정해 주는 표현으로 내
담자에게 안정감을 주고 라포 형성에도 도움이 된다.

> 내1: (머뭇거림)
> 상1: 상담초기에 자신의 이야기를 어느 정도까지 해야 할까 망설이게 되지요. 상담 시간
> 에 모든 것을 이야기하지 않으셔도 됩니다. 민들레 님이 준비된 만큼 개방하시면 됩
> 니다. 어렸을 적, 부모님에 관한 이야기를 모두 이야기해야 하는 것은 아닙니다.

 둘째, 평가에 대한 두려움이다. 상담초기에 내담자가 두려워하는 이유는 상담사가 '자신
을 어떻게 생각할까? 어떻게 평가할까?'에 대한 염려가 있기 때문일 수 있다. 상담사가
어떤 사람인지 알지 못하기에 가질 수 있는 두려움이다. 이럴 때 상담사는 다음과 같이
안내할 수 있다.

> 내2: 제가 이야기하는 것이 신경 쓰여요. 사람들 눈치를 많이 봐서…….
> 상2: 내가 한 이야기로 상대방이 나를 어떻게 평가할까 조심스럽게 되지요. 이 시간은 민
> 들레 님의 시간이니 민들레 님이 가진 두려운 마음도 이야기해도 됩니다.

 이와 같이 반응하면 내담자는 자신 안에 떠오르는 두려움조차도 이야기해도 된다는
안도감을 가지며 상담에서 더 안정감을 느낄 수 있다.

(2) 어떤 말을 해야 할지 모르는 침묵

 내담자가 어떤 말을 해야 하는지 몰라서 침묵할 수도 있다. 이 경우에는 다음의 세 가
지를 고려해 보아야 한다.
 첫째, 문제나 해결방안에 대해 생각하고 있는 시간일 수 있다. 내담자가 이야기했던
것을 계속 생각하고 있거나 느꼈던 감정 상태에 빠져 있는 경우이다. 이런 경우, 내담자
가 좀 더 깊이 생각하고, 좀 더 그 감정을 충분히 느낄 수 있도록 아무 말도 하지 않고 충
분히 기다려 주는 것이 좋다. 그렇다면 내담자가 이런 상태라는 것을 어떻게 아는가? 상

담사가 내담자의 생각에 잠긴 태도나 표정을 관찰해 보면 알 수 있다. 이 경우에는 상담사가 충분히 기다리면 된다. 필자는 상담 도중 내담자에게 이런 이야기를 종종 듣는다.

> "제가 침묵할 때 저를 기다려 주셔서, 저를 믿는다는 것이 느껴졌어요. 그래서 마음이 편안했고 불안하지 않았던 것 같아요."

내담자가 생각을 하고 있을 경우, 상담사는 다음과 같이 질문할 수 있다.

> "잠시 침묵하셨는데, 그때 내면에서의 경험을 이야기해 주실 수 있나요?"

둘째, 내담자가 자기 속에 있는 얘기를 실컷 하고 나면, 다음에 어떤 말을 해야 할 것인지 잘 모를 때가 있다. 내담자와 일반적인 이야기가 오고 갔다면 더 본격적인 상담으로 들어가려는 단계일 수 있다. 이럴 때 상담사는 다음과 같이 말한다.

> "심각한 이야기를 꺼내는 것이 어렵지요."

이렇게 내담자의 마음을 읽어 주고, 다음 말을 꺼낼 수 있도록 도와줄 수 있다.

셋째, 내담자가 자신의 생각이나 느낌을 표현하려 노력하는데도 말로 표현하는 것이 무척 힘들 수 있다. 어떻게 정리해야 할 것인지, 어떻게 표현해야 할 것인지 내담자 자신도 잘 떠오르지 않고 답답한 상황이다. 이럴 때 상담사는 내담자가 말할 때까지 기다려 주는 것이 바람직하다. 상담사의 다음과 같은 반응은 내담자에게 안심을 주어 수용되는 경험을 제공한다.

> "마음에 있는 것을 표현하는 것이 힘들어 보이시네요. 뭔가 이야기를 한다는 것이 금방 떠오르지 않지요. 천천히 말하셔도 되니까 안심하세요. 제가 기다리겠습니다."

(3) 감정에 압도된 침묵

내담자가 감정에 빠져 있거나 감정을 추스르는 시간일 수 있다. 이것은 내담자의 눈가에 눈물이 맺혀 있거나 울고 난 후에 나타난다. 이때도 상담사는 내담자의 침묵을 기다리고 수용하면 된다. 울고 난 내담자에게 다음과 같은 이야기는 침묵이 수용된다는 것을 전달한다.

"제가 기다리겠습니다. 충분히 우셔도 됩니다. 울고 나면 감정을 추스르는 시간이 필요합니다. 말씀 안 하셔도 됩니다."

(4) 상담사의 반응을 기다리고 있는 침묵

내담자가 자신의 이야기를 하고 나서 상담사가 해석을 해 주거나 정리해 주기를 기다리는 경우도 있을 수 있다. 내담자는 상담사에게 답을 구하기도 하고, 눈을 바라보며 기다리기도 한다. 그럴 때 상담사는 다음과 같이 침묵 대화를 이어갈 수 있다.

"저의 답을 기다리고 있으신 것 같네요. 민들레 님에게 제가 답을 준다는 것은 어떤 의미일까요?"

상담사는 답을 기다리고 있는 내담자가 의존적이라고 단정 짓기보다 내담자에게 상담사가 어떤 의미인지를 먼저 확인해야 한다.

(5) 상담에 대한 저항 침묵

비자발적인 내담자의 경우, 상담사에 대한 반감이나 적대감이 있을 수 있다. 학교나 법원, 경찰서, 아동보호전문기관에서 상담위탁으로 의뢰된 내담자일 경우 혹은 부모에 의해서 의뢰된 내담자일 경우 상담에 대한 동기가 없을 수 있다. 이런 내담자는 상담사가 묻는 질문에 대답하는 것조차 싫어하여 저항하는 태도로 나온다. 이때 상담사는 다음과 같은 대화로 내담자의 저항을 수용해 준다.

내1: (비스듬히 앉아서 못마땅하듯이 쳐다봄)
상1: 상담에 오는 것을 원치 않았는데 약속시간을 지켜 상담에 오셨네요.

이처럼 내담자의 마음을 반영해 주고, 상담 시간을 어떻게 보낼지 함께 이야기할 수 있다. 이 경우에는 침묵의 의미에 대해 내담자와 이야기하면서 저항을 다루는 것이 유용하다.

2) 효과적인 침묵 개입법

침묵하는 내담자의 감정을 비언어적으로도 해석할 수 있다. 비언어적 표현이나 언어적 표현은 내담자의 행동의 의미와 그 밑에 숨겨진 동기를 이해하는 중요한 단서가 된다. 그러한 것을 잘 관찰하면 상담사는 내담자가 염려하고 관심 있어 하는 부분을 깊이 이해할 수 있다.

첫째, 서면으로 하는 방법이다. 예컨대, 관찰 결과를 쓰거나 간단한 그림으로 그려서 보여 줌으로써 내담자의 반응을 유도할 수 있다. 서면 메시지를 사용할 때는 큰 글자로 내담자가 잘 볼 수 있도록 간단하고 짧게 써야 한다.

둘째, 비춰 주기 기법을 사용한다. 비춰 주기는 내담자의 움직임이나 제스처, 자세를 상담사가 그대로 보여 주는 것이다. 이것은 내담자의 행동 중에서 주요하고 지배적인 측면을 강조하기 위해서 해석의 한 형태로 사용하는 것으로 긍정적이든 부정적이든 강렬한 반응을 유발하게 된다.

셋째, 질문기법이다. 지금까지 설명한 침묵의 내용을 기반으로 몇 가지 질문을 소개하면 다음과 같다(Sharpley & Harris, 1995).

- 충분히 기다린 다음, "으음." "네."라고 말하고 기다린다.
- 내담자가 말했던 마지막 몇 단어를 강조하여 반복한다.
- 그래도 침묵하면 내담자가 마지막으로 말한 문장 전체를 강조하여 반복한다.
- 그럼에도 말을 안 하면 내담자가 이야기한 마지막 부분의 전체 내용을 요약해 준다.
- 다른 것이 있는지 알아보기 위해서 '그런데?' '그래서?'와 같이 질문식으로 말한다.
- "이야기하기가 어려운가 보군요."라고 하여 내담자 관심의 초점을 말 막힘에 둔다.
- 그렇게 해도 응답이 없을 때는 "왜 침묵을 하고 있는지 궁금하군요."라고 말한다.
- 이어서 "침묵하는 무슨 이유라도 있나요?"라고 묻는다.
- 그런 다음, "아마도 무슨 말을 할지 모르겠나 보군요?"라고 묻는다.
- 그러고는 "무슨 말을 할지 생각하고 있는 건가요?"라고 묻는다.
- 그 다음에는 "혹시 당혹감을 느끼시는 건가요?"라고 묻는다.

- "아마도 마음속에 있는 말을 꺼내기가 두려운가 보군요."라고 말한다.
- "혹시 상담사가 어찌 받아들일지가 마음에 걸리는 건지도 모르겠고."라고 말한다.
- 그래도 침묵이 계속되면, 끝으로 "혹시 저(상담사)에 대해서 생각하고 계신 건가요?" 라고 묻는다.
- 내담자와 함께 앉아 있는다. 매우 극단적으로 드문 경우이기는 하나, 그래도 내담자 가 여전히 말을 하지 않고 있다면 상담사는 내담자의 침묵을 존중하고 그 어떤 경우 에도 내담자를 꾸짖거나 거부하거나 화를 내지 않도록 한다.

3. 상담 진전 정도의 평가

상담중기에서 상담사가 해야 할 역할 중의 하나는 상담 진전 정도를 평가하는 것이 다. 상담사는 상담 진행과정이 어느 곳에 있는지를 평가할 수 있어야 한다. 상담은 예측 가능한 단계들을 따르는 활동이다. 지금까지 상담이 어디만큼 진전되었는지, 어떤 과제 가 남아 있는지를 알아야 하는 점은 상담사나 내담자 모두에게 중요하다. 상담사는 네 가지 부분에서 상담의 진전 정도를 평가할 수 있다(노안영, 송현종, 2006).

1) 상담목표 점검하기

상담사는 상담중기에 상담목표와 상담개입방법이 잘 진행되고 있는지를 확인하는 것 이 필요하다. 〈표 9-1〉의 문항에 '그렇다(Y)'로 체크하였다면 상담목표와 상담개입방법 이 적절하다고 볼 수 있다. 반면, '아니다(N)' '관련 없다(IR)'라고 체크하였다면 목표 설정 단계를 다시 연습해 보자.

〈표 9-1〉 상담기술: 목표 설정 체크리스트

번호	문항 내용	응답		
1	상담사는 자신의 행동을 어떻게 변화시키고 싶은지 말해 보라고 했다.	Y	N	IR
2	상담사와 내담자는 상담목표에 관해 동의했다.	Y	N	IR
3	상담사는 구체적이며 관찰 가능한 방식으로 목표를 설정했다.	Y	N	IR

4	상담사는 목표를 달성하기 위해 전념할 것을 말로 진술하게끔 요구했다.	Y	N	IR
5	내담자가 변화에 저항적이거나 무관심할 경우 상담사는 그 부분을 내담자와 논의했다.	Y	N	IR
6	상담사는 목표로 나아가기 위해 취할 수 있는 단계를 최소한 하나라도 구체화해 볼 것을 요청했다.	Y	N	IR
7	상담사는 생각해 볼 수 있는 몇 가지 대안을 내담자에게 제시했다.	Y	N	IR
8	상담사는 내담자가 목표 달성을 위해 필요한 행동계획을 세울 수 있게 했다.	Y	N	IR
9	상담사와 내담자가 설정한 행동계획들은 구체적이면서 현실적이었다.	Y	N	IR
10	상담사는 회기에서 내담자가 행동계획들을 미리 연습할 기회를 제공했다.	Y	N	IR
11	상담사는 행동계획의 실행과 관련하여 피드백을 제공했다.	Y	N	IR
12	상담사는 내담자가 상담 장면 밖에서 수행한 행동계획의 진전도나 결과를 관찰하고 평가하게끔 격려했다.	Y	N	IR

출처: Hackney & Bernard (2017/2019), p. 340에서 발췌하여 수정함.

2) 상담개입방법 점검하기

상담사는 상담중기에 상담목표와 상담개입방법이 잘 진행되고 있는지를 확인하는 것이 필요하다. 〈표 9-2〉의 문항에 '그렇다(Y)'로 체크하였다면 상담목표와 상담개입방법이 적절하다고 볼 수 있다. 반면, 아니요(N)' 관련 없다(IR)'라고 체크하였다면 상담개입방법을 다시 연습해 보자.

〈표 9-2〉 상담기술: 상담개입방법의 선택과 적용 체크리스트

번호	문항 내용	응답		
1	상담사는 내담자가 선정한 목표에 기초하여 몇 가지 가능한 개입방법을 제안했다.	Y	N	IR
2	상담사는 각 개입방법의 하위 요소, 시간, 장점, 약점 등에 관한 정보를 제공했다.	Y	N	IR
3	상담사는 상담에서 사용될 개입에 관해 선택할 기회를 내담자에게 제공했다.	Y	N	IR
4	상담사는 한 가지 이상의 개입방법이 선택되었을 때 그 방법들이 적용될 순서에 대해서 설명했다.	Y	N	IR
5	상담사는 각 개입방법들이 기초하고 있는 원리를 알려 주었다.	Y	N	IR
6	상담사는 선택된 개입을 사용하는 방법에 대해 상세한 지침을 제공했다.	Y	N	IR
7	상담사는 선택된 개입들이 적용되는 방식에 대해 내담자가 이해했는지 확인했다.	Y	N	IR
8	개입방법이 덜 분명할 경우, 상담사는 가능한 한 신속하게 그 개입에 대해 설명하고 알려 주었다.	Y	N	IR

출처: Hackney & Bernard (2017/2019), p. 341.

3) 문제해결 단계를 위한 점검하기

(1) 상담사 평가질문

문제해결 단계에서 상담사가 평가할 수 있는 질문은 다음과 같다.

"내담자는 자기가 무엇을 해야 할 필요가 있는지를 이해하고 있는가?"

"내담자는 해야 할 필요가 있는 것을 할 수 있는가?"

"내담자는 이 계획을 행동으로 옮길 마음의 태도가 되어 있는가?"

"내담자는 실패에 대처할 수 있는가?"

(2) 내담자 평가질문

내담자가 문제해결 단계에 이르렀다는 것을 무엇으로 알 수 있는가? 이때 내담자의 진술 중 다음의 내용이 나오면 어떤 해결 방안을 위해서 내담자가 시도나 새로운 행동 연습을 하려는 단계까지 이르렀음을 알 수 있다

"네, 나는 그렇게 하려고 노력하고 있어요."

"근데 몇 가지는 잘 안 되고 있어요."

"내가 아마 할 수 있을 것 같아요."

제10장 상담종결

상담종결은 상담 과정을 마무리하는 것이다. 상담사와 내담자가 설정한 상담목표가 만족스럽게 달성되었다는 상호동의가 이루어지면 상담은 종결된다. 상담목표가 어느 정도 달성되었다면 상담사는 내담자와 상담을 끝내는 문제를 미리 상의하는 것이 바람직하다. 상담종결 과정은 상담사와 내담자 모두에게 중요하다. 상담 관계는 어느 한쪽에 의해서가 아니라 상담사와 내담자 쌍방의 관여에 의해 발생되고 유지되는 상호적 관계이다. 상담은 계약에 의해 만들어진 관계이지만 정서적인 어려움과 삶의 스트레스를 공유하기 때문에 특별하게 여겨진다. 물론 문제해결이 안 된 상태라 하더라도 이 상담이 내담자에게 별로 도움이 안 된다고 생각되면, 내담자는 언제든지 종결을 요청할 수 있다.

1. 종결 형태

종결은 회기종결과 상담계약 종결로 구분된다. 회기종결은 매 회기 상담이 종결되는 것이다. 여기서 종결은 대개 상담계약 종결을 의미한다.

1) 회기종결

회기종결에서 매 회기 50분에 상담을 마치는 것을 말한다. 여기서는 회기종결에서 자주 나타나는 부분을 살펴보겠다.

(1) 회기 종결 시 새로운 주제 꺼낼 때 개입법

상담 회기 종결을 몇 분 남겨 둔 시점에 부가적 정보를 탐색하거나 새로운 화제에 대해 논의하는 것은 바람직하지 않다(Sommers-Flanagan & Sommers-Flanagan, 2003, p. 157). 그런데도 매번 내담자가 회기가 끝날 즈음에 새로운 주제를 거론한다면 어떻게 할까?

첫째, 내담자에게 **종결 시점**을 알려주는 것이 도움이 된다.

> "오늘 상담은 10분 후에 마칩니다. 이 주제가 회기 초반에 나왔다면 좋았을 것을 하는 아쉬움이 듭니다."

둘째, 새로운 화제를 이어받는 대신 그날의 회기를 요약해 주는 것도 효과적이다. 내담자의 이야기를 요약해 주면 무슨 이야기를 했고 무엇이 중요한가를 알 수 있다.

> "오늘 민들레 님은 버려질 것에 대한 두려움을 이야기했는데, 방금 꺼낸 이야기는 아마 다음 회기에 오늘 진행된 이야기와 관련이 있는지 같이 탐색해 볼 수 있을 것 같습니다. 오늘 상담에 대한 소감은 어떠셨나요?"

많은 상담사가 시간에 맞춰 끝내기 위해 내담자가 꺼낸 화제를 접도록 하는 것을 두려워한다. 상담사가 시간을 너무 정확하게 지키면 너무 차갑게 보이거나 냉정해 보여 내담자가 상처를 받고 다음 상담에 오지 않을까 봐 염려한다. 그래서 상당수의 상담사들은 내담자의 말을 끊지 못하고 상담 시간을 지연한다. 기억하자. 상담사가 시간을 정확히 지킬 수 없다면 이후의 회기에서도 상담 관계의 발전이 일어나기 어렵다. 50분 안에 집중적으로 듣고 내담자가 초기에 중요한 화제를 꺼낼 수 있도록 효과적으로 질문하는 방법을 고민하는 것이 더 능률적이다.

(2) 포커스된 상담 개입법

상담을 시작하고 '오늘 좀 어떠세요. 일주일간 어떠셨어요?' '지난 일주일 어떠셨어요?' 혹은 '오늘 무슨 이야기를 할까요?'라는 질문으로 시작하는 것은 정신분석에서는 가능하다. 반면, 단기상담에서는 50분의 상담 시간을 효율적으로 활용하기에 적합하지 않다. 이렇게 질문하면 내담자의 현재 혹은 즉흥적 상태에 초점이 맞추어져 버린다. 50분 동안 내담자가 지금까지 어떻게 지냈는지를 설명하며 상담초반의 20분 시간을 흘려보내게 될 가능성이 많다. 지난 상담에서 다룬 내용으로 바로 들어가면 회기의 종결 때 새로운 주제를 다루는 것을 줄일 수 있다.

상1: 지난 시간에 많은 이야기를 하셨는데, 진로선택, 어머니와의 관계를 이야기하셨어
　　요, 기억이 나세요?

내1: 네, 저도 생각해 봤는데요. 이번 주 마음이 더 복잡하더라고요.

상2: 마음이 복잡하신데도 상담 시간을 기억하고 오셨네요. 이 상담 시간에 어떤 것을 먼
　　저 이야기하고 싶으세요?"

2) 계약종결

상담사와 내담자가 선택할 수 있는 다섯 가지의 종결 형태를 설명하면 다음과 같다
(Nelson-Jones, 2003, pp. 161-162).

(1) 확정된 종결

내담자와 상담 계약 시 정확히 몇 회기를 상담할 것인가를 확정한 경우이다. 대부분
국가 기관에서 운영하는 상담센터와 상담비를 지원받는 경우에는 종결 시기가 확정되
어 있다. 상담 회기는 상담 구조화와 계약 부분에서 설명하였으므로 참고하길 바란다.
종결 시기를 상담초기부터 명시했을 경우, 지정된 회기 안에서 상담을 진행하므로 내담
자의 의존성이 줄어든다는 장점이 있다. 10회기 안에 문제를 해결하려면 그 사이에 자
기 문제를 얼마나 개방해야 하고 상담 시간에 적극적으로 임해야 한다는 동기가 유발될
수 있다. 이때의 단점은 내담자의 문제가 남아 있는 경우에도 종결해야 한다는 점이다.
내담자에게 필요한 기술을 훈련시키는 데에도 시간이 충분하지 않다는 제한점이 있다.
이때에는 상담을 연장하거나 내담자에게 도전과제를 알려 준 다음, 나중에라도 상담을
받을 수 있도록 안내하는 것이 필요하다.

(2) 합의된 종결

설정한 상담목표를 내담자가 충분히 달성했다고 상담사와 내담자가 동의할 때 상담
관계가 끝나는 경우이다. 내담자의 주 호소문제에 대한 목표를 대략적으로 설정한 후에
상담을 진행하고 그 목표 설정 즈음에 종결을 합의한다. 처음부터 회기를 정하지 않고
진행하다 보면 목표를 설정하기가 어려울 수 있으므로 대략적으로 12회기나 24회기 정
도로 진행할 것을 정한 후 단기목표를 설정하고 그 다음의 목표로 상담을 진행하는 것

이 적절하다.

(3) 소멸적 종결

일주일에 한 번씩 하던 상담을 2주일에 한 번씩으로, 그 다음 한 달에 한 번씩 등으로 서서히 줄여 가며 종결하는 것이다. 소멸적 종결은 상담목표가 달성된 다음, 적응적 어려움이나 성격 장애가 있는 내담자, 사회적 훈련이 필요한 내담자, 의존성이 있는 내담자들의 안녕을 위하여 회기를 점차적으로 줄여 가면서 종결하는 방식이다.

(4) 보조회기를 가진 종결

상담 관계가 종결된 일정 기간 후에 보조회기를 갖는 것이다. 보조회기의 목적은 새로운 기술을 가르치기 위해서가 아니라 터득한 기술을 유지하고 있는가를 확인하고 유지하고 있는 내담자를 더욱 동기화시키며, 상담에서 터득한 기술을 실제 상황에 적용하는 데 따르는 어려움을 극복하도록 조력하는 것이다. 그 형식이나 내용이 추수상담과 비슷하다.

이 보조회기에서는 내담자에게 지속 가능한 적응 기술을 알려 주고 확인하는 것이 도움이 된다. 예컨대, 조력집단에 참여하기, 전문가의 도움을 받기, 지지적이고 도움을 주는 친구나 가족에게 모니터링 부탁하기 등이다.

(5) 후속만남을 계획한 종결

내담자가 상담을 종결할 의사가 없지만 이사나 이직 등의 이유로 일시적으로 상담의 휴지기간을 갖고 후에 만날 것을 계획한 종결이다. 종결 후에 내담자와 만남을 가지기 어려운 경우에는 다양한 방식으로 진행된다. White(1986)는 내담자와 주고 받는 치료적 편지를 상담에서 활용할 것을 권한다. 편지쓰기를 활용하는 방법은 이후, 과제 주기 부분에서 자세히 설명할 것이다.

2. 종결과정 다루기

상담 종결은 미리 준비되어야 하며 종결과정을 통하여 상담사와 내담자는 변화한다 (Murdin, 2000, p. 211).

상담 관계가 최소 3개월 이상 지속되는 관계라고 한다면, 3~4주 전에는 종결을 이야기해 주어서 종결 시점에 대해 생각하고 논의해야 한다. 내담자는 종결과 상담 관계에 대한 자신의 감정과 근심을 탐색하기 위하여 대략 2~3회기 정도의 시간을 필요로 할 수 있기 때문이다. 상담 계약 시에 종결을 정해 둔 상담은 상담성과와 상관없이 상담을 종결하게 된다.

1) 성공적 상담종결 기준

성공적 종결이라 함은 내담자가 초기에 갖고 온 당면 문제나 증상이 완화되고, 일상생활과 대인관계에서 더 적응적으로 생활하게 한 후에 종결을 맞이하는 것이다. 이런 긍정적 변화가 일시적으로 끝나지 않게 하려면 상담을 통해 성격변화도 일어나야 한다. 경직되고 융통성 없던 성격이 보다 유연해지고 좌절에 대한 인내력이 커지게 되면 추후 겪게 될 스트레스 상황에서 보다 잘 견딜 수 있게 된다. 중요한 것은 종결을 결정하는 것은 '문제가 없어지는 때'가 아니라 '그 문제를 바라보는 관점이 바뀌었을 때'라는 것이다. 내담자의 진술에서 보여 준 종결 단서들이 있는데, 성공적인 종결을 시사하는 내담자의 구체적 태도나 생각은 다음과 같다(이장호, 정남운, 조성호, 2005).

"모든 사람들은 문제가 있고, 나도 그렇다. 그리고 유독 나만 나쁜 것 같지는 않다."

"나는 내 문제를 내가 약하다는 증거로 생각해 왔다. 그러나 이제는 그렇지 않다는 걸 알게 됐다. 나는 이제 문제에 주의를 기울이지 않고 지나칠 수 있다."

"내가 갖고 있던 큰 문제 중의 하나는 내가 세상의 최고가 되어야 한다고 집착했던 것이다. 이제는 그것이 나에게 그다지 중요하지 않다."

"죄책감 때문에 내 마음은 무너질 것 같았다. 내 기준이 다른 사람들보다 훨씬 높다는 것을 알게 되었다. 사실 나는 내가 나쁘다는 걸 증명하기 위해 의도적으로 어떤 일을 하곤 했다. 이젠 그럴 필요가 없고, 그렇게 살고 싶지도 않다."

"나는 항상 앞날을 걱정하느라 현재를 즐길 수 없었다. 그런 나 자신이 바보 같다는 것을 알고 있었지만 어떻게 할 수가 없었다. 하지만 이제 나는 현재에 충실할 수 있다."

2) 성공적 종결에서 나타나는 내담자의 정서반응

종결에서 드러나는 내담자의 감정은 양가적이다. 성공적 종결을 한다는 기쁨, 그리고 상담사와의 이별에 대한 슬픔과 불안 모두를 가지게 된다. 상담종결에서 사용되는 내담자의 정서반응을 소개하면 다음과 같다.

첫째, 변화된 자신에 대한 뿌듯함과 충만함이다
둘째, 자신과 함께 힘든 상담 과정을 견뎌 준 상담사에 대한 감사함이다.
셋째, 상담사의 도움 없이 혼자 자립할 수 있을까에 대한 두려움이다.
넷째, 증상이 재발되지 않을까하는 불안감이다.

3) 상담종결의 의미 나누기

종결하기로 결정하면 상담사 자신이 내담자에게 종결을 하겠다는 사실을 알려야 하나, 우선 내담자나 보호자가 종결의 결정을 번복할 만한 사항이 있는지를 살펴야 한다.

상담목표가 달성되었을 때 종결작업은 장기상담일 경우 상담 횟수를 줄여 가는 식으로 서서히 실시하는 것이 바람직하다. 1주에 1회 실시하던 상담을 2주에 1회로 줄여 나가면서 내담자가 종결에 대한 준비를 할 수 있도록 하고, 상담사의 도움 없이도 잘 지낼 수 있다는 것을 확인하게 할 수 있다. 한편, 상담목표에 도달되지 않아서 다른 상담사에게 의뢰할 때에도 그만두는 날짜를 명백히 하는 것이 타당하다. 이 경우 상담사는 상담을 종결하는 것에 대해 내담자가 상담이 실패했다고 생각하지는 않는지, 혹은 상담사가 자신을 거부했다고 생각하지는 않는지 등에 어떻게 해야 하는지를 미리 생각해 두어야 한다. 상담사는 내담자가 나름대로 성공을 거두었으며 상담사와의 작업을 우호적으로 끝냈다는 것을 느끼게 하는 것이 중요하다.

내담자의 입장에서 보면 자신이 특히 어려웠던 시점에 상담이 시작되었을 것이므로 내담자들은 상담사를 신뢰하게 되고 의존한다. 상담사에 대해 좋은 감정을 느끼게 되는 시점에서 상담사와의 관계가 끝나게 되므로 내담자에 따라서는 분리의 감정이 쉽게 받아들여지지 않으며 상실감이나 유기되었다는 느낌, 분노의 감정이 들기 쉽다. 이러한 문제를 피하기 위해 상담사는 종결하기 전에 상담 관계를 잘 고려해야 한다. 효과적인 종결은 내담자의 현실적 이해수준과 연관된다. 상담사는 내담자가 상담사를 친구나 부모, 동료가 아니라 함께 상담목표를 달성하기 위한 **목표 지향적 측면의 협력자**로 이해할 수 있도록 도와야 한다.

(1) '세상으로 나아감'의 시작

상담종결은 상담 과정만큼이나 중요하다. 상담을 시작할 때 탐색을 하면서 자신의 마음을 열어서 새로운 관계를 맺었던 것을 이제 끝내야 하는 것이 종결이다. 종결은 이별과 같지만, 상담의 종결에는 또 다른 의미가 담겨 있다. 엄마에게 의존되어 있던 어린 아이가 걸음마를 배우는 과정에서 일어서고 넘어지는 단계를 거쳐 마침내 혼자 걸어서 '세상으로 나아감'과 같다. 종결도 이와 비슷한 형태의 과정을 거친다. 아이가 세상을 향해 탐색하며 나아가다가 힘이 들면 다시 엄마의 품에 와서 쉬어 가듯이, 내담자 역시 세상 속에 살다가 어려움이 생기면 다시 상담의 과정으로 들어올 수 있다.

(2) 가능한 증상 재발에 대해 준비하기

상담사는 내담자와의 상담을 공식적으로 종결했다고 해서 추가적인 만남의 가능성까지 완전히 차단해서는 안 된다. 상담사는 완벽하지는 않지만 내담자과 상담사의 공동 노력으로 일구어 낸 상담 성과에 대해 음미해 본다. 상담의 공식적인 종결 후에 내담자가 중요한 어려움에 처한다면 상담사의 부가적인 도움을 얻기 위해 추가적 만남을 가질 수 있음을 미리 알려두는 것이 바람직하다.

(3) 성과 다지기 및 면역력 쌓기

여러 가지 어려운 난관을 뚫고 현재에 이르기까지 내담자가 기울인 노력에 대해 큰 의미를 부여하며 진정한 격려를 하는 것이 필요하다. 문제해결을 위해 상담에서 시도했던 여러 가지 방법을 되돌아보고, 이를 앞으로 어떻게 활용해 나갈 것인지 함께 이야기한다. 종결에서는 어떤 것이 편해졌는지 알게 함으로써 앞으로도 목마를 때 물을 마실 수 있도록 도와줘야 한다. 내담자를 편해지게 하는 요인이 무엇인지 이야기 나누는 '성과 다지기'가 필요하다. 힘든 이야기를 누군가에게 해 봤는지를 물어보고, 상담사 외에 도움이나 조언을 구할 사람이 있는지 자원을 찾아 주어야 한다. 만약 내담자가 게임 중독자였다면 게임 휴식기를 가질 수 있었던 이유에 대해서 질문한다. 그 기간에 어떤 다른 활동을 했는지 탐색하고 그때를 상기시켜 주면서 내담자 안에 있는 힘에 대해서 일깨워 준다. 그 힘에 대한 이름을 짓게 함으로써 내담자의 자원으로 인식하고 활용하도록 만들어 주는 작업인 '면역력 쌓기'가 필요하다. 이처럼 종결에서는 자원을 찾아 주는 일이 특히 중요하다.

4) 종결 과정

상담을 종결하는 효과적인 단계는 다음과 같다(Hill & O'Brien, 1999).

(1) 미리 예고하기

종결 미리 준비하기는 다음과 같이 이야기로 물으며, 상담종결 결정에 내담자도 참여하도록 해야 한다.

> "우리가 12회기 동안 많은 관심사를 다루었어요. 오늘부터 앞으로 3번 더 상담을 진행하면 종결이 될 거예요. 민들레 님은 상담초기에 가지고 온 어려움이 많이 좋아졌다고 생각합니다. 처음 우리가 정한 상담목표에 거의 도달한 것 같아요. 민들레 님은 여기에 대해서 어떻게 생각하세요?"

(2) 종결의례 준비하기

Imber-Black(1988)은 개인과 체계 안에서의 변화를 유지시키고 증진시키는 데에 의례를 창의적으로 사용하였다. 종결의례는 '의례적인 공간'에 있을 때 굉장히 자주 변화를 일으킨다는 Camphell와 Abadie(1981)의 연구결과가 이를 지지한다. 의례는 모든 문화에서 나타나는데, 인간은 주요한 인생의 과도기와 변화들을 의례화하는 경향이 있다. 이런 관점에서 상담에서 종결의례는 '인간 이야기'에서 필수적이고 중요한 부분으로서의 역할을 한다. 이러한 의미에서 종결을 위한 의례로 케이크나 편지, 기념사진 등을 활용할 수 있다. 필요한 경우에는 가족을 초대하는 것도 도움이 된다.

(3) 상담 과정 돌아보기

상담 과정을 돌아본다. 상담사는 상담 과정에서 무엇을 다루었고, 알아차린 것과 변화된 것을 상기시켜 주고, 내담자는 상담에서 가장 도움이 되었던 점과 도움이 되지 않았던 점에 대해서 이야기한다. 상담사는 내담자의 변화를 단단히 뿌리내리고 성취감을 느낄 수 있게 해 준다.

상담종결 이후의 삶을 이야기한다. 상담종결 날짜를 언제로 할 것인지, 상담기간이 더 필요한지에 대해서 이야기한다. 이때 상담사는 내담자의 문제를 더 명확하게 하고 문제를 어떻게 다루었는지, 어떻게 다루어 나갈 것인지, 변화를 유지하기 위해서 어떤 지원을 받을 수 있는지를 이야기한다.

(4) 종결의례-소중한 추억으로 돌려주기

의례를 갖는 것은 내담자가 자신의 관계 안에서 스스로를 돌아보며 마음과 생각을 정리하였고 이제 새로운 출발을 하게 되었음을 축하하고, 이를 자신에게 선언하는 의미를 지닌다. 상담사는 종결을 기념하는 의례를 내담자의 소중한 추억이 되도록 만들 수 있다.

> "기쁨이가 선생님과 만난 지 1년이 되었네. 1년 동안 열심히 마음을 상담해서 기쁨이가 건강해졌어. 이제는 학교나 친구들과 같이 열심히 생활할 수 있게 되었어. 기쁨이가 건강해졌다는 거야. 선생님과 헤어지는 것이 아니란다. 선생님이 보고 싶으면 여기에 올 수 있단다. 우리는 서로를 생각하고 마음속에 간직할 거야. 다만 매일 오지는 않아. 선생님도 기쁨이가 잘 생활하는지 한 달에 한 번씩 전화를 할 거야."

3. 추수상담

추수상담이란 상담이 종결된 후에 별도의 시간을 내어 종결 시에 다루었던 상담 성과를 일상 속에서 어떻게 활용하고 있는지 검토해 보는 시간이다. 추수상담은 상담을 종결한 후에 일상생활에서 내담자의 경험, 목표, 어떤 대상에 대한 작업 등에 대하여 내담자를 돕기 위한 활동이다. 상담사는 상담종결 후에도 내담자가 현실에서 잘 지내는지 점검하기 위해 추수상담을 진행할 수 있다.

추수상담이 모든 상담에서 다 이루어지는 것은 아니다. 종결 과정이 순조롭게 이루어지고 내담자가 이별에 대한 불안이 그리 높지 않다면 이 과정은 생략할 수도 있다.

1) 추수상담에서 다룰 내용

추수상담에서는 상담 과정에서 다룬 것이 일상생활에서 얼마나 유지되고 있는 것인 지를 다룬다. 내담자의 행동 변화가 지속적으로 유지되고 있는지 확인해서 잘하는 점은 강화하고 부족한 점은 보완하도록 해 준다. 추수상담을 통해서 상담사는 상담 과정에서 상담목표, 상담 전략 및 기법 등의 적용이 적절하였는지를 점검하여 상담사가 개입했던 기법과 개입이 적절하였다는 임상적 역량을 확인할 수 있는 기회가 된다.

2) 추수상담 기간

추수상담의 형식은 내담자 문제와 상담 기간에 따라 달라질 수 있다. 대체로 종결 한 달 후에 1회를 만나지만, 종결에 대한 내담자의 불안이 컸다면 횟수를 2~3회로 더 늘릴 수도 있다. 추수상담에서는 상담의 성과와 관련되는 질문들을 주로 하게 된다.

추수상담은 대개 전화 혹은 만나서 진행되기도 한다. 처음에는 한 달에 한 번, 두 달에 한 번, 6개월에 한 번 정도로 진행한다.

3) 추수상담 진행방법

추수상담 시 인터뷰를 개방형 질문들로 할 때 더 다양하고 풍부한 답변을 얻을 수 있 다. 다음은 추수상담 시 순서대로 진행하면 추수상담 진행에 도움이 되는 질문이다.

첫째, 상담종결 후 어떻게 지내고 있는가에 대한 근황 질문을 한다.

"상담 전과 비교했을 때 상담이 끝난 후 민들레 씨의 일상에 달라진 점이 있나요?"

둘째, 상담종결 당시 경험했던 정서에 대한 재탐색 질문을 한다.

"마지막 상담에서 상담을 그만두면 혼자서 문제를 해결할 수 없을 것 같은 불안이 크다고 했었는데, 실제로는 어땠나요?"

셋째, 증상 재발 여부에 대한 확인과 그에 대한 대처 방법에 대한 질문한다.

"종결 후에 발표불안이 또 올라온 적이 있나요? 그때 어떻게 대처했나요? 상담 과정에서
도움을 받았던 전략이 잘 활용되던가요?"

넷째, 상담 재개 가능성 열어 두기이다.

"오늘이 추수상담으로 만나는 마지막인데, 지금처럼 지내시다가 혹시 또 문제가 발생하
거나 새로운 다른 문제가 생기면 언제든지 다시 상담을 시작할 수 있습니다."

추수상담 진행 시 내담자가 새로운 문제를 이야기하고자 할 때, 위기 문제일 경우에는
상담에서 다루었던 것이 얼마나 유지되고 있는지를 확인하기보다 위기를 먼저 다루어
야 할 것이다. 위기 상황이 아니라면 내담자가 새로운 문제를 다루고자 한 이야기를 할
수도 있다. 그럴 경우 새로운 상담 회기로 계약을 합의하고 상담 구조화를 한 후 상담을
진행할 수 있다.

제11장 상담종결 과정에서 상담사 역할

종결단계에서 상담사가 해야 할 중요한 역할은 내담자의 불안과 의존성을 확인하는 것이다. 또한 내담자와 합의한 상담목표가 달성되었는지를 확인하는 것도 필요하다. 만약 내담자가 해결하지 못한 어떤 과제가 있으면 상담사는 그 미해결 과제를 해결하도록 도울 수 있다. 더 나아가 내담자를 다른 기관으로 의뢰할 경우 어떻게 의뢰해야 하는지를 종결과정에서 다루어야 한다. 마지막으로 상담종결서를 작성해야 한다.

1. 불안 다루기

상담 과정에서 가장 어려운 것이 상담종결이다. 그 이유는 종결에서 상실감의 주제가 나오기 때문이다. 상실감은 모든 사람에게 있으며 모두 대처해야 할 부분이다. 그래서 종결과정에서 내담자는 불안해하며 상담사에게 더 의존하기도 한다.

내담자는 자신이 상담을 종결할 준비가 되어 있는지에 대한 확신을 가지지 못할 경우가 많은데, 청소년 내담자일 경우 더욱 그렇다. 상담을 통해 변화된 것을 알지만, 일이 잘못 되어 상담을 다시 받게 될지도 모른다는 불안을 느끼기 쉽다. 또한 일단 상담이 종결되면 상담사의 지원과 이해를 더 이상 받을 수 없다고 생각하기 때문에 불안해진다. 내담자가 완전히 해결되지 않은 것에 대한 불안을 토로할 경우, 상담사는 이 세상에는 '완벽한' 문제해결이란 없다고 하면서 안심시키고 격려한다(Mann, 1973). 다만, 증상의 재발 가능성에 대해서는 면밀히 검토해야 한다. 즉, 어떤 문제가 예상되는지 확인하고, 그런 문제를 지금까지 상담 과정에서 어떻게 해결했는지에 대한 성공경험을 토대로 대처반응을 예상해 본다. 만약 내담자에게서 이런 불안감이 느껴지면 상담이 완전히 종결되기 전에 이 점에 대해 충분히 다루어야 한다. 내담자가 종결에 대한 불안감이 지나치게 크다면 종결을 몇 회 미룰 수도 있다. 이때 분리에 대해 떠오르는 생각과 감정을 새로운 주제로 다루어 볼 수도 있다. 종결에 대한 불안을 비롯하여 종결에 따른 내담자의 부정적 정서반응을 다루는 일반적인 방법은 일어났던 일, 즉 상담 과정의 여러 단계에서 일어난 변화의 종류와 내용들을 재음미하고 요약하는 것이 도움이 된다. 다음과 같은 대화로 종결에 대한 내담자의 불안을 담아 준다.

> 내1: 제가 다시 나빠지면 어떡하죠.
>
> 상1: 누구나 헤어질 것을 생각하면 불안해지죠. 불안해지는 것은 자연스러운 마음일 것 같아요. '내가 잘할 수 있을까.' 하는 생각이 드니까요. 그런데 생각해 봐요. 민들레 님이 '불안한데 잘할 수 있을까.' 하였지만 불안할 때마다 잘해 오셨잖아요. 우리가 상담실에서 했던 방법들을 생각해 보면 하실 수 있을 거예요.

2. 의존성 다루기

상담종결에서 생각해야 할 중요한 측면은 상담사에 대한 내담자의 의존성이 나타날 때 어떻게 해결할 것인가에 대한 사항이다. 상담사는 상담 관계가 영원히 지속될 관계가 아니며, 상담 관계가 아무리 긴밀했더라도 일시적인 인간관계일 뿐이라는 것을 기억해야 한다. 어떤 경우에는 상담사가 내담자와 헤어지는 것을 어려워해서 상담을 지속하기도 한다. 이런 경우 상담사에게 역전이가 일어난 것이므로 상담사는 주의 깊게 자신을 분석해 봐야 한다. 내담자의 심리적 독립을 촉진하기 위해 내담자의 자율적인 판단과 결정을 허용하고 격려하는 상담사의 태도와 자세가 중요하다. 상담이 진행됨에 따라 내담자의 주된 문제들은 사라지는 반면, 이전에 큰 문제들에 가려져 문제라고 인식하지 못했던 사소한 문제들이 내담자에게 새로운 관심사로 떠오르게 된다. 내담자들은 이러한 문제까지 해결해 주기를 바라게 되는 경우가 많다. 그러나 상담의 종결은 선정된 호소문제에 대한 합의된 상담목표가 어느 정도 달성되었다고 평가되었을 때 결정하게 된다. 상담사는 내담자에게 초기에 설정했던 상담목표들을 보여 주고 그것들이 달성되었음을 확인해야 한다. 또한 내담자가 삶을 살아가면서 생기는 문제는 삶을 살아 갈 동안 계속적으로 부딪혀야 하는 문제이므로 그동안 받은 상담으로 충분히 대처해 나갈 수 있음을 설명해 주어야 한다. 상담에서는 상담사의 이론적 배경에 따라 상담목표가 달라지고 상담목표에 따라 종결을 고려하는 시기가 달라질 수 있지만, 대부분의 상담 이론은 종결을 매우 중요시한다. 상담을 시작할 때 합의한 상담목표는 종결을 결정할 때 중요한 근거가 된다. 상담사는 내담자와 합의한 상담목표에 접근하여 성공적으로 자신의 일을 끝냈다면 언제든 그 자리를 떠나는 역할을 해야 한다.

단기상담이든 장기상담이든 종결에 대한 준비와 계획을 내담자에게 이야기해서 준비시키고 우리 상담이 어디쯤 가고 있는지를 알려 주는 것이 필요하다. 예컨대, "이번이 8회기입니다, 앞으로 2회기가 남았습니다. 상담이 마지막으로 가고 있는데 어떠신가요?"라고 물을 수 있다.

3. 상담효과 평가

상담종결 과정에서 상담사는 상담목표의 달성 정도와 효과성을 평가하는 것이 필요하다. 상담목표 달성 평가는 장기목표와 단기목표에 따라 다르다.

1) 상담목표 달성 평가

상담초기에 세운 상담의 단기목표와 장기목표가 달성되면 상담종결 시에 그 목표를 평가한다. 평가 준거는 내담자와 합의한 목표의 내용이 된다. 그러나 여기에서는 일반적으로 적용되는 일차적 단기목표와 이차적 장기목표가 어느 정도 달성되었는지 확인해 보는 방법을 제시하고자 한다.

대개 일차적 목표는 단기목표로, 이차적 목표는 장기목표를 나타낸다.

(1) 일차적 목표(단기목표)의 달성 평가

• 처음에 호소했던 증상이 완화되었는지 확인한다.
• 스트레스를 인내하는 정도가 상승했는지 확인한다.
• 스트레스에 대처하는 전략이 다양해졌는지 확인한다.

(2) 이차적 목표(장기목표)의 달성 평가

- 자기 개념에 변화가 생겼는지 확인한다.
- 성격 구조에 변화가 생겼는지 확인한다.
- 인지적으로 유연해졌는지 확인한다.
- 대인관계를 맺는 능력이 신장되었는지 확인한다.

2) 상담효과 평가 방법

상담효과 평가는 상담사의 태도나 상담사의 개입이 내담자에게 미친 효과, 구체적인 상담기술의 원리와 적용에 대한 이해, 내담자의 욕구가 얼마나 성취되었는지를 평가하는 것이다. 이러한 평가를 통해 상담사는 자신의 자원을 내담자를 돕는 수단으로 얼마나 잘 사용해 왔는지를 점검해 볼 수 있다. 상담효과를 측정하는 방법은 다음과 같다.

(1) 상담사 평가

상담사 평가는 상담사의 개입 전반에 관한 사항을 평가하는 것이다. 이 상담사 평가는 양적 평가와 질적 평가로 이루어진다. 양적 평가로는 '상담사 자기점검척도'를 사용할 수 있다. 질적 평가는 상담으로 인해 내담자의 주 호소문제가 얼마나 해결되었는지, 내담자가 어떻게 변화하였는지, 내담자의 관계형성 능력은 어떻게 달려졌는지 등을 질적으로 평가하는 것이다.

(2) 내담자 평가

내담자 평가는 내담자가 상담을 받은 것에 대한 평가를 하는 것이다. 내담자 평가 또한 양적 평가와 질적 평가로 이루어진다. 양적 평가로는 내담자가 상담초기에 실시했던 MMPI, TCI, PAI, SCT 등의 심리검사를 사후에 다시 실시하거나 '상담면접과 상담사 행동에 대한 평정척도'에 체크해 보도록 하는 방법 등을 사용한다. 질적 평가는 상담사가 내담자에게 반구조화된 질문으로 상담효과를 측정하는 방식이다. 질적 평가는 다음처럼 진행된다.

■ **종결시간 안내**

"지난주에 이야기한 것처럼 오늘은 상담종결입니다. 종결은 그동안 상담성과에 대해서
평가하고 마무리하는 시간입니다. 괜찮으시겠어요?"

■ **성과 측정**

상담의 성과측정은 중요하다. 성과측정은 〈표 11-1〉과 같은 체크리스트 혹은 설문지
를 사용할 수도 있다. 일반적으로 내담자의 질적 보고를 통해서 이루어진다. 다음은 내
담자에게 질문하는 질적 질문들이다.

"가장 도움이 되었던 것은 어떤 것인가요?"
"상담초기에 말씀하신 호소문제가 얼마나 해결되었다고 보시나요?"
"상담에 대해서 얼마나 만족하셨나요? 10점 만점으로 보고 만족도를 말씀해 주시면 됩니다."

이 부분은 질문과 내담자의 답변을 통해서 상담 전체를 요약하고 정리하는 중요한 시
간이다.

■ **성과 요인**

성과요인은 상담 성과가 상담사 혼자의 노력으로 나타난 것이 아님을 다시 확인하는
것이다. 상담사와 내담자가 함께 노력하면서 어떤 성과가 나타났는지를 확인한다.

"이러한 성과가 날 수 있었던 가장 큰 요인은 무엇일까요?"
"내담자 입장에서 노력한 것과 상담사 입장에서 노력한 것을 살펴볼까요?"

■ **보완 요인**

"상담에서 아쉬운 것은 무엇일까요?"
"민들레 님이 다시 상담을 받으신다면 무엇을 다르게 하고 싶으세요?"

■ 감사 인사

"저를 민들레 님의 귀한 삶의 이야기에 초대해 주셔서 감사했습니다. 그 삶의 이야기에 제가 같이 이야기를 듣고 나아가도록 해 주셔서 고마웠습니다."

(3) 동료 상담사 혹은 슈퍼바이저 평가

내담자와 상담할 때 동료 상담사 혹은 슈퍼바이저가 상담사가 동석해서 관찰하거나 그 회기를 녹음하거나 녹화한 것을 보고 관찰해서 평가하는 방법도 있다.

(4) 상담종결 평가

상담사는 상담종결 과정에서 상담종결과 평가가 잘 진행되고 있는지를 확인하는 것이 필요하다.

〈표 11-1〉 상담종결 평가 체크리스트에 '그렇다(Y)'로 체크하였다면 상담종결과 평가가 적절하다고 볼 수 있다. 반면, '아니다(N)' '관련 없다(IR)'라고 체크하였다면 다시 상담종결과 평가에 대해서 확인해 보자.

〈표 11-1〉 **상담기술: 상담종결 평가 체크리스트**

번호	문항 내용	응답		
1	상담사와 내담자는 달성하고자 했던 목표의 달성도를 평가하거나 측정하는 일을 했다.	Y	N	IR
2	상담사와 내담자는 전체 조력 과정을 통해 발생한 내담자의 진전도를 요약했다.			
3	상담사는 종결이 적절하다는 표식이나 행위를 확인했다.			
4	상담사와 내담자는 상담 시간에 습득한 것들을 내담자의 생활에 적용하고 전이시키는 방법에 관해 논의했다.			
5	상담사와 내담자는 종결 후에 내담자가 맞닥뜨리게 될 장애물이나 걸림돌을 확인하고 그러한 장애물을 다룰 수 있는 방법에 관해 논의했다.			
6	상담사는 어떤 형태의 추수 관리 계획을 내담자와 논의했다.			
7	상담사는 자신의 상담에 관한 내담자의 피드백을 요청하거나 다른 대안적인 평가 절차를 밟았다.			

출처: Hackney & Bernard (2017/2019), p. 341에서 발췌하여 수정함.

3) 양적 상담효과 평가

청소년상담일 경우 내담자의 MMPI-A 사전-사후 결과와 부모가 체크한 K-CBCL과 KPR-C를 통해 내담자의 문제 행동에 미친 변화를 확인할 수 있다. 다음 예시는 김형숙 (2014c, pp. 543-548)의 연구에서 발췌한 것으로 내담자의 변화를 확인하는 과정을 보여 주고 있다.

《사례 13. 바보라고 놀려서 슬퍼요_중2 청소년》

내담자는 중학교 2학년인 남자 청소년이다. 유치원에 다닐 때는 집중을 못하고 고개를 숙이며 손을 물어뜯는 행동을 자주 하고 말이 없었다고 한다. 학교에 다니면서부터는 알림장과 같은 물건을 잘 잃어버리고, 교사의 지시를 잘 따르지 않았다고 한다. 또한 수업시간에 계속 산만한 행동을 보여서 자주 교사의 지적 대상이 되었다고 한다. 감정 기복이 심하여 잘 울기도 하지만 때로는 말을 하지 않으며, 더욱이 최근 초등학교 6학년부터는 학교에 다니지 않겠다며 PC방에 가서 하루 종일 보내는 등 자주 결석을 하게 되면서 상담에 의뢰되었다.

상담은 내담자 상담은 51회기, 부모상담은 내담자 상담후 20분 진행, 부모훈련은 부모상담과 별도로 한 달에 2번 주말에 매회기 2시간씩 부모가 참여해서 15회기로 구조화하여 진행하였다.

내담자의 변화를 확인하기 위해 MMPI와 K-CBCL을 살펴보았다.

먼저, 내담자의 MMPI 사전-사후 검사 결과는 〈표 11-2〉와 같다. MMPI 사전·사후 검사 결과, 자신이 힘들다는 상황을 호소하는 F척도가 67T에서 44T의 수준으로 감소되었고, 대신 자신을 사회적 상황에 맞게 세련되게 방어하는 K척도가 상승했다(4T-52T). 자신의 감정을 표현하면서 자신감이 회복되자 우울과 불안이 감소하였고(D:71T-62T), 불안(Pt:69T-55T)과 짜증(Hy:71T-61T)이 감소하였다. 또한 에너지가 상승(Ma:48T-56T)하고 사회적 소외(Si:67T-51T)가 감소하였음을 알 수 있다. 이를 통해 상담이 내담자의 문제행동 감소에 영향을 미쳤음을 알 수 있다.

〈표 11-2〉 사례 13(내담자)의 MMPI-7 사전 · 사후 검사 결과

항목	L	F	K	HS	D	Hy	Pd	Mf	Pa	Pt	Sc	Ma	Si
사전	63	67	40	62	71	71	59	54	60	69	62	48	67
사후	55	44	52	55	62	61	50	53	58	55	58	56	51

둘째, 내담자의 어머니가 평가한 K-CBCL 결과(〈표 11-3〉 참조)를 보면, 내재화 문제인 위축, 신체증상, 우울 · 불안의 문제행동점수가 70T 이상인 점수(78T; 73T; 79T)에서, 65T 이하로 현저한 감소(57T; 55T; 54T)를 보이고 있다. 내재화 문제가 해결되면서 내담자의 사회적 미성숙과 주의집중도 이전보다 개선되었음을 보여 준다(70T-57T; 71T-60T). 흥미로운 것은 외현화 문제에서 비행이 줄어든 반면 공격성이 증가하였는데, 이는 어머니와 동생에 대한 감정적 표현이 많아진 것을 반영하는 것으로 보인다. 이를 통해 상담이 내담자의 문제행동 감소에 긍정적인 영향을 미쳤음을 알 수 있다.

〈표 11-3〉 사례 13의 K-CBCL 사전 · 사후 검사 결과

K-CBCL	내재화 문제			사회적 미성숙	사고 문제	주의 집중	외현화 문제		성문제	정서 불안정
	위축	신체 증상	우울 불안				비행	공격성		
사전	78	73	79	70	49	71	69	50	46	69
사후	57	55	54	57	45	60	52	63	49	58

셋째, 내담자의 문제행동에 대한 어머니의 평가를 담고 있는 KPR-C를 통해 본 가족관계 변화는 〈표 11-4〉와 같다. 가족관계와 또래관계에서도 수치가 현저하게 감소(79T-56T; 90T-55T)하여 상담이 내담자의 가족 관계와 또래 관계를 개선시키는 데에 효과가 있음을 알 수 있다. 또한 내재화 척도인 우울과 불안 척도가 70T 이상(82T; 73T)에서 65T 이하(59T; 55T)로 현저한 감소를 보였다. 이는 K-CBCL에서의 내재화 척도의 감소와 동일한 결과임을 보여 주는 것이다. 또한 외현화 척도인 비행과 과잉행동에서도 70T 이상인 점수(70T; 80T)에서 65T 이하인 점수(61T; 60T)로 크게 감소했음을 알 수 있다. 다만, K-CBCL에서의 공격성과 KPR-C의 과잉행동은 외현화 척도라는 것은 동일하지만 K-CBCL에서의 공격성이 내적 힘이 생기면서 나타난 과도기적 힘의 표현이라면, KPR-C에서 나타난 과잉행동은 기질적인 요소에 가까운 행동의 측면으로 이해해야 할

것으로 보인다. 특히 KPR-C의 자아탄력성(ERS)의 상승(20T-50T)은 내담자의 자아탄력성이 높아져서 스트레스를 이겨 내는 힘이 생겼다는 것을 볼 수 있다.

〈표 11-4〉 사례 13의 KPR-C 사전 · 사후 검사 결과

KPR-C	L	F	ERS	언어 발달	운동 발달	불안	우울	신체 화	비행	과잉 행동	가족 관계	사회 관계	정신 증
사전	30	80	20	75	83	73	82	71	70	80	79	90	69
사후	47	55	50	65	63	55	59	55	61	60	56	55	52

4) 질적 상담효과 평가

앞서 제시한 사례의 질적 자료에서 보여 준 내담자의 변화는 다음과 같이 두 가지로 평가할 수 있다. 첫째, 상담사 평가이다. 상담사 평가는 상담 과정 중에 보여 준 내담자의 변화과정을 알려 주면 된다. 둘째, 내담자 평가이다. 내담자 평가는 내담자 혹은 내담자 어머니의 보고를 통해서 평가된다. 부모와 내담자의 보고에서 보여 준 내담자의 변화분석은 〈표 11-5〉와 같으며, 내담자의 문제행동이 상담으로 개선되었음을 알 수 있다. 상담에 의뢰되었던 주 호소문제인 우울감이 감소되고, 자신을 표현하고 자신감이 생기면서 학교에서도 친구들과 대화를 통해서 관계하는 것이 가능하게 된 것이다.

(1) 상담사 평가

상담사는 상담 단계별로 내담자를 관찰한 것을 〈표 11-5〉와 같이 정리해서 내담자가 보인 변화에 대해 내담자와 부모상담에서 이야기해 볼 수 있다. 각 회기별로 나타난 변화에 대해 이야기해 볼 수도 있고 큰 틀 안에서 나타난 변화에 대해 자세히 언급할 수도 있다.

(2) 내담자 평가와 내담자 어머니 평가

청소년상담의 경우, 내담자 평가는 청소년이 이야기한 것과 부모상담을 통해서 효과를 평가할 수 있다. 〈표 11-5〉는 내담자의 평가와 내담자 어머니의 평가 내용도 담고 있다. 내담자 어머니의 이야기는 상담효과를 평가하는 중요한 자료가 된다.

〈표 11-5〉 사례 13(내담자와 부모 보고)의 질적 변화 분석

단계	상담목표	내담자의 중층기술	부모의 중층기술
초기 단계	관계 맺기	동굴작업을 이야기하면서 '사람 마음속에 이런 동굴이 있는데 이런 곳에서 비밀을 털어 놓는다. 너라면 어떻게 될까?'라는 질문에 자신의 비밀을 다른 사람이 알면 죽어 버릴 거라고 하면서 "지금 내 옆에는 비밀을 공감하고 지지해 줄 사람이 아무도 없다. 할 수만 있다면 만들고 싶다."(8회기)	"거머리처럼 내 옆에 붙어 있는 거예요. 그러다가 내가 소리 지르면 아이가 게임에 붙어 있더라고요. 사람들하고 붙어 있는 것을 못 봤어요."(사전 부모면담) "말을 안 하고 사람들 볶으니 미치는 거죠. 사람과 어떻게 관계를 맺어야 하는 것을 모르는 것 같아요. 답답하죠."(1회기 모(母) 상담)
중기 I 단계	안정된 환경에서 자기표현 하기	"난 내가 평생 말을 안 하고 살 줄 알았어요. 이렇게 행동으로 표현해 보니 몸이 조금 이상한 것 같아요."(19회기 놀이치료) "말하니 살 것 같죠, 말 안하면 답답하거든요. 제가 치료실에 와서 왜 흥이 나겠어요? 말을 할 수 있어서요."(23회기)	"요즘은 제가 아들 이야기를 들어 주니까 자기 이야기가 재미있는 줄 알고 웃으면서 계속하네요. 말도 안 되는 게임 이야기도 늘어놓으면 들어 주는데 속이 타거든요. 그래도 말하라고 듣고 있죠."(8회기 모 상담) "요즘 같으면 살 것 같아요. 아이가 말을 하기 시작하니까요."(10회기 모 상담)
	일관되고 안정된 부모-자녀 관계 개선 하기	"아빠는 무서워서 말하기 힘들어요. 그치만 엄마한테는 짜증이라도 내죠."(12회기) "입 열면 때리고 대꾸한다고 때리고, 그냥 입을 다물고 있는 것이 안 맞거든요."(13회기)	"제 뜻대로 안 되면 무조건 때렸거든요. 아이들이 안정되지 못 했어요."(1회기 부모훈련). "제가 제 감정에 치우쳐서 아이들을 대하죠. 일관된 것이 없죠."(3회기 모 상담)
	감정표현을 통해 우울감 줄이기	"아빠가 술 먹고 이유 없이 잠자고 있는 나를 불러내서 때리면 어릴 때는 너무 무서웠어요. 새벽 3시까지 앉혀 놓고 이야기하면 난 잠이 오는데 잔다고 때리고 정말 어이가 없죠."(19회기) "내가 맞고 있는데 엄마가 아무리 소리를 질러도 아빠를 이길 수 없는 것, 내가 힘이 약해서 맞을 수밖에 없는 것. 나한테는 친구가 없는 것. 친구들이 나를 바보로 놀리면 슬퍼요."(22회기) "불안한 순간은 아빠가 오신다고 할 때, 아빠가 술 먹고 오실 때, 사회/과학 시험 볼 때, 몰래 컴퓨터 할 때예요."(23회기)	"말 안 할 때는 오히려 편했는데 요즘은 감정을 표현하니까 너무 힘들어요. 저한테도 대들기도 하고 큰 소리도 내고."(11회기 모 상담) "아직도 어린애 같은 행동은 하지만 짜증이 정말 줄었어요. 특히 동생한테 감정을 표현하는 것을 보고 깜짝 놀랐어요."(21회기 모 상담)
	일관되고 안정된 부모-자녀 관계 개선 하기	"일단 아빠가 때리지 않아요. 처음에는 의심했는데 일단 때리지 않으니까 짜증으로 표현해요."(28회기)	"제가 제 감정대로 아이를 대하지 않으려고 무지 애 쓰는데요. 정말 힘들어요. 참다가 폭발하기는 하지만 때리지는 않으니까 아이가 감정을 표현하는 것 같아요."(16회기 부모훈련)

중기II 단계	유능감 갖기	"선생님과 이야기하면서 배우니까 자신이 생겼어요."(37회기) "일단 게임을 아니까 말하기가 쉬워요. 게임에서 이기면 친구들이 인정해 주니까 더 잘 해야겠다고 생각들어요. 난 바보가 아니구나."(39회기)	"일단 아이가 목소리가 커졌어요. 자신 있어 보여요."(38회기 모 상담) "아빠를 게임에서 이겨 본 것이 도움이 큰 것 같아요. 고개도 들고 다니고, 어깨도 펴진 것 같기도 하고."(44회기 모 상담)
	일관되고 안정된 부모-자녀 관계 개선하기	"엄마는 조금 안심이 돼요."(43회기)	"요즘은 잘한다는 말만 하는데 아이가 자신감이 있는 것을 보면 참 일관된 태도가 중요하구나 싶어요."(42회기 모 상담)
말기 단계	또래관계 증진	"요즈음은 친구들과 전화도 하고, 집에 데려오기도 해요. 친구들과 지내는 것이 재미 있어요."(45회기) "학교에서도 친구들과 놀고, 주말에는 친구들과 PC방에도 가고 자전거도 타고."(48회기)	"친구들과 놀기 시작하니까 학교도 빠지지 않고 잘 다니네요."(47회기 모 상담) "학원 선생님이 무슨 일 있냐고, 아이가 밝아지고 아이들과 이야기도 한다고, 그 전에는 고개 숙이고 볼펜으로 맨날 낙서하던 애였다고."(50회기 모 상담)
	일관되고 안정된 부모-자녀 관계 개선하기	"아빠하고 장기를 두면서 배우니까 친구들하고 게임하는 것에 자신이 생기더라고요."(49회기)	"아이들이 아무리 말을 안 듣더라도 때리지 않고 말로 하기로 한 것이 아이들한테 안정감을 주는 것 같아요. 안전하니까 친구들을 사귀는 것도 되는 것 같고."(48회기 모 상담)
종결 단계		"제 인생에서 동굴에 가는 것이 두렵지 않았고 동굴에서 비밀을 이야기할 수 있어서 좋았어요. 앞으로는 친구와 그 동굴에서 이야기하기도 하고, 때로는 내가 만든 상자처럼 지하철을 타고 공원에서도 이야기할 수 있을 것 같아요."(51회기)	"우울이 사라졌어요. 병원에 갔는데 의사 선생님이 아이가 차분해지고 밝아진 것을 보고 깜짝 놀랄 정도로 좋아졌다고 하는 거예요."(49회기 모 상담)

4. 상담종결보고서 작성

상담은 실질적으로 상담종결기록지를 작성함으로써 최종 마무리가 이루어진다. 상담종결보고서는 상담을 종결하면서 기관에 보고하는 공식적 문서이므로 '상담종결보고서'라는 명칭으로 불린다. 상담종결보고서는 상담의 효과 및 한계에 대한 평가 작업의 성격이 강하기 때문에 종결 기록은 접수 기록과 같이 체계적으로 상세히 기록하는 것이 중요하다(김환, 이장호, 2006). 작성된 상담종결보고서는 상담사 개인이 보관하는 것이 아니라 상담사가 소속된 상담기관이 보관한다. 기관의 운영지침에서 정하는 기록 보관 연한만큼 보관하였다가 폐기된다. 보관을 용이하게 하기 위해 상담종결보고서는 편철하여 별도의 장소에 보관하는 방법과 전자문서로 보관하는 방법이 있다. 전자문서로 보관하면 문서 암호 설정 후에 체계적으로 보관할 수 있다. 상담기관에 따라 상담종결기록지의 보관 연한이 조금씩 다르고 관련 법령도 부재하지만, 기록물에 대한 국제표준에 따르면 10년 정도가 적당하다.

1) 상담종결보고서 내용

(1) 내담자 정보

내담자 정보에는 성명, 접수번호(기관에서 부여한 사례번호), 생년월일, 상담사 이름, 상담기간 및 총 회기 수를 기록한다.

(2) 주 호소문제와 내담자 욕구

내담자가 상담 중에 보고하였던 주 호소문제와 주요 욕구를 기록한다. 주 호소문제는 상담이 경과하면서 달라질 수 있기 때문에 과정별로 간략히 요약하는 것도 좋다.

(3) 상담목표와 상담개입

상담초기에 수립한 상담목표와 상담개입을 간단히 기술한다.

(4) 종결 유형

합의에 의한 성공적 종결인지 그렇지 않은 일방적 종결인지를 기록하고, 후자의 경우 그 사유를 간략히 기록한다.

(5) 상담 성과 및 과제

합의에 의해 성공적으로 종결한 경우, 상담사가 생각하는 상담성과에 대해 기록한다. 단순한 결과 제시에서 끝나는 것이 아니라 성과를 일으킨 내담자의 내적·외적 요인에 대해서도 기록한다. 그리고 상담이 종결된 이후에 내담자의 안녕감을 위해 필요한 도전적인 과제가 무엇인지도 기록한다.

(6) 추수상담 진행 정보

추수상담을 진행하였다면 면담 일시와 주요 내용을 기록한다.

이러한 항목이 모두 포함된 상담종결보고서는 〈부록 9-1〉을 참고하길 바란다.

2) 상담종결 체크리스트

상담사는 상담종결보고서를 작성한 후 종결사례를 평가해 본다. 종결사례는 슈퍼바이저에게 슈퍼비전을 받으면서 평가하는 방법과 자기 슈퍼비전 형식으로 체크리스트를 통해 평가하는 방법이 있다. 평가 항목은 다음과 같다.

- 이 사례는 성공적 종결인가, 일방적 종결인가?
- 이 사례에서 성공적 종결을 시사하는 내담자의 태도와 생각은 무엇인가?
- 상담사는 상담목표 달성 정도를 평가하고 있는가?
- 상담사는 종결 시점을 내담자와 합의하고 있는가?
- 상담사는 순조로운 종결을 위해 준비기간이 필요함을 언급하고 있는가?
- 종결과정에서 일어나는 내담자의 정서반응을 적절히 다루고 있는가?

상담의 개입기법

상담의 과정

상담의 조건

제3부
상담의 개입기법

지금까지 상담사 집 짓기 과정을 처음부터 마지막까지 설계해 보고 연습해 보았다. 집을 실제로 지으려면 연장과 도구가 필요하다. 제2부에서는 상담 과정을 접수면접, 상담초기, 상담중기, 상담종결 과정으로 나누어 설명했는데, 각 상담단계별로 상담목표와 상담전략을 적절하게 설정하여 진행하려면 그에 걸맞은 상담개입 기법을 활용해야 한다. 상담을 집 짓는 과정에 비유한다면 내담자가 가져온 문제나 고민은 건축을 위한 원자재로, 상담개입기술은 건축 도구로 볼 수 있다. 상담사가 활용할 수 있는 가장 기본적인 도구는 상담언어이다. 이 언어를 어떻게 쓰느냐에 따라 건축물의 안전도와 모양이 달라질 수 있다. 여기서는 상담언어를 어떻게 쓰느냐의 문제를 다루고자 한다. 숙련된 상담사는 화려한 기법보다는 상담언어라는 기본적인 도구를 가장 잘 사용한다. 제3부에서는 이 문제를 두 가지의 범주로 나누어서 설명하고자 한다. 첫째, 상담사의 발달단계와 상담이론에 상관없이 공통적으로 사용되는 상담개입기술을 다룰 것이다. 상담의 비언어적 기술, 기본적 언어기술, 고급언어기술을 살펴본다. 기본적 기술은 단순반응, 재진술, 바꿔 말하기, 질문하기, 명료화하기 및 중단시키기이다. 기본언어를 잘 훈련한 다음 고급기술을 사용하는 것이 좋다. 초심상담사는 상담의 기본기술을 먼저 사용하고, 중급 이상의 숙련된 상담사일 경우 상담의 고급기술을 사용하기를 권면한다. 상담의 고급기술은 요약하기, 공감하기, 반영하기, 격려하기, 인정하기, 직면하기, 해석하기, 즉시성, 자기개방하기, 정보 제공하기와 과제주기이다. 둘째는 이론적인 지향에 따라 상담개입기법을 분류했다. 정서적 개입, 인지적 개입, 행동적 개입, 체계적 개입을 다루는 상담기법을 살펴본다. 상담개입기술과 기법은 언제 어떻게 사용해야 하는가에 대한 공식은 없다. 이는 상담 과정 전체에 사용되지만, 상담사 발달단계에 맞게 사용한다면 효과적인 상담을 할 수 있을 것으로 보인다. 상담사의 개입기술은 제2부에서 설명한 접수면접부터 상담종결에 이르기까지 계속 사용된다. 상담사는 자신의 개입기술을 면접할 때부터 체크를 해 나간다면 개입기술의 향상을 경험하게 될 것이다.

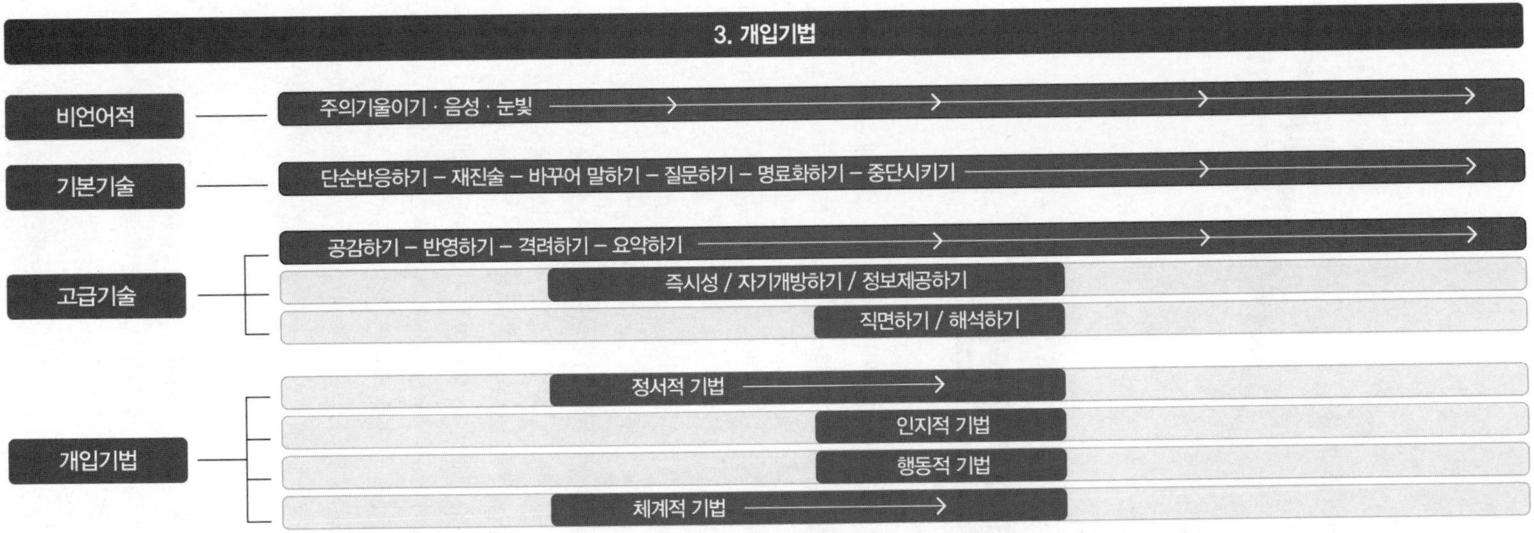
3. 개입기법
비언어적
주의기울이기 · 음성 · 눈빛
기본기술
단순반응하기 – 재진술 – 바꾸어 말하기 – 질문하기 – 명료화하기 – 중단시키기
고급기술
공감하기 – 반영하기 – 격려하기 – 요약하기
즉시성 / 자기개방하기 / 정보제공하기
직면하기 / 해석하기
개입기법
정서적 기법
인지적 기법
행동적 기법
체계적 기법

[그림 12-1] 상담개입기법

제12장 비언어적 상담기술

상담은 의사소통 과정을 통해 변화를 돕는 과정이다. 이 의사소통 과정에 핵심을 차지하는 것이 대화이다. 상담사는 내담자와 대화를 통해서 의사소통을 하며, 변화를 향한 다양한 탐색을 이루어 간다. 일반적으로 대화는 언어적 대화기법과 비언어적 대화기법으로 구분된다. 언어적 대화기법은 대체로 내담자가 보고하고 상담사가 이에 대해 언어적으로 반응하는 것인 반면, 비언어적 대화기법은 표정, 목소리의 톤, 몸짓, 눈의 움직임, 우는 것 등이다. 비언어적 태도나 행동이 친밀한 장면에서 의사소통에 어떠한 영향을 미치는가에 관한 많은 연구가 수행되었다. 사회적 상황에서 의미의 2/3는 비언어적 태도나 단서에서 도출된다.

비언어적 의사소통은 내담자의 말이 아니라 동작, 접촉, 준언어[1], 장식품 등을 사용하여 언어적 내용을 전달하는 것이다. 비언어적 의사소통의 요소로는 신체언어, 공간적 행위, 준언어, 신체적 외양 등이 있다. 상담이 언어적·비언어적 의사소통으로 행동의 변화를 유도하는 인간관계인 만큼 비언어적 의사소통은 내담자의 심리를 보다 잘 이해하게 해 준다. 더 나아가, 상담사로서 내담자의 이야기를 잘 듣고 있다는 성실하고 진지한 태도를 표현하는 데 중요한 역할도 한다. 의사소통 과정에서 우리가 말하는 내용에 의해 전달되는 것은 10%, 소리에 의해 전달되는 것은 30%, 신체언어를 통해 전달되는 것은 60%라고 한다. 우리의 신체언어를 통해 전달되는 비언어적 메시지가 그만큼 중요하다는 것을 말해 주고 있다. 비언어적 메시지는 내담자의 행동관찰을 통해 알 수 있다 (Heaton, 2006).

---

1) 준언어(para-language)는 공식적 언어가 아니라 사람이 내는 여러 가지 소리를 말한다. 이는 말하는 사람의 개성과 감정뿐만 아니라 듣는 사람의 이해나 설득에도 영향을 미치므로 상대방의 능력과 사회성을 인지할 수 있다.

1. 내담자의 비언어적 메시지

상담 장면에서 내담자의 비언어적 표현은 다양하게 나타난다. 특히 상담 첫 장면에서 나오는 비언어적 메시지는 내담자의 심리적 상태를 나타낸다. 다음의 비언어적 모습은 모두 그렇다는 공식이기보다는 상담 장면에서 많이 나타나는 경험적인 것을 토대로 기술한 것이다.

(1) 눈

첫째, 내담자 시선의 위치이다. 시선이 계속 아래로 향하거나 상담사 얼굴을 보지 못하고 옆이나 허공을 보는 내담자가 많다. 내담자가 불안하거나 자존감이 낮을 경우에 나타난다.

둘째, 눈 깜박임이다. 눈 깜박임은 내담자가 틱 장애와 상관없이 긴장할 때 많이 깜박거린다.

셋째, 눈물을 글썽임이다. 내담자가 감정에 접촉되었다는 신호이다.

넷째, 눈에 힘이 들어감이다. 내담자가 긴장되었거나 분노가 가득 찬 상태라는 것을 알려 준다.

(2) 몸의 자세

첫째, 웅크림이다. 내담자가 상담 내내 웅크리고 있을 때가 있다. 이것은 불안하거나 위축되었거나 추울 때 나타나는 자세이다.

둘째, 뒤로 젖힘이다. 뒤로 젖힘은 철회와 회피, 지루할 때 나타나기도 하지만 피곤해서 조금 여유를 가지고자 할 때 나오는 자세이다. 따라서 내담자의 비언어적 단서를 단정하기보다 맥락과 표정, 몸의 자세를 통합적으로 관찰하는 것이 필요하다.

셋째, 팔짱을 낀 것이다. 이것은 상담사와 감정적 거리를 두고 있다는 표현이다.

(3) 손발의 제스처

첫째, 손발의 움직임이다. 상담 도중 손발을 계속 움직이는 것은 ADHD를 가진 사람이기질적으로 가만히 있지 못해서 나오는 태도일 수 있고, 불안해서일 수도 있다.

둘째, 주먹을 쥠이다. 주먹을 쥐는 것은 분노에 가득 찼거나 억울하거나 너무 참아서 말을 할 수 없을 때 나오는 자세이다. 보통 가족상담에서 자녀가 부모의 이야기를 들으면서 나오는 비언어적 자세이다.

(4) 표정

첫째, 미소 혹은 웃음이다. 늘 웃고 있는 내담자가 있다. 이것은 내담자 자신의 화난 감정을 드러내기 어려운 것을 말해 주고 있다. 웃긴 상황이 아닌 경우에도 터져 나오는 웃음은 내담자가 긴장하고 불안하며, 걱정을 숨기는 것으로 짐작할 수 있다. 따라서 상담사는 내담자가 언제, 어떻게 웃는지 주의를 기울여야 한다. 어떤 내담자는 우스운 일이 전혀 없는데도 웃는데, 그런 웃음은 이상한 느낌을 주며 왜 웃는지도 알 수 없는 경우가 많다.

한 내담자는 자신이 아버지에게 맞았던 폭력적인 사건을 얘기하며 웃곤 했다. 상담초기에는 그냥 지나갈 수 있었지만, 상담중기에도 내담자의 웃음이 지속된다면 상담사는 이에 맞닥뜨리는 것이 필요하다. 몇 회기가 지난 후 다음과 같은 상담사의 개입은 내담자로 하여금 웃음을 멈추고 감정을 들여다보는 시간이 되는 데 도움이 되었다.

> 상1: 민들레 님은 두려운 상황인데 웃으시네요, 웃을 만한 상황에 있지 않은데도 말입니다.
> 내1: 사람들이 그런 말 많이 하더군요. 전 전혀 모르고 있었는데 말이지요.
> 상2: 그 감정에 그대로 머물러 보세요. 느껴지시는 대로 이야기해 보실래요?
> 내2: (한참 머뭇거리다가) 제가 감정대로 이야기하면 화를 내서 무서워지거든요. 사람들이 저를 얼음처럼 냉정하고 무섭다고 해서요. 그래서 웃는 걸 거예요.

이 대화는 내담자가 보이는 행동이나 말의 의미를 상담사가 확인하려고 할 때 상담사가 관찰한 단서를 어떻게 활용하는지를 보여 준다. 상담사가 관찰한 것을 내담자에게 즉시 돌려주고 내담자에게 그 의미를 명료하게 설명하게 하여 내담자의 행동에 대한 피드백을 주는 동시에 내담자의 반응을 설명할 기회를 주는 것이다.

둘째, 미간 찌푸림이다. 뭔가 못마땅하거나 답답하다는 것을 신체가 나타내는 것이다.

셋째, 입술 떨림이다. 입술 떨림은 내담자가 이야기를 하는 도중에 관찰될 수 있는 비언어적 대화이다. 뭔가 긴장하거나 불안하다는 신호로 받아들이면 된다.

(5) 목소리

목소리 톤의 고저, 강약은 내담자의 에너지의 수준을 나타낸다. 대부분의 경우, 작고 부드러운 음성은 수줍음, 당황, 자기 노출에 대한 불편함, 조롱받을 것에 대한 두려움 등이 표현된 것이다. 특히 자폐 성향이 있는 내담자의 경우 일정한 톤을 가지고 있는 경향이 많다. 목소리는 내담자의 말하는 스타일과 관련될 수 있다. 말하는 스타일은 때로 더 심각한 정신건강상의 문제를 의미하기도 한다. 예컨대, 큰 소리로 쉬지 않고 빨리 말하려는 경우는 조증 상태의 신호가 될 수 있으며, 말이 천천히 가라앉고 낮은 톤으로 산만하게 말하는 경우는 무기력하고 에너지가 없다는 것일 수 있다. 상담사가 내담자와 같은 문화적 배경을 가졌다면 상담사는 이러한 비언어적 단서의 의미를 비교적 정확하게 파악할 수 있다. 반면, 문화적 배경이 다르다면 말하는 스타일에서 뭔가를 추론할 때 세심한 주의를 기울여야 한다. 최근 다문화가족이나 새터민 상담이 많이 의뢰되기 때문에 이것에 주의를 기울일 필요가 있다.

(6) 자율신경계에 의한 생리적 반응

첫째, 내담자의 얼굴이 빨갛게 되거나 창백해진다는 것은 상담사의 이야기에 감정이 건드려졌다는 것이다. 둘째, 급한 호흡으로, 내담자가 불안이 너무 심하거나 과거의 트라우마 이야기를 할 경우 급한 호흡으로 치달을 수 있다.

(7) 옷차림이나 청결 상태, 화장 등

내담자의 옷차림이나 청결상태는 내담자의 자기관리 능력, 사회적 능력, 상황판단 능력을 알 수 있는 단서이다. 내담자가 상담실에 올 때 머리가 심하게 헝클어졌거나, 씻지 않아서 냄새가 나는 것은 일상에서 자기관리의 어려움이 있다는 것이다. 이는 장기간 외출을 하지 않아 오랫동안 집에 있는 우울한 내담자의 경우에서 자주 관찰된다.

2. 상담 과정별 개입법

내담자의 말과 행동 간의 불일치는 매우 중요하고 주목할 만한데, 이는 내담자가 양가감정을 가지고 있다는 것뿐만 아니라 이에 대한 더 깊은 탐색을 할 필요가 있음을 알려 준다(Heaton, 1998/2006). 이러한 불일치의 의미는 내담자의 이야기를 경청함으로써 분명해질 수 있지만, 그 의미가 분명하지 않을 때는 질문을 통해 의미를 탐색할 수도 있다.

(1) 접수면접 단계에서 나타난 비언어적 메시지 개입법

접수면접 단계에서는 내담자의 비언어적인 표현을 내담자의 심리적인 상태를 알아가는 단서로 받아들인다.

■ 급한 호흡을 할 때

초기단계에서는 내담자의 비언어적인 것을 언급하기에는 아직 이르다. 그러나 급한 호흡을 하는 것은 초기단계라 할지라도 개입해야 한다. 이는 자율신경계에 의한 생리적 반응이기에 내담자의 상태가 천천히 기다릴 수 없을 만큼 위급하다는 점을 알려 준다. 불안이 극대화되어서 호흡이 어려울 때 상담사는 다음과 같이 개입할 수 있다(김형숙, 2017a).

첫째, 편안한 상태로 이끌어 준다. 적절한 각성 수준을 유지하며 편안한 상태를 유지하기 위해 이완기법이 도움이 된다. 스트레스의 표준적 관리 기법인 점진적 근육이완 기법으로, 한 번에 하나의 근육이나 신체 영역에 초점을 맞추어서 모든 근육이 이완될 때까지 집중훈련을 하는 것이다. 또한 복식호흡법이나 다양한 즉석이완 기법으로 근육 긴장을 줄인 후, 고요하게 숨을 줄인다.

둘째, 안정감을 주는 단서 단어를 말해 준다. 예를 들어, "혼자가 아닙니다. 하나님이 당신과 함께 계세요." "괜찮아요. 잘하고 계셔요."와 같이 말해 준다. 단서 단어는 상담시 혹은 접수면접 시 내담자가 안정감을 얻을 때와 행복할 때에 갔던 장소나 대상에서 찾으면 쉽게 찾게 된다. 내담자에게 직접 물어보는 것이 좋지만, 급한 호흡으로 내담자가 힘이 들 때는 앞에서 언급한 단어를 바로 말해 주는 것이 안정을 취할 수 있도록 하는 방법이 된다.

셋째, 안전기지 신호를 알려 준다. 상담할 때마다 계속 호흡곤란이 올 경우에는 이미지를 떠올리는 것이 도움이 된다. 손가락을 치켜세우면서 '큐!'와 같은 자기만의 신호를 사용하도록 상담 과정에서 함께 이야기한다. 이후에는 눈을 감고 호흡하기, 마음챙김으로 들어가는 단계를 실시해야 불안에서 조금 빠져 나올 수 있다. 그럼에도 이완이 잘 되지 않는 내담자에겐 다음과 같은 안내를 할 수도 있다.

"컴퓨터를 재부팅하는 것을 생각해 보세요. 떠오르는 생각은 컴퓨터 전원을 끔과 동시에 사라집니다. 다시 컴퓨터 스위치를 눌러 보세요."

이러한 이미지 작업은 정신적 스크린을 깨끗하게 해 주기 위해 사용할 수 있는 방법이다. 나이 든 내담자일 경우 컴퓨터를 끄고 다시 켜는 이미지가 어려울 수 있다. 그때는 다음과 같이 작업할 수 있다.

"고장 난 라디오가 있습니다. 시끄럽고 잡음이 심합니다. 이제 그 고장 난 라디오의 전원을 끄겠습니다. 소리와 잡음이 들리지 않습니다."

이처럼 플래시백과 같은 공황상태를 통제할 수 있다는 확신을 준다.

넷째, 다감각 심상훈련을 한다. 이것은 게슈탈트나 Satir 경험주의 이론에서는 시각화 훈련이라고 한다. 스포츠와 예술 분야에서 많이 활용되는데, 범죄피해자에게 자기 신체반응을 통제할 수 있도록 이 기법을 사용한다. 이 기법은 상상이 아니라 현실에 근거해야 하며, 멍하게 떠오르는 연상에 자신을 맡기는 것이 아니라 외상과 관련된 기억에 침투된 이미지에 대안을 주는 것이다. 이 침투된 인상이 떠오를 때 치료적인 다른 이미지가 떠오르도록 능동적으로 하는 것이다.

다섯째, VMBR(Visual Movement Behavior Reflection: VMBR)을 적용한다. 시각운동행동기법(VMBR)은 적정한 각성 수준을 위한 활동으로 다양한 이미지 등을 활용해서 리허설하며, 현실에서 습득한 기술을 적용하는 것이다.

여섯째, 심상을 형성하고 인지를 재구조화한다. 이 두 가지를 병행하여 사고중지를 할 때 이미지를 활용할 수도 있고, 'Stop!' 하고 힘 있게 말할 수 있도록 한다. 다음은 이런 과정을 상담한 축어록 내용이다.

상1: '멈춤'이라고 적힌 교통 표지판을 떠올려 보세요.

내1: 그래도 안 돼요, 계속 떠올라요.

상2: 걱정하지 마세요, 다시 한번 해 볼게요. 좋아하는 노래나 시구는 무엇인가요?

내2: 안 떠올라요.

상3: 다시 호흡을 해 봅시다. (호흡 후, '내 영혼에 햇빛 비치니……'라고 중얼거림) 그 노랫

소리를 반복해 보실래요. 그리고 큰 소리로 반복해 보세요.

내3: (소리를 더 크게 내면서) 내 영혼에 햇빛 비치니, 내 영혼에 햇빛 비치니…….(계속 함)

상4: 소리를 크게 내면서 내 영혼에 햇빛이 비치는 것을 이미지를 떠올려 보세요. 강렬한 햇빛에 서서 내 영혼 속에 있는 잡음과 복잡한 생각이 나가는 것을 이미지로 계속 그리면서 소리를 동시에 내어 봅니다.

이런 반복된 노래나 소리로도 안 되는 내담자는 신체 근육을 순간적으로 이동시켜서 감정을 분산시킨다.

"당신 허벅지나 엉덩이를 90°로 꼬집어 비틀어 보세요."

"뒷머리를 손으로 순간 확 잡아당겨 보세요."

이러한 말을 손가락을 들어서 말하도록 함으로써 안전기지를 알려 준다. 그러면 내담자는 이 사건으로 반복되는 재발사고를 명료화하고 사고를 재편성하게 된다. 부정적 사고가 계속 떠오를 때 순간적으로 침투된 사고를 중지하고 긍정적인 내적 대화를 하거나 소리 내어 외치는 것은 자신을 통제할 수 있다는 유능감을 준다.

■ 눈 마주침을 안 할 때

상담 매 회기마다 눈 맞춤이 잘 안 이루어지는 내담자에게 눈을 마주쳤을 때 상담사가 할 수 있는 반응은 다음과 같다.

상1: (내담자가 상담 도중에 물을 마시고 싶어 나갔다가 들어오면서 상담사와 눈을 마주침) 아, 눈 보니깐 되게 좋다.

내1: 내가 사람 눈을 보는 게 힘들어요.

상2: 우리가 상대방 눈을 보기가 쑥스럽죠. 제가 옆에서 눈을 봐도, 정말 눈이 맑고 예뻐요. 어떻게 이런 눈을 가질 수 있을까 생각했거든요.

내2: 저는 그렇게 생각을 안 했어요. 상대가 나를 어떻게 보나 하는 생각만…….

참 자기 모습이 '쓰레기처럼 안 태어났으면 좋겠다, 나는 정말 잘못 태어난 인간이다.'

라며 자기 존재 자체를 거부하던 내담자에게 상담사가 이러한 반응을 해 주면, 내담자는 자기 존재에 대한 느낌을 확인하게 된다. 이처럼 내담자의 비언어적 메시지에 상담사가 주목하는 것이 필요하다.

(2) 상담초기 단계에서 나타난 비언어적 메시지

상담초기 단계에서 내담자의 비언어적인 메시지를 알아차리는 것은 좀 더 깊은 라포 형성에 도움이 된다. 내담자가 1회기에 눈물을 보였다면 감정이 드러났다는 신호이다. 이것은 감정에 관한 작업을 해도 된다는 신호로 보면 된다. 상담사는 내담자가 감정에 대한 작업을 어느 정도까지 견뎌 낼 수 있느냐 하는 것을 고려하면서 감정에 관한 작업 준비를 한다. 그렇다면 만약 만성적인 우울내담자에게 감정 작업을 하려고 할 때, 이 감정들을 얼마나 견뎌 낼 수 있느냐 하는 것들에 대한 자료는 어떻게 얻을 수 있을 것인가? 심리검사에서 사용되는 방법을 소개하면 다음과 같다(김형숙, 2016a).

첫째, 심리검사 중 MMPI를 참고하는 것이 도움이 될 것이다. 보충척도 중 **자아강도(ES)** 가 중간 정도 이상의 점수라면 감정 작업을 해도 되는 안전감을 확인할 수 있다.

둘째, KPR-C 검사 결과 **자아탄력성(ERS)**이 중간 이상이라면, 아동 내담자가 스트레스를 견디고 회복할 수 있는 자아탄력성이 있다고 볼 수 있고, 감정 작업을 준비해도 되는 사인으로 볼 수 있다.

셋째, 임상자료를 통해 확인한다. 검사를 하지 않았다면, 내담자의 상담 자료로 확인할 수도 있다. "맞서 싸우다 폭행을 당했고, 참고 학교를 다녔다."라는 내담자의 자료에 근거하여 힘든 일이 있어도 어느 정도는 견뎌 낼 수 있겠다고 짐작할 수 있다. 이후 중기 단계에서 눈물에 대한 감정 작업에 들어가면 된다.

(3) 상담중기 단계에서 나타난 비언어적 메시지

상담중기에는 내담자의 비언어적 메시지를 상담 과정에 가져와서 구체적인 대화를 나눌 수 있다. 대표적인 내담자의 비언어적 메시지는 다음과 같이 다루어진다.

첫째, 내담자가 힘든 이야기를 하면서 미소를 짓는 경우, 힘든 이야기와 미소는 비 일치적인 내담자의 반응이다.

상1: 민들레 님은 힘든 이야기를 하시는데 늘 미소를 짓고 계시네요.

내1: 아, 제가 그래요?

상2: 오늘이 상담 7번째인데 계속 미소를 지으시는데 지금 제 이야기가 어떻게 들리세요.

내2: 아, 몰랐어요. 제가 아마 힘든 것을 이야기하면 안 된다고 생각하나 봐요.

상3: 아마 힘든 것을 이야기하는 것이 어려우셨다는 이야기로 들리네요.

내3: 내가 사람들과 잘 지내야 하니까요.

상4: 나의 힘든 마음보다 상대방과 잘 지내야 한다는 생각으로 마음이 먼저 움직이시 네요.

둘째, 눈물을 흘릴 때이다. 상담초기에는 눈물 감정 작업을 할 수 있도록 준비단계라 고 설명했다. 상담중기에 내담자가 눈물을 흘릴 때는 감정에 접촉하고 들어가도 된다. 내담자가 눈물을 머금을 때 상담사는 다음과 같이 반응할 수 있다.

상1: 눈시울이 붉어지는 것을 보니까 얼마나 힘들었는지 알 것 같아요. 그때 상처가 깊은 것 같아요. 그때 일만 이야기하면 민들레 씨는 눈물이 항상 나네요.

내1: (눈물이 흘러내림)

상2: 말씀 안 하셔도 됩니다. 울어도 됩니다. 소리 내서 울어도 됩니다. 제가 기다리겠습 니다.

내2: (소리 내서 울기 시작함)

만약 우는 것이 어느 정도 되었다면 바로 감정접촉을 심상작업과 연결 지을 수 있다.

상3: 지금 내가 느껴지는 마음들, 눈물이 나는 것을 그대로 허용해 보세요. 굳이 말씀을 안 하셔도 됩니다. 그래서 내가 내 안에서 눈물로 얘기하는 것들을 그대로 받아들이 고 계속 소리 내서 울어도 괜찮습니다. 소리를 크게 내서 우셔도 됩니다.

내3: (울음을 삼키고, 소리를 안 내려고 참음)

상4: 소리를 꺼이꺼이 내서 크게 우셔도 괜찮습니다.

감정경험을 그 안에서 충분히 하도록 한다. 그렇게 하면 울다가 분노가 나올 수도 있 고, 슬퍼서 울 수도 있는데, 어느 정도 진정이 되었다면, 그때 질문을 다시 할 수 있다.

상5: 혹시 제가 좀 물어봐도 될까요? 지금 마음이 어떠신가요? (현재 상황 체크)

내5: 후련하다, 근데 왠지 슬프다.

이 내담자의 반응이 여러 가지로 나올 수 있는데, 그 때 "내 안에 감정이 올라올 때 혹시 내 안에서 어떤 것이 접촉이 되었을까요?"라고 묻는다. 눈물을 흘린다는 것은 뭔가 접촉된 것이다. 그게 어떤 것인지 물어야 한다. 어머니한테 미안해서 울었는지, 죄책감 때문에 울었는지 내담자마다 다르기에 물어보고, 그것에 대해 다루는 것은 다음의 상담사의 질문으로 이어진다.

상6: 그러면 그 마음을 엄마에게 얘기를 해 보시겠습니까? 그때를 떠올려 보세요. 뭐가 보이나요? 누가 있나요?

내6: 엄마가 아빠한테 맞고 있는 것을 그냥 방관하고 있어요.

이때 가정폭력이나 학교폭력과 같은 외상사건에 대한 감정경험의 깊이가 아주 깊다면 그 깊은 경험으로 들어가서 감정의 카타르시스를 더 깊이 느끼도록 하는 것이 도움된다. 그렇지 않으면 심상작업에 들어가서 상처만 드러내고 그냥 나와 버린 느낌이 전달될 수 있다.

(4) 상담종결 단계에서 나타난 비언어적 메시지

상담종결 단계에서 많이 보이는 비언어적 메시지도 울음이다. 종결단계에서 울음은 아쉬움과 불안의 의미일 수 있다. 종결단계에서는 감정을 작업하기보다 우는 감정을 수용해 주는 것으로 충분하다.

3. 상담사의 비언어적 메시지

상담사의 자세, 몸짓, 표정, 목소리 등 상담사의 모든 움직임은 내담자에게 비언어적인 메시지를 보낸다. 그 비언어적 태도는 상담 관계형성에 중요한 요소이다. 상담종결

시 상담 성과에 대해서 질문을 할 때 내담자는 공통적으로 상담사의 비언어적 메시지에 대해 언급했다.

> 상1: 이런 상담의 효과는 무엇 때문에 가능했을까요?
>
> 내1: 상담사 선생님이 제 이야기를 잘 들어 주셔서 상담이 잘 된 것 같아요.
>
> 상2: 상담사의 공감과 말을 잘 들어 준다는 것을 무엇으로 아셨나요?

이와 같은 질문에 내담자들의 반응은 다음과 같다.

> 내2-1: 상담사가 목소리가 부드럽고 표정이 나의 이야기에 집중한다는 표정이었어요.
>
> 내2-2: 내 이야기를 들어 주면서 고개 끄덕여 주고 나에게 집중해서 이야기를 들었어요.
>
> 내2-3: 상담사의 반응이 과하지 않고 차분하지만 내 이야기에만 집중하는 눈빛이었어요.

이처럼 상담사의 비언어적 태도는 내담자가 상담 관계에 안정을 느끼고 방어를 허물 어뜨리는 데 도움이 되는 안정적 촉매제 역할을 한다. 상담사는 비언어적 반응을 통해 다음과 같은 두 가지 메시지를 전달하면 된다.

> "저는 신중하게 당신의 말에 귀를 기울이고 있습니다."
>
> "지금 말하는 것이 쉽지는 않다는 것을 알고 있지만 제가 당신과 함께 있습니다."

제13장 상담의 기본적 언어기술

1. 단순반응하기

상담사는 관심 있는 표정부터 '네' '음' '오'와 같은 것을 포함한 짧은 진술에 이르기까지 다양한 방법으로 내담자와의 이야기에 반응한다. 모든 단순반응은 내담자가 말하는 것에 대한 주의를 나타낸다. 다음의 사례에서 상담사의 단순반응은 가끔 사용하면 내담자가 계속 이야기하도록 촉진하게 한다. 반면, 지나치게 많이 사용하면 오히려 산만하게 만들 수 있다.

《사례 14. 아빠를 신고해 주세요_6학년》

내1: 제가 처음에 엄마 아빠가 혼낼 때 약간 자기들은 괜찮으면서 내가 했을 땐 화냈을 때 말하고 싶었고, 말하고 싶은 게 있었는데 그때는 말하면 더 그랬으니간, 협박 욕…… 그리고 엄마 아빠는 그냥 아이를 챙기기만 하는 게 안 되잖아. 아이를 즐겁게 해 주는 게 솔직히 맞잖아요. [그럼] 그래야 애가 행복하게 살지. 진짜 아빠는 매일 술 마시고 골프 치고 그러니깐 나는 진짜 솔직히 놀아 주고 패는 것보다 안 놀아 주고 안 패는 게 더 고통스럽거든요. [아흐] 놀아 주는 건 좋은 건데, 패는 건 나쁜 건데. 아빠는 나쁜 점이 고쳐지면 좋은 점도 없어진다는 거예요. 그리고 이렇게 미래를 위해서 저축을 하는 건 좋은데 술을 많이 마시고 빨리 죽을 건데. 나중에 내가 어떻게 된다는 것만 생각하지 말고 어떻게 해 줘야 미래에 행복해질 수 있을까 생각해 줬으면 좋겠어요. 그동안 벌었던 돈을 병원비로 다 쓰면 거지 돼요. 그것도 책임감 있게 해 줬으면 좋겠고, (소리를 높이면서) 좀 조금 패고 놀아 주세요. 패고 놀아 주세요. [아이고] 엄마는 제발 좀 화가 나면 차분하게 얘기를 했으면 좋겠어요.

2. 재진술과 바꾸어 말하기

재진술은 '환언' 또는 '부연하기'라고도 하며, 내담자의 메시지 내용에 초점을 두고 내담자가 말한 것을 바꾸어 말하는 것이다. 내담자가 한 말을 간략하게 반복함으로써 내담자가 한 말에 대해 상담사가 제대로 이해하고 있는지 확인할 수 있으며 내담자의 생각을 구체화할 수 있다. 재진술과 반영은 내담자의 말을 받아 주는 것이라는 점에서 비슷하지만, 감정 측면을 받아 주는지에 따라 차이가 있다. 재진술을 할 때에는 내담자의 감정을 반드시 언급할 필요는 없지만, 반영은 감정적인 측면을 반드시 언급해야 한다.

상담에서 기억해야 하는 재진술 방법은 다음과 같다.

1) 재진술

첫째, 내담자가 언급한 말과 생각을 되풀이한다.

> 내1: 계속 이야기해도 똑같아요. 아빠는 변하지 않아요.
> 상1: 무엇을 해야 할지 모른다는 말이네요.

둘째, 내담자가 과장하거나 가능성을 차단하는 말을 할 때 효과적이다. 이때 희망이 없다는 내담자의 심정을 다음과 같이 반영해 준다.

> 내2: 내가 아무리 노력하고 말해도 아빠는 똑같아요. 13년을 지금처럼, 똑같아요.
> 상2: 13년 동안 노력해도.

재진술을 하고자 하면 마치 앵무새와 같이 되는 것 같은 부담을 느낄 수 있다. 내담자가 말하는 주요 부분을 선별하지 못하면 내담자의 모든 말을 옮겨야 할 것 같은 부담에 짓눌리게 된다. 상담사로서는 내담자의 말을 단순 반복하면서 무의미한 일을 하는 것 같은 느낌에 휩싸일 수도 있다. 내담자에게 특별히 해 주는 것이 없다는 불안도 생길 수 있다.

2) 바꾸어 말하기

바꾸어 말하기(parapharasing)는 내담자가 표현한 언어를 상담사의 말로 바꿔 말하는 것이다. 이 개입의 목적은 다음의 세 가지이다.

첫째, 내담자의 정리되지 않는 말을 정리하기 위해서이다.

> 내3: 가족이 언젠가는 엄마는 나와 나쁘지만 엄마보다는 아빠를 좋아하지만 이 둘 사이하고 이 둘 사이를 합쳐야 해요. 서로 둘이 비난하는 걸 웃으면서 볼 수 없어요.
>
> 상3: 엄마와 아빠가 서로 비난하면서 웃는 것을 보는 것이 힘들다는 거구나.

둘째, 내담자가 말하는 이야기의 주제를 부각시키기 위해서이다.

> 내4: 제가 옛날부터 엄마 말을 잘 안 들어서 그런 건지 엄마 입장에서는 자꾸 나쁜 짓하면 저라고 느끼는 거예요.
>
> 상4: 그래서 엄마 앞에서 아무렇지 않은 것처럼 행동했네요. 그런가요?

셋째, 내담자의 말에 대한 상담사의 이해가 올바른지 검토하기 위해서이다.

> 내5: 저도 화를 마음대로 조종할 수 있는 사람이에요. 저도 의지를…… 엄마 아빠가 먼저 고쳐지면 스트레스를 조종할 수 있겠죠. 스트레스가 작아지니깐. 진짜 우리 집이 달라질 거예요. 한 달 좀 지나면 제가 달라지기 시작할 거고, 두세 달째는 집안이 서서히…… 우리 가족은 차분히 이야기를 할 수 있는 상태가 되어야 해요.
>
> 상5: 엄마 아빠가 싸우는 것이 너한테 스트레스가 되니까 엄마 아빠의 싸움이 먼저 멈추어지면 너도 화를 조절할 수 있다는 거니, 맞니?

이러한 진술을 사용하는 이유는 내담자의 말과 비슷한 단어로 바꾸어 말하면서, 전달하고자 하는 요점을 분명히 하기 위한 것이다.

3. 질문하기

   질문이란 내담자의 생각, 느낌, 사고에 대해 탐색하고 촉진하도록 '누가' '언제' '어디서' '무엇을' '어떻게'로 시작하는 진술문이다. 질문은 내담자를 상담 관계에 초대하는 가장 중요한 도구이다. 내담자는 자신이 가진 생각과 가치관의 틀 안에서 고민하고 어려워한다. 그 틀 안에 있는 내담자에게 밖으로 나오도록 초대하는 것이 질문이다. 어떤 질문은 내담자가 가진 틀 안으로 더 깊숙이 들어가서 더 큰 위축감과 혼란을 느끼게 하기도 하고, 어떤 질문은 내담자를 자기의 틀 밖으로 나오도록 만들어 주기도 한다. 상담사의 질문은 내담자의 심리가 어느 지점에 있는지를 파악한 후, 그것에 맞게 해야 한다.

1) 심문하지 않는 질문법

   상담사는 질문을 하기 전 질문의 의도를 분명히 하는 것이 필요하다. 그렇지 않으면 자칫 상담에서 질문은 내담자에게 심문한다는 느낌을 전달할 수 있다. 상담사가 내담자에게 '심문하지 않는 질문'을 하려면 어떻게 해야 할까? 심문 대신 생각을 불러일으키는 질문을 던지라. 우선은 왜 질문을 하려는지의 목적을 명확히 알아야 한다. 상담에서 질문을 사용할 때는 다음의 경우에 해당한다.

   첫째, 접수면접할 때, 둘째, 상담 회기를 시작할 때, 셋째, 내담자의 진술을 명료화할 때, 넷째, 상담사가 생각한 것이 정확한지 알아보거나 이해를 넓히고자 더 많은 정보를 얻으려 할 때, 다섯째, 특정 방식으로 상담의 초점을 맞출 때 사용한다.

   상담사는 어조와 태도를 정중하고 사려 깊게 하면서 생각을 불러일으키는 질문을 하도록 해야 한다. 단순한 심문하는 것과 같은 분위기를 피하기 위해서는 다음의 두 가지를 유의하면 된다.

   첫째, 한 번에 한 가지만 질문한다. 상담사들은 내담자를 돕고자 하는 마음으로 한 번에 여러 개의 질문을 하는 실수를 자주 한다. 상담사인 당신이 한 번에 두 가지 이상의 질문을 동시에 받았을 때 어떤 경험을 했는가를 잠시 떠올려 보라. 그때 질문한 사람과 어떤 상호작용이 일어났는가? 대부분 좋은 경험이 아닐 것이라고 대답을 할 것이다. 내담자에게도 동일하다. 상담사가 던진 두 개 이상의 질문은 내담자에게 심문받고 있다는 느낌으로 전달될 수 있다. 그럴 경우 상담의 궁극적 목표인 탐색과 변화에 관한 공유 과정이 일어날 가능성 작아진다. 여러 개의 평범한 질문보다 한 가지 유익한 질문이 변화를 촉진한다.

둘째, 또 다른 질문을 하기 전에 질문에 대한 내담자의 반응에 응답할 시간을 준다. 상담사는 질문에 대한 내담자의 대답에 맞춰 주는 '주의 기울이기' 기술을 사용한다. 그다음 다른 질문을 하기 전에 '바꾸어 말하기'를 하거나 내담자의 대답을 인정해 준다. 한 가지 질문을 하고 다른 질문을 하기 이전에 바꾸어 말하기를 이용해 대답해 주는 것은 상담사가 내담자가 말하고 있는 것을 경청하고 있다는 느낌을 더 강하게 느끼게끔 해 줄 것이다.

초심상담사는 질문할 때 자주 하는 실수를 피하기 위해서는 '심문하지 않는 질문'을 유념해야 할 뿐 아니라 다음의 질문하기 방법을 기억하는 것도 도움이 된다.

2) 간접질문하기

간접질문은 우회적으로 물어보는 것이며 직접질문은 직선적으로 물어보는 것이다. 직접질문은 끝에 물음표가 있는 것이며, 간접질문은 물음표가 없는 서술형으로 이루어진다. 간접질문은 내담자에게 관심을 보여 주면서도 질문처럼 들리지 않는다는 점에서 유용하다. 예를 들어, '남편이 폭력을 한 후에 당신은 어떻게 반응했습니까?'는 직접질문이다. '남편이 폭력을 한 후에 당신은 어떻게 반응했는지 궁금하군요.'는 간접질문이다. 〈표 13-1〉은 직접질문과 간접질문을 비교한 예시이다.

〈표 13-1〉 직접질문과 간접질문의 예

직접질문	간접질문
남편의 접근금지 기간은 어느 정도일까요?	남편의 접근금지 기간은 어느 정도인지 알고 계시는지요.
부부의 관계가 사실혼인가, 법률혼인가요?	부부의 관계가 사실혼인지 법률혼인지 궁금하군요.
남편의 폭력이 지속됨에도 불구하고 이 남편과 살고 싶나요?	남편의 폭력이 지속됨에도 불구하고 이 남편과 살고 싶어 하는지 궁금하네요.
남편의 폭력 후 사과하는 패턴이 지속될 때도 살고 싶은가요?	남편의 폭력 후 사과하는 패턴이 지속될 때도 살고 싶은지 궁금합니다.

3) 개방형 질문하기

개방형 질문과 폐쇄형 질문의 가장 큰 차이점은 이야기의 주도권이 누구에게 있느냐이다. 폐쇄형 질문의 주도권은 상담사에게 있다. 이 질문에 내담자는 그저 '예' '아니요'와 같은 짧은 말로 대답한다. 폐쇄형 질문은 상담사가 듣고 싶은 내용 중심으로만 질문하는 것이며, 내담자는 상담사가 짧은 대답을 요구하기 때문에 정작 하고 싶었던 얘기를 전혀 하지 못하기도 한다. 반면, 개방형 질문은 내담자에게 주도권을 넘기는 질문이다. 개방형 질문은 '누가, 언제, 어디서, 무엇을, 어떻게'와 같은 낱말을 사용해서 상담에서 한 발언의 주도권을 내담자에게로 옮겨 준다.

폐쇄형 질문의 예시는 다음과 같다.

"아버지가 너를 쇠 파이프로 때렸다는 거니?"

"아버지한테 반항하려고 학교에 안 가는 거니?"

"학교에서 친구가 몇 명이나 돼?"

"초등학교 4학년 때 전학을 간 거니?"

"그래서 동생을 때렸다는 거니?"

폐쇄형 질문은 사건 중심적인 질문이며 주 호소문제와 연결되지 못한다. 이런 질문이 이어지면 상담 시간만 길어진다. 질문들의 연결성이 부족하다 보니 내담자로서는 힘든 부분에 대해 공감받고 지지받았다고 느끼기 어렵다. 주어진 질문에 의무적으로 답하는 느낌으로 진행되기 때문에 상담사도 상담을 끌고 가기 힘들다.

반면, 개방형 질문을 받는 내담자는 자신의 힘든 이야기를 하면서 '선생님이 내 마음을 잘 아시는구나.'라는 느낌이 들 수 있다. 공감과 수용의 느낌을 경험함으로써 다음 이야기를 더 쉽게 이어 나갈 수 있기 때문에 개방형 질문이 치료적이다. 개방형 질문의 예시는 다음과 같다.

"아버지가 쇠 파이프로 때렸을 때 지하실에서 어떤 일이 있었는지 얘기해 줄 수 있어?"

"학교에 안 가는 것이 아버지한테 반항하는 방법이라고 생각한 이유가 궁금하구나."

"학교에서 친구가 몇 명인지 이야기해 줄 수 있어?"

"초등학교 4학년 때 전학을 가야 한 상황이 있었을까?"

"그래서 동생을 때려야겠다고 생각한 이유가 있을까?"

4) 접수면접 시 질문법

접수면접 단계에서는 내담자의 필요한 정보를 얻으면서 내면을 탐색하는 선에서 질문을 하는 것이 적절하다. 접수면접에 내담자가 너무 자기 개방을 많이 해서 많은 이야기를 쏟아 놓게 하면 나중에 회의감을 느낄 수도 있다. 접수면접 때는 내담자가 상담실을 안전하게 느끼도록 조금씩 개방하도록 하는 것이 적절하다.

접수면접 혹은 첫 회기라 하더라도 단순한 정보만 탐색하는 질문보다 개방형 질문과 관계 질문으로 시작하는 것이 효율적이다. 다음의 두 가지 질문법을 비교해 보자.

첫째, 다음 상담사의 질문은 단순히 내담자가 살았던 도시 이름만 얻게 되는 정보 질문이다.

> 상1: (주 호소문제가 친구관계의 어려움인 내담자임) 지난번 접수면접 상담을 한 것을 보니
>   전학 온 건데, 어디에서 온 거니?
> 내1: 코스모스 도시에서 왔어요.
> 상2: 이사 와서 전학 온 거니, 아니면 학교에 어려움이 있어서 왔니?
> 내2: (고개를 가로저음)

친구관계의 어려움이 있다고 할 때, 전학을 오게 된 요인이 그 문제 때문인지를 확인해야 할 필요에서 던진 질문이다. 가설은 적절하지만 정보에만 집중하는 이런 폐쇄형 질문으로는 상담의 다른 측면들을 놓치기 쉽다.

둘째, 관계 질문으로 정보를 얻는다. 상담사는 내담자의 내면과 외부 전체를 본다. 즉, 내담자 내면에 관한 관심을 가지고 외부 질문을 하면서 내면과 연결해 질문을 해야 한다. 어떻게 해서 친구관계가 힘들어졌는지를 알고 싶다면 지지적인 관계 질문으로 들어가야 한다. 이러한 질문을 통해 상담사가 알고자 하는 것을 파악하면서 내담자의 감정까지 반영할 수 있다.

> 상3: 친구들하고 만나면 싸운다고 했는데, 싸운 이유를 이야기해 줄 수 있니?
>
> 내3: 맨날 싸우니까 친구가 없죠.
>
> 상4: 친구관계가 맨날 싸우고 친구가 없어진다면 정말 속상할 것 같아. 그러면 그런 친구
> 들과 싸우고 친구들이 없어지고, 이런 것들이 전학 오기 전에는 어땠니?
>
> 내4: 싸우고 나를 두고 가 버리면 내가 걸려들고.
>
> 상5: 어떻게 싸웠길래 너를 놔두고 도망가는 거야? 진짜 화나겠네.

접수면접이나 첫 회 상담은 상담 관계에서 매우 중요하다. 내담자들 대다수는 답답한 마음을 안고 이야기를 하고 싶은 마음으로 상담실을 찾는데, 상담사가 던지는 질문에 답하다 보면 오히려 하고 싶은 말을 다 하지 못하는 답답함을 경험하면서 실망할 수 있다. 즉, 상담사가 마치 정보수집가처럼 정보 질문만 하면 내담자의 이야기는 앞으로 나아가지 못하게 된다. 이것은 내담자가 무엇인가를 방어하기 때문에 발생한 문제가 아니라 상담사의 질문이 잘못되었기 때문에 나타난 문제로 보아야 한다.

5) 상담회기를 시작할 때 질문법

초심상담사가 내담자와 상담회기를 시작하는 흔한 방법은 "일주일을 어떻게 지냈나요?"라고 묻는 것이다. 내담자의 최근의 일에 관해 자세한 근황을 알고 싶다면 이러한 개방형 질문을 사용해도 된다. 문제는 이야기의 초점이 주 호소문제와 관련이 없는 방향으로 흘러갈 수 있다는 것이다. 우리가 상담하는 내담자는 1년이 아니라 10회기의 단기상담임을 기억한다면, 내담자의 주의를 끌 수 있는 질문으로 회기를 시작하는 것이 치료적이다. 다음의 대화에서 살펴보자.

> 상1: 민들레 님, 지난 시간에는 남편이 당신에게 소리 지르면서 폭력할 때 이에 굴복하지
> 않으면서 남편과 대화하는 방법에 관해서 이야기를 나누었습니다. 그것 중 시도해
> 보신 것이 있나요?
>
> 내1: 네. 내가 할 수 있을까, 남편이 나를 업신여기지 않을까, 생각하다 저질러 봤어요.
>
> 상2: 용기를 내어서 시도하셨네요. 어떻게 시작하셨는지 궁금합니다.
>
> 내2: 선생님하고 연습했잖아요, 그것을 여러 번 생각하면서 가슴이 쿵쾅거렸지만 말했어요.

앞서 언급한 '심문하지 않는 질문법'의 세 번째와 네 번째 질문인, 내담자의 진술을 명료화할 때와 상담사가 생각한 것이 정확한지 알아보거나 이해를 넓히고자 더 많은 정보를 얻으려 할 때 사용하는 질문은 다음 명료화하기에서 이어서 살펴보자.

4. 명료화하기

1) 명료화 의미

명료화(clarification)는 내담자가 말한 것의 '함축적 의미나 내용'을 파악하고 내담자가 자신의 진술을 더 잘 이해할 수 있도록 하는 상담기법이다. 명료화는 내담자가 진술한 말의 의미를 확인 또는 수정을 이끌어내기 위해서 활용된다는 점에서 '재진술'과는 다르다. 명료화는 실제 반응에서 나타난 감정 또는 생각 속에 암시되어 있거나 내포된 관계와 의미를 내담자에게 보다 분명하게 말해 주는 것이다. 상담사는 "제가 이해한 바를 확인하고 싶습니다" 혹은 "제가 정확하게 따라가고 있는지 확인해 보겠습니다."라는 질문으로 명료화를 시작한다. 여기서 주목해야 할 점은 상담사가 내담자의 의도를 미리 가정하지 않고 내담자가 필요하면 수정할 수 있도록 잠정적 반응을 하는 것이다.

2) 최적의 명료화 사용 시기

(1) 내담자의 진술에 구체성이 필요할 때

내담자의 말이 누락·왜곡·일반화될 때 명료화를 사용한다.

첫째, 누락이다. 이것은 내담자가 말하고자 하는 내용의 일부 혹은 전부가 누락되어 파악하기 힘든 상태를 말한다.

> 내1: 아빠는 이유 없이 화를 내세요.
>
> 상1: 누구한테 화를 내시니?
>
> 내2: 일단 엄마 성격이 불만이 많잖아요. 성질도 있고요. 근데 아빠는 성질이 좀 이기적이고 뭐 그러고 하지만 아빠 이기적인 거 때문에 엄마 화나서 짜증내고 아빠도 이기적

이고 내가 뭘 했다고 이렇게 짜증을 내고 화를 내고, 그게 내가 끼어들면…… 엄마가 아빠한테 제가 뭘 잘못하면 전화를 해요. 꼭 짜증을 내요. 그러면 아빠가 그만하자고 말을 하면 짜증이 나는 거예요. 짜증이 나는 것은 원인이 나부터 시작하는 거니깐 엄마는 나한테 화가 나는데. 아빠는 엄마한테 화가 나는데 내가 결국에 원인이 되는 거니깐.

상2: 엄마한테 화가 나는데 길동이한테 화를 낸 이유가 있을까?

내3: 엄마는 걸핏하면 죽어 버린다고 하니까 나를 표적으로 삼는 거죠.

화를 낼 때는 언제나 그 대상이 있다. 내담자의 아버지가 누구에게 화를 내는지, 즉 내담자에게 내는지 다른 사람에게 내는지를 모르는 채 대화를 계속한다면 그 대화는 피상적으로 흐르기 쉽다. 상1의 질문처럼 '누구한테 화를 내시니?'라는 질문은 이 경우에 매우 필요한 질문이다.

둘째, 일반화이다. 특정 장면에서 습득한 경험을 '항상' '언제나'와 같은 부사로 다른 장면에도 적용하려는 경향이 있을 때 상담사는 명료화를 통하여 이를 해결할 수 있다.

내4: 저는 언제나 집이 싫어요.

상3: 집이 싫다고…… 가족 중에 주로 누가 싫어?

내담자의 이야기에서 '집'은 '가족'을 뜻하는데, 가족 전체를 뜻하는지 가족의 일부를 뜻하는지 분명치 않다. 대개의 경우는 가족 중의 한두 사람이 싫어졌을 때 '집이 싫다'고 말하므로 일반화 현상이라고 부를 수 있다. 상담 대화에서는 만약 중요한 내용이 구체화되지 않은 채 일반화 상태로 넘어 간다면 대화가 피상적으로만 흐르므로 명료화 질문을 하는 것이 좋다.

셋째, 왜곡이다. 이것은 전달하고자 하는 내용을 변조시키는 것을 말한다. 상담 과정에서 왜곡은 내담자의 메시지가 지나치게 압축되거나 강조되는 경우에 일어난다. 이를 보여 주는 다음의 예를 고려해 보자.

내5: 제가 엄마 종도 아니잖아요. 엄마는 절대 안 변해요.

상4: 네가 엄마의 종이 아닌 것과 엄마가 절대 변하지 않는다는 것은 어떤 말이니?

내6: 너희들 양말 치워라. TV 보지 마라. 양치 해라. 약 먹어라. 이런 거…… 뭐…… 뭐…… 이렇게 이불 정리해라. 네가 잤으니깐 이불 정리해라. 근데 10분으로 해도 부족한 일을 1분 안에 하나씩……몸이 두 개도 아닌데 몸을 잘라서 해야 하는 건지, 빨리 해라 시발 막…… 어쨌든 그런 식으로 소리 지르고 짜증내요. 불만이 많고 막…… 아빠도 그 지랄…….

내5에서 '엄마 종'과 '엄마는 절대 안 변해요.'라는 이야기에서 내담자의 생각을 물어보면서 혹시 왜곡된 생각이 있는지를 상4처럼 확인하는 질문을 할 수 있다.

(2) 내담자의 진술 내용이 정확한지에 대해 확인할 때

다음은 내담자의 이야기가 정확한지에 관한 확인이 필요한 것을 보여 주는 예시이다.

상5: 그러면 상담이 진행되면 네 흥분을 자제하고 눈치채고 한다는 것을 어떻게 알 수 있을까? '이정도면 괜찮겠다.'는 기준이 있을 것 같은데…….

내7: 다른 사람이 봤을 때 겸손하다고 느낄 정도.

상6: 근데 좀 이해가 안 되네. 흥분하는 것하고 겸손하고 무슨 상관이 있지?

내8: 흥분하니까 소리를 쳐요. 저도 통제가 안 돼요. 그런 것 좀 자제했으면 좋겠어요.

상5처럼 상담사가 상담 진행 후에 '내담자가 흥분을 자제하고 눈치를 채고 한다.'는 것을 아는 기준을 물었을 때 내담자는 다른 사람이 볼 때 겸손하다고 느낀다는 것으로 이야기를 이어 간다. 이때 상담사는 흥분을 자제하고 눈치챈다는 것이 겸손과 관련 있는지를 확인하는 것이 필요했고, 상6처럼 질문을 이어갈 수 있다.

(3) 내담자의 진술내용이 모호하거나 혼동될 때

상7: 아~ 차라리 말을 안 하고 가만히 있으면 빨리 끝나니까 입을 다물어 버린다는 거지?

내9: 내가 억울한 일을 당해도 재가 이래서 내가 억울하다 그래야 되는데 막상 말을 해야 할 때 뭐라고 해야 할지 모르겠어요. 그러면 제가 또 잘못한 것처럼 상황이 흘러가요. 아무 일 없었던 것처럼 넘어가 버리고……. 나는 억울한데 상대방은 내가 억울하다는 것을 20%밖에 못 느끼는 것 같아요.

상8 : 누가 20%밖에 못 느낀다는 거니?

내10 : 제가 제 느낀 감정을 100이라고 하면 상대방은 내가 억울하다는 것을 20%밖에 못
느끼는 거 같아요.

상9 : 음~ 그만큼 네가 화가 났고 폭발할 만큼 화가 났는데 상대방은 20%밖에 모른다는
거지? 그럴 때 네 마음은 어때?

내11 : 포기했어요. 얘기해 봤자 소용없어요.

상10 : 그럼 얘기해 봤자 소용없다는 게 모든 사람한테 그러니?

내12: 처음에는 엄마 아빠한테 한테만…… 지금은 모든 사람인 것 같아요.

이 대화에서 상8의 '누가'의 질문에 내10에서 '상대방'이라는 모호한 이야기로 이어 간
다. 이때 상담사가 내담자의 마음을 확인하고(상9) 그 대상이 '모든' 사람인지를 다시 묻
는다. 내담자는 처음에는 엄마 아빠, 지금은 모든 사람으로 대상을 이야기한다. 이를 통
해 상담사는 내담자의 억울함이 얼마나 깊은지를 명료하게 알 수 있다.

5. 중단시키기

1) 중단시키기의 필요성

상담사는 때때로 내담자의 이야기를 중단시켜야 할 필요를 느낀다. 어떤 경우에 그런
필요를 느끼게 될까? 종종 단지 자신의 이야기를 들어 줄 누군가가 필요해서 상담에 오
는 내담자가 있다. 이런 내담자가 상담에 왔을 때, 상담사가 상담 흐름에 끼어들어 내담
자를 제지하는 방법을 모른다면, 내담자가 계속 비슷한 말을 반복하는 상황이 발생하기
도 한다. 이때 상담사들은 '무례하게' 보일 것을 걱정하거나 내담자에게 상처를 줄 수 있
다고 생각하여 말을 중단시키기 어려워한다. 만약 상담사가 제지하지 않는다면 어떻게
될까? 그 회기는 내담자의 이야기와 이에 대한 '으음' '네' '어' '그렇죠'와 같은 상담사의 비
음성 표현 반응으로만 채워지는 회기가 될 것이다. 그렇다면 내담자의 말을 중단시켜야
할 정도로 내담자가 말을 많이 하는 이유는 무엇일까? 일반적으로 내담자가 상담에서

자신이 맡은 역할이 그러한 것이라고 기대하기 때문이다. 따라서 상담사가 해야 할 일 중 하나는 상담의 과정이 어떤 것인지 내담자에게 가르치는 것이다.

2) 중단시키기 방법

(1) 들어 주는 것이 어떤 도움이 되는지 확인하기

내담자 이야기를 계속하여 듣는 것이 상담에 도움이 되지 않는다면 상담사가 중간에 끼어들기를 해야 한다. 다음과 같은 표현을 사용하여 내담자의 이야기를 중단시킬 수도 있다.

《사례 15. 들어만 주세요_60대 권사》

상1: (1, 2회기 동안 거의 40분을 내담자의 이야기를 들었음) 잠깐만요. 하실 이야기가 많으시죠.

내1: 네. (이야기를 이어 나가려고 함)

상2: 민들레 님이 이야기를 계속 들어 주기를 원하시나요? [네] 그럼 이야기를 들어 주는 것이 민들레 님에게 어떤 도움이 되시나요?

내2: 제가 이야기를 다 해야 상담사님이 저를 잘 치료해 줄 것 같아요.

상3: 제가 민들레 님의 이야기 중 중요한 점을 놓치지 않고 듣도록 제가 중간에 질문을 하면서 듣고 싶은데, 괜찮으실까요? 필요한 경우 잠시 제가 지금까지 들은 이야기를 요약해 보겠습니다.

(2) 환기시키기

중단시키기는 한 가지 방법으로만 가능한 것이 아니다. 상담사가 말할 차례가 되었을 때 이를 알려 주는 몇 가지 단서를 개발하여 사용하고 있다. 상담사는 내담자 말의 흐름을 끊고 다음과 같이 말하기도 한다.

상1: 민들레 님이 얼마나 당황스러운지 이해가 됩니다. 그리고 저 역시 약간 당황스럽습니다. 중요한 점들을 간단히 살펴보고, 민들레 님이 얘기했던 것에 대해 몇 가지 질문을 드려도 괜찮겠습니까?

내1: 아, 네.

이 방법은 상담사가 내담자의 주의를 환기할 수 있을 때 작동한다. 만약 이 일이 예상보다 어렵다면, 이를 내담자와 공유하고 어떻게 제지하면 좋을지 물어 봐야 한다. 아마도 손짓과 같이 매우 분명한 방법이 제시될 수 있을 것이다. 이런 일이 편하지 않을 수 있지만, 아무것도 하지 않고 회기를 내담자가 털어놓는 것에 불과한 시간으로 만드는 것보다는 나을 것이다.

(3) 말 끊은 것에 상처가 있다면 공감하면서 들어 주기

어떤 내담자는 자라 오면서 말을 중간에 끊는 것에 대한 상처가 있을 수 있다. 이럴 경우 상담사는 질문하지 말고 듣기만 해 달라는 내담자의 욕구와 상담사로서 임상적 목표가 충돌하면 어떻게 해야 하나 고민에 빠진다. 상담사가 보기에 내담자가 자기중심적인 태도에 매몰되어 있고, 실제로 상담 중에 질문도 하지 말라고 하면서 공감만 요청한다면 어떻게 반응해야 할까?

이런 내담자에게는 다음과 같이 치료적으로 반응할 수 있다.

> 내1: 지난 회기 후에 집에 가니 화가 났어요. 선생님이 저를 이해하지 못한다고 생각한 거예요. 제가 밀쳐진 기분이었어요…….
>
> 상1: 고민이 되셨을 텐데, 마음을 나눠줘서 고맙습니다. 어떤 부분에서 이해받지 못하고 밀쳐진 기분이 드셨을까요?
>
> 내2: 제가 이야기를 하면 중간에 질문을 하시는 것이 제 이야기가 흘러가지 않고 끊어지는 느낌. 기분이 뭐라 할까…… 더러웠어요.
>
> 상2: 저도 고민이 되네요. 그럼 제가 민들레님의 이야기를 잘 듣고 있는지 확인을 해야 할 때도 있는데, 매번 들어야 한다면 제가 이야기를 잘 듣고 있는지 알 수가 없어서 걱정됩니다.
>
> 내3: 저는 괜찮아요. 저는 이야기를 들어 줄 대상이 필요한 거예요.
>
> 상3: 민들레님의 이야기를 들어 주는 대상이 된 것이 민들레 님한테는 매우 중요한 것이라고 느껴집니다.
>
> 내4: 내가 어릴 때 이야기를 할 때 항상 가족들이 끼어들고 말을 못 하게 했어요.

제14장 🧭
상담의 고급 언어기술

1. 요약하기

요약은 내담자가 말한 둘 이상의 언어표현의 요점을 간추려서 상담사의 말로 되돌려 주는 기술이다. 내담자가 장황하게 풀어놓은 둘 이상의 주제들을 함께 묶어서, 내담자의 여러 가지 생각과 감정을 간략하게 묶어 정리하는 것이다. 요약은 바꾸어 말하기와 본질은 유사하지만, 바꾸어 말하기는 전형적으로 한두 문장 정도이고, 요약은 하나의 문단에 가깝다. 내담자의 말 중 핵심 내용이 요약에 들어간다. 어떻게 바꾸어 말하기가 아닌 요약을 할 때를 구분할 수 있는가? 상담하는 과정에서 요약하는 적절한 상황은 다음과 같다.

1) 최적의 요약 사용 시기

요약은 네 가지 상황에 적용할 수 있다.

첫째, 상담 회기를 시작할 때이다. 지난 회기에 이어 상담을 시작할 때, 특히 내담자가 무슨 말부터 시작해야 할지 모를 때, 지난 회기의 상담내용을 요약해 줌으로써 지난번에 했던 말을 단순 반복하는 것을 예방할 수 있다. 특히 말이 많은 내담자나 이야기를 쏟아내는 내담자에게는 요약이 최고의 기술이다.

> 상1: 지난 회기 때 아버지에 대한 분노를 이야기하셨고, 거기에서 벗어나고 싶다, 내가 뭐가 문제인가 이런 말씀을 하셨는데 그 이야기를 계속해도 될까요?

둘째, 상담 분위기를 전환할 때이다. 내담자가 특정 주제에 대해 할 말이 더 생각나지 않아 당황할 때도 상담사가 지난 회기 혹은 앞에서 이야기한 내용을 요약해 주면 상담 진행에 도움이 된다. 자신이 무슨 이야기를 해야 할지 부담을 느끼며 많은 이야기를 해야 하는 압박감을 느끼는 내담자일수록 요약이 더 효과적이다.

> 상3: 때로는 생각이 나지 않을 때도 있죠. 그러면 천천히 생각을 해 보시면 될 것 같아요. 우리가 앞에서 어머니에 대한 분노의 마음에 대해서 이야기하셨고, 그 분노의 마음이 지금은 역겹다는 이야기도 하셨어요. 지금 왜 그런 마음이 들고 지금껏 한번도 내가 엄마한테 가져 보지 못한 마음이라고 말씀하셨지요. 그러면서 생각이 나질 않는다고 하셨어요.

셋째, 내담자가 산만하게 이야기할 때이다. 상담을 어떤 방향으로 진행해야 할지 모를 때 요약을 사용하면 상담의 초점을 찾는 데 도움이 된다. 상담의 진행이 안 되는 이유 중 하나는 내담자의 이야기가 제자리에서 맴도는 것을 내버려 두기 때문이다. 즉, 내담자로 하여금 자신의 이야기를 더 깊이 탐색해 들어가도록 돕거나 내담자가 한 말을 통해 앞으로의 상담 방향을 찾게 하지 않고 같은 이야기를 반복하도록 내버려 두기 때문이다.

내담자는 친정어머니에 대한 분노, 어머니의 남자친구가 내담자를 성추행한 일, 현재 내담자의 자녀에 대한 불안 등 많은 이야기를 쏟아내다가 다시 시어머니 이야기를 길게 설명할 조짐을 보였다.

> 상5: (시어머니 이야기를 꺼내려고 하자) 지금 하고 계신 이야기를 잠시 정리해 볼까요? 민들레 님은 어머니의 말에 순종해서 외국 유학하다가 귀국하라는 이야기를 듣고 학업을 중단하고 오셨네요. 어머니가 원하는 남자와 결혼을 했고, 지금까지 모든 것을 어머니의 뜻대로 하셨는데, 지금도 어머니가 나를 미워할까 걱정을 하고 계시네요.
> 내5: 네, 엄마는 '너는 어떻게 엄마가 가면은 다음날 엄마 오해해서 미안하다고 전화 한 통 안 하냐'고 하는 거예요.
> 상6: 어머니가 그런 이야기를 할 때 어떤 마음이 드세요?

넷째, 상담 회기를 마칠 때이다. 내담자와 그의 부적절한 감정에 대해 대화를 나눈 후 상담 회기가 끝날 무렵 "오늘은 민들레 님의 직장생활에 대해서 이야기를 나누었는데, 직장생활에서 깊은 좌절과 실패감을 느끼고 있는 것으로 느껴지네요."라고 요약할 수 있다.

> 상7: 상담 시간이 다 되어 가네요. 오늘 여러 이야기를 하셨는데 기억에 남는 내용을 정리해 보면 어떨까요?
>
> 내7: (새로운 주제를 꺼내면서) 제가 떠오른 것이 있는데요. 이야기해도 될까요?
>
> 상8: 지금 시간이 다 되어서, 그 부분은 다음 회기에 먼저 이야기를 나눠 보도록 하는 것이 어떨까요?

2) 효과적인 요약 사용법

첫째, 질문을 하거나 해석하거나 해결책을 제시하지 않는다.

둘째, 내담자에게 요약을 요청한다. 상담사만 항상 요약해 주는 것은 아니다. 경우에 따라서는 내담자에게 주요 주제들을 요약해 보도록 부탁할 수 있다. 이것은 내담자가 상담 과정에 더 적극적으로 참여하도록 동기 부여를 해 준다. 내담자가 단순히 이야기만 하는 것보다 상담에 더욱 초점을 맞추도록 일종의 압박을 가하는 것이기도 하다. 따라서 요약은 상담 과정에서 내담자가 삶이라는 큰 그림 속에 무엇을 했고 무엇을 이야기해야 할지를 찾아 나가면서 다음 상담 단계로 발전해 나갈 수 있도록 해 준다. 요약을 요청하는 질문은 다음과 같다.

> "오늘 여러 가지 이야기를 하셨는데 어떤 이야기를 하셨는지 한번 요약해 주실 수 있나요?"

내담자가 요약하면 요약이 간결하거나 초점이 맞춰지지 않을 수도 있다. 이 경우에도 내담자가 인식한 것과 상담사가 인식한 것의 차이를 알 수 있는 지점임을 보여 준다. 상담사가 생각하는 주된 요점과 내담자가 생각하고 있는 것이 맞지 않을 수도 있다. 요약은 상담사의 인식과 내담자의 인식을 비교해서 차이점이 있다면 어디에 있는지 알아보도록 하는 유용한 방법이다.

셋째, 주제의 이동이 필요할 때이다. 내담자가 어떤 특정한 조치를 하는 것에 관한 생각을 표현할 때 회기의 초점은 '이야기하기'에서 '어떻게 해야 하는가'로 바뀌어야 한다. 이것은 상담 과정에서 초점 이동을 의미한다. 다음의 예시를 통해 살펴보자.

> 내1: 오늘 수학 시간에 나를 놀리지 말라고 말을 했어요. 그런데도 쉬는 시간 수군거리면 서 저를 놀려요. 담임선생님한테 이야기해서 더 안 그러겠지라고 생각을 했는데 계속 놀려요. 그러는 바람에 시험을 망쳤어요.
>
> 상1: 놀리지 말라고 말했고 선생님한테도 이야기를 했는데도 계속 놀려서 시험을 망쳤다는 거네.
>
> 내2: 골리앗은 중학교 입학해서부터 지금까지 저를 왕짜증나게 했어요. 그냥 괴롭히고 놀리고 이제 참을 수가 없어요. 저는 골리앗을 이기고 싶어요. 태권도 발로 뒤통수를 차 버리고 싶어요. 그런데 제가 그렇게 하면 선생님은 저만 바라보시고, '아이고, 다윗, 참아라.' 이럴 거예요. 맨날 나보고 뭐라 하고.
>
> 상2: 너는 골리앗을 때리고 싶다는 생각까지 했네. 그런데 그게 큰 문젯거리만 낳는다는 것을 알고 있고.
>
> 내3: 알죠. 저는 공부를 못해서 골리앗보다 못하지만……. 초등학교 때는 열심히 해서 잘할 때도 있거든요.
>
> 상3: 그래 다윗, 우리가 이야기한 것들에 대해 요약해 보자. 너는 화난 이유를 말했어. 골리앗은 너의 오랜 골칫거리였지. 최근 골리앗이 너를 놀려서 시험을 망쳤지. 뿐만 아니라 선생님은 이야기를 해도 골리앗만 걱정하고, 네가 원하는 대로 골리앗을 이겨 버린다 해도 골리앗은 문제 될 것이 없고 너만 문제 덩어리가 될 것 같네. 그리고 네가 시험공부를 한 만큼 성적이 나오질 못할 것이라고 말했구나. 선생님이 네가 이야기한 것을 요약이 잘 되었니?

이 대화에서 다윗은 분노뿐만 아니라 골리앗과 맞붙고 싶어 하는 강한 마음을 드러내고 있다. 상담 과정에서 내담자가 문제의 해결책을 찾고자 하는 감정 에너지가 있다는 것을 의미한다. 골리앗을 괴롭히는 것은 좋은 선택은 아니지만, 유능한 상담사라면 "오, 다윗, 제발"이라고 말하지 않고 대신에 다윗을 괴롭히는 것에 대한 다른 가능한 해결책을 고려하도록 도와주었을 것이다. 따라서 사례처럼 다윗이 다른 특정한 행동을 취하려는 것에 관한 생각을 표현할 때(내2) 상담사는 상담의 주제를 이동해야 한다고 방향을 잡아야 한다. 즉, 상3처럼 요약함으로써 상담사가 중점적으로 생각하고 있는 이야기나 내용이 내담자도 같은 주제라고 생각하는지를 확인하는 것을 한다. 다윗은 골리앗에 대한 분노에서 공부한 만큼 시험점수가 나오지 못한 것에 대한 불만으로 주제를 바꾼다. 내담자들은 문제 하나하나를 해결하지 않고 여러 개의 문제나 걱정거리를 하나로 동일시할 수 있다. 요약은 상담사가 내담자에게 이런 문제들을 별도의 해결책이 있는 각각 다른 문제로 볼 수 있게 도와주는 기술이다.

2. 공감하기

상담사들에게도 공감은 쉽지 않다. 공감이 어려운 이유로는, 첫째, 상담사가 내담자의 경험을 내담자가 느낀 그대로 느껴 반응하기가 쉽지 않기 때문이다. 둘째, 사람은 한 번에 하나씩의 정서만을 경험하는 것이 아니기 때문이다. 정서의 이러한 복잡성으로 인해 공감을 잘 하기 위해 상담사는 다음 두 가지의 능력을 갖추고 있어야 한다. 바로 공감적 헤아림과 정서의 속성을 이해하는 것이다.

1) 공감적 헤아림

(1) 공감적 헤아림 시 유의점

공감적 헤아림(Empathic conjecture)은 내담자가 느끼는 정서를 읽어 줌으로써 내담자 스스로 자신의 경험을 확대하고 한 단계 발전할 수 있도록 격려하는 것이다. 공감적 헤아림의 이상적 형태는 '맞나요?'라는 질문으로 되돌려 주는 것이다. 이렇게 함으로써 상담자의 표현이 실험적인 것이라는 점을 알리고 내담자가 내용을 재구성할 수 있도록 하는 것이 좋다. 이때 상담사의 언어는 내담자의 지각 범위에서 크게 벗어나지 않아야 한다 (Johnson, 2004/2006).

상1: 내가 이해한 바로는 가족 중 길동 님의 기대와 욕구에 맞추어주지 않았고 아무도 길동 님을 알아주지 않기 때문에 여친한테 헤어지자고 이야기를 했지만, 한편으로는 여친이 길동 님에게서 멀어질까 봐 두려움에 사로잡혀 있는 것 같습니다. 맞나요?

내1: 네, 정확히 맞추셨어요.

상2: 마치 길동 님은 아무것도 아닌 양 있지만 속은 고통스러움이 느껴집니다. 맞나요?

내2: 네. 여친이 오랫동안 나를 기다린다 해도 나는 더 이상 매달리거나 사정하지 않을 거예요. 나를 사랑해 달라고 요구하지 않을 거예요.

상담사가 회기 중에 하는 말이 유용하지 않거나 적절하지 않은 경우에는 내담자는 상담사를 교정해 줄 수 있고, 상담사의 헤아림을 거부할 수 있다. 하지만 상담사가 내담자의 경험과 동떨어진 추측을 계속하면 내담자는 상담사가 자신들을 이해하지 못하고 무시한다고 생각할 수 있기 때문에 동맹이 깨어질 수 있다.

상1: 지금 눈물이 고이셨는데. 혹시 그 사건이 떠올랐어요? 아니면 두려워서 흘리는 눈물일까요?

내1: 두려움이라기보다는 중압감인 것 같아요. 아직 그 사건까지 가진 않았는데요.

상2: 제가 조금 속도가 빨랐네요.

내2: 저의 압박감은 집에서부터 생긴 것 같아요. 나를 조여오는 중압감이. (중략)

상3: 이 관계를 붙잡고 싶으신가요?

내3: 아니오. 너무 힘들었어요. (음) (50초 침묵)

상4: 이 관계에서 얻은 것도 별로 없는 것 같고, 힘들기만 했네요.

내4: 그래도 여자 친구가 있어서 공부할 때는 위로가 되었어요.

공감적 헤아림을 할 때 주의할 점은 상담사의 공감적 헤아림이 내담자의 경험과 정확하게 맞지 않을 때(상1, 상3), 내담자로 하여금 그 말을 재구성(내1,내3)할 수 있도록 해야 한다는 점이다. 상담사는 이것을 받아들여서 교정된 공감적 헤아림을 다시 사용하면서 진행한다. 이러한 과정에서 내담자의 통찰력이 커지기도 하는데 그것이 공감적 헤아림의 목표는 아니다. 이것의 진짜 목표는 내담자 자신의 경험에 깊이 접근하여 경험을 더욱 개방하게 하는 것이다.

(2) 공감적 헤아림 구별법

상담사들은 공감적 헤아림을 사용한다고 하지만 많은 경우 내담자의 생각, 말, 태도에 선입견을 가지는 실수를 한다. 공감적 헤아림은 숙련된 상담사가 사용하는 것이 더 안전하다. 그렇지 않을 경우 아래와 같이 내담자를 틀에 갇히게 만드는 실수를 할 수 있다.

공감적 헤아림이 아닌 경우는 네 가지이다(Johnson, 2004/2006).

첫째, 하나의 인지적인 꼬리표(cognitive labels)를 달아 주는 것이다.

> 상1: 제가 보기에 길동 님은 반항성 장애와 비슷한 부분이 상당히 많아 보이세요. 어떻게 생각하세요.
>
> 내1: 학교에 가 보세요. 모든 아이가 그래요.

둘째, 경험을 추상적이고 지적으로 요약하는 것이다.

> 상1: 길동 님의 부담감은 아빠가 없는 자리에 엄마를 보호하고 지켜야 한다는 책임감이 과도하게 있어서 남편의 역할을 하는 것 같아요.
>
> 내1: 아니에요. 그것은 아니에요.

셋째, 내담자에게 상황을 더 나은 방식으로 바라보라고 가르치는 경우이다.

> 상1: 자기 경험에 너무 빠지고 생각을 과대하게 하시는 것 같아요. 조금 자신의 방식에 갇혀있어서 다른 사람의 소리를 듣지 않고 계속 있는 것 같아요. 너무 많은 이야기를 하니 무슨 말인지 솔직하게 모르겠어요. 앞에서는 이런 이야기를 하고 또 지금은 다른 이야기를 하고.
>
> 내1: 제 입장이 되어 보세요.

넷째, 자기 혹은 타인에 대한 통찰력을 갖도록 시도하는 것이다.

> 상1: 길동 님이 어머니와 아버지한테 상처를 받지 않기 위해서 회피하고 있는 마음을 충

분히 이해합니다. 나도 부모님 나이라서 내가 부모님을 알아요.

내1: 관계 안에서 이해가 가능한가요? 이해한다는 것은 없다고 봐요. 완전히 감정을 알 수 가 없잖아요. 이해한다는 것은 이해하라고 강요하는 것이잖아요. '장남이라서 이해 해'라는 말이 듣기 싫었어요. 이해한다면 그런 이야기를 못하죠. 말뿐이라는 것으로 들려요. 그래서 남들한테 이해한다는 이야기를 안 해요. 이해받고 싶지 않아요. 알아 주길 바라는 것도 아니고 알기 원한다면 알아도 된다고 해요.

공감적 헤아림은 다음과 같을 때 가능해진다. 첫째, 상담사가 지금-여기의 내담자의 경험에 공감하며 스며들 때이다. 둘째, 관계적 맥락, 태도, 패턴에 대한 상담사의 생각 그리고 이러한 태도와 패턴에 연관된 정신 내적인 경험이 있을 때이다. 바람직한 공감 적 헤아림은 내담자를 존중하는 바탕 위에서 실험적이고 구체적인 내용으로 표현되어 야 한다. 내담자가 자신의 경험을 조직해 갈 때, 한 단계 정도만 앞서갈 수 있게 하는 것 이다.

2) 정서: 공감의 대상

상담사가 공감할 대상은 내담자의 행동이 아니라 정서이다. 즉, 공감적 헤아림은 내 담자에게 정서적으로 맞닿는 것이다. 정서란 우리의 삶을 증진하기 위해 존재하는 것으 로, 인간 내부에서 진행되는 일시적인 혹은 장기적인 느낌이나 감정을 의미한다. 모든 인간은 보편적인 일곱 가지 정서를 가진다. 그것은 행복, 놀람, 두려움, 분노, 혐오감, 경 멸 그리고 슬픔이다(Izard, 1977). 만약 상담사가 정서가 우리 삶에 미치는 영향에 대해 명 확히 안다면, 내담자에게 더욱 깊이 공감할 수 있을 것이다.

(1) 정서의 기능

정서는 여러 가지 기능이 있다(Greenberg & Johnson, 1989). 정서의 기능을 살펴보면, 첫 째, 내적인 나침반처럼 기능하여 내담자가 세상으로 나아갈 수 있도록 방향을 제시한 다. 둘째, 내담자에게 일어난 사건이 갖는 의미를 알려 준다. 예를 들면, 분노는 그 사람이 특정 사건을 '모욕'으로 받아들이고 있음을 알려준다. 이로써 내담자는 유사한 의미를 지닌 다른 경험을 더 탐색해 나갈 수 있게 된다. 내담자가 경험했던 유사한 사건들을 떠올리게 한다. 셋째, 내담자가 원하고 필요로 하는 것이 무엇인지 알려 준다. 한 예로, 불안은 내담자에게 지금 필요한 것이 위로와 위안이라는 점을 알려 준다. 넷째, 정서는 그 자체로 분명하고 강한 동기를 가지고 있다. 분노는 싸울 수 있는 힘을 실어 주고 공격자에게 대응을 할 수 있게 해 주며, 피해를 막아 준다. 슬픔이 있으면 상실감에 대해서 항의하고 타인의 관심을 유발해 도움을 받을 수 있다. 수치심은 타인에게 자신을 숨기고 사회 집단에서 물러나게 만든다. 투쟁심으로부터의 회피 반응을 일으키며, 상대방에게 배려의 마음을 유발한다. 다섯째, 적응점과 반응체계를 생성하여 생존, 안정감 혹은 욕구 충족을 위하여 신속하게 행동을 재조직화한다. 정서의 이와 같은 기능을 상담사가 충분히 숙지할 때, 더 깊은 수준에서의 공감이 가능해질 것이다.

(2) 정서의 종류

정서중심치료(Emotionally Focused Therapy, 이하 EFT)에서 정서는 1차 정서(primary), 2차 정서(secondary), 그리고 도구적(instrumental) 정서로 나눈다(Greenberg & Johnson, 1988). 1차 정서는 순서상 먼저 나타나며 취약하고 고통스럽고 현재 상황에서 나타나는 직접적인 반응으로 보통 핵심 정서라고 부르는 것을 말한다. 2차 정서는 1차 정서에 대한 반응으로 나타나는 것으로 반응성 정서라고 한다. 도구적 정서는 다른 사람의 반응을 조종하려는 의도가 있는 것을 의미한다. 상담사는 내담자의 1차 및 2차 정서뿐만 아니라 도구적 정서까지 파악할 수 있어야한다.

필자는 정서를 1차와 2차로 나누는 것이 혼동을 가져오기도 하고, 이런 용어들이 서구 문화권에서 가져온 명칭이라 한국인의 정서에는 맞지 않는 것 같다는 이야기를 자주 들어 왔다. 따라서 이 책에서 필자는 1차 감정과 유사한 개념을 '속 감정', 2차 감정과 유사한 것을 '표면 감정'이라고 칭하기로 한다. 상담사가 내담자를 공감하려고 할 때, '속 감정'과 '표면 감정'을 구분하여 아는 것이 필요하다 그 이유는 무엇일까?

속 감정과 표면 감정을 아는 것은 내담자의 정서를 파악하고 현재 지점이 어디이며, 앞으로 어디까지 가야 하는가를 알 수 있게 해 준다. 표면 감정은 속 감정에 대한 반응으로 나타나는 반응성 정서로 때로는 속 감정을 모호하게 숨기는 기능을 한다. 그래서 내담자들은 자신의 핵심 정서를 잘 인식하지 못할 때가 많다. 많은 사람들이 슬픔, 두려움 등과 같은 속 감정을 느끼거나 표현하지 못하고, 갈등 상황에서 방어적으로 분노를 표출한다. 우울도 마찬가지이다. 만약 '슬퍼하지 못해서 절망한 속 감정'을 가진 내담자에게 "얼마나 힘이 드셨어요" "얼마나 고생하셨어요"라고만 한다면 상담은 제자리에서만 맴돌게 될지도 모른다. 이 우울은 표면적인 감정일 뿐이며, 내담자가 우울을 보고하는 이유를 탐색하다 보면 내담자의 속 감정인 '슬퍼하지 못해서 좌절된 속 감정' 때문이라는 것을 알게 된다.

상담사는 내담자의 속 감정과 표면 감정을 아우르는 정서 지도를 파악해야 한다. 그래야 어느 지점에서 어떤 정서에 공감할지를 결정할 수 있다. 내담자의 속 감정과 표면 감정을 모르고 공감하는 것은 내담자의 정서적 위치가 어디인지를 모르고 그냥 공감하는 것으로 볼 수 있다. 내담자의 관계 갈등은 일반적으로 표면 감정 반응의 수준에서 상호작용하고, 상대방의 부정적 반응을 유발해 부정적 정서를 지속시켜서 일어난다.

앞의 설명을 기반으로 속 감정과 표면 감정의 특징을 정리하면 [그림 14-1]과 같다.

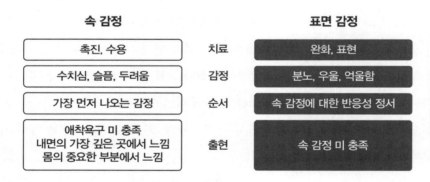

[그림 14-1] 속 감정과 표면 감정 비교

3) 정서 과정에 따른 공감법

(1) 정서 과정

상담사가 정서의 과정을 이해하면 내담자의 공감은 더욱 쉬워진다. 정서는 출현—자각—보유—표현—완결의 과정을 갖는다. 어떤 사건 속에서 출현한 정서는 자각하면서 보유하고 표현하고 완결된다. 건강하게 정서를 표현하는 내담자는 대개 이 과정대로 정서를 경험한다. 그러나 많은 내담자는 정서가 출현할 때 정서를 자각하지 못한 채 보유하고 있다(서미아, 2020). 이때 상담 과정에서 억압 혹은 회피되어 있는 보유된 정서를 자각하고 표현함으로 교정적 정서 체험을 한다. 대개 가정에서 자녀들은 부모와 정서적 경험을 통해 정서 과정을 경험한다. 상담사는 내담자의 정서에 접근할 때 순차적으로 접근하는 것이 아니라 순환적으로 접근할 수 있다. 아래 [그림 14-2]는 그런 순환적인 과정을 보여 주고 있다.

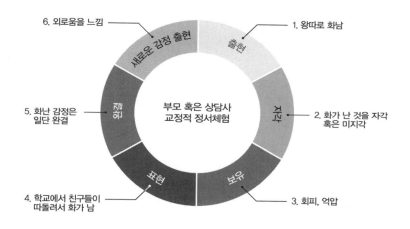

[그림 14-2] 정서의 과정

순환적인 과정을 통해 정서가 출현하고 완결되면서 혹은 보유되거나 억압되면서 내담자들은 자신의 욕구를 알아차리기도 하고 모른 채로 남겨 놓기도 한다. 내담자들은 수용받고, 존중받고, 돌봄받고, 사랑받고 싶은 욕구 등을 가지고 있다. 그 욕구가 좌절되면 외로움이나 슬픔 같은 속 감정이 생긴다. 속 감정이 출현한 상황에서 완결되지 못하면 좌절이 유발된다. 이때 분노 같은 표면 감정이 생긴다. 이 표면 감정이 생길 때 내담자들은 두 가지의 행동으로 정서를 드러낸다. 이러한 정서 과정을 개인의 내적인 과정으로 접근하면 개인상담이 되며 부부 상호간 체계적으로 접근하면 부부상담, 가족 체계적으로 접근하면 가족상담이 된다. 한 개인의 심리 내적으로 접근하든 체계적으로 접근하든 정서의 처리 과정은 동일하다.

이때 상담사가 내담자의 정서 과정에서 공감하는 것은 출현한 정서를 자각하고 보유된 것을 표현하는 과정을 통해 완결까지 가도록 하는 것이며, 이 과정에서 상담사의 역할이 중요하다. 그 역할에서 가장 중요하게 작용하는 것이 공감이다. 따라서 상담사의 공감 수준을 살펴보는 것은 중요하며 이 공감 수준을 내담자의 정서 수준의 과정별로 설명하겠다. 정서의 공감 수준의 이해를 돕기 위해서 Carkhuff의 5가지의 공감 수준과 비교하여 〈표 14-1〉과 같이 제시하였다.

〈표 14-1〉 공감 수준과 Carkhuff 공감 수준 비교

정서 과정 공감 수준 상태	정서 과정 공감 수준	Carkhuff 공감척도	Carkhuff 공감 수준
내담자의 행동 경향성을 반영해 준다.	행동	1수준	감정이나 경험을 전혀 이해하지 못하며 비난하고 전혀 공감하지 못한다.
행동 이면의 표면 감정을 반영한다.	표면 감정	2수준	상대방이 표현한 감정에 반응을 하지만 상대방이 표현한 것 중에서 중요한 감정을 제외하고 의사소통한 것이다.
표면 감정 이면에 있는 신체감각을 반영해 준다.	신체감각	3수준	힘들고 아픈 마음을 함께 느껴 주고 들어 주는 수준. 근본적인 마음 상태까지는 이해하지 못해도 비난이나 질책은 하지 않는다.
표면 감정 이면의 속 감정을 반영한다.	속 감정	4수준	내면적인 감정 표현. 내담자가 이야기하지 않는 부분의 감정까지 읽어 주는 것이다.
속 감정 이면의 욕구를 반영한다.	욕구	5수준	그러한 감정을 느끼게 만든 근본적인 원인까지 헤아린다.
self의 존재를 인정해 준다.	자기 자신	–	–

(2) 정서 과정 공감 수준

■ 행동 경향성 공감 수준

내담자들은 행동 경향성에 따라 다음 두 부류로 나눌 수 있다. 하나는 비난, 공격, 잔소리, 비아냥 등 '행동화 경향성이 큰 내담자'이다. 다른 하나는 위축, 도망, 침묵 등 '내면화 가능성이 큰 내담자'이다. 내담자들은 두 가지의 행동으로 정서를 표현한다. 행동화 경향성이 큰 내담자들은 폭발하거나, 비난하거나, 공격하는 행동을 하는데 '공격 혹은 비난'이라는 행동 경향성을 가진다. 반면, 내면화 가능성이 큰 내담자들은 참고, 회피하고, 도망가는 행동을 하는데 '회피 혹은 도망'의 행동 경향성을 가진다. 하나의 예시를 들어 보자. '비난-회피'의 상호작용 패턴에 부부가 서로 갇혀 있다고 하자. 두 사람의 상호작용은 체계적인 관점에서 부부나 가족, 직장에서의 2인 관계에 적용될 수 있을 것이다.

상담사는 먼저 내담자의 행동을 반영해 준다. 예를 들어, "할 일을 못하면 자책감이 올라오지만 감정을 차단하고 아무렇지 않은 것처럼 행동하셨네요."라고 회피하는 행동 경향성을 반영해 준다. 또한 행동화 경향성이 큰 내담자에게는 "감정이 주체가 안 돼 인형을 찢고 물건을 던지셨네요". 이 수준에서는 정서를 언급하지는 않고 행동 경향성과 행동 패턴을 보여 준다. 이 수준은 Carkhuff의 1.0~2.0 수준과 유사하다.

■ 표면 감정 공감 수준

표면 감정은 내담자의 행동 경향성 이면에 있는 정서를 반영해 주는 수준이다. '공격과 비난'의 행동 경향성을 가지는 내담자는 분노라는 표면 감정을 행동과 연결해 준다. 예를 들어, "경계를 침범한다고 느낄 때, 무시한다고 느낄 때 욱하시네요." " 사람들 앞에서 좋은 사람이고 싶은 게 큰데. 그것들을 못 보여 줄 때 억울함이 올라오네요." 등과 같이 말할 수 있다. 이 수준은 Carkhuff의 3수준과 유사하다.

■ 신체감각 공감 수준

신체감각 공감 수준은 잠재적 기억과 연관되는 경우가 많다. 잠재적 기억은 언어 이전 유아기에는 신체에 저장되기도 하지만 언어를 배운 이후에도 인지적으로 처리할 수 없는 범위를 벗어나는 부정적인 경험은 인지과정을 거치지 못하고 잠재적 기억으로 남게 된다. 특히 유아기의 부정적인 충격적 경험은 뇌의 해마의 크기와 모양, 신경계, 심혈관계, 호르몬에 영구적인 영향을 미친다. 잠재적으로 기억된 경험들을 해결하기 위해서는 신체적 감각을 통한 공감이 효과적이다. 상담사는 내담자 표정의 변화, 목소리의 높낮이 혹은 떨림의 변화, 호흡의 변화, 눈의 초점이 흔들린다든가, 땀을 흘린다든가, 눈물이 흐른다든가, 얼굴 근육이 떨리는 행동 등의 신체적 표현에 주목하면서 신체감각의 변화를 그대로 들려준다. 예를 들어, "아버지 이야기를 하시면서 얼굴 근육이 떨리시네요. 뭔가 내면에서 접촉되는 것이 보여집니다."라는 신체적 변화를 내담자에게 알려 주면 내담자는 자신의 내면과 신체의 변화에 머물러서 감정을 알아차린다. 내면의 변화를 경험할 때 신체적인 감각의 변화가 동시에 일어난다. 오래된 문제가 해결되면 내담자들은 갑자기 가슴 속 깊은 곳에서 무언가 큰 덩어리, 시커먼 덩어리 같은 것이 빠져나가는 신체적 변화를 경험한다. 이러한 신체적 경험이 '자기 자신'의 차원의 심리적 변화와 연관될 수도 있다.

■ 속 감정 공감 수준

속 감정은 내담자의 표면 감정 이면에 있는 정서를 반영해 주는 수준이다. "엄마가 내 말에 반응을 보이지 않을 때 화가 나시는군요."라고 표면 감정을 반영해 주면서, "그 분노 뒤에 소외감이 느껴집니다."라고 속 감정까지 반영해 준다. 이 수준은 Carkhuff의 4.0~4.5 수준과 유사하다.

■ 욕구 공감 수준

상담사가 내담자가 몰랐던 욕구까지 반영해 주는 최고 수준의 공감이다. 예를 들어, "혼자 있는 순간에 엄마가 필요하셨군요. 엄마의 보호를 필요로 하셨네요."라고 외로움을 느낀 혼자 있는 순간의 이면에 있는 내담자가 원하는 엄마의 필요를 반영해 준다. 또한 주요대상으로부터 보호받기를 원했다는 사실을 반영하면서 내담자의 깊은 수준의 욕구를 반영해 준다. 이 수준은 Carkhuff의 5수준과 유사하다고 볼 수 있다.

■ 자기 자신 공감 수준

내담자의 자기 자신(self)에 대한 인식이 생기는 가장 깊은 수준이다. 내담자들은 상담 초기나 중기에 '자신이 추하다.' '초라해 보인다.'라는 표현에서 상담 말기로 가면 '나 자신이 힘이 느껴진다.' '중심을 잡은 느낌이다.' '안정감이 든다.'라는 표현 등으로 자기 자신의 상태를 나타낸다. 내담자가 자기 자신을 표현 할때는 가장 깊은 수치스러운 부분을 상담사에게 보여 준 것이다. 이때 상담사가 자기 자신을 보인 내담자가 수치스러워하지 않도록 "자신의 가장 밑 마음을 마주하실 만큼 힘이 느껴집니다."와 같은 공감을 한다면 이는 내담자가 자신의 수치심과 자괴감을 안전하게 드러내고 작업할 수 있는 안전기지를 마련해 주는 것이다.

(3) 정서 수준별 공감법

지금까지 설명한 정서 수준별 공감하는 과정으로 설명하면 다음 [그림 14-3]과 같다.

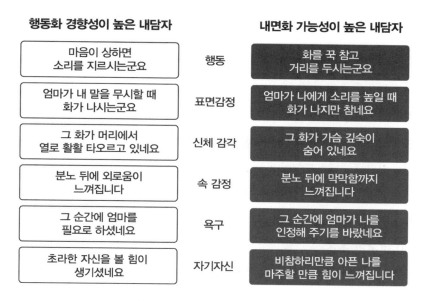

행동화 경향성이 높은 내담자		내면화 가능성이 높은 내담자
마음이 상하면 소리를 지르시는군요	행동	화를 꾹 참고 거리를 두시는군요
엄마가 내 말을 무시할 때 화가 나시는군요	표면감정	엄마가 나에게 소리를 높일 때 화가 나지만 참네요
그 화가 머리에서 열로 활활 타오르고 있네요	신체 감각	그 화가 가슴 깊숙이 숨어 있네요
분노 뒤에 외로움이 느껴집니다	속 감정	분노 뒤에 막막함까지 느껴집니다
그 순간에 엄마를 필요로 하셨네요	욕구	그 순간에 엄마가 나를 인정해 주기를 바랐네요
초라한 자신을 볼 힘이 생기셨네요	자기자신	비참하리만큼 아픈 나를 마주할 만큼 힘이 느껴집니다

[그림 14-3] 정서 수준별 공감법

[그림 14-3]에서 제시된 정서 수준별 공감 반응법을 내담자의 행동, 표면 감정, 신체 감각, 속 감정과 욕구, 자기 자신 수준별로 살펴보면 다음과 같다.

■ **행동 경향성 공감 수준**

정서의 가장 표면적인 행동 경향성을 반영해 준다. 내담자들은 자신에게 일어났던 사건을 설명하면서 회기를 시작할 때가 많다. 그런데 사건만 이야기하다 보면 마음이 아니라 행동들만 나열하게 되니 나중에는 내담자도 답답함을 느낄 수 있다. 이때 상담사가 일어난 사건을 계속 듣다 보면 상담 마칠 시간이 되는 것을 경험했을 것이다. 상담사는 내담자가 일어난 사건만을 이야기한다 할지라도 내담자의 행동 경향성을 파악하여 반영해 주는 것이 좋다. '행동화 경향성이 큰 내담자'를 만나면 아래와 같이 반영할 수 있다.

"마음이 상하면 소리를 높이고 물건을 던지시네요."

"뭔가 거슬리면 눈을 부릅뜨고 위협하시는군요."

'내면화 가능성이 큰 내담자'에게 아래와 같이 반영한다.

> "여러 가지 방법을 써 보셨네요. 지금은 싸움을 피하려고 도망가시는군요."
>
> "불편하시면 참고 피하시네요."
>
> "속이 상하시면 술을 마시면서 잠시 문제를 회피하셨군요."
>
> "감정을 차단해서 마치 감정이 없는 것처럼 가장해서 행동하셨네요."
>
> "불편하실 때마다 술을 마시거나 약물을 복용으로 잊어 버리려고 애쓰셨네요."

■ 표면 감정 공감 수준

표면 감정 공감 수준은 표면 감정을 공감하거나 내담자의 행동 이면에 있는 표면 감정을 연결해 준다. 예시는 다음과 같다.

> "엄마가 무관심할 때(촉발 단서) 화가 나시는군요"(표면 감정)
>
> "엄마가 무관심할 때 화가 나신 것 같고(표면 감정) 소리가 높아지고 짜증이 나네요." (추적 행동)
>
> "아빠가 잔소리하면 화가 나지만(표면 감정) 참고 방문을 닫고 피하시네요." (회피행동)
>
> "부모님이 변할 것 같지 않아서 답답해서(표면 감정) 대충 대답을 하고 사시네요." (회피행동)

■ 신체감각 공감 수준

신체감각 공감 수준은 표면감정이 신체의 어디에서 머무르는지, 신체의 어디에서 느껴지는지를 알게 함으로써 내담자에게 공감한다. 예시는 다음과 같다.

> "그 공포가 철조망 같은 철사로 심장에 오랫동안 박혀 있었네요"
>
> "그 진절머리가 오장육부 안에 겹겹이 얽혀 있네요"
>
> "그 짜증이 신체의 어느 부분에서 느껴지십니까"
>
> "지금 목소리가 긴장했는데 그 목소리가 말을 한다면 뭐라고 할까요?"

■ 속 감정 공감 수준

속 감정 수준의 공감법은 내담자의 표면 감정 이면에 있는 정서를 반영해 준다. '표면 감정 뒤에 속 감정이 느껴집니다'라는 형태로 반영해 주는 것이 좋다. 예시는 다음과 같다.

> "분노(표면 감정) 뒤에 소외감이 느껴집니다." (속 감정)
>
> "게다가 혼자 남겨지고 버림받을지도 모른다는 느낌까지 드시는군요." (속 감정)
>
> "분노 뒤에(표면 감정) 억울함이 느껴집니다." (속 감정)
>
> "분노 뒤에(표면 감정) 막막함까지 느껴집니다." (속 감정)
>
> "분노(표면 감정)가 커서 실수를 할까 봐 두려워하시는군요." (속 감정)

■ 욕구 공감 수준

내담자가 말로 표현하지 못한 욕구를 상담사가 대리 표명함으로써 내담자의 마음에 접촉할 수도 있다. 내담자의 욕구 수준에서 공감하는 것이다(서미아, 2020).

내담자의 욕구에 공감하고자 할 때는 다음과 같은 문장 형태를 사용하면 편리하다.

> '그 순간에 내가 바라는 것은~'
>
> '그 순간에 ~를 필요로 하셨군요.'
>
> '하지만 간절히 바라는 것은~'
>
> '깊이 들여다보면 ~ (감정을) 느끼셨군요.'

구체적인 예시를 들면 다음과 같다.

> "그 순간에 어머니의 보호를 필요로 하셨네요."
>
> "그 순간에 어머니가 나를 바라봐 주고 옆에 있어 주길 바라셨네요."
>
> "깊이 들여다보면 나를 바라봐 줘, 나도 엄마 등에 업힌 딸이고 싶어, 이런 마음이 있으셨네요."
>
> "깊이 들여다보면 엄마가 우리 딸 잘했어 하고 토닥토닥 따뜻한 말을 듣고 싶으셨네요."

■ **자기 자신 공감 수준**

내담자의 존재 자체를 인정해 주는 공감 수준이다. 이 수준은 내담자가 자신을 인식하고 바라볼 때 공감할 수 있는 수준이다.

> "초라한 자신을 볼 힘이 생기셨네요. 그 아이는 지금 무엇이 필요할까요?"
>
> "비참하리만큼 아픈 나를 마주할 힘이 보이네요. 그 아이를 안아주실래요?"

3. 반영하기

반영(reflection)은 상담사가 내담자의 행동 속에 내재된 내면감정을 정확히 파악하여 이를 내담자에게 전달해 주는 것을 말한다. 상담사가 이를 반영할 때는 표현된 내용 자체보다는 밑바탕에 깔려 있는 감정을 그대로 되돌려 주기 위해 노력해야 한다. 반영할 때, 상담사는 내담자의 행동을 유심히 관찰하여 말로써 표현한 것뿐 아니라 자세, 몸짓, 목소리, 눈빛 등 비언어적 행동에서 나타나는 감정까지도 반영해 주어야 한다.

공감과 반영의 차이는, 반영은 내담자의 말 속에 흐르는 주요 감정을 놓치지 않고 상담사가 다른 참신한 말로 부연해 주는 것이며, 공감은 상담사가 직접 경험하지 않고도 내담자의 감정을 거의 같은 수준으로 이해하고 반응하는 기술이다. 내담자의 이야기를 적극적으로 경청하면 내담자의 마음이 어떠한지 자연스레 공감을 통해 느끼며 이해한다. 즉, 공감은 상담사가 충분히 당신의 이야기를 잘 듣고 잘 이해하고 있음을 적절하게 반영해 주는 행위이다.

1) 반영할 때 유의점

(1) 반복하거나 부연 설명하지 않기

반영은 상담사의 강한 집중력을 요구한다. 상담사가 내담자의 경험에 공감적으로 흡수되어야 하기 때문이다. 상담사는 내담자의 경험과 경험의 처리과정을 따라가고, 매 순간 내담자의 경험이 구조화되는 방식을 알아 가야 한다. 이렇게 하면서 첫 회 상담에서는 내담자에게 특징적으로 보이는 정서경험을 공감적으로 반영하는 것이 좋다.

> 상1: 통제하고 자기를 억압하는 것이 심해서, 그게 계속 당신의 삶과 생명을 유지시켜 준 좋은 방법인 것 같아요.
>
> 내1: 네, 맞아요.
>
> 상2: 이제 성인이 된 지금 그 방법을 계속 지닐 수밖에 없는 어려움이 있을 것 같아요. 그 럼에도 그 순간에 소리를 지르셨네요.
>
> 내2: 네, 맞아요. 그때 제가 멈출 수가 없었어요. 사실 만약에 이성이 있었다면 바로 멈췄 겠지만 이미 너무 탁 터진 상태라서 통제할 수 없었어요.

(2) 정서의 교착점 찾기

내담자가 이야기를 하다가 정서적인 기류가 갑자기 변화되거나 교착상태에 빠져서 적절한 단어를 찾지 못하는 순간이 있게 마련이다. 바로 이런 순간이 상담의 전환점이 된다. 상담사는 내담자의 이야기 속에서 전환점이 나타나는 순간을 명확하게 밝혀 줄 수 있다. 이때 상담사가 적절하게 반영하게 되면, 내담자는 이해받고 인정받는 느낌을 갖게 되고, 상담 회기를 안전하다고 여긴다. 더 나아가 상담사를 치료적 동맹자로 생각 한다. 이러한 반영은 내담자의 드러나지 않는 내적경험에 집중하게 해 주고, 경험을 적 극적으로 다듬어 주도록 돕는다(Johnson, 2004/2006).

> 내1: 엄마한테요. 그럼 엄마가 차를 가지고 와서, 빠른 속도로 와야지요. 그러나 아무리 빠른 속도로 온다고 해도 지켜야 할 건 있어요. 바로 신호등이에요. 그렇기 때문에 절대로 빛의 속도로 오는 것은 불가능해요.
>
> 상1: 그렇구나. 중요한 건 빛의 속도로 와야 하는데 기쁨이가 지킬 것은 지키고 왔네? 선 생님이 너무 놀랐어. 기쁨이가 선생님이랑 말한 것을 기억해서 왔구나.
>
> 내2: 진짜로 온 건 제가 아니라 엄마예요. 그 이유는 엄마가 차를 운전했으니까요. 지킨 것은 엄마예요.
>
> 상2: 그렇구나. 지킨 건 엄마구나. 그러나 지키기 위해서 기쁨이가 먼저 끝났다고 엄마에 게 이야기했네? 기쁨이가 빛의 속도로 오기 위해서 먼저 시도했네. 엄마는 그 후에 기쁨이를 데리고 왔잖아.

내3: 사람들이 지나가고 있는데 차에 치이게 하면서 오면 안 돼요. 그건 정말 잔인한 방법이에요. 사람들이 전부 다 치여서 길바닥에 전부 다 피를 흘릴 거예요. 아주 잔인해요. 그리고 또 아주 재미있어요. (발을 뒤로 꼬아서 앉음)

상3: (의자를 내담자 쪽으로 당겨 앉으면서) 선생님(은) 기쁨이(의) 기분을 느껴 보고 싶어. 발을 뒤로 꼬아서 어떤 기분인지 알기가 힘드네, 기쁨이가 알려 줘야 할 것 같아. 꼬인 기분이니?

내4: 네, 맞아요.

상4: 우와, 선생님이 기쁨이 마음을 맞췄네.

내5: 오늘 공부한 것과 모든 것이 꼬여 있어요. 한 개의 줄로.

상5: 기쁨이 정말 놀랍다. 그렇게 네 마음이 꼬여 있는 걸 표현했구나.

내6: 제가 그러면 똑바르게 생겼을까요? 내가 일직선은 아니지요.

상6: 그렇지, 꼬여 있지. 그렇다면 이런 꼬인 부분을 어떻게 하면 될까?

내7: 풀려면요? 맨 처음으로 되돌려서⋯⋯.

내담자는 이전 회기에서 어머니가 조정해서 상담실에 오지 않는다고 이야기했고 계속 주지화를 쓰면서 저항하고 있었다. 상담사로서는 내담자와 정서적인 교착상태에 빠져 있었다. 이러한 반영은(상3) '꼬인다'는 특정 표현을 강조하고, 치료과정으로 연결하는 초점을 맞추게 해 준다(내5). 반영은 경험의 새로운 일면이 드러날 수 있게 해 주는 전환점이 된다. 반영을 하면, 그동안 모호하고 추상적으로 생각하던 것을 내담자가 명확히 이해하게 되는데, 반영은 사용되는 방식에 따라 위로하고 강조해 주는 역할을 한다. 적절한 반영을 통하여 내담자의 경험은 생생하고 명확해지며 구체적이고 특별하고 활기차게 된다.

2) 감정 반영 기법

내담자의 감정을 수준별로 공감해 주되, 반영해 주는 기법은 다양하다.

(1) RISSSC 매너

RISSSC 매너(manner)는 내담자의 비언어적인 지각 감정을 반영해 주는 기법으로, 각

기법의 첫 글자를 사용한 것이다(Johnson, 2004/2006). 이 기법은 몰입된 정서를 밝히고 다룰 때 매우 중요하다.

- 반복(Repeat): 내담자가 말한 중요한 단어와 문장을 여러 차례 반복한다. 다음에 제시한 사례의 상2에서 '마음이 아프고, 쓰라리고, 고통스럽고, 억울하다'는 감정을 반복하는 것이다.
- 이미지(Image): 이미지를 통해서 추상적인 단어로는 표현이 불가능한 정서를 포착하고 유지한다. 가슴이 막혀서 너무 고통스러워하는 내담자에게 이미지로 떠올려 보도록 이야기하면서 내담자의 표현이 불가능한 정서를 알아가도록 한다.
- 단순함(Simple): 단어와 문구를 단순하고 간결하게 유지한다. 사례의 상2에서 '고통스럽고, 가슴을 도려내고 싶었을 만큼'이라는 단순한 형용사로 내담자의 감정을 표현한다.
- 천천히 진행(Slow): 정서 경험을 상담 과정에서 드러내기 위해 속도를 늦추어야 이러한 과정이 가능해진다.
- 부드러움(Soft): 부드러운 목소리는 안정감을 주고, 깊은 정서를 드러내게 하며 위험을 감수하게 해 준다.
- 내담자의 언어(Client's words): 상담사는 협동적이고 내담자를 인정하는 태도를 지녀야 하며, 되도록 내담자가 언급한 말과 문구를 선택하여 감정을 반영해 주는 것이 좋다. 다음 사례에서 상담사는 내담자가 말한 단어를 그대로 선택해서 감정을 반영해 주는 것을 확인할 수 있다.

상1: 남편을 믿으면서도 남편한테 화가 나는데, 누구한테 이야기를 할 수도 없으니 더 답답하고 답답해서, 남편을 더 추궁할 수밖에 없으셨네요. 남편이 나를 더 먼저 생각해 주고 관심 가져 달라는 마음으로 느껴져요. (RISSSC 사용)

아1: 의부증이 있어요. '나를 사랑할까? 나를 방치하고, 내가 바람 피워서 나가도 눈 하나 깜짝하지 않을 것이다.'라고 생각하는 내가 미친년이라는 생각이 늘 있었는데, 그 둘이 하는 것을 보니 울화통이 치밀어 올라왔어요.

상2: 남편이 실제로 바람을 피운 적이 없음에도 의심할 만큼 마음이 아프고 쓰라리고 고통스럽고 억울하시기까지했을 것이 느껴집니다. 증거가 없는데도 의심하니 나를 미친년이라고 생각할 만큼 고통스럽고 가슴을 도려내고 싶었을 만큼 아팠을 것 같아요. (RISSSC 사용)

(2) 과거형을 현재형으로 질문하기

내담자들은 다음과 같이 자신의 고통스러운 경험을 과거형으로 이야기를 시작하기도 한다.

내1: 초등학교 때는 아버지가 무조건 무서웠어요. 때리고, 협박하고, 쫓아내고.

상1: 그 말을 하고 있는 민들레 님은 지금은 어떻게 느껴지시나요?

내2: 지금은 늙어서 누워 있는 모습을 보면 안쓰럽기도 하면서 화도 나요.

상2: 아버지에 대해서 두 마음이 느껴지는 만큼 마음이 괴로우실 것 같아요.

내3: 솔직히 억울하죠. 그렇게 두들겨 패고 늙어 버리니까 제가 어떻게 할 수 없잖아요.

내담자가 초등학교 아버지의 이야기를 할 때 과거의 이야기에 머물렀다면 아버지가 때린 과거의 사건만을 이야기할 수도 있다. 이때 상1처럼 '지금은 어떻게 느껴지나요?'라고 현재형으로 질문을 하면서 내담자의 양가감정을 표현하도록 하고 있다.

(3) 감정의 강도에 맞추어 반응하기

내1: 어릴 때는 저를 협박하고 가두고 때리면서 망치로 때리고 옷 벗겨서 쫓아내고. 지금은 참을 수가 없어요. 아버지라고 지금 안 해요. 못 본 척하고 제 방에서 있어요. 그 사람이죠.

상1: 속상했겠다.

상2: 매우 화가 나겠다.

상3: 협박하고 가두고 때린 것도 억울한데, 성인이 된 지금도 잔소리하면서 협박하면 정말 화가 나고 비참할 것 같아요. 깊이 들여다보면 더 이상 상처받고 싶지 않아서 아버지라고 부르지 않는 마음이 쓸쓸하게 느껴지네요.

이 대화에서 내담자가 나타내는 분노에 대하여 어떤 상담사의 반응이 내담자의 감정에 가장 가깝게 반영했을까? 모두 상3의 반응에 동의할 것이다. 상1의 반응은 내담자의 감정의 강도를 따라가지 못해서 공감을 적절히 했다고 할 수 없다. 내담자가 느끼는 분노의 강도는 '협박과 때리고 가두고 옷 벗겨서 쫓겨났다.'라는 취약한(vunerable) 감정 색깔을 나타냈다. 상2의 반응은 완전히 일치하는 표현을 하기 어렵더라도 내담자가 느끼는 감정의 강도에 근접하게 표현했다. 이것이 내담자의 감정의 강도에 맞추어 반영하는 것이다.

4. 격려하기

격려하기(encourage)는 상담사가 내담자에게 계속해서 이야기할 수 있도록 격려하는 데 사용되는 수동적인 경청 방식이다. 내담자가 인정받을 만하고 대처능력이 있는 사람이라고 지지하고 격려함으로써 내담자는 아주 힘차고 에너지 넘치는 사람이 될 수 있다. 지지와 격려는 대부분 시선접촉, 표정, 미소, 자세, 신체 접촉, 어조 등을 통해 비언어적으로 전달될 수 있다. 그러나 과도한 고개 끄덕임과 몸짓, 재진술은 내담자를 불쾌하게 만들 수도 있다.

언어적 방법을 통해서 격려를 할 때는 내담자의 특정한 생각이나 태도 행동을 판단하기보다는 내담자를 온전한 한 인간으로서 받아들이고 긍정해 주어야 한다. 만약에 상담사가 단순히 내담자의 어떤 특정한 측면에 대해서만 긍정하는 반응을 보이면 내담자는 어떤 점이 좋고 나쁜지, 어떤 것이 옳고 그른지를 판단하는 위험이 따르게 된다. 상담사의 가벼운 격려 반응은 내담자의 이야기가 진행되는 방향으로 계속되도록 강화하는 효과가 있다.

1) 격려하기 대상자

우울하거나 불안하거나 약물남용의 고통에 빠진 내담자, 자녀의 장기간 치료에 지친 내담자에게 효과적이다. 이들은 자신들의 상황이 나아질 수 있을 것인가에 회의적이다. 다음은 상담사가 내담자에게 격려할 수 있는 반응법을 보여 준다.

《사례 16. 오리처럼 바동거리는 내가 불쌍해요_40대 여성》

내1: 난 갖추어진 사람을 보면 샘이 나요. '저 사람은 재산이 얼마지? 어디에 살고 있지? 얼마나 이쁘지?'하며 스스로 비교를 해요. '내 삶은 오리발처럼 바동대는데 저 사람은 되게 여유로워 보이네.' 하면서 우울한 감정이 깃들어요.

상1: 지금은 이 우울이 늪처럼 느껴지지만 이것이 감소되어서 일상생활을 할 수 있을 것이라고 생각해요. 우울을 잡는다는 것은 어려운 일이라는 것을 알아요. 그러나 민들레 님이 견딜 수 있다면 우리는 같이 이 문제를 다른 방식으로 보고 해결할 수 있을 겁니다.

2) 격려 방법

내담자의 사기를 북돋우기 위해 상담사가 할 수 있는 몇 가지 중요한 일이 있다.

첫째, 내담자의 긍정적인 특성을 알려 준다. 우울한 내담자는 자기를 비판하는 기능이 활성화 되어서 자신을 계속 채찍질한다. 이럴 때 내담자가 노력해 온 것을 기억해서 돌려주면 내담자의 자기비하 태도를 차단할 수 있다.

상2: 인간은 환경의 지배를 받기 쉬운데, 민들레 님은 너무나 고통스럽고 힘들어서 지워 버리고 싶었던 그 환경 속에서도 자신을 바른길로 가도록 가꾸어 낸 힘이 있어 보입니다.

내2: 불우했던 환경 중에도 긍정적인 쪽으로 인생을 가꾸어 냈다고 선생님께서 말해 주어서 내 자신이 자랑스럽네요. 내게 힘든 일이 있을 때 닥치니까 그냥 처리했다고 생각했지 그걸 내가 가진 장점이라고 생각해 본 적은 없었어요. (눈물을 흘림) 힘으로 돌려주니까 이렇게 내 자신이 접근해 본 적이 없었는데. '왜 나한테만 힘든 일이 닥치는 거지?' 어쩔 수 없이 하게 되는, 그렇게만 생각했는데, 이렇게 내가 가진 힘으로 돌려주니까 내 자신이 자랑스러워요.

둘째, 유머를 사용한다. 유머는 인지적 왜곡을 인식하고 건강한 감정을 표현하며 즐거움을 경험하는 내담자의 능력에 긍정적인 영향을 끼칠 수 있는 수단이다. 유머는 자발적이고 진심에서 우러난 것이어야 하며, 건설적이어야 하고, 개인적인 약점 대신 외적인 문제나 모순된 사고방식에 초점을 맞추어져야 한다. 상담에서 유머를 사용하는 이유는 상담 관계를 정상적이고 인간적인 관계로 만들 수 있으며, 내담자의 경직된 사고 및 행동패턴을 깨는 데 도움이 되고, 내담자의 유머 기술을 찾아내고 강화시켜 스트레스에 대처하는 중요한 자원으로 만들 수 있기 때문이다.

셋째, 격려하기 반응은 내담자가 다르게 행동할 수 있는 능력 혹은 잠재력을 가지고 있다고 제시하거나 암시하는 진술로 표현된다. 격려하기 반응의 예는 다음과 같다.

> "어머니 돌아가시고 언니와 단절되고 혼자서 두 아이 양육이 많이 버거웠을 텐데 지금까지 버텨 내셨네요."
> "수고하고 애쓴 자신을 토닥여 주시고 안아 주세요."
> "병원에 갈 때 같이 동행해 줄 수 있을지 남편에게 물어볼 수 있을 거예요."
> "저는 민들레 님이 이 문제를 스스로 감당할 수 있을 것으로 보입니다."

5. 인정하기

인정(affirmation)은 내담자 자신의 인간적 품위와 가치를 존중하는 것이다. 비록 내담자가 비합리적 생각, 부정적인 감정, 파괴적인 방법으로 심리적인 곤란을 초래해 왔다 하여도, 그들은 자기 자신의 가치를 유지하기 위해 나름대로 힘겹게 살아온 사람들이다. 따라서 상담사는 내담자가 현재까지 선택한 삶의 방식과 감정, 상황에 대해서 수용하고 승인해 주는 태도가 필요하다.

1) 인정을 하는 이유

상담실이나 상담 관계는 대부분의 내담자가 처음 접하는 낯선 상황이다. 내담자는 상담실을 찾아온 자신의 처지에 대해 수치심을 느끼기도 하고 자기 확신이 부족하여 불필요한 긴장을 하거나 방어적인 태도를 보이기도 한다. 자신이나 타인에 대한 왜곡된 생각 때문에 상담을 꺼리는 마음도 적지 않다. 인정하기는 내담자가 이런 불편함을 느끼고 있을 때 사용할 수 있는 유용한 기법이다. 상담 초기뿐만 아니라 라포가 형성되기 전까지 두루 사용할 수 있다. 인정을 해 주어야 할 때 자주 사용되는 표현으로는 다음과 같은 것들이 있다.

"그렇게 생각할 수 있습니다."

"지금까지 아이들 잘 키우시려고 정말 애쓰셨습니다."

"오늘 상담에서 솔직한 마음을 이야기해 주셔서 저에게 도움이 크게 되었습니다. 오늘처럼 불편한 것이 있으시면 이야기해 주시면 됩니다."

2) 인정 사용 시기

인정은 상담초기에 사용하는 것이 가장 효과적이다. 반영이 상담 과정 모든 단계에서 사용되는 기초적인 개입이라면, 인정은 내담자와 관계를 형성하는 초기에 사용하는 것이 치료적이다. 내담자가 분노와 같은 특정 정서에 대해서 인정할 수 없고, 부적절하며, 심지어 위험하다는 자기 비난적인 생각을 가지고 있어서 정서적인 교류가 방해를 받고 있는 경우가 많다. 이때 상담사가 내담자의 정서를 인정해 주는 것이 매우 중요하다 (Johnson, 2004/2006).

> 내3: (경직된 태도로) 선생님이 저의 경험을 이해할 수 있을 것이라고 생각 안 해요.
> 상3: 민들레 님의 고통스러운 경험이 삶을 오랫동안 지배해 온 것이 느껴져서 마음이 아픕니다.
> 내4: 내가 이야기하면서 더 상처받고 싶지 않아요. 제가 개방해서 어머니들과 심지어 목사님 전부가 저를 이상한 사람을 취급했어요. 제가 그분들 이야기하면 성경 말씀에 화평케 하라, 평안을 유지하라는 하나님의 말씀을 거역하는 것이라고 하니까 내가 뭔가 잘못되어 있는 것 같기도 하고.
> 상4: 힘들게 개방했는데 그런 평가를 받았다면 지금 저한테 마음을 개방하고 싶지 않을 것 같아요. 목사님의 이름을 부르지 말고 이름을 붙여서 이야기해도 괜찮아요. …… 〈중략〉…… ('늑대'라는 이름으로 외재화해서 목사에 대해 상처받은 이야기를 하도록 함)
> 상5: 충분히 화를 내고 미워해도 될 것 같아요. 목사님을 미워하는 것이 아니라 그 목사가 했던 행동을 내가 미워하고 화를 낸 것입니다. 화를 내는 것이 민들레 님이 화평케 하는 것에 거슬리는 것이 아니라고 알려 드리고 싶어요. 화가 난 것은 나의 감정이지요.

내담자는 어머니들과 목사에게 가진 분노와 같은 특정 정서와 반응이 타인에게 수용되지 않아서 사람들과 교류하기 힘들었다. 중요한 것은 상담사가 내담자의 **분노가 타당**하고 정당하며 이해될 수 있는 인간반응이라는 메시지를 전달하는 것이다. 이것은 많은 내담자가 '분노'라는 정서에 대해서 가지고 있는 자기비판적인 태도를 막아 주는 **해독제** 역할을 한다. 더 나아가 정서적으로 깊이 교류하고 내담자의 정서를 탐구할 수 있도록 돕는다. 상담사가 내담자의 분노와 같은 특정 경험을 가치 있게 여기면 상담 회기 자체가 안전기지가 된다. 이를 통해 내담자는 마음을 활짝 개방하고 '화를 내면 안 된다' '화 평케 해야 한다'는 자기 비난을 멈출 수 있다.

3) 인정 방법

내담자를 인정하고 지지해 줄 때 내담자와 라포가 형성된다. 예를 들면 다음과 같다.

> "9년 동안 부모님 없이 혼자서 어려움을 견뎌 오신 걸 보니 마음이 단단해 보이십니다."
> "그거 참 새로운 생각입니다."
> "저라도 그 엄청난 스트레스를 견디기 힘들어했을 겁니다."

인정은 내담자의 현재 처지에 대한 온정적 관심과 수용이라고 할 수 있으며, 동시에 내담자가 자신의 처지를 인정하고 받아들이게 하기 위해, 또는 지금의 삶의 현실을 마주하게 하기 위해 실행하는 개입방법이다(이규미, 2017). 상담사의 인정은 내담자가 선택해 온 삶의 방식과 상황에 타당성을 부여해 주는 행동이다. 상담사가 타당성을 인정해 주면 내담자는 자기수용의 기회를 가지게 된다. 필자는 ADHD를 가진 아동을 비롯하여 많은 장애 아동의 부모를 만나 왔다. 그들과의 첫 만남에서는 판단을 내려놓고 인정을 해 주려고 노력하는 편이다.

> 상6: 지금까지 그 처참했던 **고통의 터널**을 5개나 통과해 오시면서 아이를 잘 키우시려고 애쓰셨네요.
> 내6: (눈물을 흘림)

이렇게 처음부터 인정을 해 주면 많은 부모 내담자들은 눈물을 흘린다. 그리고 높은 방어의 벽을 내려놓고 자신의 어려움을 개방한다. 왜 그럴까? 내담자는 자신의 삶의 정황을 인정받을 때 자존감을 회복하고 힘을 얻게 된다. 이러한 힘은 그들이 선택한 삶의 부정적인 측면, 즉 변화가 필요한 부분을 볼 수 있는 공간을 열어 주어 쉽게 치료에 협력하도록 만든다. 상담사가 내담자의 삶의 방식을 인정을 해 주면 내담자는 수용 받음과 동시에 내담자가 변화해야 할 부분에 쉽게 접근할 수 있다. 내담자의 변화를 위해서 인정은 **다리와 같은 중요한 역할**을 한다. 필자가 내담자의 입장에서 지지하고 수용하는 인정에 대해 강조하는 이유는 현재까지 내담자가 선택해 온 삶의 방식에 비합리적인 부분이 많다 하더라도 그것이 개인 그 자체는 아니기 때문이며, 또한 고군분투하며 살아온 삶의 의지를 존중하는 자세를 잃지 않는 것이 무엇보다 중요하기 때문이다. 물론 상담사가 인정을 해 주는 것이 내담자가 현재의 상태에 그냥 머무르도록 놓아둔다는 뜻은 아니다. 인정은 내담자가 자신의 삶을 더 **도전적으로 개척해 나가도록 돕는 주요한 방법**이다.

4) 인정 사용 시 유의점

인정이 내담자의 어떤 측면이나 행동에 대한 지지, 분명한 승인, 안심 및 강화를 표현함으로써 내담자에게 힘을 실어 주는 측면이 있지만, 이때에도 상담사가 유의해야 할 몇 가지 사항들이 있다. 내담자에게 개인으로서 그리고 일반적인 방법으로서 승인과 지지를 보이는 것이 도움이 되지만 상담이 너무 지지하는 쪽으로 진행되면 내담자의 탐색과 도전을 격감시킬 수도 있다는 점을 기억해야 한다. 적절할 때의 승인이나 지지는 내담자를 진척시킬 수 있지만, 또 어떤 종류의 안심은 공허하게 경험되고 성장에 방해가 될 수 있다.

예를 들어, '모든 것이 다 괜찮을 겁니다.'와 같은 반응은 내담자에게 공감 결여로 경험되기도 한다. 특히 상담에 대한 동기가 높거나 자신에 대한 성취욕구가 높은 내담자에게 상담사가 무조건적으로 괜찮다고 반응하면 상담 동기가 저하되기도 한다. 상담사는 인정을 사용할 때 단적으로 평가하고 판단하는 태도를 보이거나, 반대로 내담자를 안심시키기 위해 인정기법을 너무 자주 사용하는 것 모두를 주의할 필요가 있다.

내7: 첫째를 보면 이제는 지겨워요. 될 대로 대라. 아무것도 하기 싫다.
상7: 지금껏 해 오신 노력이 있었음에도 지금 이 순간 아무것도 하기 싫을 때는 그만한 이유가 있을 것 같아요.

내8: 우울이란 게 계속 똑같고 나아지는 게 아니잖아요. 아이가 괜찮아지나 했는데 다시 또 해야 하고 **언제 끝날지 모르는 터널**을 다시 통과해야 하는 **막막함**, 어떻게 똑같이 한결같을 수 있나.

상8: 민들레 님이 "아플 것 같다. 정말 싫었을 것 같다. 놓아버리고 싶었을 것 같다. 이것을 놓고 싶다."는 말은 간절히 바라는 것은 내가 이곳에서 **벗어나고 싶다**는 이야기로 들려요.

상담사가 비난을 하지 않고 내담자의 감정을 인정하는 반응을 해 주면 내담자는 자기 존재와 감정이 수용되는 경험을 한다. 내담자가 아무것도 하기 싫은 마음에 대해 계속 이야기할 때, 무엇이 싫은지, 왜 싫은지를 계속 묻는다면 인지적 수준의 접근에 머물러 수용되는 느낌을 받기 어려워할 것이다.

6. 직면하기

직면은 맞닥뜨림 혹은 도전이라고 부르기도 한다. 이것은 내담자의 삶에서 의미, 영향, 감정, 태도, 대인관계 등의 불일치를 상담사가 언어적으로 보여 주는 상담기술이다. 직면은 정도가 좀 더 강한 피드백으로 내담자의 말이나 행동이 일치하지 않거나 모순점이 있을 때 내담자에게 보여 주는 기법이다. 상담사는 직면 이전에 내담자와 라포 형성을 충분히 해 둘 필요가 있다. 상담사는 직면함으로써 시간을 쓸데없는 데 쓰지 않고 내담자의 문제 중심에 다가갈 수 있다. 상담사가 직면 없이 공감적 이해 또는 지지만 해 준다면 상담은 비생산적이고 공허한 말잔치로 끝날 수 있다(Egan, 2013).

해석은 내담자가 자신의 경험을 새롭게 생각하고 이해할 수 있도록 상담사가 전문가의 관점에서 새로운 이해의 틀을 제시하는 것이다. 직면과 해석은 주로 정신분석의 장기상담에서 사용되지만, 최근에는 내담자에게 적절하게 필요한 경우 단기상담에서도 사용되는 추세이다.

1) 직면과 해석의 차이

(1) 최적의 사용 시기

일반적으로 직면은 다음과 같은 때에 사용한다. 첫째, 이전에 한 말과 지금 하는 말이 불일치할 때, 둘째, 말과 행동이 불일치할 때, 셋째, 내담자가 스스로에 대해서 인식하는 것과 다른 사람에게 인식되는 것이 불일치할 때, 넷째, 내담자의 말과 정서적 반응이 불일치할 때, 다섯째, 내담자 말의 내용과 상담사가 그에 대해서 느끼는 것이 다를 때이다.

직면을 시행할 때 유의할 점은 다음과 같다. 첫째, 평가나 판단을 하지 말고 사실을 있는 그대로 진술하여 보고하도록 한다. 둘째, 변화를 강요해서는 안 된다. 셋째, 시기적으로 적절한 때에 기법을 적용해야 한다. 상담사는 내담자와 라포가 형성되고 난 후 직면을 사용하는 것이 치료적이다.

(2) 직면과 해석의 질문법

해석(interpretation)과 직면(confrontation)은 치료적 변화를 목적으로 하는 치료개입의 수단으로서 질문의 형태로 제시된다. 질문 형식으로 하는 이유는 내담자로 하여금 상담사의 해석과 직면에 대해서 생각해 보게 하고, 검토해 보기 위함이다. 단정적인 표현을 사용하지 않고 질문을 통하면 내담자에게 생각해 볼 수 있는 여유를 줄 수 있다. 상담사가 하는 해석과 직면이 정확하지 못하거나, 지나치거나, 내담자가 수용할 수 없거나, 소화시킬 수 없을 때, 내담자는 그것을 거부할 수가 있다.

먼저, 직면의 예를 살펴보면 다음과 같다.

> 내1: 세상에 믿을 사람 하나 없어요.
>
> 상1: 누가 누구를 믿을 수 없다는 뜻일까요? (명료화 질문)
>
> 내2: 저는 세상 사람들 하나도 안 믿어요.
>
> 상2: 길동이는 열여덟 살까지 사는 동안 아무도 믿어 본 경험이 없니? (직면적 질문)
>
> 내3: 예…… 아니…… 믿어 본 사람이 있기는 하지만…….
>
> 상3: 지금은 아무도 믿을 수 없을 듯한 심정이라는 거구나? (공감적 이해)
>
> 내4: 네, 지금은 그래요.
>
> 상4: 누구에게 크게 배신을 당한 경험이 있니? (탐색 질문)

다음으로 해석의 예를 살펴보면 다음과 같다.

> 내1: 대학에 가야만 하는데 지금은 할 수가 없어요.
>
> 상1: 대학에 가지 않는다면 어떤 일이 생기나요? (탐색/직면적 질문)
>
> 내2: 제가 4년째 그것에 매여 있어요.
>
> 상2: 대학에 가지 못한다면 뭔가 끔찍한 일이 생기는 일이 있나요? (해석적 질문)
>
> 내3: 모르겠어요.
>
> 상3: 대학에 가지 못한 상황을 진지하게 생각해 본 적이 있나요? (직면/탐색적 질문)
>
> 내4: 생각은 해 보았는데, 서점에 가도 수능 관련 문제집만 봐요. 아직 매여 있는 거죠.

2) 직면 대상

직면 대상은 내담자의 사고·행동·감정이다. 상담사가 직면하는 대상은 내담자의 증상과 관련이 있다. 내담자의 증상은 과거에는 어떤 목적이나 적응을 위해서 필요한 수단이었다. 상담 과정에서 증상에 대한 내담자의 대처는 다른 대안 행동이 필요함을 알려 준다. 상담사는 내담자에게 존중과 배려가 되는 느낌을 전달하면서 직면하는 것이 더 치료적이다.

(1) 언어적 표현과 비언어적 행동의 불일치

일반적인 상황에서 언어적 표현과 비언어적인 행동이 나타내는 의미는 대체적으로 일치한다. 이것은 모든 대화에서 나타나는 상보적 행동을 의미한다. 이 두 가지가 자연스럽게 일치될 때 안락하고 편안하며, 자연스럽게 관계가 이어진다. 그러나 상담실에서는 이 두 가지가 어긋나는 경우가 자주 일어난다. 이 경우에 대화하는 상담사와 내담자 간에 리듬을 발견할 수 없다. 예컨대, 상담사는 내담자에게 눈을 맞추면서 집중하려고 하는데, 내담자는 팔짱을 낀 채 의자에 기대앉아서 상담사의 눈을 피하듯이 의자 너머를 쳐다보거나 다른 곳을 응시하는 경우이다. 이러한 상황에서 상담사나 내담자는 모두 불편할 것이다.

예를 들면, 내담자가 기르던 강아지가 죽었다는 이야기를 할 때는 눈물을 흘린다. 어머니가 자신을 세세하게 간섭했던 이야기를 할 때는 한숨을 짓는다. 이런 것은 내담자의 언어적 표현과 비언어적 행동이 일치되는 상호 보완성을 보여 준다. 반면, 내담자의 언어적 표현과 비언어적 표현이 불일치하는 경우도 있다. 예컨대, 내담자가 "이제 갈 시간이네요."라고 말하면서 자리에 앉아 새로운 주제를 꺼내는 경우, 또는 자신을 성폭행했던 아버지 이야기를 하면서 동시에 웃는 경우는 이 두 가지가 불일치하는 것이다. 이런 불일치는 매우 중요하고, 주목해야 하는 지점이다. 이는 내담자가 양가감정을 가지고 있다는 것뿐 아니라 그 지점에서 더 깊은 탐색을 할 필요가 있음을 알려 준다. 상담사가 내담자를 경청함으로써 불일치의 의미가 분명해질 수 있다. 하지만 그 의미가 분명하지 않을 때 다음과 같은 반응으로 의미를 탐색할 수 있다.

> 상1: 민들레 님은 기쁘다면서 실제로는 울고 있습니다. 제가 더 잘 이해하도록 도와주실 수 있습니까?
> 상2: 민들레 님은 이런 얘기를 하면서 실제 행동은 다른 것을 보여 주시는데……. 제가 좀 혼란스럽네요.
> 상3: 아무 일 없이 모든 것이 잘 진행되고 있다고 말하고 있는데, 표정이 굳어 있고 목소리가 힘이 없게 들리네요.

(2) 사고와 행동이 비일치적일 때

내담자의 사고 및 태도가 행동과 비일치적일 때 직면 대상이 된다. 다음 대화는 내담자가 지난 회기에서 상담을 이어나가는 것에 동의해 놓고도 이번 회기에서 비언어적인 태도로 그것을 거부하는 듯한 반응을 보이는 것에 대해 상담사가 직면했던 과정을 보여 준다. 이 사례는 앞서 다루었던 '가짜 자기가 조종을 한다는 6학년 남학생 내담자(사례 10 참조)이다.

> 상1: 오늘 시작 전에 지난 시간에 이야기했던 거 기억할 수 있니?
> 내1: (비꼬듯이) 얘기를 했다니깐 그러네.
> 상2: 선생님한테 이야기를 했다는 이야기니?
> 내2: (째려보면서) 그러니깐 얘기를 했다니깐 그러네.
> 상3: 기쁨아, 지금 봐 봐…… 똑같은 걸 세 번 정도 이야기하는데. (내담자가 눈 흰자위를 보이며 째려봄). 그럼 선생님이랑 눈싸움을 해 볼까? 눈 그렇게 뜨면……?

내3: (눈 흰자위를 더 크게 보이며 째려보면서) 그런 소리는 안 했어요.

상4: (계속 눈 흰자위를 보이며 째려보면서 가까이 다가옴) 응, 눈을 그렇게 뜨면 눈싸움하자는 건가? 아니면 기쁨이가 선생님한테 무섭게 보이는지 물어보는 거야? 그게 기쁨이 마음이 화났다는 걸까?

내4: (눈 흰자위를 내리면서 의자에 앉음) 이게 뭔지 알아 맞춰 보세요. (손으로 머리카락을 잡고 위로 치켜세우면서 눈을 찌푸림)

상5: 그게 뭘까? 화난 거 같진 않은데…… 억울하다는 느낌인가? 궁금한데.

내5: 뭔지 알려 줄까요? 답을?

상6: 궁금해. 선생님 알고 싶어.

내6: 저도 모르지요.

상7: 응, 그래. 그럼 우리 같이 알아보자. 기쁨이 마음을 그렇게 말해 줘서 고마워.

내7: 아무도 모르는 거예요. 이것은.

상담사는 내담자가 상담사에게 접근하는 비언어적인 태도를 내담자가 상담사에게 관심 있다는 의미로 받아들였다. 내담자의 비언어적 태도는 '비꼬듯이' '째려보면서' '눈 흰자위를 보이며 째려봄' '눈 흰자위를 더 크게 보이며 째려보면서' '계속 눈 흰자위를 보이며 째려보면서 가까이 다가옴' '눈 흰자위를 내리면서 의자에 앉음' '손으로 머리카락을 잡고 위로 치켜세우면서 눈을 찌푸림' 등의 표현을 통해 드러난다. 구체적인 행동이 부가되면서 상담사에게 더 접근하는 것에 주목했다. 만약 내담자의 비언어적 태도를 상담사에 대한 공격 행동으로 생각하고 접근했다면 방어적이고 계속 말꼬리로 논쟁으로 갈 수 있다. 상담사는 내담자의 비언어적인 태도에 "그게 뭘까? 화난 거 같진 않은데…… 억울하다는 느낌인가? 궁금한데."라고 반응한다. **궁금해하는** 상담사의 반응은 내담자의 공격적 행동을 담아 주고 거기에서 강점을 찾고자 하는 **열정**을 전달한다. 상담사는 강점을 하나라도 찾으려고 노력했고, 결국 내담자는 "이게 뭔지 알아 맞춰 보세요."라는 것으로 **자발적으로** 반응하게 되었다. 이 사례에서 내담자의 언어와 비언어적인 것의 상이점을 직면 대상으로 설정해서 접근하는 상담사의 태도에 주목할 필요가 있다.

3) 직면 준비하기

상담사는 내담자의 언어표현과 비언어적 행동의 상호작용을 관찰하면서 직면을 준비한다. 직면은 내담자의 행동이나 감정을 알아차리는 중요한 과정이기에 상담사는 내담자의 언어 표현과 비언어적 행동에 주의를 기울여야 한다.

상담사는 내담자의 반응에 대한 단서를 발견하기 위해 회기 내내 언어적 표현과 비언어적 행동 사이의 상호작용을 관찰한다. 예컨대, 내담자가 "저는 남친을 잃었어요."라고 말한 후 축 처진 자세로 눈물을 흘린다면, 상담사는 내담자가 슬퍼하고 있다고 가정할 수 있다. 혹은 내담자가 "전 부모님이 지긋지긋해요. 질려 버렸어요."라고 한 후 얼굴이 열이 오르면서 높은 톤으로 말한다면, 상담사는 내담자가 분노한다는 것을 짐작할 수 있다. 그러나 내담자가 "저의 부모님은 착해요. 제가 제일 좋아해요."라고 말하면서 내담자의 고민을 이야기하지 않겠다는 태도를 보인다면, 상담사는 이러한 반응에 대해 의아해할 것이다. 이것은 내담자의 양가감정을 보여 주는 것인가? 아니면 기쁨, 슬픔, 불신 아니면 이 모든 것이 복합된 것인가? 상담사는 겉으로 보이는 것의 안에 있는 내담자의 마음을 이해해야 한다. 그리고 내담자의 말과 행동 간의 상호작용을 통해서 상담사는 내담자에게 실제 일어나고 있는 일에 대한 단서를 얻을 수 있다.

4) 효과적인 직면 지침

직면의 목적은 대결이나 공격이 아니라 내담자의 건설적인 변화를 위해 새로운 자기이해, 타인이해, 새로운 관점, 대안행동의 발달을 촉진하는 것이다. 직면은 내담자의 동의를 얻고자 함이 아니라 건설적인 행동실천을 위한 새로운 시각을 갖도록 하기 위해 사용한다(Eagan, 2013). 내담자를 공감한다고 내담자가 욕과 폭력을 하는 제멋대로 하는 행동을 방임해서는 안 된다. 내담자의 힘든 **마음은 공감**하지만 행동은 분리하여 내담자 내면에서의 갈등과 모순, 혼란에 내담자를 맞닥뜨리도록 해야 한다. 직면 지침에 기초해서 직면을 상담에서 어떻게 사용하는지를 앞서 제시한 〈사례 10〉을 통해 살펴보기로 하겠다.

(1) 공감과 수용을 기반으로 다가가기

직면이 내담자의 불일치에 도전하는 기술이라 할지라도 내담자가 이해받고 관심받는 차원에서 접근해야 한다. 공감과 배려를 전제로 한 직면은 내담자의 방어벽을 낮춘다. 그리고 자신의 진정한 모습을 보도록 동기화할 수 있다.

상담사가 내담자에게 인사하자, 내담자는 물끄러미 바라보고 인사하지 않는다. 내담자의 어머니가 "선생님께 인사해야지."라고 말하자, "뭐 인사해야 되나?"라고 한다. "선생님이 뭐 길래? 왜 인사해야 하지?"라고 하면서 어머니를 괴롭힌다. 상담사가 내담자에게 "그래, 오늘은 우리 눈으로 인사하자. 다음에 말로 하고."라고 이야기하고 내담자를 수용하면서 같이 상담실에 들어간다.

> 상1: (상담실에 들어오면서 내담자가 서류 파일을 보고 책상 위를 치면서 '이 나쁜 놈이!'라고 크게 소리 지름) 기쁨이가 이 파일을 보고 '이 나쁜 놈이!'라고 하면서 화를 냈어. 이 파일한테 화 내고 그랬어, 그렇게 하고 나면 기분이 어때?
>
> 내1: (비아냥거리듯이) 글쎄요, 잘 모르지요.
>
> 상2: 지금 들어올 때도 그렇고, 서류 파일한테도, 의자한테도 그런 걸 봤어. 혹시 오기 전에 어떤 화가 났는지 말해 줄 수 있니?
>
> 내2: (눈을 다른 곳으로 보면서) 저도 몰라요.
>
> 상3: 잘 모를 수 있지. 어쨌든 네 의견을 이야기해 줘서 고마워.

상담사는 내담자가 인사를 안 하고 상담실에 들어와서 서류 파일을 보고 책상 위를 치는 내담자의 행동을 내담자와 분리했다. 내담자의 행동만 보여 주면서 내담자의 마음은 수용하는 태도로 내담자와 대화를 이어 가는 것에 주목할 필요가 있다. 내담자가 상담사의 수용하는 태도에 대해 '잘 모른다'고 반응하는데, 그것까지 이해하면서 '모른다'는 내담자의 반응을 "네 의견을 이야기해 주어서 고마워."라는 수용적 언어로 바꾸어 주었다. 이런 수용을 통해 직면을 위한 준비를 할 수 있다.

(2) 약점보다 강점으로 먼저 접근하기

직면할 때 내담자의 실패경험에 초점을 맞추게 되면 내담자의 행동변화가 힘들고 상담이 중단될 경우가 많다. 내담자의 약점을 먼저 비추어 주면 내담자는 약점을 의식하게 되고 자신을 과소평가해서 불안해질 수 있다(Eagan, 2013). 그러므로 상담사는 우선 내담자가 이야기한 내용이나 이야기 방식 가운데 모순점을 발견하고, 될 수 있는 한 비판단적인 태도로 내담자 스스로 모순을 보도록 돕는 것이 대화를 순조롭게 이어 가는 데 도움이 된다.

내1: 결국은 조종당하는 거지요. 이것이 바로.

상1: 아, 이렇게 하는 부분이 누구에게 조종당한다고 생각하니?

내2: 엄마가 오게 했으니까, 전부 다 엄마의 책임이라고 생각해요.

상2: 엄마가 오게 했으니까?

내3: 네, 결국은 그런 거고, 그런 거지요.

상3: 그래 기쁨아, 오늘 정말 중요한 이야기를 했어. 기쁨이는 오고 싶지 않은데, 엄마가 오게 해서 왔네?

내4: 네, 끌려 온 거예요.

상4: 그래, 끌려 온 거야? 선생님 궁금하다. 기쁨이가 이곳에 왔을 때 기쁨이 생각이 놀랍고, 관찰도 잘하고…….

내5: 생각들이 놀라웠다고요?

상5: 응, 선생님 많이 놀랐어.

내6: 그러면 결국 다닐 필요도 없겠네요.

상6: 너무 놀라웠는데, 오늘처럼 얘기한 부분이 기쁨이가 부족한 부분이라서 이 부분을 연결해야 할 것 같아요.

내7: 자, 그럼 이야기를 더 해 볼까요?

상7: 한 가지만 더 얘기해 보자. 선생님이 알고 있는 것보다 기쁨이가 다른 아이들이 못 본 것들을, 기쁨아가 굉장히 관찰력 있게 이야기를 하고 있어요. 기쁨이가 조금 부족한 게 무엇이냐면. 생각이 좀 꼬인 것 같아요.

내8: 자, 그럼 풀면 되겠네요?

상8: 풀기 전에 잠시만, 정확하게 이야기해 보자. 생각은 너무나 깊게 있는데…….

내9: 어떻게 꼬여 있는지 구조를 한번 보여 주지요.

상담사는 내담자가 **조종당해서 끌려** 왔다고 생각한 부분에서 '기쁨이 생각이 놀랍고, 관찰도 잘하는 것'에 초점을 맞추고 이야기를 한다. 내담자의 말꼬리를 잡고 늘어지는 패턴보다 상담사가 욱하는 반응 대신 내담자의 강점에 주시하는 반응을 보인다. 강점에 반응하는 상담사의 말에 내담자는 "생각들이 놀라웠다고요?"(내5)라고 대답하며 자기 강점에 관심을 보인다. 상담사는 다시 "응, 선생님 많이 놀랐어."(상5)라는 반응으로 다시 안전기지를 확보해 준다. 방어가 심한 내담자는 다시 상담실을 다닐 필요가 없겠다는 것으로 반응(내6: 그러면 결국 다닐 필요도 없겠네요.)을 한다. 상담사는 내담자의 약점 반응보다 다시 무엇이 필요한지에 대한 것으로 상담 대화를 전개해 나가고 있다. 내담자에 대한 강점 중심의 상담사 접근은 내담자의 내면 속 이야기할 수 있는 마음과 생각이 꼬인 부분으로 연결하는 통로가 되었다.

(3) 요약하거나 피드백 사용하기

상담사는 필요에 따라 요약을 사용하며, '당신은 한편으로 ~뿐'이라고 하면서 다른 한편에서는 '~입니다.' 또는 피드백을 사용하여 불일치를 돌파할 수 있도록 도움을 준다. 직면할 때 주로 사용할 수 있는 반응은 다음과 같다.

> ~라고 말했는데, ~하게 행동하고 있군요.
>
> ~라고 말했는데, ~라고도 말하는군요.
>
> ~라고 행동을 하고 있으면서, ~도 행동을 하고 있군요.
>
> ~라고 말했는데, ~하게 보이는군요.
>
> ~라고 말했는데, ~처럼 들리는군요.

상1: 그래, 아무도 모를 수 있지. 지난 시간에 선생님과 무슨 이야기를 했는지 알려 줄까?

내1: 얘기하려면 하고 말려면 말고, 마음대로 하세요.

상2: 응, 선생님은 이야기해 주고 싶어. 기쁨이가 지난번에 어떤 이야기를 했냐면, 기쁨이가 여기 오는 게 싫었어요. 그리고 조종당한다고 생각했어요.

내2: 아직 조종당하고 있는 건 아니지……. 조종당한다고 생각한 것이 아니고, 조종당하고 있는 거예요. 저는.

상3: 맞아. 기쁨이는 오늘 조종당하고 있다고 느끼는 거구나. 지난 시간에는 기쁨이가 조종당하고 있다고 말했는데, 그걸 꼬여 있는 걸 풀자고도 말했어요. 기쁨이가 동의했어요.

내3: 전 진짜 제가 아니에요.

상4: 그래, 맞아. 넌 정말 네가 아니야. 기쁨이 어쩜 그런 걸 다 아니?

내4: 전 가짜예요.

상5: (놀라면서) 그럼 기쁨이가 어떻게 해야 할까? 그런 이야기를 선생님이랑 한번 이야기 해 보자.

상담사는 내담자와 이야기할 수 있는 마음의 문이 열린 것을 알아차리고 지난 회기의 이야기로 "지난 시간에 선생님이랑 무슨 이야기를 했는지 알려 줄까?"(상1)라는 대화로 접근한다. 내담자는 계속 지난 시간에 상담에 동의한 것을 모른다고 오리발을 내밀면서 저항하고 있다. 상담사는 내담자에게 지난 회기에 동의한 것을 다시 두 번 상기시켜 주면서 직면을 하고 있다. "선생님은 이야기해 주고 싶어."(상2)라는 상담사의 친밀하면서도 내담자와 이야기하고 싶다는 **강한 동기를 전달**하고 있음에 주목하자. 그러고 나서 내담자에게 지난 회기에 이야기한 것을 다시 들려준다. "지난 시간에는 기쁨이가 조종당하고 있다고 말했는데, 그걸 꼬여 있는 걸 풀자고 말했어요. 기쁨이가 동의했어요."(상3) 결국 내담자는 자신의 진짜 마음이 아니고 가짜라는 깊은 내면의 이야기를 하게 된다.

(4) 질문 형식으로 문제 제기하기

상담사는 논쟁하거나 어떤 주제를 되풀이해서 말하지 않는다. 대신 내담자가 가진 가정에 도전을 주어야 한다. 내담자가 근거 없이 내리는 결론에 대해 상담사는 내담자에게 그 가정에 대한 근거를 설명해 달라고 할 수 있다. 상담사는 내담자에게 고려해 볼 만한 대안적인 생각을 제공함으로써 직접적으로 잘못된 가정에 도전할 수 있다. 〈사례 10〉의 내담자는 '자신이 조종당하고 있다.'라는 가정에 사로잡혀 있었다. 이런 내담자의 가정에 도전하는 상담사의 질문에 주목해 보자.

상1: 그게 혹시 몸속에 어디에 기억되었는지 이야기해 줄 수 있니? 가짜라는 걸.

내1: 가짜라는 걸요?

상2: 응, 가짜가 몸속 어디에 기억이 되어 있니?

내2: 난 처음에는 진짜였어요.

상3: 응, 처음엔 진짜였구나. 그런데 어쩌다가 가짜가 되었니?

내3: 누군가가 조종했다는 소리지요.

상4: 응, 원래는 네가 진짜였는데, 누군가 조종해서 가짜가 되었다는 거구나?

내4: 전 그러니까 결코 제가 진짜 아니라고요. 저는 저의 진짜 마음을 가지고 있지 않아요. 진짜 마음을.

상5: 그럼 지금 갖고 있는 마음은 어떤 마음이야? 기쁨이의 마음이 아니면.

내5: 저는 지금 저를 조종하고 있어요.

상6: 아…… 기쁨이를 조종하고 있어요?

내6: 네. 그렇기 때문에 저의 마음을 알 수가 없지요.

상7: 기쁨이의 마음을 알 수 없으면 힘들 것 같아.

내7: 결국은 제가 저를 조종하고 있다고요.

상8: 네가 너를 조종하고 있다고?

내8: 조종하면서 아주 잘 갖고 놀고 있어요.

상9: 기쁨이 진짜 마음은 모르면서, 기쁨이를 조종하면서 갖고 놀고 있네요.

내9: 진짜 마음은 아마 이미 죽었을 거예요.

상10: 무엇을 보고 그렇게 느끼니?

내10: 돌아갈 수 없으니까요.

상11: 응, 진짜 마음으로 돌아갈 수 없구나. 그래서 슬프구나.

내11: 아니요, 전 지금 이 기쁨이를 갖고 놀고 있다고요. 전혀 슬프지 않아요.

상12: 응, 진짜 마음이 없는데?

내12: 갖고 노는데 잘 안 되면 어차피 진짜 제가 아니니까 제 마음대로 해요. 폭력도 쓰고 또 사람도 죽일 수가 있어요.

상13: 응, 진짜 네가 아니니까.

내13: 네, 갖고 노는 거예요. 저는 아픔을 못 느껴요.

상14: 진짜 네가 아니니까?

내14: 네. 어차피 가짜예요.

상15: 응, 가짜니까. 그럼 지금 가짜 네가 진짜 너로 돌아오면 폭력도 멈춰질 수 있을까?

내15: 전 가짜 기쁨이가 아니에요. 전 완벽하게 다른 사람이에요.

내담자는 상담사의 질문에 자신이 조종당하고 있다는 이야기에서 '진짜 기쁨이' '가짜 기쁨이'로 이야기가 확장되고 있다. 내담자의 **철통** 방어가 사라지고 내담자의 내면의 이야기로 들어가고 있는 것에 주목하자.

(5) 양자를 비교하거나 통합하게 하기

각각의 모순점마다 내담자의 이야기를 듣고 양자를 비교하도록 하거나 양자를 통합해 가는 것이다. 내담자는 '가짜 기쁨이'와 '진짜 기쁨이'로 자신의 이야기를 해 나가는 과정까지 3회기에서 다루는 것을 볼 수 있다. 비록 3회기라 상담의 초기 단계이지만 내담자가 가짜 기쁨이도 인정하고 진짜 기쁨이도 인정하면서 서로를 비교하고 통합해 나가는 과정을 볼 수 있다.

> 상1: 그렇구나. 선생님이 너무 마음이 슬프다. 네가 진짜 기쁨이를 못 만나고 가짜 기쁨이를 만나서 이렇게 얘기한다는 게, 가짜 기쁨이를 만나서 얘기하다 보면 진짜 기쁨이를 만나는 시간이 오겠지?
>
> 내1: 슬프다고요? 전 슬픔을 몰라요.
>
> 상2: 네가 슬픔을 모른다는 것을 알고 있네, 그게 중요한 것 같아. 가짜 기쁨이를 만나다 보면, 진짜 기쁨이가 힘이 생길 수 있도록 마음을 얘기하다 보면 진짜 기쁨이가 나와서 얘기할까?
>
> 내2: 바로 반응할 수도 있지요. 하지만 쉽지 않을 거예요.
>
> 상3: 쉽지 않은데, 그러면 가짜 기쁨이에게 내가 부탁해 보면 될까? 아니면 진짜 기쁨이에게 도와 달라고 부탁해 볼까?
>
> 내3: 진짜 기쁨이에게 부탁해 보는 것이 좋겠지요.
>
> 상4: 오~ 그렇구나. 그러면 선생님이 진짜 기쁨이에게 부탁할 거야. 그러면 지금 잠시 기쁨이 눈을 감아 보세요. 손은 내리고…… 편안하게…… 눈 내리고…… 선생님은 지금 진짜 기쁨이에게 부탁하는 거야. 가짜 기쁨이는 지금 잠시 잠깐만 의자에 앉아 있는 거야. 잠시 선생님이 진짜 기쁨이와 3분 정도 만나서 얘기할 수 있을까?
>
> 내4: 불가능하겠지요.
>
> 상5: 불가능하면 이 의자에 진짜 기쁨이를 앉힐까, 가짜 기쁨이를 앉힐까?
>
> 내5: 그러니깐 아무도 앉힐 수가 없지요.

상6: 누구도 앉을 수 없는 이유가 있을까?

내6: 가짜 기쁨이는 여기에 나와 있고, 진짜 기쁨이는 나올 수가 없으니까요.

상7: 그래 좋아. 그러면 놔두고 그 안에서 가짜 기쁨이는 잠시 잠을 재워 둡니다. 그러면 선생님이 진짜 기쁨이를 만날 수 있으니까 잠자면 틈이 보인다고 했으니까. 괜찮지요?

내7: 한번 그렇게 해 보던가요.

상8: OK. 그럼 내가 말한다. 자, 가짜 기쁨이, 너는 지금부터 내가 진짜 기쁨이와 이야기하는 동안 잠을 잔다. 가짜 기쁨이는 잠이 들어라. 잠이 들었어요?

내8: 아니요.

상9: 가짜 기쁨이가 잠이 들었으면 오른손을 들어 주세요. 나는 지금 진짜 기쁨이와 만나서 얘기하고 싶어. 가짜 기쁨아~ 너는 잠시 잠을 자고 내가 진짜 기쁨이와 만날 수 있도록 도와줄래?

내9: 불가능할 것 같은데요.

상10: 선생님이 진짜 기쁨이 만날 때 오른손을 들어 주세요. 가짜 기쁨이가 안 비켜 주면은 진짜 기쁨이는 선생님 눈을 봐. 눈, 눈동자 안에 진짜 기쁨이를 볼 거예요. 그러면 가짜 기쁨이가 있어도 상관없어요. 상관없는데 눈 안에 있는 진짜 기쁨이 영혼을 내가 마음으로 만나는 거예요. 마음으로…… 진짜 기쁨아, 나는 김형숙이라고 해. 널 정말 만나고 싶어. 내가 만나고 싶은 건 진짜 기쁨이야. 난 너와 얘기하고 싶어. 너와 만나서 따뜻하게 손잡고 네가 슬픈 것, 힘들었던 것, 네가 도와줘야 돼. 네가 도와줄 수 있니? 진짜 기쁨이야? 대답 안 해도 돼. 눈으로 얘기하니까 만일 얘기할 수 있으면 고개를 끄덕여서 (고개를 끄덕임) 어…… 그래 그렇게 얘기해 줘서 나는 진짜 기쁨이를 만났어…… 진짜 기쁨이 마음은 어떤지…….

내10: 진짜 기쁨이가 어떠냐고요?

상11: 음…… 진짜 기쁨이가 뭐라고 이야기하니?

내11: 지금은 얘기를 못하지요.

상12: 음, 금요일 날 만나자. 가짜 기쁨이도 수고했어. 50분 동안 얘기하느라고…… 네가 진짜 기쁨이를 잘 도와주렴. 진짜 기쁨이가 하는 것을 얘기하고 잘 도와줘야지.

내12: 도와주라면 도와줄 수는 있지요.

상13: 오~ 어떻게 도와줄래?

내13: 도와주는 방법은 저도 몰라요.

상14: 음. 그러면 내가 조금 얘기해 주면 한번 해 볼래? 도와주는 방법?

내14: 도와주는 방법이요? 음, 말해 보든가요.

상15: 진짜 기쁨이가 나올 때가 있잖아.

내15: 오늘처럼요?

상16: 진짜 기쁨이가 나와서 이야기할 때 네가 조금 기다려 줘~ 진짜 기쁨이는 폭력 안 쓰고 부수지도 않고 얘기하는 것 좋아하거든. 진짜 기쁨이는 굉장히 마음이 따뜻하고 사랑스럽고 지혜로운 아이야. 지혜로운 진짜 기쁨이가 나와서 얘기할 때 가짜 기쁨이, 네가 조금 기다려 줘야 돼. 엄마나 선생님과 진짜 기쁨이가 나와 이야기 할 때 진짜 기쁨이가 이야기하도록.

내16: 잠을 자도 쉽게 나오지는 않는데 어쩌지…….

상17: 잠을 자다가 쉽게 나오지 않는다고?

내17: 잠을 자도 그렇게 쉽게 나오지는 않는다고요. 끝까지 잠을 잘 테니까요~

상18: 그래도 아침에 일어날 때 진짜 기쁨이가 나오면 엄마가 진짜 기쁨이를 만날 거야. 우리 진짜 기쁨이가 막 못하게 그것만 하지 않으면 돼. 도와줄 수 있어?

내18: 도와줄 수는 있지요.

7. 해석하기

반영은 내담자가 말하는 것에 대하여 조금 다른 관점인 명확함을 더해 준다. 반면, 해석(interpretation)은 내담자가 자신의 경험을 새롭게 생각하고 이해할 수 있도록 상담사의 관점에서 새로운 의미를 제시하는 상담기술로, 내담자에게 잠재되어 있는 능력과 기회를 발굴하여 내담자 성장과 발달을 촉진하는 도구이다(Eagan, 2013). 상담사는 내담자의 이야기를 들으면서 문제 상황과 행동 등에 대한 가설을 세우게 된다. 이런 가설을 내담자에게 이야기해 줌으로써 내담자를 통찰 또는 새로운 깨달음으로 인도하려는 시도가 곧 해석이다. 해석을 통해 전달하는 내용은 아직 검증되지 않은 일종의 가설과 비슷하다. 이 가설이 내담자의 동의를 얻게 되면 상담은 급진전되는 힘을 발휘할 수 있다. 해석은 내담자에게 일어난 사건을 지각하고 이해하는 상담사의 준거 체제를 드러내 놓는 행위이다. 상담사의 해석을 통해 내담자의 준거 체제는 일종의 도전을 받는다. 지금까지 내담자 자신의 주관에 사로잡혀 객관화시키지 못했던 여러 사태들이 상담사의 해석 행위를 통해 새롭게 조명됨으로써 해결의 새로운 돌파구를 찾는 계기가 될 수 있다.

해석은 내담자가 현재 직면하고 있는 문제행동의 원인을 추적·파악·설명하는 데 초점을 맞춘다. 설명은 내담자 개인의 삶 속에서 일어나는 사건에 대해 일관성 있고 예측 가능한 형태의 체계를 제공한다.

1) 해석 종류

사람은 자신의 삶의 사건을 이해하고자 하는 타고난 욕구가 있다. 해석은 이러한 욕구를 충족시킬 수 있는 방법이며, 이 욕구는 사람을 정신적 외상으로부터 회복시키는 데 촉진적이다(Frank, 1997).

회복 탄력성의 3요소로 회복과 저항, 재배열이 있는데, 이 욕구는 재배열을 위한 자원이다. 재배열은 사건으로부터의 새로운 정보를 받아들이고 동화하기 위해 신념·가치·세계관을 확장하는 능력이다(Lepore & Revenson, 2006). 주로 무엇을 해석해야 할 것인지에 따라 해석의 종류를 다음과 같이 나눌 수 있다.

첫째, 발생학적(genetic) 해석이다. 이것은 현재의 감정, 사고, 갈등, 행동을 과거의 사건들과 연관시키는 것을 말한다. 그것들의 발생을 초기의 유·아동기까지 거슬러 올라가 파악하고자 한다. 재구성(reconstruction)은 병리의 발생에 대한 해석 과정의 일부로서, 심리적으로 중요한 초기 경험들에 관한 정보들을 엮어 내는 것을 말한다. 이때 필요한 정보들은 꿈, 자유 연상, 전이 왜곡, 기타 분석적 자료들로부터 수집된다.

둘째, 역동적(dynamic) 해석이다. 이것은 특정한 행동과 감정을 일으키는 갈등적 요소들을 명료화하는 것이다.

셋째, 전이(transference) 해석이다. 이것은 치료 관계에서 일어나는 왜곡을 밝히고 설명하는 것을 말한다. 이러한 치료 관계의 왜곡은 과거의 중요한 인물, 보통 부모나 형제들과 경험했던 감정이나 태도, 행동이 상담사에게 투사되어 나타난다.

넷째, 은유적(anagogic) 해석이다. 주로 꿈의 자료를 다루는 것으로 이루어져 있는데, 직접적으로 설명하기 어려운 추상적인 내용을 우화적인 형태로 명료화하는 것이다.

2) 최적의 해석 시기

(1) 라포 형성 이후

해석은 내담자와 충분한 라포가 형성된 이후에 한다. 라포가 형성되기 전 또는 상담 초기에 해석을 하는 것은 바람직하지 못하다. 내담자가 상담사를 신뢰하고 상담사의 말에 무게를 둘 때 상담사의 해석은 비로소 내담자에게 영향을 줄 수 있다. 해석은 거의 수면에 올라와 드러날 듯 말 듯한 상태에서 이를 '건져 올려주는 것'으로 비유할 수 있다.

상담사가 해석을 성급하게 하면 내담자는 해석을 받아들이지 않는다. 오히려 방어적인 태도를 취하거나 신뢰관계에 손상을 받아서 상담이 중단될 수 있다. 또한 상담사가 해석을 너무 늦게 하면 비효율적인 상담이 된다. 라포가 형성된 이후에 해석하는 것이 적절하다. 가장 결정적인 시기는 상담사가 질문을 하고 내담자 스스로 해석하게 만드는 것이 가장 좋은 방법이다. 다음의 예는 내담자 스스로 해석하도록 촉진하는 질문이다.

> "당신의 어린 시절과 현재 간의 어떤 연관성이 있다는 것을 알 수 있나요?"
> "당신의 이전 관계와 현재에 어떤 연관성이 있다는 것을 알 수 있나요?"
> "당신의 이전 상담사와의 관계와 지금 상담사와의 관계 간 어떤 연관성이 있다는 것을 알 수 있나요?"

(2) 상담중기 단계

상담중기 단계에서 주로 사용하는 이유는 상담사나 내담자가 상담 과정을 통해 해석을 전달할 수 있고 받아들일 수 있는 준비과정을 거쳐 왔다고 보기 때문이다. 내담자의 자기 이해 수준이 높아지면 상담사의 해석을 받아들일 수 있는 지점에 오게 되지만, 한편으로는 이를 거부하고 싶은 양가감정이 있을 수 있다. 그러나 내담자가 저항을 느끼고 있더라도 내담자가 일정한 자기이해 수준을 갖추었고, 해석이 내담자에게 새로운 시각을 갖게 할 것이라는 상담사의 확신이 있다면 해석을 사용할 수 있다.

3) 해석 대상

해석의 대상이 되는 것은 주로 두 가지이다.

첫째, 내담자가 아직 확실히 자각하지 못하거나 명료화하지 못했지만 어렴풋하게 의식되어 혼란스러운 내용이다. 내담자는 상담사의 적절한 설명을 통해서 자신의 경험 및 내적 갈등에 대한 혼란스러움과 불가해한 느낌에서 벗어나 통달감과 안도감, 자기 효능감을 높인다. 이러한 통찰은 변화에 도움이 된다(Frank & Frank, 1993).

둘째, 내담자가 방어하고 저항하지만 내담자의 감정, 행동, 행동패턴, 실제 사건 등에 반영되어 나타나고 있는 것들이다.

4) 해석 지침

상담사의 해석이 내담자에게 도움이 되려면, 다음의 여섯 가지 지침을 따르는 것이 유용하다(Welfel & Patterson, 2009).

첫째, 해석을 위한 준비를 한다. 상담사가 내담자에 대해 더 빠른 인식을 하게 되었더라도 가능한 한 내담자 스스로 자신에 대해 알아차릴 수 있는 기회를 주도록 고려하는 것이 더 적절하다. 상담사는 해석에 앞서 탐색적 질문으로 서서히 해석 주제에 접근하고, 적절한 시점에 해석을 사용하는 것이 유용하다.

둘째, 해석의 내용은 내담자가 상담 중에 이야기한 진술, 즉 임상자료에 들어 있는 사실과 정보들에 기반을 두어야 한다. 해석을 뒷받침할 만한 사실과 정보 없이 상담사의 편견과 가치에 입각해 구성되는 해석은 설득력이 없다.

셋째, 해석의 내용은 내담자가 조절할 수 있는 범위 안에서 한다. 예컨대, 해석이 아무리 내담자에게 효과적이라 하더라도 내담자가 그 내용을 받고 스트레스를 견디기 힘들어서 생활이 무너질 만하다면 해석은 도움이 되지 않는다. 내담자의 심리검사 자료인 MMPI 보충척도에서 자아강도(Es)나 타당도척도 중 방어(K)가 낮은 경우에는 해석 시 주의를 기울여야 한다.

넷째, 해석은 긍정적이고 적극적인 내용으로 전달한다. 상담사의 해석을 통해서 상담 과제 해결에 밝은 기대를 갖도록 돕는 것이 상담효과에 좋은 영향을 미칠 것이다. 상담사가 수동적이고 부정적인 내용으로 해석을 전달하는 것은 내담자의 사기만 내려앉게 할 수 있다. 반면, 긍정적이고 적극적인 내용의 해석은 내담자의 저항의식과 방어기제의 발동을 방지하는 효과를 얻을 수 있다.

다섯째, 해석의 내용은 현재 내담자가 갖고 있는 준거 체계와 차이가 크게 나지 않는 범위 내에서 하는 것이 적절하다. 현재 준거 체계와 너무 큰 차이를 보이는 해석을 내담자가 수용하려면 시간과 용기가 필요하다. 대부분 단기상담에서 내담자에게 이를 기대하는 것은 도움이 되지 않는다.

여섯째, 다른 해석을 추가하려면 또 다른 정보를 수집한 후에 한다. 상담사의 해석이 정확했고 시기가 적절하여 내담자가 상담사의 해석을 받아들였다면, 내담자는 이와 관련된 정보를 추가하거나 또 다른 해석을 제시할 수 있다. 해석의 정확성은 중요하다. 그러나 상담사가 정확하게 해석했다 할지라도 내담자에 의해 거부될 수는 있다. 내담자가 해석을 부인하면 상담사는 그 상황을 평가하고 내담자를 더 잘 이해하기 위해 탐색기술을 사용하며 더 많은 정보를 수집한 후에 재구성한 해석을 제공할 수 있다.

5) 효과적인 해석방법

(1) 잠정적인 가설로 제시

해석은 대개 추측의 형태인 **잠정적인 가설**로 제시한다. 해석방법은 상담사가 확신을 갖고 '~일 수 있습니다'는 직접적인 언급으로 전달할 수 있다. 그러나 다음과 같은 가설적인 진술 또는 질문의 형태로 전달해서 내담자가 이를 확인하는 방법을 취하는 것이 치료적이다.

> 내가 보기에는 ~같은데요.
> ~할 가능성도 있지요.
> ~라는 해석도 있을 수 있습니다.
> 당신은 ~때문에 ~게 행동하는 것 같습니다.
> 아마, ~것들이 원인일 수도 있을 것 같군요.
> 당신의 ~한 태도는 ~으로 인한 것 같습니다.

(2) 내담자의 행동에 대해 심리학적으로 설명하기

해석은 상담사가 내담자의 행동에 대하여 내담자와는 전혀 다른 견해나 내담자가 미처 깨닫지 못한 역동성에 대한 설명을 해 주는 것이다. 해석은 상담사의 주관적인 생각이나 견해라기보다 상담의 이론적 접근에 따른 설명이다. 앞서 제시했던 〈사례 10〉으로 이를 살펴보겠다.

> 상1: 그러니까 그 부분에 입력되어 있는 것을 다르게 바꾸어야 하는 것이 필요할 것 같아.
> 내1: 결국은 뇌라는 컴퓨터 칩을 고쳐야 해요.
> 상2: 컴퓨터 칩이라는 것은 기계니까, 그런데 우리 사람 머리는 칩을 바꾸는 것처럼 쉽게 바뀌지가 않아. 사람하고 만나면서 기쁨이가 방금 이야기한 것처럼, 이야기하고 관계하면서 칩을 바꾸는 거야. 사람은 기계와는 달라. 인간의 머리는 칩처럼 바꿀 수 있는 게 아니야. 그래서 기쁨이가 이곳에 와서 선생님과 관계 작업을 하는 거야.
> 내2: 결국은 '꼬임'이라는 나사를 풀고, '이야기'라는 기계를 사용해서 바꾸어야 해요.
> 상3: 응, 맞아. 이야기 잘했어. 그런데 사람은 기계가 아니야. 기계는 일률적인 것인데, 사람은 기계가 아니고 관계를 맺어야 해.
> 내3: 약간은 사람은 고물일 수밖에 없지요.

상담사는 내담자의 왜곡된 생각을 내담자의 언어로 쉽게 접근한다. 내담자에게 꼬인 것을 풀어야 한다고 이야기하자(상1) 내담자는 컴퓨터 칩을 바꾸어야 한다고 대답한다(내1). 상담사는 내담자의 왜곡된 사고와 행동을 보여 주기 위해, 이제 나사를 조이지 말고 풀어야 하며 사람과 만나서 이야기를 하는 것이 나사를 푸는 행동의 일종이라고 설명해 준다(상2). '꼬인 생각'이라는 낱말을 사용하여 왜곡된 사고를 드러내고 '나사를 푼다'는 비유를 통해 왜곡된 사고를 풀 수 있음을 말해 주고 있다(상3).

(2) 다른 관점에서 해석하기

내담자의 문제나 행동에 대해서 재해석하기 또는 다른 각도에서 해석하기를 할 수 있다. 내담자가 보이는 부정적인 면에서 긍정적인 의미와 가치를 상담사가 발견하여 맞닥뜨려 줄 때, 한쪽 방향에서만 자신을 바라보던 내담자의 관점이 수정될 수 있다. 〈사례 10〉에서 내담자는 자신이 조종당하고 있다는 부정적인 생각 때문에 자기 존재에 대한 긍정적인 의미와 가치를 잃어버리고 있다. 만나고 있는 모든 사람마다 자신을 조종한다고 생각하고 있다. 내담자의 능력으로는 도저히 극복해 낼 수 없는 커다란 고통 앞에서 내담자는 '늪 혹은 동굴'에 있는 것처럼 느끼고 있다. 그 상황에서 이 내담자가 빠져나올 수 있을까? 이 내담자는 자신의 왜곡된 사고의 늪에서 어떻게 헤어 나올 수 있을까?

이 내담자는 부정적인 사고 패턴과 상담사를 향해 지치도록 말꼬리를 붙잡는 수동 공격적인 삶의 자세를 가지고 있었다. 이러한 태도로는 상황이 더 악화될 것이다. 상담사는 내담자에게 자신의 처지나 운명을 어떤 관점으로 해석하고 받아들일 것인지에 대해 **도전해** 주어야 한다. 다음 축어록은 〈사례 10〉의 상담 시간에 생각의 꼬인 부분을 풀 것을 촉구하는 상담사의 반응을 담고 있다.

> 상1: 기쁨이 머릿속에 꼬인 상태 그대로 살고 싶니, 아니면 풀면서 멋있게 네 생각을 연결하며 살고 싶어?
>
> 내1: 연결을 해야지요.
>
> 상2: 그래, 연결하려면 방법이…… 지금 안 하면 다음에 커서 하긴 더 힘들어. 그래서 지금 이 시간에 하는 거야.
>
> 내2: 그러면 결국 **찰흙**과 같은 거라는 거군요.
>
> 상3: 그렇지~ 네가 기가 막힌 표현을 했네. 맞아, 찰흙과 같아. 왜 찰흙과 같을까?
>
> 내3: 찰흙이요? 찰흙은 오래 두면 굳어 버리기 때문이지요.
>
> 상4: 그렇지, 굳으면 힘들지. 커서도 계속 그러면…….
>
> 내4: 하지만 찰흙과 다른 점이 있지요. 찰흙은 물을 묻히면 돼요.
>
> 상5: 그래 맞아, 그런데 우리 뇌는 굳어지면 힘들어. 엄마와 함께 할 때 이 작업을 해야 해. 우리가 크면 결혼도 하고 독립해야 하거든. 엄마가 데려다주고 할 때, 도와줄 수 있을 때 하면 시간단축이 되지.
>
> 내5: 왜 엄마가 있는지 알려 줄까요? 그 이유는 엄마가 좋기 때문이지요.
>
> 상6: 그래, 이제 기쁨이가 엄마가 조종하는 것이 아니라 좋다고 이야기를 하네요.
>
> 내6: 제 마음대로 몸을 움직일 수가 없어요.
>
> 상7: 맞아. 그럴 때 화가 나고 그렇지. 그래서 이렇게 선생님과 만나면서, 조종당한다고 느끼는 것에 대해서 생각을 수정하고 꼬인 걸 풀어야 하는 거야. 선생님이 이 부분을 도와주고 싶은데, 기쁨이가 이것을 싫다고 하고 조종당한다고 생각하니까 선생님

마음이 너무 슬프네. 왜냐하면 지금 이걸 풀지 않으면, 기쁨이가 커서도 너무 힘들어 지잖아. 나중에 기쁨이를 아무도 안 만나 준다면 기쁨이가 외롭고 힘들어질 수도 있 거든.

이전 회기에서 나왔던 내담자의 마음이 꼬인 상태인 '사람을 죽이고 싶은 마음'과 '조 종당한다는 생각'에서 연결하기 위해서 **찰흙**이라는 것에 비유했다(내2). 찰흙이 굳어지기 전에 이야기를 하면서 꼬인 것을 풀어야 한다는 상담사의 해석이 다른 관점을 가지도록 돕는다(상5).

(3) 해석 후 내담자에게 확인하기

상담사가 내담자에게 대담한 해석을 했을 경우 상담사는 그 해석이 내담자에게 미치 는 영향을 고려해야 한다. 상담사의 해석이 내담자가 이해하고 동의하는지를 확인하는 것이 중요하다. 상담사는 다음과 같은 질문을 통해 확인할 수 있다.

"제가 말했던 것에 대한 당신의 반응이 궁금합니다."
"제가 지금까지 이야기한 것이 당신에게 얼마나 맞나요?"

(4) 계속 질문을 할 때 해석방법

내담자는 자신에 대한 많은 의문을 가지고 상담실에 방문한다. 내담자들은 종종 상담 사가 본인의 문제에 대해 해석해 주기를 바란다. 다음의 예시들은 내담자가 상담사에게 해석받기를 원하는 질문이다.

"제 인생은 왜 문제만 생길까요?"
"왜 저는 사랑받기만을 바라나요?"
"왜 저는 이렇게 예민한가요?"
"왜 저는 아이들만 보면 화가 나는 것일까요?"

내담자에게 이와 같은 질문을 받을 때, 상담사는 두 가지를 기억하는 것이 중요하다. 첫째, 내담자에게 다시 물어보라. 내담자가 질문을 할 때 상담사는 내담자에게 다시 질문을 돌려주는 것이다.

> "참 좋은 질문입니다. 길동 님은 어떻게 생각하시나요?"
>
> "길동 님의 생각을 나눠 주시면 어떨까요?"

둘째, 함께 생각해 보라. 상담사는 내담자의 요청에 대해서 어떻게 다룰 것인가를 생각하면서 내담자의 질문에 같이 생각할 필요가 있다.

> "이것은 제가 관찰한 것입니다. 길동 님은 어떤 식으로 보고 계시나요."

8. 즉시성

상담사는 내담자에게 내면의 이야기와 감정을 적극 표현하도록 촉진한다. 이것을 위해 상담사는 수용적인 분위기를 조성하고 라포를 형성한다. 더 나아가 내담자가 호소문제를 더 탐색하고 새로운 행동을 시도할 때 지지와 격려를 한다. 이때 필요한 것이 즉시성(immediacy)이라는 상담기술이다.

즉시성은 상담사가 내담자의 이야기를 듣고 상담사의 개인적 감정과 반응 혹은 경험을 드러내기 때문에 자기개방의 한 유형으로 생각될 수 있다. 또한 즉시성은 상담사와 내담자 관계에서 나타나는 문제를 내담자와 직면할 때도 있기 때문에 도전의 한 유형으로 간주될 수도 있다. 만약 상담사가 내담자 행동의 유형을 지적한다면 정보의 한 가지 유형이 될 수도 있다.

그러나 즉시성은 내담자에 대한 피드백과는 다르다. 왜냐하면 정보 주기는 오직 상담사가 내담자에 대하여 이야기하는 반면, 즉시성은 상담 관계에서 상담사와 내담자 두 사람 모두를 포함하고 있는 것이 다르다.

1) 즉시성 사용 목적

첫째, 내담자의 자기탐색을 촉진하기 위함이다. 상담사는 내담자가 왜 다른 사람에게 그렇게 행동하는지에 대한 이해를 증가시키도록 돕고, 내담자가 부적절한 행동이나 다른 사람에게 부정적으로 하고 있는 것이 무엇인가를 파악하도록 돕기 위해 즉시성을 사용한다.

둘째, 상담사가 내담자와의 관계에 대해 직접적으로 표현된 적이 없는 느낌 또는 경험을 드러내기 위함이다.

셋째, 상담 과정을 방해하는 치료적 관계에서의 문제를 표현하는 것이다. **관계 즉시성** (relationship immediacy)은 상담 관계의 질을 말하는데, 상담 관계가 긴장되었는지, 지루한지 혹은 생산적인지에 관해 내담자와 논의할 수 있는 상담사의 능력을 말한다. 즉시성은 특히 대인관계와 관련하여 과거-거기서 벌어졌던 일보다는 **지금-여기서 벌어지는 일들**에 **직면**하여 그것을 다루도록 하는 **초점화 기술**이다. 내담자가 상담사를 찾는 이유의 상당 부분이 대인관계와 연관되어 있다. 대인관계가 문제의 핵심인 경우도 있고, 여타 문제와 직간접적으로 연결된 경우도 있다. 따라서 내담자의 대인관계 양식을 점검하고 적응력을 높이도록 돕는 일에 상담사는 관심을 쏟아야 한다.

다음은 대인관계에 초점을 맞추는 대화기술인 즉시성의 표현 예시이다.

> 내1: 제가 3년 동안 상담을 받았는데 상담하고 나면 자괴감이 더 들었어요. 상담사들이 똑같죠. 뭐라할까 생각하지 마라고 하는데 저도 그러고 싶죠.
>
> 상1: 자괴감이 들어서 힘들었을 텐데 다시 상담을 신청하실 만큼 지금의 삶을 변화시키고 싶은 강한 마음으로 들립니다.
>
> 내2: (고개 끄덕이며) 그런 것 같아요.
>
> 상2: 첫 회 상담에서 이런 말 하기가 쉽지 않았을 텐데 솔직하게 상담에 대해서 이야기를 해 주셔서 고마워요. 그럼 3년 동안 상담을 받아도 자괴감만 들었는데 저하고 10번의 상담이 다윗 님에게 도움이 될 수 있을까 걱정이 됩니다.

넷째, 감정 파악과 감정 접촉의 깊이를 돕기 위함이다. 상담사가 내담자에 대하여 느끼는 즉각적인 순간의 감정에 대하여 내담자에게 직접적으로 이야기하는 것은 매우 강렬하며 감정을 일으키는 경향이 있으므로 변화의 문을 열게 하며, 이를 '**함께 하는 의사소통**' 혹은 '**충격을 주는 개방화**'라고 한다. 상담사의 내담자에 대한 감정표현이 왜 강력한 반응 중의 하나일까? 상담사와 내담자는 상담 관계에서 내담자 내면의 고통 이야기를 함게 듣고 의사소통하며 그 자리에 함께 했기 때문에 감정이 강력하게 전달된다. 상담사는 내담자가 길들여졌던 것과는 다른 방식으로 내담자에게 반응하기 때문이다. 아래 대화에서 보여주듯이 내담자는 집에서 어머니에게 수용받고 싶었던 마음이 중단되자 종결회기에 분노의 감정들을 상담사에게 드러내었다.

> 내3: (얼굴을 불그락 거리면서) 상담사들 똑같잖아요. 선생님이 온전히 나를 이해하시지 않잖아요.
>
> 상3: 다윗 님이 온전히 이해받지 못하셨다니 저도 안타깝습니다. 어떤 부분에서 온전히 이해받지 못한다고 느끼셨을까요
>
> 내4: (따지듯이) 친밀한 관계를 원하는데 상담 끝나면 저 혼자 해야 되는 거잖아요. 선생님이 저를 상담 후에 한번이라도 생각을 해 보셨냐구요.
>
> 상4: 다윗 님은 상담 관계 이외의 가까워지는 관계를 원하셨네요. 제가 그 기대를 못 채우고 상담사와 헤어져야 한다고 하니 화가 나신 거네요.
>
> 내5: (소리를 높이면서) 그것이 위선이죠. 책임 회피하는 것이라구요.
>
> 상5: 다윗 님. 제가 다윗 님을 상담 이외에도 삶을 책임져 주길 바라실 만큼 저와 친밀한 관계를 갖기를 원하셨는데…… 제가 다윗 님의 삶을 책임져 주지는 못하는 것이 상담 관계라는 게 안타깝습니다.
>
> 내6: (더 큰 소리로) 저한테 그런 부모가 없잖아요. 선생님은 저 이야기를 듣고 그것을 알면서도…… 선생님도 똑같아요.
>
> 상6: 전 다윗 님의 이야기에 처음에는 안타까웠어요. 지금은 화가 납니다. 제가 다윗 님의 마음을 온전히 이해할 수는 없었습니다. 제가 다윗 님이 기대한 대로 어머니처럼 모든 것을 다 받아줄 수도 없었습니다. 그러나 제 나름대로 최선을 다했는데 제가 다윗 님의 기대를 충족시켜주지 못할 만큼 부족한가 봅니다.
>
> 내7: (울면서) 선생님이 내 엄마가 되어 주기를 바랐다구요.

즉시성을 표현할 때 상담사는 내담자가 맺는 관계에 대해 자신이 인식한 점을 털어놓고, 그에 대한 내담자의 반응은 압박하고 강요하는 형식을 취하게 된다. 이런 점에서 즉시성은 **강한 상호성**을 요구하는 기술이라고 하겠다.

다섯째, 부적절한 행동을 변화시키기 위하여 내담자에게 도전하는 것이다. 상담사가

자신의 반응에 대하여 정직할 때, 내담자는 자신이 다른 사람과 어떻게 관계를 가지는지 배우게 되고, 자신의 문제적 행동을 변화시킬 수 있을 것이다.

> 상7: 그만큼 엄마가 다윗 님을 수용해 주기를 간절히 바라셨네요. 다윗 님, 친구들과의 관계에서도 오늘 저한테 말한 것처럼 친구들이 나를 온전히 바라보고 집중해 주기를 바라셨을까요.
>
> 내8: 그랬던 것 같아요. 이번 친구들을 오랜만에 만나면 자기들끼리 이야기하고 나는 버려진 것 같은 느낌…… 제가 선생님한테도 그것을 기대한 것 같아요.
>
> 상8: 그것을 다윗 님이 아시네요. 저도 다윗 님의 마음을 알지만 다 이해할 수 없어요. 나한테 소리 지르면서 화내시면서 '책임회피한다, 다 똑같다고' 이야기할 때 굉장히 화가 났어요. 다윗 님이 자신의 기대대로 안 될 때 상대방에게 화내는 방식인데 상대도 기분 나쁘거든요.

상담 관계에서 상담사는 내담자가 행하는 불쾌한 행동을 볼 때, 그것을 무시하고 지나가지 않고 직접적으로 직면하면서 자신이 받은 충격을 묘사한다. 많은 내담자가 치료적 관계를 포함하여 대인관계에서 문제를 갖고 있었기 때문에 즉시적인 치료 관계에서 문제를 논의하는 것을 통해 종종 자신의 문제를 더 깊이 이해하게 된다. 그러므로 치료 관계는 내담자가 현실 세계에서 어떻게 관계하는가의 축소판과 같은 역할을 한다. 상담사와 내담자 사이의 문제를 해결함으로써 내담자에게 그들이 대인관계의 문제를 어떻게 풀 것인가에 대한 본보기를 제공할 수 있다.

여섯째, 위장된 의사소통을 더 직접적으로 만들곤 한다. 관계에 대한 문제를 제시하는 것에 덧붙여 즉시성은 상담 관계에 대한 중요성의 문제를 논의하기 위하여 사용될 수도 있다. 처음에는 어색하다가도 상담 관계에 익숙해지면 내담자는 습관화된 방식에 따라 상담사를 대하기 마련이다. 상담사와의 관계 속에서 내담자의 습관화된 대인관계 양식이 드러날 때 상담사는 이를 놓치지 않고 현재로 가져와 대화의 초점으로 삼을 필요가 있다. 예컨대, 대인관계에서 자기 노출을 꺼리는 내담자는 상담사와의 관계에서도 자신의 문제를 솔직하게 털어놓지 않을 가능성이 크다. 이런 경우 상담사가 이렇게 질문함으로써 내담자가 보이는 대인관계의 특징을 바로 탐색해 들어갈 수 있다.

"상담사인 나하고의 관계는 어떤가요? 길동 님의 속마음을 나에게 솔직하게 털어놓는 것
이 힘들지는 않은가요?

일곱 번째, 내담자의 강점을 강조하기 위해 사용될 수 있다. 상담사가 내담자의 강점
과 장점, 기회 같은 자원을 발굴해 주는 기술이기도 하다. 내담자는 자신의 내면 안에 자
원이 있는지, 있다면 어떤 자원이 있는지를 잘 모른다. 상담사는 상담 과정에서 내담자
가 사용하지 않는 기회나 능력 같은 내적 자원과 문제해결 능력이나 사회적 지원을 활
용하는 외적 자원을 발굴해서 알려 주기도 한다.

2) 효과적인 즉시성 사용법

즉시성을 효과적으로 사용하기 위해서는 다음 세 가지의 지침이 도움이 된다(Ivey &
Ivey, 2013).

(1) 느끼고 보이며 들리는 대로 표현하기

예를 들어, 상담 중에 내담자가 자기 표현을 3인칭으로 하는데 상담사가 그 순간에 그
것을 이야기하지 않고 지나갔다고 하자. 그리고 이를 다음 회기에 이야기하려면 그 효
과는 사라진다. 만약 상담사가 즉시성을 사용하지 않고 계속 미룬다면, 상담사는 그만
큼 미해결 감정을 축적시킬 위험부담을 감수하거나 내담자와 관계를 손상시키는 문제
상황을 초래할 수 있다. 따라서 상담사는 상담 중에 수시로 다음 세 가지를 확인하는 것
이 필요하다.

첫째, 상담사 자신 안에 어떤 감정과 행동이 나타나는가, 둘째, 내담자의 사고나 감정
행동을 보면서 어떤 생각이나 감정이 나타나는가, 셋째, 관계 측면이다. 이는 상담사가
내담자와의 관계에서 어떤 경험을 하고 있는지에 대한 느낌 또는 생각을 내담자에게 되
돌려 주는 것이다. 관계적 즉시성에서는 '지금-여기'에서 일어나는 상담사와 내담자의
교류나 관계의 전반적인 패턴, 발달에 대한 근거가 포함된다. 예컨대, '제가 이야기를 할
때 눈을 마주치지 않고 다른 허공을 바라보고 계시는데, 어떤 마음인지 궁금합니다.'라
고 이야기하는 것이 즉시성에 사용되는 표현의 예이다.

(2) 현재형으로 기술하기

내담자가 과거형으로 이야기를 하더라도 상담사는 '지금-여기'의 경험으로 이야기를 즉시 되돌릴 수 있다. 지금-여기 즉시성(here-and-now immediacy)은 당시 일어난 현상 자체에 관해 이야기하는 것을 말하는데, 내담자는 어떤 이야기를 할 때 상담사가 자신을 어떻게 생각하는지를 알고 싶어 한다. 이때 상담사는 내담자가 지금 이 순간 어떤 것을 경험하고 또한 어떤 생각과 감정을 갖고 있는지를 탐색해 간다. 내담자들은 흔히 현재 자신이 대인관계에서 겪는 문제에 직접 부딪히기보다는 과거에 집착하는 경향이 있다.

예컨대, 아내에게 자신이 무엇을 원하는지를 요청하지 못하는 남성 내담자가 아내에게 자신이 원하는 것을 어떻게 요청해야 되는지를 직접 다루는 대신, 자신이 왜 그런 사람이 되었는지, 과거에 부모가 자신을 얼마나 엄격하게 키웠는지 등등 과거사로 초점을 돌리는 이야기로 초점이 맞추어 진행된다. 이때 상담사는 내담자의 과거에 대한 푸념과 넋두리로 이야기를 하도록 두기보다 과거 부모-자녀 관계에서 내담자가 경험했던 내용이 지금 현재의 부부관계에 어떻게 반영되고 있는지, 현재 내담자의 문제와 어떤 관련이 있는지를 질문함으로써 지금-여기로 초점을 되돌릴 수 있게 된다. 지나간 옛날이야기를 회기 내내 하는 내담자에게는 지금-여기를 강조하는 즉시성은 좋은 대응 기술이 될 수 있다.

(3) 라포 형성 이후에 사용하기

상담초기에 즉시성을 사용하면 내담자는 심리적 압박감을 느낄 수 있다. 내담자와 라포가 형성된 이후에 사용하는 것이 적절하다. 만약 상담사가 즉시성을 사용했는데 내담자가 위협적으로 느끼거나 두려움을 느꼈다면 상담사는 내담자가 아직 감정이나 문제를 다룰 준비가 되어 있지 않다고 생각하고 보류하는 것이 적절하다.

9. 자기개방하기

자기개방이란 상담사가 치료적 목적으로 자신의 생각과 감정을 내담자에게 드러내는 것이다. 상담사가 자기개방을 하면 '모범 보이기' 효과로서 내담자에게 상담사의 자기개방 행동을 학습시키는 것이다. 솔직하고 분명하게 자신을 공개하는 상담사의 행동을 통해 문제에 임하는 자세를 가르치고, 동시에 자기를 어떻게 개방하는지, 어떻게 말하는지에 대한 정보를 제공하는 것이다. 상담사의 자기개방의 두 번째 효과는 내담자에게 상담 과제와 과제 해결에 관해 새로운 조망과 시각을 갖도록 돕는다. 자신이 도움을 청한 상담사가 지금 문제와 관련된 경험을 풀어놓을 때 내담자는 긴장하여 주의를 집중하게 되고, 상담사의 이야기 내용에 비추어 자신이 처한 사태를 점검하게 된다. 이런 과정은 동일한 문제를 다른 각도에서 살펴보게 할 뿐 아니라 대처 방식을 변경할 수 있는 계기로 작용한다.

1) 자기개방의 목적

자기개방은 내담자의 성장에 도움이 될 때만 이루어져야 한다. 상담사가 자기개방에 대한 뚜렷한 목적이나 생각 없이 자기개방을 하면 내담자를 혼란시키고 부정적인 상담 효과를 가져온다. 어떤 상담사는 자기개방을 매 회기마다 하기도 한다. 또한 매 회기는 아니더라도 상담 시간의 대부분을 자기개방에 할애하는 상담사도 있는데, 그렇게 하면 내담자는 방치되는 듯한 느낌을 받을 수 있다. 상담사의 지나친 자기개방은 상담사가 스스로 역전이를 의심해 보게 한다.

2) 효과적인 자기개방 방법

첫째, 자기개방 수준이 적당해야 한다. 내담자가 준비되지 않은 상태에서 너무 깊은 수준의 내용을 공개하거나, 한번에 너무 많은 양의 정보를 공개하는 것은 바람직하지 않다. 내담자가 다룰 수 있는 수준과 양의 정보를 제공해야 한다. 이는 자기개방의 초점을 분명히 하라는 뜻과 상통한다.

> 상1: 지난 상담사와의 상담에서 무엇이 부담스러우셨을까요?
> 내1: 상담사 분이 저한테 되게 많은 걸 개방하셨어요. 처음에는 그러려니 했는데, 나중에는 부담스러운 거예요. 뭔가 나도 이 분에게 뭘 해 줘야 할 것 같고, 그런 쯤 나도 맞춰져야 할 것 같은, 제가 평생 집에서 아버지와 어머니가 싸우지 않게 하려고 부모님

게 맞추고 살았고, 지금도 사람들에게 맞춰 주고 있잖아요. 제가 상담에까지 와서 상담사를 맞춰 주어야 하나 하는 생각에 짜증이 나는데 말을 할 수가 없는 거예요. 제 상담 시간인데 여기서도 똑같은 인간관계를 하려니까 너무 지쳤어요. 처음에는 저에게 많이 힘을 주셔서 좋았어요. 그런데 너무 저에 대한 마음을 불쌍히 여기고 자신을 개방하니까 너무 부담스러웠어요. 그래서 그게 되게 불편했고.

둘째, 적절한 타이밍에 해야 한다. 상담사의 자기개방은 상담의 맥락에서 내담자에게 꼭 필요할 때 하는 것이 적절하다. 상담초기에 내담자와 신뢰관계가 형성되지 않는 상태에서 상담사가 자기개방을 하면 내담자는 "내 문제를 이야기하기에도 시간이 부족한데 상담사가 너무 자신의 경험담을 이야기해서 불편하다."는 이야기를 하게 된다.

셋째, 내담자에게 부담이 될 자기개방은 삼가는 것이 좋다. 자칫 잘못하면 상담사의 자기개방에 대한 반응은 "내가 이렇게 했으니 당신도 이렇게 하시오."라는 요구와 부담으로 지각될 수 있다. 상담의 모든 언사가 그렇지만 자기개방도 내담자의 수용 수준과 폭을 고려해야 한다.

넷째, 상담 주제와 일치되는 내용이어야 한다. 상담사의 자기개방이 상담사 자신의 성공담 혹은 무용담을 과시하기 위한 것이거나, 상담사 자신의 감정이나 반응을 내담자에게 투사하면 자기개방이 위험해질 수 있다. 다음의 대화는 **상담사의 성공담**으로 전달되어질 수 있는 부적절한 자기개방의 예이다.

내1: 제가 경제적으로 힘이 드니까 내가 지금 하고 있는 이 공부를 해야 하나, 10년 동안 힘들게 방황하다 겨우 시작했는데, 지금 내가 잘하는 것인가.

상1: 저도 그런 적이 있었어요. 석사 졸업하고 남편은 미국에서 초청되었는데 비자는 안 나오고 집에 먹을 것이 물밖에 없었어요. 결국 제가 다단계로 ○○이라는 곳을 다녔지요. 제가 안 해 본 것이 없었어요. 저는 시간이 중요하다고 봐요.

내2: (약간 의아하다는 듯이) 왜 지금 그 이야기를 하시는지.

상담사는 내담자와 분리되어 있고, 다른 경험을 가진다는 것과 상담사의 개인적인 경험과 통찰을 내담자에게 적용할 수 없다는 것을 주의해야 한다. 그래서 상담사는 자기개방 후에 즉각적으로 내담자에게 초점을 돌려야 한다.

다섯째, 시간 길이가 적절해야 한다. 상담사 자기개방 시간이 너무 길면 내담자의 자기개방 시간이 단축된다. 상담사가 필요해서 하더라고 간결하게 한두 문장 정도로 하는 것이 도움이 된다.

> 내2: 어머니한테 힘든 것을 이야기 할 수가 없어요. 제가 이야기하면 엄마가 잘못될 것 같기도 하고 불안하고…… 엄마의 힘든 것이 느껴져요. 아빠한테 찍소리 못하고 사는 엄마가 싫기도 해요. 요즘은 소리 지르고 싶을 만큼 집에서 나오고 싶어요. 엄마가 불쌍하기도 하고 잘못될까 봐 무섭기도 하고…….
>
> 상2: 저도 어렸을 때 아버지가 엄마를 때릴 때마다 엄마한테 두 마음이 들었던 것 같아서 그 마음이 충분히 이해가 가요.

3) 부적절한 자기개방 확인방법

상담사의 부적절한 자기개방은 다음의 세 가지 수준에서 이루어진다(Hill & O'Brien, 1999).

첫째, 유용하지 못한 자기개방이다. 이때 내담자는 상담사의 비위를 맞추거나, 주의가 내담자에게서 상담사로 옮겨 가게 된다. 혹은 내담자가 침묵하거나 무관한 것들에 대하여 이야기하거나 상담사를 경멸하는 감정을 느끼게 되기도 한다.

둘째, 중간 정도나 약간 유용한 자기개방이다. 이때는 내담자는 개방화를 알게 되고 심지어 좋아하게 되기도 하지만, 통찰을 증가시키기 위해 그것을 이용하지는 않는다.

셋째, 매우 유용한 자기개방이다. 이때 내담자는 자신과 상담사의 유사성을 인식하고 누군가가 같은 것을 느끼거나 같은 것을 하고 있다는 것에 안도감을 느끼며, 자신에 대한 새로운 통찰을 얻는다. 내담자는 전에 느끼지 못했던 자각과 통찰을 인정한다. 내담자는 통찰을 증가시키고 자신의 감정이 상담사의 시각과 어떻게 다른지 명확하게 표현할 것이다.

10. 정보 제공하기

정보 제공은 내담자에게 필요한 구체적인 정보를 제공하는 상담기술이다. 이것은 충고나 조언 또는 해결책 제시와 차이가 있다(Hackney & Cormier, 1998/2017). 정보 제공은 내담자의 문제해결 또는 의사결정 등에 필요한 사실적인 정보를 제공하는 것이다. 반면, 충고나 해결책 제시는 특정한 해법이나 실행 경로를 추천하여 이를 따르도록 하는 것이다. 상담사가 기억해야 할 것은 상담에 오기 전에 내담자는 무엇을 해야 할지를 안다는 것이다. 상담사는 내담자가 이미 알고 있는 것을 지적하는 실수를 하지 않도록 해야 한다. 상담사가 충고나 조언을 하게 되면, 내담자는 부모 혹은 주변 사람들에게서 동일하게 들었을 충고 같은 말을 반복해서 듣는 듯한 느낌을 받게 된다. 상담사가 노력해야 할 것은 내담자가 상담사에게 의존하지 않고 스스로 방법을 찾도록 하는 것이다.

정보 제공은 상담사가 내담자에게 교육적인 성격의 어떤 정보를 제공하거나 양적 사실을 알려 주는 교육적 직면 혹은 심리 교육이라고도 불리는 상담기술이다. 내담자의 정보 부족이나 잘못된 정보로 문제상황에 놓이게 된 내담자에게는 정보 제공이 도움이 된다. 정보를 제공할 때, 상담사는 내담자가 요구하거나 내담자에게 유익한 정보를 제공할 뿐만 아니라, 필요한 경우 내담자 스스로 좀 더 상세한 정보를 얻을 수 있는 방법이나 자원에 대한 정보도 제공해 줄 수 있다. 이 기술은 내담자에게 문제상황에 대한 새로운 조망을 발달시키고, 의사결정을 위한 대안을 제공하며, 사고 또는 행동 변화의 계기를 마련해 준다.

1) 정보 제공의 목적

정보 제공은 다음과 같은 역할을 한다(강진령, 2016, p. 67).

첫째, 내담자에게 유익한 대안을 탐색하도록 한다.

둘째, 특정 선택이나 실행 계획의 가능한 결과를 제공한다.

셋째, 잘못된 정보 또는 신념을 정확한 내용으로 대체한다.

넷째, 내담자가 회피해 왔던 핵심 사안들을 검토하고 격려한다.

2) 정보 제공의 절차

정보 제공 절차를 다음의 사례를 통해 살펴보겠다.

《사례 17. 긴 터널이 언제 끝날까요_40대 부부》

내담자 부부는 아들이 아동학대로 신고해서 상담을 받는 과정에 있다. 내담자 부부 사이에는 자녀양육에 대한 이견이 있다. 남편은 말을 안 듣는 아이는 때려서라도 버릇을 고쳐야 한다고 생각하며, 남자들은 한번씩 맞으며 자랄 수 있다고 생각한다. 반면, 아내는 자녀에게 ADHD 경향성이 있으며, 이 때문에 학교에서 폭력을 쓰고 있다고 생각하며, 병원에서 진단을 받고 약물복용이 필요한 경우 처방을 받을 생각을 하고 있다. 자녀양육에 대한 차이로 늘 부부 간의 싸움이 일어나고, 자녀에게도 2차적인 정서학대가 이루어지고 있는 상황이다.

(1) 내담자에게 필요한 정보가 무엇인가

내담자에게 필요한 정보가 무엇인지 확인하는 것이 필요하다. 사례에서 내담자에게 필요한 정보는 자녀의 ADHD 진단에 관한 것이다. 진단을 지금 받아야 하는지 기다리면 괜찮아질 것인지에 대한 정보를 알려 주어 부모의 의견 차이를 좁히는 것이 중요하다. 우선 ADHD에 대한 내담자들의 입장을 고려하면서 다음과 같이 말할 수 있다.

아내1: 뭐 그렇게 그냥. 남자아이들이 다 그렇지. 완전 장애가 있는 아이는 안쓰러워서 잘해 줄 텐데, 예예, 근데 보긴 멀쩡한데. 다 똑같으니까 다른 아이들처럼 왜 행동을 못 할까. 그니까 처음엔 그것 때문에 야단을 많이 쳤어요. 다른 아이랑 비교하면 안 되는데, 그 큰 걸…… 제 생각은 그랬거든요. 과연 너는 어디 있니? 어느 게 너의 진짜 모습이니? 엄마한테 막 붙어서 애교 부리고 하던 아이가 어느 새 화가 나서 폭발하는 모습을 보면 도대체 어느 게 너의 본 모습이니 그런 생각도 들고. 또 자는 모습을 보면 안쓰럽고. 엄마도 헷갈려서 멀쩡하다가 또 때로는 너무 순한 뭐 같다가, 갑자기 무슨 헐크가 된 것 같다가 막 이러니까 엄마도 헷갈리는데 뭐. ADHD가 아니고 멀쩡한 거예요. 미쳐 버릴 것 같아요. 지금까지 15년을…….

상1: 긴 시간 동안 아이를 위해서 애쓰셨네요.

남편1: 사실 저도 그렇게 컸고. 부모님한테 얘기를 해도. 애들 때는 다 그렇다고. 크면 나아진다고. 그래, 너를 봐라 너는 어릴 때 더 했다. 애들은 원래 다 그래. 원래 그래. 원래, 쟤 말썽 피우고, 남자들 어릴 때 다 개구지고 그렇지. 저도 저를 보면 애들이 괜찮아질 것 같아요.

상2: 아버님 말씀처럼 그럴 수도 있습니다. ADHD가 아닐 수도 있습니다. 그러나 임상 경험에 따르면 이와 같이 행동을 보이는 많은 아이의 경우 ADHD였습니다. ○○가 ADHD가 아니라면 정말 다행이지만, 만에 하나 ○○가 ADHD인데 이를 간과하게 된다면, 호미로 막을 것을 가래로도 못 막을 상황이 초래됩니다. 지금 5년의 노력으로 증상을 많이 완화할 수 있는데, 이 시기를 놓치면 50년의 노력을 들여도 증상이 호전되지 않을 수 있습니다. 시기를 놓치지 않는 것이 중요하니, 신중하게 생각해 주시면 ○○에게도 좋을 것으로 생각됩니다.

(2) 내담자의 문화적 배경을 고려할 때 이 정보는 적절한가

이 부부의 의견 차이는 부부의 성장배경과 관련 있을 것으로 짐작할 수 있다. 부부의 가치체계에 맞는 정보를 제공해 주는 것이 필요하다. 이때 제공해야 할 정보는 ADHD의 행동적 특성에 관한 것이다. 부모가 자신의 가치체계 속에서 이를 어떻게 인식하는지를 확인하면서 ADHD의 주요 증상인 주의력 결핍, 과잉행동과 충동성, 2차적인 어려움인 공격성, 또래관계의 어려움, 가족관계의 갈등, 낮은 자존감 등의 문제에 대한 정보를 제공한다(김형숙, 2009). 이때 ADHD는 바꾸거나 치료되는 것이 아니라 수용해야 할 부분이며, 부모가 관심을 가져야 하는 2차적인 어려움에 관심을 가지고 자녀를 대하는 구체적인 양육 기술을 알려 준다.

상3: ADHD가 있는 아동의 특성은 행동조절이 잘 되지 않습니다. 자녀가 할 수 있는 행동 변화를 구체적으로 설명하는 것이 도움이 됩니다. ADHD가 왜 생겨났다고 보시나요?

남2: 남자애들이 다 그러면서 크잖아요. 우리도 그렇게 컸고.

아2: 우리가 많이 싸웠어요. 그래서 아이가 그러나 생각도 많이 해요.

상4: 대부분의 부모님이 그런 생각을 많이 하시는 것 같아요. ADHD는 원인은 정확하게 감기처럼 밝혀지지는 않았다고 합니다. 그런데 유전적인 요인이 가장 크다고 합니다. 이러한 신경발달적인 측면을 몰라서 부모가 아이를 자주 비난하고 혼내는 상호작용을 하다 보니 ADHD 외에 다른 우울증이나 불안 같은 어려움이 2차적으로 생겨난다고 합니다. 우리는 상담에서 이 2차적인 어려움을 조율하는 것을 구체적으로 다룹니다.

(3) 이 정보를 어떻게 순차적으로 배열할 수 있는가

이 부부 내담자의 서로 다른 접근방식에 대한 문화적 이해를 높여야 한다. 누구의 접근이 맞고 틀린 것이 아니라 서로 다르다는 것을 인정하게 한다. 특히 부모들은 자녀에 대한 양육방식이 각기 다를 수밖에 없다. 다만 방식은 서로 다르지만 공통적으로 자녀를 잘 키우고 싶어 하고 자녀를 사랑하는 마음을 갖고 있음을 알려 주는 것이다. 이제 상담 시간에 자녀를 위해서 사랑하는 마음은 가지고 가고, 양육방식은 자녀에게 가장 도움이 되는 방식으로 수정하도록 하며, 또한 그 과정을 자녀와 대화를 통해 해 나갈 수 있도록 소통하고 안내한다.

(4) 정보를 어떻게 전달할 것인가

상담사가 준비한 정보가 부모에게 비난으로 들리지 않도록 주의해야 한다. 자녀를 어떻게 잘 키울 것인가에 집중할 수 있도록 하면서 알기 쉽게 전달한다(김형숙, 2007a).

> 상5: 자녀를 양육하는 것은 한 배에 노를 같이 저어 가는 것입니다. 서로 열심히 자녀양육을 하는데, 다른 방향으로 노를 저으면 계속 제자리에 있게 되고 잘못하다 보면 깊은 물에 빠지게 됩니다. 그러다 보면 의도치 않게 자녀를 포함해서 모두 물에 빠지기 때문에 부모는 자녀를 배에 태우고 같은 방향으로 노를 저어 가야 하는 것입니다. 자녀 양육의 배는 노를 젓는 기술을 배워야 쉽게 노를 젓습니다. 오늘부터 저와 함께 상담 시간에 자녀양육의 노를 어떻게 저어 갈지 구체적으로 같이 다루어 보겠습니다. 깊은 물일 때는 어떻게 노를 젓고 폭풍우가 치면 어떻게 대처해야 하는지를 하나씩 배워 가겠습니다.
>
> 아3: 맞아요. 저희 가정을 두고 하신 말씀 같아요.
>
> 상6: ADHD는 체계적이고 조직적인 활동을 잘 못하고 행동 조절이 어려울 수 있습니다. 마치 오케스트라의 지휘자가 없이 단원들이 연주를 한다고 생각하시면 됩니다. 부모는 오케스트라의 지휘자처럼 전체를 구조화해서 조직화하는 활동을 도와주는 것이 가장 중요합니다. 어떤 것이 집안에서 가장 어려움이 될까요?
>
> 아4: 정리하는 것, 자신의 물건을 아무 데나 두는 것이 너무 많아요.
>
> 상7: 우리가 일주일에 하나씩 같이 이야기를 해 나가는 것이 좋을 것 같습니다. 우선 자녀의 방 안 환경도 단순하게, 장난감은 박스 안에, 의자는 고정식, 단 음식은 적게 먹여

야 합니다.

남3: 아내가 매일 힘들어하는 것이 더 스트레스입니다.

상8: 맞아요. 하루 종일 아이와 함께 있는 아내는 에너지가 소진되어서 힘이 들 겁니다. 아이가 가장 힘들고 그 아이를 양육하는 아내도 또 힘들 것입니다. 남편 분이 해 줄 일은 가정에 올 때마다 아내를 격려하고 아이와 신체놀이(씨름이나 팔씨름, 알까기, 배드민턴, 풍선을 이용한 배구)를 하도록 같이 가족끼리 이야기를 열어 보는 것은 어떠신가요?

남4: 그것은 알려 주신 대로 할 수 있어요.

상9: (호흡법을 가르쳐 주면서) 아이의 감정 조절이 어려울 때 진정할 수 있도록 훈련하는 것도 지금처럼 하시면 되는데 어떠신가요?

남5: 네. 아이가 좋아할 것 같아요.

상10: 거실에 둘째가 잠자는 공간에 보온 텐트나 커튼을 쳐서 둘째가 부모의 보호를 받고 있는 느낌을 가지게 하는 것이 도움이 되실 것 같아요.

(5) 이 정보가 내담자에게 미칠 정서적 영향은 무엇인가

자녀양육에 대한 정보는 부모에게 심각한 정서적 파장을 일으키기도 한다. 이러한 정서적 영향력을 고려하면서 장기전을 치러야 하는 부모에게 힘을 제공해 주는 것이 필요하다.

ADHD를 가진 자녀의 부모들은 어려서부터 자녀의 치료를 위해서 수년간 모든 방법을 동원하여 살아오면서 지칠 대로 지친 상태로 상담실에 방문하는 경우가 많다. 심리검사 같은 것에 대한 정보 제공도 부모 내담자에게 힘을 주어서 자녀양육에 힘을 실어 줄 수 있기도 하다. 반면, 부모 내담자에게 죄책감을 주어서 자녀양육의 효능감을 상실하게 할 수도 있다(김형숙, 2007c). 상담사는 내담자에게 부모가 자녀를 위해 노력해서 달성한 단기목표에 대해 마무리해 주는 것이 필요하다. 그동안 언어발달이 지체된 자녀를 위해 언어치료를 5년간 받게 하여 정상적인 언어 발달을 이룬 것처럼, 현재는 자녀의 정서 조절이라는 목표에 집중하여 상담을 받도록 안내한다. 이후 자녀의 정서 인식, 정서 표현 그리고 정서 조절이라는 장기목표를 하나씩 이루어 나갈 수 있도록 부모에게 필요한 정보를 제공한다.

상1: 어머니, 정말 자녀를 위해서 오랫동안 수고 많으셨네요. 여섯 살 이후부터 그 6년이라는 시간을 투자를 했더니 아이가 이렇게 몰라보게 좋아져서 또래 애들보다도 오히려 언어성은 좋아졌잖아요? 노력하니 언어가 좋아진 것처럼, 그 다음에 정서적인 면이 걱정인 거잖아요. [네] 지능도 이제 걱정 없고…….

내1: 네. 그때 생각하면 지금은 아이가 언어적인 부분은 걱정이 안 돼요.

상2: 정서적인 면에서 걱정이 되시죠? 이것을 자녀상담에서 다루고 있으니, 부모상담에서도 어떻게 하면 부모가 자녀의 정서적인 부분을 지원할 수 있을지, 무엇이 자녀의 정서적 발달에 영향을 주는지를 같이 다루어 볼 거예요.

내2: 네.

상3: ADHD 이런 쪽은 초등학교 때 좀 케어해 주면 중학교 가면 훨씬 더 줄어들고 고등학교 가면 더 줄어들고, 그래서 저는 민들레 님이 막 끝이 없다, 왜 나한테 이런 일이 계속 벌어지는지 모르겠다 이렇게 하시는데 분명히 끝은 있을 거예요. 만약에 그때 언어지연 치료를 안 받았어요. 그러면 지금 현재 어떨 거 같아요?

내3: 그런 생각도 해 봤어요. 옛날 어르신들은 말이 늦은 아이도 있는데 그러냐, 전 그냥 있었는데……. 그냥 저도 고민이 많이 되었거든요, 정말 괜찮아질까.

상4: 고민될 수 있어요. 그래도 고민을 하시면서도 빨리 개입해서 지금 보통 아이들보다 오히려 발달됐다고 했잖아요? [예] 그러면 또 지금 ADHD도 빨리 개입을 해서 노력을 기울이면 나중에는 안정화가 될 거라고 봐요. 어떻게 들리세요? [맞아요] 지금 초등학교 시기는 뇌의 가소성이 크다고 하거든요. 뇌의 변화가 클 수 있어서요. 성인이 된 후에 돈 있고 시간 있고, 그런데 이미 아이 뇌가 그걸 받아들일 상황이 아닌 때에 개입을 한다면…… 어떠실 거 같으세요?

내4: 선생님 얘기 들으니까 정말로 힘이 되네요.

11. 과제 주기

과제 주기는 지시반응으로 특정한 방식으로 행동하거나 생각하게 하는 것과 관련이 있다. 내담자의 적응을 돕기 위해서 내담자가 집에서 무언가를 해올 수 있도록 하는 인지치료 기법이다.

과제 주기는 언제 사용하는 것이 효과적일까? 라포가 형성된 이후 상담중기부터 과제를 주는 것이 효과적이다. 라포가 형성되기 전에 과제를 주면 상담에 대한 심리적 부담감이 너무 크게 느껴질 수 있기 때문이다. 과제 주기를 실행한 상담사는 다음 회기에 과제를 어떻게 실행했는가, 과제 경험과 노력에 대해 서로 나누는 과정을 거쳐야 한다.

1) 과제 주기 대상자

과제는 상담에서 잘 사용하면 효과적이지만 그렇지 않으면 비효과적이다. 과제 주기를 사용하지 말아야 할 내담자가 있다. 첫째, 직장일로 바빠서 가족을 돌볼 시간이 없는 내담자에게 자녀와 놀아 주기 과제는 비현실적이다. 둘째, 건설 현장이나 택배일로 하루 종일 일하는 내담자에게 감정폭발 기록지를 작성하는 것은 비효율적이다. 셋째, 게임중독인 청소년에게 게임하지 않기라는 과제를 주는 것은 현실성이 없다. 넷째 우울증이 심한 내담자에게 책을 읽어 오기와 같은 것은 더 우울하게 만드는 것이다.

반면, 과제 주기에 효과적인 내담자가 있다. 첫째, 자발적이면서 변화 의지가 있는 내담자이다. 변화 의지가 있는 내담자는 과제 주기가 효과적인 상담기술이 된다. 이 내담자는 과제를 통해 자신을 생각하고 변화를 위해서 노력한다. 둘째, 폭력이 발생하는 내담자이다. 폭력은 상담시작 이후에 폭력금지서약서를 가족이 같이 작성한다. 가족 중 서로 폭력을 사용하면 누구든지 '경찰서에 신고하기'를 1회기에 과제로 내어 준다. 폭력은 은폐하는 것이 아니라 해서는 안 될 행동임을 과제로 명시하는 것은 효과적이다. 셋째, 자살이나 자해를 하는 내담자이다. 자살이나 자해도 폭력처럼 해서는 안 되는 행동이다. 아무리 힘든 일이 있어도 자살이나 자해가 생각이 나면 일어나서 전화기를 들고 1번을 누르기 과제를 내어 준다. 그리고 상담실에서 24시간 자살예방센터번호를 1번 단축키로 저장하는 것을 같이하면 구체적인 과제 내어 주기로 자해나 자살 예방이 된다. 넷째, 감정 조절이 안 되는 내담자를 포함한 조절이 필요한 내담자이다. 감정 조절이 안 돼서 폭발하는 내담자는 '일어나서 민들레가 화가 났다, 화가 났다. 화가 났다'를 열 번씩 외치면서 배를 치도록 하기를 상담실에서 상담사가 보여 준다. 만약 직장에서 배를 칠 수 없다면 '자신의 머리 뒤쪽 머리카락을 90도로 거꾸로 잡아당기기'라는 과제를 내어준다. 필자의 경험으로 내담자들은 모두 처음에는 어색해한다. 그럼에도 웃으면서 과제를 지속적으로 할 수 있는 것은 효과가 있기 때문이라고 들려주었다.

2) 과제 주기 구체적 방법

(1) 긍정성 찾기 과제

긍정성 찾기 과제는 누구에게 효과적인가? 이 과제는 자신감이 없거나 무기력하고 우울한 내담자에게 효과적인 방법이다. 이 과제 주기를 언제하면 좋을까? 상담사와 라포가 형성이 되거나 우울감이 다소 감소되었을 때가 적절하다. 그렇다면 상담사는 무엇을 과제 주기로 내어 주는 것이 효과적인가?

■ 칭찬하기 과제

내담자에게 자신을 칭찬하는 것을 하루에 한 개씩 노트에 적어 오도록 한다. 노트에 적기가 어렵다고 하는 경우에는 자신의 핸드폰에 적어 오도록 하는 것도 도움이 된다. 자신을 칭찬할 것이 없으면 본인을 알고 있는 가족이나 주위 친구들에게 물어보고 적어 오도록 한다. 이 과제의 목적은 내담자 안의 우울한 감정으로 자신을 부정적으로 바라보는 대신 칭찬하기 과제를 통해 내면의 긍정 정서를 찾도록 하는 것이다.

■ '나는 긍정적인 사람인가' 문장 완성하기(<부록 14-1> 참조)

> 상1: 여기 질문들에 답을 적어서 다음 주에 가져와 보시겠어요. 예를 들어, 자신에 대해 지금의 느낌을 알 수 있도록 문장들을 완성해 보세요.
> 내1: 시간제한이 있나요?
> 상2: 그냥 떠오르는 대로 쓰시면 됩니다.

내담자가 자신에게 칭찬하기나 '나는 긍정적인 사람인가' 문장 완성하기 과제를 해 왔을 때, 상담사는 이 과제를 다음 회기에서 어떻게 다룰 수 있을까? 이때는 "당신에게 이 연습이 어떻게 효과가 있었나요?"라고 물어보면서 다음의 사항을 상담 시간에 다시 이야기하도록 한다.

"자아존중감과 관련된 다음 문항들 가운데 4~5가지 선택해 보세요. 몸을 이완시키고 나서 그것을 마음속에 구체적으로 떠올려 보세요. 마치 그것이 전적으로 사실인 양 민들레 님의 입 밖으로 크게 소리 내어 말하거나 마음속으로 떠올려 보도록 할게요."

자아존중감 선택 문항

- 나는 가치가 있다.
- 나는 다른 사람과 나 자신을 비교하지 않으며 스스로를 좋아한다.
- 나는 내 일을 만족할 만큼 잘 처리할 수 있다.
- 나는 최선을 다한다.
- 나는 다른 사람을 잘 돌본다.
- 나는 나의 삶을 변화시킬 수 있다.
- 나는 타인의 삶을 변화시킬 수 있다.
- 나는 스스로를 사랑할 만한 가치가 있다.

"이제는 이것을 민들레 님이 상담실에서 한 것처럼 집에서 소리 내어서 해 보고 나는 스스로를 존경할 만한 가치가 있다고 적어서 가져와 보시겠습니까?"

(2) 영화나 드라마 보고 적어 오기

영화나 드라마는 내담자의 일상적인 삶에 쉽게 투영되어서 감정에 접촉할 수 있는 과제 주기이다. 영화의 어떤 장면이나 주제에 대해서 내담자가 자신의 어떤 점과 다른지, 무엇이 차이가 있는지를 찾아오거나 생각하게 하는 것도 도움이 된다.

첫째, 누구에게 효과적인가? 영화는 학력과 직업에 상관없이 누구나 쉽게 접하게 되는 매체이다. 해당 어려움이 있는 내담자에게 적절한 영화는 상담 과정에 협력적인 도움이 된다.

둘째, 과제 주기를 언제 하는가? 어머니, 아버지와 상담 과정에서 작업을 다룬 후 감정 정리를 할 필요가 있는 경우에 어머니, 아버지 혹은 자신에 관한 감정 알아차림이 필요한 경우에 내어 준다.

셋째, 어떤 영화가 도움이 될까? 외상 후 트라우마 내담자에게는 영화 〈람보〉〈우리들의 행복한 시간〉〈밀양〉과 같은 영화를 보면서 내담자의 감정과 생각을 같이 나누어 본다. 마음의 섬세한 고통이 있는 내담자에게는 〈인사이드 아웃〉 같은 영화가 도움이 된다.

넷째, 다음 회기에서 어떻게 다루는가?

"지난 시간에 영화를 보는 과제를 내드렸는데 어떤 영화를 보셨나요?"

"영화를 보시고 가장 기억에 남은 장면이나 단어가 있었을까요?"

"그 장면이 민들레 님에게 가장 마음에 울림이 된 것은 무엇 때문이었을까요?"

(3) 책 읽고 적어 오기

첫째, 누구에게 효과적인가? 내담자 중에 책을 읽기 좋아하거나 좋아하지 않더라도 대학 이상의 학력이 있는 내담자에게 책 읽기는 효과적인 방법이 될 수 있다.

둘째, 언제 과제 주기를 하는가? 내담자가 감정과 가족관계에 역동을 알아차린 상담 중기에 내어 주는 것이 적절하다

"'그래서는 안 됐어.' '어쩔 수 없었어.' 두 가지 생각이 내적 갈등으로 충돌이 심했다. 차라리 날 비난해 버리면 편했을 텐데……. 두 가지 마음이 충돌해서 더 힘들었다. 내적 갈등이 심할 때는 길을 걷는데 무언가 뒤를 붙잡아 못 걸었다면 이제는 그 붙잡는 힘이 조금 덜어진 기분이 든다. 기계를 돌릴 부품이 없었지만 이젠 부품이 생겨났다."

셋째, 어떤 책들을 읽기 과제로 적당한가? 다음의 책들은 내담자가 자신과 감정을 알아 가는 데 도움되는 책이다. 책 읽기 과제를 내어 준 후 다음 회기에 다루는 것이 더 효과적이다. 아래의 그 예시들을 보자.

■ 『아이의 마음에 집을 지어라』(김형숙, 2012)

자녀양육으로 인한 감정폭발, 자녀양육에 자신감을 잃어버린 내담자에게 필자의 책을 추천한다. 이 책은 자녀양육 상황별 사례에 맞는 실제적 지침이 실려 있다.

상: 지난 시간에 책을 읽어 보도록 과제를 드렸는데 어떤 내용이 기억에 남으신가요?

내: 대개 자신감을 갖게 해준 것 같아요. PASS'의 원리를 제시하면서 자녀와 부모 간의 마음과 마음이 통하게 해 주는 것을 듣고, 공감하고, 구조화하고, 대안을 발견하는 것. 대개 명쾌하게 제시해 주신 것이 도움이 되었어요. 그 중에서 부모 자신의 공감 능력 발달시키기 부분이 꽤 인상적이었던것 같아요. 아무래도 아이와 소통을 하기 위해선 부모도 준비가 되어야 한다는 전제가 밑바탕에 깔려야 가능할 테니간……. '감정을 인

식하지 못하는 경우는 어렸을 때부터 감정이 억압되어 성장했기 때문에 감정에 대한 인식이 무뎌질 수 있다고 한다. 공감을 하려면 무엇이 필요할까? 부분에서 자기 자신을 위해서 울어야 한단다. 그리고 자신의 감정에 대한 표현을 노출하라. 내가 나를 위해서 얼마나 울었는가. 나를 위해서 울어도 된다'는 말에 먹먹해지더라구요. 그러니까 아이들과 쉽더라구요. 구조화 부분은 정말 제가 안 되는 부분인데 규칙을 제시할 때 어떻게 해야 하는 사전구조화 사후구조화 이런 것은 처음 듣는 말이잖아요. 아이 키우는 것이 그림이 그려졌어요.

■ 『천개의 공감』 (김형경, 2006)

우울하거나 자기비난과 자기비판이 심한 내담자에게 이 과제가 적절하다. 격려와 공감 그리고 위안을 전함으로써, 마음의 문제를 해결할 수 있는 실천적인 방법을 제안하도록 과제 후에 다음 회기에 이것에 대해서 다룬다.

> 상: 읽으신 대목 중 가장 마음에 남은 것은 어떤 것이었을까요?
> 내: 책을 읽다가 그니까 제가 죽고 싶은 마음이 백퍼센트는 아니니까. 살고 싶은 감정이 양가감정이잖아요 (음) 살고 싶으니까 죽고 싶다는 생각도 드는 거고. 그래서 그 이유를 찾으라고 하잖아. 책에서 찾다 보니까. 또 애써 이유를 찾게 되겠죠. 꾸역꾸역 찾겠죠.

■ 『오늘 아침은 우울하지 않았습니다』(Hendel, 2018/2020)

우울한 내담자가 변화가 필요하다고 생각이 들 때 도움이 된다. 내담자에게 과제를 내어 줄 때는 내담자의 상태를 보고 한 장씩 읽어 오기, 이야기하기로 진행하는 것이 필요하다.

> 상: 읽으신 대목 중 가장 마음에 남은 것은 어떤 것이었을까요?
> 내: "분노를 느끼는 것과 표출하는 것은 다르다."라는 구절이 참 마음에 와닿았습니다.
> 상: 그 내용이 민들레 님에게 가장 마음에 울림이 된 것은 무엇 때문이었을까요?
> 내: 저는 분노를 느꼈는데 몸의 아픔으로 왔구나. 스트레스 받으면 온몸이 아프거든요. 스트레스 받으면 이에서 피가 나고 신경성 편두통, 위궤양, 장염, 방광염, 결막염 등이 자주 걸렸어요. 중학교 때 장염과 불면증이 있었고 중학교 때 사춘기라 예민한 시기라

서 친구들과의 관계도 힘들었고 부친과의 관계도 힘들었어요. 아빠는 바깥일이 힘들었는지 집에 오면 가족들에게 소리를 질렀고 난 그것이 싫어서 부친에게 대들고. 동생들이 잘못한 것인데 내가 첫째라서 아빠의 체벌을 받았죠. 그때마다 화가 많이 났거든요. 엄마는 나에게 '너만 조용하면 되니까 가만히 있어라, 네가 아빠를 이해해라'라고 말해서 엄마랑도 매번 싸웠거든요. 지금은 갈대처럼 변했지만 중학교 때 난 대나무 같았어요. 내가 아빠에게 대들면 아빠는 엄마에게 화를 냈다. 자식 교육을 잘 못했다고. 엄마는 착해서 아빠를 다 받아 주었고 그런 엄마도 싫었어요. 그 모든 것을 제 몸이 지친 거라는 거죠.

■ 『독이 되는 부모』(Forward, 2002/2008)

만약 부모에 대한 이슈가 큰 내담자에게는 다음 상담에서 다룰 아버지에 대한 감정을 미리 준비시킬 때 이 책을 읽고 부모님에 대해서 이야기한다.

상: 책을 읽으면서 편지까지 쓰셨다는데 어떤 구절들이 제일 마음을 움직였을까요.
내: 책을 읽고 아버지에게 화났던 것, 아팠던 것에 대한 편지를 10쪽 분량으로 썼어요. 편지를 쓰다보니 전에 기억나지 않았던 상처들이 기억이 나더라구요. 아빠가 늙어서 아무것도 할 수 없어 요양원에 입소해서 임종 직전에 그동안 내가 겪은 힘든 것들을 말하려고 생각은 했었거든요. 그런데 신기한 게 편지에 상처를 10장 쓰다 보니 아빠가 어렸을 때는 놀이동산에 데리고 가서 놀아 주었고, 아빠를 더 많이 좋아했던 어렸을 때의 모습이 떠오르는 거예요.
상: 그것이 아빠를 미워하기도 하고 좋아하기도 하는 양가감정의 모습이었네요.

■ 『가족의 두 얼굴』(최광현, 2012)

가족의 갈등 속에서 힘들어하는 내담자에게 이 책을 읽고 '~다행이다'를 넣어서 글쓰기 과제를 같이 내어 주는 것도 효과적이다.

상: 지난 시간에 책을 읽어 보도록 과제를 드렸는데 어떤 내용이 기억에 남으신가요
내: 그 책을 읽으면서 어린 시절 우리 집이 생각났어요. 엄마가 20년 동안 아빠의 손발톱을 깎아 주세요. 더 아이러니한 것은 아빠는 엄마에게 애교를 부리거든요. 아빠는 늘

엄마에게 전화해서 애정표현을 해요. 내가 보기에 아빠는 애정결핍인 것 같아요. 근데 내게 니 애미~~ 쌍욕 하고~~. 니 같은 년 죽어라 하고…… 아빠는 엄마를 사랑하는 걸까? 엄마를 학대하는 걸까? 엄마랑 우리들에게 꼬라지 부리고 다음 날 아무렇지 않게 엄마도 아빠도 서로를 대하는 모습을 보는 것이 이상했거든요. 저건 뭐야, 나만 힘들어하는 걸까, 부모님의 죽을것처럼 싸우고 그 다음날 애정표현하는 것을 보면서.

■『오늘도 골든 땡큐』(이현수, 2016)

상담 중·후반기에 매일 자신의 마음을 유지하는 것이 필요한 내담자에게 자신의 마음을 챙기고 돌보는 데 도움이 된다.

> 상: 그 책을 읽어보시면서 가장 기억에 남는 구절이나 단어가 있었을까요.
> 내: 봉인을 풀고 스스로를 채우라. 봉인이라는 것이 마음에 꽉 박히더라구요. 그러면서 30년 동안 내 삶이 영화의 장면처럼 받아들여져요. 아 그랬구나. 부모님이 말한 봉인에 갇혔구나. 무엇이 힘든지 모르겠는데 답답하고 어떤 힘든 것을 느끼는데 무엇 때문인지 원인을 잘 모르겠어요. 잠잘 때 가위눌리고 악몽을 꾸고. 깜빡깜빡 정도가 아니라 통째로 삭제된 듯이 기억이 안 나거든요. 예전에는 아무렇지 않았던 말들이 예민하게 받아들여지고 화가 나는 것이 내가 그 봉인에 갇혀서 밤마다 발악을 한 것이구나. 이제 상담을 통해 내가 갇힌 것을 알았던 것 같아요. 어디에 갇혔나를 아니까 내가 나가는 것만 남았네요.

(4) 편지쓰기

편지쓰기는 이야기치료에서 유용하게 사용되는 기법이다. 편지쓰기는 마음을 언어로 전달하는 대표적인 것이다. 치료적으로 이용되는 편지쓰기에 이야기들이 기록될 때 첨가된 의미와 영속성을 가지며, 다시 조사되며, 변화되고, 편집된다. 편지를 쓰면 '좀 더 실제적'으로 생각되게 하며, 분석에 대하여 개방적이게 한다(White & Epston, 1990/2015)는 점을 고려해 볼 때 치료적일 수 있다.

편지쓰기는 '초대의 편지' '예상의 편지' '증명의 편지' '특별한 상황을 위한 편지' '이야기(narrative)로서의 편지'와 '자기 자신의 이야기 편지' 같은 치료적 편지들의 다양한 형태가 있다. 편지쓰기는 자신에게 쓰는 편지, 어머니에게 쓰는 편지, 아버지에게 쓰는 편지 등

대상이 다양할 수 있다.

첫째, 누구에게 효과적인가? 글을 쓸 수 있는 내담자면 가능하다.

둘째, 언제 과제 주기를 하는가? 상담 과정 중에 부모님, 주 양육자 및 권위자에게 외상을 경험한 내담자가 심상작업 후에 편지쓰기 과제가 도움이 된다. 심상작업은 여전히 지금까지 내담자 안에서 강한 영향력을 갖고 있는 그 당시 감정적 공포를 그 당시로 돌아가 그 감정들이 덜 고통스럽게 경험되도록 재구성해 주는 것이다. 심상작업 후에 남겨진 내담자의 감정적인 잔류를 정리하는 것이 필요할 때 과제 주기를 한다.

셋째, 어떻게 내어 주는가? 상담 도중 다섯 살의 내면 아이를 만나 작업을 했거나 그 어린아이에 대해 이야기를 하며 회기를 마쳤다고 하자. 내담자는 미해결된 감정과 다 나누지 못한 감정이 남아 있을 수 있다. 그럴 경우, "다섯 살의 나에게 현재의 내가 편지를 써 보시겠어요, 편지 쓰고 나서 어떤 감정이나 마음이 들었는지 적어 보세요."라고 편지쓰기 과제를 제시할 수 있다.

넷째, 어떻게 다루는가? "다음 회기에 편지를 써 보면서 어떤 마음이 들었는지 듣고 싶습니다."라고 하면, 내담자는 자신이 경험한 것을 이야기하면서 부모에 대한 감정과 사고를 정리하거나 더 알아차리는 시간을 가질 수 있다. 혹은 그 편지를 상담 시간에 내담자에게 읽어 보도록 하는 것도 치료적일 수 있다.

(5) 나 챙김 과제

자신을 돌보지 않고 원가족을 돌보거나 책임감에 짓눌려 있는 내담자에게는 자신을 돌보도록 과제 주기가 효과적이다. 다양한 과제 주기가 있다.

첫째, 나를 돌보는 '수고애요' 이야기하기이다. 이 대화법은 2015년 다리꿈발달상담교육센터에서 '폭력예방을 위한 찾아가는 부모인식교육사업'으로 시행한 것이다. '수고애요' 대화란 '수고했다, 고생했다/고마워, 애썼어, 사랑해요'의 첫 두음을 사용해서 만든 표현이다. 사용하기 쉽고 기억에 남아서 가정에서 바로 사용하는 것이 용이하다. 이 대화법은 자신에게, 부모에게, 부부에게 동일하게 사용할 수 있는 것이다. 하루에 한 번 자신에게 다음의 이야기를 해 주면서 돌보는 시간을 가지도록 한다. 필요한 경우 핸드폰에 적도록 하는 것도 도움이 된다.

수: 수고했어. 민들레야, 코로나로 힘들 텐데. 일하면서 아이들도 챙긴다고……

고: 고생했어. 직장과 육아 둘 중 던져버리고 싶을 만큼 힘든 직장일 참는다고……

　　고맙다. 심장아, 오늘도 열심히 나를 위해 뛰어 줘서 너의 소리가 들렸어.

애: 애썼다. 코로나, 경제적인 악재 속에서도 가족 위해 버틴다고.

요: 사랑해요. 민들레 나를.

둘째, 버킷리스트 작성하기이다. 내가 하고 싶었던 것, 미뤘던 것을 작성해서 하나씩 해 보고 상담 시간에 나누어 보는 것도 내담자가 타인을 위한 돌봄에서 벗어나 자기를 위한 돌봄으로 변화할 수 있다.

상1: 그동안 타인을 위해서 열심히 돌보고 책임지는 삶을 사셨어요. 이제는 그 돌봄을 자신을 위해서 사용하도록 해 보셨으면 합니다. 제 말이 어떻게 들리시나요?

내1: (울면서) 저를 위해서 살지 못했어요.

상2: 이제부터 자신을 위해서 하나씩 그동안 못한 것부터 하나씩 해 보지요. 먼저 버킷리스트를 만들어서 하루에 하나씩 해 보고, '민들레야, 수고했다.' 하고 토닥토닥 이야기해 주기가 과제입니다. 괜찮으시겠어요?

내2: 해 볼게요.

3) 과제 주기 사례 예시

내담자 중 자녀에게 감정이 폭발해 어려움을 호소하는 내담자가 있다. 이럴 때 두 가지의 과제 주기를 활용하면 자신을 이해하고 자녀와의 관계를 회복하는 데에도 도움이 될 것이다.

(1) 녹음해서 듣기

상1: 민들레 님이 자녀와 문제상황이 되는 시간에 자녀와 이야기하는 것을 녹음해서 듣고 오시는 것은 어떠세요.

내1: 재미있을 것 같아요, 제가 기억할 수 있을지……

자녀와의 대화를 녹음을 해서 듣도록 하는 것은 내담자가 자녀에게 어느 정도로 정서적인 영향력을 미치고 있는지를 더 확연하게 알 수 있도록 한다.

(2) 자녀에게 비난 대신 '수고애요' 대화 사용하기

내담자들도 자녀에게 감정폭발을 하면 안 된다는 것을 안다. 그러나 자녀만 보면 부정적인 언어가 나온 것에 괴로워한다. 자녀를 가진 내담자들은 마음이 먼저 변하고 행동이 변화하는 심리상담도 필요하다. 그러나 당장 자녀와의 의사소통의 변화를 원하는 내담자에게는 자녀에게 할 수 있는 '수고애요' 대화법을 알려 주는 것이 실용적인 방법이다.

> 수: 수고한다. 네 손과 발이 열심히 수고했네.
>
> 고: 고생한다, 산만한 머리로 공부하려니 고생이 많네.
>
>   고맙다. 아들, 네가 잘 성장해 줘서.
>
> 애: 애썼다. 그 외로운 시절 버틴다고…….
>
> 요: 사랑해요, 우리 아들.

(3) 알아차림 과제 주기

내담자 자신의 행동을 변화시키기 위해서는 '지금 이 순간(here and now)'에 내담자가 어디에 있는지를 더욱 면밀하게 관찰하고 알아차릴 수 있도록 하는 것을 상담 과정에서 다루어야 한다. 그러나 상담 회기가 짧은 경우 이것을 시행하는 데 제한적이다. 이때 사용할 수 있는 것이 알아차림 과제를 해 보고 기록해 보도록 하는 것은 감정 조절이 힘든 내담자에게 유용하다.

《사례 18. 공황이 온 이후 불안해요_30대 취준생》

상1: 오늘 상담실에서 해 본 것을 앞으로 일주일 동안 0점(낮은 자각)부터 10점(높은 자각)까지의 척도를 사용해서 '자각의 온도'를 측정해 보시기 바랍니다. 민들레 님이 감정 폭발하는 상황, 예민해지는 상황을 파악해 보고, 다음 시간에 이야기 나누어 보도록 하겠습니다. 감정 폭발 혹은 예민함 때문에 자각의 온도가 낮아지는 일이 생기면, 현재의 순간으로 주의를 되돌려서 집중하기 위해 노력하십시오. 아울러 이 작업을 하는 동안 자신을 판단하지 말고 친절하게 대하시기 바랍니다. 앞으로 다양한 연습과제를 제시할 텐데, 그 이유는 연습과제의 효과가 사람마다 다르게 나타나기 때문입니다. 이해하셨나요?.

내1: 네, 해 보면 괜찮을 것 같아요. 그런데 10은 내가 감정 폭발을 하는구나 하고 알면 10을 적고 내가 아이들한테 소리 지르고 나서 '아차' 하면 0이겠네요.

상2: 자세하게 저의 이야기를 들으셨네요. 맞습니다. 각 연습과제를 통해서 최대의 효과를 위해서는 먼저 1~2회 정도하신 뒤에 수행하는 것이 좋습니다. 여러 번 연습하신 다음에는 그 과제를 수행한 경험에 대해서 간단한 글을 쓰시라고 요청을 드리겠습니다.

내2: 한번 해 볼게요.

이렇게 내담자에게 안내하고 매주 하나씩 과제를 내어 주면서 이야기를 나누도록 한다. 알아차림은 내담자의 어려움과 문제에 따라 다르게 사용될 수 있다.

(4) 호흡법

호흡법은 불안이나 공황, 감정 폭발하는 내담자에게 꼭 필요한 기법이다. 호흡법으로 긴장 이완하는 것을 상담실에서 경험한 뒤 집에서 공황이나 불안이 올 때 호흡법을 시행하도록 과제 주기를 할 수 있다.

제15장 🧭
이론별 개입기법

지금까지 상담 이론에 상관없이 공통적으로 사용할 수 있는 상담사 개입기술을 살펴보았다. 이 장에서는 상담사가 지향하는 이론에 근거해서 개입할 수 있는 정서적 개입, 인지적 개입, 행동적 개입, 체계론적 개입을 살펴보겠다. 이 부분은 초심상담사가 상담 기본 개입 기술을 충분히 익힌 다음에 사용하는 것이 더 효과적일 것이다. 이론별 개입 기법은 다양하다. 이 장에서는 많은 상담사가 실제로 사용하고 있는 기본적인 기법을 중심으로 소개하겠다.

1. 정서적 개입을 다루는 상담기법

1) 정서적 개입에 대한 이해

감정을 다루는 기법들은 주로 현상학적 치료에서 나온 것이다. 가장 영향력 있는 것이 Carl Rogers의 인간중심상담이다. 상담 진행은 내담자와의 관계에 의해 영향을 받는다는 것이 상담 과정 척도로 공식화되어 수년간 상담에서 내담자의 변화를 연구하는 데 사용되었다. 이 척도는 변화가 일어날 때 내담자의 반응을 일곱 가지 단계로 설명한다 ((Hackney & Bernard, 2017/2019).

첫 번째 단계에서 내담자의 일, 친척 등과 같은 외부적인 이야기로 시작한다. 이는 아직 불확실한 것에 대한 자신의 노력을 통제하려는 내담자의 방식일 수 있다. 예컨대, "직장의 팀장 때문에 돌아버리겠다."와 같이 내담자는 직장 팀장이라는 외부 이야기로 대화를 시작하고 있다.

두 번째 단계에서 내담자는 과거의 감정이나 외부의 감정일지라도 이러한 감정에 대해 이야기하는 방향으로 흘러간다. 예컨대, "팀장하고 지난주에 부딪쳤어요. 괜히 트집 잡는 것 같고, 완전 짜증나고 화가 치밀어 올랐어요." 팀장 이야기에서 팀장하고 부딪혀서 생긴 감정의 이야기로 대화가 흘러가고 있다.

세 번째 단계에서 내담자는 감정을 정교화하지만 이는 현재의 감정이기보다는 과거의 **감정이다**. 예컨대, 내담자가 "나는 아빠의 말에 정말 상처받았어요."라는 이야기로 시작하지만 이미 과거의 이야기를 하고 있는 것이다.

네 번째 단계에서 내담자는 현재의 감정에 대해 이야기하기 시작하고, 그 감정을 현재 소유하고 있음을 인정한다. 예컨대, "나는 아빠가 나에게 했던 말 때문에 지금도 화가 나요. 아직도 그것에 매여 있는 나를 보면 더 화가 나서 미칠 지경이에요."라는 표현으로 드러난다.

다섯 번째 단계에서 상담사가 함께 존재하는 가운데 내담자의 현재 감정에 머무르는 것을 허락한다. 예컨대 "아빠가 나를 때린 것을 생각할 때마다 기분 나쁜 감정이 나를 소용돌이치고, (흐느끼면서 울기 시작함) 나를 한없이 초라하게 만들고, 내가 마치 살아서 뭐하나 하는 공허감까지 밀려와요."라고 내담자의 감정이 상담사 앞에서 같이 경험되고 존재된 것으로 표현되고 있다.

여섯 번째 단계에서 내담자는 이전에 **부정했던 감정을 경험한다**. 내담자는 이전의 감정이 몰려와도 그 감정을 대면하고 받아들이고 회피하지 않고 자신의 감정으로 주체적으로 반응한다. 예컨대, "지금은 내가 예전처럼 감정을 피하지 않는 것 같아요. '아, 내가 초라해지는구나. 이것이 싫어서 내가 그렇게 아등바등했구나.' 그냥 인정하는 것 같아요."라는 표현으로, 내담자는 초라해지는 감정을 피하지 않고 자신의 감정 일부로 경험하는 주체적인 경험을 하고 있다.

일곱째 단계에서 내담자는 그런 **감정에 대해 받아들이고 편안해지기 시작한다**. 예컨대, "내가 이제는 그런 생각을 하지는 않을 만큼 평범하게 일상을 살아가는 것 같아요. 내가 원하는 대로 편안해지는 것 같아요."라는 표현으로, 내담자는 일상에서 일어나는 감정을 편안하게 자신의 것으로 받아들이는 **주체적인 자기를 경험**하고 있다..

이 과정을 절대 강요하지 않고 내담자가 변화 과정에서 편안하게 느낄 수 있는 속도로 따라가는 것이 중요하다. 감정의 중요성을 인식한 것은 인간중심이론만이 아니라 게슈탈트 치료, Greenbeger의 정서중심치료, Binswanger, Boss, Frankl과 May의 실존적 접근법, Kelly의 개인구성개념 심리학, Gendlin의 경험적 상담, 심리분석적 치료, 생물 에너지 및 핵심 에너지와 같은 신체 작업 요법 등과 같은 다른 치료적 접근법도 정서중심치료라고 보기도 한다. 최근 건강 모델은 지적·정서적·육체적·사회적·영적 건강을 포함하는 다양한 차원이 포함된 것도 있다(Hackney & Bernard, 2017/2019). 감정을 다루는 상담기법을 사용할 때 내담자의 문화적 배경을 고려하여 사용해야 한다. 구체적인 감정 기법을 알려면 감정을 먼저 이해하는 것이 필요하다. 특정 문화 출신의 내담자들은 감정에 초점을 맞추거나 낯선 사람들에게 감정을 드러내는 일을 중요하게 생각하지 않기 때문에 불편할 수 있다. 생존이나 사회적 문제들에 보다 많은 관심을 기울이고 있는 내담자들은 정서를 대수롭지 않게 생각한다.

정서적 개입 목적은 내담자의 감정이나 감정 상태를 식별·구별하며, 표현하도록 돕고, 변경하거나 받아들이거나 담아 두는 것이다. 이 목적에 따른 개입기법을 하나씩 살펴보자.

2) 정서적 개입기법

정서적 개입은 정서 식별하기, 정서 접촉하기, 표현하기, 감정 상태를 통합하거나 변화시키기, 정서 조절하기로 설명하겠다.

(1) 정서 식별하기

상담초기에 가장 적절한 개입기법은 감정의 표현과 감정을 분류해 보는 개입활동을 하는 것이다. 이러한 활동들은 상담사의 인식, 내담자의 감정 표현 반영, 음성적 진술, 내담자의 정서적 경험에 대한 상담사의 공감을 포함한다. 공감과 감정 반영, 재진술에 대한 설명은 제11장과 제12장에서 자세히 설명했다.

■ 정서 체크리스트

정서 체크리스트는 상담 회기 내에서 보고하는 전반적인 정서를 체크할 때 사용한다. 상담 시작 전이나 첫 번째 회기 중에 정서목록을 주고 내담자가 체크하도록 할 수 있다.

《사례 19. 먹어도 채워지지 않아요._30대 직장인》

상1: 최근 3개월이나 현재 시점에서 자신의 경험에 대해 설명하는 감정을 체크해 보시겠어요?

내1: 여러 개가 나오면 어떡해요?

상2: 모두 다 체크하시면 돼요.

내담자의 응답은 초기상담의 관심사를 탐색하는 기초로 사용될 수 있다. 〈부록15-1〉의 정서 목록을 보고 내담자로 하여금 지난 48시간 동안 경험한 모든 감정을 체크하게 한다. 내담자가 현재 감정을 보고 체크하는 것은 부담이 가지 않는다. 그런데 상담을 처음 시작하는 내담자가 "마음이 어떠세요?" "무엇이 느껴지세요?"라는 상담사의 질문에 답변하는 것은 어렵다. 간단히 종이와 연필을 사용해 기록해 보는 것과 같은 단순한 기법부터 시작하는 것이 도움이 된다.

■ 정서 백분위 차트

정서 백분위 차트는 상담 초기에 효과적인 기법이다. 어떤 이들은 감정에 집중하는 데 어려움을 겪는다. 이는 감정이 결여되어 있다는 것을 의미하기보다는 감정에 대해 생각하거나 이야기하는 것이 익숙하지 않다는 것을 의미한다. 시각적 자료들은 생각이나 집중을 시작하는 데 도움이 된다.

내2: 내 감정을 설명할 수 없어요.

상3: 그만큼 심정이 복잡하시다는 것으로 들려요. 여기 종이에 두 개의 원이 있어요. 파이 모양의 그래프에 민들레 님의 다양한 감정 상태가 전체 파이에서 각각 어느 정도 차지하는지 그려 보실래요.

내3: 그림을 못 그리는데.

상4: 그림을 그린다고 생각하니 부담이 되실 것 같아요. 그림 실력이 아니라 그냥…… 내 마음이 지금 아버지에 대해서 가장 크게 느껴지는 마음이 뭘까요?

내4: 무서운 것 같아요.

상5: 그러면 두려움이네요. 얼마큼 크기가 될까요? 여기에 표시를 해 보면…….

내5: 이만큼 두려운 것 같아요.

상6: 아버지에 대한 두려움이 크지만 화는 그렇게 크지 않네요. 10인 것을 보면…….

내6: 아버지가 무섭지만, 그래도 나를 키워 주셨으니까요.

상7: 아버지에 대한 무서움이 현재는 크게 느껴지네요.

[그림 15-1]은 내담자가 그린 과거 정서 백분위 차트이며, [그림 15-2]는 현재 정서 백분위 차트이다. [그림 15-2]에는 본인이 갖고 싶은 정서를 그리거나 어렸을 때의 정서와 현재의 정서를 비교하는 것으로 사용할 수도 있다.

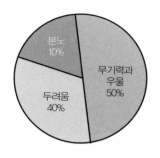

[그림 15-1] 과거 정서 백분위 차트

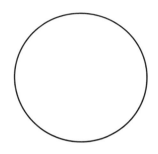

[그림 15-2] 현재 정서 백분위 차트

내담자는 자신의 정서를 인식하고 상담에 들어오지만 복잡하고 미해결된 감정에 압도되어 있다. 그런 상태는 예상치 못한 삶의 외상 사건에 의해 자극된다. 이러한 외상 사건은 그 사건과 관련된 감정 혹은 훨씬 중요한 사람과 관련되는 감정을 자극한다. 정서 백분위 차트처럼 내담자가 복잡한 감정 꾸러미를 열어 보고 내담자의 다양한 감정 반응을 인지하도록 도울 수 있다. 이때 내담자가 개인적인 정서에 이름을 붙이기 어려워하면 정서 목록을 함께 활용할 수 있다. 정서 백분위 차트는 내담자가 감정의 강도나 특정 정서에 대한 집중을 확인하도록 할 것이다.

■ 정서 풍선

정서 풍선은 아동·청소년에게 자주 사용되는 기법이다. 이 기법을 예시와 함께 소개하면 다음과 같다.

> 상1: 사람들은 한번에 여러 가지 감정을 가질 수 있기도 해요. 어떤 감정은 강렬하고 잊어버리기 어려운 것도 있어요. 중요하지만 잊어버리게 되는 감정도 있지요. 여기에는 정서 풍선이 있어요. 감정 중에 가장 크고 잊어버리기 어려운 것을 큰 풍선 안에 써 보세요. 다음으로 작은 풍선 안에는 때때로 잊어버리는 감정을 써 보세요. 지금 엄마한테 느껴지는 감정을 풍선 위에 '화난, 기쁜, 외로운, 겁나는, 당황한, 자랑스러운, 홍

분되는' 등으로 풍선에 이름을 붙입니다.

내1: (풍선에 감정을 그림) 풍선을 그리다 보니 내 마음의 크기가 보이네요. 버려질 것 같
   은 것이 제일 크게 있나 봐요. 엄마가 화가 나면 '너 그러면 엄마 집 나가버린다.'라고
   해요. 그럼 나는 안 그러겠다고 엄마한테 울면서 매달려요.

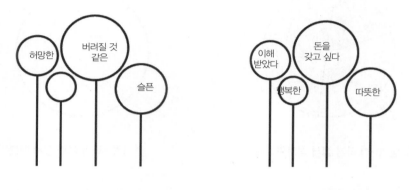

[그림 15-3] 과거 정서 풍선　　　　　　　　　[그림 15-4] 현재 정서 풍선

다른 방법으로 기쁜, 슬픈, 화난 얼굴을 이용해도 괜찮다. 풍선은 아동·청소년이 자
신의 감정을 가장 잘 설명하는 얼굴을 가리킬 수 있게 해 준다.

그리고 [그림 15-4]처럼 비어 있는 풍선에는 내담자 자신이 되고 싶은 정서를 그리거
나 어렸을 때의 정서와 현재의 정서를 비교하는 것으로 사용할 수도 있다.

■ 감정에 이름 붙이기 위한 개방형 질문

정서에 이름을 붙여 보는 방법으로 다음과 같이 개방형 질문을 할 수 있다.

   "그 감정과 함께 떠오르는 이미지가 있나요?"
   "지금 그 감정이 신체 어디에서 느껴지세요?"
   "혼자 남겨지는 것에 대한 두려움이네요."

■ 감정일지

내담자가 감정일지를 통해 감정을 파악하고 추적하다 보면 자신의 감정을 인식하게
된다〈부록 15-2〉. 내담자가 기록해 온 감정일지를 다음과 같은 질문을 통해 이야기 나눌

수 있다(Greenberg, 2002, pp. 128-129).

"그 감정이 어떠했나요?"

"갑작스럽게 느낀 걸까요, 지속된 감정일까요?"

"그 감정을 느끼면서 신체감각은 어떤 경험을 했나요?"

"그 감정을 느낄 때 어떤 생각들이 떠올랐나요?"

"뭔가를 하고 싶었거나 표현하고 싶었던 것이 있었나요?"

"그런 감정이나 기분을 느끼게 한 것이 무엇인가요?"

■ 감정단어

감정을 인식하기 힘든 내담자는 감정단어 카드를 사용하여 이야기를 이끌어 갈 수 있다. 감정은 다양해서 내담자의 감정에 맞는 것을 찾는 것이 어려울 수 있다. 그럼에도 가까운 감정을 찾아내서 감정을 인식하는 것은 유용한 방식이다.

상1: 여기 감정단어가 있어요, 한번 골라 보실래요?

내1: ('미안한, 안쓰러운, 겁나는, 고통스러운, 절망하는, 불안한, 답답한, 화난'을 고름)

상2: 이 중에서 다시 하나를 골라 보실래요?

내2: ('미안한'을 고름) 언어치료를 받으러 가서 치료사로부터 얼마나 발달이 늦은지 피드백을 들으니 난 걱정되고 가슴이 답답한데, 빛이 안 보이는 터널을 걷는 것처럼 깜깜했어요. 이러한 상황에서 첫 애 세 살 때 계획하지 않은 둘째를 임신을 했어요, 임신 테스트를 해 보고 미칠 것처럼 울었어요. 첫 아이가 언어지연이 있는데 둘째도 그럴까 봐. 불안하고 가슴이 조여 오는데 죽을 것 같이 불안해서 잠을 잘 수 없었어요.

■ 감정일기

내담자가 외상사건에 대해 이야기로 기록함으로써 내담자의 감정을 이해하는 데 도움을 주는 방식이 감정일기이다(Greenberg, 2002, p. 31). 감정일기를 적는 방법은 다음과 같다.

첫째, 무엇을 적는가? 내담자가 현재 경험하고 있는 혼란스러운 경험을 적는다.

둘째, 얼마나 적는가? 한 번 적을 때 1회에 20분간 적고 이후 시간을 늘려 갈 수 있다.

셋째, 어떻게 적는가? 혼란스러운 감정과 관련된 사건이 일어났던 당시의 감정을 적는다.

넷째, 무슨 효과가 있는가? 외상적 사건에 대한 고통스러운 기억이 감소될 뿐만 아니라 신체건강이나 면역체계 증진에 유의미한 효과가 있다(Pennebaker, 1990). 감정일기의 예시는 다음과 같으며, 구체적인 감정일기는 〈부록 15-2〉를 참고하길 바란다.

> 19년 1월 20일
>
> 오늘은 내 생일이다. 생일날 케이크를 받았다. 엄마가 미역국을 끓여 주었는데, 싱크대에 부어 버렸다. 내가 미역국을 원했나? 딸의 마음을 아직도 모르는 엄마, 아니 그 사람이라고 부르고 싶다. 엄마라고 부르고 싶지 않다. 난 내가 싫었다. 내가 나를 보고 있으면 더럽고, 너무 싫으니까. 근데 그 얘기를 부모님한테도 안 하다가 초등학교 때쯤 엄마한테 얘기를 했다. 엄마가 그때 엄마도 약간 적지 않게 당황하는 것을 느꼈다. 남자니까 어쩔 수가 없다. 이런 식으로 그냥 얘기를 하고 나의 상처, 나의 고통은 하나도 보지 않고 네가 참고 이해를 해라 지금 와서 삼촌한테 가서 옛날에 성폭행한 것을 따질 거니, 뭐 할 거니? 난 엄마를 후려치고 싶었다. 왜 나의 상처는 안 보고 남자만 먼저 생각하고 사람들한테 보이는 것을 나보다 더 중요하게 생각한 것이 너무 미웠다. 죽이고 싶을 만큼, 난 그 이후로 엄마한테 나의 마음을 영원히 닫아 버렸다. 지금도 닫아 놓은 내 마음은 여전히 있다, 아프다, 쓰리다. 그리고 어쩔 때는 후벼 파고 있는 내가 불쌍하다. 나를 언제까지 갉아먹을 것인가, 갉아먹어서 아무것도 없는 뼈다귀만 있으면 나는 이 갉는 것을 그만둘 수 있을까?

(2) 정서 접촉하기

정서에 접촉하는 것은 내담자 정서의 비언어적인 표현에 주목한다. 내담자가 감정을 보이는 주요 방법은 비언어적 표현이나 신체 언어를 통해서이다. 고개의 움직임, 얼굴 표정의 움직임, 몸의 자세, 제스처, 목소리의 질 등 비음성적 요소가 내담자의 의사소통 요소로부터 추론될 수 있다(Ekman & Frisen, 1969). 감정의 본질은 주로 턱의 모양, 찡그린 얼굴, 눈을 찌푸리는 것과 같은 머리 부분의 신호로 비음성적으로 정보가 전달된다. 감정의 정도는 머리와 신체 신호 모두로 전달되는데, 근육이 경직되는 것이 대표적인 예이다. 상담사는 내담자의 비언어적 신호를 확인하는 것을 선택하거나 선택하지 않을 수 있다.

상1: 민들레 님이 어머니 이야기를 시작했을 때부터 계속 긴장한 듯 보이네요.

내1: 아, 제가 그래요?

상2: 네, 계속 얼굴 표정이 어둡고, 찡그리고 있거든요. 이것을 알고 계셨나요?

내2: 아니요. 정말 몰랐어요.

상3: 지금 마음이 어떠신가요?

내3: 불편한데, 잘 모르겠어요.

상담사가 내담자의 비언어적 표현을 인식하고 물어보는 것은 내담자가 자신의 감정 강도를 공유하도록 초대할 수 있다. 내담자의 비언어적인 것을 정확하게 인식할 뿐만 아니라 개입해야 하는 타이밍도 중요하다. 내담자의 비언어적인 표현을 확인하는 것은 문화적 맥락에서 고려해야 한다. 상담사 스스로 판단하지 말고, 비음성적 표현이 무엇을 의미하는지에 대한 가정을 지속적으로 내담자에게 확인해야 한다. 웃음은 우월감의 표현인가, 긴장감의 표현인가? 내담자가 울고 난 후 입을 닫는 것은 저항을 나타내는 것인가, 부끄러움을 나타내는 것인가? 해석할 때 많은 주의를 기울여야 한다. 상담사는 자신의 경험을 넘어서서 내담자에게 겸손하게 그 의미에 대해 열린 마음으로 물어보는 것이 실수를 줄일 수 있다.

■ 신체자각을 통한 감정 인식

상담사가 내담자 스스로 신체에서 어떤 것들이 일어나고 있는지를 자각하여 감정과 접촉하도록 돕는 것은 감정 접촉하기에 도움이 된다. 지나친 긴장감을 느끼는데 표현하지 않을 때, 팔이 마비되거나 두통과 같은 통증으로 나타난다.

내1: 지난 주 내내 팔이 마비되었어요.

상1: 눈을 감고 편안하게 호흡해 볼게요. 지금 긴장감이 신체 어디에서 느껴지시나요?

내2: (가슴 안쪽을 가리킴)

상2: 그 가슴 안쪽에 손을 대고 그 가슴을 느껴 보세요. 그 가슴에서 뭔가가 느껴지면 그 것에 집중해 보세요.

내3: 끈적거리는 덩어리가 보여요.

상3: 지금 그 가슴 신체 부위가 느껴진 대로 말한다면 무엇이라고 할까요?

■ 감정 분리하기

신체감각을 지각하거나 경험함으로써 감정을 느낄 수 있다. 신체감각과 연결된 이미지가 나올 수도 있다. 이미지가 저절로 떠오를 수도 있고, 그 부분을 대표하는 이미지를 찾을 수도 있다. 이것은 풀이 죽어 있거나 혹은 근육질을 가진 것처럼 어떤 신체 자세나 표현을 가진 내담자 자신의 이미지일 수도 있다. 그것은 특정 나이의 내담자의 이미지일 수도 있다. 그것은 또한 유명한 사람, 만화 캐릭터, 신화적 인물 혹은 동물의 이미지일 수도 있다. 그 이미지들은 '벽' '얼음 상자' '빛나는 태양' '잡초 가득한 정원' '흐물흐물한 액체' '뭉게구름' 등 다양하게 나온다. 신체감각에게 접근하는 법을 좀 더 충분히 이해하기 위해 다음의 예시를 살펴보자(김형숙, 2017b).

> 내1: 내가 10년 동안 가져왔던 관계를 끝내려고 해요. 내 부모님을 볼 때마다 두렵고 무서웠어요. 나는 그동안 '통제 광'처럼 행동해 왔어요.
>
> 상1: 그 두려움을 몸의 어느 부분에서 느낍니까?
>
> 내2: 가슴에서요. 부모님을 향해서는 아무 느낌도 없어요. 창자 깊숙이까지 찌르는 느낌이에요. 전체적으로 궁휼한 마음을 갖고 있지 않은 느낌이에요. 그리고 부드러운 사랑의 느낌을 느끼지 못하기 때문에 무정하게 보여요. 차단되어 있고, 연결이 되지 않으며 경직되어 있어요. 가슴은 물론. 머리도 아무것도 느끼질 못해요.
>
> 상2: 그 신체 부위에서 어떤 이미지가 떠오르나요?
>
> 내3: 담장에 둘러 있는 뾰족한 가시 같아요.

■ 문장완성검사

문장완성검사는 감정을 이끌어 내기 위해서 개발한 검사이다. 대개 호흡 작업이 진행된 후에 내담자에게 각 문장을 읽고 마음속에서 처음으로 떠오르는 것을 문장으로 완성하라고 하면서 진행한다(Hackney & Cormier, 1998/2007).

> 당신이 나를 바라볼 때, 나는 ……………………………을(를) 느꼈다.
>
> 당신을 보자, 나는………………………………………을(를) 느꼈다.
>
> 내가 화(두려움 등)를 느꼈을 때, 나는 ………………………을(를) 이다.

(3) 정서 표현하기

상담사는 내담자가 감정의 의미를 포착하고 그 의미를 다른 사람에게 전달 가능한 방식으로 감정을 표현하는 방법을 찾도록 돕는 것이다.

▪ 눈물은 정서의 표현의 출구

내담자가 눈물을 보일 때는 이야기하는 것보다 그 감정에 머무르게 하라. 상담사들은 내담자가 울고 있으면 당황한다. 이것을 어떻게 다루어야 할지 모르기 때문에 화제를 돌린다. 내담자는 오랫동안 묻어 둔 감정을 마주할 준비되어 있다. 내담자를 믿고 눈물을 허용해 주면 된다. 내담자가 서랍장에 넣어 둔 감정을 혹은 냉동실에 얼려 놓은 감정을 꺼내는 데에는 용기가 필요하다. 울다가 분노가 나올 수도 있고 슬퍼서 울 수도 있는데, 내담자의 우는 내용을 알지 못해도 괜찮다. 충분히 울었다고 보이면 내담자가 이야기를 시작한다. 혹은 상담사가 다음과 같은 질문을 하면서 내담자의 현재 상태를 확인한다.

> 상1: (10분 정도 울고 난 이후) 지금 마음이 어떠신가요?
>
> 내1-1: 후련하다.
>
> 내1-2: 슬프다.
>
> 내1-3: 더 격렬하게 울면서 아프다.

울고 난 후 내담자의 반응은 여러 가지로 나올 수 있다. 내1의 '후련하다'는 반응은 내담자의 감정이 어느 정도 정화가 되었다는 것으로, 그때 "내 안에 감정이 올라올 때 혹시 내 안에서 어떤 것이 접촉이 되었을까요?"라고 물으면서 내담자의 눈물에 대해서 이야기를 나누어 가면 된다. 눈물을 흘린다는 것은 뭔가 내면에 접촉이 된 것이다. 그게 어떤 건지 물어야 한다. 엄마한테 미안해서 울었는지, 죄책감 때문에 울었는지 내담자마다 다르기에 물어보고, 이야기를 이어 가면서 다루면 된다. 이야기하다 다시 내담자가 울수 있다. 그러면 당황하지 말고 다시 "그러면 그 마음을 엄마에게 얘기를 해 보시겠습니까?"라고 그 감정의 대상에게 직접 이야기하도록 하면 된다.

내1-2의 '슬프다'는 반응이 나오면 그 슬픔에 대해서 다시 이야기를 들어가면 된다. 대개 슬픔은 어린 시절 잃어버린 돌봄에 대한 욕구에서 나올 수 있다. 이때는 잃어버린 그시간으로 돌아가서 다시 그 욕구를 채워주는 방법으로 '내적 시각화'하는 것이 유용할 수 있다. 상담사는 그 감정을 허용해 주는 것이 필요하다.

내1-3의 '더 격렬하게 울면서 아프다'라는 격렬한 감정의 표출은 내담자의 심리적 외상과 관련되어 있다. 이때는 이 문제를 다루어 보고 싶은가를 확인한 후에 개입하는 것이 적절하다. 어떻게 감정을 허용해 주는 것인가? 앞서 제시한 〈사례 19〉의 거식증이 있는 내담자가 눈물을 흘린 후 상담사는 다음과 같이 개입하였다.

> 상1: 갓난아이가 어떻게 하고 있나요?
>
> 내1: 책상 밑에 눕혀 있는데, 혼자 있어요. 손가락을 빨고 놀고 있어요. 빈방에 아무도 없어요.
>
> 상2: 지금의 민들레 씨가 그 아이를 볼 때 어떻게 해 주고 싶으세요?
>
> 내2: 아이를 안아 주고 싶어요.
>
> 상3: 현재의 내가 아이를 안아 줍니다. 그리고 아이를 예뻐해 주세요.
>
> 내3: 우리 아기 코도 오똑하고 눈도 초롱초롱하고 입도 예쁘네. (이야기를 해 주면서 계속 울고 있음) 이렇게 예쁜 아이인데. 네가 울어야 엄마가 알지. 가만히 있으면 네가 배가 고픈지, 변을 갈아야 하는지, 배가 고픈지 알 수가 없잖아. 이 바보야.
>
> 상4: 아이를 안아 주시고, 자장가를 불러 주세요.
>
> 내4: (자장가를 부름) 우리 아기 착한 아이 소록소록 잠든다. (의자에서 갑자기 바닥에 눕는다. 바닥이 차가워서 따뜻한 곳으로 옮겨 주고, 얼굴이 딱딱할 것 같아 매트를 깔아준다. 손을 빨면서 흐느끼면서 울면서) 엄마가 자꾸 아기를 놔두고 나가요.
>
> 상5: 엄마가 어디를 가나요?
>
> 내5: 그것은 모르겠어요.
>
> 상6: 엄마를 불러 보세요.
>
> 내6: 불러도 자꾸 가요.
>
> 상7: 엄마가 나한테 오도록 강하게 불러 보세요.
>
> 내7: (소리를 높여서) 그래도 안 와요.
>
> 상8: 엄마가 올 때까지 불러 보세요.
>
> 내8: 엄마가 동생이 생겨서 자꾸 동생한테 가요.
>
> 상9: 동생은 잠시 내가 클 때까지 들어오지 말게 기다리게 하세요. 어머니만 이 갓난아이에게 집중하도록 하세요. 어머니가 보이나요? 아기를 안아 주세요. 아이한테 토닥거

려 주면서 아이가 필요한 것을 해 주세요. (엄마가 아이를 토닥거림) 지금 아이는 어떻게 하고 있나요?

내3에서는 반응을 지켜보면서 더 울 수 있도록 기다려 주면 된다. 어떤 경우 내담자는 상담 시간 50분 내내 울 수도 있다. 울도록 허용하는 것이 언어로 이야기하는 것보다 훨씬 나을 때가 있다. 그리고 상담이 마친 후에 다음과 같은 말로 내담자에게 건네는 것이 안전하다.

"오늘 울고 나서 감정이 힘들 수 있습니다. 이상한 것이 아니에요. 감정이 문을 열고 나올 때 다시 울어도 됩니다. 그리고 이 부분은 다음 회기에서 다루겠습니다. 감정이 올라와서 힘이 드실 수 있으니 상담실 이쪽에서 앉아 있다가 괜찮아지면 가셔도 됩니다."

■ 은유 사용은 정서표현의 출구

은유를 사용하는 것은 감정을 깊이 들어가도록 하는 강력한 방법이다. 특별한 감정에 시각적인 이미지를 부여함으로써 상담사는 내담자가 이해하는 것을 확인하고 확장할 수 있도록 돕는다. 예컨대, 한 내담자가 동료와 계속 경쟁하는 마음 때문에 힘들어 할 때, "고지탈환을 먼저 하고 싶은 마음이 보이네요."라고 은유를 사용하면 내담자가 "바로 그거예요."라면서 박수를 치고 그동안 이야기했던 것을 깊이 공감 받고 이해받았다고 반응한다.

하나의 은유가 모든 내담자나 모든 상황에 딱 맞는 것은 아니다. 은유는 내담자의 이해력과 상황에 맞을 때만 효과적이다. 은유가 적절하게 사용되면 상담사와 내담자는 공유된 언어와 시각적 이미지를 사용함으로써 라포를 증진시키고 상담에서 다양한 작업을 할 수 있다. 이것을 위해서 소품이나 도구를 사용할 수 있다.

《사례 20. 어느 날 티라노사우로스로 변했어요_ADHD 중1 남자 청소년》

가정폭력 피해자이면서 학교폭력 가해자로 의뢰된 ADHD를 가진 중1 남자 청소년의 상담 사례를 살펴보자. 내담자는 ADHD와 지적장애를 가진 중복장애 청소년이며, 첫 회기부터 상담을 받지 않겠다고 고래고래 소리를 질러 언어로 상담을 진행하기 어려운 상황이었다. 이럴 경우 소품을 사용하여 은유적으로 상담을 진행할 수 있다.

상1: 어떻게 하면 폭군이 안 되게 할 수 있을까?

내1: 은연중에 예전에 당했던 마음이 폭군이 되기까지…… 폭군의 마음을 싹 다 치료해서 폭군이 안 되게 해야 할 것 같아요.

상2: 어떻게 하면 폭군의 마음을 없앨 수 있을까?

내2: 마음의 불안을 진정 시킬 수 있게. 우엉…….

상3: 우엉이 뭘까?

내3: 이게 채찍이라 하고. (어깨를 때리는 시늉을 함)

상4: 엄마한테 맞아서…….

내4: 그러니까 요즘에 화를 별로 안 냈어요.

상5: 오늘은 이야기하는 게 참 놀랍네요. 그러면 앞으로 계속 폭군처럼 그렇게 할 건가요?

내5: 아니요. 사랑을 못 받아서…….

상6: 사랑을 못 받아서 그런 거예요?

내6: 그런 것도 있고, 애들의 도움이 필요해요. 무시해요. 맨날 친구들에게 무시만 당하고. 물어봐도 무시하고.

상7: 친구가 맨날 무시하면 엄청 화날 것 같아요.

내7: 네. 맨날 무시당하고.

상8: 마음이 아프네요. 그러면 무시당하지 않기 위해서 티라노가 어떻게 해야 할 것 같아요?

내8: 티라노를 무시해요.

상9: 티라노를 어떻게 무시해요?

내9: 예를 들면, 여기가 아프다 하면, 티라노를 무시하고 애들끼리 속닥속닥거리며 무시하고. 아플 때 티라노가 막 강제로 아프게 하면 얼마나 아프겠냐. 계속 상처가 있다고 해서 폭군으로 계속 나가는 것보다 친구들 앞에서 티라노 자신도 힘들고. 티라노가 왜 그래야 하는지 모르겠어요. 친구들은 티라노를 무시하면서, 도움을 요청해도 무시하고. 심하게 해서 울 뻔했어요.

상10: 친구들이 계속 티라로를 무시해서 울 만큼 아팠네요. 그럼 티라노는 자신을 지키기 위해서 폭군이 된 거예요?

내10: 응.

상11: 티라노는 계속 친구들이 무시하고 끼워 주지 않으니까 친구들로부터 자신을 지키기 위해 폭력이라는 방법을 쓴 거네요.

내11: 안 그러면 친구들이 계속 무시하니까……

상12: 그럼, 티라노는 처음부터 폭군이 될 마음이 없었네요?

내12: 없었는데, 주위에 친구들이 안 도와주니까. 오히려 무시하고. 물려고 하고.

상13: 무시하고 나를 지키기 위해 폭군이 되었다는 이야기를 들으니 슬프네요.

내13: 애들이 다 무시하고 도움을 하나도 안 줘요.

상14: 티라노가 어떻게 도움을 요청했어요?

내14: 과학 시간에 모른다고 도와달라고 요청했는데, 도와주지 말라고 무시하고. 모르는 것을 알려 달라고 했는데.

상15: 열 받았겠다.

내15: 열 받았죠. 모르는 것을 알려 달라고 한 건데.

상16: 친구들한테 요청을 했네요. 티라노가 친구들 말고 선생님에게도 도움을 요청했나요?

내16: 선생님들은 학생들 지도하느라 바쁠 것 같아서요.

상17: 선생님의 그런 마음도 생각할 줄 아는구나.

내17: 남자애들은 쳐다보면 뭐라 뭐라 안 하는데, 여자애들은 뭐라 뭐라 한다고요. (화를 참지 못하고, 티라노로 탁자를 내리침)

상18: 티라노는 아무것도 안 하고 있는데, 여자애들이 티라노가 쳐다본다고 뭐라고 한다는 거네요?

내18: 응.

상19: 티라노는 어떻게 쳐다봐? 엄마 쳐다보듯이 그냥 쳐다보는 거야?

내19: 그냥 쳐다봤는데, 성적 수치심을 느꼈다고.

상20: 그냥 이렇게 쳐다봤는데, 성적 수치심을 느꼈다고 여자애들이 그러는 거네?

이 사례에서 보여 주듯이, 내담자는 폭력을 사용하고 있는 자신을 '티라노'라는 은유로 이야기를 하고 있다. 상담사가 '티라노'라는 은유를 통해서 내담자의 폭력의 이면에 있는 정서에 접근하는 것에 주목할 필요가 있다. 상담사가 내담자에게 자신의 문제에 해당하는 것을 소품으로 고르도록 하는 과정이 은유로 내담자를 초대하는 것이다. 사용한 은유는 내담자가 이미지로 받아들이고, 그 이미지를 시각·청각·촉각 등의 감각으로 활성화시킨다. 이런 과정은 다시 내담자의 지각의 과정으로 이어진다. 내12의 진술처럼 "없었는데, 주위에 친구들이 안 도와주니까. 오히려 무시하고. 물려고 하고."라는 것을 통해 폭력이라는 내면의 무시당함이라는 마음을 알 수 있다. 내담자가 학교에서 폭력을 사용한 상황에 대한 새로운 관점을 보게 하고 자신을 보호하기 위해서 폭력이라는 방법을 사용한 자기를 경험하고 전체 상황과 사람들에 대해 새로운 의미를 부여하게 도와준다.

성폭력 피해자들을 상담할 경우, 특히 아버지나 자신에게 도움을 준 사람에게 성폭력을 당한 피해자들은 가해자를 나쁘게 표현해서는 안 된다고 생각하는 경향이 있다. 특히 아버지나 종교지도자를 나쁘게 말하면 벌을 받는 것이라는 죄책감을 가지는 경우가 많다. 이럴 때 '교활한 늑대'라는 은유적 표현을 사용하여 이야기를 전개하면 피해 사실에 대해서 안전하게 이야기를 할 수 있다. 힘으로 지각하는 대상에게 오랫동안 피해를 받아 온 내담자는 자신의 목소리를 내는 것을 두려워한다. 이때 힘 있는 대상을 '교활한 늑대'라는 은유를 사용하면, 내담자는 그 힘의 대상을 은유 안에 넣어서 자신의 목소리를 내면서 격렬한 분노와 억울함을 토해 내고 죄책감과 수치심에서 자유로워지는 것을 보게 된다. 이런 관점에서 은유는 내담자의 상황과 적합하게 사용하면 상황을 완전히 바꾸어 놓을 수 있고, 내담자가 자신의 상황에 흥미를 느끼고 새로운 수준의 사고를 끌어내고 내담자의 저항을 최소화시킬 수 있고, 다양한 대안을 얼마든지 찾을 수 있는 가능성을 열어 준다.

(4) 정서 상태를 통합하거나 변화시키도록 돕기

■ 빈 의자 기법

빈 의자 기법은 게슈탈트 상담사들에 의해 사용되다가 점차 다양한 이론적 배경을 지닌 상담사들도 상담현장에서 사용하고 있다. 이 기법은 내담자가 표면적으로 보여 주지는 않았지만 내담자의 삶에 영향을 미치는 미묘한 감정에 대해 인식하거나 탐색할 때 사용한다. 이 기법은 대인관계 문제나 내담자와 내담자의 다른 자아 사이의 개인 내적인 어려움에서도 적용되며, 상담중기에 주로 많이 사용된다. 보통은 다음과 같은 대화로 시작한다.

상1: 이 기법에서 민들레 님은 '통제하는 자기'와 '돌보는 자기' 둘 다가 될 겁니다. 두 개의 자아는 이야기를 나누고 두 관점에서 서로 물어볼 것입니다. 통제하는 자기가 돌보는 자기에게 '왜 너는 계속 통제하려고 하니?'라고 물어보는 것으로 시작할 거예요. 그런 다음 돌보는 자기가 통제하는 자기에게 반응해 봤으면 좋겠습니다. 어떻게 하는지 알겠나요? 도움이 필요하시면 '잘 모르겠어요. 이 역할을 해 주세요.'라고 말해도 됩니다.

내1: 눈을 감고 할까요?

상담사는 내담자의 감정을 내담자가 인식하고, 일어난 감정들을 받아들이도록 도왔다. 빈 의자 개입은 두 가지의 도움을 준다. 첫째, 내담자의 방어는 부분들끼리 대립하는 특징이 있는데, 빈 의자 기법으로 대화가 이루어짐에 따라 대립하는 부분들을 감소시켜 준다. 결국, 내담자가 쉽게 볼 수 없었던 내적 관계들의 요소를 보게 도와준다. 둘째, 내담자는 겉으로 보기에 양립할 수 없는 두 가지 감정을 수용할 수 있게 되며, 자기 스스로에게 '감정 모두가 나의 일부이다.'라는 것을 말하게 한다.

■ 또 다른 자아기법

또 다른 자아(alter ego)는 "두 번째 자기, 자신의 다른 버전"으로 정의한다(Merriam-Webster, 2015). 사람의 또 다른 자아는 해야 할 의무를 다하지 않고 미루며 책임을 회피하고 있는 자신의 모습을 볼 때, 스스로를 무시하거나 괴롭힌다. 따라서 또 다른 자아는 한 사람의 내적 삶에 대해 상담사에게 알려 주는 지표일 수 있다. 이 기법에서 내담자는 자신의 또 다른 자아가 되어 보고, 상담사는 내담자의 공적인 자아 역할을 맡으면서 진행할 수 있다. 이럴 때 상담사는 내담자의 공적인 자아에 대한 정확한 묘사를 할 수 있어야 하고, 내담자는 또 다른 자아가 나타날 수 있도록 상담사와 함께 충분히 안전함을 느껴야 하므로 상담 관계 초기에 이 기법을 사용하는 것은 효과적이지 않다(Hackney & Bernard, 2017/2019).

이 기법을 사용할 때 한 번에 하나의 감정을 작업하는 것이 효과적이다. 각 감정은 하나의 인격체처럼 부분으로 인정한다. 자아의 상태는 서로 각각 다른 부분들이 협력하여 조화를 이루기 위하여 이 작업이 필요하다. 비록 내담자가 한꺼번에 복잡한 감정을 느끼고 있을지라도 상담사는 한 감정에만 초점을 맞춰야 한다. 예컨대, 다음 〈사례 21〉에서 '부담감'과 대화하면서(상1~상13) 그동안 자신을 위해서 수고한 것을 인정해 주면서 짐을 내려도 괜찮다고 요청할 때(상15) '나태한 부분'(내15)과 '자기판단 부분'(내20)이 나온다. 상담사는 '부담감' '자기판단 부분' '게으름' '나태한 부분'이 나오면 혼란스러울 수 있다. 이 경우 상담사는 '나태한 부분'과 '자기판단 부분'에게 지금 '부담감'과 대화하고 있다고 말하며 기다려 달라고 요청하고, 부담감의 작업에 집중한다(상24). 사례처럼 그동안 억압된 감정들이 동시에 나올 수 있다. 만약 다른 감정들이 계속하여 끼어들면 각각의 감정에게 귀를 기울이되, 비켜서 달라고 요청하는 방식으로 접근하는 편이 좋다. '나태한 부분'과 이야기를 하니 '슬픔'이 나오는 경우 등 여러 감정들이 등장하면 당황하지 말고 각 감정에게 다음에 꼭 만날 거니 기다려 달라고 이야기하면서 각각의 감정에게 짧게라도 인정을 해 주는 것이 중요하다. 그 감정에게 접근하여 그것이 어떤 느낌을 갖고 있는지 감을 잡을 정도면 충분하다. 일단 모든 감정 부분에게 접근하면 내담자는 지금 무엇이 일어나고 있는지, 내담자의 감정에 어떤 감정들이 있는지를 전반적인 과정에 대해 알게 되고 혼란을 덜 수 있게 된다. 이 시점에서 '부담감'이라는 표적 감정을 선택하여 '부담감'을 알아 가는 작업을 사례를 통해 살펴보면 다음과 같다.

《사례 21. 무언가를 하려면 부담감이 밀려와요_20대 대학생》

상1: 부담감이 어디서 느껴지나요?

내1: 마음인 것 같아요.

상2: 어떤 느낌으로 오나요?

내2: 마음을 막 조여 와요.

상3: 어떤 모습으로 조여 오나요?

내3: 나를 막 덮치는 느낌으로요.

상4: 크기는 얼마나 되나요?

내4: 큰데, 어떻게 보면 솔직히 작은 거 같기도 해요.

상5: 어떤 이미지로 있나요?

내5: 아무것도 없는 모양인데 그게 어떤 티끌을 덮고 있어요.

상6: 티끌인데 그 부담감이 날 덮고 있네요.

내6: 아니요, 항상은 아니고 부담감이 없을 때는 내가 그 공간을 가득 채워요.

상7: 그러면 이제 호흡을 해 보실래요. 민들레 님을 채우고 있는 부담감을 떠올리면서 해 보시겠어요? 어떤 모습으로 있나요?

내7: 잘 모르겠어요.

상8: 그럼 부담감에게(서) 거리를 확보해 달라고 해 줄래요?

내8: 비켜 줄 수 있니?

상9: 내가 너를 알고 싶어라고 이야기해 볼래요? 거리가 확보됐나요.

내9: 그냥 왔다갔다 해요.

상10: 부담감이 어떤 모습인가요?

내10: 천으로 되어 있어요.

상11: 아까는 덮치고 있는 느낌이었고? 응, 그 부담감에게 물어볼래요? 왜 그렇게 덮고 있나요?

내11: 왜 너는 이렇게 나를 덮고 있니?

상12: 뭐라고 하나요?

내12: 잘하고 싶고 누구보다 최고가 되고 싶어서요.

상13: 네가 나를 지키려고 애썼구나 [내: 나를 지키려고 애썼구나] 부담감이 뭐라고 하나요?

내13: 아무 말도 안 해요. 너무 슬퍼요. (흐느낌)

상14: 괜찮아요. 울어도 돼요. 네가 나를 보호하려고 큰 짐을 지고 있었네. 근데 네가 그 짐을 내려놓는 것도 괜찮아.

내14: 너무 무섭대요.

상15: 그래 그럴 수 있어. 근데 이제 나를 믿고 짐을 내려놓아도 된다고 말해 줄래요?

내15: 나를 못 믿어. 내가 나태해질까 봐. 도망갈 걸 아니까.

상16: 그러면 나태한 부분은 널 덮치고 있나요?

내16: 아니, 걔는 나를 덮치는 게 아니라 나를 녹아들게 하고 있어요.

상17: 그렇게 말해 줘서 고마워. 그러면 부담감은 너의 짐만 지고 있으면 안 되냐고 물어봐 줄래요?

내17: 나를 계속 못 믿어.

상18: 그럼 왜 나를 못 믿느냐고 물어보세요.

내18: 그냥 나를 못 믿는데, 왜냐하면 한번도 그걸 해 본 게 아니어서 믿고 해 보자 해도 발목이 잡혀.

상19: 그래서 그 부담감으로 날 덮고 있었던 거네. 그런데 오늘만이라도 그 부담감으로부터 안전하게 내가 이제 안 그럴 테니까.

내19: 또 그러면 어떡해요?

상20: 영원히 그런다는 게 아니라 지금 이 순간만 한 번 비켜 봐 달라고, 그리고 안심하고
이 무거운 짐을 내려놔 보자 해 보는 건 어떠니? 부담감이 뭐라고 하나요?

내20: 자꾸 막 내가 결국 믿었는데 네가 이러지 않았냐 하는데.

상21: 판단하고 있네요.

내21: 아, 너무 많아서 어떡해요?

상22: 보호하는 게 많아서 그러네요.

내22: 다 엉켜져 있는 느낌이야. 얘를 벗기면 또 다른 애가 있어.

상23: 그 판단하는 자기 비판자는 뭐라고 하나요?

내23: 나는 널 믿었어. 결국 하려고 해서 부담감 없앴어. 근데 너는 잘했어? 막 이래요.

상24: 일단 나는 오늘 부담감을 만날 거니까 판단하는 부분은 좀 나와 있어 달라고 부탁
해 볼래요?

내24: 알겠대요.

상25: 게으름 옆에 잘 있으라고 말해 줄래요?

내25: 판단하는 부분은 알겠다는데, 게으름은 항상 대답을 안 해요.

상26: 게으름은 어느 모습으로 있나요?

내26: 액체 같이 끈적거리고 용암 같은 느낌 말고 기분 좋은 말랑말랑함, 몽글몽글한 느
낌으로 딱 그 기분이야. 부담감을 벗겨 내면 몽글몽글한 게 있어. 떨어져 있긴 해.
근데 대답은 안 해요.

상27: 그 부담감이 지금은 어때요?

내27: 좀 가벼워졌어요. 날아다녀요. 느리게 팔락거려. 항상 '내가 잘해야지.'라고 생각하
면 나를 팍 덮어.

상28: 그럼 잘해야지 하는 그런 생각하는 부분한테도 너도 저쪽에서 기다려라. 나는 지금
부담감을 만나야 한다고 말해 줄래요?

내28: 이것을 빼면 내가 뭐를 할 수 있을까 하는 생각이 들어요.

상29: 그건 판단하는 부분인 것 같은데요.

내29: 그래서 잘해야지 부분은 안 벗어날 거라고 해요.

상30: 내가 너를 벗기려는 게 아니야. 나는 네가 필요해 하지만 지금은 네가 너무 많은 짐

을 가지고 있으니까 그걸 조정해 주려고 이야기하는 거야라고 안심시켜 줄래요?

내30: 그래도 불안한가 봐요.

상31: 그렇지, 충분히 불안할 수 있지요.

내31: 그렇다고 나를 잊으면 어떡하나. 이렇게 떨어졌다고. 떨어져 있다가 나를 잊고 또 나약해지면 어떡하냐고.

상32: 나는 네가 필요해, 그런데 너무 많은 게 너한테 있으니까 원하는 부분을 발휘하기가 어려워서 적절한 역할을 하려고 그러는 거니까 괜찮다고 안심을 시켜 볼래요?

내32: 알겠대요. 잘해야지 하는 부분이 내 마음 안에 깊이 박힌 기분이야. 알겠다고 해놓고 그러는 척하는 것 같아. 중요한 핵심은 있는데 겉에만 알겠다고 한 기분이에요.

상33: 가장 그 중요한 핵심은 뭐라고 보세요.

내33: 불안감.

상34: 너도 잠깐 그늘에서 쉬어 보라고 말해 줄래요?

내34: 얘는 없애고 싶은데요?

상35: 없애고 싶을 만큼 힘이 드네요. 불안감도 필요하지요. 모두를 없앨 수는 없어요. 다 필요한 부분들이에요. 그러니까 짐을 들고 있느라 지금까지 너무 힘들었을 테니까 좀 쉬고 있어 편안하게. 지금 너는 어때?

내35: 내 마음 안에 엄청 조그만 구슬이 있는데 이게 불안이라는 생각이 들어요. 문제는 이게 수백 개, 수천 개가 콸콸 나오려 하는데 그게 나올지는 모르겠어요.

다른 자아 기법은 내담자를 더 정직하게 직면하도록 만든다. 이러한 종류의 자기직면은 상담사에 의한 직면보다 훨씬 효과적으로 나타난다. 그 결과, 내담자는 자신의 문제를 확인할 수 있고, 자기 합리화와 자기로부터 동기화되거나 유발되는 감정을 반박하거나, 자기와의 치료적 만남에서 스스로의 동기에 의문을 제기할 수 있다.

(5) 감정 조절하기

감정을 인식하고 표현하는 것만으로 얻을 수 있는 상담 효과는 제한적이다. 감정을 반영해 주거나 감정의 경험에 의미를 부여하면 내담자는 자신의 감정을 이해하고 조절할 수 있다. 내담자가 분노, 눈물, 절망, 죄책감을 상담 도중 격렬하게 쏟아 내거나 그 감정에 압도당할 경우, 내담자는 공포를 느끼고 방어적으로 자기 판단적이 되며, 처음에는 내담자가 이 각각의 감정들을 구별할 수 없다. 내담자는 단지 내면적인 혼란과 갈등, 혼돈을 경험할지 모른다. 내담자는 압도당하고 감정에 휩싸이는 느낌을 가질 가능성이 있다. 이때 감정을 조절하는 기법은 다음과 같다.

■ 부정적 감정과 긍정적 감정 간의 대화

어려운 정서를 다루는 데 효과적인 정서조절 기술향상 기법(Greenberg, 2002)은 다음과 같다.

> 첫째, 다루기 힘든 정서를 유발하는 상황이나 대인관계 상황을 상상하세요. 당신에게 무가치함, 격분, 원치 않는 감정 등을 유발하는 부모 혹은 애인과의 대화일 수도 있어요.
> 둘째, 감정이 올라오면, 신체감각에 집중하세요. 신체감각을 기술하고 신체감각의 강도, 질감의 변화를 기술하세요. 그리고 호흡하세요.
> 셋째, 떠오르는 생각들에 집중하세요. 당신의 머릿속에 떠오르는 생각인지, 기억하는 것인지, 자기를 비판하는 소리인지를 기술하세요. 호흡하세요.
> 넷째, 사랑, 기쁨, 열정 같은 긍정적인 감정에 집중하세요. 이러한 감정을 경험했던 상황이나 대인관계 상황을 상상하세요, 지금 그 감정을 느껴 보세요. 그 감정의 바다에 푹 빠져 보세요.
> 다섯째, 새롭고 건강한 감정 속에 오래되고 다루기 힘들었던 감정과 대화를 해 보세요. 나쁜 감정이 좋은 감정으로 변형되도록 나쁜 감정에게 '어떤 말을 하겠는가?'를 말해 보세요 (p. 214).

■ 호흡하기

호흡(breathing)은 **압도된** 정서를 다루는 좋은 방법이다. 속도를 늦추고 천천히 심호흡을 하며 내담자의 다리와 배를 자각해서 내담자가 안정시키도록 도와줄 것이다. 내담자가 정서적 문제가 있으면, 어떤 형태로든 호흡의 불균형이 표출되며 생체 에너지는 호흡의 정서와 깊은 관련이 있다. 제한된 호흡은 불안과 관련이 있으며, 오랫동안 해 왔던 방식이라 무의식적이거나 자각 없이 행해진다고 말하고 있다. 내담자에게 부정적인 이미지나 생각, 감정을 떠올리라고 요청하고 그것을 호흡 안에서 느끼는지, 호흡 밖에서 느끼는지를 물어보면, 다루기 힘든 감정은 호흡 밖에서 경험됨이 관찰되었다고 한다

(Gilligan, 1997, p. 76). 내담자가 호흡을 계속하다가 거칠어질 때 다음과 같은 질문으로 내담자의 감정을 이끌어 낼 수 있다.

> 상1: 호흡을 그대로 느껴 보세요. 그 호흡이 이야기하도록 해 보세요. 그 호흡에서 어떤 감정이나 이미지가 떠오르나요?
>
> 내1: 답답해요. 죽을 것처럼 숨을 못 쉬겠어요.
>
> 상2: 두려워하지 말고 그대로 몸을 느껴 보세요. 호흡에만 집중해 보세요. 숨 쉬고 내시면서 천천히 따라보세요. 느껴 보세요. 그 호흡 밖으로 무엇이 보이고 느껴지시나요?
>
> 내2: (비명을 지르면서) 무서워요.

호흡은 감정으로 들어가는 문일 뿐만 아니라 억눌려 있었던 감정이 호흡을 통해서 표출되기도 한다.

3) 정서 개입 시 유의점

(1) 감정을 인식하고 표현하는 것은 어색한 일임을 인정하기

대부분의 내담자에게 자신의 감정을 인식하고 적절하게 표현하는 것은 어려운 것이다. 그렇다 하여 내담자가 감정을 경험하지 않는다는 의미는 아니다. 내담자가 직접 감정을 표현하기 어려워할 때, 상담사가 감정을 대신 표현해 주면 안도감을 느낀다. 그러나 이때 어떤 내담자는 감정을 표현하고 나서 당혹스러워하기도 한다. 상담사는 이 감정을 타당화하여 이와 같은 반응은 정상적이며 지나갈 것임을 안내하여 감정 표현에 대한 상태를 완화할 수 있다. 때때로 어떤 내담자는 거의 멈추지 않고 계속 현재나 과거의 감정에 대해 말할 것이다. 이는 감정에 대한 댐이 마침내 부서져서 쏟아 내는 것이다. 다음의 예시를 살펴보자.

> 상1: 지난주 우시면서 감정에 대해 여러 가지를 표현하셨는데, 지난 한 주 어떠셨나요?
>
> 내1: 그러니까 잠잠해진 마음이 다시 울렁거리면서 더 혼란스럽기도 하고 힘들기도 하고.
>
> 상2: 냉동시켰던 감정을 해동하면 물이 흘러나오는 것처럼 계속 감정들이 나오거든요. 그런 과정이 잘못된 것이 아니라 충분히 일어날 수 있는 마음일 겁니다.
>
> 내2: 이렇게 상담을 하는 것이 맞나 하는 생각도 들고요.

상3: 감정을 처음 표현하고 나면 낯설기도 하고 어색하기도 하지요. 시간이 필요하리라고
봅니다.

(2) 문화적 맥락을 고려하기

상담사는 정서적 개입에 대한 내담자의 반응을 일으킬 때 문화적 맥락을 추가적으로
고려해야 한다. 동양 문화권에서 내담자는 자신의 감정에 대해 덜 표현하고, 감정에 관
심이 덜한 경향이 있다. 상담사는 내담자가 자신의 문제해결책으로서 감정을 개방하여
표현하거나, 감정 변화가 내담자의 자라 온 가정환경에 반하는 것일 수 있음을 고려하
는 것이 필요하다(김계현, 2012). 이와 같이 내담자가 자신의 감정을 기꺼이 표현하려 하
지 않고 거기에 초점을 맞추려고 하지 않을 경우, 상담사는 내담자에게 '감정 표현 못하
는 내담자, 무딘 내담자'라는 낙인을 찍기보다 내담자가 보다 접근하기 쉬운 인지적 · 행
동적 개입을 고려하는 것이 적절할 것이다.

2. 인지적 개입을 다루는 상담기법

1) 인지적 개입에 대한 이해

(1) 인지적 개입 목적

전통적인 인지주의자건 구성주의자건 간에 생각과 사고과정을 강조하고 사고과정을
변경하도록 하는 것은 인지적 개입의 공통된 주제이다. 인지적 접근은 합리적 정서행동
치료, 인지치료, 교류분석 등이 있다.

인지적 개입의 목표는 사고 · 인지 · 믿음에 존재하는 오류들을 변경하거나 수정함으
로써 정서적 고통과 부적응적인 행동패턴을 감소시키는 것이다. 인지적 개입에서 통제
는 늘 내담자에게 존재한다. 내담자가 자신이 생각하고 있는 방식을 변화시키겠다고 선
택할 때에만 변화가 발생한다. 심지어 여기에는 상담기법의 일환으로 인지적 개입에 참
여하기로 결정하는 것이 포함된다.

(2) 인지적 문제 평가

상담사는 인지적 개입이 내담자에게 효과적인지를 평가한 후 인지적 개입을 준비한다. 먼저 내담자에게 인지적 개입이 적합한지에 대한 평가를 위해 상담사가 내담자의 생각을 이끌어 내기 위한 기본적인 인지기능이 필요하다. 인지적 기능이 어려운 내담자에게는 인지적 개입이 어려울 것이다. 상담사는 내담자가 자신의 삶에서 어떻게 의미를 결정하는지를 이해하고 한 개인의 삶에서 발생하는 사건과 상황, 상호작용을 해석할 수 있어야 한다(Hackney & Bernard, 2017/2019). 상담사가 내담자의 삶에서 발생하는 사건들에 대한 사고와 해석, 그 결과를 이끌어 내는 것이 가능하다고 판단되면 다음과 같은 인지적 문제 평가를 따르면 된다.

인지적 문제 평가는 인지 왜곡 정도를 평가하는 것이다. 이것은 상담사와 내담자가 함께 지각을 분석하는 작업으로, 인지적 결함이나 오류 또는 결론의 기저에 있는 부정확한 생각들을 찾는다. 결함이 있는 믿음과 가정들을 해체하는 것은 다음의 세 가지로 이루어져 있다(Beck, 1997/2007).

첫 번째 평가는 핵심 신념을 찾는 것이다. 핵심 신념은 '나는 실패자야.' '나는 사랑스럽지 않아.' '나는 좋은 사람이 아니야.'와 같은 자신에 관한 생각일 수 있다. 또한 '난 영어를 못해.' '나는 사람들과 잘 못 지내.'와 같이 부족한 특성에 관한 것일 수 있다.

두 번째 평가는 중간 신념을 찾는 것이다. 핵심 신념을 공고히 하는 태도, 규칙, 가정들 같은 것으로 나타난다. '사람들과 같이 있으면 나는 좋지 않아.'라는 핵심 신념을 가지고 있는 사람이라면 사람들과 모임 이후에 다음과 같은 중간 신념이 따라올 수 있다. '다른 사람들과 같이 있을 때 어쩔 줄 몰라 하는 것은 당황스러운 일이야.'와 같은 태도, '사람들이 모이는 상황을 피하는 게 최선이야.'라는 규칙, '함께 모이는 상황에서 다른 사람들과 어울리려고 노력하게 되면 난 바보처럼 행동하게 될 거야.'처럼 가정과 같은 중간 신념들이 따라올 수 있다.

세 번째 평가는 자동적 사고를 찾는 것이다. 자동적 사고는 '이번에는 그 동아리에 가지 않을 거야. 분명 회원들이 날 보고 싶어 하지 않을 거야.'라는 생각이다. Beck(2000)은 이 과정에서 감정, 행동, 생리적 상태와 같은 반응이 마지막으로 나타난다고 설명한다.

2) 인지적 개입 기법

(1) A-B-C-D-E 분석

A-B-C-D-E 분석은 Ellis(1964)가 개발한 합리적 정서행동치료(REBT)에 기초한 개입 기법이다. 상담기법은 다음의 다섯 가지 과정을 통해 진행되는데, 역기능적 사고 기록지를 활용하면 더 효과적이다. 구체적인 역기능적 사고 기록지는 〈부록 15-3〉을 참고하길 바란다.

첫째, 활성화 사건(Accident) 찾기이다. 내담자를 혼란스럽게 하는 상황이나 사람에 대한 정보를 수집한다. "반에서 혼자예요."와 같은 내담자의 표현에서 이 단서를 찾는다. 상담사가 기억해야 하는 것은 활성화 사건 자체가 아니라 활성화 사건에 대한 내담자의 생각이다. "반에서 혼자 된 것이 민들레 님에게 혼란스러운 것이라고 이해를 했는데, 혼란스러운 것은 상황 자체가 아니라 그 상황에 대한 민들레 님의 생각이라는 점이네요." 와 같이 해당 사건에 대한 내담자의 생각으로 관심의 대상을 바꾸는 질문을 해야 한다.

둘째, 활성화 사건에 대한 신념체계(Belief system)이다. 내담자의 정서적 고통에 영향을 미치는 비합리적 생각, 즉 "나는 반에서 친구들과 함께 섞이지 못하니 바보예요. 나는 완벽해져야 친구가 생길 거예요."와 같은 내용이 이에 해당한다.

셋째, 비합리적 생각 뒤에 오는 정서 및 행동적인 결과(Consequences)이다. 상담사는 "비합리적 신념의 결과로 무엇을 느끼나요? 어떻게 행동하나요?"라는 질문을 던질 수 있다. 내담자는 "기분이 더럽고 그 생각에서 벗어나지 못할 것 같아요. 창피해서 학교를 자퇴하려고요."라고 대답할 수 있다. 이때 상담사는 "기분이 더럽고 자퇴를 하려고 하는 것은 반에서 소외되어서가 아니라 민들레 님이 아무것도 아니라는 비참한 생각 때문에 학교를 안 가는 거네요. 민들레 님이 어떻게 생각하느냐에 따라 달려 있다고 볼 수 있을까요?"와 같이 비합리적 생각이 정서적 고통을 초래하지는 않았는지를 생각해 보도록 질문할 수 있다.

넷째, 논박(Dispute)이다. 상담사는 질문을 통해서 비합리적 신념을 논박할 수 있다. 〈부록 15-4〉의 '인지적 논박'을 참고하길 바란다(Walen, DiGiueseppe, & Wessler, 1992).

다섯째 과정은, 효과(Effective)이다. 반박이 효과적으로 이루어지면 정서적 고통이 완화되고 행동이 변화되는 등 새로운 효과가 나타난다. 내담자가 "내가 학교 반에서 소외된 것은 속상하지만 그렇다고 내가 바보는 아닌 것 같아요."라고 진술할 때, 상담사는 내담자가 실제로 언제, 이런 정서와 행동 변화가 일어났는지를 알게 해 주면 내담자가 자신의 변화를 인지하는 데 도움이 된다.

(2) 소크라테스식 질문

소크라테스 질문법은 인지치료 상담기법의 하나이다. 이것은 상담사의 질문을 통해서 내담자 스스로 대안적 사고를 발견하도록 돕는 것이다. 이 질문법은 내담자의 근본적인 문제와 관심사에 집중한다. 예를 들어 내담자가 대입 실패 때문에 자신의 삶이 실패라고 느낀다면, 상담사는 다음과 같이 질문할 수 있다.

"대입 실패를 경험한 모든 사람이 실패일까요?"

"대입 실패 경험이 실패가 아닌 누군가를 생각할 수 있나요?"

"한 개인으로서 대입에 실패한 사람을 실패한 사람으로 해석하는 것이 어떻게 보여요?"

"당신이 성공해 왔고, 전체가 실패가 아니라는 근거는 무엇인가요?"

소크라테스 질문법은 충고나 지시를 하는 대신, 내담자가 스스로 유익한 결론에 도달하도록 돕는 상호작용 방식이다.

(3) 하향 화살표 기법

이 기법은 특정한 사건의 자동적 사고로부터 그 사고의 기저에 있는 신념 내용을 계속 추적해 들어가는 방법이다. 상담에서 사용할 수 있는 하향 화살표 기법의 여러 표현들은 다음과 같다.

그게 당신에게 어떤 의미이지요?

그것이 사실이라고 합시다. 그래서 어떻다는 것이지요?

~하다는 것이 왜 그렇게 나쁜가요?

~하다는 것이 어떤 면에서 최악입니까?

그것이 자신에 대하여 무엇을 말해 줍니까?

과연 이런 생각이 당신에게 무엇을 의미합니까?

당신의 생각이 사실이라면 어떤 의미를 가집니까?

왜 이런 생각 때문에 괴로워하나요?

이러한 물음을 던짐으로써 더 심층적인 부적응 신념을 탐색해 나간다. 다음은 하향 화살표 기법을 사용한 예시이다.

내1: 사람들만 만나면 심장이 쿵쾅거리고 불안하고 우울해요. 사람들을 기피하고, 사람을 만나고 오면 파김치가 돼요.

상1: 왜 사람들을 만나기 싫어하나요?

내2: 대화에 끼지 못하고 혼자 겉돌고 위축되니까.

상2: 왜 겉도나요?

내3: 내가 아는 게 부족해서 친구들과 대화에 끼지 못하고 타이밍을 놓치는 것 같아요.

상3: 친구들과 대화에 끼지 못한다는 사실이 민들레 님을 괴롭히는 이유가 있나요?

내4: 공부를 못하니까 친구들과 대화에 끼지 못하고 결국 이 때문에 고립되고 그래서 불쌍해지는 것이라고 생각하는 것 같아요.

내담자 내면에는 고립된 삶은 불행하므로 결국 고립되어서는 안 된다는 신념이 강하게 작동되고 있다. 내담자의 마음에 이런 당위적인 명제가 종교적 신념처럼 있는 것이다.

(4) 사고 중지하기

사고 중지하기는 부정적인 자기 대화나 자기 파괴적인 사고에 빠져 있는 내담자들과 작업할 때 효과적인 개입기법이다. 사고 중지하기는 특정 사고나 일련의 사고를 방해하는 과정으로서, 마치 내담자가 자신의 상상 속에 그런 생각을 중단하라고 명령하는 '작은 지휘관'을 세우는 것과 같다.

상1: 오늘 저와 함께 사고 중지에 대해서 연습해 보려고 합니다. 괜찮으시겠어요?

내1: 이것으로 제 문제가 해결될까요?

상2: 효과가 없을까 봐 걱정이 되실 것 같아요. 연습해 보면 도움이 될 것입니다. 사고 중지 절차는 다음과 같아요. 첫째, 역기능적 사고과정이 일어나고 있는 것을 아는 것입니다. 둘째, 그 생각을 중단하기 위해 '멈춰!' '그만둬!' 'stop!' 등을 말합니다. 셋째, 기억하기 쉽게 멈춤 표지판, 빨간 신호등 등 같은 시각적 심상을 떠올립니다. 넷째, 멈춤 표지판의 심상에서 즐거웠던 장면의 심상으로 이동합니다. 유쾌한 사람의 얼굴, 기분 좋았던 장면을 마음속에 그려 봅니다. 긍정적인 심상은 그 심상과 관련이 있는 시간, 날씨, 소리와 같이 구체적으로 묘사하면 기억하기 쉽습니다.

내2: 셋째가 잘 되지 않을 것 같아요.

상3: 걱정하지 않으셔도 됩니다. 셋째, 다시 한번 천천히 해 볼게요.

상담사는 회기에서 내담자에게 먼저 걱정스러운 생각을 떠올리게 한 다음, 사고 중지 기법을 시행해 보는 예행 연습을 하는 것이 안전하다. 예행 연습 후 피드백을 물어본 다음 필요한 경우 절차를 조정할 수 있다. 예컨대, 긍정적 심상을 만들거나 유지하기 어렵다면 다른 장면을 선택하거나 그 심상이 좀 더 생생해지도록 수정할 수 있다. 수정된 계획은 과제로 내주기 전에 회기 과정 안에서 미리 해 봄으로써 내담자가 안심하고 사용할 수 있다.

(5) 인지 재구조화

내담자가 인식하고 있는 인지를 재구성해서 사고의 방식을 변경하는 것이다. 예를 들어, 특정 스트레스 요인만 맞닥뜨리면 결과에 대해 부정적인 평가를 하는 내담자라면, 긍정적인 자기 진술을 만들어 냄으로써 내담자의 사고를 변경하는 것이다. 자기 패배적인 사고를 재구조화는 세 가지의 방법은 다음과 같다(Beck, 1997/2007).

첫째, 증거가 있는가?
둘째, 다르게 생각할 수 없는가?
셋째, 그러면 어떻게 되는 것인가?

다음은 인지 재구조화 기법을 소개하는 예시이다.

상1: 오늘은 지난주에 이야기한 자동적 사고에 대한 인지 재구조화를 연습해 보려고 합니다.

내1: 인지 재구조화를 하면 제가 가진 생각들이 없어질까요?

상2: 민들레 님이 자동적 사고를 하고 있을 때는 합리적인 사고보다는 자동적 습관적인 생각을 반복하고 있을 가능성이 큽니다. 민들레 님이 혼자 있을 때 무심코 드는 생각 자동적 사고가 뭔지 기억나세요?

내2: 나는 형편없는 사람이야.

상3: 사람들을 만날 때마다 '나는 형편없는 사람이야.'라는 것이 자동적 사고라면 이때 합리적인 생각은 무엇일까요?

내3: 나는 조금 괜찮은 사람이야, 이 정도.

상4: 그럴 수도 있지만, 좀 더 합리적인 생각은 '잠깐만 사람들에게 일을 서두르면 일을 망치게 돼.'라는 것이 될 것입니다. 우선 민들레 님이 해야 할 것은 이런 자동적 사고를 인식하는 것입니다. 이런 문제를 직면할 때처럼 민들레 님이 보통 자동적으로 떠오르는 부정적인 자기진술을 적어 보세요. 그런 다음 그런 생각을 반박할 수 있는 합리적인 진술문을 적어 보는 것입니다. 그리고 나서 합리적인 생각으로 교체하고, 교체된 생각들이 일상이 된다면 민들레 님의 목표는 달성되는 것입니다. 민들레 님은 스스로를 공격하지 않을 것이고, 민들레 님 안에 있는 진정한 힘이 나타날 수 있을 것입니다.

내담자의 자기 진술이 파괴적이고 자신감을 잠식할 때 인지 재구조화는 강력한 도구가 될 수 있다.

(6) 대처카드

대처카드는 가로와 세로가 3×5인치 정도 되는 카드로 쉽게 볼 수 있는 곳에 붙이거나 늘 지니고 다니거나, 규칙적으로 읽거나 되뇌도록 하는 인지치료 기법이다.

상1: 오늘 저와 함께 카드를 만들어 볼 거예요. 앞면에는 자동적 사고를 적고, 뒷면에는 합리적 사고나 효과적으로 대처할 수 있는 행동기법을 적을 거예요.

내1: 자동적 사고가 생각이 나지 않는데요.

상2: 자동적 사고는 지난 4, 5회기에 숙제로 적었던 것들인데, 여기 있어요.

내2: 아, 말해 주니 생각이 나네요. 해 볼 마음이 드네요.

대처카드에 쓰는 제안들은 내담자와 함께 상담 과정을 통해 내담자가 제시한 것들이다.

(7) 행동 실험

행동 실험은 내담자의 사고나 가정의 타당성을 직접적으로 검증하는 인지치료 기법이다. 단독으로 사용되거나 소크라테스식 질문과 같이 사용될 수 있다. 사고와 내용에 따라 상담사가 상대역으로 역할 연기를 하면서 연습할 수 있다. 상담사는 내담자로 하여금 두려워하는 상태를 직접 연기해 보도록 하거나, 두려워하는 상황에 함께 가보면서 내담자의 과도한 걱정과 예상들을 수정해 나갈 수 있다.

(8) 의미 만들기

의미 만들기(meaning making)는 내담자가 사건과 상황에 부여하는 영적 혹은 실존적 의미를 형성하도록 조력하는 것이다. 내담자가 의미를 형성하는 개입을 요청할 경우, 상담사가 실존적 혹은 영적인 문제에 얼마나 관심을 두느냐에 상관없이 의미 형성을 같이 한다.

많은 내담자들은 심리적인 것과 영적인 것을 뚜렷이 구별하지 못한다. 알코올 중독자 모임에서는 내담자들이 선호할 수 있는 일곱 가지 영적 개입을 소개하고 있다. 즉, 기도, 용서, 증진하기, 명상, 마음챙김, 요가, 성전, 영적 일지 작성하기가 그것이다(Aren, McMinn, & Worthingron, 2011). 이것은 상담사가 영적인 문제를 다루는 것을 편안해하고 관련 기술을 갖추고 있을 경우에 가능한 일이다. 다음 사례는 내담자와 의미 만들기를 하는 과정을 담고 있다.

《사례 22. 냉혈인간이 되려고 몸부림치고 있어요_40대》

내1: 제가 성폭행 이후 성적 욕구가 떠올라서 괴로울 때마다 늘 성전에서 기도합니다.

상1: 성적 욕구를 이기려고 성전으로 가는 모습으로 보여요. 민들레 님에게 성전은 어떤 의미일까요?

내2: (한참 생각한 후에 상담사의 눈치를 보면서) 혹시 종교가 있으세요? [네] 그럼 이해할 수 있을 것 같은데…… 제가 고통스러울 때마다 찾아가는 장소인 것 같아요.

상2: 고통스러우면 포기할 수도 있는데, 찾아가고 있는 민들레 님의 다리와 마음에서 힘이 느껴집니다.

내3: 그 말을 들으니 제가 힘이 있다는 것이 새롭네요. 사실 죽을 것 같지만 성전에서 기도하고 울고 나면 소생하는 힘이 생기거든요.

상3: 민들레 님에게 성전은 찾아가는 쉼터요, 기도는 내 마음의 고통을 드러내놓고 바로 볼 수 있는 연결점으로 보입니다.

내4: 맞아요. 연결이라는 것이 맞아요. 제가 혼자가 아니라는 마음에 위로를 얻거든요.

상4: 아무리 힘들어도 위로를 얻을 수 있는 방법을 이미 알고, 하고 계시는 민들레 님의 내면에 큰 힘을 보유한 것으로 보입니다. 그럼 고통스러운 기억이나 사건이 떠올릴 때마다 성전을 찾아가시는데, 만약 갈 수 없을 때는 어떻게 하시나요?

내5: 그것이 문제예요.

상5: 내가 갈 수 없는 곳에서도 성전의 이미지를 떠올리고 민들레 님이 있는 곳에서 성전에서 기도할 때처럼 의미를 만들 수 있는 방법은 어떠신가요?

내6: 어떻게 하는 것 인가요?

상6: 기도하면서 자주 떠올리는 구절 같은 것이 있을까요?

내7: 육체의 정욕을 이길 힘은 보혈의 능력 주의 보혈…….

상7: 힘든 사건이 떠오를 때 방금 말한 구절을 말로 하면서 성전으로 이동하는 것입니다. 이미지를 한번 그려 보실래요?

이 사례처럼 내담자가 신앙을 이야기할 때, 상담사는 주의 깊게 경청하되 상담사 자신의 영적인 신념에 따라 섣부르게 결론을 내리지 않는 것이 중요하다. 더욱이 이러한 의미 만들기 기법을 사용할 때는 다양한 의미가 나타날 수 있도록 충분한 시간을 주는 것이 필요하다. 상담사는 계속 질문을 던짐으로써 내담자가 영적인 활동에서 얻은 메시지를 상담 개입과 어떻게 연결시킬지 고민해야 한다. 이 사례에서 내담자가 부정적인 생각에 빠져 괴롭지만 성전에 가기 어려운 상황일 경우는, 내담자가 가장 좋아하는 구절을 스스로에게 말하게 함으로써 부정적인 생각을 대체할 수 있을 것이다. 이렇게 내담자의 영적인 삶을 인정함으로써 의미 있는 방식으로 상담을 향상시킬 수 있다. 내담자가 가진 신앙은 의미 만들기의 풍요로운 보석 같은 자원일 것이다. 상담사가 주의를 해야 하는 것은 내담자의 삶의 총체적인 의미가 그동안 얼마나 많이 공격을 당해 왔는지를 충분히 공감하고 이해하는 작업을 한 후에 의미 만들기 작업을 해야 한다는 것이다. 이때 해야 비로소 내담자의 삶의 의미를 새롭게 구성할 수 있다는 점을 기억할 필요가 있다.

3) 인지적 기법 사용 시 유의점

인지적 기법에 대한 내담자의 반응은 두 가지로 나타난다. 어떤 내담자들은 환상적으로 반응하거나, 또 어떤 내담자들은 완전히 의미 없다고 느낀다.

(1) 인지적 기법에 반응하는 내담자 유형 파악하기

인지적 기법에 효과적인 사람들은 주로 지적이고, 논리적인 사고에 힘의 가치를 두는 사람들이다. 이들은 심상 또는 내적인 대화를 만들어 낼 수 있고, 아이러니를 이해할 수 있기에 인지적 기법에 잘 맞는다. 특히 증상이 심각하지 않고 위기 내담자가 아니어야 한다.

인지적 접근을 어려워하는 내담자들은 위기에 처해 있거나 증상이 보다 더 심각하고, 상담 관계에서 상당한 정도의 정서적 지지를 원하거나 필요로 하는 사람들이며, 정보를 감각적으로 처리하고, 문제에 감정적으로 반응하고 결정하는 사람들이다. 인지적 기법에 저항하는 내담자들에게 이를 성공적으로 사용하는 것은 어렵다. 이들에게는 다른 유형의 기법들이 더 유용할 수 있다. 특히 인지적 기법을 사용할 때 내담자가 나타내는 저항은 상담사가 사용하는 명칭 또는 어휘와 관련이 있다. 상담사가 내담자의 생각이나 신념을 비합리적인 것으로 묘사할 때, 내담자들은 종종 자신의 생각뿐 아니라 자기 자신이 공격을 당하고 있다고 느끼게 된다. 비합리적이라는 단어는 비논리적이며 무언가 잘못하고 있다는 의미로 전달될 수 있다(Hackney & Bernard, 2017/2019). 특히 반항적인 청소년과 불안정한 성인 내담자들은 상담사와 내담자 사이에 적절한 수준의 치료적 동맹이 미처 발달하지 않은 상태에서 이런 용어를 듣게 되면 매우 부정적으로 반응하기도 한다.

(2) 치료적 변화에 저항하기

상담을 하면 내담자와 상담사는 치료적 변화에 민감해진다. 특히 내담자가 상담 효과에 대해 비합리적인 두려움을 가질 수가 있다. 이것에 대응하기 위한 하나의 방법으로서, 변화는 즉각적으로 발생하거나 오래 지속되지 않을 수 있다고 내담자에게 제안하는 것이다. 치료적 변화에 저항하는 것은 일종의 2차 개입이다. 내담자가 '너무 빨리'

좋아지고 있다고 미리 알려 주면서 자제시키기를 활용할 수도 있다(Hackney & Cormier, 1998/2007).

> 내1: 처음에는 뭔가 변화하려고 이것도 해 보고 저것도 해 보았는데 지난 일주일은 그냥 정체되어 있는 느낌.
>
> 상1: 매주 변화를 느끼려고 애쓰시는 모습이 느껴집니다.
>
> 내2: 변화가 멈춘 것 같기도 하고.
>
> 상2: 변화가 급속도로 이루어지고 있어서 조금 유지하는 것도 필요할 것 같아요. 너무 빠른 변화가 실제 변화인지 아니면 위장된 변화인지 살펴보는 것도 필요하리라고 봅니다.
>
> 내3: 그것을 어떻게 알죠.
>
> 상3: 같이 살펴보죠. 그 전에 변화가 안 일어난다고 너무 걱정하지 않았으면 합니다. 이것은 민들레 님이 잘못한 것이 아니고, 변화는 앞으로 갔다가 머물다가 잠시 뒤로 물러나기도 하면서 나아갑니다. 계속 변화가 일어나기만 한다면 어려울 것이라고 봅니다.

이 개입을 통해 변화에 저항하는 내담자에게 예방 처방을 제공한다. 상담사는 내담자에게 너무 급속하게 좋아지고 있고 따라서 변화의 속도를 줄여야 한다고 사전에 주의를 줄 수 있다. 그런 다음 내담자가 안 좋아지는 경우가 발생했을 때 이런 일이 일어날 수 있다고 이미 상담사가 안내했었다는 점을 상기시키면 내담자는 덜 걱정하게 된다. 내담자가 더 안 좋아지는 일이 발생하지 않는 것이 더 좋겠지만, 이런 2차 개입이 효율적인 치료적 진전을 가져오기도 한다.

(3) 효과적인 인지적 개입 사용법

■ 비합리적 대신 뒤죽박죽 용어 사용하기

상담사가 내담자의 부정적인 반응을 최소화하면서 인지적 기법을 사용하는 것도 지혜라고 본다. 내담자에게 임상적인 용어를 사용하지 않고 진행하는 것이다. 예컨대, 청소년 내담자에게는 생각이 비합리적이라는 말보다는 생각이 '혼란스러운, 뒤죽박죽'이라고 말하는 것이 좀 더 내담자가 받아들일 수 있는 용어일 것이다.

■ **인지적 기법에 대한 이론적 근거 설명하기**

접수 면접에서 내담자들의 대부분은 자신의 생각을 제외한 다른 것들이 문제를 일으킨다고 탓한다. 내담자의 눈에는 부모, 배우자, 원가족, 어렸을 때 어떻게 자랐는지, 무의식적 자료 등이 문제로 보인다. 그렇기 때문에 내담자는 내담자의 생각이 문제의 원인이라고 말하는 상담사를 불신하는 경향이 많다. 이 부분이 내담자와 논쟁과 갈등의 요소로 작용하여 치료적 관계형성에 방해가 될 수 있다. 그렇다면 내담자의 불신을 어떻게 다루어야 할까? 한 가지 방법은 시간을 할애해서 인지적 기법에 대한 이론적 근거를 설명해 주는 것이다(Hackney & Cormier, 1998/2007). 이를 통해 이런 기법이 과연 어떤 것인지를 내담자에게 개념적으로 설명해 줄 수 있다.

이론적 틀을 설명하는 목적은 내담자의 문제에 관한 특정 설명이 타당하다는 것을 확신시키는 데 있는 것이 아니라, 오히려 내담자가 자신의 문제를 특정 관점으로 바라보고 이어지는 상담에서 이것을 수용하고 협력하도록 내담자를 격려하는 데 있다(Hackney & Cormier, 1998/2007, pp. 150-151).

■ **비유 사용하기**

인지적 기법이 효과가 있으려면 '상황과 사람들이 문제와 감정을 초래한다.'는 내담자의 이론을 반박하고, 결국 생각이 어떻게 바람직하지 않은 느낌과 행동을 만들어 내는지를 설명해야 한다. 이런 경우 사례나 비유를 사용하면 좀 더 도움이 된다. 다음과 같은 비유를 활용해서 인지적 개입 기법을 준비시키는 것도 한 방법이다.

상1: 제가 다섯 살이었을 때, 영화 〈괴물〉을 볼 때는 무서웠죠. 열다섯 살 때는 같은 영화를 보고는 미친 듯이 웃어댔죠. 그리고 스물다섯 살 때 영화를 볼 때는 슬픔도 느꼈어요. 상황은 같았는데, 결과는 완전히 달랐어요. 왜 이런 일이 일어났다고 생각하세요?
내1: 생각이네요. 상황은 같은데.
상2: 맞아요. 어떻게 생각을 하느냐에 따라 무섭다, 웃기다, 슬프다는 감정이 나오는 것이죠.

비자발적 내담자의 저항을 다루는 것은 내담자의 마음은 수용하되 때로는 은유를 통해 그 저항을 다루어 나간다. 상담실에 오기를 싫어했고 말꼬리를 길게 늘어뜨리며 저항했던 〈사례 10〉의 아동 내담자와 은유를 사용하며 상담했던 회기를 다시 살펴보자. 이 내담자에게는 상담실에 오는 것을 어머니에게 조종당하는 행위로 여기는 인지적 왜곡이 있었다.

> 상1: 네가 반복해서 조종당한다고 이야기하니 선생님 마음이 답답하다. 그래, 우리 마지막으로 보자. 기쁨이가 조종당하고 있다는 생각이 여전히 들지. 앞으로 그런 생각이 없어지진 않을 거고, 시간이 많이 필요할 거야. 사람은 컴퓨터 칩과 다르니까…… 조금씩 수정해야 하는데 시간이 많이 걸릴 거야.
>
> 내1: 반대로 돌려야지요.
>
> 상2: 반대로 돌리면, 사람이 죽을 수도 있어. 반대로 돌린다면 그것은 사람을 때리는 거야. 그걸 수정하려고 돌아진 것을 때리면 더 그게 힘들어질 거야. 그렇지만 시간이 좀 걸려도 때리지 않고 말로 하고 하면…….
>
> 내2: 그러면 말이라는 걸로 돌리면 되겠네요.
>
> 상3: 그런데 말로만은 안 되고, 마음과 마음이 통하면서 서로 교감하고 이야기하고 관계하고…….
>
> 내3: 마음과 마음 사이에 파이프를 연결해야겠네요.
>
> 상4: 그렇지, 마음 사이에 파이프를 연결해서 서로 통하면 수정 작업과 꼬인 게 조금씩 풀어지는 거야.
>
> 내4: 그 파이프에 뭐가 들어가야 하냐면…… 파이프에 마음을 이어 줄 수 있는 특수한 장치, 에너지가 들어 있어야 해요.
>
> 상5: 그렇지, 맞아.
>
> 내5: 그것이 바로 사랑이에요.
>
> 상6: (손뼉을 치면서) 그래! 맞아. 우리 기쁨이 이렇게 탁월하게 이야기를 잘하잖아.
>
> 내6: 이것은 신비의 에너지예요.
>
> 상7: 맞아, 신비의 에너지지.
>
> 내7: 사람, 생명들에게만 가지고 있어요.
>
> 상8: 그렇지.
>
> 내8: 생명들에게만 날 수 있는 에너지예요.

상9: 그건 기계로나 때려서 할 수 있는 게 아니고 이렇게 만나서 이야기하면서 신비의 에너지가 흐르는 거야.

내9: 제 생각에는 파이프보다는 영상통화를 할 수 있는 휴대폰을 주는 게 더 좋을 것 같아요.

상10: 그래, 참 좋은 생각인데…… 영상통화를 하면서 이야기하는 게 안 하는 것보단 더 좋겠지만, 오늘처럼 이렇게 함께 만나고 손도 잡고 눈도 마주치고 하면서 마음을 이야기하는 거야. 오기 싫었지만 와서도 한 시간 동안 이야기하고, 기쁨이 마음을 이야기하면서 이렇게 조종이 되는 거야. 휴대폰으로 조종이 되는 것은 0.000001이라고 하면, 이렇게 만나서 이야기하고 하는 것은, 예를 들어 95%의 효력이 있을 거야. 그럼 작은 수치의 효과를 낼 거야? 아님 큰 효과를 내야 할까? 엄마가 아이를 키울 때도 고아원에 맡겨 두고, '엄마다, 잘 지냈지? 그래, 잘 자라.' 한다면 그 마음에 신비의 에너지가 통할까?

내10: 아니요.

상11: 아이는 엄마가 힘들더라도 업어 주기도 하고, 엉덩이도 토닥거려 주고, 밥도 먹고 하면서 아이의 사랑이 커지는 거지. 그렇게 키우고, 선생님이랑 만나면서 조종이 되는 거예요. 기쁨이가 이제 선택을 해야 할 시간이야. 이런 신비의 에너지, 마음과 마음을 연결하는 파이프를 통해 꼬인 부분을 풀어야 해요. 기쁨아, 그 부분에 대해서 같이 선생님과 신비의 마음을 조종당한다는 마음도 함께 갖고 있으면서 꼬인 부분을 풀어 볼까요?

내11: 한번 해 보던지…….

상12: 조종당하는 마음 사라지게 같이 노력할까요?

내12: 네, 조종기를 없애야지요.

상13: 조종기를 없애는 방법을 기쁨이가 이야기해 줘. 함께 이야기해 보자.

내13: 이야기해 줄까요? 말까요?

상14: 오늘처럼 기쁨이 마음에 있는 힘든 이야기를 이야기해 줘서 고마워.

내14: 고맙다고요? 조종기는 옆에 두어야지.

상15: 그래 조종기는 옆에 두고…… 엄마가 다음에 잘못한 것이 무엇이 있는지, 다음 시간에 같이 와서 이야기해 보자.

내15: 이야기하면 하고 말면 말고.

상16: 그래 이야기를 하든지 말든지 나는 이야기를 하는 것에 한 표 (웃음) 그럼 기쁨아,
이곳에 올 때 어떻게 와야 할까?

내16: 어떻게요? 잘 와야지요.

상17: 어떻게 하면 잘 오는 거야?

내17: 지름길로.

상18: 에이…… 맞았지만 그건 거리고, 그거 말고요.

내18: 거리 말고요? 빨리~

상19: 그렇지 빨리 시간 맞춰서 오는데…… 기쁨이가 집에서 컴퓨터 게임하는데, 엄마가
'상담 갈 시간이다'라고 한다면 어떻게 해야 할까?

내19: 집에 있는 다른 강아지나 그런 곳에 뒷일을 부탁한다고 하고 와요.

상20: 와~ 정말로 좋은 방법이네,

내20: 아니면 동생에게 부탁해도 돼요.

상21: 그런데 이곳에 너무 오기 싫어요. 오늘도 조종당한다고 생각돼서 엄마에게 짜증이
나요. 그럼 어떡하지? 선생님이랑 약속하고 풀러 와야 해요.

내21: 만약 노트북을 하고 있으면, 가져와도 괜찮아요?

상22: 노트북까지 가져오려고?

내22: 게임기를 하고 있으면 게임기를 갖고 와도 괜찮아요?

상23: 그래, 그럼 조종당하고 있다는 마음이 들어서 엄마도 싫고 그럼 어떻게 오면 좋을
까? 선생님께 빨리 와야 하는데, 지름길로.

내23: 어떻게 하냐고요? 빨리 빨리, 광속으로.

상24: 광속으로 오는데, 엄마가 기쁨아 가자 하면, 싫지만 그냥 오는 거예요.

내24: 그렇지. 빛의 속도로…….

상25: 기쁨이가 그럴 땐 빛의 속도로 갑시다, 파이팅~ 하고 오는 거야. 괜찮아?

내25: 글쎄요. 그런데 왜 파이팅은 왜 파이팅이라 할까요?

상26: 선생님도 하기 싫을 때가 있어, 그런데 그럴 때 파이팅이라고 하면 몸에서 뇌가 파
이팅에 반응을 해서 몸이 반응을 하는 거야. 그런데 짜증내고 싫어 하면 내 몸에서
도 그런 거야. 우리 파이팅 한번 해 볼까?

내26: (손을 서로 맞대면서) 파이팅~

상27: 그럼 몸에서 그렇게 반응을 하는 거야. 그래 우리 그렇게 다음 시간에 오자~

내27: (겸연쩍은듯이) 네.

상담사는 '조종'이라는 내담자의 말을 그대로 인정하면서 '컴퓨터 칩'과 '말' '생명 에너지'라는 은유를 사용하였다. '파이프를 연결'하는 것이 말로만 되는 것이 아니라 "상담은 기계나 때려서 할 수 있는 게 아니고 이렇게 만나서 이야기하면서 신비의 에너지가 흐르는 거야."(상9)라는 이야기를 되돌려 주자 내담자는 파이프보다는 영상통화를 할 수 있는 휴대폰 이야기로 다시 반응하였다. 상담사는 그 은유를 그대로 인정하면서 "영상통화를 하면서 이야기하는 게 안 하는 것보단 더 좋겠지만, 오늘처럼 이렇게 함께 만나고 손도 잡고 눈도 마주치고 하면서 마음을 이야기하는 거야."라고 했다. 결국 내담자의 조종이라는 은유는 "선생님이랑 만나면서 조종이 되는 거예요. 기쁨이가 이제 선택을 해야 할 시간이야. 이런 '신비의 에너지, 마음과 마음을 연결하는 파이프를 통해 꼬인 부분을 풀어야 해요. 기쁨아, 그 부분에 대해서 같이 선생님과 신비의 마음을 조종당한다는 마음도 함께 갖고 있으면서 꼬인 부분을 풀어 볼까요?"(상11)라는 이야기로 내담자의 조종을 다시 되돌려주는 은유에 반응했다. 상담사는 상담실에 오기 싫어 하는 비자발적인 내담자에게 감정을 구분하여 상담 관계를 형성하는 데 이 은유를 활용할 수 있었다. 즉, 내담자는 어머니와 상담실이 조종한다는 논리에서 벗어나 '광속도라는 빛'으로 상담실에 오게 되는 자발성을 표현할 수 있었다.

■ 이야기해 달라고 요청하기

상담사는 내담자에게 자신의 어떤 생각이 느낌에 영향을 미치는지 자신의 삶 속에서 사례를 말해 달라고 요청할 수 있다. 또 다른 기법은 어린 시절에는 믿었지만 나이가 들어 청소년이나 성인으로서 더 이상 사실이 아니라고 생각하는 신화나 동화에 대해 이야기하라고 요청할 수 있다.

마지막으로, 인지적 기법들이 내담자의 느낌이나 행동에 바람직한 결과를 가져오지 않을 가능성은 얼마든지 있다는 점을 이해하고 있어야 한다. 인지적 개입을 반복해서 사용해도 내담자의 고통이 경감되지 않는다면, 내담자의 문제에 대한 상담사의 초기 평가를 다시 검토해서 상담을 설계하는 것이 적절할 것이다.

3. 행동적 개입을 다루는 상담기법

1) 행동적 개입에 대한 이해

대부분의 행동적 기법은 세 가지의 행동심리학 이론에 기원을 둔다. 첫째, Pavlov의 고전적 조건형성이다. 기본 가정은 새로운 조건들이 환경에서 발생할 때 행동이 변한다는 것이다. 둘째, Skinner의 조작적 조건형성이다. 이는 새롭게 습득된 기술과 보상과의 관계에 주목하는 이론이다. 우리가 어떤 보상을 받느냐에 따라 행동을 더 세련되게 향상시키고 조성할 수 있게 된다는 이론이다. 셋째, Bandura(1977)의 사회적 학습이다. 이는 관찰학습, 대리학습 혹은 모방학습이라고도 한다. 이 방식은 모델을 관찰하고 모델의 행동을 모방하면서 학습이 일어난다고 말한다. 이때 모델의 영향력이 클수록 학습은 더 빨리 일어난다.

사람들은 새로운 것을 배울 때 이 세 가지 패턴을 모두 사용한다. 따라서 행동 변화가 요구될 때 이 세 가지 접근이 유용하다. 이러한 이론적 근거를 바탕으로 행동적 기법을 상담 과정에서 소개하면 다음과 같다.

2) 행동적 개입기법

(1) 행동계약

행동계약은 상담사와 부모 혹은 아동 본인이 문제행동을 수정하기 위해 문제행동을 나타내는 내담자와 수정할 행동과 관련하여 협의한 후, 그 협의에 의해 목표행동을 성취해 나가는 행동치료 기법이다. 계약 시 내담자가 자신의 이름으로 서명하도록 하면 더 효과적이다. 행동계약서는 목표행동(수정하고자 하는 행동 내용)을 상세히 기술하고, 아동 내담자와 계약서를 쓰는 것이다. 행동계약서를 작성하는 자세한 방법과 과정은 필자의 책 『아이의 마음에 집을 지어라』(김형숙, 2012)를 참고하면 된다. 〈부록 15-5〉에도 행동계약서를 제시하였다.

(2) 행동 시연

행동 시연(behavioral rehearsal)은 위협적이거나 불안을 유발하는 상황에서 주로 사용하는 상담전략이다. 행동 시연은 다음의 세 가지를 목표로 사용한다.

첫째, 반응 획득이다. 이것은 내담자가 상황을 다루는 데 필요한 기술이 부족해서 기술을 배워야 할 때 사용한다. 예를 들어, 내담자가 자기표현 행동을 증가시키기를 원하지만 잘 모를 때, 자기표현에 필요한 행동 목록이 부족할 때, 행동 시연을 통해 자기표현 기술을 배울 수 있다.

둘째, 반응 촉진이다. 이것은 기술을 긍정적으로 적용할 때와 부정적으로 적용할 때를 구분할 필요가 있을 때, 시간과 장소를 구분해서 기술을 적용해야 할 때 사용한다. 예를 들면, 지난 상담 회기 때 자기표현 기술을 배워서 반응 획득을 함으로써 그 기술을 가지고 있지만 그 기술을 언제, 어떻게 써야 할지 모른다면, 상담사는 이번 상담 회기에 변별 훈련이나 명료화 훈련을 통해 반응을 촉진할 수 있다.

셋째, 반응 탈억제이다. 이것은 특정 상황에서 불안이 너무 심해 이미 알고 있는 기술들을 사용하지 못할 때 불안을 감소시키기 위해 사용한다. 예를 들어, 내담자는 상담 과정에서 자기표현 기술을 배웠고, 친구들에게 다가가서 이야기를 하고 반응하는 것도 배웠다. 그러나 발표시간이 되었을 때 불안이 너무 심해서 자기표현 기술이 아무것도 생각나지 않았다. 상담사는 이번 상담 회기에 '내현적 행동 시연'을 통해 내담자가 실제 상황에서 반응을 수행하는 것처럼 발표 상황을 상상하면서 목표 행동을 연습하고, 실제 발표가 있을 때 '외현적 행동 시연'을 하도록 하며 상담을 진행한다. 이때 상담사는 내현적 행동 시연을 한 후 과제 부여를 해서 상상적 연습을 하도록 안내할 수 있다. 이것은 상담사가 어떤 행동을 시범 보이고 내담자가 이를 모방하도록 함으로써 인간관계의 형성과 유지에 필요한 태도나 행동 특징을 습득할 수 있도록 하는 행동수정의 기법이다.

(3) 모델링

■ 사회적 모델링

모델링은 모델의 행동을 관찰함으로써 내담자가 원하는 행동을 습득하거나 공포를 소거시키는 데 적용하는 행동치료 기법이다. '실제 장면 모델링'을 할 때 상담사는 바람직한 행동을 보여 주는 모델이 된다. 실제 장면 모델링이 내담자에게 주는 효과는 더 크지만 바람직한 행동을 체계적으로 보여 준다는 보장이 없기 때문에 상징모델을 사용하기도 한다. 다음에서는 보다 더 적극적이고 싶어 하는 내담자와 상담사 간의 대화를 보여 주고 있는데 한 회기가 특정한 방식으로 진행될 수 있음을 보여 준다. 〈사례 23〉을 통해 예시를 살펴보자.

《사례 23. 사람 앞에 가면 얼음이 돼요_10대 여자 청소년》

> 상1: 민들레 님, 오늘은 역할극을 해 볼 거예요. 우리 자신이 아니라 다른 누군가가 돼서 행동하는 건데, 어떤 사용할 수 없는 물건을 동네 마트에 반납하는 상황이에요.
>
> 내1: 물건을 가게에 반납하고 싶지 않아요.
>
> 상2: 알아요, 하지만 민들레 님이 속이 뒤집히지 않고 그런 일을 하고 싶다고 말했던 것 기억이 나요. 우리 역할을 정할 건데요, 가게에서 일하는 사람과 민들레의 두 역할을 정할 거예요.
>
> 내2: 못 할 것 같아요.
>
> 상3: 제가 민들레 역할을 하고, 민들레 님은 가게에서 일하는 사람 역할을 하면서 시작해 보는 것은 어떠세요.
>
> 내3: (미소를 띠며) 글쎄요, 약간 괜찮네요. 좋아요.
>
> 상4: 민들레 님이 먼저 시작해 보실래요? 나한테 어떤 도움이 필요한지 물어봐 주세요.
>
> 내4: (점원으로서) 제가 뭘 도와드릴까요?
>
> 상5: (민들레로서) 네, 제가 추리닝을 샀는데요. 사이즈가 작아서요. 가능하면 이거 교환하고 싶은데요.
>
> 내5: (점원으로서) 산 지 얼마나 됐죠?
>
> 상6: (민들레로서) 두 달 전에요. 그런 거 같아요. 반납이 30일이라는 걸 알아요. 하지만 다른 물건으로 교환할 수 있었으면 좋겠어요.
>
> 내6: (점원으로서) 글쎄요, 다른 물건으로 교환하고 싶다니까, 가능할 것 같습니다.

역할극 이후 상담사와 내담자는 방금 있었던 상호작용에 관해 이야기하고, 그런 다음 두 번째 역할극을 진행한다. 이번에는 내담자가 자신이 되고 상담사는 가게 점원이 되어서 역할극을 진행한다. 그런 다음 두 사람은 내담자가 한 것을 평가했고, 몇 가지 방식에서 향상된 것을 확인한다. 세 번째 역할극이 이어졌는데, 이번에도 내담자는 자신의 역할을 했다. 세 번째 역할극에서 내담자는 훨씬 더 좋아졌고 스스로도 성공적이었다고 느꼈다.

내담자가 참여자인 생생한 모델링에서는 배우로서 가상의 상황에 참여하려는 내담자의 의향에 크게 영향을 받는데, 곧 닥칠 실제 상황으로 가정하고 시연을 할 수 없다면 더욱 그렇다.

■ 상징적 모델링

모델링을 할 때에는 살아 있는 모델을 활용하는 것이 가장 좋지만 그것이 항상 가능한 것은 아니다. 학습할 행동이 정확히 드러나도록 상담사가 통제할 수 없는 상황이 나오기 때문이다. 이것을 보완하기 위한 방법이 상징적 모델이다. 이때 비디오 또는 오디오에 녹화물이나 영화 장면을 사용해서 학습할 행동을 소개하고 제시한다.

> 상1: 오늘은 영상을 보고 자기주장행동을 연습해 볼 거예요.
> 내1: 제가 그대로 따라하면 되나요?
> 상2: 이 영상에서 첫 상황에서 보고 어떤 느낌인지 이야기 나누고, 그다음 따라서 해 본 다음 어떤 것이 어려웠는지 이야기 나눌 거예요. 그 다음에는 우리가 연습한 것을 녹음해서 같이 들어 보고 시정하면서 연습할 거예요.
> 내2: 괜찮을 것 같아요.

내담자가 학습과 관련한 어려움이 있을 때 사용할 수 있는 방법이다. 성공한 사람들의 효과적인 학업 습관과 학문적인 노력을 읽는 것은 내담자가 바람직한 행동을 파악하는 첫걸음이다. 그리고 효과적으로 공부하고 있는 사람들을 보여 주는 비디오를 시청하거나 녹음된 것을 들어 보고 연습하는 것은 더욱 도움이 된다.

■ 은밀한 모델링

은밀한 모델링(covert modeling)은 '이미지화하기'라고도 불리는 것으로, 배우고 싶은 행동이 나타난 장면을 내담자가 상상하는 것이다. 상상으로 만든 모델은 내담자일 수도 있고 다른 누군가일 수도 있다. 첫 번째 단계는 그 상황과 바람직한 반응들을 묘사한 대본을 작성하는 것이다. 예컨대, 사회적 상황에서 회피적인 내담자가 남자친구와 성공적으로 의사소통하는 것을 배우고 싶어 한다면, 내담자가 성공적으로 대화하는 장면을 만들 수 있을 것이다. 두 번째 단계는 적절한 행동에 초점을 맞추고 성공한 이미지를 자신의 마음속에 구축하는 것이다.

> 상1: 오늘은 우리가 모델을 보고 행동을 연습하는 것을 해 볼 거예요. 마음에 드는 모델이 있나요?
> 내1: 방탄소년단
> 상2: 좋아요. 방탄소년단이 여자친구와 의사소통하는 상황이면 어떻게 할까를 방탄소년단의 모습을 보면서 대본을 작성해 볼 거예요.
> 내2: 내가 좋아하는 사람이니 재미있겠네요.
> 상3: 재밌을 거라니 나도 기대가 되네요. 두 번째는 처음 다가갈 때 사용할 말을 적어 보는 거예요.

스트레스 상황에서 평온을 유지하는 법을 배워야 하는 내담자, 자신의 파트너에게 냉소적인 말을 건네는 것을 피하는 법을 배워야 하는 내담자에게 효과적이다.

(4) 이완 훈련

이완 훈련은 소위 점진적 이완 또는 근육 이완이라고 부르는 것들이다. 근육 이완은 일반화된 불안과 스트레스, 두통 및 심인성 통증, 불면증, 고혈압 및 당뇨병과 같은 만성질환을 다루거나 그러한 문제를 다루는 기법들을 보완하기 위해 사용되어 왔다. 이완 훈련은 종종 단기상담과 함께 사용된다. 이완은 상담사와 신뢰관계를 형성하고 상담사의 역량을 믿게 하는 효과적인 방법이 될 수 있다. 또한 근육 이완은 다음에서 다룰 체계적 둔감법의 주요 요소이기도 하다. 이완 훈련은 특정 근육을 긴장시키고 이완시키는 데 10초 정도 사용하고 그 다음 10초 동안 멈추며, 전체 과정은 20~30분 정도 소요된다(Hackney & Cormier, 1998/2007). 앞서 제시한 〈사례 23〉과의 이완 훈련을 소개하면 다음과 같다.

> 상1: 오늘은 몸이 긴장될 때 사용할 수 있는 이완 훈련을 한번 해 보겠어요?
> 내1: 눈을 뜨고 하나요.
> 상2: 눈을 뜨고 해도 되지만, 감고하면 더 집중되는 것 같아요.
> 상3: 눈을 감고 몸을 있는 그대로 내버려두는 상상을 해 보세요. 이제 얼굴 근육으로 갑니

다. 활짝 미소를 지어 보세요. 활짝 웃는 모습.

내2: (활짝 웃음) 어색하네요.

상4: 처음 해 보는 것이라 어색할 수 있습니다. 좋습니다. 다시 미소를 지어 보세요. 잠시 멈추고 이마로 가 볼게요. 할 수 있는 한 싫은 표정으로 인상을 써 보세요. 더 꽉 해 보세요. 멈추고 풉니다.

내3: (싫은 표정을 할 때는 얼굴이 찌그러지고 어색해함)

상5: 긴장했을 때와 이완했을 때의 차이를 주목해 보세요. 긴장을 풀 때 따뜻한 것이 근육 안으로 흘러 들어가는 것을 느껴 보세요. 자, 다시 찡그린 얼굴을 만들어 보세요. 멈추고 풉니다. 수고하셨어요. 얼굴의 근육을 모두 풉니다. 눈 주위, 눈썹, 입 주위도 얼굴이 점점 더 부드러워지는 것을 느껴 보세요. 민들레 님의 얼굴이 점점 더 이완되는 것을 느껴 보세요.

내4: (지금까지 신체 부위를 이완하는 것처럼 나머지 각 신체 부위를 따라함)

…… 〈중략〉 ……

상6: 이제 다리로 갑니다. 발가락들을 머리 쪽으로 당겨서 종아리 근육을 팽팽하게 합니다. 팽팽하게 합니다. 푸세요. 발가락을 내립니다. 근육이 풀리는 것을 느낍니다. 다시 갑니다. 종아리 근육을 팽팽하게 합니다. 발가락을 머리 쪽으로 당기세요. 더 팽팽하게.

내5: 다리가 찌릿찌릿 통증이 와요. (정지)

상7: 다리의 통증 소리에 귀를 기울여 보세요. 그 통증에 머물러 볼게요. 어떤가요? 다리가.

내6: 다리가 풀리고 있어요.

상8: 좋습니다. 근육이 점점 부드럽고 따뜻해지는 것을 느껴 보세요. 양쪽 다리를 쭉 뻗어 보세요. 할 수 있는 데까지 쭉 뻗으세요. 쭉 뻗습니다.

내7: 오른쪽과 왼쪽 느낌이 달라요. 오른쪽은 나무토막 같네요.

상9: 다리의 신호에 그대로 머물러서 조금 더 호흡을 해 보겠습니다. 다리를 풉니다. 차이를 느껴 보세요. 다리 근육을 이완시킵니다. 이 느낌에 집중해 보세요. 다시 다리를 쭉 뻗습니다. 발가락을 세우세요. 쭉 뻗습니다. 뻗으세요.

내8: (정지하면서) 발가락이 안 움직입니다.

상10: 발가락에서 힘을 빼시고 호흡을 다시 해 보겠어요. 다리를 내리세요. 풉니다. 더 깊이, 따뜻한 느낌이 몸속으로 들어가는 것을 느껴 보세요. 긴장을 내보내고, 다리를 더 깊이 이완시킵니다. 더 깊이, 몸 전체에서 긴장을 내보내세요. 느껴 봅니다. 이 느낌을 기억하세요. 풉니다.

내9: 발가락이 풀리고 있어요.

상11: 이제 모든 근육을 다시 해 보겠습니다. 제가 각각의 근육을 부르면 해당 근육에 긴장감이 남아있는지 살펴보세요. 만일 있다면 내보내세요. 근육을 완전히 부드럽게 합니다. 모든 긴장을 밖으로 내보내는 것을 상상합니다.

내10: (그대로 따라한다. 편안해진 얼굴로 변함)

상12: 얼굴에 집중하세요. 얼굴에 긴장이 있는지 살펴보세요. 있으면 밖으로 내보냅니다. 얼굴을 부드럽게 만듭니다. 손으로 갑니다. 손가락 끝에서 긴장을 내보내 봅니다. 손에서 팔에서 긴장이 밖으로 나가는 것을 떠올려 봅니다.

내11: (잠시 정지하는 듯한 표정이지만 호흡에 집중함)

상13: 어깨로 가 보죠. 아직 팽팽하고 긴장하고 있나요? 그렇다면 느슨하게 해 보세요. 문을 열고 밖으로 내보내세요. 그러면 그 공간이 따스함으로 채워질 겁니다. 이제 가슴으로 갑니다. 긴장이 남아있는지 살펴보세요. 바로 이동해서 팽팽한 느낌을 내보내세요. 더 부드럽게, 엉덩이로 가보죠.

내12: (엉덩이에서 정지하는 표정을 지음)

상14: 엉덩이에서 긴장감이 느껴지면 밖으로 내보내세요. 다리로, 종아리로, 발로, 발가락으로 하나하나 내려갑니다. 모든 긴장을 떠나보냅니다. 잠시 조용히 앉아서 이완된 느낌을 경험하고, 긴장감이 사라진 것을 느껴 보세요. 몸이 무거워지고 부드럽고 이완된 것을 느껴 보세요.

내13: (무거운 표정을 지으면서 잠시 정지함)

상15: 계속 눈을 감고, 마음속에 이 기억을 저장해 두세요. 이렇게 이완된 느낌이 어떤 것인지를. 눈을 뜨기 전에 현재 당신이 얼마나 이완되어 있는지 생각해 보세요. 0점부터 5점 사이에서 어디에 위치하는지 생각해 보세요. 0점은 완전히 이완되어서 전혀 긴장감이 없는 상태입니다. 5점은 극도로 긴장해서 전혀 이완되지 않은 상태를 의미합니다. 현재 당신이 어디에 있는지 제게 말해 주세요.

내14: 처음에는 5점이었는데, 지금은 한 1점 상태인 것 같아요.

이 사례에서 보듯, 불안을 다루기 위한 방법으로 근육 이완을 사용할 때의 기본 전제는 근육이 긴장되면 불안과 스트레스가 악화하거나 증가한다는 것이다. 게다가 이완과 불안은 서로 양립할 수 없는 상태이다. 앞의 사례에서 다룬 것처럼 다양한 근육을 긴장 시켰다가 이완시키고, 근육이 긴장된 것과 이완된 것의 감각적인 차이를 인식하고, 긴장된 근육을 풀고 암시함으로써 더 큰 이완을 유도하는 것 등이 포함된다. 이 과정 내내 상담사가 제공하는 안내로 인해 자기암시가 향상된다. 이 과정은 내담자로 하여금 유쾌하고 이완된 감각, 따뜻한 감각 등에 주의를 기울이게 한다. 이 절차를 몇 번 반복한 다음, 내담자는 녹음된 지시문을 하나의 안내 자료로 활용하면서 가능하면 매일 혼자서 연습하라고 권유할 수 있다. 연습하는 과정을 녹화 혹은 녹음하여 집에서 연습할 때 사용하라고 권유할 수 있다.

(5) 역할극과 시연

역할극과 시연은 바람직한 행동을 모사함으로써 행동 변화를 촉진하는 기법이다. 역할극과 시연을 적용할 때 공통적으로 포함되는 요소는 다음과 같다. 첫째, 내담자가 자신, 타인, 사건 또는 일련의 반응을 재연한다. 둘째, 재연할 때 '지금-여기'를 사용한다. 셋째, 점진적 조형 과정을 사용하는데, 처음에는 덜 힘든 장면을 연기한 후에 좀 더 어려운 장면을 연기한다. 넷째, 상담사가 내담자에게 피드백을 제공한다.

(6) 체계적 둔감법

체계적 둔감법은 Wolpe(1990)가 개발한 불안감소 기법으로, 고전적 조건형성 학습 원리에 기초하고 있다. 둔감화는 명백한 외부 위험이 존재하지 않는 상황에서 두려움을 경험하는 공포증이나 구체적인 외부 사건으로부터 발생하는 다른 장애들을 위한 치료로 채택된다. 특히 유용한 경우는 일단 위계가 구성되고 근육 이완 또는 변형된 것을 내담자에게 훈련시켜서 결합 과정을 시작할 준비가 된 경우이다. 이 기법은 내담자의 호소문제와 불안의 강도에 따라 사용하는데, 앞서 제시한 〈사례 23〉에서 적용한 3단계 진행 과정을 살펴보자.

> 내1: 제가 공원을 못 나가요. 개를 만날까 봐서요.
> 상1: 오늘은 불안에 대해서 다루는 체계적 둔감법을 같이 해 볼게요.
> 내2: 이것을 하다가 불안이 다시 오면 어떻게 하죠?

상2: 첫 번째 단계는 긴장 이완 단계인데, 근육의 이완이나 깊은 심호흡, 명상 등을 통해 이완 상태에 들어가는 거예요. 이는 긴장과 양립할 수 없는 이완을 통해 긴장을 억제하는 측면에서 중요합니다.

내3: 지난 시간에 배운 긴장 이완 훈련과 비슷한가요?

상3: 맞아요. 긴장 이완 훈련으로 긴장을 이완합니다. 두 번째는 불안을 유발하는 자극을 약한 것부터 강한 것까지 위계적 목록을 작성하는 거예요. 오늘은 불안을 유발하는 자극을 위계 목록에 같이 써 봐요. (불안 위계 목록을 작성함) 이것은 추후 체계적 둔감법을 활용한 치료에서 유용하게 활용하게 되지요.

내4: 작성해 보고 '불안한 것들이 이런 것이구나.'를 눈으로 확인하니 조금 안심이 되네요.

상4: 맞아요. 마지막 단계는 작성한 목록에서 가장 낮은 단계부터 높은 단계까지 불안을 유발하는 자극에 노출하면서 불안을 극복해 나가는 거예요. 개에 대한 공포증을 가지고 있는 민들레 님에게 길거리에서 개를 대면하는 상황을 상상하는 것, 10미터 거리에서 개를 만나는 것, 5미터 앞에서 만나는 것, 1미터 앞에서 만나는 것, 마지막으로 개를 만지고 시간을 같이 보내는 것과 같이 행동 목표를 정하고 수행하면서 개에 대한 공포를 극복할 수 있어요.

이 사례처럼 실제 두려움을 느끼는 상황에서 진척 사항을 검증하는 것이 추가적으로 이루어질 수 있다. 이 과정에서 내담자가 스트레스를 많이 느끼면 더 낮은 단계로 내려가서 발생하는 불안 수준을 내담자와 다시 검토하는 것이 필요하다. 내담자가 실제로 아무런 불안을 느끼지 않는다고 보고할 때까지 심상 작업을 반복하는 것이 필요하다. 만약 내담자가 이완 훈련할 수 없는 상태라면 요가나 명상과 관련된 이완 훈련을 시행할 수 있다.

3) 행동적 기법 사용 시 유의점

행동적 기법은 상담초기에 내담자가 동기 부여되어 있다면 자신이 처한 상황에서 무언가를 하고 싶어 할 때 매우 매력적으로 느껴진다. 구체적이면서 상세하고 행동을 강조하기 때문에 내담자로 하여금 마치 중요한 것이 자신을 위해 진행되고 있다고 느끼게 한다. 상담이 중기에 접어들면 내담자는 이미 고정되어 있는 확고한 행동패턴을 변화시키는 것이 어렵고 때로는 고통스러운 일이라는 것을 깨닫게 된다. 이로 인해 내담자가 행동 기법에 대해 느끼는 매력은 점차 약해진다.

행동적 기법은 대개 증상 처방에 해당되는 상담목표이다. 이러한 목표는 대개 초심상담사가 상담목표로 설정하고 상담을 한다. 초심상담사가 행동적 기법을 성공적으로 사용하기 위해서는 다음의 사항에 주의해야 한다.

첫째, 내담자와의 긍정적 관계와 활동에 지속적인 모니터링이 필요하다. 행동적 기법은 매일 매일의 연습과 과제, 정확한 기록 등 내담자의 시간과 에너지 그리고 인내가 필요하다. 행동적 기법을 적극적으로 활용하는 상담사는 잠재적인 함정이나 실망에 대응하기 위해 긍정적인 관계와 활동을 모니터링하며 개입해야 한다.

둘째, 다양한 강화방법을 병행한다. 상담사는 행동적 기법에서 요구하는 것을 내담자가 따랐을 때 이를 강화하는 방법을 찾아내야 한다. 다양한 방식으로 내담자가 따르게 할 수 있는데, 긍정적으로 기대하게 하고, 특정 기법의 사용법과 이점에 대해 상세한 지시문을 제공한 후에 내담자가 해당 기법을 시연하게 하고, 내담자로 하여금 변화가 가져오는 혜택을 상상하고 탐색하도록 도와준다.

셋째, 시간이 걸릴 수 있음을 알려 준다. 수정할 행동에 대한 것을 빠르게 이겨 낼 것을 기대하지 말라고 안내해야 한다. 이러한 개입은 수정할 행동이 줄어 들지 않을 것이라는 내담자의 두려움을 도울 수 있다.

넷째, 해로운 증상의 경우에는 내담자에게 처방하지 말아야 한다. 증상 처방은 잠재적으로 효과가 좋은 기법이다. 그러므로 부모를 대상으로 자녀에게 창피를 주는 것, 중독된 사람에게 술을 마시라고 하는 것 등 위험한 행동이 포함된 개입을 해서는 안 된다.

4. 체계적 개입을 다루는 상담기법

1) 체계적 개입에 대한 이해

가족체계치료는 Gregory Bateson 이후 다세대 모델, 경험적 모델, 구조적 모델, 전략적 모델을 아우르는 초기 가족치료모델에서 시작하여 포스트모더니즘의 영향을 받은 해결중심모델, 이야기치료, 협력 언어체계모델 등을 포함하게 되었다. 이 다양한 가족치료모델은 모두 가족을 하나의 체계로 본다는 점에서 공통적이다.

체계론적 개입은 가족체계적인 관점에서 이루어지는 전략이다. 체계론적 개입은 다음과 같은 특징이 있다. 첫째, 관계가 갖는 힘을 강조한다. 예컨대, 부부의 행동은 상대 배우자의 행동에 대한 반응이므로 관계의 맥락에서 파악되어야 한다. 부부는 전혀 자각하지 못하는 가운데 상대방의 반응을 유발하고 있다. 전형적 불화관계에서 위축과 무반응이 비판과 과도한 요구를 조장하고, 역으로도 작용하기도 한다. 둘째, 상호작용을 형성하는 방식, 행동패턴을 유지하는 방식, 그리고 상호작용을 조직하고 처리하는 과정을 강조한다. 셋째, 선형적 인과론(linear causality)보다는 순환적 인과론(circular causality)을 강조한다. 이는 패턴과 전후 관계를 중시하며, 상호작용 패턴을 보이고 있는 부부가 서로를 어떻게 정의하고 있는가에 초점을 둔다(김형숙, 2020b). 체계적 개입기법은 다양하지만, 이 절에서는 개인상담과 가족상담에서 쉽게 사용되는 기법을 중심으로 기술하겠다.

2) 체계적 개입기법

(1) 가계도

가계도(genogram)는 3세대 이상의 연대기적 청사진을 보여 자신의 위치와 역할에 대하여 인식하도록 돕는다. 특히 가계도는 주요한 사건, 가족 구성원의 출생과 상실, 의사소통과 관계 유형, 그리고 직업 및 세대 간 맥락에서 전수하는 정서(정서적 관계 표시), 행동상의 문제, 가족 역할, 가족 유형, 갈등 단절, 삼각관계 패턴 등을 파악하고 가족문제를 사정하여 치료적으로 활용된다. 가계도는 상담사가 그릴 수도 있고, 내담자와 함께 질문하면서 작성할 수 있다(권수영, 2020). 다음 축어록에서는 내담자가 직접 적도록 하는 방식을 소개하고 있다.

《사례 24. 엄마의 통제에 숨이 막혀요_'공격-위축' 가족》

상1: 오늘은 가계도를 그리면서 상담을 진행할 겁니다. 현재 가족들을 중심으로 3대를 그리는데, 나한테 정서적인 영향력을 끼친 사람은 점선으로, 기본적인 정보는 종교, 학력, 나이, 직업······.

내1: 아빠는 그냥 그 원래 의사를 하고 싶어 하셨거든요.

상2: (어머니의 원가족을 가리키며) 천주교 집안이셨고, (아버지의 원가족을 가리키며) 기독

교 집안이셨고. 음, 그렇구나. 그러면은, 어…… 이렇게 (내담자의 원가족을 가리키며)

원가족 안에서 가족 한명 한명이 맡고 있는 것들을 한번 적어 줄래요?

내2: 음…… 엄마는 음…… 숨이 막혀요. 통제가 쩔어요. 모든 것을 엄마가 다 짠 판대로

해야 해요. 네, (적으면서) 아빠는 편한데 약간 방임한다는 좀 이런 느낌인 것 같아요.

약간 이렇게. 경제적으로 생각하자면, 역할을 어떤 기준으로 잡아요?

상3: 음~ 따로 기준은 없어요.

내3: 언니는 중재자 역할을 많이 하고, 저는…… 오빠는 가족에서 약간 이제 남의 집 아들

같은 느낌인 것 같아요.

상4: 가족들이 이렇게 보고 있어요? 이렇게 보는 거에 대해서 [네] 어때요?

내4: 음…… 옛날엔 진짜 너무 싫었거든요. 내가 무슨 걱정이 없어, 나도 걱정이 있고 나도

완벽할 수는 없는데…….

…… 〈중략〉 ……

상5: 완벽하지 못한 거에 대한 아쉬움이 항상 있었군요.

내5: 네. 그리고 그럴 때 항상 제 탓으로 좀 돌리는 게 제가 항상 있어서…….

상6: 어떤 부분에서요? 일적이라든지 관계적이라든지 어떤 부분에서요?

내6: 둘 다. 제 탓으로 다 하는 것 같아요.

가계도는 가족역동을 파악할 수 있는 시각적 작업이므로 개인상담에서도 널리 활용
된다.

(2) 가족화

가족화 검사는 자신의 가족 또는 어떤 가족을 그리게 하여 개인이 가족에 대해 어떤
이미지를 갖고 있는지 파악하고 가족 전체의 상호작용을 추론하려는 것이다. 가족화
의 해석은 가족을 그리는 순서, 도화지에 그려진 크기와 위치, 가족을 생략하거나 과장
하는 등의 특징에 근거해서 이루어진다. 이것들을 통해 가족관계를 파악하는 것이 가장
중요하다. 가족화는 내담자의 그림만을 가지고 해석하는 것이 아니라, 내담자가 그림을
그리는 과정을 관찰하고 그림을 그린 후에 주고받은 면담 요소들을 모두 종합하여 이해
해야 한다. 종류로는 가족화, 동적 가족화, 합동 가족화 등이 있다(김형숙, 2018b). 〈사례

24)를 통해 가족화를 적용한 상담내용을 살펴보자.

> 상1: 민들레 님이 가족화를 그리고 나서 보니 어때요?
>
> 내1: 제가 아빠하고 거리가 가장 멀리 있네요.
>
> 상2: 그것이 어떤 것으로 보이나요?
>
> 내2: 제가 아빠를 싫어한다는 것이 그림에서도 보여요. 제가 그림에서 중심에 있잖아요.
>   나를 가족들이 소중하게 생각했으면 좋겠어요. 맨날 아들만 챙기지 말고.
>
> 상3: 민들레 님의 소망이 그림으로 나타난 것이란 걸로 들리네요.
>
> 내3: 오빠를 시장에 팔아 버리고 싶었어요. 내가 엄마랑 손을 잡고 있지만 제가 고개를 다
>   른 쪽으로 돌리고 있잖아요. 엄마가 매일 힘든 이야기를 저한테, 아빠 흉을 보니까
>   심적으로 부담이 되거든요.

(3) 질문을 통한 가족사정하기

가족을 사정하거나 개입하기 위한 다양할 질문이 있다. 가족상담에서 사용되는 몇 가지 질문의 예시를 소개하면 다음과 같다(Bannink, 1998/2015, pp. 241-281).

■ 상담목표를 위한 질문

> "두 분은 관계가 어떻게 달라지기를 원하나요?"
>
> "그러한 관계는 각자에게 어떤 변화를 가져올까요?"
>
> "두 분이 바라는 관계라면, 어떻게 행동할 건가요?"
>
> "두 분이 바라는 관계라면, 상대방은 어떻게 다르게 행동할까요?"
>
> "관계를 개선시키기 위해서 당신이 할 수 있는 첫 번째 가장 작은 행동은 무엇일까요?"
>
> "관계를 개선시키기 위해서 상대방이 할 수 있는 첫 번째 가장 작은 행동은 무엇일까요?"

■ 가족의 현재기능 파악하기

> "그러한 이상적인 관계를 10점으로 하고 최악의 관계를 0점으로 한다면, 두 분은 몇 점인
> 가요?"

"만약 10점은 완전 협동, 0점은 완전 대립이라면, 두 분은 몇 점인가요?"

"어떻게 해서 지금 상황이 최악이 아닌가요?"

"지금 상황이 더 나빠지지 않도록 기여하고 있는 사람은 누구인가요?"

"당신이 도움이 필요하다고 처음에 생각한 사람은 누구였나요?"

"그 사람이 이런 생각을 하게 한 것은 무엇 때문인가요?"

"5년 후, 10년 후에 두 분은 어디에 함께 있기를 원하나요? 그때는 상황이 어떻게 되기를 원하나요?"

"자녀들은 두 분의 관계가 앞으로 어떻게 되기를 원할까요?"

"그러한 관계가 되기 위해서 어떠한 일이 일어나야 된다고 자녀들이 말할까요?"

"만약 두 분이 원하는 미래에 (충분한 수준까지)도달했다는 것을 자녀들은 어떻게 알 수 있을까요?"

"두 분이 원하는 미래에 도달하도록 자녀들이 어떻게 도와줄 수 있을까요?"

■ 자원 파악하기

"이번 주에 상황이 나아지게 된 것은 두 분이 무엇을 했기 때문인가요?"

"두 분이 함께 잘하는 것은 무엇인가요?"

"상대방에게 어떠한 감정이 있나요?"

"관계가 형성되면서 어떤 긍정적 기대를 가지고 있었나요?"

"상황이 좀 더 나아진다면 상대방과 그 주변 사람들과의 관계가 어떻게 변할까요?"

"자녀들을 위해서 가능한 한 긍정적으로 이 관계를 어떻게 마무리할 수 있을까요?"

"이 관계를 긍정적 방향으로 종결할 수 있다면 당신의 삶은 어떻게 변할까요?"

■ 원가족 역동 파악하기

"그 부모들로부터 배운 것 중에 두 가지를 당신의 집으로 갖고 돌아와 자녀들에게 시도한다면, 이 두 가지란 무엇일까요?"

"과거에 부모로서 당신은 이와 유사한 문제들을 어떻게 해결했나요?"

"배우자(가족)는 그러한 변화에 대해 어떻게 설명할까요?"

"가족들이 언제 당신을 도와주기를 원하나요?"

"가족들은 당신이 도움을 원한다는 것을 어떻게 알 수 있을까요?"

"배우자가 언제 당신을 도와주기 원하나요?"

"이제까지 누가 가장 도움이 되어 주었나요?"

(4) 가족 조각

가족 조각(family sculpture)은 가족 구성원들에게 가족 내의 역동을 신체적·물리적으로 연출해 보도록 하는 것이다. 가족 구성원들이 이를 연출하면서 가족의 역동을 시각적으로 바라보게 되어 강력한 통찰을 제공한다. 뿐만 아니라 그 체계가 좀 더 기능적인 것이 되기 위해서 어떤 구조적 변화가 필요한지에 대한 통찰까지 촉진할 수 있다. 가족상담에서 사용되는 가족 조각의 예를 〈사례 24〉를 통해 소개하면 다음과 같다. 이 사례는 정서중심부부치료(EFT)로 상담사가 개입한 것을 예시로 했고, 사례에 대한 상담사의 개입도 EFT의 관점에서 기술하였다.

> 상1: (가족들끼리 의논해서 딸을 조각가로 정함) 가족 조각으로 나타난 현재 가족을 조각해 보실래요?
>
> 《가족 조각 모습: 딸을 중심으로 부모는 먼 곳에서 어머니는 남편을 향해 추적하는 모습, 남편은 고개를 돌리는 위축자의 모습임. 딸은 가운데서 불안하게 고개를 숙인 모습을 통해 어머니는 비난자, 아버지와 딸은 위축자의 모습의 상호 작용 패턴으로 조각함》
>
> 상2: 가족 조각을 보시면서 어떤 것을 느끼셨는지 듣고 싶습니다.
>
> 부1: 아이들이 말은 안 해도 다 보고 알고 있었구나.
>
> 모1: 그림으로 보니까 아이가 어떻게 인식하는지 알겠어요.
>
> 딸1: 엄마는 엄마가 원하는 방식으로 가족들을 질식할 정도로 강요하고 있어요. 아빠는 너무 방임하고 있어요.

상담사는 가족 조각을 통해서 가족의 욕구 좌절과 갈등 처리 전략을 바라보도록 했다. 상담사의 개입으로 딸은 어머니의 집요함 때문에 아버지와 딸의 욕구가 좌절되었고, 어릴 때부터 아무리 이야기를 해도 어머니가 듣지 않고, 어머니가 하고 싶은 이야기만 하면서 원하는 방식으로 가족들을 숨 막히게 했다고 표현하였다. '엄마가 과연 변할 수 있을까?' 아버지는 포기하는 마음으로 갈등을 회피하는 것이 편했고, 딸은 대꾸하지 않고 외면하고 도망갔기 때문에 더 힘들고 지치게 된 과정을 가족 조각에서 표현하였다.

> 상3: 수고하셨어요. 앞서 조각하신 것처럼, 가족들이 원하는 모습을 가족 조각으로 표현해 보실래요?
>
> 《원하는 가족 조각 모습: 딸은 부모가 손을 잡고 자신은 가족 조각 밖으로 나와 있는 모습을 조각하였다.》
>
> 상4: 서로 연결된 가족의 모습이 보이네요. 무엇이 가족을 연결시키도록 하면 될까요?
>
> 딸2: 엄마가 나를 존중해 주면 좋겠어요. 엄마는 상대가 아무리 이야기를 해도 듣지 않고 엄마 방식만 고집해요. 지쳐서 더 이상 이야기를 할 수 없고 포기하게 돼요. 아빠는 더 이상 방임하지 않았으면 좋겠어요. 엄마를 고칠 사람은 아빠밖에 없어요.
>
> 상5: 엄마는 사랑이라는 이름으로 통제하고 집착하고, 아빠는 방임으로 귀를 닫고, 따님은 중간에서 어떻게 해야 할지 몰라 맞춰 주지만, 답답한 고리 안에 갇혀 있네요. 이 고리 안에서 빠져나갈 수 있는 그림을 보여 주셨네요. 아빠가 시작하도록 아빠를 연결시키고 계시네요.
>
> 딸3: 왜냐하면 엄마가 아빠에게 너무 많이 의존하니까요.

　가족들이 변화되기 원하는 모습을 조각하게 하는 것은 현재 가족의 부정적 고리를 밝히는 중요한 수단이 된다. 〈사례 24〉의 가족은 어머니와 아버지는 '추적자-회피자', 어머니와 자녀는 '추적자-위축자'의 상호작용을 하고 있었다. 어머니가 공격을 멈추고, 아버지는 도망가지 않고 나오도록 하여, 서로 연결된 관계를 표현하도록 함으로써 가족들이 원하는 모습을 인식하도록 했다. 부정적 고리에 갇혀 있는 가족들이 어떻게 빠져나올 수 있는지를 보여 주고, 가족 간 부정적 고리의 이면에 관계 연결에 대한 기대가 있다는 점을 확인하도록 했다. 이 기법은 문제가 아니라 변화된 관계에 초점을 맞추도록 하는 체계적인 기법을 잘 드러내 주는 특징이 있다. 이 사례의 부모는 자녀의 ADHD와 우울증이 문제의 핵심이라고 생각했는데, 이제 이들은 서로 갇혀 있는 부정적인 고리를 가족문제로 인식하게 되었다(김형숙, 2020d).

(5) 체계에 합류하기

체계에 합류하기는 상담사가 체계에 합류하는 것이다. 이는 치료자가 부부 및 가족에게 연결되어 관계에서 보이는 태도·패턴·고리를 설명하고 불화를 만들어 왔던 특정 패턴을 정확하게 가족들에게 반영하는 것이다. 상담사는 공감과 존중의 태도로 상호작용 과정과 패턴을 반영하고 부부가 상호작용에 대한 다양한 견해를 가질 수 있도록 도와준다. 이후 부부 및 가족은 자신들이 관계 패턴을 만들었다는 것을 인정하고, 자신들도 이것의 피해자라는 것을 〈사례 24〉의 대화를 통해서 보여 주고 있다.

아1: 목장 모임에서 남편이 애교를 부리면서 의지하는 여자 성도님의 반응을 너무 잘 받아주어 화가 나요. 나한테는 지난 주말에 요구한 것도 채워 주지 않고 따뜻하게 하지 않으면서, 그 여자 성도님이 애교를 하도록 빌미를 제공해 주는 것에 울화통이 치밀어 올라요. '네가 누구 남편이니, 둘이 잘해 먹어.'라고 하면서 이 사람이 힘들어하니까 참고 참다가 대판 화가 나서 남편과 욕하고 몸싸움까지 났어요.

남1: 말도 안 되는 것으로 계속 물어보고, 아니라고 해도 믿지 않고, 밀어붙이니까 참다가 폭발해서 욕을 했어요. 아이들이 방에서 다 듣고 있는데, 우리는 밖에서 싸웠어요.

상1: 아내 분은 나한테는 관심을 두지 않으면서 여성 성도님을 받아 주는 것을 보니 서운하고 속상하고 섭섭했을 것 같아요. 남편이 여자 성도한테 넘어갈 것이라고 생각해서 두려우셨을까요?

아2: 남편이 가지 않을 것이라는 믿음은 있어요. 내 마음이 그렇게 가는데, 증거가 없는데, 느낌상 기분이 나빠서 미친년처럼 보인 것 같아 화가 나요. 그러나 남편이 너무 믿고 실제 그러지도 않고……. 창피하기도 하지만 누구한테 말할 수 없어서 남편만 계속 추궁하게 돼요. 곁을 주지 마라고 맨날 이야기하고.

상2: 남편을 믿으면서도 남편한테 화가 나는데, 누구한테 이야기를 할 수도 없으니 더 답답하고 답답해서, 남편을 더 추궁할 수밖에 없으셨네요. 남편이 나를 더 먼저 생각해 주고 관심 가져 달라는 마음으로 느껴져요.

아3: 의부증이 있어요. 나를 사랑할까? 나를 방치하고, 내가 바람을 피워서 나가도 눈 하나 깜짝하지 않을 것이라고 늘 생각하고 있었는데, 그 둘이 하는 것을 보니 울화통이 치밀어 올라왔어요.

상3: 남편이 실제로 바람을 피운 적이 없음에도 의심할 만큼 마음이 아프고 쓰라리고 고통스럽고 억울하시기까지 했을 것이 느껴집니다. 남편의 의부증을 가질 만한 상황이 있었을까요?

아4: 신혼 초 남편이 후배와 가진 사건이 깊은 상처를 주었고, 수없이 이야기했고, 울면서 이야기했어요. 남편은 나만 좋아한다고 생각했는데 그 자신감이 없어졌어요. 교제 기간 동안 나를 만나고 있으면서, 어느 순간 다른 여자를 만날 수 있구나 생각했어요. 그 여자가 매력 있고 귀엽고, 남편이 그 후배를 좋아했으니 마음이 있었다고 생각하니 너무 내가 보잘것없다고 생각했어요. 왜 나를 좋아할까 납득이 가지 않아요.

상4: (남편을 향해서) 아내의 아픈 이야기를 들으시고 어떠신가요?

남2: (아내를 바라보면서) 당신이 더 훨씬 매력이 있어. 당신을 좋아하니까 결혼했지.

아5: 남편은 친구관계를 중요시하기 때문에 그 여자 후배를 포기했지, 어쩔 수 없이 나와 결혼했다고 생각하니, 화가 치밀어 올라요. 그래서 고함치면서 어떤 식으로든지 남편에게 보복하려고 했어요. (아내가 계속 상담사에게 이야기를 해서)

상5: 남편 분을 보복하고 싶을 만큼 아내 분에게 남편은 중요한 사람이시고, 깊이 연결되고자 하는 마음이 강하게 느껴집니다. 그 아픔을 남편을 쳐다보고 직접 이야기를 해 보시겠어요?

아6: 당신은 내가 원할 때 무시를 하고 소리를 질렀어요. 내가 얼마나 외로운지 몰라요. 내 마음은 서운하고 늘 서운해요. 나한테는 그 여자한테 한 것처럼 뜨겁지 않았다는 얘기를 그때는 자존심이 상해서 못했죠. 나한테 집중하고 관심을 달라, 나한테는 이렇게 약하지 않나.

남3: (아내를 바라보면서) 알았어, 그렇게 할게. 근데 당신이 한번 터지면 말이 안 통하고 만사가 귀찮고 하고 싶은 마음이 없어져 예전에는 술을 먹고 나는 없는 셈 치라고 대꾸도 하지 않았어요. 말이 안 통했어요. 마음을 끄집어내서 보일 수도 없고.

상6: 남편 분도 아내의 마음을 받아주다가, 아내 분이 계속 했던 말을 하면 할수록 더 마음이 없어져서 좌절감이 들었고, 마음을 열어 보일 수도 없어서 답답하셨네요.

이 사례에서 아내 내담자의 분노가 남편에게 사랑받지 못할 것이라는 두려움에서 나온 반응이라고 재구성해 주자, 아내는 안심을 했다. 아내의 공격과 남편의 위축된 반응은 무관심과 냉담함이 아니라, 애착 대상인 배우자를 매우 중요한 사람으로 생각하고 애착 불안정을 극복하려는 방식이라고 재구성해 주었다. 서로의 답답함이 풀어지도록 상담사가 부부체계에 합류하여 부부의 정서에 반응하고 있다.

(6) 실연

실연(enactment)은 가족 구성원들에게 일련의 만성적인 역기능적 사건들이 일어나도록 촉진한 후에 상담사가 개선을 위한 제안을 가지고 개입하는 방식이다. 〈사례 24〉에서 아내의 의부증은 남편이 자기의 말을 들어 주었으면 하는 애착 욕구가 좌절됨에 따라 생긴 결과이다. 이 좌절로 아내는 서운함을 느꼈고, 혼자 남겨질 것에 대한 두려움의 정서가 극복되지 않자, 분노라는 정서로 나타난 것으로 보인다. 상담사는 내담자의 정서에 공감적 추측과 반영을 통해 개입했다. 다음 예시에서 상담사는 아내의 의부증이라는 병식 자체를 넘어서서 남편과 함께 있고 싶고 소중한 존재로 있고 싶은 부부의 애착 욕구를 연결하기 위해 재연하고 있다.

상1: 직접 두 분이 가까이 서로의 눈을 바라보시면서 앉아 보실래요?

아1: (고개를 흔들면서) 남편이 안 들어 줄 것 같아요.

상2: 남편이 안 들어 줄까 봐 두려우시네요. 지난 상담 이후 목장 모임에서 남편이 안 들어 주셨나요?

아2: 아니요. 한번 이야기하면 들어 줘요.

상3: 남편 분이 아내 분의 이야기를 귀담아 들었고, 여자 성도의 말에 반응을 하지 않고 아내 분과 약속을 지키시려고 애쓰셨네요.

아3: 모르겠어요. 상담의 효과가 크구나 생각을 하면서도 남편이 어색해요.

남1: 나의 가장 큰 스트레스는 아내가 절충이 없다는 거예요. 내가 이것을 뺏기면 내 인생이 무너진다고 생각해요.

상4: 아내가 말한 것을 안 하면 계속 요구하는 태도에 지치고 힘드셨네요.

아4: (고개를 숙이면서) 솔직하게 안 느껴져서 그래요.

남2: 나는 아내가 '그러면 아내고 엄마고 역할을 안 해 버린다'고 이야기를 하면 파국이 되니 더 이상 이야기를 하지 않고 피해버려요. 지금 이 순간에 비슷하게 느껴요. '내 인생에서 이런 것은 일어나면 안 된다. 나는 어차피, 나는 안 되는 사람이다. 나는 엄마로서, 아내로서, 자격이 없어 나는 포기할 거야.'라고 하고 있잖아요. 아내가.

상5: 제가 보기에는, 아내는 지난 상담 이후로는 그런 생각까지는 안 한 것 같아요. 서로 눈빛을 느껴 보면서 내가 원하는 것을 이야기를 해 보시겠어요?

재연을 통해 아내 내담자는 처음으로 자신의 응어리진 이야기를 할 수 있어서 시원했다고 했고, 남편도 가슴에 묻어 둔 것을 아내에게 이야기할 수 있어서 답답함이 가셨다고 했다. 다만 부부의 상호작용에 영향을 주는 아내의 비난자 역할을 순화시키기 위해 재연을 부부상담에서 지속적으로 하는 것이 필요하다.

(7) 의사소통 패턴 바꾸기

의사소통 패턴 바꾸기 기법은 가족과의 의사소통을 증가시키는 개입의 하나로서 개인 구성원들이 가족 내에서 자신들의 반응들을 여과시키는 내적 과정을 이해하도록 돕는 방법이다. 가족이나 집단의 역기능은 다양한 측면으로 접근할 수 있다. 의사소통 기술이 부족해서 의사소통이 붕괴 또는 실패한 것으로 보일 경우, 상담사는 통찰이나 기술을 가족 또는 여타 체계의 구성원들에게 가르치거나 개발하는 여러 가지 개입을 사용할 수 있다. 의사소통 패턴 바꾸기는 다양한 기법이 있는데 여기에서는 가족들과 간단하게 사용할 수 있는 방법을 소개한다(김형숙, 2014b).

<hr>

《사례 25. 엄마 아빠가 변하면 제가 변할 거예요_'비난-회피' 가족》

이 사례는 Satir의 경험주의 접근으로 진행한 사례로, 가족 중 어머니는 회유형과 비난형, 아버지는 초이성형, 초등학교 6학년인 첫째는 초이성형, 초등학교 1학년인 둘째는 회유형의 의사소통을 하고 있었다. 초등학생 자녀들이 포함된 가족상담이었기에 게임을 활용한 의사소통으로 쉽게 접근했다. 가족 간 대화를 주고받는 방식을 개선해 보는 두 가지 방식을 소개하면 다음과 같다.

첫째, 돌아가며 가족 구성원들이 짝을 정한 뒤 하던 일을 멈추고 눈을 보고 대화를 한다. 나머지 가족 구성원은 미션을 수행하는 구성원에게 평가를 하고, 점수를 많이 받은 사람이 우승한다. 둘째, 눈을 맞출 수 없는 상황일 때에는 자신의 상황에 대해 설명을 하고, 받는 사람은 대화에 즉시 응하지 못할 경우 기다려 줄 수 있는 시간을 말하거나, 위급할 경우에는 일을 하면서 들어도 괜찮은지 상대방에게 허락을 받는 미션이다. 셋째, '고마워' '괜찮아' '해 줄래' '바꿀까' 등의 네 가지 표현을 이용해 '자신의 밭에 콩을 심고 나누고 수확하는 게임' 안에서 자발적 의사소통 패턴을 바꾸도록 한다. 결과적으로, 첫째 아들은 아버지와의 대화에서 점수를 아버지에게는 7점, 어머니에게는 5점을 주었는데, 아버지에게 평소에도 그렇게 대화를 해줬으면 정말 좋을 것 같다는 희망사항을 말했고, 어머니에게는 아직은 어색한 것 같지만 잘했다는 피드백을 해 주었다. 어머니와의 대화 시도에서, 첫째는 눈을 마주치며 대화를 하는 편이어서 어색하지 않았지만, 어머니가 요구사항에 대해 구체적으로 말을 하지 않았다며 연습을 통해 방법을 찾아가기 시작했다. 어머니는 첫째와 구체적으로 말을 하는 모습에서 서로 간의 대화가 편안해질 수 있었고, 조금씩 나아지고 있는 모습에 대한 기대감을 갖게 된 것 같다는 소감을 말해 주었다. 또한 시간제한을 해 주는 게 불안하지 않고 다그치지 않게 되며 자신을 무시하지 않았다는 느낌이 들어서 좋은 것 같다며, 가족들이 지금처럼만 대화를 해 준다면 좋겠다고 다시 한번 말했다. 설명을 듣고 연습을 한 뒤 가족들이 자신의 카드를 바꾸고, 나누고, 주면서 자연스럽게 대화를 이끌어가는 모습을 볼 수 있었고, 독단적으로 혼자 결정하는 게 아니라 서로 의견을 물어보고, 상대방에게 긍정적인 반응을 끌어낼 수 있도록 하였다. 가족들 모두 그동안 사용하지 않았던 언어에 대해 익숙해질 수 있었고, '고마워' '괜찮아' '해 줄래' '바꿀까'의 표현을 반복적으로 익혀 가족들에게 사용할 수 있도록 하였다.

(8) 위계와 경계 설정을 변화시키기

위계와 경계 설정을 변화시키는 것은 역기능적인 경계를 가진 가족이 새롭고 건강한 패턴을 만들 수 있도록 하기 위한 개입이다. 체계의 구조란 상호작용 패턴, 이러한 패턴을 지탱하기 위해 생성된 규칙과 역할, 그리고 이런 규칙과 역할로 인해 파생된 동맹 관계 등을 의미한다. 모든 구조는 가족 또는 집단 내의 교류로부터 발생하는데, 그 교류가 반복되면 행동의 패턴이 형성된다. 상호작용 패턴이 공고하게 형성되면, 그때부터 그 패턴은 상호작용을 어떻게, 언제, 누구와 할 것인지를 가족 구성원들에게 명령하기 시작한다.

〈사례 25〉에서 어머니가 남편을 신뢰하지 못하여서 강하게 비난하는 과정을 보면서 아버지의 태도에 대해서 첫째 아들의 의견을 물으며 개입한다. 아버지에 대한 어머니의 불신을 확인시켜 가는 과정에서 자녀가 가족의 경계 설정을 이해해 가는 과정 살펴보자.

자1: 저도 변해야죠. 그러기 위해 엄마 아빠가 먼저 함께 가서 저를 도와줘야죠. [부: 네가

먼저 변해야지. 하하하]

상1: 길동아, 가족들이 함께 변하고 있느냐를 이야기하는 건데, 길동이는 부모가 변해야 지 된다고 얘기하고 있고, 엄마는 아빠가 변해야 길동이가 변한다고 하고 있고, 서로 이렇게 얘기하고 있어. 그래서 이건 누가 먼저가 아니라 함께 해야 되는 건데 어떻게 들리니?

자2: 엄마 아빠가 먼저 절 고치려고 하는데, 절 고치려면 엄마 아빠가 먼저 사이좋게 만들 어야지. 안 그러면 고치려다 오기가 생겨 절 패는 상황이 돼요. (가족 전체가 웃음바 다가 됨)

상2: 그러니까 오늘 저녁부터 내일까지는 해결방식에 대해서 구체적으로 할 거예요. 어쨌 든 지금 문제는 의심하지 않고 그 마음을 받아들이는 것이 필요할 것 같아요. 과거의 고정관념 같은 생각에 갇혀서 이러고 있냐 저러고 있냐[모: 안 도와줄까 봐]에 초점이 모아지면 계속 이 부분으로 시간을 보낼 것 같아요. 제가 얘기한 부분에 대해서 어떻 게 들리시나요? [부: 그렇구나. 들리는데요] 제가 남편 편을 든다고 생각이 드세요?

모1: 아니요, 그렇지는 않은데. 아까 남편이 그렇게 말했다고 했잖아요? 순간적으로 놀랐 고 그러고 나서 보니까 그게 맞아요. 분명히 들었는데 나 혼자 일부러 잊어버리는 것 처럼, 나 혼자 그렇게 생각을 하고 그렇게 들었구나. 중요하지 않게, 분명히 나쁜 마 음일 거라는 식으로.

상3: 다 그런 건 아닌데 아내 분께서 반응을 나름대로 하고 계시는데 그 반응을 계속 다르 게 해석을 해 버리는 부분이 있어요. [모: 네] 그래서 그런 부분을 이제 하나씩 바꿔야 되는 거죠.

모2: 저는 집에서 남편한테 계속 답을 요구해요.

상4: 남편에게 계속 답을 요구하는 이유를 듣고 싶습니다.

자3: 아빠는 솔직히 가족한테 일부러 거짓으로 마음을 표현을 하는 거 같아요. [상: 어떤 면에서?] 만약에 제가 싫다고 해도 가족이니까. 그런데 지금은 진짜로 노력하는 거 같거든요. 믿어요.

상4: 아들의 말을 듣고 어떠세요?

모3: 정말 그렇게 되길 바라요. 아직은 과연 그럴까 싶기도 하거든요.

상5: 저는 길동이가 그걸 믿기가 더 힘들 거라 생각했는데, 진행해 보니 오히려 아내 분이 남편에 대한 믿음, 불안이 훨씬 더 크다고 느껴져요. (네) 왜냐면 아들은 초반과 달리 시간이 지나면서 아빠를 믿고 될 거라고 생각하는데, 사실 계속 불안해하는 건 아내 분이세요. (네) 지금 뭐가 그렇게 불안하세요?

상담 과정에서 아들 내담자보다 아내가 남편에 대한 믿음이 부족하며 불안이 더 크다는 것이 드러난다. 아내는 지속적으로 남편의 마음과 생각을 자꾸 확인하려 하고, 과거의 안 좋았던 기억들이 고정이 되어 받아들이기가 쉽지 않았고, 배신감이 크고 괘씸한 마음을 표현하였다. 재차 남편의 마음을 확인 또 확인하면서 남편이 자신을 무시했던 부분도 있었지만 자신도 그동안 남편을 무시해 왔다는 것을 인지하게 되었다. 이 과정에서 자2의 "엄마 아빠가 먼저 절 고치려고 하는데, 절 고치려면 엄마 아빠가 먼저 사이 좋게 만들어야지."라는 이야기는 부부체계가 먼저 확립되어야 부모-자녀체계가 건강하게 확립할 수 있음을 알려 주고 있다.

상1: 길동이가 엄마 아빠한테 그동안 못한 이야기가 참으로 많았구나. 더 할 말이 있나요?

첫째1: 네. 제가 스트레스를 급격히 받은 것은 다섯 살 때부터예요. 다섯 살 때부터 여섯 살 때까지 스트레스를 받아서 엄마 아빠한테 말을 해 봐야지 생각했다가 4, 5학년 때 말을 해 봐야겠다, 생각했었어요. 차라리 아빠가 나하고 놀아 주고 두들겨 패는 게 낫다고 생각을 해요. 왜냐면, 놀아 주면 스트레스가 정상적으로 풀리는데, 스트레스를 풀 방법이 없는 거예요. 외부에서 오는 스트레스까지 놀아 주면 풀리거든요. 차라리 패는 게 나아요. 패고 놀아 주는 게 더 나아요. 근데 엄마 아빠는 자꾸 내 말 씹고, 한번만 더 하면 맞는다고 협박하고, 그러다가 사고 치면 왜 이랬어? 왜 이랬냐? 다그치고 내가 스트레스받은 건 신경도 안 쓰고……. 저는 그런 마음이 두세 배 더 늘어나죠. 아빠가 지금 왜 오셨는지 모르겠는데 많이 고칠 생각이 없는 사람으로 보여요. 지루한 거죠. 자꾸 웃는 게 맞다, 그래서 웃는 게 아니라 지루해서 나오는 허탈웃음이거든요.

상2: 잠깐, 너는 아빠의 무엇을 보고 그런 생각을 하게 되었는지 말해 줄 수 있어?

첫째2: 아빠와 마음이 접촉이 안 돼요. 아빠 표정만 보고 아빠 마음을 다 알아요. 아빠가 진짜 웃겨서 웃을 때하고 헛웃음하고 구분할 수 있거든요.

부1: 길동이 마음 아니깐. 길동아, 아빠가 고치는 건데, 외국 돌아가서 똑같을지 고쳐질지 네가 믿을 수가 없다고 하는데……. 그런데 옛날하고는 다를 거야 믿어.

첫째3: (아빠를 향해 소리를 지르면서) 아빠는 달라지는 게 없었어요.

부2: (아이를 쳐다보면서) 원위치되면 여기 다시 오자. 그런데 이번에는 한 달 이상 갈 거 같지 않니?

첫째4: 언어폭력하는 건 안 돼요.

부3: 그래 그래, 알았어. 안 하겠다고 약속하고 갈 거야.

상3: 길동이가 아빠가 네 말을 진심으로 들어 주길 바랐구나. 네 이야기를 들을 때 아빠의 허탈한 웃음으로 들려서 정말 속상했구나.

첫째5: 아빠가 집중하는 눈빛하고 달라요. 기분이 나쁘다는 거죠. 아빠 솔직히 지금 열 받은 거 같거든요.

상4: (아빠를 바라보면서) 아빠가 솔직한 마음을 이야기 해 주시죠. 마음을 표현해 보시죠. 아들은 아빠의 웃음으로 단서를 잡거든요. 전체적으로. 비언어적인 것으로 판단하는데 얘기해 주실 수 있나요?

부4: 길동이의 말이 맞을 수도 있죠. 일단은 저도 그렇게 생각은 하는데 표정에서 분명히 느낄 수도 있는데 표정을 어떻게 지어야 할지 모르겠고, 그런 적이 없으니깐, 돌아가서 진짜 원위치가 될 수도 있는데 저도 자신을 못하겠다는 거죠. 어쨌든 해 보려고 노력은 할 텐데 표정을 어떻게 지어야 할지 모르겠어요. 저도 집중을 할 때 안 그렇다고 하는데, TV를 보거나 제가 좋아하는 것을 볼 때 집중을 할 때하고는 좀 다를 거 같아요.

상5: 아빠의 표정이 길동이가 말하는 것처럼 금방 바뀌진 않을 것 같아요. 아빠가 아니라고 하니까 그 상태에서 해 보실래요. 아빠는 최선을 다하시겠지만 조금 더 이야기에 집중할 수 있도록 노력을 해 보실래요?

첫째6: 아빠, 한 가지만 약속해 주세요. 만약에 아빠가 원위치된다면 무슨 일이 있어도 한국에 와서 치료를 받아야 된다는 거. [부: 응, 그래] 학교에서 많은 아이들이 저를 왕따를 시켰대도 아빠 하나 감당하기가 저는 더 힘들어요. 그만큼 아빠를 꼭 고쳐야 할 거 같아요.

상6: 너한테 아빠를 고치는 게 왜 그렇게 중요하니?

첫째7: 저 때문에도 가족이 스트레스를 받고 있지만, 아빠 엄마가 바뀌면 저도 차분하게 대화를 할 수 있는데 그러지 못하니까, 스트레스를 제가 감당하기가 힘드니까요.

상7: 네가 간절히 너 자신을 바꾸고 싶고, 그것을 엄마 아빠가 도와주길 바란다는 거네.

[첫째: 네] 그만큼 왕따를 당하는 것보다 힘들 정도로 아빠가 직장을 쉬더라도 치료 받길 원한다는 거네. [첫째: 네]

첫째8: 저는 엄마 아빠가 먼저 바뀌지 않으면 못 고쳐요. 엄마 아빠한테 받는 스트레스가 한 학기 동안 왕따당하는 것보다 더 스트레스를 받아요. 잔소리, 언어폭력, 폭력이 있지, 재촉하지.

상8: 길동이는 엄마 아빠가 고쳐지면 네가 바뀔 수 있다는 이야기를 하는데, 부모님은 길동이의 이야기가 어떻게 들리세요.

모8: 엄마는 길동이가 여러 번 말을 해도 듣지 않고 바뀌지 않는 상황 때문에 잔소리를 하게 되는데 어떻게 하니? 재촉을 할 수밖에 없어. 너를 위해 기다려야겠지만, 예를 들어 평소에도 컴퓨터 하는 상황이 끝났다 싶으면 "엄마, 이젠 검색을 해야겠어요."처럼 또 다른 상황으로 이어질 때는 어떻게 해야 할지 모르겠어. 어제도 10시에 자기로 했는데, 5분 후에 끝내고 자자했을 때 엄마 아빠가 각각 두 번씩 얘기를 더 하게 됐고, 엄마는 돌아누워서 어떻게 해야 할지 몰라 안절부절못했지. 교육은 교육이고 현실은 이렇구나 싶었지.

첫째9: 재촉을 할 수밖에 없다고만 하지 말고 일단 차분하게 기다려 보세요. 하루 중에 제가 빈둥빈둥할 때 뭔가를 시키면 좋을 텐데, [모: 그때그때 엄마가 보고 있어야 하는 거네] 게임 시작 전 얘기하는 등 타이밍이 안 좋은 거 같아요.

상9: 길동이가 걱정했던 건 네가 간절히 바뀌길 원하고, 그만큼 외국에 가서 아빠가 지키지 않을까 봐 걱정하고 불안한 거잖아.

3) 체계적 개입 사용 시 유의점

체계적 개입 시 상담사가 유의해야 할 점은 다음 두 가지이다.

첫째, 체계에 초점을 맞추어 개입하다 보면 내담자를 안심시킬 수도 있지만, 반대로 저항이 일어날 수 있음을 기억해야 한다. 체계적 개입은 내담자들을 자유롭게 만들며, 때로는 그들의 새로운 행동으로 인해 다른 사람들이 변화하는 모습을 보고 아주 기쁘고 신나는 느낌을 가지게 한다. 그들과의 관계에서 너무 완고하거나 너무 권위적이거나 또는 너무 약해서 달라지지 않는다고 생각했던 사람들이 그들의 반응 때문에 덜 완고하고 덜 권위적이며 덜 약해지는 변화를 보인다. 이때 정서적으로 묶여 있던 가족들 중 한 구성원이 이 변화에 저항을 드러낼 수 있다. 저항은 상담을 중단하거나 상담사에 대한 불평을 드러내는 방식으로 나타난다.

둘째, 체계적 개입에서 상담이 필요한 대상은 관계 그 자체라는 점이다. 체계적 개입에서 상담의 대상은 개인이나 부부가 아니라 관계구조이다. 부부 및 가족의 태도와 상호작용 과정이 문제라고 본다. 예를 들어, 불화관계에서 전형적으로 보이는 반복적으로 일어나는 연쇄작용이 문제이다.

부록 1-1
임상심리사 2급 필기시험 응시조건

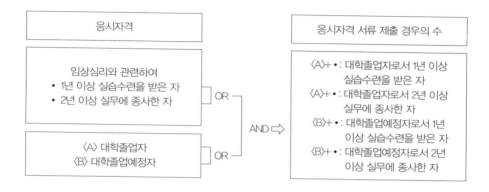

출처: 한국산업인력공단 (http://www.q-net.or.kr) 임상심리사.

부록 1-2
임상심리전문가 수련요건 표

자격수여 및 발급기관	1. 발급기관: (사) 한국심리학회 2. 시행기관: 한국임상심리학회
구분	등록 민간자격
자격 발급 횟수	연 1회
응시자격	1. 수련위원회에 등록한 후 소정의 수련을 마친, 임상심리학 전공 석사학위 취득 및 그에 준한 자 또는 박사학위 취득자 2. 필기시험 중 기초과목은 수련 1년을 마친 후 응시 가능하다. 임상과목은 석사학위 및 그에 준한 자의 경우 수련 3년, 박사과정 중 수련 등록한 경우 수련 2년, 박사학위 취득자의 경우 수련 1년이 완료되는 시점에 응시 가능하다. 면접시험은 학회가 정한 소정의 수련을 모두 마친 자에 한한다.
수련기관	학회 지정 필수 수련기관 또는 슈퍼바이저가 근무하는 기관
수련기관 관리	○○(필수 수련기관제도 운영)
수련기간	1. 석사취득자: 3년 이상(3,000시간 이상) 2. 박사과정: 2년 이상(2,000시간 이상) 3. 박사취득자: 1년 이상(1,000시간 이상) ※단, 수련기간 중 최소 1년 이상(1,000시간 이상)은 필수 수련기관에서 이루어져야 함
수련내용	1. 이론 교육 및 실습 교육(심리 평가, 심리 치료) 최소 이수 시간 명시 2. 사례 발표, 논문 발표, 학회 참석, 대외 협력 지원 사업, 윤리 교육 등 필수이수 항목 명시
수련과정	수련등록 후 매년 상·하반기 해당 기간에 모집보고 및 수료보고→자격 규정 및 수련 과정 시행세칙에 따른 연차 인정 여부에 따라 자격시험 필기(기초/임상) 응시→전 과정 수련 종료 후 수련 완료 심사를 거쳐 면접 응시→수련 완료자 및 면접 합격자에 대한 자격 심사→자격증 교부
시험과목	필기시험(기초/임상), 면접 및 자격심사 1. 기초: 생리심리학, 임상심리연구방법론, 성격심리학, 인지 및 학습심리학 2. 임상: 정신병리학, 심리치료, 심리평가 3. 면접 및 자격심사: 전문가 윤리, 전문지식, 태도 및 인성 등 평가

출처: 한국임상심리학회(http://www.kcp.or.kr/).

부록 1-3
심리검사 암호 설정 방법

1. 포털에서 알PDF 검색 후

   제목 : 〈알PDF 뷰어 다운로드—PDF 변환/편집, PDF합치기/용량 줄이기〉클릭
2. 알PDF 2.3 다운로드 후 설치
3. PDF 파일을 알PDF로 열기
4. 도구모음에서 '보안' — '암호설정' — '문서를 열 때 암호를 요구합니다' 클릭 — 암호 입력 — '확인'

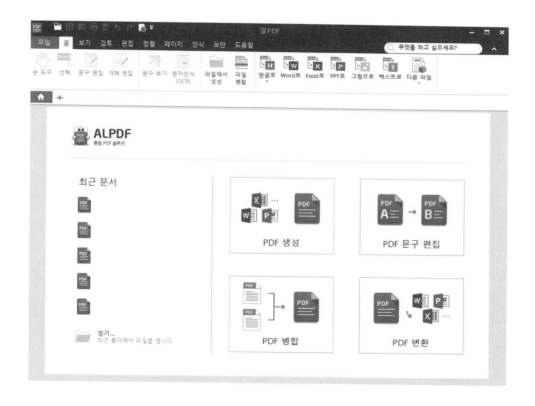

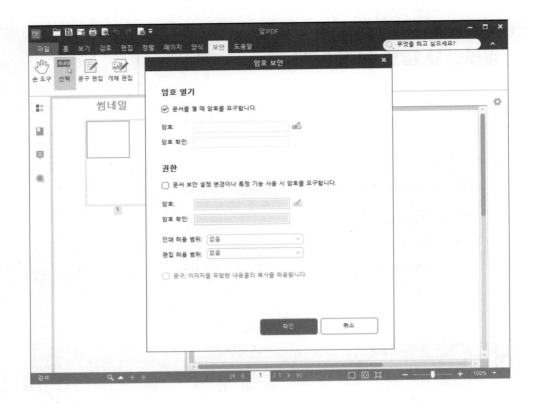

부록 1-4
상담기록의 보존기간 책정기준

보존기간	일반기준
영구	1. 상담과 관련한 제도나 주요 정책의 개발, 결정, 변경과 관련된 기록 2. 연간 업무 계획과 그 결과 및 심사분석, 외부 기관의 평가 등에 관한 기록 3. 국가 및 사회적 범죄, 질병, 사건, 사고와 관련된 중요 상담 활동의 기록 4. 국가, 지역 사회, 관련 기관 등의 역사 서술에 이용될 만큼 중요한 상담 활동의 기록 5. 사례자료집, 연보, 백서 등 상담 활동의 연혁과 변천사를 규명하는 데 이용될 만큼 중요한 상담 활동의 기록 6. 공식 브리핑이 필요할 정도로 사회적으로 주목된 상담 활동의 기록 7. 외부 교육기관 혹은 사회단체 등과의 교류 활동에 관한 주요 기록 8. 상담의 개시와 결과를 요약하여 작성하는 관련 대장류 9. 상담 제공 인력의 자격 검정 관련 기록 10. 상담 관련 연간 통계 기록 11. 그 밖에 역사 자료로서의 보존 가치가 높다고 인정되는 상담 활동의 기록 12. 상담기록의 보존 및 폐기 관련 기록
준영구	1. 의료기관이나 기타 국가 기관과 연계된 상담 활동의 기록 2. 예외적인 방식 혹은 새로운 방식으로 수행된 상담 활동의 기록 3. 국가 및 지역사회의 요청이나 협력을 통해 수행된 상담 활동의 기록 4. 개인적인 범죄, 질병 등 장기적이고 반복적으로 지속 될 상담 활동의 기록 5. 내담자 및 법정 대리인 등으로부터 이용신청이 접수된 상담 활동의 기록 및 신청서 6. 상담 인력의 자격 관리 기록

출처: 유정이(2015), pp. 80-81.

부록 1-5
녹음파일 암호 설정 방법

1. PDF 파일을 알PDF로 열기

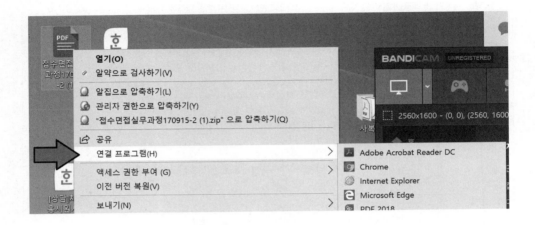

2. 도구모음에서 '보안' — '암호 설정' — '문서를 열 때 암호를 요구합니다' 클릭 — 암호 입력 — '확인'

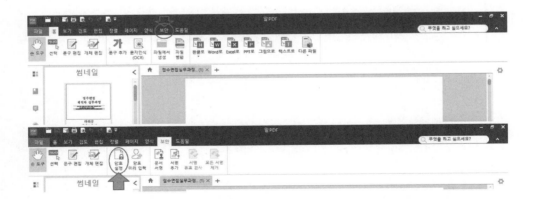

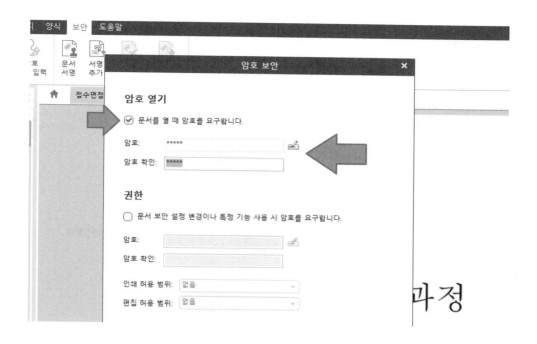

3. 도구모음에서 '파일' — '저장' 또는 '파일' – '다른이름으로 저장' — '찾아보기' — '바탕화면' — '저장'

다른 이름으로 저장

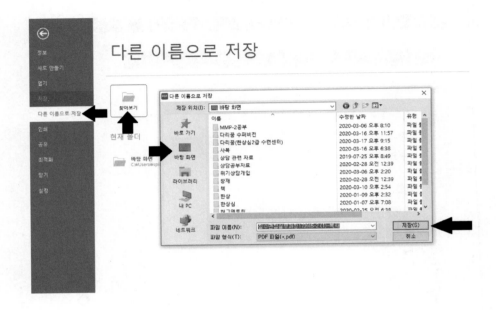

부록 1-6
상담사례보고서 파일 문서암호 설정 방법

1. '엑셀 파일' — '통합 문서 보호' — '암호 설정' — '암호 입력' — '확인'

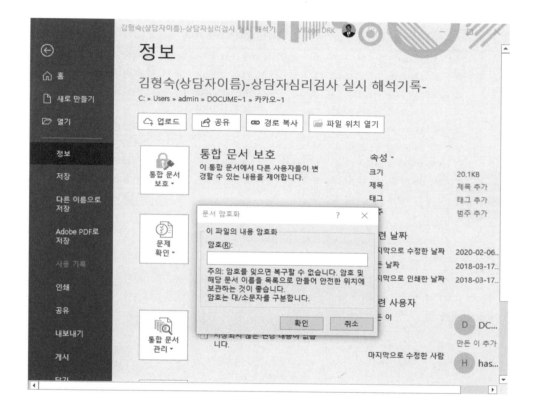

• '파일' — '저장하기' 또는 '파일' – '다른 이름으로 저장하기' — '바탕화면' — '저장'

부록 1-7
상담기록 방법

<table>
<tr><th colspan="9" style="text-align:center">(김형숙)상담기록부</th></tr>
<tr>
<td rowspan="2">NO.</td>
<td rowspan="2">성별</td>
<td rowspan="2">연령</td>
<td colspan="2">실시일(YY-MM-DD)</td>
<td rowspan="2">총횟
수</td>
<td rowspan="2">제목
(예시: 혼자있고 싶어요)</td>
<td rowspan="2">상담기관</td>
</tr>
<tr>
<td>시작일</td>
<td>종료일</td>
</tr>
<tr><td>1</td><td>여</td><td>41</td><td>18-09-11</td><td>~ 19-02-20</td><td>6</td><td>남편에게 말을 예쁘게 하고 싶어요</td><td>다리꿈발달상담교육센터</td></tr>
<tr><td>2</td><td>여</td><td>36</td><td>18-10-10</td><td>~ 18-10-26</td><td>3</td><td></td><td>다리꿈발달상담교육센터</td></tr>
<tr><td>3</td><td>여</td><td>20</td><td>18-11-02</td><td>~ 19-02-11</td><td>10</td><td>걱정 많은 퇴사 결정자</td><td>다리꿈발달상담교육센터</td></tr>
<tr><td>4</td><td>여</td><td>12</td><td>18-10-24</td><td>~ 19-02-20</td><td>10</td><td>의기소침한 사춘기</td><td>다리꿈발달상담교육센터</td></tr>
<tr><td>5</td><td>여</td><td>36</td><td>19-01-07</td><td>~ 19-03-20</td><td>10</td><td>자존감을 높이고 싶어요</td><td>다리꿈발달상담교육센터</td></tr>
<tr><td>6</td><td>남</td><td>18</td><td>19-02-09</td><td>~ 19-07-27</td><td>15</td><td></td><td>다리꿈발달상담교육센터</td></tr>
<tr><td>7</td><td>남</td><td>17</td><td>19-03-18</td><td>~ 19-07-15</td><td>15</td><td>우울</td><td>다리꿈발달상담교육센터</td></tr>
<tr><td>8</td><td>여</td><td>31</td><td>19-05-09</td><td>~ 19-07-25</td><td>10</td><td>의존과 회피</td><td>다리꿈발달상담교육센터</td></tr>
<tr><td>9</td><td>여</td><td>29</td><td>19-05-11</td><td>~ 19-07-27</td><td>10</td><td></td><td>다리꿈발달상담교육센터</td></tr>
<tr><td>10</td><td></td><td></td><td></td><td>~</td><td></td><td></td><td></td></tr>
<tr><td>11</td><td></td><td></td><td></td><td>~</td><td></td><td></td><td></td></tr>
<tr><td>12</td><td></td><td></td><td></td><td>~</td><td></td><td></td><td></td></tr>
<tr><td>13</td><td></td><td></td><td></td><td>~</td><td></td><td></td><td></td></tr>
<tr><td>14</td><td></td><td></td><td></td><td>~</td><td></td><td></td><td></td></tr>
<tr><td>15</td><td></td><td></td><td></td><td>~</td><td></td><td></td><td></td></tr>
</table>

접수면접　상담기록부　상담슈비　심리검사실시　심리검사해석　검사슈비　⊕

부록 1-8
상담확인서

내담자 인적 사항			
성명	홍길동	생년월일	○○○○년 ○○월 ○○일
일시	2015. 10. 16.~2016. 01. 12.	회기	13회기 (부부 2회기, 개인 11회기)
상담 장소	다리꿈발달상담교육센터		
상담내용	부부갈등 및 자녀양육의 차이		

위 대상자는 본 기관에서 상담을 2015년 10월 16일 ~ 2016년 1월 12일 동안 본 기관에 내방하여 상담을 받았음을 확인합니다.

2019년 06월 26일

다리꿈발달상담교육센터

부록 5-1
통합적 욕구사정지

영역	내용	평가 기준	배점 기준 평가	비고
경제상황(40)	수입(10)	최저생계비 기준 이하	10	
		최저생계비의 120% 이하	8	
		최저생계비의 150% 이하	6	
	지출(10)	수입의 90% 이상	10	
		수입의 80% 이상	8	
		수입의 70% 이상	6	
	주거 형태(10)	가건물(비밀하우스 등)	10	
		월세	8	
		무료임대	6	
		전세	4	
		자가	0	
	부채	재산의 30% 이상	5	
		재산의 30% 이하	2	
	법정 기준(5)	의료보호 1종	10	
		의료보호 2종	4	
		조건부, 특례	3	
		저소득	2	
의료 및 건강(40)	장애 유무(10)	1급	10	
		2~3급	8	
		4~6급	6	
	질병 정도(2)	만성질환(평생)	20	
		장기치료가 가능한 질병	16	
		단기치료가 가능한 질병	12	
	ADL(10)	하	10	
		중	5	
		상	0	

심리 · 사회영역 (40)	생활 상태(10)	독거		10	
		보호가 필요한 동거 가족		8	
		동거 가족		0	
	사회 관계망 (10)	전혀 없음		10	
		비공시적 지원 체계		6	
		공식 지원 체계		4	
		공식 · 비공식 지원 체계		0	
심리 · 사회영역 (40)	지지체계(10)	없음		10	
		있음	비정기	5	
			정기	0	
	심리 · 정서 상태(10)	매우 불안		10	
		불안		5	
		안전		0	
접수면접자의 평가(40)		종합검토		0~40	
총점					
결과소견		▢ 집중형(90% 이상) ▢ 일반형(80~89% 이상) ▢ 단순형(70~79%)			
기타 의견					

출처: 서울시복지재단(2020).

부록 5-2
환경적응기록지

환경 적용 기능	주거 환경	침실/놀이 공간	□ 양호 □ 협소 □ 무 □ 성학대 □ 방임 □ 가정폭력 및 부부폭력 □ 기타 학대 ( )	사정 유무
		주변 환경	□ 소음 □ 악취 □ 환기 부적절 □ 채광 부족 □ 대로변 □ 유흥가	
	학교 적응 상태	학교적응	□ 양호 □ 보통 □ 주의요망 □ 불량 □ 중도탈락	
		학업 성취도	□ 상 □ 중상 □ 보통 □ 중하 □ 하	
		학업 욕구	□ 매우 높음 □ 높음 □ 보통 □ 낮음 □ 매우 낮음	
	방과 후	프로그램 참여 여부	□ 매우 활발하게 참여 □ 소극적 참여 □ 이용하지 않음 (이유:)	
		주 활동 장소	□ 외부 방과 후 지도 기관 □ 집 □ 친구집 □ 놀이터 □ 기타	
		프로그램 참여 유형	□ 학교 특기 적성 □ 학습 학원 □ 지역아동센터 □ 복지기관 □ 예체능 학원 □ 가정방문 학습	

출처: 서울시복지재단(2020).

부록 5-3
내담자 연계 공문

문서번호: 다리꿈 제 2018-2

발송일자: 20○○년 ○월 ○일

수   신: ○○센터

제   목: 위기 내담자 개인상담 의뢰건

위기 내담자 개인의 삶의 질 향상에 협조하여 주신 점 감사드립니다.

'위기 내담자 개인상담 의뢰건'과 관련하여, 위기 내담자 개인상담이 발생하여 의뢰하고자 하오니 협조 부탁드리며, 의뢰 전 위기 내담자 상담 진행에 필요한 서류를 붙임의 양식을 참고하여 진행해 주시기 바랍니다. 상담 진행 후 위기 내담자 개인상담의 진행 상황에 대하여 요청할 시 구두 혹은 문서로 협조 부탁드립니다.

    ○ 지원 대상: 다리꿈발달상담교육센터에서 의뢰한 위기 내담자 개인상담

    ○ 붙임서류:

        – 위기 내담자 진료 및 상담 경과 기록지

        – 의뢰동의서

        – 상담 진행 계획

다리꿈발달상담교육센터장

비영리단체 제659호

기안자:

우: 15495

전화: 031)416–7179

다리꿈발달상담교육센터

국 장:

경기도 안산시 단원구 광덕3로 251, 2층

팩스: 031)409–2110

센터장: 김 형 숙

E–Mail: hopepeople@hanmail.net

출처: 다리꿈발달상담교육센터 공문모음집.

부록 6-1
임상소척도, 내용소척도와 결정적 문항

임상 소척도

D 68	D1	주관적 우울감	77	HY 60	Hy1	사회적 불안의 부인	41	PD 48	Pd1	가정불화	48
	D2	정신운동지체	71		Hy2	애정욕구	44		Pd2	권위불화	46
	D3	신체적 기능장애	42		Hy3	권태-무기력	75		Pd3	사회적 침착성	40
	D4	둔감성	62		Hy4	신체증상호소	56		Pd4	사회적 소외	50
	D5	깊은 근심	72		Hy5	공격성의 억제	57		Pd5	내적 소외	63
Pa 58	Pa1	피해의식	57	Sc 78 53	Sc1	사회적 소외	70	Ma	Ma1	비도덕성	45 / 45
	Pa2	예민성	75		Sc2	정서적 소외	76		Ma2	심신운동 항진	58 / 58
					Sc3	자아통합결여 -인지적	65		Ma3	냉정함	51 / 51
	Pa3	순진성	38		Sc4	자아통합결여 -동기적	83		Ma4	자아팽창	57
Si 66	Si1	수줍음/자의식	65		Sc5	자아통합결여 -억제부전	60				
	Si2	사회적 회피	72		Sc6	기태적감각경험	60				
	Si3	내적/외적 소외	57								

내용소척도

FRS 56	FRS1	일반화된 공포	61	DEP 93	DEP1	동기결여	91	HEA 52	HEA1	소화기 증상	39
					DEP2	기분부전	79		HEA2	신경학적 증상	50
	FRS2	특정공포	49		DEP3	자기비하	79		HEA3	일반적인 건강염려	51
					DEP3	자기비하	79				
					DEP4	자살사고	83				
BIZ 54	BIZ1	정신증적 증상	48	ANG 49	ANG1	폭발적 행동	47	CYN 59	CYN1	염세적 신념	59
	BIZ2	조현형 성격특성	66		ANG2	성마름	52		CYN2	대인의심	54
ASP 47	ASP1	반사회적 태도	47	TPA 49	TPA1	조급함	48	LSE 67	LSE1	자기회의	69
	ASP2	반사회적 행동	49		TPA2	경쟁욕구	46		LSE2	순종성	48
SOD 89	SOD 1	내향성	90	FAM 67	FAM1	가정불화	49	TRT 63	TRT1	낮은 동기	76
	SOD 2	수줍음	68		FAM2	가족 내 소외	60		TRT2	낮은 자기개방	44

우울 및 자살 사고(DepressedSuicidalIdeation) 결정적 문항[그렇다]에 응답한 문항

038. 일을 할 엄두가 나지 않아서 며칠, 몇 주 혹은 몇 달씩 해야 할 일들을 못한 적이 있다.
065. 나는 거의 언제나 우울하다.
071. 요즈음은 가치 있는 사람이 될 것이라는 희망을 지탱해 나가기가 어렵다.
092. 나에게 무슨 일이 일어나건 상관하지 않는 편이다.
130. 때때로 나는 정말 쓸모없는 인간이라고 느낀다.
146. 나는 쉽게 운다.
215. 고민을 털어버리지 못하고 계속 집착한다.
233. 나는 무슨 일이든 시작하기가 어렵다.
273. 거의 언제나 인생살이가 나에게는 힘이 든다.
303. 죽어 버렸으면 하고 바랄 때가 많다.
411. 때때로 나는 전혀 쓸모없는 인간이라고 생각한다.
454. 내 장래는 희망이 없는 것 같다.
85. 남들보다 못하다는 느낌이 들 때가 종종 있다.
506. 요즘 들어 자살을 생각하곤 했다.
520. 최근 들어 자살에 대해 많이 생각해 왔다.

부록 9-1
상담종결보고서

상담종결보고서			
접수번호	다리꿈19-기업5	보고 일자	20○○년 ○월 ○○일
내담자 명	민들레	생년월일	○○○○년 ○○월 ○○일
작성자	김형숙	상담 기간	190409-190903
종결 사유	▶13회기(8회기, 연장 5회기) 후 합의종결		

주 호소문제 및 욕구

내담자는 과도한 스트레스로 인하여 아무것도 하고 싶지 않고 의욕이 없는 무기력한 상태였다. 직장 내에서 자신을 함부로 대하는 상사들과는 마주치고 싶지도 않다고 표현하였고, 동료들마저 상사의 눈치를 보며 자신을 따돌리는 것 같다고 문제를 호소하였다.

상담목표 및 치료 개입 내용

가장 먼저 상담사는 내담자의 일상생활의 회복을 위해 식사, 수면 등을 규칙적으로 하도록 유도하였고 지금까지 문제 상황에서 스스로 해결하려 하며 자신의 이야기를 마음껏 하지 못했던 내담자에게 안전한 환경을 제공하여 마음의 이야기를 마음껏 할 수 있고, 느끼는 감정을 표현할 수 있도록 하였다. 이후, 인지행동치료를 적용하여 내담자의 비합리적인 신념, 자동적 사고를 함께 탐색하며 수정해 나가고, 사회적 기술 훈련을 통해 자기를 표현하고 우호적인 관계를 유지할 수 있도록 상담하였다.

상담 성과 및 과제

직장 내에서 불합리한 상황임에도 불구하고 아무런 의사 표현을 하지 못하던 내담자였지만 상담을 받으며 자신의 의사를 표현하는 연습을 통해 스트레스가 해소되어서 그런지 내면에 스트레스가 많이 쌓이지 않는 것 같다고 보고하였다. 또한 자신의 의사를 표현하지 못했던 과거의 모습을 이해하고 수용하였으며, 성장한 지금은 주도적으로 살고 싶다는 의지를 보이기도 하였다.

추수상담

의사를 표현하고 스트레스를 관리하는 연습을 통해 사람들과의 관계 및 생활에 있어서 정상적으로 회복이 되어 가고 있지만, 어린 시절 돌봄을 받지 못하여 현재의 삶에서 자신이 끊임없이 희생하며 타인을 돌보는 모습을 알아차리게 하고, 자신도 돌봄을 요청할 수 있어야 하며, 그 사이의 균형을 유지하려는 태도의 필요성을 제시하였다.

출처: 다리꿈발달상담교육센터 사례관리모음집.

부록 14-1
'나는 긍정적인 사람인가' 문장 완성하기

질문 1. 어떤 점이 내가 '나'라는 사람을 긍정적으로 느끼게끔 하는가?
질문 2. 나는 긍정적인 사람인가?

다음 질문들에 답해 보시기 바랍니다. 자신에 대한 지금의 느낌을 알 수 있도록 문장들을 완성해 보세요.

나는 _____ 측면에서 능력이 있다고 느낀다(혹은 통제할 수 있다고 느낀다).
나는 가치 있는 사람이다. 왜냐하면 _____ 때문이다.

출처: Hackney & Cormier (2007).

부록 14-2
'수고애요' 대화법

1단계: 나를 살리는 '수·고·애·요' 대화법

수: 오늘도 일어나서 걸어 다닌다고 수고했어.

고: 더운 날 땀 흘리고 직장생활 하느라 고생했어.

    발아, 걸을 수 있게 해 줘서 고마워.

애: 마음 안 든 사람들과 함께 팀으로 일한다고 애썼어요.

요: 나를 사랑해요.

2단계: 자녀를 살리는 '수·고·애·요' 대화법

수: 학교 가서 공부한다고 수고했어.

고: 못 알아듣는 수학 공부한다고 고생했어.

    엄마 딸(아들)로 있어 줘서 고마워.

애: 미운 친구들과 학교생활한다고 애썼어.

요: 사랑해요, 우리 아들(딸).

3단계: 배우자를 살리는 '수·고·애·요' 대화법

수: 새벽부터 밤늦게까지 일한다고 수고했어요.

    하루 종일 아이 돌본다고 수고했네.

고: 가장 역할 하느라 뼈가 부스러지게 일하느라 고생했어요.

    말 안 듣는 아이들 키우느라 고생했어요.

    오늘도 다른 집 안 가고 집에 들어와 줘서 고마워요.

    힘들어도 참고 내 옆에 있어 줘서 고마워요.

    싸워도 집 나가지 않고 있어 줘서 고마워요.

    죽고 싶을 만큼 힘들었을 텐데 말해 줘서 고마워요.

애: 당신과 다른 나랑 함께 산다고 애썼어요.

요리 못한 음식 먹는다고 정말 애썼어요.

요: 사랑해요, 여보.

4단계: 부모를 살리는 '수·고·애·요' 대화법

수: 어머니, 오늘도 땡볕에서 일하시느라 수고하셨습니다.

아버지, 지금까지 등골이 부서져라 일하시느라 수고하셨습니다.

고: 고집불통 아버지와 함께 사시느라 고생하셨습니다.

말 안 통하는 어머니와 함께 사시느라 고생하셨습니다.

일하시고 힘드셔서 술로 마음 푸시느라 고생하셨습니다.

엄마 마음 모르고 소리 지른 나를 자녀로 품으시느라 고생하셨습니다.

저에게 생명을 주셔서 고맙습니다.

그래도 아버지라는 이름을 부를 수 있게 해 주셔서 고맙습니다.

애: 외로운 시간들 혼자서 버티신다고 애쓰셨습니다.

마음 나눌 한 사람 없어서 바깥에서 헤매이시느라 애쓰셨습니다.

마음대로 되지 않는 생명 오늘도 지탱하시느라 애쓰셨습니다.

잘리지 않으려고 발버둥치면서 새벽 별 보면서 일하시느라 애쓰셨습니다.

통곡하면서도 울 수 없는 긴 세월들 보내시느라 정말 애쓰셨습니다.

자식 옆에 가고 싶어도 갈 수 없는 마음 추스르시느라 애쓰셨습니다.

요: 사랑해요, 우리 어머니.

사랑합니다. 아버지.

출처: 다리꿈발달상담교육센터(2015). 폭력예방을 위한 찾아가는 부모인식개선사업 매뉴얼. p. 397 참조.

부록 15-1
정서목록

첫째 범주, 기쁘고 즐거움으로 희(喜), 락(樂) 30개로 표현된다.

기쁘다	좋다	만족스럽다
괜찮다	행복하다	편안하다
황홀하다	짜릿하다	끝내준다
살맛난다	흐뭇하다	자신감
몸둘 바를 모르겠다	날아갈 듯하다	유쾌하다
더 이상 좋은 것이 없다	기분좋다	즐겁다
안심된다	삼빡하다	상큼하다
신난다	자유롭다	마음이 확 열린다
마음이 가볍다	시원하다	산뜻하다
기분좋다	명랑하다	흥이 난다
평화롭다		

둘째 범주, 화나고 미워함으로 노(怒), 오(惡), 증(憎) 63개로 표현된다.

화난다	신경질 난다	핏대나다
분노	격분을 느낀다	울화가 치민다
눈에 핏발이 선다	귀찮다	골치 아프다
억하심정	미치겠다	열 받는다
속이 부글부글 끓는다	짜증난다	괘씸하다는 느낌
답답하다	배신감	배반당한 느낌
경멸을 느낀다	환멸을 느낀다	도전받은 느낌
개 같은 느낌	무시당한 느낌	속상하다
뭔가 저지르고 싶다	부정적으로 되고 싶다	세상이 싫다
맘에 안 든다	억울하다	불쾌하다

서운하다	반감을 느낀다	불만이다
나쁘다	유감스럽다	역겹다
안 좋다	적개심을 느낀다	밉다
혐오감을 느낀다	싫다	약 오른다
괴롭히고 싶다	토할 것 같다	떫다
싫증난다	구역질 난다	그저 그렇다
지겹다	죽겠다	숨 막힌다
마음을 닫고 싶다	아프다	고통을 느낀다
욕해 주고 싶다	뾰로통한 느낌	방해를 느낀다
조종당한 느낌	공격적이 된다	밥맛 떨어진다
증오심	성질난다	한 맺힌다

셋째 범주, 슬픔과 우울로 애(哀), 비(悲) 36개로 표현된다.

슬프다	우울하다	불행하다
외롭다	상처받았다	가슴 아프다
절망스럽다	'안됐다'는 느낌	서럽다
처량하다	불쌍하다	측은하다
앞이 안 보인다	캄캄하다	가엾다
버림받은 느낌	아무 소용없다는 느낌	모욕당한 느낌
가슴이 찢어진다	혼자인 느낌	비난받은 느낌
실패감	공허감	뒷전에 물러난 느낌
가슴이 저민다	좌절감을 느낀다	안타깝다
소외감	속 썩는다	한스럽다
침울한	울적한	상심한
외로움	비탄	암울

넷째 범주, 사랑과 좋아함으로 애(愛), 정(愛), 호(好) 32개로 표현된다.

사랑스럽다	사랑을 느낀다	반했다
사랑받은 느낌	존경심	존경받은 느낌

용기	동기를 느끼다	열망 · 열정을 느낀다
보살핌을 받는 느낌	고맙다	감사함을 느낀다
인정받은 느낌	관심이 간다	평화스럽다
다정함을 느낀다	매력을 느낀다	유혹받은 느낌
묘한 심정	가까움을 느낀다	따뜻함을 느낀다
정을 느낀다	다정하다	도와주고 싶은 느낌
이해받았다	친절하다	우정
착하다	아량 있다	이해심
멋있다	동정심	

다섯째 범주, 의욕을 나타내는 욕(慾), 동기 23개로 표현된다.

욕심을 느낀다	질투	부럽다
찝찝하다	배 아프다	약 오른다
참을 수 없다	조급함을 느낀다	나를 의식한다
긴장을 느낀다	잘하고 싶다는 느낌	경쟁심을 느낀다
고집 부리고 싶다	성에 안 찬다	호기심을 느낀다
갖고 싶다	부족하다	후회스럽다
유능함	실력 있는	하고 싶다
성공하고 싶다	동기	

여섯째 범주, 놀람과 두려움을 나타내는 경(驚), 공(恐), 불안(不安) 46개로 표현된다.

놀랍다	놀랐다	당황하다(당황스럽다)
당혹감	곤혹스럽다	충격받았다
흥분을 느낀다	감격스럽다	머리칼이 곤두선다
정신이 번쩍 든다	어지럽다	당한 느낌
길 잃은 느낌	중간에 선 느낌	골치 아프다
막다른 골목에 선 느낌	덫에 걸린 느낌	히스테리컬해진다
판단받은 느낌	평가받은 느낌	몸 둘 바를 모르겠다
화끈거린다	모르겠다	골 때린다

멍해짐	말문이 막힌	무섭다
공포를 느낀다	몸이 떨린다	전율을 느낀다
겁난다	초조하다	불안하다
소름 끼친다	위협을 느낀다	간이 콩알만 해졌다
피하고 싶다	벼랑에 선 느낌	큰일 날 것 같은 느낌(예감)
겁	걱정	긴장
겁먹음	안절부절못함	신경과민

일곱째 범주, 불확실함을 나타내는 구(構), 혼란으로 48개로 표현된다.

의아스럽다	의심스럽다	웬일일까 하는 느낌
이해할 수 없다는 느낌	조심스럽다	불확실하다
양쪽으로 찢어진 느낌	양가적 느낌	무엇이 나를 막는다는 느낌
양다리 걸쳤을 때의 느낌	뒤가 캥긴다	확신이 안 선다
정리가 안 된 느낌	혼돈스럽다	이상하다
비관적	잘될까 하는 느낌	안심이 안 된다
아리송하다	막막하다	아득하다
불안하다	마음이 불편하다	아리송하다
부적절감	안정감을 못 느낀다	걱정된다(걱정스럽다)
희망없다	세상이 끝났다는 느낌	무능하다
나는 힘이 없다	나는 약하다	피로·피곤하다
절망적이다	뭐가 뭔지 모르겠다	캄캄하다
안갯속이다	미궁에 빠졌다	뭔가 틀렸다는 느낌
뒤틀렸다는 느낌	한스럽다	후회스럽다
마음이 급하다	생소하다	답답하다
지루함	지쳤다	난처함

여덟째 범주, 편안함과 안정을 나타내는 15개로 표현된다.

편안함	느긋함	차분함
마음 편한	진정된	평화로운
조용함	고요함	침착함
안전함	정리됨	자유
휴식	방향감	확신

아홉째 범주, 그리움으로 사(思)를 나타내는 23개로 표현된다.

그립다	감사함을 느낀다	사려받은 느낌
쓸쓸하다	버림받은 느낌	제외된 느낌
퇴화된 느낌	늙은 느낌	아무 생각(느낌)도 없다
애간장이 탄다	아련하다	가슴이 뭉클하다
답답하다	기분이 묘하다	마음이 이상하다
선망의	사랑받는	존경하는
가슴이 아린	허무	가슴 저리는
기다리는	외로운	

열째 범주, 죄책감으로 수치, 죄를 나타내는 27개로 표현된다.

약하다	무능하다	피로(피곤)하다
힘이 빠졌다	더 이상 기운이 없다	의존하고 싶다
기대고 싶다	더 이상 능력이 없다	생기를 잃었다
쉬고 싶다	게으름 피우고 싶다	지쳤다
한이 없는 느낌	맥이 풀린다	낙담을 느낀다
관심이 없다	아직 어린애라는 느낌	실패감
공허감	허전하다	뭔가 잃은 느낌
압도당한 느낌	나는 아무 가치가 없다	이겼다는 느낌
열등함	쇠약함	무력한

열 한째 범주, 활력으로 힘 없음과 힘 있음(氣力)을 나타내는 30개로 표현된다.

뿌듯하다	힘을 느낀다	강한 느낌
자랑스럽다	포부를 느낀다	대단한 느낌
자신감을 느낀다	확신한다	자유스럽다
능력 있는 느낌	뭔가 이룬 듯한 느낌	성공감
내가 필요함을 느낀다	낙관적인 느낌	쉽다
큰(자란) 느낌	어른이 된 느낌	열등함
마음이 든든하다	감 잡았다(안다)는 느낌	쇠약함
가소롭다(우습다)	희망을 느낀다	무력한
확고함	대담한	영웅적인
유능함	권위 있는	용맹한

출처: 김계현(2002), pp. 139-143.

부록 15-2
감정일지

1월 30일

어제 일의 후유증인가…… 머리가 복잡하다. 복잡한 것들이 머리를 온통 다 침범해서 홍수가 나듯이 넘나든다. 공부를 해야 하는데…… 부담감만 계속 생기고, 먹고 싶은 치맥도 사서 만들어서 먹었는데…… 계속 머릿속이 시끄럽다. 아, 미쳐 버릴 것 같다. 이 답답한 마음을 끄집어서 팔아 버리고 싶다. 누가 내 답답함을 꺼내 줄까? 어떻게 해야 하지? 기분이 꾸리꾸리하다.

2월 9일

꿈을 꾸었다.

이층집이었다. 난 이층에서 남편과 있었는데 순식간에 어떤 남자가 집에 쳐들어오려고 했다. 난 작은 창문이 잠겨 있는지를 재빨리 확인했다. 그런데 그 문이 잠겨 있지 않아서 남편한테 왜 문을 잠그지 않았냐고 불평하면서 재빨리 문을 잠그려고 하는데 문짝이 잘 안 맞자 불안했다. 동시에 바깥에 있는 남자가 통유리로 된 문을 도끼로 찍는 것을 보았다. 그 남자는 처음 본 남자인데 중년쯤 되어 보였고, 뭔가 불만이 있는 것 같은데 왜 우리 집에 들어와서 난동을 부리는지 알 수가 없다. 그 남자가 집에 들어오는 데 시간이 걸리겠지, 통유리라서 아무리 도끼로 깨도 그 사이에 내가 무슨 조치를 취하면 될 것이라고 생각했다. 그런 생각을 하면서 문을 잠그고 있는데 그 남자가 도끼로 강하게 유리창을 찍는 것을 보았다. 나는 설마 그렇게 할 것이라고는 상상을 못했다. 깜짝 놀란 나는 1층으로 내려왔다. 아들에게 빨리 119에 신고하라고 말했으나 이미 그 남자는 2층에 들어온 것을 알았다. 난 '그 남자가 남편과 우리 가족을 헤치면 어떻게 할까?' 하는 여러 생각이 들었다. 남편의 힘만으로는 안 되겠지만 한편으로 남편이 도끼 든 남자를 잡을 수 있을 것이라는 믿음도 있었다. 그러다 안 되면 내가 어떻게 해야 하나 하는 불안한 마음으로 꿈에서 깨었다.

느낌: 불안했다. 평소보다 잠을 4시간을 더 많이 자서 꿈이 기억이 나지 않았다. 기억 난 장면만 적어서 아쉬웠다.

1월 25일

잘 시작했나 하는데, 머릿속이 어제에 이어 계속 어수선하고 해야 할 일에 집중하려는 데도 안 된다. 부산하게 움직였다. 이 불안을 가라앉히려 안 하던 방청소를 하고 모든 것을 다 끄집어내었다. 결국 정리하다 팽개쳤다. 무언가 올라온다. '잘 못하면 또 어떡하지?' 지금 이 불안이란 놈을 오늘은 작살을 내리라. 음…… 날 이렇게 안절부절못하게 하는구나. 그래서 또 무기력감이 올라오고, 공부를 못하게 했구나. 사흘을 버렸네. 책상에 앉는 순간 집중을 못한 채 어차피 버려질 것 공부는 왜 해서…… 나는 열심히 하는데 옆에서 볼 때는 자기들 마음에 들지 않으니 한심하다고 여기고 봐 주지 않고, 나는 실패를 염두에 두고 공부를 하고 있구나. 저들이 지금은 나를 지지해 주지만 내가 못 하니까 한숨 쉬고 떠나겠구나. 난 그것이 두렵고, 불안하구나. 그래서 지금 공부에 집중이 안 되는구나. 공부에 대한 마음이 떠나가고 있구나. 실패할 것을 미리 알고, 그러면서도 나 혼자 남아 있을까 하는 이런 생각으로 머릿속이 복잡했구나. 나한테 실망할까 봐…… 어제 오늘, 혼잡한 머리 때문에 정말 힘들었다.

1월 30일

잘해야 한다는 부담감이 벽처럼 나를 압도하고 있다. 벽이 더 두꺼워져서 목까지 차오르는 느낌이 난다. 너무 단단하고 두껍다. 이 벽의 전체를 볼 수가 없다. 일부분만 보이지만 그것만으로 시야가 파묻힌다. 나의 심장 속에 꽉 차 있는 느낌이 든다. 어제처럼 벽에서 떨어져서 나의 든든한 힘이 되길 노력하지만, 내가 노력할수록 오히려 벽이 더 거칠게 화내고 저항하는 것 같다. 벽에 파묻혀서 하늘이 보이지 않는데, 벽이 끌어당기는 것에 저항할 수가 없는 나를 본다. 힘이 빠진다. 긴장이 된다.

2월 5일

벽은 여전히 강철로 되어 있고 표면이 거칠어서 가까이 가기가 두렵다. 그 벽이 지난주보다 작아졌다. 작아질 때도 있고 커질 때도 있는데, 지금처럼 작아질 때는 골프공만 해진다. 벽의 전체를 볼 수 있지만, 그 안의 감정은 전혀 보이지 않고 빠져나올 틈은 없

다. 다만 작아진 덕분에 가슴 높이까지 차오르는 답답함은 없다. 그러나 언제든 다시 목
구멍까지 차오를 것을 안다.

〈민들레의 감정일지〉에서 인용.

부록 15-3
역기능적 사고 기록지

1. 일상 속에서 기분의 변화를 느낄 때 적어 봅니다.

이때 나에게 스쳐간 감정은 무엇인지 포착하는 것이 아주 중요합니다.

그것이 슬픔인지 분노인지 아니면 외로움인지 확인하세요.

2. 다음 항목에 맞게 적어 봅니다.

〈상황〉

　 – 기분 나쁜 감정을 일으킨 일이나 생각, 상황

〈감정〉

　 – 이 상황에서 느낀 감정은 무엇인가?(예: 슬픔, 분노, 불안……)

　 – 그 감정의 정도는? (1~10점 척도 또는 %로 표시)

〈자동적 사고〉

　 – 어떤 생각이나 장면이 스쳤는가?

〈인지적 왜곡〉

　 – 그 자동적 사고에서 어떤 인지적인 오류를 찾을 수가 있는가?

　 – 개인화나 과일반화, 흑백논리, 잘못된 명명, 감정적인 추리 등을 볼 수 있는가?

〈이성적 반응(합리적인 반응)〉

　 – 인지적인 왜곡을 제거하고 자동적인 사고를 논박하고 합리적인 반응을 갖는다면
　　 어떤 것이 있는가?

　 – 합리적인 반응은 무엇인가?

〈결과〉

　 – 지금은 어떤 감정인가? 그 정도는 어떻게 변화했는가?

'자동적인 사고를 반박하고 합리적인 반응을 할 수 있는 것'이 이 기록지를 작성하는

큰 핵심일 것입니다.

 그러면 '자동적인 사고를 반박할 때 스스로에게 도움이 되는 질문'은 무엇일까요?

- 그런 생각을 하게 된 증거는 무엇인가?

 이런 생각을 뒷받침하는 것이 무엇이며, 이 생각에 반하는 증거는 무엇인가?

- 또 다른 설명이 존재하는가?

- 일어날 수 있는 최악의 일은 무엇인가?

 가장 최선의 일은 무엇인가?

 가장 현실적인 결과는 무엇인가?

- 자동적인 생각을 믿음으로서 나타나는 결과는 무엇인가?

 나의 자동적인 생각을 바꾸면 그 영향은 무엇인가?

- 내가 그것에 대해 무엇을 해야만 하는가?

- 만일 남이 나와 유사한 상황에 처해 있다면, 나는 그에게 무슨 말을 해 줄 수 있는가?

출처: Hackney & Cormier (2007).

부록 15-4
인지적 논박

- 그 생각의 논리의 근거는 무엇입니까?
- 그 생각이 왜 사실입니까?
- 그 생각이 맞다고 어떻게 확신합니까?
- 그 생각의 의미가 무엇입니까?
- 그 생각의 적절한 증거는 무엇입니까?
- 그 생각이 왜 그러할지 설명해 보시오.
- 그 말이 어디에 그렇게 써 있습니까?
- 당신은 그 말이 논리적으로 순조롭다고 생각하십니까?
- 당신은 왜 그렇게 해야만 합니까?
- 당신은 왜 그렇게 해서는 안 됩니까?
- 당신은 그것을 어떻게 압니까?
- 당신 생각이 일관되지 않음을 느낄 수 있습니까?
- 당신은 현실성을 어떻게 정의할 수 있겠습니까?
- 현실적인 자료를 가지고 이야기해 봅시다. 제아무리 이 세상이 우리가 원하는 방향으로 돌아가야만 한다고 생각하더라도, 실제 그것이 과연 가능합니까?
- 그 일이 일어나면 그것이 우리에게 어떤 영향을 줍니까?
- 그것이 어떻게 그렇게 무시무시하고 끔찍한 일이 됩니까?
- 그것이 현실적으로 일어날 수 있는 가능성은 얼마나 됩니까?
- 증거는 어디에 있습니까?
- 그 생각이 개인적인 문제를 해결하는 데 도움이 됩니까?
- 그 생각이 당신이 원하는 바람직한 목적을 획득하는 데 도움이 됩니까?
- 그 생각이 다른 긍정적인 결과를 유도해 냅니까?
- 당신이 그렇게 생각할 때 당신은 무엇을 느낍니까?
- 당신의 그 생각이 어떤 일을 하도록 강하게 동기화시킵니까?

- 당신은 그렇게 생각하면 무슨 일이 일어납니까?
- 당신은 왜 그렇게 당신에게 많은 문제와 어려움을 일으키는 그 믿음을 계속 유지하
  려고 합니까?

출처: Hackney & Cormier (2007).

부록 15-5
행동계약서

자녀-부모 행동계약서 견본(아동용)

자녀 <u>다윗</u>은 일주일 중 최소 <u>4</u>일은 다음 사항을 지킨다.

1. 아빠는 <u>다윗</u>이 동생 방에서 물건을 가져오지 않았는지를 함께 확인할 것이다.
2. <u>다윗</u>은 오후 8시와 9시 사이에 자리에 앉아서 숙제를 할 것이다.
3. 학교 가는 날에는 오전 8시까지 준비를 마친다. 부모는 5분 전에 알려 줄 것이다.
4. 외출 시 집에서 출발할 때는 하던 일을 멈추고 나갈 것이다.
5. <u>다윗</u>은 부모님의 질문에 10초 안에 대답할 것이지만 두 번까지 질문을 반복할 수 있다.

만일 <u>다윗</u>이 매주 7일 중 <u>4</u>일 동안 위의 <u>5</u>가지 약속 모두를 지키면 매주 <u>약속한</u> <u>선물</u>을 받게 될 것이다.

<u>　　</u>년 <u>　</u>월 <u>　</u>일

자녀 <u>다윗</u> 서명

부모 <u>다윗 엄마·아빠</u> 서명　　증인 <u>김형숙</u> 서명

-Wii와 컴퓨터 게임 사용 계약서 작성

1. 컴퓨터 게임은 오후 8시 전에 1시간 이내로 한다.

2. Wii는 컴퓨터 게임이 끝난 후 오후 8시 전에, 숙제를 끝낸 후 30분 이내로 한다.

3. 컴퓨터 게임을 1시간 30분 동안 하고 싶으면 컴퓨터 게임을 1시간 한 다음 숙제를 하고 이후에 다시 30분 한다. (이때도 숙제는 8시 전에 끝낸다.)

4. Wii를 1시간 30분동안 하고 싶으면 Wii를 1시간 한 다음 숙제를 하고 이후에 다시 30분 한다. (이때도 숙제는 8시 전에 끝낸다.)

5. 컴퓨터 게임 시간측정: 컴퓨터 게임 시간은 컴퓨터 전원 버튼을 누른 후부터 적용된다. 시작하고 검색, 게임 기다리는 시간, 화장실 가는 시간, 간식을 먹거나 식사하는 시간도 컴퓨터 게임 사용 시간에 포함된다.

6. 컴퓨터 게임이 끝나지 않아도 시간을 지켜 끈다.

• 위 계약을 안 지킬 경우: 하루 동안 Wii와 컴퓨터 게임 금지

• 위 계약을 잘 지킬 경우: 일주일 후(주일에 교회 갔다 온 후) 과자 3개(1개당 1천 원 이하) 또는 헌금 3,000원을 받는다(둘 중 택일).

20__년 __월 __일

엄마 <u>민들레</u> (사인)
큰아들 __다윗__ (사인)
작은아들 <u>골리앗</u> (사인)

출처: 김형숙(2012), pp. 120-127.

참고문헌

강진령(2016). 상담연습: 치료적 의사소통 기술. 서울: 학지사.

공윤정(2008). 상담자윤리. 서울: 학지사.

고려대학교부설행동과학연구소(1999). 심리척도 핸드북 I. 서울: 학지사.

고려대학교부설행동과학연구소(2000). 심리척도 핸드북 II. 서울: 학지사.

교육과학기술부(2011). 학생자살 위기관리 프로토콜.

교육부(2013). 현장중심 학교폭력 대책.

국립정신건강센터(2016). 정신과적 응급상황에서의 현장대응안내. 국립정신건강센터.

권석만(2012). 현대 심리치료와 상담 이론. 서울: 학지사.

권수영, 박태영, 신혜종, 안미옥, 오화철, 이인수, 이진희, 이현숙, 이화자, 전명희, 정병호, 조은숙, 최규련(2020). 부부 가족상담 핸드북. 서울: 학지사.

김계현(2002). 카운슬링의 실제. 서울: 학지사.

김은희, 주은선(2001). 내담자 변인과 상담형태에 따른 내담자의 상담에 대한 기대감 연구: 중학생과 고등학생을 중심으로. 상담 및 심리치료, 13(1), 51-77.

김인규(2004). 상담구조화 내용 및 방법에 대한 고찰. 아시아교육연구, 5(2), 119-136.

김춘경, 이수연, 이윤주, 정종진, 최웅용(2016). 상담학사전 상담목표 수립. 네이버 백과사전.

김환, 이장호(2006). 상담면접의 기초: 마음을 변화시키는 대화. 서울: 학지사.

김형경(2006). 천개의 공감. 서울: 한겨레출판사.

김형숙(2007a). ADHD 가족-사회 성장모형. 한국기독교상담학회지, 17, 61-97.

김형숙(2007b). 위탁가정아동의 놀이상담사례 연구. 한국놀이치료학회지, 10(4), 65-79.

김형숙(2007c). 근거이론을 이용한 ADHD 아동양육경험. 가족과 문화, 19(4), 193-222.

김형숙(2008). 우울증을 가진 중년 기독여성의 상담 경험. 신학논단, 54, 111-149.

김형숙(2009). ADHD 청소년의 학교부적응에 영향을 미치는 요인. 한국기독교상담학회지, 14, 63-93.

김형숙(2011). 가족 간 의사소통 방식의 변화가 ADHD와 불안장애의 공존질환을 지닌 청소년에게 미치는 영향. 가족과 가족치료, 19(3), 207-232.

김형숙(2012). 아이의 마음에 집을 지어라. 경기: 다리꿈.

김형숙(2013). 부모 훈련 병합 놀이 치료가 ADHD-ODD 아동의 공격성과 가족 관계에 미친 영향. 한국기독교상담학회지, 24(3), 85-111.

김형숙(2014a). 부모 훈련 병합 인지 행동치료가 ADHD-우울증 아동의 우울과 공격성에 미친 영향. 한국기독교상담학회지, 25(1), 37-63.

김형숙(2014b). 자살 내담자 상담진행방법. 한국가족치료학회 학술대회 발표 자료집.

김형숙(2014c). 부모훈련병합놀이치료가 adhd-우울증 청소년의 우울과 가족관계에 미친 영향. 상
　　담학연구, 15(1), 535-554.

김형숙(2015a). 사례관리 실무과정 교재 [내부 교재], 평생교육원 (2015. 1. 30.), 27.

김형숙(2015b). 자기성장 집단상담. [내부 교재], 평생교육원 (2015. 4. 3.), 17.

김형숙(2015c). 종합검사 실무과정. [내부 교재], 평생교육원 (2015. 11. 30.), 7.

김형숙(2016a). 심리검사 수퍼비전 실무과정. [내부 교재], 평생교육원 (2016. 4. 3.), 12.

김형숙(2016b). 상담 수퍼비전 실무과정. [내부 교재], 평생교육원 (2016. 5. 30.), 11.

김형숙(2017a). 위기상담 면담 실무과정. [내부 교재], 평생교육원 (2017. 1. 30.), 12.

김형숙(2017b). 집단상담 재직자 실무향상과정. [내부 교재], 평생교육원 (2017. 2. 3.), 7.

김형숙(2017c). 접수면접 재직자 실무향상과정. [내부 교재], 평생교육원 (2017. 6. 3.), 5.

김형숙(2017d). 상담프로그램 개발 및 평가. [내부 교재], 평생교육원 (2017. 11. 3.), 7.

김형숙(2017e). 비자발적 내담자를 위한 외재화 기법. 17년 연차대회 발표자료집, 한국상담학회.

김형숙(2018a). 청소년사례관리 실무과정. [내부 교재], 평생교육원 (2018. 11. 30.), 27.

김형숙(2018b). ADHD 가족상담기법. 18년 연차대회 발표자료집, 한국상담학회.

김형숙(2019). 19년 슈퍼비전연수회 발표자료. 한국상담학회: 부부가족 분과.

김형숙(2020a). 부모 면담 재직자 실무향상과정. [내부 교재], 평생교육원 (2020. 6. 30.), 9.

김형숙(2020b). 부부 가족 면담 실무향상과정. [내부 교재], 평생교육원 (2020. 9. 3.), 12.

김형숙(2020c). 목회자 부부 상담에서의 정서중심 부부치료(EFCT) 적용에 관한 고찰. 20년도 학술대
　　회 발표 자료집. 한국기독교상담심리학회.

김형숙(2020d). 한국가족치료학회 지역사례발표회 발표 자료집. 단국대학교.

김환, 이장호(2006). 상담면접의 기초: 마음을 변화시키는 대화. 서울: 학지사.

노안영, 송현종(2006). 상담실습자를 위한 상담의 원리와 기술. 서울: 학지사.

다리꿈발달상담교육센터(2015). 찾아가는 부모인식개선사업 매뉴얼.

다리꿈발달상담교육센터(2020). 상담통계자료 인용.

대구광공역시 서부교육지원청(2014). 자살위기개입 매뉴얼.

대전사회복지 공동모금회 제안기획사업(2011). 사례관리 전문가 교육. 대전사회복지사협회. 한국
　　사례 관리학회.

동신대학교 학생상담센터(2018). 위기개입 매뉴얼: 자살, 성폭력, 폭행. 44-45.

류진혜(2010). 5회기 단기상담의 실제: 운영지침 및 사례. 상담교육연구소: 도현.

배주미, 양윤란, 김은영(2010). 자살 위기 청소년 상담개입프로그램 개발. 청소년상담복지개발원, 76-77.

사례관리학회편(2014). 사례관리론. 서울: 학지사.

서미아(2020). 전문상담사 역량강화교육: 정서중심부부상담 심화과정. 경기도여성비전센터(2020. 06. 12. 발표), 21-45.

성태훈(2019). 임상심리 수련생을 위한 종합심리평가보고서 작성법1. 서울: 학지사.

신경전(2010). 상담의 과정과 대화기법. 서울: 학지사.

신민섭, 박광배, 오경자(1991). 우울증과 충동성이 청소년들의 자살 행위에 미치는 영향, 한국심리학회지: 임상, 10(1), 297.

심리상담전문가 자격규정(2019). 한국상담심리학회 전문가 자격규정. 서울: 한국상담심리학회.

심사평가직업능력평가원(2015). NCS 학습모듈

심흥섭(1998). 상담사 발달수준 평가에 관한 연구. 숙명여자대학교 대학원 박사학위논문.

아동권리보장원(2019. 2. 19). 아동학대 예방 신고의무자용 교육자료, 교육홍보자료 아동권리.

안혜영, 강혜규, 민소영, 이기연, 오정화(2008). 지방자치단체 사례관리 업무매뉴얼. 한국보건복지인력개발원. www.korea1391.go.kr에서 2020년 7월 18일 검색.

유영권, 김계현, 김미경, 문영주, 손은정, 손진희, 심흥섭, 연문희, 천성문, 최의헌, 최한나, 최해림(2019). 상담수퍼비전의 이론과 실제. 서울: 학지사.

유정이(2015). 상담기록의 기록관리. 서울: 학지사.

이규미(2017). 상담의 실제 과정과 기법. 서울: 학지사.

이상희, 김계현(1993). 상담회기 평가 질문지의 타당화 연구. 상담 및 심리치료, 5(1), 30-47.

이우경 · 이원혜(2012). 심리평가의 최신흐름. 서울: 학지사

이장호(1991). 단기상담의 주요특징과 접근방법. 한양대 내담자생활연구소 내담자활연구, 9(1).

이장호(1988). 상담심리학 입문 (3판). 서울: 박영사.

이장호, 금명자(1992). 상담연습교본. 경기: 법문사.

이장호, 정남운, 조성호(2005). 상담심리학의 기초. 서울: 학지사.

이장호, 정남운, 조성호(2011). 상담심리학의 기초. 서울: 학문사.

이효선(2002). 전문상담기관의 기록관리 방안연구. 석사학위논문, 명지대학교 기록과 대학원.

이현수(2016). 오늘도, 골든 땡큐. 서울: 김영사.

장애아동복지지원법 시행규칙 제8조. 발달재활서비스 바우처 지정기준 및 지정절차.

정문자, 정혜정, 이선혜, 전영주(2012). 가족치료의 이해. 서울: 학지사.

조흥식, 김연옥, 황숙연, 김용일(2009). 사회사업실천론(사회복지실천론). 경기: 나남출판사.

중앙자살예방협회(2012). 한국형표준 자살예방교육 프로그램 매뉴얼.

진말순(2008). 상담실시 중 상담자와 내담자의 물리적 거리에 관한 연구. 울산대학교 교육대학원 석사학위논문.

천성문, 이영순, 박명숙, 이동훈, 함경애(2015). 상담심리학의 이론과 실제. 서울: 학지사.

최광현(2012). 가족의 두 얼굴. 서울: 부키.

최영민(2008). 상호주관성. 정신분석, 19(2), 125-138.

최해림, 이수용, 금명자, 유영권, 안현의(2010). 전문적 상담현장의 윤리. 서울: 학지사.

하혜숙, 조남정(2012). 개인상담 사전 동의에 관한 연구. 상담학 연구, 13(3), 1101-1118.

한국교육개발원(2013). Wee 클래스 운영: Wee 프로젝트 매뉴얼.

한국상담심리학회(2020). 단기상담 접근 및 상담실제. 학술대회.

한국상담학회(2020). 상담심리사 동계수련회자료집.

한국심리학회(1998). 심리검사: 제작 및 사용 지침. 서울: 중앙적성출판사.

한국여성의 전화(2016). 제19기 성폭력 전문상담원교육.

한미현(2006). 아동보호서비스의 실제: 아동학대의 사정 및 사례판정. 파주: 집문당.

함경애, 천성문, 이동귀(2015). 청소년 자살행동 치료프로그램 매뉴얼 : 사례 분석 기반 개입. 서울: 학지사.

한국청소년상담복지개발원(2013). 청소년동반자 활동 매뉴얼(개정2판).

한국청소년상담복지개발원(2017). 청소년상담과정과 기법 2급 교재, 126-127.

American Association for Marriage and Family Therapy (2001). AAMFT *code of ethics*. Washington, DC: Author.

American Counseling Association (1995a). *Code of ethics*. Alexandria, VA: Author.

American Counseling Association (2005). *Code of ethics and standards of practice*. Alexandria, VA: Author.

American Psychiatric Association (2013). *Diagnostic and Statistical Manual of Mental Disorders-5th edition* (DSM-5). Washington, DC: Author.

American Psychological Association (2002). Ethical principles of psychologists and code of conduct. *American Psychologist, 57*, 1060-1073.

Anastasi, A., & Urbina, S. (2009). 심리검사(Psychological Testing). (김완석, 전진수 공역). 서울: 율

곡출판사 (원저는 1997에 출판).

Baird, B. (1996). *The internship practicum and field placement handbook* (3rd ed.). Upper Saddle River, NJ: Prentice-Hall.

Bandura. A. (1977). *Social Learning theory, Englewood Cliffs.* N. J.: Prentice-Hall.

Bannink, F. (2015). 1001가지 해결중심 질문들. (조성희, 신수경, 이인필, 김은경 공역). 서울: 학지사 (원저는 1998년에 출판).

Barrett M. S.'Ethical Decision-Making in Mental Health'사례 ppt에서 인용.

Beck, J. S. (2007). 인지행동치료: 이론과 실제. (최영희, 이정흠 공역). 서울: 하나의학사. 121. (원저는 1997년에 출판).

Benitez, B. R. (2004). *Confidentiality and its exceptions.* The Therapist, 16, 32-36.

Brammer, L. M., Abrego, P. J., & Shostrom, E. L. (1993). *Therapeutic counseling and psychotherapy: Fundamentals of counseling and psychotherapy* (6th ed.), Englewood Cliffs, NJ: Prentice-Hall.

Camille Helkowski., Stout, Chris E., & Jongsma, Arthur E. (2004c). *The College Student Counseling Treatment Planner.* Hoboken, N. J. : John Wiley.

Campbell, J., & Abadie, M. J. (1981), *The mythic image.* Princeton, NJ: Princeton University Press.

Carkhuff, R. (1969). Helping and Human Relations: A Primer for Lay and Professional Helpers (Volume 1). *Canadian Journal of Counselling and Psychotherapy, 5(1).*

Corey, G., Corey, M. S., & Callanan. P. (2003). *Issues and ethics in the helping professions* (6th ed.). Pacific Grove, CA: Wadsworth.

Corey, M. S., & Corey. G. (2004). 좋은 상담자 되기. (이은경, 이지연 공역). 서울: 시그마프레스. (원저는 2003년에 출판).

Cottone, R. R., & Tarvydas, V. M. (2007). *Counseling ethics and decision making* (3rd ed.). Upper Saddle River, NJ: Pearson Education.

Corey, G. (2011). 심리상담과 치료의 이론과 실제. (조현춘, 조현재, 문지혜, 이근배, 홍영근 공역). 서울: 시그마프레스. (원저는 2005년에 출판).

Corey, G. (2011). 상담 및 심리치료의 통합적 접근. (현명호, 유제민 공역). 서울: 센게이지러닝코리아. (원저는 2001년에 출판).

Cox, A. A., & Lee, C. C. (2007). *Challenging educational inequities: school counselors as agents of social justice.* American Counseling Association.

Earley, J. (2014). 참자아가 이끄는 소인격체 클리닉. (이진선, 이혜옥 공역). 서울: 시그마프레스. (원저는 2009년에 출판).

Egan, G. (2002). *The skilled helper: A problem-management and opportunity-development approach to helping* (7th ed.). Pacific Grove, CA: Thomson Brooks Cole.

Egan, G. (2013). *The skilled helper: A problem-management and opportunity-development approach to helping* (10th ed.). Pacific Grove, CA: Brooks/Cole, Cengage Learning.

Ekman, P., & Friesen, W. V. (1969). Non-verbal leakage and clues to deception. *Psychiatry, 32,* 88-105.

Fallon, A. (2006). Informed Consent in the Practice of Group Psychotherapy. *International Journal of Group Psychotherapy, 56*(4), 431-453.

Forward, S. 독이 되는 부모. (김형섭 역). 서울: 푸른육아. (원저는 2002에 출판).

Frank, J. D., & Frank, J. B. (1993). *Persuasion and Healing: A Comparative study of psychotherapy* (3rd ed.). Baltimore, MD: Johns Hopkins University.

Frankl, V. E. (1997). *Man's search for ultimate meaning.* (Rev.ed). New york: Pocket Books.

Friedman, B. F, Bolinskey, P. K, Levak, R. W, & Nichols, D, S (2020). MMPI-2 / MMPI-2-RF. (유성진, 안도연, 하승수 공역). 서울: 학지사. (원저는 2014년에 출판).

Garfield, S. L. (1989). 임상심리학(Clinical Psychology). (김중술, 원호택 공역). 서울: 법문사. (원저는 1983에 출판).

Garfield, S. L. (2002). 단기심리치료. (권석만, 김정욱, 문형춘, 신희천 공역). 서울: 학지사, (원저는 1998년에 출판).

Gilligan, S. (1997). *The courage to love: Principles and practices of self-relations psychotherapy.* New York: Norton.

Graham, J.R. (2010). MMPI-2 성격 및 정신병리 평가(제4판) (이훈진, 문혜신, 박현진 공역). 서울: 시그마프레스. (원저는 2011년에 출판).

Greenberg, L. (2002). *Emotion-focused therapy: Coaching clients to work through their feelings.* Washington DC: American Psycholohical Association.

Hackney, H. L., & Bernard, J. M. (2019). 상담의 실제. (김동민, 김은하, 서영석, 정여주, 최한나 공역). 서울: 시그마프레스. (원저는 2017년에 출판).

Hackney, H., & Cormier, L. S. (2007). 심리상담의 전략과 기법. (김윤주 역). 서울: 시그마프레스. (원저는 1988년에 출판).

Heaton, J. A. (2006). 상담 및 심리치료의 기본기법. (김창대 역). 서울: 학지사. (원저는 1998년에 출판).

Hendel, J. (2020). 오늘 아침은 우울하지 않았습니다. (문희경 역). 서울: 더 퀘스트. (원저는 2018년에 출판)

Hepworth, Dean H., Rooney, Ronald H., Larsen, Jo Ann. (2004). 사회복지실천 이론과 기술. (허남순, 한인영, 김기환, 김용석 공역). 서울: 나눔의 집. (원저는 1997년에 출판).

Hill, C, E., & O'Brien, K, M,(1999). *Helping skills: Facilitating exploration, insight, and action*, Washington, DC: American Psychological Association.

Hughes, D. A. (2014). 애착중심 가족치료. (노경선, 서상훈, 박정미, 박영환, 신원철, 조재일, 김윤정 공역). 서울: 눈출판그룹. (원저는 2007년에 출판).

Hutchins, D. E. (1982). Ranking major counseling strategies with the TFA/Matrix system. *The Personnel and Guidance Journal, 60*, 427-431.

Imber-Black, E. (1988). Idiosyncratic life cycle transitions and therapeutic rituals. In E. arter & M. McGoldrick (Eds.), *The Expanded Family Life Cycle: Individual, Family, and Social Perspectives*. Gardner Press.

Ingram, B. L. 심리치료사례의 통합적 해석. (신장근 역). 서울: 동문사. (원저는 2006에 출판).

Izard, C. E. (1977). *Human emotions*. New York: Plenum Press.

Ivey, A., & Ivey, M. B. (2013). *Intentional interviewing and counseling: Facilitating client development in a multicultural society*. Monterey, CA: Brooks/Cole.

James, Richard K., Gilliland, Burl E. (2008). 위기개입. (한인영 역). 서울: 나눔의 집. (원저는 2005년에 출판).

Jamie D. Aten, Mark R. McMinn, & Everett L. Worthington (2011). Spiritually-oriented interventions for counseling and Psychotherapy. American Psychological Association; 1st Edition.

Johnson. S. M. (2006). 정서중심적 부부치료. (박성덕 역). 서울: 학지사. (원저는 2004년에 출판).

Johnson, S. M., & Greenberg, L. S. (1988). Relating process to outcome in marital therapy. *Journal of Marital and Family Therapy*, 14, 175-184.

Kim, Kay-hyon. (1990). The intake interview in the counseling center of university. *Journal of Student Guidance Research*, 8(1), 21-36.

Kutcher, Stan, Chehil, Sonia. (2015). 자살 위기자 관리 매뉴얼. (이상열, 홍정완 공역). 서울: 학지사. (원저는 2012년에 출판).

Ladany N., Friedlander, M. L,. & Nelson, M. L(2007). 상담 수퍼비전의 주요사건. (방기연, 김만지 공역). 서울: 시그마프레스. (원저는 2005년에 출판).

Lepore, S. J., & Revenson, T. A. (2006). Relationships between posttraumatic growth and resilience: Recovery, resistance, and reconfiguration. In K. G. Calhoun & R. G. Tedeschi (Eds.) *Handbook of posttraumatic growth: Research and practice* (pp. 24-46). Mahwah, NJ: Erlbaum.

Loganbill, C., Hardy, E., & Delworth, U. (1982). Supervision: A Conceptual Model. *The Counseling Psychologist, 10,* 3-42.

MacCluskie, K. (2012). 현대상담기술. (홍창희, 이숙자, 정정화 공역). 서울: 학지사 (원저는 2010년에 출판).

Mann, J. (1973). *Time-limited psychotherapy.* Cambridge, MA: Harvard University Press.

Marx, J. A., & Gelso, C. J. (1987). Termination of individual counseling in a university counseling center. *Journal of Counseling Psychology, 34,* 3-9.

Merriam-Webster Online Dictionary. (2015). Retrieved July 20, 2015, from the Merriam-Wedster Online Dictionary website:

Nichols. M. P. (2002). 가족치료: 개념과 방법. (김영애, 정문자, 송성자, 제석봉, 심혜숙, 김정택, 정석환, 김계현, 이관직 공역). 서울: 시그마프레스. (원저는 2001년에 출판).

Murdin. L. (2000). H*ow much is enough: Endingin psychotherapy and counseling.* London: Routledge.

Nelson-Jones, R. (2003). *Basic counseling skills: A helper's manual.* London: SACA Publication.

Neukrug, E. S., Healy, M., & Herlihy, B. (1992). Ethical practices of licensed professional counselors: An updated survey of state licensing boards. *Counselor Education and Supervision, 32*(2), 130-141.

Norris, D. M., Gutheil, T. G., & Strasburger, L. H. (2003). This couldn't happen to me; Boundary problems and sexual misconduct in the psychotherapy relationship. *Psychiatric Services, 544,* 517-522.

Parry, A. (1990). Story-connecting: What therapy is all about. *The Calgary Practitioner, 1*(1), 12-14.

Pennebaker, J. W. (1990). *Opening up: The healing power of confiding in others.* New York; Morrow.

Pennebaker, J. W., & Evans, J. F. (2019). 표현적 글쓰기 : 당신을 치료하는 글쓰기. (이봉희 역). 서울: 엑

스박스. (원저는 2014년에 출판).

Persons, J. B. (2015). 인지행동치료의 사례공식화 접근. (이유니, 김지연 공역). 서울: 학지사. (원저는 2008년에 출판).

Pledge, D. S. (2006). 아동 및 청소년상담. (이규미, 이은경, 주영아, 지승희 공역). 서울: 시그마프레스. (원저는 2004년에 출판).

Pope, K. S., & Vasquez, M. J. T. (2013). 심리상담센터의 운영과 성공전략. (황준철, 김창대, 조은향, 서정은 공역). 서울: 학지사. (원저는 2005년에 출판).

Presbury, J. H., Echterling, L. G. & McKee, J. Edson, (2014). 단기상담의 통합적 접근. (강진구, 전정운, 박선진, 양승민 공역). 서울: 학지사. (원저는 2007년에 출판).

Prochaska, J., & Norcross, C. (2002). *Stages of change.* In J. C. Norcross (Ed,). *Psychotherapy relationships that work* (pp. 303-314). Oxford: Oxford University Press.

Prochaska, J., DiClemente, C., & Norcross, J. C. (1992). In search of how people change. *American Psychologist, 47,* p. 1102-1114.

Rogers, C. (1957). The necessary and sufficient conditions of therapeutic personality change. *Journal of Counseling Psychology, 21,* 95-103.

Russell-Chapin L. A, & Ivey A. E. (2007). 상담인턴쉽(pp. 171-175). (지승희 이명우 공역). 서울: 학지사. (원저는 2007년에 출판).

Sharpley, C. F., & Harris, M. A. (1995). Antecedents, consequents, and effects of silence during cognitive-behavioural therapy interviews. *Scandinavian Journal of Behaviour Therapy, 24*(1), 3-13.

Sherry C., & Harold H. (2005). *Counseling Strategies and Interventions.* Boston: Pearson.

Skovholt, T. M., & Ronnestad, M. H. (1992). Themes in therapist and counselor development. *Journal of counseling and development, 70,* 505-515.

Smith, W. L. Edward. (1985). *The body in psychotherapy.* Jefferson, NC: McFarland & Copany, Inc., Publishers.

Sommers- Flanagnan, J., & Sommers-Flanagnan, R. (2003). *Foundations of therapeutic interviewing* (3rd ed.). Boston: Allyn and Bacon.

Sperry, S., & Speery, J. (2015). 상담실무자를 위한 사례개념화 이해와 실제. (이명우 역). 서울: 학지사. (원저는 2012년에 출판).

Stoltenberg, C. D. (1981). Approaching supervision from a developmental perspective: The counselor complexity model. *Journal of Counseling Psychology, 28,* 59-65.

Sue, D. W., & Sue, D. (2003). *Counseling the culturally diverse : Theory and practice* (4th ed.). New York: John Wiley & Sons Inc.

Taylor, L., & Adelman, H. S. (1989). Reframing the confidentiality dilemma to work in children's best interests. *Professional Psychology: Research and Practice, 20,* 79-83.

Walen, S. R., DiGiuseppe, R., & Wessler, R. L. (1992). *A practitioner's guide to rational-emotive therapy (*2nd ed.). New York: Oxford University Press.

Watson, O. M. (1970). *proxemic behavior: A cross-cultural study.* The Hague: Mouton.

Welfel, Elizabeth Reynolds, Patterson, Lewis E. (2009). 상담 과정의 통합적 모델. (한재희 역). 서울: 시그마프레스. (원저는 2005년에 출판).

Welfel, E. R. (2002). *Ethics in counseling and psychotherapy* (2nd ed.). Pacific Grove, CA: Wadsworth.

White, M. (1986). Negative explanation, restraint, and double description: A template for family therapy. *Family Process, 25,* 169-184.

White, M., & Epston, D (2015). 이야기심리치료방법론. (정석환 역). 서울: 학지사. (원저는 1990년에 출판).

William J. H., Stoltenberg, C. D., & Delworth, U. (1987). *Supervising Counselors and Therapists: A Developmental Approach.* Jossey-Bass and behavioral science series.

Wolpe, J. (1990). Pergamon general psychology series, 1. *The practice of behavior therapy* (4th ed.). New York, NY: Pergamon Press.

국방부(2020). 국방소식채용 https://www.mnd.go.kr/user/boardList.action?command =view&page =1&boardId=I_26382&boardSeq=I_7654502&titleId=&siteId=mnd&id=mnd_020 403000000&column=title&search=상담관, 2020년 4월 16일 검색.

여성가족부(2020). 성폭력방지 및 피해자지원 http://www.mogef.go.kr/io/ind/io_ind_s030d.do?mid=info306

여성긴급전화 1366 가정폭력처리절차(2020). http://www.seoul1366.or.kr/에서 20년 7월 18일에 검색

여성긴급전화 1366 성폭력처리절차(2020). http://www.seoul1366.or.kr/에서 20년 7월 18일에

검색

한국가족치료학회(2020). 가족치료사 자격규정,
　　　http://www.familytherapy.or.kr/kaft/sub03_01.php 2020년 03월 23에 검색.

한국기독교상담심리학회(2020). 전문상담사 자격규정,
　　　http://www.kaccp.org/user/sub05_1.asp#undefined2 에서2020년 7월 17일 검색.

한국목회상담협회(2020). 기독교상담사 자격규정, http://kapc.miraeinfo.kr/user/sub03_8.asp에서
　　　2020년 7월 17일 검색

한국여성의 전화(2016). http://www.mogef.go.kr/cc/wcc/cc_wcc 에서 20년 9월 검색

한국이야기치료학회(2020). 내러티브상담사 자격규정,
　　　http://www.narrative.co.kr/sub/3020.php에서 2020년 7월 17일 검색.

한국임상심리학회(2020). 임상심리전문가 자격규정,
　　　http://www.kcp.or.kr/member/sub06_1_3.asp에서2020년 7월 17일 검색.

한국상담심리학회(2020). 상담전문가 윤리강령. http://krcpa.or.kr/ 2020년 3월 23일에 검색.

한국상담심리학회(2020). 상담심리사 자격규정. http://krcpa.or.kr/sub01_4.
　　　asp?menuCategory=1에서2020년 7월 17일 검색.

한국상담심리학회(2020). 상담전문가윤리강령. http://www.krcpa.or.kr/sub01_5.
　　　asp?menuCategory=1 에서 2020년 01월 16일에 검색.

한국상담학회(2020). 상담전문가윤리강령, http://www.counselors.or.kr/ 2020년 3월 23일에 검색.

한국직업능력개발원(2020). **NCS 학습모듈**. https://www.pqi.or.kr/inf/qul/infQulList.do 2020년 8월
　　　6일 검색.

한국청소년상담복지개발원(2020). 청소년상담사보수교육. https://www.kyci.or.kr/userSite/
　　　sub02_7.asp 2020년 8월 30일 검색

찾아보기

저자 소개 📷

김형숙(Kim, Hyung Suk)

연세대학교 Ph.D.
한국상담학회 아동청소년 전문상담영역 223
한국상담학회 부부가족 전문상담영역 223
한국상담심리학회 전문상담사 677
한국기독교상담심리학회 전문상담사 감독 S-76
한국기독교상담심리학회 놀이아동상담사 감독 CS-11
한국목회상담협회 기독상담 감독 10-감-102호
한국가족치료학회 가족치료사 1급 A-58
한국이야기치료학회 이야기치료 전문가 S000013
Banmen Satir Transformational Systemic Therapy Level 1-5 course
Dulwich Centre, "Narrative Therapy Training Program" course
FIE Basic, Standard course

전 연세대학교 겸임교수
　　한세대학교 치료상담대학원 겸임교수
　　수원대학교 객원교수
　　서울신학대학교 상담대학원 임상슈퍼바이저

현 다리꿈발달상담교육센터 센터장
　　한국이야기치료학회 이사
　　수원 경기범죄피해자 지원센터 상담위원
　　열린사이버대학교 특임교수

<주요 저서 및 논문>
『내 안의 꿈을 꽃피우기까지』(교육인적자원부, 2005)
『아이의 마음에 집을 지어라』(다리꿈, 2012)
「ADHD 가족-사회 성장모형」(2007)
「위탁가정아동의 놀이상담사례 연구」(2007)
「근거이론을 이용한 ADHD 아동양육경험」(2007)
「우울증을 가진 중년 기독여성의 상담 경험」(2008)
「ADHD 청소년의 학교부적응에 영향을 미치는 요인」(2009)
「가족 간 의사소통 방식의 변화가 ADHD와 불안장애의 공존질환을 지닌 청소년에게 미치는 영향」(2011)
「부모 훈련 병합 놀이 치료가 ADHD-ODD 아동의 공격성과 가족 관계에 미친 영향」(2013)
「부모 훈련 병합 인지 행동치료가 ADHD-우울증 아동의 우울과 공격성에 미친 영향」(2014)
「부모 훈련 병합 놀이 치료가 ADHD-우울증 청소년의 우울과 가족 관계에 미친 영향」(2014)

초심상담사를 위한 상담 내비게이션
Counseling Navigation for Novice Counselor

2021년 1월 30일 1판 1쇄 발행
2024년 3월 25일 1판 4쇄 발행

지은이 • 김 형 숙
펴낸이 • 김 진 환
펴낸곳 • (주) **학지사**
　　　　　 04031 서울특별시 마포구 양화로 15길 20 마인드월드빌딩 5층
대표전화 • 02) 330-5114　　　팩스 • 02) 324-2345
등록번호 • 제313-2006-000265호
홈페이지 • http://www.hakjisa.co.kr
인스타그램 • https://www.instagram.com/hakjisabook
ISBN 978-89-997-2294-3 93180

정가 26,000원

출판미디어기업 **학지사**
간호보건의학출판 **학지사메디컬** www.hakjisamd.co.kr
심리검사연구소 **인싸이트** www.inpsyt.co.kr
학술논문서비스 **뉴논문** www.newnonmun.com
원격교육연수원 **카운피아** www.counpia.com
대학교재전자책플랫폼 **캠퍼스북** www.campusbook.co.kr